地势坤，君子以厚德载物。

The
Life

of

Andrew
Jackson

Robert V. Remini

机会的捕手

安德鲁·杰克逊传

[美] 罗伯特·莱米尼 —— 著

单娜娜 —— 译

浙江人民出版社
ZHEJIANG PEOPLE'S PUBLISHING HOUSE

献给我的孙女格蕾丝·玛丽

前　言

　　安德鲁·杰克逊（Andrew Jackson）系列传记的第一卷于 1977 年付梓，该系列的第二卷和第三卷亦于 1981 年和 1984 年相继问世。传记写作初期，我本以为一卷的篇幅足以涵盖安德鲁·杰克逊的一生。然而，随着第二卷和第三卷的陆续出版，事情的发展完全超出了我的预期。若不是任职于哈珀与罗出版社（Harper & Row）的编辑休·万·杜森（Hugh Van Dusen）及时阻止，恐怕第四卷也已面世了吧。

　　之后，在 1984 年 12 月举行的美国历史协会（American Historical Association）年度会议期间，我有幸与哈佛大学出版社的执行主编阿依达·D. 唐纳德（Aida D. Donald）女士就这本传记的细节进行交流。她建议我把三卷传记压缩为一卷。她说她有这样的想法主要是受了丈夫大卫·赫伯特·唐纳德（David Herbert Donald）的影响。大卫坚信，这本书的目标读者不应局限于历史系的学生，普通读者也应有兴趣读这本书。我向阿依达坦承说自己从未有过这种想法，直到第二天与大卫深谈后才打消了我先前的诸多疑虑。

　　历史伟人向来是众多传记作家热衷描写的对象，而我也是这些传记作家中的一员，其他还有詹姆斯·帕顿（James Parton）、马奎斯·詹姆斯（Marquis James）和詹姆斯·巴西特（James Basset）等人。当然，我曾把杰克逊三卷本传记缩减到不足 200 页。但是必须承认的是，这本缩减版传记仅适用作各高校历史课的概况课程用书。前面提及的两个版本，要么过于庞杂，要么过于简短，而 400 页篇幅的《机会的捕手：安德鲁·杰克逊传》刚刚好。是大卫的一席话点醒了我，让我意识到我真正要做的是写一本学生和普通读者都喜闻乐见的传记，一本普通读者不必花费太多精力也能有所收获的传记。

结束与大卫的会面后，我越发坚定了重写传记的信念。但是，我还不能确定哈珀与罗出版社能否认同我的想法，因为他们已经为发行三卷本的杰克逊系列传记花费了不少人力、物力和财力。所幸休·万·杜森十分支持我这个想法，或许他从中看到了更多的价值。杜森顺利获得了出版社的许可，而我也带着一个错误的观点开始了传记写作，这个错误的观点就是：我以为这次的重写工作一定可以速战速决。不久，我就意识到把三卷总共 1609 页的内容缩减到 400 页，"困难"二字根本不足以形容这一削皮挫骨的过程。杰克逊的一生可谓波澜壮阔，他对任何形式的缩减都深恶痛绝。重写过程中遇到最为困难的事莫过于，为了缩短篇幅不得不把原书中一些既定的事件和观点用全新的词汇表达出来。当然，随着重写过程的推进，我也慢慢适应了中间遇到的种种问题，也渐渐觉得没有先前那么困难了，尤其我发现通过重写反而有更多的机会进一步推敲原书中的一些细节。此外，我把相关的最新研究成果也收录到新版传记中，近年来出版的专著中论述的相关论点也被我引用到新版传记中，从而增加了行文的丰富性。最后，原版传记中一些过于华丽的辞藻在新版传记中被删掉了。

新版传记在最大限度上保留了原版传记的精神内核。不同的是，新版传记中用于支撑论据的语言变得更凝练、更简洁。新版传记在原版的基础上对注释做了大量删减，仅留下必要的注释以支撑书中的主要论据。新版传记所引用的参考文献数量也大幅减少，若读者对完整的直接资料和间接资料感兴趣，推荐阅读原版传记的第三卷。

新版传记有幸结集成书，承蒙休·万·杜森先生、大卫·唐纳德先生以及阿依达·唐纳德女士相助并提出了不少宝贵意见；在此衷心感谢隐士庄园妇女协会（Ladies' Hermitage Association）、伊利诺伊大学（University of Illinois）这些年来对我研究事业的慷慨相助。

伊利诺伊州，威尔美特

罗伯特·莱米尼

1987 年 7 月

目　录

第一章　来自维克斯豪的年轻人

1815年1月8日的清晨，距离黎明还有不到一个半小时。浓雾席卷了密西西比河的碧水，笼罩着两军对垒的战场。当清晨的第一缕阳光穿透浓雾，洒在广阔的平原上，雾气渐渐稀薄，直至散去。浩浩荡荡的英军此时没有了大雾的掩护，因此不难发现他们的队伍居然占据了整块空地的三分之二。此时，一支由民兵、狙击手、边疆居民、海盗、黑人、正规军等组成的美军正蹲伏在距离英军前面不远的战壕里。他们手里的枪直挺挺地指向前方，等待着一触即发的战争。

随着一声巨响划破长空，一枚康格里夫火箭（Congreve Rocket）从英军的一个侧翼腾空而起，紧接着英军的另一个侧翼发射了第二枚火箭。这两枚康格里夫火箭的发射，标志着新奥尔良战役（Battle of New Orleans）的开始。

英军随之发起冲锋，冲锋的过程无不显示着严明的军纪。美军激动地看着眼前的情景，要知道他们等这一刻已经很久了，所以难以抑制此刻的兴奋和喜悦。美军的枪支齐刷刷地瞄准冲过来的红衣英军，即将扣动扳机的手指越发紧张起来。忽然，整个美军前线被熊熊烈焰照亮。随着军乐队奏响《洋基歌》（Yankee Doodle），大炮、来复枪和各种小型轻武器齐齐向迎面攻来的英军发起反击。首轮反击的枪炮声夹杂着刺耳的尖叫声，震慑着迎面而来的英军。美军每发起一次扫射，就有一批英军士兵应声倒地。

此役的美军指挥官是田纳西的安德鲁·杰克逊将军。此时，他正站在壕沟后方的中央指挥区，左右巡视着他亲自部署的战线。他的部下亲切地称他为"老胡桃木"，以此来赞扬他的力量、坚韧和勇气。此时此刻，他看起来无比冷静和坚毅。他笔挺地站着，被麾下的副官们簇拥着。突然，他提高嗓门儿发号施令：

"将士们，给我上！我们今天就做个了断！"[1]

"开火！开火！"威廉·卡罗尔（William Carroll）少将向来自田纳西和肯塔基的狙击手们命令道。军令如山，狙击手们从令如流。他们冷静沉着，完全看不出有丝毫仓促或兴奋。这些来复枪手列好阵形准备点射，几乎百发百中地射中迎面攻来的英军。一名侥幸生还的英国军官事后回忆道，他从没见过这么有杀伤力的枪手阵，可以一下子射杀这么多人。在美国狙击手的枪林弹雨中，英军士兵一个接一个地倒在了战场上。[2]

紧接着，原本进击的英军溃不成军，不得不停下进攻的步伐。"美军的反击令英军胆战心惊"。他们实在没有勇气面对眼前"炮火连天且鬼哭狼嚎般的地狱"。残兵败将们纷纷丢盔弃甲，准备撤退。[3]

英军指挥官爱德华·米歇尔·帕克南（Edward Michael Pakenham）爵士中将看到自己的部下停止了进攻的步伐并开始撤退，他不得不骑马飞奔到队伍的后方，阻止部下撤退。"耻辱，简直是耻辱，"他冲部下喊道，"别忘了你们是大英帝国的军人，你们必须捍卫这份荣誉。"他一边劝诫自己的部下往前冲，一边指向前方炼狱般的战场。[4]

美军制造的枪林弹雨打断了帕克南爵士前进的号令。一颗子弹击中了他的右臂，另一颗子弹击毙了他的战马。他不得不骑上副官的矮种马继续追赶正在撤退的英军，同时不忘命令部下停止撤退，重整队形。

他的部下听到了命令。一旦逃离美军的来复枪阵，英军就立马找回了先前

---

1 亚历山大·沃克，《杰克逊和新奥尔良》（纽约，1856年），327页；詹姆斯·帕顿（以下简称帕顿），《安德鲁·杰克逊生平》（纽约，1860年，以下简称《杰克逊》），共三卷，第二卷，207页。

2 哈里·史密斯爵士，《中将哈里·史密斯爵士自传》（伦敦，1902年），第一卷，236页，"新奥尔良战役中一名军官的实时叙述"，《路易斯安那州历史季刊》（1926年1月），第九卷，11页。

3 约翰·里德和约翰·亨利·伊顿，《安德鲁·杰克逊生平》（大学，亚拉巴马州，1974年，再版），339页；帕顿，《杰克逊》，第二卷，197页。

4 帕顿，《杰克逊》，第二卷，197页。一名英国军官对此次作战行动的叙述，参见约翰·亨利·库克，《1814年到1815年新奥尔良攻坚战叙事》（伦敦，1835年），234页35行。另请参见约翰·巴肯，《英国皇家苏格兰燧发枪兵团历史（1678—1918年）》（伦敦，1925年）；约翰·库珀，《1808—1815年同葡萄牙、西班牙、法国和美国的七场战役略记》（卡莱尔，1914年）；班森·希尔，《炮兵军官回忆录》（伦敦，1836年），威廉·瑟蒂斯，《来复枪旅的二十五年》（伦敦，1833年）。

的斗志。他们再一次发起进攻。与此同时，一支由900名士兵组成的苏格兰高地兵团接到命令，从部队的左翼出发，横穿战场，驰援即将败北的红衣英军。身着格子裤的苏格兰士兵沿着一条倾斜路线向右侧发起进攻，而一度溃逃的英军再一次朝着战壕冲击。

战壕里的美军把这一切看得清清楚楚，他们迅速改变了防守策略。炮弹、霰弹、火枪、来复枪和大号铅弹横扫了整个苏格兰高地兵团。尸横遍野，血流成河。英军再一次攻进了来复枪阵，战壕里的来复枪手们又一次击退了英军。一波又一波的子弹砸向英军部队。一发32磅重的炮弹连同无数子弹一同射向迎面攻来的部队前锋，他们像被割下的稻草一般一排排地倒下。仅此一发，死伤已逾200人。帕克南中将在炮火纷飞中多次中枪。一枚子弹击穿了他的大腿，击毙了他的战马，他因此被重重地摔到了地上。当他的副官准备离开他继续行军时，一颗子弹又射中了他的腹股沟，他很快失去了意识。副官们把他抬出枪阵区，把他靠在一块空地的橡树下。几分钟后，爱德华·米歇尔·帕克南爵士中将殉国。[1]

在受到美军一波又一波的反击后，超过500名苏格兰高地兵团士兵倒在了战场上，苏格兰人不得不在距离战壕90多米的地方停下进攻的步伐。最后，他们也落得了与红衣英军同样的命运，即不得不惊慌失措地逃跑。[2]

等到红衣英军撤出枪阵区，美军也随即停火。停火的命令很快传遍了整个战场。士兵们终于可以趴在自己的胳膊上休息一下了。这场战斗总共不超过两个小时，而最激烈的反攻仅仅持续了30分钟。

安德鲁·杰克逊将军在参谋的陪同下缓步走向作战部队，每当走到一个指挥部的中心区，他便会停下来为士兵们的英勇送上祝贺。不一会儿，军队里响起了一阵如雷般的欢呼声，这是为他们的将军而欢呼。杰克逊频频点头，向他们致意，欢呼声持续了很久才平息下来。

然而，当美军丈量完战壕后面的胸墙，准备四处闲逛的时候，却被眼前尸横遍野的场景吓呆了，先前庆祝胜利时的喜悦之情顷刻间荡然无存。一名目击人描述道，当时的战场"到处都是死伤的英军，战场上血流成河"。战壕前面

---

1 1815年1月10日，兰伯特上将致信巴瑟斯特勋爵、阿尔塞内·拉卡里埃拉·拉图尔，《西佛罗里达州和路易斯安那州战争历史回忆录》（费城，1816年），151页。

2 约翰·里德致信艾布拉姆·莫里，1815年1月9日，《里德文件汇编》，美国国会图书馆。

的空地上躺满了死去的、将要死去的以及重伤的英军，更为可怕的是"你同这些死伤人员的距离不超过 25 厘米"。很多被击中致命部位的英军在垂死挣扎。"他们中的一些人要么被打掉了头，要么被打断了腿，要么被打断了胳膊。这些人……有的放声大哭，有的痛苦呻吟，有的放声尖叫。"[1]

杰克逊将军将信将疑地看着眼前的场景。"那一天，"他后来写道，"战场上弥漫的硝烟渐渐退去，我看到不远处有超过 500 名英军从遍野的尸体中爬出来，准备再一次发起进攻。硝烟散去，我们把这一切看得更为清楚，毫无疑问，他们不得不投降，成了我军的战俘。这些英军都是在同我军第一次交火时跌倒的，没有受到太多的创伤，便精疲力竭地躺在战场上，好像死了一样，直到战争快要结束的时候才清醒过来。"[2] 英军后来统计的死伤、阵亡人数高达 2037 人。而杰克逊所收到的美军伤亡报告显示：总共 13 人阵亡、39 人受伤以及 19 人在战争中失踪。[3]

这是一场伟大的胜利，这是美国军队当时创造的最卓越的战绩。它是 1812 年战争最为辉煌的高潮，而整个 1812 年战争却让美国尝到了一次又一次的失败。

直到新奥尔良战役的胜利，这一切才发生了变化。战争胜利的消息宣布后，一家报刊发文写道："谁不想当一个美国人呢？""合众国万岁！"[4]

安德鲁·杰克逊凭借这场以少胜多的战役给美国人民带来了光荣与荣耀，他也因此成为深受美国人民爱戴的英雄。为了感谢杰克逊带给他们的无上荣耀，美国人民付出再多也心甘情愿。起初，美国加入到这场对英国战争的原因是，它亟须证明它有获得自由的权力。直到新奥尔良战役的胜利，美国才向世人展示了它不仅有决心而且有能力捍卫这份自由。当时的一份报刊甚至声称："过去的六个月，是合众国历史上最为荣耀的六个月。"[5]

---

1 《星报》（罗利，美国北卡罗来纳州首府），1815 年 2 月 10 日；《奈尔斯每周记录》，1815 年 2 月 25 日；沃克，《杰克逊和新奥尔良》，341 页，"新奥尔良战役中一名军官的实时叙述"，14 页。

2 帕顿，《杰克逊》，第二卷，208—209 页。

3 1815 年 1 月 10 日，兰伯特致信巴瑟斯特、拉图尔，《历史回忆录》，152 页；1815 年 1 月 28 日，兰伯特致信巴瑟斯特，伦敦公共档案馆馆藏英国陆军部档案，1 页和 141 页；1815 年 1 月 13 日，海恩致信安德鲁·杰克逊，约翰·布兰南编辑，《1812—1815 年同英国作战期间美国陆军和海军军官公函》（华盛顿，1823 年），459 页。

4 《奈尔斯每周记录》，1815 年 2 月 18 日。

5 同上。

通过新奥尔良战役的胜利，安德鲁·杰克逊将军重建了美国人民的自豪感和自信心，他们永世难忘。"从那时开始，新的国家不再是一种暂时性的实验"，那些昙花一现的事物，一阵风便可将其吹走。"美国获得了海外诸国的尊重"，这多亏了安德鲁·杰克逊，"美国从此加入了世界国家之林"。[1]

新奥尔良战役创造了美国第一个真正意义上的战争英雄。这场战争的胜利及其所产生的影响，永久地改变了美国的历史进程。安德鲁·杰克逊不仅仅帮助美国彰显了国家价值，增强了美国国家制度的实力，更重要的是，他重塑了这些制度，并赋予它们新的生命。

孕育这位新奥尔良英雄（后世一直这样称呼安德鲁·杰克逊）的杰克逊家族发源于北爱尔兰东部沿海的卡斯尔雷，距离卡里克弗格斯约有 125 英里。他们是爱尔兰北部苏格兰移民的后裔，为了逃离家乡的苦难，杰克逊家族也跟其他的北爱尔兰同胞一样，移民美国寻求更好的生活。

安德鲁·杰克逊，也就是未来总统的父亲，在妻子伊丽莎白·哈钦森（婚前姓名）的陪伴下，于 1765 年乘船到达美国，随行的还有他们的两个儿子——休和罗伯特，年龄分别是 2 岁和 6 个月。由于书面证据不足，我推测杰克逊一家最初是在宾夕法尼亚州一带登陆，随后便缓慢南移，这条路线跟伊丽莎白的姐妹们最初来美国经过的路线一致，而伊丽莎白的姐妹们要比杰克逊一家来美的时间早一到两年。

最终，杰克逊一家在维克斯豪地区安顿了下来，该地区横跨北卡罗来纳州和南卡罗来纳州。维克斯豪克里克河是卡陶巴河的一条支流，是这一区域的主要河流。该区域有诸多铁矿床，所以土壤呈血红色，贫瘠的土壤只能生长为数不多的短叶松。小型狩猎动物、火鸡和鹿是生活在该区域的主要动物。由于该区域（该区后来被划为南卡罗来纳州的兰卡斯特区）及其北边的卡陶巴人比较友好，所以对新移民具有很大的吸引力。杰克逊一家到达该区的时候，这里已经新建了一所议事厅和一座基督教长老会教堂，而长老会的牧师是格拉斯哥大学的一名毕业生。几年后，这块边疆区还建了一所学校，教授古希腊和古罗马文学。

维克斯豪对杰克逊一家最大的吸引力莫过于这里有他们的亲人，还有他们

---

1 威廉·格雷厄姆·萨姆纳，《安德鲁·杰克逊》（波士顿，1882 年），51 页。

在爱尔兰的很多邻居已经在这个区域落户。克劳福德一家、迈卡米一家与杰克逊一家有亲戚关系，所以杰克逊一家刚到此地时，就在这两家的帮助下找到了落脚点。当然，伊丽莎白有好几个已婚姐妹随同自己的丈夫住在这一带。也就是说，即使没有亲戚的帮助，杰克逊一家也有能力在这里生存下去。即便如此，囊中羞涩的杰克逊一家也不得不在距克里克河 12 英里附近一块不太肥沃的土地上安顿下来，这条河是卡陶巴河的另一条支流。目前没有足够的证据证明老安德鲁·杰克逊是否真正拥有一块土地，但是一些早期的传记作家宣称："他在美国没有地产。"[1] 杰克逊在这片贫瘠的红黏土上辛勤地耕作了两年，以期它能丰收。他还建造了一座木房子，供家人居住，田里产的粮食渐渐只够填饱家人的肚子了。两年来，辛勤的劳作显然让老杰克逊不堪重负。1767 年，老杰克逊突然离世，原因不明。可就在此时，他的妻子怀了他们的第三个孩子。一架四轮马车载着老杰克逊的遗体驶往维克斯豪的墓地，而在兰卡斯特有一个尽人皆知的故事，即四轮马车在运送尸体去墓地的路上把尸体弄丢了。送葬人很快发现了这一切，因此他们不得不原路返回找回尸体，最后把尸体带回墓地埋葬。[2] 葬礼办完后，伊丽莎白便投奔她的姐姐简·克劳福德，也就是在这里——南卡罗来纳州的兰卡斯特区，1767 年 3 月 15 日，她的第三个儿子诞生了，她给新生儿取名为安德鲁·杰克逊，用以纪念她的亡夫。[3] 她只能放弃丈夫为之奋斗过的那片土地，寄住在克劳福德家。在这里，她担负起打扫家务、照看生病姐姐的责任。伊丽莎白是一名伟大的女性，拥有非凡的勇气和力量。她一生的英勇行为甚至可以媲美她的总统儿子。她本来希望自己的第三个儿子有朝一日可以成为一名长老会的牧师，但是随着小杰克逊的脾气越来越暴躁，只要稍不称意就脏话连篇，她也慢慢地对此不抱希望了。小杰克逊可以在一间屋子里大声地咒骂，把屋里的人吓个半死。当然，他非常擅长用语言和动作恐吓周围的人。终其一生，他都惯用发怒来恐吓对手，从而让他们对他言听计从，尽管他的这

---

1 帕顿，《杰克逊》，第一卷，49 页。

2 尽管现在墓地里的墓碑数不胜数，但是 18 世纪的时候，此处并没有杰克逊一家的墓碑。在 20 世纪，兰卡斯特人为纪念杰克逊总统，遂为他的父亲立起了一座墓碑。

3 关于杰克逊总统的出生地一直存在争议：不是北卡罗来纳州就是南卡罗来纳州。而杰克逊本人一直笃信自己生于南卡罗来纳州，而且小埃尔默·唐·赫德在他所著的《南卡罗来纳州人——安德鲁·杰克逊》（兰卡斯特，南卡罗来纳州，1963 年）一书中提供了很多令人信服的证据，证明了这个观点。

些愤怒都是假装的。

　　在小杰克逊生命的头12年里，他和母亲以及两个哥哥寄住在克劳福德家。很难说他有没有把自己当作这个家的外人，但是他暴躁的脾气能说明他过得不幸福。因为在任何事情上，小杰克逊都很难占上风，包括去威廉·汉弗莱斯博士执教的学校上学。后来，他还去了一所由长老会牧师詹姆斯·怀特·斯蒂芬森先生执教的学校，或许他的母亲还希望他有朝一日能成为一名牧师。在汉弗莱斯博士执教的学校，小杰克逊学会了读写和算账。他声称自己也学过"死语言"（已经废除的语言）。也就是说，他可能学过拉丁语和古希腊语。[1]但是，杰克逊的受教育程度远远没有达到社会的一般标准，即使在18世纪晚期，这严重阻碍了他总统任职期间治国理政抱负的实现。此外，尽管杰克逊的语法、句法和拼写漏洞百出，但是他本人却不以为意，以至于一个单词或名字在同一页纸上有四种拼写形式。当然，杰克逊总统说起话来逻辑清晰，写起字来也力透纸背。他的表达方式总能让人们感受到强烈的激情和热情，即使书面表达也不例外。这不禁让我感慨，他如果有机会接受良好的教育，会不会比现在做得更好呢？

　　杰克逊对历史学和政治学几乎一窍不通，他后来的政治头脑似乎更多的是凭借直觉和他的个人经历。后来，他逐渐了解到历史的价值，甚至向他的一位守卫推荐《苏格兰首领史》，因为它不仅有用而且具有教育意义。他把威廉·华莱士视为"年轻人的偶像……他英勇无畏，为了他的国家和朋友随时准备以身涉险"。不难理解为何杰克逊会如此欣赏华莱士，因为杰克逊所欣赏的华莱士身上的品质，他也都具备。[2]

　　杰克逊对数学和科学也一无所知。他痴迷于新的发明创造，但是也仅此而已。他对文学同样不感冒，尽管他会时不时引用两句莎士比亚的名句，据说他曾一字不落地读完《威克菲德的牧师》。很有可能，这也是唯一他从头至尾读

　　1　罗伯特·莱米尼（以下简称莱米尼），《安德鲁·杰克逊与美国帝国的进程（1767—1821年）》（纽约，1977年）、《安德鲁·杰克逊与美国自由的进程（1822—1832年）》（纽约，1981年）、《安德鲁·杰克逊与美国民主的进程（1832—1845年）》（纽约，1984年，以上三书后合并为三卷，以下简称《杰克逊》），第一卷，6页；特雷西·凯格利，"詹姆斯·怀特·斯蒂芬森：安德鲁·杰克逊的老师"，《田纳西州历史季刊》（1948年3月），第七卷，38—51页。

　　2　安德鲁·杰克逊致信安德鲁·杰克逊·多纳尔森，1822年3月21日，《杰克逊文件汇编》，美国国会图书馆。

完的小说。他曾多次拜读《圣经》，尤其在晚年的时候。纵观他的一生，他还研读过其他的宗教书籍，这不得不归功于他受母亲和妻子的影响，尤其是他的妻子。后来，他成了一名虔诚的教徒，并在晚年正式加入了长老会，尽管他并不完全认同长老会的教义。

野蛮、调皮、任性、淘气、大胆、鲁莽……小杰克逊的这些特点让他早早"成名"。[1]他任性又傲慢，很难相处。有时他恶意欺凌，有时却化身仁厚的保护神。据一名早期的作家说，安德鲁·杰克逊当了一辈子的好斗公鸡，但是却对向他寻求保护和帮助的母鸡非常友好；当然，他对胆敢挑战其权威或对他心存质疑的公鸡绝不会手下留情。毫无疑问，与克劳福德一家糟糕的关系造成了他这些令人生厌的性格缺陷；同时，由于没有一个强大的父亲对他进行教育，旁人很难驯服他。一股愤怒深深地埋在小杰克逊的内心，这股愤怒在他年轻的时候就显露出来。或许是由于物质和精神等多方面的贫困（作为一名遗腹子，他在接受亲戚们的施舍时或许受到了羞辱，以及他的两个哥哥和母亲相继死去，年仅13岁的他成了孤儿，这里只说他最坎坷的几件事），早早地激发出了他对这个世界的敌意，这种敌意伴随了他一生。直到他死的那一天，他都会因别人的轻蔑或冒犯突然愤怒，从而陷入复仇的无限痛苦中。

曾经有人给了小杰克逊一把上了膛的枪，怂恿他开枪，想杀杀他的锐气。这点把戏可吓不倒他，他一把夺过手枪，向远处射击。结果，他没有架住手枪射击的反冲力，一下子扑倒在了地上。他勃然大怒，气得暴跳如雷。"我向上帝发誓，你们谁敢笑一下，我就宰了他。"他威胁道。于是，其他一些知道他厉害的男孩再也不敢招惹他了。[2]

当然，小杰克逊的生活也有光明的一面。除了动不动就发火，他也爱玩游戏，找乐子。他并不孤僻，更没有反社会倾向。当然，他爱在玩游戏的时候搞恶作剧。他也非常热爱运动，如摔跤、赛跑、赛马、跳高。"杰克逊的童年充满了嬉戏玩闹，而不是打架斗殴。"一位杰克逊早期的传记作者写道。[3]而这种嬉戏打闹的生活方式一直延续到他的青年时代。很快，他便发现和一个迷人的女孩在舞会上翩跹起舞也是人生一大乐事。"没有哪一个男孩比他更会追求快乐，"有人曾这

---

1 帕顿，《杰克逊》，第一卷，64页。

2 同上。

3 同上。

么评价他，"他快乐天真而又纯朴，就好像从此以后他会一直快乐下去似的。"[1]

等到杰克逊到了该入学的年纪，他已成长为一个又瘦又高的男孩。成年后，他的身高达到六英尺（约 1.8 米），且身材瘦削，一辈子都是如此。时至迟暮之年，由于受各种疾病的折磨，他的身体慢慢肿胀起来，才没有先前看起来那么瘦骨嶙峋了，他最重的时候也不超过 145 磅（约 66 千克）。研究他留下的衣物，不难发现他的胳膊和腿都是极细的。然而，杰克逊在年轻的时候不仅肌肉发达，而且动作敏捷。他的脸又长又窄，大大的下巴非常显眼。他有一头浅黄色的头发，又长又密，有时他的头发会突然立起来，像是收到了"立正"的号令。或许，他那一双湛蓝深邃的眼睛是他最突出的面部特征了吧，尤其当他发怒的时候。更为重要的是，当他情绪激动的时候，他的眼神会对周围的人产生强大的震慑。人们会全神贯注地看着他，乖乖地服从他的命令，甚至会变得战战兢兢。

随着北美殖民地同英国王室的决裂，战争一触即发，安德鲁·杰克逊的求学之路变得异常艰难。1776 年，大陆会议的代表们在费城签署了《独立宣言》，北美洲 13 个英属殖民地自此宣布独立。那一年，安德鲁·杰克逊刚刚 9 周岁。彼时，战火还没有烧到维克斯豪，直到几年后，英军突然闯入南卡罗来纳州，并迅速占领了萨凡纳和查尔斯顿。随着 1780 年 3 月 12 日查尔斯顿的陷落，大批红衣英军和亲英分子冲进乡下，烧杀抢掠。一个由伯纳斯特·塔尔顿中校领导的 300 名英军士兵组成的军队袭击了维克斯豪，杀死了当地 113 名民众，还有 150 人因此受伤。这是一场近乎野蛮的屠杀，因为很多尸体在战斗中已经变得血肉模糊，每具尸体上都有十几处伤口。

悲剧再一次降临到杰克逊一家。战火蔓延到了南卡罗来纳州，他们的长子休·杰克逊加入了威廉·理查森·戴维上校的兵团。他参加了史陶诺渡口战役（Battle of Stono），然而由于"参战期间酷暑难当，加之行军打仗令其疲惫不堪"，不久后他就离世了。[2] 那时，他刚刚年满 16 周岁。

亲英分子在维克斯豪作恶多端，南卡罗来纳州乡间的反抗浪潮不断高涨，迫切需要外界的援助。所幸戴维上校和托马斯·萨姆特上校从北方及时赶来，为塔尔顿大屠杀复仇。1780 年 8 月 1 日，悬岩战役（Battle of Hanging

---

1 帕顿，《杰克逊》，第一卷，68 页。

2 亚摩斯·肯德尔（以下简称肯德尔），《安德鲁·杰克逊将军生平》（纽约，1844年，以下简称《杰克逊》），14 页。

Rock）打响，美军以为战胜了敌军，于是喝起了缴获的朗姆酒庆祝胜利。就在他们都喝醉的时候，敌军突然杀了回来，他们措手不及，混乱中美军不得不醉醺醺地逃走。

悬岩战役是安德鲁·杰克逊的"首战"。[1]年仅13岁的他，就加入了爱国者的行列，在戴维上校麾下效命，当然他的职务可能只是一名信差。这场经历给小杰克逊留下了深刻的影响，他早期的一位传记作者曾声称，如果杰克逊将军在军人生涯中有一位效仿对象，那这个人一定是威廉·理查森·戴维上校。

悬岩战役结束后，杰克逊和他的哥哥罗伯特回到维克斯豪和母亲团聚。斗争还在继续，辉格党成员和亲英分子斗得你死我活，邻里之间斗得水火不容，甚至父子之间都能反目成仇，真是一场残酷的内战。经历了一场血战之后，杰克逊和哥哥逃到表哥托马斯·克劳福德中尉家中避难，但是他俩很快就被英军骑兵发现了，不幸成了俘虏。一次，英军的骑兵军官命令杰克逊给他擦靴子，但是这个毛头小子断然拒绝了他的命令。"先生，"他大声说道，"我是一名战俘，应受到得体的对待。"[2]恼怒的军官挥起手里的剑，向杰克逊的头上砍去，小杰克逊本能地躲避，并迅速举起自己的左手。尽管如此，他的头部和手指还是被砍伤了，留下的疤痕伴随了他的余生。[3]

杰克逊和罗伯特与其他20名战俘被驮在马背上，英军准备把他们送到40英里以外的卡姆登，关到一所有250名囚犯的监狱里。他们没有床休息，没有药治病，更没有绷带包扎伤口。兄弟俩被迫分开，他们身上的东西也被洗劫一空，不久后他们又染上了天花。幸运的是，英、美两军的指挥官决定交换双方的战犯，他们的母亲也正好来到了这里。在这场换囚交易中，杰克逊的母亲成功说服英军释放了她的两个儿子和五个维克斯豪的邻居。

虽然她的两个儿子都染上了天花，但是罗伯特的病情更严重。没有别人的帮助，他连站立都困难，更别说骑马了。伊丽莎白只好弄了两匹马，把垂死的罗伯特绑在一匹马上，另一匹她自己骑着。可怜的杰克逊只能赤着脚走45英里的路回家，连件像样的外套都没有。眼看就要到家门口了，一场突如其来的大雨把他们淋成了落汤鸡。不管怎样，伊丽莎白还是把她的孩子们带回了家。

1 肯德尔，《杰克逊》，25页。

2 帕顿，《杰克逊》，第一卷，89页。

3 杰克逊致信肯德尔，1844年1月9日，《杰克逊文件汇编》，美国国会图书馆。

两天后，罗伯特不幸离开了人世，而杰克逊的情况也非常不妙。

几天过去了，杰克逊依旧神志不清。他经历了漫长的恢复期，多亏她母亲夜以继日地悉心照料，几个月后他才慢慢康复。等杰克逊完全脱离生命危险以后，伊丽莎白决定只身前往160英里以外的查尔斯顿，去照顾港口囚船上的战俘，这些战俘中有两个是她的外甥。等她到了查尔斯顿，在囚船上照顾伤员的时候，却不小心染上了霍乱，刚来到查尔斯顿不久她就病逝了。她被埋在查尔斯顿郊区的一个无名坟场，少得可怜的财产也被打包寄到维克斯豪她15岁儿子的手里。伊丽莎白·哈钦森·杰克逊是一名伟大的女性，她拥有超凡的勇气、坚定的意志和强大的内心。她的这些品质都遗传给了她的儿子。

美国独立战争更多时候让杰克逊尝到的是磨难、痛苦、疾病、头部和手指多处伤口的疼痛以及至亲相继离开的痛。他从战争中走来，带着难以言说的痛苦和深深的绝望。他把自己视为"争取国家自由"的一分子，也从没忘记为了守护这份自由，他和其他人所付出的代价。[1]终其一生他都坚持着爱国的、民族主义的立场。

伊丽莎白死后不久，战争就结束了。康沃利斯勋爵不久后在约克镇宣布投降。杰克逊则被送到了托马斯·克劳福德家寄养，直到他能决定自己的未来。后来，他搬到了克劳福德夫人的叔叔约瑟夫·怀特家中，并在一家马具店里帮工，这让他终于在深深的绝望中有了一丝喘息的机会。店里几个在查尔斯顿有名的年轻人很快和他打成一片，这让他也得到了某种程度上的释放。这几个年轻人的家人在等英军撤军的时候，都逃到维克斯豪避难。杰克逊很快就学会了他们那些狂放的生活方式，喝酒、斗鸡、赌博以及恶作剧。通过各种各样的恶作剧，他终于能够把内心积聚的压力释放出来，也暂时不用去理会那些让他反感的亲戚。1782年12月，英军终于从查尔斯顿撤军，他的伙伴们可以回家了，他也紧随其后。杰克逊在查尔斯顿的日子可以真正称得上是放浪不羁，因为没有人管束他的行为。此时，他已经年满15周岁。他把从爷爷那里继承来的遗产全都用来赌博，那点遗产很快就被他挥霍一空。他不得不把那几件仅剩的行李打了个包，灰溜溜地回到了维克斯豪。[2]

杰克逊在罗伯特·麦卡洛克经营的一所学校里完成学业后，又在南卡罗来纳州一座美以美会（Methodist Episcopal）教堂附近的一所学校自学了一年或两

---

1 杰克逊致信威利·布朗特，1813年1月4日，《杰克逊文件汇编》，美国国会图书馆。
2 莱米尼，《杰克逊》，第一卷，27—28页。

年。1784年，战争结束了，和平条约也已经签订，一个新的国家诞生了，杰克逊坚信法律工作的前途是最光明的，于是年轻而又雄心勃勃的杰克逊决定成为一名律师。17岁那年，他最后一次拜别维克斯豪，骑马北上，去往75英里之外的索尔兹伯里，这里是北卡罗来纳州罗恩县的政府驻地。斯普鲁斯·麦卡收其为徒，他成了一名法学专业学生，而前者是一名出色的律师，后来成了一名功勋卓著的法官。杰克逊在镇上一家名为罗恩酒家的小酒馆找到了大本营，因为很多法学专业学生都来这里聚会，其中有一个叫约翰·麦克奈里的小伙子，极其聪明而又魅力十足。[1]

在接下来的两年里，杰克逊通过阅读法律类书籍、抄写公文和法律文书来学习法律，而麦卡先生偶尔也会给他提出指导建议，除此之外，杰克逊还要帮老师跑跑腿、打扫办公室。至于杰克逊的法律到底学习到什么程度，我们不得而知，但是他对法律的学习是不遗余力的，这就是他的本性。既然立志成为一名律师，他就会尽心尽力地做好老师交给他的每一项工作。

但是他在索尔兹伯里的名声并不好，当地人都把他当成流氓团伙的首领。在完成麦卡先生交给他的工作后，杰克逊几乎每个晚上都会和自己的朋友纵情玩耍。那是一段喧闹的生活，充满乐趣和少年意气。此时的他，不再像在维克斯豪时动辄暴跳如雷。这可能仅仅是因为杰克逊年轻气盛、精力充沛罢了，在律师事务所端坐一整天，枯燥的生活亟须释放。然而，很多时候杰克逊就像脱了缰的野马，难以控制。当地镇上的居民后来回忆称："安德鲁·杰克逊是索尔兹伯里最活跃、吵闹和调皮捣蛋的人，他经常斗鸡、赛马和打牌。"[2]他并未因那些法律书籍的枯燥而感到受折磨，据说，那是因为他"在马厩里的时间比在办公室的时间多太多"。他总是喜欢去聚会上找乐子，是"镇上公认的花花公子"。除了赛马和聚会，他给自己留了足够的时间干别的。他沉迷于狂饮作乐，调皮捣蛋。他最爱干的事就是把别人家的户外厕所搬到别的地方。此外，他还特别喜欢偷路边的指示牌。[3]

索尔兹伯里有一所舞蹈学校，杰克逊是那里的常客。因为他跟学校的人太过熟悉，校方便把举办圣诞舞会的事交给了他。起初他只想开个玩笑，没想到却把这个玩笑开大了。事情是这样的，他给镇上一个叫莫莉·伍德的女人和她

---

1 莱米尼，《杰克逊》，第一卷，28—29页。

2 帕顿，《杰克逊》，第一卷，104—105页。

3 同上，106—109页。

的女儿发了舞会的请帖，而她们在镇上的名声很臭，因为她们是妓女。母女两个根本没有意识到这是个玩笑，于是盛装出席了舞会。当她俩进到舞会现场时，舞会上所有人都惊得停下了舞步，几乎不敢相信自己的眼睛。这对母女很快被门卫"礼貌地"请了出去，人们开始你一言我一语地谴责杰克逊不该开这么粗俗的玩笑。

还有一次，杰克逊和他的朋友们在一家酒馆小聚，其中有人突然提到把他们庆祝用的杯子再给别人用就是一种玷污。因此，他们大手一挥，就把杯子砸了个稀巴烂。杯子都砸碎了，还差桌子吗？于是他们又把桌子也砸烂了。随后，他们又把椅子拆了，把床也拆了。最后，窗帘也没有逃过这场厄运，他们把窗帘撕烂堆了起来，甚至干脆点了一把火把这些东西全烧了，权当最后的狂欢。啊，这是一个多么令人难忘的夜晚啊，值得永远铭记。当然，这个夜晚确实被记住了，尤其是那些本来就很反感他们的镇上居民。多年以后，报纸上报道安德鲁·杰克逊正在竞选美国总统，索尔兹伯里的很多居民都不敢相信这是真的。"什么！"一名当地妇女惊讶地说，"杰克逊竞选总统？杰克逊？安德鲁·杰克逊？住在索尔兹伯里的那个杰克逊？怎么可能呢？他住在这儿的时候，根本就是个流氓，我肯定不会让我丈夫邀请他到我家里来的！我是认真的，我丈夫顶多会带他到马厩去给要比赛的马过个磅，或者在马厩里同他喝杯威士忌。不管怎样，要是安德鲁·杰克逊能当上总统，谁都可以！"[1]

尽管杰克逊爱结伴闹事和搞恶作剧，但他在索尔兹伯里还算吃得开。他激情澎湃的言行十分有感染力，况且他大多数的越轨行为其实都无伤大雅。更为重要的是，刚刚年满20岁的他，就显露出超凡的领袖魅力。他好像天生就能吸引人的注意力，受到别人的尊敬，有时甚至会让人生出敬畏之心。每当发生紧急情况，只要杰克逊身在其中，他就会成为其中的主导者。索尔兹伯里的法学生常常在他的带领下夜行，就是一个很能说明他有领导力的事例。他拥有天生的领袖气质。他身材颀长，大多时候都是俯视周围的人，他有一双深邃的眼睛，人们总会被其深深吸引。每当他对人们投以灼热的目光，或是全神贯注地倾听周围的人讲话时，人们都会感到受宠若惊。一位他早期的传记作家曾这样写道："他就属于那种别人一见到他，就会觉得他是个'大人物'的那一类人。"远在他平步青云之前，他就给人们留下了这种印象。[2]

---

1 帕顿，《杰克逊》，第一卷，109页。

2 同上，114页。

焦虑和过于充沛的精力让杰克逊瘦骨嶙峋的身体不堪重负。他像一颗不定时炸弹，火暴的脾气会突然爆发。当然，隐藏在他内心的怒火并非不可扼制。据观察，他很多时候发火，不过是为了吓唬对手而已。他很少真的生气。"没人真正了解杰克逊到底是真生气还是假生气。"一个人曾这样说。[1]

除此之外，杰克逊可以算得上是一个谨小慎微而又深有城府的人。"如果说世界上真的存在一个深有城府的人，"他的传记作家这样写道，"那这个人非安德鲁·杰克逊莫属。"[2]在他漫长而又妙趣横生的一生中，他做过很多大事，凭着他过人的聪慧，他从不会让事态发展到难以控制的局面。他不会引火烧身，也不会盲目涉险。也就是说，他是一个谨言慎行而又思虑周全的人，他会把抱负和决心用在有把握的事情上。

杰克逊在麦卡的律师事务所待到1786年，之后他便去为约翰·斯托克斯上校工作。斯托克斯上校是一名勇敢的革命军人，还是北卡罗来纳州最好的律师之一。在接下来的六个月里，杰克逊在斯托克斯的悉心教导下终于顺利完成了他的法律学习。1787年9月26日，塞缪尔·艾希和约翰·威廉姆斯作为考官测试了杰克逊的学业水平，这两位都是北卡罗来纳州普通法与衡平法（Law and Equity）高等法院的法官。考官们一致认为杰克逊的"品行无可挑剔"，法律专业知识掌握扎实，准许这个年轻人成为律师，并有权在北卡罗来纳州的多个诉讼法庭和季审法庭任职。[3]

杰克逊在法庭上工作了约有一年的时间，先后辗转北卡罗来纳州各地。这一年里，他同时还帮两个朋友经营一家店，直到后来他被逮捕。他被逮捕的具体细节我们不得而知，但是他和他的四个朋友（都是来自索尔兹伯里的年轻律师）被控告非法侵害罪。他们五个不仅被要求"服从路易斯·比尔德法官的判决"，而且要上缴1000英镑保释金，从而保证他们出庭接受审判。现存文献没有记载当时法庭的状况，或许是涉案各方对最后的审判结果都很满意的缘

1　帕顿，《杰克逊》，第一卷，113页。

2　同上，112页。

3　法庭记录，北卡罗来纳州，1787年11月12日，参见杰克逊，《安德鲁·杰克逊信件汇总》（约翰·斯潘塞·巴塞特编辑，华盛顿哥伦比亚特区，1926—1933年，以下简称《信件》），共六卷，第一卷，4页。

故。[1]这是杰克逊早期职业生涯的又一个低谷。很显然，杰克逊在北卡罗来纳州一事无成，法律事业乏善可陈，这让他烦闷不安。

就在这时，他听说约翰·麦克奈里刚被议会选为北卡罗来纳州西区的高等法院法官，他不仅是杰克逊旧时的玩伴，而且同样师从麦卡先生。该区一直延伸到密西西比河流域，并包含了今天的密西西比州。麦克奈里有权任命该区的检察官，他把这个差事给了杰克逊。这是个费力不讨好的差事，因为地处荒野，所以没几个人愿意干。但是东区的遭遇已经让杰克逊心力交瘁，或许他在西区看到了希望。因此，他接受了这份差事。他想象着荒野生活一定充满刺激和意外收获。出任检察官并不妨碍杰克逊继续他的律师生涯，越来越多的人都迁往山区，律师会有利可图。人们需要在法律和政府的协助下做生意。边疆地区的律师寥寥无几，杰克逊坚信这是一场挑战。战胜挑战，他不仅可以为该区做出贡献，而且可以挣得第一桶金。1788 年的春天，杰克逊、麦克奈里和班尼特（他也是麦卡的学生，被任命为法庭书记员），以及其他一行人，准备在摩根敦会合，一同穿过大山，到达今天的密西西比州东部。

这队人马的目的地是一片正在开垦的垦殖区，主要分成两片区域：东区包括沃托加县、霍尔斯顿、诺利查基和佛兰西布罗德河周边，并一直延伸至诺克斯维尔；而西区位于坎伯兰河的河谷，并包括以纳什维尔为中心的周边地区。这两块垦殖区的中间地带是一片荒原，居住在这一带的反对白人实行保留地政策的北美印第安人，总是试图离间两边，让两边人民反目。

纳什维尔周边最早的殖民地由詹姆斯·罗伯森船长率领一众探险者建立。而在约翰·多纳尔森上校的带领下，很多人跟随探险者们的家人来到了这里。因此，多纳尔森的家族是田纳西最早移民的重要家庭之一。曾经，居住在这片荒原东部边陲的移民宣布从北卡罗来纳州独立，他们创建了一个名为"富兰克林"的新州，并选举独立战争期间国王山战役中的英雄约翰·塞维尔为该州州长。北卡罗来纳州容忍不了这种"背叛"，经过多次说服，那些移民才回心转意。1788 年 8 月，北卡罗来纳州的州议会合并了坎伯兰河周边的殖民地，建立了米罗区，这是西班牙新奥尔良总督的名字。詹姆斯·罗伯森坚持用这个名字命名，幻想着可以取悦这位总督，为坎伯兰河的移民争取商业特权。也就大约是在那

---

1 海斯凯尔，《安德鲁·杰克逊和田纳西的早期历史》（纳什维尔，1918 年），294 页。1787 年 10 月 28 日，保释金票据，私人珍藏，副本藏于"杰克逊文件汇编项目"，隐士庄园，田纳西州。

个时候，北卡罗来纳州的州议会把麦克奈里选为法官，以期他能帮助州议会在西区各乡镇颁布法令。1788 年春天，他、杰克逊以及其他几个人沿着阿勒格尼山下的荒野小道一路西行。除了随身携带的几件行李、一把枪和一匹马，他们每人都带着一封由旧殖民地的大人物写给新殖民地移民的介绍信，毫无疑问，这几个人都会为田纳西的发展做出不可磨灭的贡献。当然，安德鲁·杰克逊也会适时离开这个地方，踏上改变美国历史的征程。

第二章　拓荒者和律师

据说，安德鲁·杰克逊在前往琼斯伯勒时额外带了一匹马和一群猎狗开路，而琼斯伯勒是田纳西州的东部重镇。杰克逊就这样意气风发地登场了。自此，他便一路高歌，开启了他斗志昂扬的一生。他具备一个绅士应有的一切品格，他举足轻重，他富贵逼人，他不容忽视。到达琼斯伯勒不久，他便在当地买了一个名为南希的女奴，年龄在 18 岁或 20 岁左右。他希望借此来彰显他的地位，从而开启他在西区的新生活。很显然，他已经把自己当成了一名绅士。[1]

杰克逊想成为一名正派的绅士。然而，在到达琼斯伯勒不久后他便卷进了一场纠纷，因此不得不发起挑战，他人生的第一场决斗因此而起。并且，他要决斗的对象是维特斯蒂尔·艾弗里，比较戏剧性的是，杰克逊在师从麦卡先生之前，曾想拜艾弗里为师。

艾弗里跟麦卡一样，经常往返于琼斯伯勒的各个法院，因为他是州政府出资聘用的专职律师。杰克逊到达琼斯伯勒不久，便弄到了律师执业证。这样，在去纳什维尔之前，他便有事可做了。然而，在审理一件无足轻重的小案子时，他遭遇了对手艾弗里。挑起这场决斗的具体原因我们不得而知，但可以肯定的是，艾弗里嘲笑过杰克逊的论点，杰克逊为此恼羞成怒。杰克逊于是从法律书上撕下一页空白纸，在上面潦草地写了几行字，随后他便把这张纸扔给了艾弗里。他当时写的什么我们无从考证，能够确定的是他第二天便向艾弗里发起了正式挑战，以下是目前仅存的杰克逊最早的手稿。

1　约翰·埃里森，《田纳西历史拾遗》（纳什维尔，1897 年），10 页；卖契，1788年 11 月 17 日，华盛顿县法庭记录，1788—1793 年，副本藏于"杰克逊文件汇编项目"，隐士庄园，田纳西州。

致艾弗里先生：

当一个人的感情受到伤害、品行遭到诋毁时，他理应在最短的时间内得到补偿。鉴于您昨天已经收到了我写的字条，我想您明白我说这话的意思。我的品行遭到了您的诋毁，更为过分的是，您当着广大听众在法庭上侮辱我。因此我要求您像个绅士一样给我一个满意的答复，我也需要您尽快给我一个明确的答案。同时，我希望您最好在今天晚饭之前了却此事，因为一个真正的绅士会立刻补偿其对别人造成的伤害。最后，我希望您今天不会失约，拜上。

安德鲁·杰克逊

1788 年 8 月 12 日

又及：今晚法院休庭后。[1]

即使没有决斗，艾弗里也不打算被一个叫嚣着自己名誉扫地的毛头小子给杀死。此外，这里是边疆地带，要想守护自己的荣誉，就不能逃避正式挑战。尽管他非常不情愿，但还是在黄昏时分去镇上北部的一处山谷会见了杰克逊。决斗双方都严阵以待，决斗的号角吹响了，两个人同时朝着天空射击！两个人都不想因此而受伤，所以他们在决斗前就找出了令双方都满意的方案。通过这次和解，杰克逊的荣誉得以恢复。于是，杰克逊大步流星地走到艾弗里跟前，跟他说自己对这个结果很满意，同艾弗里握手后便离开了。

从这一次决斗中，我们可以发现杰克逊身上的一些鲜明特点。显然，他生性急躁，且十分珍视自己的荣誉和名声。作为一名绅士，杰克逊希望得到别人的认可和赞赏，当自己的名誉受损时，他会采取行动捍卫它。与此同时，他也并不爱逞能，十分在意自己有无生命或受伤的危险。总而言之，杰克逊根本不擅用枪，他也不敢低估艾弗里的射击水平。因此，当对方提出一个可行方案，既能恢复他的名誉，又能使其免遭伤害，他便欣然接受了。尽管他性子急，脾气坏，但还算得上是一个谨慎的人，只要符合他的利益，他便愿意接受一切正当的妥协。并不是说他不敢来一场你死我活的决斗，而是相对于同艾弗里之间唇枪舌剑争吵，杰克逊更在意当时的情况，以及这件事有没有满足他的利益。

几个月后，杰克逊和他的朋友，连同一些移民，离开了琼斯伯勒，往纳什

---

1 杰克逊致信艾弗里，1788 年 8 月 12 日，副本藏于"杰克逊文件汇编项目"，隐士庄园，田纳西州。

维尔进发。他们都明白，自己已经进入危险的边疆地区。一天深夜，除了守卫和安德鲁·杰克逊，其余人都睡着了。杰克逊坐在地上倚靠着一棵大树，嘴里叼着玉米穗轴烟斗。大概晚上 10 点钟，杰克逊开始有了困意，隐约听到周边的树林中有猫头鹰的叫声。猫头鹰！杰克逊思忖着，这块区域哪来这么多猫头鹰，一声接着一声不停地叫唤。很快他就明白这是怎么回事了。他一把抓起身旁的来复枪，站了起来，跑到他朋友们睡觉的地方去。

"瑟西，"他嘘声说道，"赶紧醒醒，别发出声音。"

"发生什么事了？"他的朋友问道。

"猫头鹰的叫声，你听，一遍又一遍。不是很反常吗？"

"真的吗？"瑟西问道。

"我知道这是怎么回事，"杰克逊回答道，"我们周围都是印第安人，我听到他们的动静了。他们想在天亮之前攻击我们。"

剩下的人陆续被叫醒，杰克逊催促他们赶紧拔营走人。没有人质疑他，每个人都听从他的指挥。他们迅速从帐篷中撤离，躲进了远处的树林里。就这样，在接下来的一个夜晚，他们再也没有看见印第安人。不幸的是，几个小时后，一队猎人碰巧发现了杰克逊他们留下的帐篷，便住在了里面。天亮之前，印第安人袭击了他们，除了一个猎人幸免之外，其余猎人都被印第安人杀死了。[1]

以上事件被很多杰克逊早期的传记作家所称道，因为他们都认为，即使在边疆错综复杂的环境下，杰克逊也能及时展示出他的领导能力。尽管他们一行人中，肯定有人比杰克逊要老练、比他更熟悉路线，但是杰克逊能及时发现危险，并能沉着冷静地安排他的同伴去到安全的地方。

他们接下来赶往纳什维尔的旅途相对平安无事，并于 1788 年 10 月 26 日安全抵达纳什维尔。纳什维尔就近在眼前了，他们停在附近的一处悬崖边上，俯瞰这片土地，远远望去壮美的坎伯兰河正滋养着这片富饶的土地。最初移民纳什维尔的居民只有 120 人，包括男人、女人和孩子。其中就包括约翰·多纳尔森和他的妻子，以及他们的 11 个孩子，而他们最小的孩子刚刚 13 岁，名唤雷切尔。尽管时常遭到印第安人的"骚扰"，但移民们凭借着辛勤的耕作，硬是在这里生存了下来。显然，印第安人不会轻易放弃这片膏腴之地，因此多年以来，这些移民的先驱不得不居住在坎伯兰河周边零星散布的防御"堡垒"里。

---

1 帕顿，《杰克逊》，第一卷，122—123 页。

1785 年，经过了一个漫长而艰苦的冬季后，一大批移民毫无征兆地移居纳什维尔，给当地的谷物供应造成沉重负担。于是，多纳尔森一家搬迁到了肯塔基，直到谷物供应充足之后他们才回来。多纳尔森一家旅居肯塔基州期间，年轻的雷切尔和路易斯·罗巴兹喜结连理。当多纳尔森一家准备返回田纳西州时，雷切尔决定同丈夫一起留下来。在约翰·多纳尔森返回纳什维尔不久之后，他就在一次森林测绘中被杀了。他的两个同伴在一条小溪附近发现了他的尸体，但是一直不能确定杀害多纳尔森的凶手是白人还是印第安人。

纳什维尔垦殖区建立 8 年以后，杰克逊、麦克奈里和他们的同伴来到了这里。纳什维尔拥有一家法院、两家商铺、两家酒馆、一家酿酒厂和许多房屋、茅屋和帐篷。这里的人还时常与印第安人发生冲突，纳什维尔人可以自由地在乡间漫步，随意地在这里建筑自己的小窝，是多年以后的事了。

在住处选择方面，杰克逊只挑最好的。寡妇多纳尔森住在一个两层木堡里，她不仅是一位富有的女士，还是一位勤劳的主妇，杰克逊决定搬到她家居住。寡妇非常乐意杰克逊租住在她家，因为他可以在印第安人手下保护他们。杰克逊的其他几个朋友也搬到了这里，几个人挤住在一间小屋里，而多纳尔森一家则住在离他们几步远的木堡里。此时，杰克逊认识了同为租户的约翰·欧文顿，对方也是一位律师，很快他们便成了挚友。[1]

寡妇的女儿雷切尔回到家中，和他们住到了一起。她在肯塔基州的生活并不如意，她的婚姻在一场激烈的争吵中摇摇欲坠。起初她的婚姻生活幸福美满，她的丈夫罗巴兹却无端怀疑起了雷切尔，认为雷切尔卖弄风情，勾引男人，甚至怀疑她的所有行为。这场婚姻从一开始就是个错误，雷切尔原本是一个天真活泼的姑娘，她是西区"最会讲故事的人、最美的舞者、最善解人意的伙伴、最时髦的女骑士"[2]，但所有的这些优点都成了罗巴兹眼中醋意大发的导火线。她是个迷人的女人，性格活泼，稍显轻浮，或许她确实该注意一下自己的言行。然而，她不愿意屈服于丈夫的淫威之下。他们的婚姻是在肯塔基破裂的，罗巴兹当场"捉奸"雷切尔，只是因为雷切尔正和一个叫肖特的男人聊天，他便认为自己的妻子背叛了自己。一场争吵在所难免，最后罗巴兹要求多纳尔森一家把雷切尔带回娘家，因为他再也不想和她生活在一起了。不久之后，她的哥哥

---

1 约翰·欧文顿向罗伯特·科尔曼·福斯特叙述，1827 年 5 月 8 日，《美国电报》，1827 年 6 月 22 日。

2 帕顿，《杰克逊》，第一卷，133 页。

塞缪尔便把她带回了纳什维尔。

但是，罗巴兹很快就为自己鲁莽的举动感到后悔了。因为他发现没有妻子，他的生活一团乱麻，他求她回到他身边。尽管雷切尔对重新开始这段婚姻生活充满疑问，但迫于家庭给她的压力以及她对自己处境的认真思考，最终还是选择了隐忍。别忘了那时是 18 世纪 80 年代，民风依旧保守。于是，这对夫妻在田纳西团聚了，并在临近的地方置办了产业，但是雷切尔还是继续跟母亲住在一起。直到印第安人的势力被大幅削减以后，他们夫妻俩才打算搬回肯塔基的家中。

就在这个节骨眼儿上，贪玩、调皮又会追女孩的安德鲁·杰克逊出现了。这个满头红发、脸庞轮廓分明的小伙子，不仅外向开朗，而且乐天达观，这样的性格、气质让雷切尔渐渐地迷上了他。天性仗义且勇猛果敢，杰克逊极为符合西部和南部地区对绅士的标准，于是他很快得到了多纳尔森一家的欢心。当然，这可不包括罗巴兹。生性活泼的雷切尔，热衷于跳舞骑马、热衷于给人讲故事，却嫁给了一个生性多疑、心胸狭隘的神经病。而杰克逊的魅力和品格正好与活泼开朗的雷切尔合拍，这样性格迥异的三个人却住在同一屋檐下。一场激烈的战争正在暗中酝酿。

事态的发展比想象中要快。一天，一群妇女在守卫的保护下去黑莓地采摘黑莓，罗巴兹就是守卫中的一员，他同另一个守卫说起杰克逊，并坦言他觉得杰克逊"和自己的妻子过从甚密"。而这个守卫平时跟杰克逊关系不错，于是就把罗巴兹对他说的话原原本本地告诉了杰克逊。杰克逊听后十分气恼，于是径直去找罗巴兹，并警告他，若再敢把他的名字同雷切尔的"一切"联系起来，"他就割掉他的耳朵，绝不食言"。罗巴兹没有被杰克逊的威胁吓倒，却被气得暴跳如雷，于是直接找到了最近的治安法官，法官一纸安全逮捕令逮捕了杰克逊，并责令他必须出庭接受审判。木堡的守卫们也被召唤出庭，从而确保闹事者服从逮捕令。罗巴兹尾随其后。等他们到达法庭之后，杰克逊突然提出借用其中一位守卫的切肉刀一用。在他发誓不会用这把刀做出伤天害理的事之后，守卫把刀借给了他。杰克逊的手指在刀刃上来回游走，并时不时地轻触刀尖。他一边摸着刀，一边有意无意地瞥一眼罗巴兹，想看看他是否明白自己的用意。罗巴兹好像意识到什么似的，拔腿就往甘蔗丛跑去，杰克逊紧随其后。不一会儿，杰克逊一个人回来了，同守卫们一起去往治安法官处。然而，由于原告的缺席，法庭不予受理。[1]

其他的一些事件也加剧了事态的恶化。当然，罗巴兹也变得越来越暴戾，越来越蛮横残忍。"我和他们家住在一起，"一位曾是杰克逊的朋友的租户回忆道，"罗巴兹对雷切尔十分残忍，根本不像爷们儿。"更有甚者，"路易斯·罗巴兹在我印象中经常夜不归宿，整天都跟一个黑人女子鬼混。"罗巴兹的嫂子说，"可以证实我的话……他们夫妻间的裂痕是因罗巴兹的残忍和不轨行为引起的。"[2] 显然，罗巴兹由于背负着通奸的罪恶感，所以才会以己度人，怀疑自己的妻子不忠。

看到由于他的出现造成的不愉快，杰克逊毅然决定搬出多纳尔森的家，并在卡斯帕·曼斯克那里找到新的住处。而罗巴兹也在此逗留了一段时间，便收拾行李回到了肯塔基，这给即将坠入爱河的杰克逊留出了足够的空间。很快，这位年轻的律师便深深地爱上了雷切尔，而她也对他芳心暗许。

如果杰克逊在田纳西的私人生活开局不利，那么相对而言，他的职业生涯却有了一个不错的开始。几乎在他取得纳什维尔的律师执业证书的同时，他的朋友麦克奈里便任命他为整个米罗区的律师，包括戴维森县（纳什维尔是县政府驻地）、萨姆纳和田纳西。因此，他便可以身兼两职，既是检察官，又是执业律师。

1788 年，杰克逊来到纳什维尔，猛然发现需要他这个检察官处理的公务堆积如山。债务人都欠账不还，并且还为此贿赂了田纳西西区唯一的一位执业律师。而且，地方的司法长官软弱无能，一些商人和债务人如泉涌般找到杰克逊，递交给他诉状，请求他帮忙收回欠款。他立即着手干了起来。仅一个月的时间，杰克逊就针对债务人强制执行了 70 条令状。自然而然地，找他处理法律业务的人越来越多，他的经济状况也有了极大的好转。由于赚的钱越来越多，他甚至没有时间思考自己是该继续前行，还是要永远留在这片西部荒原里。

一些债务人闻讯赶到萨姆纳县，以为这样就可以不受戴维森县的管辖了，就可以不用支付欠款了。杰克逊则拼命地寻找他们。他的坚持惹怒了这些人，一天，他们中的一个人突然走到杰克逊面前故意踩他的脚，以泄私愤。杰克逊

---

1 帕顿，《杰克逊》，第一卷，168—169 页。

2 约翰·唐宁致信约翰·伊顿，1826 年 12 月 20 日，《迪金森文件汇编》，田纳西州历史学会。另请参见詹姆斯·布莱肯瑞吉致信，1827 年 4 月 8 日，以及汉弗莱·马歇尔致信亨利·般克，1827 年 6 月 1 日，《迪金森文件汇编》，田纳西州历史学会。

眼睛都没有眨一下，镇静地捡起一根木棍把那个人敲晕过去。[1]"杰克逊式"敬畏法律的精神开始在田纳西传播开来。

戴维森县早期的法庭记录显示，杰克逊在第一年的任期里，就审理了四分之一到二分之一的待审案件，这是一项极为繁重的任务。[2]仅 1789 年 4 月的一个会期，就有 13 宗讼案存在争议，主要是债务案件，而杰克逊坚持逐一审理。他的业务主要涵盖地契、债务、销售、人身侵犯，为处理好这些业务，他频繁出差，主要往返于纳什维尔和琼斯伯勒之间。在他来田纳西的头七年里，杰克逊穿梭于这两个地方的次数多达 20 次，而它们之间相距 200 英里。在此期间，这两地并不太平。[3]

像很多边疆居民一样，杰克逊也曾被征召入伍，并与印第安人发生冲突。在印第安人猛烈攻击了罗伯森地区以后，杰克逊便加入了一个攻击印第安人的远征队，此时他刚来田纳西不到六个月。这个由 20 人组成的队伍一路追踪印第安人，一直追到他们位于杜克河南岸的扎营地。远征队截获了 16 支枪、19 个弹药袋和印第安人携带的辎重，包括"莫卡辛"鞋、裹腿、外衣和兽皮。[4]这是杰克逊第一次正式加入抗击纳什维尔地区部落的远征队，他的军衔是二等兵。尽管如此，他还是被自己的战友们盛赞："面对敌人时，他勇往直前，大胆无畏而且心狠手辣。""在遇到印第安人的进攻时，他的胆略震撼了所有人"，在接下来的几年里，他获得了"印第安人斗士"的荣誉称号。[5]

印第安人的存在，很大程度上影响了田纳西早期的政治政策。坎伯兰河地区的移民甚至不得不停下手中的活计，专心研究对策保护自身的安全。他们不得已讨好位于他们南部边境的西班牙人，甚至假意表示要脱离美国而独立，以此作为条件，以期新奥尔良的西班牙总督可以援助他们攻打印第安人。[6]

他们讨好西班牙人还出于经济原因。西班牙掌握着一个庞大的帝国，从佛罗里达到路易斯安那，再到得克萨斯，一直延伸到密西西比河西岸靠近加拿大

1　肯德尔，《杰克逊》，90 页。

2　戴维森县记录，副本藏于"杰克逊文件汇编项目"，隐士庄园，田纳西州。

3　詹姆斯·麦克劳格林致信亚摩斯·肯德尔，1843 年 3 月 13 日，《杰克逊文件汇编》，美国国会图书馆。

4　拉姆齐，《十八世纪末期田纳西年鉴》（查尔斯顿，1953 年），484 页；麦克劳格林致信肯德尔，1843 年 3 月 13 日，《杰克逊文件汇编》，美国国会图书馆。

5　帕特南，《田纳西中部历史》（纳什维尔，1859 年），3118 页。

6　亚瑟·惠特克，《西班牙－美国边境》（格洛斯特，1962 年），92 页。

的一些尚存争议的地区，以及向西一直延伸至加利福尼亚北部的太平洋沿岸地区。和平条约签订后，美国独立战争把边境扩展到北纬 31 度以北的密西西比河至大西洋沿岸，然而西班牙并不承认这片领土属于美国。西班牙的部队和政府持续占据着巴吞鲁日以北的大片领土，其中就包括位于密西西比河东岸的纳切兹市。因此，美国向西部和南部的扩张之路被西班牙人切断了，而美国的北扩之路又被统治着加拿大的英国人切断了。

对田纳西人来说，最坏的情况莫过于西班牙人占据密西西比河的河口。若他们想要把自己生产的农产品售卖到纳切兹市或新奥尔良，甚至通过墨西哥湾把农产品运到大西洋彼岸，他们就需要获得西班牙政府颁发的通行证才能通过北纬 31 度以南的领土。一旦西班牙人拒绝给他们发通行证，他们的经济状况就会立即陷入困顿，尽管很多时候西班牙人都是这么做的。除了西班牙人在密西西比河河谷给他们造成的困顿局面外，带领西部人民对抗印第安人的领袖詹姆斯·罗伯森和约翰·塞维尔也表示越来越力不从心，因为位于佛罗里达和路易斯安那的西班牙人唆使印第安人不断攻击美国的垦殖区，事态渐趋胶着，各种密谋、阴谋乃至背叛接踵而来。

为表现出友好的姿态，并作为鼓励美国人放弃美国国籍的一种方法，西班牙政府承诺赠予路易斯安那大量土地，并支持宗教信仰自由，只要他们宣誓效忠西班牙。现颁布的条文中规定，美国人若要使用密西西比河，则需要交 15%的关税，而作为鼓励移民路易斯安那的额外优惠条件，只要他们移民路易斯安那，关税可免。[1]

这里的美国人压根儿就不想成为西班牙的公民，除非实在无路可走。为了达到目的，美国人跟西班牙人玩起了猫鼠游戏。他们谋划着要么让西班牙人改变对印第安人的政策，要么迫使西班牙人打开密西西比河。他们同西班牙人一同谋划，从而给北卡罗来纳施压，让其成为第一个认可联邦宪法的地区，该宪法刚刚编写完成，需要各地区予以认可，然后再把西部的领土割让给美国。[2]最终，所有的这些阴谋都大大地改善了西区移民的境况。总督米罗成功劝说印第安人放松了对移民区的进攻，尤其是克里克河和奇克莫加河附近的印第安人；密西西比河的部分河口也打开了，北卡罗来纳既通过了对宪法的认可，又把它的西部土地割让给了新的国家。

---

1 亚瑟·惠特克，《西班牙－美国边境》（格洛斯特，1962 年），102—103 页。
2 同上，113 页。

在接下来的六个月里，美国国会便把北卡罗来纳划归到西南地区（Southwestern Territory）。乔治·华盛顿总统任命北卡罗来纳的威廉·布朗特为该区最高长官，任命米罗区的丹尼尔·史密斯为部长，而约翰·麦克奈里、大卫·坎贝尔和约瑟夫·安德森一同被选为地方法官。布朗特是一类人的早期代表，他是嗅觉敏锐的操控者、地产经纪人、政客、投资家，抛却他的道德标准或道德观念不谈，他竞选州长的原因很简单，因为他可以直接求助自己的哥哥，这对"西部投机事业的发展有着重要作用"。[1]布朗特可以顺利当上州长，是因为他知道如何向适合的人施加最大的政治压力，杰克逊在认识布朗特之后也迅速学会了这种手腕。

为了尽快组建新的地方政府，布朗特手上握有极大的任命权力，这让他可以以最快的速度实现对这片土地的个人统治。他有权任命的职务包括审判官、地方司法官、治安官、书记员、司法常务官以及将军以下的所有军衔。他的两个私人秘书协助他完成管理工作，一个叫威利·布朗特，是他同父异母的弟弟，另一个叫休·劳森·怀特，是一个年轻气盛而又忠诚可靠的新手律师。同杰克逊一同去过田纳西的两个朋友阿奇博尔德·罗恩和大卫·艾里逊都在政府谋得了重要职位，主要帮助布朗特巩固政治地位。罗恩被任命为华盛顿区的司法部部长，而艾里逊则担任布朗特的商业理事一职。布朗特任命詹姆斯·罗伯森和约翰·塞维尔为地方部队的陆军准将，而联邦政府于1791年签署了他们的任职令。[2]

由布朗特亲自任命手下成员确保了他在西南地区的绝对统治地位。他的这种影响力极大地吸引了当地所有野心勃勃的人，其中就包括安德鲁·杰克逊。没有布朗特的首肯，想在田纳西有长足的发展简直是天方夜谭。杰克逊非常识时务，并很快行动起来。想见到布朗特，他有很多人脉可以用，或者只是让人在布朗特面前提一下他的名字，这些人包括麦克奈里、史密斯和艾里逊。杰克逊不仅是一个工作能力突出且进取心十足的检察官，还是一个极有天赋且胸怀大志的年轻律师，这样的人理应得到州长的提拔。于是，1791年2月15日，杰克逊便被任命为首席检察官。因此，这两人便开始了漫长而又卓有成效的合

---

1 威廉·布朗特致信约翰·格雷·布朗特，1790年6月26日，爱丽丝·基思和威廉·马斯特森编辑，《约翰·格雷·布朗特文件汇编》（罗利，1959年），第二卷，67页。

2 布朗特致信罗伯森，1792年10月17日，《美国历史杂志》（1897年1月），第二卷，82页。

作之旅。

杰克逊的新工作跟先前的工作并没有本质的区别，而鉴于一直困扰着殖民地人民的印第安人，布朗特决定给他分派额外的任务。他告诉罗伯森准将近期需要跟切罗基族人（北美印第安人的一个部落）签订条约："以确保统治区内的移民免受印第安人的侵扰，如果有人胆敢违反条约规定，我希望你给第一个违反规定的人一点颜色看看。本区的杰克逊检察官需要对所有此类案件提起诉讼，我相信他会做得很好。"此时，布朗特听说几个白人移民违反了条约规定，与此同时，他的行动也显示出他对这位新任手下的信任。"把这件事告知杰克逊检察官，"他说，"他知道自己该怎么做，那几个违法者会被依法起诉的。"[1]一年半以后，也就是1792年9月10日，布朗特任命杰克逊为法官，并以法官的身份加入罗伯特·海斯中校领导的戴维森县骑兵团。这是杰克逊的第一个正式军职，尽管这个军职的获得得益于他的法律技能。从此，他便同田纳西军界有了千丝万缕的联系。

詹姆斯·罗伯森也是布朗特的忠实信徒，是坎伯兰河地区不可小觑的政治领袖。他非常欣赏杰克逊一往无前的气概，因此不遗余力地扶持这个年轻人。他的扶持大大拓宽了杰克逊的职业道路。与此同时，杰克逊开始赚钱了，起初赚得并不多，但随着他声名鹊起，钱便赚得多了起来。像许多西部地区的移民一样，他也近乎疯狂地购置土地。购置土地是积累财富和提高社会地位的最快途径，而这两项都是杰克逊所梦寐以求的。

当他下定决心（具体时间无从考证）要娶亡故的约翰·多纳尔森之女、路易斯·罗巴兹之妻雷切尔·多纳尔森为妻时，他的社会地位就注定会受到冲击。雷切尔和罗巴兹早已分居，但在1790年的秋天，坊间便有传闻说罗巴兹打算回到纳什维尔，把雷切尔带回肯塔基，如果雷切尔不同意，就强行把她带走。刚听到这个谣言的时候，雷切尔十分崩溃，因为她知道自己"不可能再跟丈夫生活在一起了"。思虑再三，她决定逃到密西西比河上的西班牙领地纳切兹市避难，在这里她不仅可能得到地产，还能交到知心好友，况且她的很多亲戚都生活在这里，完全可以保护她免受罗巴兹的骚扰。[2]

---

1 布朗特颁发的执业法律事务的任命书和许可证藏于《杰克逊文件汇编》，美国国会图书馆；布朗特致信罗伯森，1792年10月28日，《美国历史杂志》（1896年7月），第三卷，280页。

2 《美国电报》，1827年6月22日。

当杰克逊知晓雷切尔决心逃离纳什维尔去往纳切兹市时，他决定陪她一同前往。罗伯特·斯塔克上校是"一位德高望重的长者，是罗巴兹夫人的朋友"，他决定护送她去往目的地，但是由于路途危险，尤其他们需要在陆地上长途跋涉，所以斯塔克上校试图说服杰克逊陪同他们一起上路，从而保护他们的安全，而这是我们之后要讲的故事。[1]不过奇怪的是，斯塔克上校为什么会邀请杰克逊一同上路呢？他可是这场婚姻的第三者啊，而多纳尔森家的所有男性成员都有义务护送雷切尔，包括她的哥哥、姐夫、堂哥以及表哥。也就是说，杰克逊那时肯定已经向雷切尔求婚了，并表示等雷切尔离婚就跟她结婚，因此才获得了多纳尔森一家的认可。因为多纳尔森家不可能做出会让雷切尔受辱、让整个家族蒙羞的事情。

杰克逊决定陪同斯塔克等人一同前往纳切兹市绝对是经过深思熟虑的。杰克逊和雷切尔的行为正中罗巴兹的下怀，并为他提出离婚诉讼提供了必要证据，他要控告雷切尔犯有通奸罪和抛弃罪。杰克逊和雷切尔必须为将要发生的一切负责。他们的行为违反了社会习俗，就必须付出巨大的代价。随着年龄的增长，雷切尔成了一名虔诚的信徒。不只是随着年龄增长的那种普通意义上的虔诚，而且是一种充满感情甚至是近乎狂热的虔诚，这种虔诚贯穿了她的一生。很可能是因为雷切尔在后来的生活中遭受了巨大的折磨，并开始懊悔自己年轻时对杰克逊的禁忌之爱，很可能她的后半生都是在不断的赎罪中度过的。

根据约翰·欧文顿在 1827 年写下的官方版本可以发现，雷切尔是在 1791 年 1 月决定逃亡纳切兹市的，而该版本由纳什维尔中央委员会发行。这个日期以及后来牵扯结婚的日期都极为重要，因为欧文顿后来提供证据证明杰克逊和雷切尔在道德上是清白的，根本没有犯罗巴兹起诉的通奸罪和重婚罪。根据欧文顿写的内容，可知雷切尔"是在 1791 年的冬季或者春季"同杰克逊和斯塔克一家顺流而下，从纳什维尔来到了纳切兹市，也就是大约在雷切尔听到罗巴兹的传言之后的六个月的时候。1791 年 5 月，在完成护送任务之后，杰克逊又及时回到了纳什维尔的高等法院。与此同时，雷切尔在纳切兹市同托马斯·格林上校和布伦上校的家人住在一起。

还没等杰克逊回到田纳西，罗巴兹在弗吉尼亚（罗巴兹居住的肯塔基区当时隶属于弗吉尼亚）离婚的消息便传到了纳什维尔。在这场离婚诉讼中，罗巴

1　1828 年，杰克逊竞选美国总统之时，纳什维尔中央委员会就杰克逊的婚姻状况发布一项声明，此声明在美国流传甚广。请参见《美国电报》，1827 年 6 月 22 日。

兹的姐夫约翰·朱厄特少校作为中间人从中调停，而朱厄特少校任职于弗吉尼亚的州议会。但是罗巴兹并没有离婚。他手上不过是有一纸1790年12月20日生效的授权令，授权令中规定他有权在肯塔基地区的最高法院起诉他的妻子。授权令的具体内容是这样的："传唤陪审团出庭……并根据惯例做出裁决；若陪审团……则应判原告胜诉……被告抛弃原告，并在抛弃原告后同另一个男人通奸，需要对以上裁决进行归档，而当事人路易斯·罗巴兹和雷切尔解除婚姻关系。"[1]

当离婚的传言传到纳什维尔，欧文顿、杰克逊和另一个律师都没有打算鉴定这个传言的真伪。因为，杰克逊手上并没有关于离婚的记录或法定证据。尽管如此，根据欧文顿的回忆，"那是1791年的夏天"。等他办完手头上的事情，便匆匆赶回了纳切兹市，同雷切尔结婚了。虽然，他并不清楚这场"无辜的"婚姻会让他"失掉多少安宁和幸福"。[2]

操办这场婚礼的人是谁已经无从知晓，因为欧文顿并没有透露，而且并没有记录证明这场婚姻有效。[3]欧文顿只说："1791年夏天，杰克逊将军回到纳切兹市，就我理解而言，他一定是回来同雷切尔结婚的。"[4]纳切兹市在1791年还是西班牙的统治区，也就是说，所有的合法婚礼都需在天主教堂举行并经过天主教神父的见证。巴吞鲁日的天主教教区整理了1870年之前所有在该教区举行的婚礼，并做了一个完整的清单，最后集结成册，出版了一本名为《档案材料指南》的书，书中并没有记载杰克逊和雷切尔存在婚姻关系。

但是，由于他们都是新教徒，所以也可能是纳切兹市的新教牧师给他们主持了婚礼。有人提出这样一种推测，佐治亚的地方法官托马斯·格林上校在儿子家里主持了杰克逊和雷切尔的婚礼。如果他确实做过这件事，便没有文件或记录证明这场婚姻。[5]

---

1 威廉·何宁，《弗吉尼亚州法律概况》（费城，1823年），第十二卷，227页。

2 《美国电报》，1827年6月22日。

3 "杰克逊文件汇编项目"主持进行了一场大范围研究，包括纳切兹市和杰克逊以及密西西比相关的一切记录和线索；巴吞鲁日和新奥尔良以及路易斯安那州；以及华盛顿哥伦比亚特区——未果。佐治亚州和田纳西州的以及塞维尔的各种档案，也没有得到相关资料。

4 《美国电报》，1827年6月22日。

5 更多关于杰克逊遇到的婚姻难题以及关于其结婚时间和地点的不同说法的信息，请参见莱米尼，《杰克逊》，第一卷，60—67页。

夫妻俩在他们"婚后"很可能只在拜尤皮尔小住了一段时间，在此期间他们可能住在雷切尔名下的房产里。[1]根据欧文顿的描述，他们随后便在1791年的秋天返回到了纳什维尔，在那里他们过着受人尊重的日子，并得到了邻里街坊的交口称赞。

两年后，他们了解到了一个可怕的现实，即雷切尔根本没有同罗巴兹离婚，至少在1791年的时候。直到1793年9月27日，罗巴兹才从哈罗兹堡的政府驻地默瑟县的季审法院收到离婚判决书。因为雷切尔和杰克逊已经生活在一起两年多了，因此陪审团的判决："雷切尔·罗巴兹抛弃原告路易斯·罗巴兹，并同另一个男人通奸至今"是毫无疑义的。因此，"法院基于以上事实，遂解除原告和被告的婚姻关系"。[2]

很难说清罗巴兹为何等如此之久才想起复仇。或许他希望同雷切尔和解，而不是像现在这样撕破脸；也或许他企图争夺雷切尔亡父的遗产；[3]更或许这根本就是他复仇的方式，他想让使他尊严和声誉扫地的杰克逊和雷切尔付出代价。

杰克逊在1793年12月才听说这个震惊的离婚消息。他的朋友都劝他赶紧去领一张结婚证，再举行一场婚礼。1794年1月17日，他领到了结婚证，并于第二天在治安法官也就是雷切尔的姐夫罗伯特·海斯的见证下举行了婚礼。[4]

这些与婚姻有关的"事实"在1827年杰克逊竞选美国总统的过程中都被翻了出来，闹得美国上下尽人皆知。如果人们选择相信雷切尔和杰克逊没有做出任何出格的行为，这些"事实"的存在倒是给他们提供了合理的解释。此外，人们很容易忽视一个事实，那就是作为律师的杰克逊在同雷切尔"结婚"之前，不屑于得到离婚的法律证据。他们在1791年的"婚姻"并没有记录在案，连婚姻的操办者是谁都不清楚，尽管两年后这对"夫妻"才了解到雷切尔之前的婚姻关系根本没有解除。尽管事实是，《肯塔基宪报》根据弗吉尼亚州议会的命令，曾分别在1792年2月4日、11日、18日和25日，以及3月3日、10日、

---

1 乔治·科克伦在纳切兹市寄给杰克逊的信中提及"您的朋友已经回到巴尤皮埃尔"，而信上标记的时间是1791年4月15日，《杰克逊文件汇编》，美国国会图书馆。

2 离婚判决书，默瑟县，肯塔基州季审法院记录，1792—1796年，副本藏于"杰克逊文件汇编项目"，隐士庄园，田纳西州。

3 参见杰克逊写给罗伯特·海斯的信件，1791年1月9日，《杰克逊文件汇编》，美国国会图书馆。

4 结婚证书，《杰克逊文件汇编》，哈佛大学图书馆。

17 日和 24 日正式传唤雷切尔出庭答辩对其通奸罪的指控。[1]

更为甚者，欧文顿对事实的解释与好几项证据存在出入，这些证据在很多重要方面与他的描述相悖。第一个涉及的问题便是斯塔克一行人抵达纳切兹市的时间。对此，西班牙政府有确切的记录。所有想长期居住在纳切兹市的外国国民，都要在抵达的第一时间宣誓效忠西班牙国王。根据西班牙政府的记录，斯塔克在 1790 年 1 月 12 日就已经到了纳切兹市，而不是欧文顿所说的 1791 年。[2]

第二项证据是，住在纳切兹市的乔治·科克伦曾在 1790 年 12 月 3 日写信给杰克逊，他在信的末尾写道："致以我最崇高的敬意，静候杰克逊夫人。"[3] 难道杰克逊已经在 1790 年的秋天同雷切尔"结婚"了？然而，罗巴兹在 1790 年 12 月 20 日才获得法律允许开启离婚诉讼。难道杰克逊在弗吉尼亚法院做出审判之前就已经"结婚"了？

科克伦在 1791 年 10 月 21 日又写了一封信给杰克逊，信中提到自从他"离开这里"，已经有 6 个月没有给他写信了。如果杰克逊和雷切尔是在 1791 年夏天的纳切兹市"结婚"，正如欧文顿所说，那么为什么住在纳切兹市的科克伦会在信中说，自从他"离开这里"，只在当年的 4 月给他写过一封信，此后到 10 月就音信全无了呢？[4]

另外一项证据还证明杰克逊和雷切尔的"结婚"时间要比后来他们声称的结婚时间整整提早一年，他们的"婚姻"甚至在罗巴兹收到法律许可开启离婚诉讼之前就已存续。这条证据就是雷切尔的父亲约翰·多纳尔森的财产清单。在 1790 年的 7 月和 10 月戴维森县的法院把雷切尔的名字标为"雷切尔·多纳尔森"，而在 1791 年 1 月，她的名字却被标为"雷切尔·杰克逊"[5]（上述的时间都没有错误，时间都提供了两次，另一次是 1791 年 1 月 28 日）。因此，大约在这个时候，也就是说，欧文顿称雷切尔准备逃到纳切兹市的时候，她已经是真正意义上的"雷切尔·杰克逊"了。

这样看来，欧文顿所提供的时间要比真实的时间晚一年。因此，根本不像

---

1 相关《宪报》的副本藏于"杰克逊文件汇编项目"，隐士庄园，田纳西州。

2 在卡洛斯·德·格兰特和安东尼奥·索拉儿面前宣誓效忠，1790 年 1 月 12 日，古巴 2362 号文卷，西印度群岛综合档案馆，塞维利亚，西班牙。

3 科克伦致信杰克逊，1790 年 12 月 3 日，《杰克逊文件汇编》，美国国会图书馆。

4 此处提及的信件请参见《杰克逊文件汇编》，美国国会图书馆。

5 戴维森县，遗嘱和财产清单，第一卷，166—167 页、176 页、196—201 页。

杰克逊在 1827 年所断言的那样，他和雷切尔是在罗巴兹收到离婚诉讼的法律许可之后结婚，而是在几个月前就已经"结婚"了，甚至要早于科克伦在 1790 年 12 月 3 日写给杰克逊的信中称雷切尔为"杰克逊夫人"，他们很可能是在 1790 年 10 月下旬的某一天结的婚。如果这一切都是真的，他们"结婚"的时候，雷切尔在法律上仍旧是罗巴兹的妻子。当然，除非他们压根儿就没有结婚（这样便可以解释他们为什么没有留下任何结婚证明了），而仅仅是同居关系。

杰克逊是一个极有抱负且渴望社会地位的人，做出这样的行为实在不像他的风格。也有可能他是不得已才这样做，他可能想保护雷切尔的声誉，因为他必须像一个绅士一样要求自己。

有一件事情是肯定的，无论杰克逊和雷切尔在何时、何地曾做过什么，他们的行为并没有引起社会的公愤。这本身就是衡量一件事情好坏与否的重要标准。在接下来的几年时间里，这个国家的人民授予了杰克逊无数的荣誉，要是他们真的认为杰克逊品行不端，就不可能授予他这些荣誉，这就说明民众已经接受了两人的婚姻。杰克逊的邻居威廉·路易斯后来写道："如果杰克逊真像所传言的那样，他怎么可能在社会上获得如此高的声誉？若一个人不仅没有道德，还敢公然反抗社会习俗，那么这个人的社会地位不可能很高，无论他多么有才华，也无论他的成就有多高。这件事本是无稽之谈，唯一的解释就是有人当着全国人民的面恶意中伤杰克逊。"在路易斯的另一封信中写道："杰克逊将军和杰克逊夫人的行事可能鲁莽了一些，但是没人觉得他们的行为触犯了法律，他们持续一生的婚姻就是对这种诽谤的有力反击。"[1]

因为杰克逊和雷切尔是相爱的，并因此陷入了尴尬的境地，两人才不得不用看似十分拙劣的手段来应付这一切，路易斯也承认了这一点。正是出于这个原因，他们不能被认定为有罪，他们只是不得不想办法掩盖起那段并不光彩的开始，只有这样才能体面地生活在一起。当杰克逊竞选总统时，他别无选择，只好把他和雷切尔第一次"结婚"的时间推后一年（当然也有可能是 37 年后，也就是从 1790 年到 1827 年，他们真的把时间搞混了吧）。

无论他们当初结婚时面临什么样的情况，两个如此优秀之人的结合必定会为彼此的人生注入活力。两人身上狂野不羁的一面都不见了。杰克逊的暴脾气也收敛了很多，他变得十分温柔，对雷切尔体贴入微，且越来越有风度。而雷

---

[1] 路易斯致信卡德瓦拉德，1827 年 4 月 1 日、6 月 12 日，福特藏书，纽约公共图书馆。

切尔则成了一位虔诚的教徒，她如痴如狂地献身于宗教信仰。雷切尔早年同罗巴兹的婚姻所经受的痛苦和诽谤，在同杰克逊结婚后便都烟消云散了。杰克逊和雷切尔对彼此的爱，随着时间的推移越发成熟了，他们的婚姻经受住了杰克逊长期外出的考验，毫无疑问，那些总是不怀好意恶意诽谤他们婚姻的人让两个人的手握得更紧了。

等夫妻两人结束了在纳切兹市的旅居生活，回到田纳西以后，他们便在一个名为波普勒格罗夫的农场安家了，此地位于坎伯兰河的转弯处。杰克逊接手的案件越来越多，他渐渐有财力购置更大的地产了，不久便购置了一座名为猎人岭的农场，这里距离纳什维尔仅有 13 英里。尽管夫妻俩有过离婚和被指控通奸罪的不愉快经历，但他们的结合大大提高了杰克逊的社会地位。他因此成了多纳尔森家的一员，而除了罗伯森一家，多纳尔森一家在西田纳西的影响力是最大的。雷切尔给了杰克逊安定的生活、尊贵的社会地位和无尽的荣誉，而且，她在管理杰克逊日益增长的财富中发挥着不容小觑的作用。杰克逊欠雷切尔·多纳尔森太多，多到杰克逊自己都无法完全意识到。但是他深深地爱着她，就这一点便足以弥补他自身的很多不足。他爱她，几乎在他余生的每一天都想着她。

第三章　国会议员杰克逊

印第安人一直是田纳西的心头大患，在接下来的几年里，杰克逊渐渐成长为一位雷厉风行的边疆居民，立志铲除印第安人。他对印第安人和国会都深恶痛绝。他曾说过，由于国会的袖手旁观，无数无辜的移民被杀，订立的条约如同一纸空文，鲜血洒满了边疆的土地。"我不清楚国会对此事采取放任态度是出于什么动机。有人说这是出于人道主义精神，但至少不应以损害公民的利益为代价，为了捍卫公民的权益，国会应做到公正执法，严厉惩戒屠杀无辜公民的野蛮人。"[1]

布朗特也意识到了这个问题，意识到联邦政府不愿或不能解决这个问题。考虑到自己的政治前途岌岌可危，他决定铤而走险采取一些非常措施。于是他立即申请田纳西以一个州的身份加入美国，一旦申请通过，田纳西便可以随心所欲地处置印第安人。此外，令布朗特极为欣慰的是，此次行动若顺利，不仅会大大增强他在国内的政治声望，还有助于实施他的土地方案。

事情以惊人的速度推进，布朗特敦促准州的代表大会进行人口普查，并就新州成立涉及的问题进行公民投票，以及组织制宪会议，然后向准州的人民提供财务报告，以证实该州的财政实力。布朗特真可谓是劳苦功高，他案牍劳形，夜以继日，所参照的不过是 1787 年通过的《西北土地法令》（以下简称《土地法令》）里规定的指导准则，以及在国会任职的朋友向其提供的建议，田纳西就这样一步一步地由一个准州蜕变为一个真正的州。

《土地法令》中有一项明确规定：只有总人口超过 60000 人的准州才有资格申请成为美国正式的州。因此，在布朗特的领导下，人口普查工作一丝不苟

---

1 杰克逊致信约翰·麦基，1794 年 5 月 16 日，杰克逊，《信件》，第一卷，12—13 页。

地进行着。随后，布朗特在 1795 年 11 月正式对外公布了人口普查的结果。他说，该准州拥有总人口 77362 人，其中包括 65776 个白人、10613 个奴隶，以及 973 个黑人。其中该准州 8 个东部县的总人口超过 65000 人，而其余西部 3 个县的总人口还不到 12000 人。[1]

在是否支持田纳西由准州变为州的公民投票中，有 6504 人选择支持，2562 人选择不支持，支持率为 13：5。[2] 而戴维森县的人则以压倒性优势投了反对票，支持率为 96：517。东部的几个县都以绝对优势投了反对票。[3] 我们不难推测杰克逊就是 96 个投支持票的选民中的一个，因为他会义无反顾地支持自己的导师威廉·布朗特。

公民投票完成以后，布朗特立即号召选民选举制宪会议的代表，选出的代表将于 1796 年 1 月 11 日在诺克斯维尔进行会晤。每个县选举 5 名代表，一共选举 55 名。选举日定在 1795 年 12 月 18 日和 19 日，为期两天，而戴维森县选举出的 5 名代表分别是约翰·麦克奈里、詹姆斯·罗伯森、托马斯·哈德曼、乔尔·路易斯和安德鲁·杰克逊。

代表们在诺克斯维尔郊区的一栋小楼里碰头。他们花费 10 美元购买座椅，花费 2.62 美元购买总统专用桌的油布，而购买蜡烛、木柴和架子的花销为 22.5 美元。州议会给代表们每天分发 2.5 美元的补贴，但是他们一致投票决定每人每天只要 1.5 美元的补贴。很显然，他们每个人身上都秉持共和主义的美德。代表们决定把剩下的差额补助全数分发给秘书、印刷工和书记员，因为这些人不归州议会管辖任命。

代表大会一经成立，代表们就立即从每个县的代表中分别票选出两位代表起草法律草案，而每个县有权利任命它辖区内的成员。其中大多数的代表都把自己的选票投给了他们中最机智灵活意气风发的同事。戴维森县的代表成员选择了麦克奈里和杰克逊。

此次代表大会的整个会期持续 27 天。可惜的是，他们当年在会上所做的辩论无一被记录下来。依据现有的文献，我们不难推测出杰克逊是整个议程的急先锋，尽管他并没有在其中扮演举足轻重的角色。他赞同建立两院制的州议会。他不赞同要求每个公务员必须进行宣誓效忠（信仰上帝、相信来生以及维

1 拉姆齐，《田纳西州年鉴》，648 页。

2 同上。

3 同上。

护《圣经》的神圣地位）仪式的规定，并在其中发挥了重要的反对作用。此外，他还提议把牧师排除在州议会之外（最初的提案规定牧师不得担任州内所有重要的军事和民事官职）。他支持拥有 200 英亩以上土地以及在州内居住至少三年的居民才有资格在州议会上取得席位的提议，且只有在某个县居住至少一年以上才有资格代表该县参加州议会。最终，他成功支持下级法院的法官获得发布调审令的权力，以及把证据带回下级法院的权力。[1]

跟大多数西部的边疆居民一样，杰克逊对政府的态度往往随着不同的社会问题发生改变。他对财产权和奴隶制度的态度非常保守，政府对此做出的一切干涉都会让他勃然大怒（如果他实在无法改变现状）。而在印第安人的问题上，他则采取完全相反的态度，转而支持政府参与铲除印第安人。在选举权的问题上，杰克逊跟绝大多数西方人一样一贯采取民主的态度。他主张自由民获得公民权的唯一条件是居住时间。他后来提及，若公民受法律约束并在犯错时受到法律的惩戒，那么他们"有权在制定法律的过程中提出自己的建议"。然而，他支持担任公职的人员有一定的财产。[2]

有这样一种说法（后来证明纯属臆造），大意是说杰克逊根据切罗基族人的一个首领的名字 Tinnase 或 Tenase 把州的名字命名为田纳西。出版于 1793 年，由丹尼尔·史密斯将军所著的《田纳西政府简述》中就出现了田纳西，所以"田纳西"这个名字在代表大会设立之初就已经妇孺皆知了，而与会的代表们一致选用田纳西为新州的名字，因为田纳西这个名字读起来朗朗上口。更为重要的是，它听起来很有美国味！不像什么卡罗来纳、弗吉尼亚或者佐治亚，一听就是英国式的名字。

代表大会最后通过了一份最终议案，该议案不仅切实可行，而且具有民主精神。在本州居住超过 6 个月的居民即获得投票权，而不动产所有者一旦定居某县即获得投票权。实际上，与会的代表们一致采用成年男性普选权，也就是说，成年男性黑人（非奴隶）也享有选举权。名下有 200 英亩土地的本州公民有权被选入州议会担任公职，名下拥有 500 英亩土地的本州公民才有权被选为州长。而《公民基本权利法案》中规定"一切权利"属于人民。保障人民的宗教信仰

---

1 《田纳西州制宪会议程议事录……》（诺克斯维尔，1852 年），全书内容皆可参考。

2 同上；杰克逊致信詹姆斯·布罗诺，1822 年 8 月 27 日，《佛罗里达州历史季刊》（1955 年 7 月），第三十四卷，23 页，小赫伯特·多尔蒂，"安德鲁·杰克逊在佛罗里达州的地缘政治伙伴"。

自由、陪审团审判权、新闻出版自由以及集会结社的自由。[1]

代表大会于 1796 年 2 月 6 日休会，代表们也算功德圆满，若无重大修订，他们此次通过的议案有效期将持续到 1834 年。杰克逊为此获得了 53.16 美元的酬劳。他在会议期间表现出的谦虚而可敬的品质让他美名远扬，并成功塑造了他在西部社会中的领袖形象。在布朗特麾下谋事的这段时间，他的社会地位显著提升，布朗特派极为信任这位来自坎伯兰河的同僚。在代表大会的各个议程中，杰克逊多次挺身而出支持布朗特和他朋友们的政见。所有这一切无不预示着，杰克逊正渐渐成长为一名可信赖的政客，一位田纳西西部的重要人士。

布朗特派对杰克逊青睐有加的一个重要原因是这个年轻人身上有着鲜明的西部思维，而这种思维恰恰是坎伯兰河居民所乐见的，这将极大提高布朗特派在该区的政治信誉。例如，在印第安人、西班牙人以及英国人的问题上，杰克逊对他们的不轨行为总是义愤填膺。他老早就赢得了精明强干的名声。甚至有人曾直截了当地告诉他："你说的每一个字都掷地有声。"[2]尤其是当他痛陈国会的种种不是的时候，他们尤其喜爱他这种直言不讳的品质。因此，当杰克逊听闻约翰·杰伊同英国签署了开放西印度群岛诸港给美国船只（鉴于需要执行某些严格的限制规定）的协议后，他便十分愤怒，冲时任北卡罗来纳国会议员的纳撒尼尔·梅肯（Nathaniel Macon）极尽挞伐之能事，而颇有能力的梅肯则依旧保持一贯的保守态度。

情况危在旦夕。总统和三分之二的参议员已经批准杰伊先生和格伦维尔勋爵近期进行的谈判（根本不能称之为《通商条约》，因为《通商条约》类条约以互惠性为准则），这会陷我们的国家于万劫不复的深渊。阁下以为这样就可以停止内战吗？阁下觉得只靠国会中的众议员坚持正义就足以洗刷我们这个国家的耻辱了吗？（通过检举那些公然侵犯我们宪法权力的行为）阁下以为这样就可以把这些耻辱从伟大合众国的档案中擦掉吗？[3]

---

1 约翰·伯恩哈特，"田纳西州 1796 年宪法"，《南方历史杂志》（1943 年 11 月），第九卷，532—548 页，654 页。

2 马克·米切尔致信杰克逊，1795 年（10 月？）12 日，赫佳藏书，田纳西州历史学会。

3 杰克逊致信梅肯，1795 年 10 月 4 日，杰克逊，《信件》，第一卷，17—18 页。

这就是杰克逊，一个狂热的极端国家主义者，气急败坏地抨击着边疆地区的种种不堪，轻易地就能引起人们对内战的恐慌，他大声控诉，摆出蔑视的姿态。每当提及"伟大合众国"的权力和尊严，他的感情就会变得异常强烈，他会无畏地（有时甚至不顾一切）要求当局采取适当的对策（尽管有些对策十分过激）来维护国家的尊严。作为边疆上活跃的爱国分子，每每提及"可憎的西班牙先生"和他们的盟友"野蛮的印第安人"，杰克逊就会变得十分严厉。

然而，我们可以从这封冗长偏执的信件中更多地了解杰克逊。我们可以看到一个西部律师和政客对国会没有捍卫国家的荣誉和尊严所表现出的鄙夷，他甚至曾鄙视"那 20 个具有贵族气派的参议员"，这显示了杰克逊的性格和思想形态。最重要的是，他反对从狭义上理解美国联邦宪法。他信奉州所拥有的权利，而总是对中央政府所犯的错误持怀疑态度。西南地区的边疆居民都坚持认为州该拥有更多的权力，因为他们需要制定各种策略来捍卫他们的政治和经济利益。值得一提的是，杰克逊每次书写"州"（State）这个词的时候，总是习惯性地首字母大写，而在写"美国"（united States）的时候，总是将 u 小写。当然，造成这种拼写习惯的原因可能是多种的，因为他在书写和标点的规范问题上总是昂然自若。但是，我们仍能从中窥探一二，进而了解杰克逊的一些想法和态度。同大多数边疆居民一样，州对杰克逊的意义非比寻常。而远在费城的联邦政府压根儿就是一个不近人情的存在，这个政府不但放任印第安人与西部居民的冲突不管，而且时常同外国签订丧权辱国的条约，致使它的人民蒙羞，曾经的骄傲荡然无存。

因此，考虑到当地社会的自身利益，杰克逊当然明白田纳西成为一个州的意义。自他从诺克斯维尔返家以后，到底曾为州宪法的实施卖力几何我们不得而知。我们只知道，宪法刚制定不久便顺利生效。没有经过国会的批准，抑或任何其他人的批准，田纳西就这样开始行使州的所有功能。1796 年 3 月 28 日，被定为准州政府（从严格意义上来说，此时的田纳西还是准州，而不是州）的休息日。约翰·塞维尔作为一名受人爱戴的印第安斗士以及独立战争英雄，不久后在布朗特派以外另结一派，并担任该派的首领，甚至着手计划竞选州长。州议会选举完毕，议会成员准备在 3 月底举行第一轮会议。以上都是田纳西自作主张的结果，合法根本无从谈起，西部的行事风格，可见一斑。

国会对田纳西这种专横跋扈的行事风格极为不满，但是经过多方抗议后，尤其是联邦党（1789—1816 年，由汉密尔顿、亚当斯领导的美国政党，拥护联邦宪法的实施，主张建立中央集权的联邦政府）成员的抗议，国会最后不得已通过授权法案，由华盛顿总统于 1796 年 6 月 1 日签字生效，田纳西正式成为美国的第 16 个州。来自诺克斯县的威廉·布朗特和来自霍金斯县的威廉·科克成为美国参议院的参议员。然后，在毫无事先安排的情况下，布朗特临时起意大力提携安德鲁·杰克逊。他决定扶持这个年轻人竞逐田纳西州在美国众议院的唯一一席位。[1]

当然，其中还有一些不得已的原因。因为布朗特和科克都来自田纳西州的东部地区，布朗特凭借敏锐的政治嗅觉感觉到有必要选一位来自田纳西州西部地区的国会议员。此外，杰克逊不仅同坎伯兰河的居民亲密无间，而且跟布朗特唇齿相依。布朗特迫切希望有人可以在国会中替自己说话，尤其是关于与印第安人之间无休止的斗争。并且，布朗特需要一个可以信赖的部下，而他必须明白忠于政党的重要性。布朗特相信杰克逊就是这样一位值得信赖的人。就在三年前，这位年轻人这样写道："布朗特长官交给我的所有差事我都心甘情愿去做，因为我知道他会努力维护我的利益。"[2]最后，布朗特想要的那个人必须有胜券在握的本领。当当局宣布杰克逊被提名时，约翰·欧文顿表示在意料之中。欧文顿在给杰克逊的信中写道："请允许我致您在家乡的声望和名气致以衷心的祝贺，阁下这次势在必得，我相信阁下一定可以成为这片土地上的第一位当选者。"[3]的确，杰克逊于 1796 年秋天顺利当选为田纳西州第一位（也是唯一的）众议员，仅有少数人投反对票。此时，他刚刚年满 29 岁。

1796 年深秋，杰克逊来到了美国当时的首都费城，此行的目的是参加第四届国会第二次会议的磋商，这不是他第一次踏足这个城市。1795 年 3 月，他曾来此地售卖他和约翰·欧文顿共有的 50000 英亩土地，以及收取已故的乔尔·赖斯租用他 18750 英亩地产的佣金。也就是从此时开始，发生了一系列蹊跷、复杂甚至极为危险的事件，直接造成杰克逊一生都要生活在错综复杂甚至是隐秘的环境中。这是一个关于安德鲁·杰克逊参与土地投机买卖的故事。土地投机险些让他遭遇牢狱之灾。

---

1 托马斯·阿伯内西，《田纳西州从边疆僻壤到种植园的演变》（查普尔·希尔，1932 年），165—166 页。

2 安德鲁·杰克逊致信约翰·麦基，1793 年 1 月 30 日，杰克逊，《信件》，第一卷，12 页。

3 欧文顿致信杰克逊，1796 年 3 月 10 日，《杰克逊文件汇编》，美国国会图书馆。

杰克逊一回到田纳西，就迫不及待地、专心致志地投入到土地投机当中，因为获得土地是在西部致富最快捷且最稳妥的方法。很有可能在他启程去费城售卖土地的时候，他正在倒卖几万（也许是几十万）的土地。[1] 经过22天漫长的等待之后，杰克逊声称"这是有史以来他最为困难的时候"，他终于迎来了一个叫大卫·埃里森的买家，此人是布朗特家庭的业务经理，曾定居于费城，并同此地的一家商行老板约翰·埃文斯结成合伙人，成立了一家专门同坎伯兰河居民进行大宗商品交易的公司。[2] 在这种情况下，埃里森出价每英亩20美分，杰克逊欣然接受，并拿到了三张本票作为土地买卖的凭证。

杰克逊在田纳西的生意向北做到了肯塔基州，向南直达纳切兹和密西西比河，因此他计划在坎伯兰河上开一家店，从而让生意走上正轨。在准备的过程中，他趁机拉雷切尔的哥哥塞缪尔·多纳尔森入伙。[3] 杰克逊从米克、科克伦和一家费城的公司处购买物资，用埃里森给他的本票（已背书）结算。埃里森曾带杰克逊去了他和约翰·埃文斯合伙的那家公司购买其他物资。埃里森冲杰克逊一通介绍后，便告诉杰克逊："他愿意为他提供现有的任何货物，数量随意。"[4] 于是他们便给杰克逊开具了发票，杰克逊拿出埃里森曾给他的本票结算，埃文斯在背书后收下了本票。后来，杰克逊承认，他在本票上签字的时候，因为疏忽大意，没有注意本票上写着需要他"为他们所需支付的款项做担保"的字样。[5]

杰克逊就这样承认了。商人或律师在卷入大额资金交易时，没有意识到自己的责任以及被牵连的程度，这会有什么样的后果呢？他闪烁其词地向欧文顿开脱自己，他说："他陷入了最糟糕的境地。"[6] 然而，埃文斯理直气壮地让他买回这些本票，否则就起诉他。杰克逊就这样垂头丧气地回到了田纳西，他写道："心累，甚至有一了百了的冲动。"[7]

两个月后，米克、科克伦和那家费城的公司通知杰克逊说埃里森违约，而

1　莱米尼，《杰克逊》，第一卷，86页及后文。

2　杰克逊致信欧文顿，1795年6月9日，《克莱布鲁克和欧文顿文件汇编》，田纳西州历史学会。

3　账簿，隐士庄园妇女协会，隐士庄园，田纳西州。

4　埃里森交易事项，日期不详，《杰克逊文件汇编》，美国国会图书馆。

5　同上。

6　杰克逊致信欧文顿，1795年6月9日，《克莱布鲁克和欧文顿文件汇编》，田纳西州历史学会。

7　同上。

根据本票上的背书杰克逊应负责偿还本票上的款项，这一切对杰克逊来说宛如晴天霹雳。几个月后，约翰·埃文斯及其公司又给他发了一份类似的通知。[1] 为了尽快还债，他卖掉了自己的店铺，并用这笔钱买下了 33000 英亩土地。随后，他便急匆匆地赶去诺克斯维尔，把这些土地以每英亩 25 美分的价格卖给了詹姆斯·斯图尔特。杰克逊很可能是在去参见田纳西州的制宪会议时卖掉了这些土地，并且他很有可能是通过威廉·布朗特把地转手给了斯图尔特，因为布朗特时任斯图尔特的代理。[2]

1796 年 2 月，杰克逊和欧文顿的合伙人关系重新生效，他们对面临的债务采取了保护性措施，并约定共同承担同埃里森交易过程中产生的一切亏损，"违者每人罚款 100000 美元"。[3] 在接下来的一个月，杰克逊忙于占有田纳西境内的大片土地，以期转卖给费城，想以此获利来支付欠款。此时，他还购买了一座名为猎人岭的农场，总共 640 英亩，位于坎伯兰河的南岸，几年后这里成了他的家。经过了大约两个月的时间，也就是在 1796 年的春天，杰克逊总共获得了 29228 英亩土地，准备在费城出售。[4]

杰克逊于 1796 年去费城赴任，开始他在国会的任期，他依旧苦于寻找土地的买家，非常不可思议的是，他再一次找到了埃里森和布朗特。他把 28810 英亩土地卖给了他俩，并拿到了埃里森开具的两张本票和一张布朗特开具的本票。布朗特承诺两年内连本带息付款。[5] 有了布朗特的担保，杰克逊暂时脱离了危险，但是跟埃里森之间的问题依然存在。埃里森欠他 20000 美元，而他什么都做不了，唯一能做的就是等待，祈祷事情会有所好转。这件事纠缠了他好多年，甚至差点为此入狱。[6]

1 米克、科克伦以及公司致信杰克逊，1795 年 8 月 22 日，约翰·埃文斯以及公司致信杰克逊，1796 年 1 月 14 日，《杰克逊文件汇编》，美国国会图书馆。

2 参见杰克逊的备忘录，埃里森事务，1801 年 7 月 15 日，《杰克逊文件汇编》，美国国会图书馆。

3 戴维森县，遗嘱和财产清单，第二卷，40 页。

4 戴维森县和诺克斯县契约书汇编，C 部分和 D 部分，492—496 页，454—456 页，以及北卡罗来纳州政府赠地簿，第八十八卷，328 页，副本藏于"杰克逊文件汇编项目"，隐士庄园，田纳西州。

5 参见布朗特的本票，1796 年 6 月 11 日，《杰克逊文件汇编》，美国国会图书馆。

6 埃里森致信杰克逊，1795 年 5 月 13 日，《杰克逊诉安德鲁·埃尔温等人》，个案记录，副本藏于"杰克逊文件汇编项目"，隐士庄园，田纳西州。

1796 年秋天，杰克逊启程前往费城担任国会议员，从此他会有很长一段时间别离家人。这种别离让杰克逊怅然若失，当然更为怅然的是雷切尔。他经常给雷切尔写冗长的情书，这让我们有机会一窥这个男人不为人知的柔软一面。1834 年，隐士庄园（the Hermitage）的大火几乎烧掉了两人之间所有的信件，因此人们也很难看到杰克逊是如何深爱他所爱之人的。所幸，他写于 1796 年的一封早期信件得以留存下来，以下是信件的全文。

亲爱的：

能坐下来给你写信，我感到心满意足。尽管不能陪在你身边，但我的心属于你。每每想到在不久的将来就能与你团聚，一起享受家庭的温暖，我就充满希望，人生苦短，真的再也不想跟你分开。

我多想赶快结束公职生活，同你单独过起甜蜜的退休生活，这是我唯一的夙愿。

我终于完成了在此地的工作，一切顺利。明天上午我会离开这里前往琼斯伯勒，多想赶快结束这次行程。现在是晚上 10 点 30 分，要是不给你写这封信，我恐怕会失眠。愿这封信可以让你开心。愿在我回家之前，这封信可以带给你一丝慰藉。愿你健康。愿睡眠女神每晚陪伴你，哄你入眠，酣然入梦。只要你安时处顺，我便心满意足，即使路途再劳累、再孤单，也不算什么。只要你开心，我便不再担忧，仿佛路程都变短，多么希望快点回到你的身旁，深爱你的丈夫每夜都会为你祈祷。

安德鲁·杰克逊

又及：请代我向我们的好母亲多纳尔森女士问好，她是我的挚友。告诉她，离开家后没有机会握着她的手，我是多么难过，希望得到她的祝福。

安德鲁·杰克逊[1]

尽管"公职生活"造成的分离之苦不可避免，且这种苦楚随着时间日渐增长，

---

1 杰克逊致信雷切尔，1796 年 5 月 9 日，《普罗文文件汇编》，田纳西州立图书馆。文中书信并非原本，而是一份副本，很明显杰克逊在信中的标点、拼写和句子结构都已经修改过。

杰克逊还是在 1796 年的下半年开始他在费城的国会议员生涯。

费城——这个国家的首都，一个拥有 65000 人的城市，集美国社会的高雅与文明于一体。一个来自西部的年轻人很少有机会在这个大城市生活，哪怕只有一段时间。杰克逊摩拳擦掌，准备大干一场。因为他跟布朗特私交甚密，而布朗特在费城有着广泛的人脉，因此杰克逊大可在首都享受富贵的生活。不管怎样，他借住在一个名为哈迪的男子家中。

艾伯特·加勒廷生于瑞士，口音带有明显的法国腔，回忆起自己第一次来到费城看到杰克逊的印象，他后来是这样描述的："他又高又瘦，长相粗野，乱糟糟的长发凌乱地散落在脸上，一条系着鳗鱼皮的辫子从后背垂下；他穿着怪异，行为举止同粗野之人并无二致。"[1]艾伯特·加勒廷肯定难以忍受这个西部自命不凡的小子，当然他对杰克逊议员的很多描述纯属子虚乌有。把杰克逊描述为一个毫无教养、粗野无理且着装怪异的人，只能说明加勒廷要么是个健忘的人，要么就是胡编乱造。事实上，杰克逊在费城曾雇用一个名为查尔斯·沃森的裁缝，在国会会议举行之前，沃森就给杰克逊做了一件带有天鹅绒衣领的黑色外套、一条佛罗伦萨式的马裤，以及服装上各式各样的时尚配件。[2]作为田纳西州唯一的众议员，他不可能着装怪异地出现在国会里，而让他代表的南方蒙羞。一位早期的传记作家曾写道，加勒廷的描述完全属于恶意中伤，杰克逊的朋友们恐怕不认识他描述的那个杰克逊。[3]

不像大多数的国会议员那样，杰克逊在开幕日当天就出现在了国会会议上，他惊讶地发现自己竟置身于美国最杰出的政治家之中，像弗吉尼亚州的詹姆斯·麦迪逊（James Madison）、宾夕法尼亚州的弗雷德里克·米伦伯格（Frederick Muhlenberg）、北卡罗来纳州的纳撒尼尔·梅肯（Nathaniel Macon）、纽约州的爱德华·利文斯顿（Edward Livingston）、马萨诸塞州的费希尔·埃姆斯（Fisher Ames）、康涅狄格州的罗杰·格里斯沃尔德（Roger Griswold）、佐治亚州的亚伯拉罕·鲍德温（Abraham Baldwin），以及南卡罗来纳州的罗伯特·古德洛·哈珀（Robert Goodloe Harper），而他们中的很多人是人们口中的美国"开国元勋"。直到会议的第三天，参议院才确定完与会的法定人数，参、众两院才正式着手

---

1 帕顿，《杰克逊》，第一卷，196 页。

2 参见沃森给杰克逊的报账明细，1796 年 12 月 3 日，《杰克逊文件汇编》，美国国会图书馆。

3 帕顿，《杰克逊》，第一卷，196 页。

处理事务。

就在几个月前，华盛顿总统在费城进行了告别演说。众议院的一个委员会受到任命撰写一份正式答复，作为对华盛顿总统演说的回应。不出意外，这肯定是一篇满是溢美之词的文章，这是同美国"国父"最恰切的告别方式。1796年12月11日，一篇热情洋溢的颂词呈现在了议员们面前，他们有两天的讨论时间。议员们最终需要通过投票的方式决定这篇文章的命运。爱德华·利文斯顿、纳撒尼尔·梅肯和安德鲁·杰克逊投了反对票。[1]30多年以后，当年的这一记反对票被别有用心的人记在了心上，成了他竞选总统时的一个把柄。人们责难他胆敢对厥功至伟的华盛顿总统心怀不敬。这一票需要勇气，需要独立思考的能力，但是同样显示出了偏见和主观臆断。杰克逊一直认为同英国签订的《杰伊条约》玷污了"伟大合众国"的荣光，而这项条约是由华盛顿总统牵头缔结的。在杰克逊看来，基于这个过失，华盛顿总统根本不值得人们感恩戴德。还有，当前的行政机构不可能容忍印第安人在田纳西州的做法。为再次获得援助，行政机构不得不选择哑忍。而杰克逊并不十分在乎行政机关支持英国对抗法国。他的仇英心理并没有对托马斯·杰斐逊（Thomas Jefferson）和他的共和党朋友（他们的意识形态和感情都亲法）产生多大影响，倒是对他的革命经历和他对英国和西班牙的敌意（和怀疑）产生了深远影响。英国人和西班牙人把美国团团围住，企图阻断美国的进一步扩张。此外，他们还经常鼓动印第安人在边境地区发起冲突。[2]

在投反对票的几个人中，都秉持一种保守的政府观。他们都从狭义上理解宪法；他们都害怕中央政府过于强大；他们都忠实于州的权力，以及他们都反对联邦政府拨款，除非是最为基本的拨款。除了以上政见杰克逊跟北卡罗来纳州的纳撒尼尔·梅肯和弗吉尼亚州的亨利·塔兹韦尔（Henry Tazewell）一类人一致以外，他还有自身鲜明的保守倾向，反映了西部地区对州的权力和主权的顾虑。国会里的保守派十分欢迎他加入队伍，他们中的一些人同杰克逊通信频

---

1 《美国国会年鉴》，第四届国会第二次会议，1668 页。

2 安德鲁·杰克逊致信罗伯特·海斯，1796 年 12 月 16 日，《杰克逊文件汇编》，美国国会图书馆；安德鲁·杰克逊致信欧文顿，1797 年 2 月 24 日，赫佳藏书，田纳西州历史学会。

繁，最后成了他的知识导师。[1]

下面发生的事情将给杰克逊政治生涯留下浓墨重彩的一笔。事情是这样的，一位名为休·劳森·怀特的田纳西人向杰克逊请求获得补贴，理由是他曾在1793年塞维尔上将领导的抗击印第安人的战斗中参战。而华盛顿总统一如既往地回绝了此类请愿，并声称需要国会的批准。当请愿书移交到了国会，委员会给出了否定的意见，因为田纳西人未经总统批准擅自开战，并公然违抗美国陆军部的军令，在没有受到军事挑衅的情况下，就公然对印第安人开战。

委员会的反应彻底惹恼了杰克逊，气得他青筋毕露。[2]

作为一个国会里的新人，杰克逊凭着慷慨激昂的陈词，在他短暂国会生涯的开始便成功引起了同僚们的注意，并赢得了他们的尊重。随之而来的便是一场激辩，在这个过程中詹姆斯·麦迪逊站到了杰克逊一边。最后，议会通过了请愿的要求，并拨款22815美元作为补贴。[3]

就在这时，他结束了在国会的第一个会期，杰克逊的表现差强人意，没有十分亮眼的地方，但还算禁得起考验。他参与了五个委员会，其中一个委员会由其负责主持，两项请愿由他呈递，一项决议由他提出，其间，他还进行了五次演讲，在39次记名的投票中，他24次投给多数票方。他向世人证明了自己的勤奋和努力，证明了他对田纳西州和其选民利益的关切，尽管从表面看来他一直致力于维护州的权力，但他的投票方式却表明他更为关切田纳西人民的实际需要。作为一个政客，杰克逊的成长无疑是极为迅速的。

国会于1797年3月3日宣布休会，杰克逊欢天喜地地收拾行囊，准备离开这个让他手忙脚乱的首都，心早已飞也似的奔回了家。当然政治并没有从杰克逊的生活中消失。因为塞维尔的朋党正在迅速壮大，给布朗特派的影响力造成了不小的冲击，他也不可避免地会被卷入到当地的政治斗争中去。杰克逊必须对塞维尔州长多加留意，因为这位老者在田纳西的影响力不容小觑，在1797年，两人差点争吵起来。这一切源于杰克逊决意在1796年竞选州武装部队的少将一职。因为这是一个可以让杰克逊迅速获得名声、声望并实现政治野心的

---

1 参见梅肯、塔兹韦尔和弗吉尼亚州的史蒂文·梅森之间的通信，《杰克逊文件汇编》，美国国会图书馆；莱米尼，《杰克逊》，第一卷，94页。

2 安德鲁·杰克逊致信塞维尔，1797年1月18日，《杰克逊文件汇编》，美国国会图书馆。

3 《美国国会年鉴》，第四届国会第二次会议，1742页，2155页。

职位，因为没有比军事上的成功，更能获得田纳西人的爱戴了。

州武装部队的运转方式以及各类指挥官的选拔都需要走民主流程，团级军官和连级军官由州武装部队的成员选出，而不论军衔高低；准将则由田纳西境内的三个军区分别指派一名校级军官选拔而出；而三个军区的所有校级军官加上准将负责选出一位少将，这名少将负责统领整个州的武装部队。若少将之争陷入平局，则州长投出决定性一票。因此，杰克逊决定谋求少将一职，田纳西州的最高军衔，此时他还不满 30 周岁，就已然立下鸿鹄之志。

但是塞维尔州长却决意让杰克逊尝尝失败的滋味，他这么做或许是因为杰克逊涉世未深。毕竟，与印第安人之间的较量不只是凭着一些法律知识和一腔政治热情就能实现。当然，不排除塞维尔对杰克逊心存嫉妒，因为杰克逊年少成名广受爱戴，他不得不阻止杰克逊当选少将，以防他有更大的作为。

当杰克逊得知州长先生并不中意他，他便对其颇有微词，甚至指责他企图玷污纯洁的行政干预。而塞维尔对这些充满攻击性的言论极为恼火，作为一个在当地德高望重的人，他写道，思考良久，您真是一位"卑劣、可怜、小气又糊涂的律师"，那些"诽谤的话语多次损害了政治信誉"。[1] 就这样，两个男人之间的嫌隙坐实了，而杰克逊同塞维尔的失和确实会对他在田纳西州的声望造成负面影响。

果不其然，杰克逊的少将之路功亏一篑，而塞维尔支持的乔治·康韦当选为少将。然而，这次的失利却让杰克逊明白了一个道理：他必须未雨绸缪，在下一次博弈之前，他必须扩大自己军队的势力。[2] 从那时起，杰克逊便干劲十足地投入到了州武装部队的竞选之中，并渐渐在州武装部队站稳了脚跟。

塞维尔和杰克逊之间的紧张气氛随着时间的推移慢慢消弭。就在竞选结束的六个月之后，双方都渐渐冷静下来，最终，他们共同的朋友之一罗伯森上将出面调停。罗伯森分别提醒两位，公然发生争执最终只会危及自身的利益。不久，塞维尔就表态说："我过去没有，以后也不会，把你当成我的私敌或者政敌。"而杰克逊听到这番言论后则表示："听君一席话，备感欣慰，本人郑

1　塞维尔致信安德鲁·杰克逊，1797 年 5 月 8 日，安德鲁·杰克逊致信塞维尔，1797 年 5 月 8 日，杰克逊，《信件》，第一卷，31～33 页。

2　约翰·卡弗里致安德鲁·杰克逊信中暗示过此事，1797 年 4 月，《杰克逊文件汇编》，美国国会图书馆。

重声明，您过去从无恶意中伤本人的行为。"[1]

当然，布朗特派的同僚对杰克逊本人及其过去多年的行为表现极为赞赏，并不仅仅是因为他胆敢挑战备受爱戴的塞维尔，而是因为他在国会的极佳表现，证明他堪负重任，并且为布朗特派内的成员开辟了新的政治生涯。而布朗特本人在过去的五年里一直全力支持杰克逊，很明显，他很有可能在下一轮美国参议员选举中助杰克逊一臂之力。[2]

机会来得比想象中要快。因为布朗特涉嫌通敌，随后被辞去参议员的职务。事情是这样的，布朗特为防止西属佛罗里达进犯密西西比河，暗中为英国提供帮助。事发之后，布朗特在田纳西州的朋友要么对其避之不及，要么对其小心翼翼，唯恐惹祸上身。但是杰克逊并不在此之列。杰克逊誓将在佛罗里达和路易斯安那殖民的西班牙人赶走，不惜一切代价，并把忠于朋友这一条原则奉为圭臬，因此杰克逊抓住一切机会声援他的政治导师，并竭力为其通敌的罪名开脱，因为杰克逊认为布朗特这么做完全是为了保全田纳西。[3]布朗特不会再拥有比杰克逊更真诚的朋友了。

1797 年，田纳西州的州议会负责选出新的国会参议员，任期六年，结果是杰克逊以 20 票战胜了获得 13 票的威廉·科克。布朗特听闻此消息后甚是欣喜。他随后写道："杰克逊当选顺理成章。"[4]而威廉·科克被选为代表田纳西州的众议员，代替杰克逊原先在国会的职位。但是这场胜利却不可避免地引起了一场激烈的公开争论，杰克逊和科克就选举事宜发生严重分歧，双方为此差点进行决斗。所幸，双方都同意调停，于是找到了双方都敬仰的人进行调停，一场决斗才得以幸免。从杰克逊在此事件期间写信的语气以及明知道为一点小事就拔枪相向会为人所诟病却还不顾一切挑起决斗的行为，可以看出他在 1797—1798 年冬天是多么郁郁寡欢。[5]就在他离开田纳西去费城赴任参议员（事实证

1 塞维尔致信安德鲁·杰克逊，1797 年 5 月 11 日，安德鲁·杰克逊致信塞维尔，1797 年 5 月 10 日，杰克逊，《信件》，第一卷，36 页，35 页。

2 威廉·马斯特森，《威廉·布朗特》（巴吞鲁日，1954 年），311 页。

3 安德鲁·杰克逊致信威利·布朗特，1798 年 2 月 21 日和 1797 年 12 月 15 日，尤其注意信件中的"又及"部分，布朗特藏书，美国国会图书馆。

4 布朗特致信约翰·格雷·布朗特，1797 年 11 月 7 日，《布朗特文件汇编》，第三卷，174—175 页。

5 参见安德鲁·杰克逊于 1797 年 11 月 9 日和 1798 年 6 月 25 日写给科克的信件，《杰克逊文件汇编》，美国国会图书馆。

明这个职务根本不适合他）的时候，他的妻子对他的离开显得郁郁寡欢，甚至充满愤恨。后来，他在写给雷切尔哥哥的信中这样写道："当我要离开的时候，雷切尔哭得像个泪人儿，这让我寝食难安。你知道吗，这是我活到现在最难受的事情。"[1]

来到费城的杰克逊依旧一副愁眉苦脸的样子。他动不动就怒目圆睁的性子以及萎靡不振的心态，在他的整个参议员任期蔓延，还好他的任期很短。时任副总统兼参议院院长的托马斯·杰斐逊后来回忆起这位年轻的参议员来议事厅落座时的情景。他对杰克逊易怒的个性印象颇深。杰斐逊说道："在我任议长时，他是个参议员，因脾气急躁，他就是不能条理分明地说话。有太多次，我看他是想好好地讲，却因为狂怒而呛咳。他的火气现在无疑是小多了；自我认识他那天起，他就一直试着控制自己的脾气，但他实在是个危险的人物。"[2]

那个冬天注定是杰克逊的多事之秋，事情就这样发生了。最让杰克逊烦闷不堪的事情无疑是他的财务状况。每过几年，他同大卫·埃里森的那笔旧账就会缠上他。他曾抱怨过，甚至威胁过，但都于事无补。最终，埃里森因欠债被关进了位于费城的监狱，并于几年后，也就是1798年9月30日，死在狱中。尽管那个可悲的埃里森已经锒铛入狱，但是杰克逊依旧恨之入骨。他给欧文顿的信中这样写道："说起埃里森这个人，我敢肯定他是不会还钱的，他是我见过的这个世界上'最诚实'的人。上次庭审指认我为他的保释人，需要缴纳200美元的保释金，他真是个卑鄙小人，直到现在都不愿意把卖地的钱还给我。看看他是一个多么没有原则的人。"[3]

他作为国会参议员的不作为也恰恰说明了他此时萎靡不振的心态。他的参议员工作记录几乎一片空白。尽管他参与了不少记名投票，但是参与的辩论寥寥无几。其间，他主持过一个委员会、提出一项法案、两次参与投反对票和赞成票。总共34次投票中，他仅有13次投中多数票，以此不难窥见他对政治的不满。

很明显，他这个参议员名不副实，他也深知这一点。他一个涉世未深的后

1　安德鲁·杰克逊致信罗伯特·海斯，1797年11月2日，《杰克逊文件汇编》，美国国会图书馆。

2　帕顿，《杰克逊》，第一卷，219页。

3　安德鲁·杰克逊致信欧文顿，1798年2月3日和23日，默多克藏书，田纳西州历史学会。

生，只能坐在寂静的议事厅，倾听老练的名士们高谈阔论事关战争与和平、自由与解放的大事，而杰克逊大约只有心存敬畏的份儿。如果杰斐逊对杰克逊做参议员的表现没有记错的话，就不用为杰克逊在国会里由于脾气暴躁、情绪不稳无法正常表述观点的碌碌表现感到惊讶了。此时的杰克逊想必一定愁肠百结，忧心如焚。

毫无疑问，杰克逊是个失败的参议员。他喜怒无常，债务缠身，不善辞令。而且他在1798年不慎在冰上摔倒，造成左腿膝盖受伤，导致他多年行动不便。他"连续七个月一动不动地瘫坐在一把摩洛哥红沙发上"。[1]他一边担心雷切尔，一边对新任总统约翰·亚当斯（John Adams）心生厌恶[2]，压根儿无心承担参议员任内的职责。当然，随着第一个会期如期结束，他如释重负，并于1798年4月向国会请假，要求不再参加接下来的会期，并如愿获得批准。在他返回纳什维尔的路上递交了辞呈，没有道歉，没有解释。他断然放弃了这份他难以驾驭的工作。[3]这是杰克逊早年生活的又一个低谷。这份工作远远超出了他的能力范围，甚至把他变得一无是处。

---

1 安德鲁·杰克逊致信欧文顿，1798年2月3日和23日，默多克藏书，田纳西州历史学会。

2 细节请参见莱米尼，《杰克逊》，第一卷，110—111页。

3 肯德尔，《杰克逊》，101页，提及杰克逊认为有更好的人选可以为田纳西州服务。

第四章 决 斗

杰克逊毫不犹豫辞掉参议员的原因之一，是有一个新的职位近在眼前，得到这个职位不仅可以保障他在田纳西的一切利益无虞，而且不必连续几个月出差在外，如此，雷切尔便不会再为此烦忧。这是一个薪资仅次于州长的职位，而且能助力他实现政治和军事理想，只要坐上这个位置，他便可以轻而易举地去往州内的任何地方，有更多机会结识州内各个阶层的人物。他的目标是竞选州高等法院法官一职，该职位由州议会负责选举，州高等法院亦称州最高法院，因为在其中任职的法官组成了田纳西州最具权威的法官席。该职位年薪为600美元，仅比州长的年薪少150美元。

杰克逊着手准备竞选法官的具体动作，以及他参选法官是否得益于朋友或布朗特派的成员的提醒，我们不得而知。无论当时的情况如何，他于1798年顺利当选为州最高法院的法官，此时他刚从费城返回田纳西州不久，年仅31周岁。杰克逊凭借其在田纳西州卓越的声望和地位、与布朗特派休戚与共的关系，以及他强大的交际圈，赢得州议会的选举毋庸置疑。

杰克逊的法官委任状由州长于1798年9月20日签署，而州议会的正式选举却在12月20日。[1] 此后，他任职法官长达6年，主要在诺克斯维尔、琼斯伯勒、纳什维尔等地开庭审判。就杰克逊所掌握的法律知识而言，他称不上一名合格的法官，但是他却凭借法官一职获得了广泛的赞誉。

有许多原因促成了杰克逊后续的成功。他是一个正直的人；他做任何判决

---

1 委任状存于《杰克逊文件汇编》，田纳西州立图书馆，立法机关两院联合选举投票通知存于《威廉·布朗特文件汇编》，田纳西州立图书馆。

都一挥而就，并且一视同仁；他总是勇往直前，无所畏惧。此外，他有着强烈的正义感，尽管有时会给人刚愎自用的感觉。就是这种正义感，让他在大多数情况下保持正直。一位早期的传记作家这样写道："人们有这样一种说法，杰克逊捍卫了法官席的尊严和权威；且他的判决总是短促有力、通俗易懂，虽稍显生硬，甚至有时伴有文法错误，但是他的判决总体上还算公正。"[1] 如果他的判决总体公正，则田纳西州人民正义和司法公正便得到保障，而不必拘泥于一些细节上的法学教条。

直到杰克逊1804年离任法官之后，田纳西州才有保存判决书的传统。因而，只有五张签有杰克逊和其他最高法院法官名字的判决书得以留存于世。[2] 此时田纳西州的司法程序俨然有条有理。早期的法官们总是小心翼翼地确立法庭惯例和法庭礼仪，并严格按照公认的司法程序办事。漠视法律、态度粗野、无理取闹等行为都要受到严重处罚。杰克逊深知行为合乎法度的重要性，更懂得公众对他的期待。他身着法官袍庄严地立于法庭之上。人们普遍认为杰克逊从不积压案件。杰克逊审案子总是快刀斩乱麻，而不像某些饱学的法官审案总是过于瞻前顾后。杰克逊只用区区十五天就审结了五十个案件！

一次，杰克逊在一个小村庄开庭审案，一个名叫拉塞尔·比恩的粗野壮汉被控告因"酗酒"割掉一个婴儿的双耳。他招摇地站在法庭之上，辱骂法官和陪审团以及所有在场人员，随后便若无其事地阔步走出门外。

杰克逊法官庄严地宣布道："警官，以藐视法庭的罪名逮捕这个叫比恩的人。"

这名警官便去逮捕比恩，但是很快便空手而归，理由竟是他一个人难以制伏罪犯。

杰克逊命令道："那么，召集一队警察去把他抓回来。"

于是这名警官又去了一次，没想到这次还是空手而归。这么看来，没有人敢逮捕一个手持枪械的人。比恩曾威胁别人说："最好离我十英尺远。"否则他就开枪。

杰克逊勃然大怒。他咆哮着说道："警官先生，既然你不听从我的命令，那就传唤我。是的，警官，传唤我。"

"好吧，法官，尽管我不喜欢这么做，但是如果您确实想试试，为什么非得我传唤您呢？"

---

1 帕顿，《杰克逊》，第一卷，227页；另请参见肯德尔，《杰克逊》，107页。

2 这些判决书的副本均藏于"杰克逊文件汇编项目"，隐士庄园，田纳西州。

杰克逊边说着边走向法庭的大门："很好，休庭十分钟。"

比恩就站在距离法庭的不远处，他站在一群人中间，一边咒骂，一边炫耀他的武器，同时还不忘威胁周围试图逮捕他的人。他说谁要胆敢靠近他，他就杀死谁。

杰克逊法官一手一把手枪地径直走向比恩，冲他吼道："就现在，赶紧投降，你这个无耻之徒，快点束手就擒，否则我就崩了你！"

比恩盯着杰克逊圆睁的怒目。然后，他好像从这双眼睛里读出了危险的信息，于是便乖乖地交出手上的武器。他说道："交给您，法官，它没什么用，我投降。"然后，他就顺从地屈服了。

几天后，银铛入狱的比恩被人问起，为什么能对付一整支警队的他反而屈服于杰克逊。他说道："因为他出现的时候，我看到了他的眼睛里充满着杀气，这种杀气在周围那些警察眼里压根儿没有，所以当时我就对自己说，是时候认怂了，然后我就被逮捕了。"[1]

作为一名任职于蛮荒之地的法官，杰克逊的表现可谓尽善尽美。他从不说废话。他的眼睛里充满"杀气"，任何一个神志清醒的人都不敢无视他的眼神。

杰克逊雷厉风行地执法，他严格遵循田纳西州的改革措施，这些改革措施有些是在1788年杰克逊刚踏上这片土地时颁布的，有些则还要早。新建的城镇错落地分布在密西西比河沿岸，构成了一道道亮丽的风景线：木板房取代了原来矮小的木屋；舞者、裁缝以及其他手艺人在主要的定居点开了店铺；店里不仅售卖丝绸和织锦，还有土布和鹿皮。文明的社会到来了，疆域扩大了。尽管过去的残留会在此萦绕多年。

在杰克逊法官任期内，他组织建立了共济会田纳西州分会所。北卡罗来纳州的总会所于1801年9月5日提供了必要的赐予物，以支持"第一级共济会会员以恰当的形式建立分所"。杰克逊、乔治·坎贝尔、詹金·怀特赛德、约翰·瑞亚等人在丹尼尔·哈里森家里正式成立了共济会分会所。杰克逊被任命为高级督导员，在杰克逊的提议下，一个专门制定分会所内部章程的委员会成立起来了。[2]

---

1 帕顿，《杰克逊》，第一卷，228—229页。詹姆斯·麦克劳克林写给亚摩斯·肯德尔的信中与上述描述略有出入，1843年1月3日，《杰克逊文件汇编》，美国国会图书馆。另请参见肯德尔，《杰克逊》，102—103页。

2 "同共济会的早期联系"，杰克逊，《信件》，第一卷，59页。

在杰克逊的法官生涯中还有一项重大"突破"，那就是他同州长约翰·塞维尔长期以来的宿怨终于爆发，导致一场无法挽回的争斗。一名堂堂州长居然和最高法院的法官持枪相向，这种事只会发生在西部。起初是因为杰克逊听闻田纳西州发生了一起严重的土地欺诈案，一伙田纳西的土地投机商伪造北卡罗来纳州的土地转让证书，并把这些土地卖给田纳西州，而他们没有权力售卖这些土地。杰克逊把相关证据移交给了北卡罗来纳州州长，而该州州长反而要求塞维尔州长引渡那些受到指控的同谋犯。[1]塞维尔拒绝了。随后的一封信暗示塞维尔自身也卷入了这起土地欺诈案中。然而，当杰克逊递交证据给北卡罗来纳州州长时，他做了一件离奇的事，即他并没有把塞维尔的名字列入名单之中。他有政治敲诈所需的证据，或许打算在恰当的时机加以利用。因为，杰克逊对州武装部队少将一职可谓翘首以盼，而唯一能阻止他的人就是约翰·塞维尔，杰克逊在上次竞选中已经领教。如果塞维尔在下次少将之选中不从中作梗，杰克逊当选的可能性非常大。

但是计划总没有变化快。塞维尔已连任三届州长，而宪法规定最多只能连任三届，只有在下一届州长任期结束后，塞维尔才能重新竞选州长一职。而塞维尔的州长继任者是阿奇博尔德·罗恩——布朗特派的成员、杰克逊的好友。不久，康韦少将死于任上，因此重选一位少将成为当务之急，于是把 1802 年 2 月 5 日定为竞选日。此时，成为无业游民的塞维尔决定重新执掌州武装部队，因此决定参选少将之职。然而，杰克逊亦决定参选，经过几年的辛勤耕耘，他志在必得。由于杰克逊的不懈努力，州武装部队的军官们不仅极为热情地提议杰克逊参选，而且"未征得首肯"便将杰克逊提名为少将候选人。[2]

塞维尔得知自己将同一个初出茅庐的律师角逐少将之职，甚为震惊。而当 1802 年 2 月 5 日进行的选举结果公布后，他的震惊进而转化为愤怒。他和杰克逊都得到了 17 票，而詹姆斯·温彻斯特将获得了 3 票。杰克逊能够同一位广受爱戴的战争英雄分庭抗礼，足以说明他已经掌握了高超的政治技巧，并懂得如何巧妙运用。在过去的几年中，杰克逊锲而不舍地同州武装部队的众多军官发展友好关系。他在年轻军官中尤其受欢迎。他们对杰克逊的行事风格欣赏有加，很多年轻军官甚至模仿他。毫无疑问，这次竞选的结果对杰克逊来说是压倒性的胜利，因为他居然可以同约翰·塞维尔这样深受人们爱戴又权倾一时

---

1 土地欺诈案的细节请参见莱米尼，《杰克逊》，第一卷，117—118 页。

2 同上。

的大人物平起平坐。

因为双方打成平局，最终的决定权交到了新任州长的手中。而罗恩州长打破这一局面，选择支持他的好友安德鲁·杰克逊。少将委任状于1803年4月1日由州长签署。[1]因此，年仅37岁的杰克逊法官摇身一变成为田纳西州武装部队的少将。这一事件对他一生的发展具有重要的决定性意义。

根据相关历史学家的记载，杰克逊随后便把塞维尔涉嫌土地欺诈的证据交给了罗恩州长。[2]因为罗恩想在接下来的一年继续连任州长，毫无疑问，塞维尔是他最大的竞争对手，而此项证据可以极大帮助罗恩破坏塞维尔在田纳西州的声誉。反观杰克逊，他敢于提供证据向伟大的独立战争英雄发起挑战，已经很能说明他在田纳西州西部地区拥有实际的政治优势。自从威廉·布朗特于1800年3月21日骤然辞世后，布朗特派在西部地区的领导人便自然而然成了安德鲁·杰克逊。[3]

接下来的一年，塞维尔宣布竞选州长，因此罗恩发布了杰克逊交给他的相关信息。自然地，杰克逊需要对此信息进行证实。1803年7月27日，他专门写了一篇报道发表在诺克斯维尔《宪报》上，文中指出塞维尔涉嫌土地欺诈，并列出了他所掌握的证据。

塞维尔被气得脸色铁青。这个被他称为"小气又糊涂的律师"胆敢为了军职与伟大的独立战争英雄一决高下，真是用心险恶。军事选举的结果本来就令他怒火中烧，而土地欺诈的控告更让他勃然大怒。塞维尔在州议会的朋友于1803年11月5日快速通过了一条法案，算是在一定程度上报复了这位"小气又糊涂的律师"。他们通过的法案上规定把田纳西州的军事指挥权分为东、西两个区域，而且只允许杰克逊保留对西部区域的军事指挥权。

塞维尔于1803年8月8日回应了杰克逊在报纸上的攻击，他坚持自己的土地交易完全合法。他提到，对他的控告有很明显的政治意图，企图污蔑他，以期让他在州长选举中挫败。

随着双方的争论日趋白热化，一场针尖对麦芒的暴力冲突在所难免。1803

---

1 任命安德鲁·杰克逊为田纳西州少将的委任状参见《杰克逊文件汇编》，美国国会图书馆。

2 卡尔·德赖弗，《约翰·塞维尔——西南老区的拓荒者》（教堂山，1932年），146页，加勒特和古德帕斯丘，《田纳西州历史》（纳什维尔，1900年），147页。

3 德赖弗，《约翰·塞维尔》，145—146页。

年 10 月 1 日，杰克逊法官抵达诺克斯维尔准备开庭，却在一处公共广场上偶遇塞维尔。这是多么戏剧性的一刻。一看到这个让自己陷入尴尬处境的人，塞维尔就冲到杰克逊面前恶语相向，讽刺他胆敢挑战和侮辱一个如此伟大的人，质问杰克逊到底有什么资格侮辱他。塞维尔眼里的杰克逊不过是个没用的律师。塞维尔毫不留情地嘲笑他和他所谓的"抱负"。杰克逊面对突如其来的辱骂，竟然变得吞吞吐吐。他结结巴巴地反击说自己为田纳西州做了很多贡献。

"贡献？"塞维尔大笑道，"据我所知，除了带别人的妻子去纳切兹度假，我没看出你还做过什么贡献。"

杰克逊勃然大怒。"天哪！"他歇斯底里地说道，"你敢说出她的名字试试？"

"掏枪！"塞维尔咆哮着喊道。周围围观的人群瞬间作鸟兽散。几声枪响传来，一名围观者被一颗子弹擦伤。[1] 幸运的是，在两个人将要大打出手的时候，便被人强行分开，然而，"天哪"这个词成了诺克斯维尔一带年轻人的口头禅。[2]

不久后，杰克逊便找到纸笔写了一封挑战书。

阁下昨天毫无教养的措辞和粗野的行为暴露了您真实的品性，您终于向世人摘下了伪善的面具，这一切源于我揭发您进行土地欺诈的事实，让您最终忍无可忍。但是，阁下是田纳西州人民众望所归的州长大人，就凭这个您值得我另眼相看，或者说值得任何绅士另眼相看。对于贵为州长的您我心存敬佩，但是我只能屈尊通知您，请您就昨天您的不当言辞和行为给我一个满意的解释。为此，我希望我们可以见一面。带信的朋友会告知见面的具体时间和地点，我希望无论何时何地您都会携同您的一位朋友前来面谈。我和我的朋友安德鲁·怀特上尉会携枪前来，我想您一定不会曲解我的意思。

等等。

安德鲁·杰克逊[3]

1803 年 10 月 2 日 诺克斯维尔

---

1 杰克逊声称塞维尔知晓自己手无寸铁，只有一根藤条傍身，而塞维尔则手持一把短剑。参见安德鲁·杰克逊致信塞维尔，1803 年 10 月 3 日，杰克逊，《信件》，第一卷，71 页。

2 帕顿，《杰克逊》，第一卷，164 页。

3 安德鲁·杰克逊致信塞维尔，1803 年 10 月 2 日，杰克逊，《信件》，第一卷，71 页。

塞维尔同意在任何时候任何地点接受挑战，但是不包括神圣的田纳西州的任何一块土地。[1]对杰克逊来说"这就是个借口而已"。他在回复塞维尔的信中这样写道："您似乎忘了您是在诺克斯维尔对我口不择言。难道您已经忘记您在诺克斯维尔亵渎了一位女士的名声？难道您已忘记您对我发起挑战的时候，您手持一把短剑，而我却手持一根藤条？那么既然您现在距离诺克斯维尔不远，不如赶紧来赎罪，否则我就会惩罚您，若您退缩了，那么只能说明您是个十足的懦夫……我给您一个小时的时间回答我。"[2]

塞维尔对此置之不理。

于是杰克逊又写了一封挑战书，现在他希望在佐治亚州、弗吉尼亚州、北卡罗来纳州决斗，如果有必要甚至可以在"印第安人的边疆线上决斗"。任何地方都可以。为了刺激塞维尔，杰克逊还在挑战书中加了一段："我已经在《宪报》的以下启事中定了挑战的地点……如下，对所有参阅此则启事的看官致以最诚挚的问候。本人安德鲁·杰克逊向世人郑重宣布，田纳西州的海军和陆军总司令约翰·塞维尔阁下是个卑鄙的懦夫。他只会卑鄙地辱骂别人，却没有勇气修补对别人造成的伤害。安德鲁·杰克逊敬上。"[3]

塞维尔立即回复了挑战书。他写道："您的行为……恰恰证明您就是个十足的懦夫……烦请就此打住，因为在我眼里您才是懦夫。"[4]

在杰克逊所写的"启事"于1803年10月10日周一登报后，他终于得以遂愿。两人最终决定于本周三在印第安人领地内见面，该地位于西南角（South West Point）附近。

杰克逊按时到达约定的地点，并在此地等待良久。塞维尔没有现身，连个人影都没有看见。最后，杰克逊不得不前往诺克斯维尔做个了断。没等他走几步，就看见塞维尔在一群骑马的人中向他走来。杰克逊掏出身上的一把手枪，下马后又赶紧掏出第二把手枪。看到眼前这位全副武装的法官，塞维尔从马上一跃

---

1 塞维尔致信安德鲁·杰克逊，1803年10月3日，《文献汇编》，田纳西州历史学会。

2 安德鲁·杰克逊致信塞维尔，1803年10月3日，杰克逊，《信件》，第一卷，71页。

3 安德鲁·杰克逊致信塞维尔，1803年10月9日，《杰克逊文件汇编》，美国国会图书馆。从决斗双方敷衍了事似的决斗不难发现，双方都不想为了区区一场决斗而赌上各自的性命和大好前程，双方都企图让对方知难而退。需要指出的是，塞维尔是18个孩子的父亲。

4 塞维尔致信安德鲁·杰克逊，1803年10月10日，《塞维尔文件汇编》，田纳西州历史学会。

而下，双手也各持一把枪。

两个人很快你一言我一语地互相冷嘲热讽起来。两人忙于舌战，甚至不约而同地放下了手中的枪。随后，杰克逊冲塞维尔踢了一脚，并威胁他再不停下就用藤条抽他。而塞维尔拔出身上佩带的剑，"不料他的马却受到了惊吓，带着州长的枪仓皇而逃"。说时迟那时快，杰克逊连忙掏出手枪，吓得塞维尔赶紧躲到一棵树后面。就在此时，塞维尔的儿子慢慢靠近杰克逊，而杰克逊的副手也慢慢向塞维尔的儿子靠近。

这一切都是那么荒诞不经，即使在对手看来这也是一场不折不扣的荒谬游戏。塞维尔派的成员见状急忙冲上前去，连忙朝两方做出停止的手势，很快忙于唇枪舌剑的两个人被说服停止了这场残忍的斗争。尽管杰克逊和塞维尔依旧没有和解，但是他们从此以后再也没有公开对峙过。[1]

尽管受到指控，但塞维尔依旧当选为州长。田纳西州的人民不相信这样的指控会打倒他们的英雄。对他们来说，塞维尔就是田纳西州的同义词。他们不是投票给塞维尔，而是投票给田纳西州。

塞维尔和杰克逊之争标志着田纳西东东部和西部在政治上的地方主义开始萌芽。自1800年布朗特死后，杰克逊便理所当然地成了坎伯兰地区的领导人，而塞维尔则是田纳西州东部诸县的领袖。当然，布朗特的同父异母弟弟威利·布朗特则一直是布朗特派在田纳西州名义上的领导人。塞维尔毫无悬念地开始了他第二个连续三个任期的州长生涯，也就是从1803年到1809年，此后威利·布朗特继任。对杰克逊来说最为幸运的是，有两件攸关他军旅生涯的大事件，一件是竞选成为州武装部队的少将，另一件是1812年战争的爆发，而这两件事发生时塞维尔均已下野，此时大权在握的都是杰克逊在政治上的朋友。毫无疑问，杰克逊拥有卓越的能力、远大的志向以及广泛的人脉，但是不得不说他随后作为一名军人和政客获得的丰功伟绩有很大的运气成分。

在杰克逊早期的从军生涯中，他几乎没有接到联邦政府召集作战行动的命令。美国宣布购买法国的路易斯安那之后，联邦政府便立即下令田纳西州进入警戒状态。因为法国把路易斯安那售卖给美国这一行为，已经违反了拿破仑之前同西班牙订立的条约，条约规定法国将不会把路易斯安那让给任何国家，除

---

1 关于这次争斗的很多细节均摘自安德鲁·格林的宣誓书，1803年10月23日，《美国历史杂志》，第五卷，208页。帕顿，《杰克逊》，第一卷，234—235页，提及的争斗过程与上述略有出入。

非用于归还给西班牙，因为西班牙之前就是路易斯安那的领主。法国实际上从未真正占领过这片土地，而是让西班牙人代为管理。那么问题来了：西班牙会尊重美国购买路易斯安那的决定吗？它会不会宣布拿破仑违反条约？会不会拒绝交出领土？托马斯·杰斐逊总统对此深感忧虑，因此他不得不命令田纳西州西部处于警戒状态，随时准备着挺进路易斯安那驱赶西班牙人。

杰克逊接到命令后立马做出部署。他命令州武装部队立即备战，时刻准备迎战国家危机。他曾说，西班牙人的存在"大大降低了我们的国家品质"，如果"有十分的必要捍卫我们国家的尊严和自由"，我们都会"义不容辞的"。[1]

幸运的是，西班牙承认了拿破仑同美国签订的领土割让条约。因此，没有必要大动干戈把西班牙人驱逐出路易斯安那。显然，杰克逊丧失了一次羞辱"可憎的西班牙人"的宝贵机会。清除掉密西西比河周边的外国势力范围在西部人眼里简直是丰功伟绩，让他们更加爱戴他们的新任总统杰斐逊。杰克逊少将告诉杰斐逊总统："所有西部地区的人民为路易斯安那的归顺而欢欣鼓舞，这是一件让西部人民安居乐业的幸事，一个值得世世代代子孙庆祝的日子，一个更强大的国家诞生了。"[2] 就在当年晚些时候，詹姆斯·威尔金森（James Wilkinson）上将和一队正规军的特遣分队顺密西西比河而下，在新奥尔良升起了美国国旗。而陪同威尔金森上将一同前往新奥尔良进行交接的克莱本（W. C. C. Claiborne）则被任命为路易斯安那州的州长，而这是杰克逊所孜孜以求的职位。当他得知自己无缘州长一职时，便对杰斐逊总统产生了深深的怨念。没能如愿以偿让杰克逊倍感耻辱。他曾动用自己庞大的政治关系来争取此职位，最终却不得已落败，这让他羞愧难当。从前杰斐逊和杰克逊之间的一点微弱的友情也在此刻瞬间瓦解。在接下来的很多年里，杰克逊义无反顾地走上了反杰斐逊的道路。他也渐渐成了共和党内极端右翼派的一分子，而他的政治方向也慢慢偏向党内信奉保守主义和教条主义的共和党人，诸如罗诺克的约翰·伦道夫和北卡罗来纳州的纳撒尼尔·梅肯。[3]

1804 年 7 月 24 日，在错失州长一职不久后，杰克逊就以身体抱恙为由提

---

1 面对西班牙的威胁，杰克逊向武装部队发布将军令，1803 年 8 月 7 日，杰克逊，《信件》，第一卷，68 页。

2 安德鲁·杰克逊致信杰斐逊，1804 年 8 月 4 日，出处同上。

3 同上。

出辞去最高法官一职。或许辞职确有身体原因，[1]但是还有其他原因。举个例子，仅靠微薄的工资难以支付奢靡的法官生活，况且法官一职占用了他大量的私人时间。在过去几年中，他的经济状况陷入窘境，为了不致破产，他不得不拿更多的时间和精力来处理私人事务。

主要问题还是在于埃里森给他留下的烂摊子。1795 年 1 月 1 日，埃里森在鸭河的斯里福克斯把 85000 英亩土地以总价 21800 美元的价格抵押给一个名为诺顿·普赖尔的费城商人。埃里森死后，普赖尔转而要求杰克逊起诉，从而取消抵押品的赎回权，进而真正获得财产的产权。而杰克逊当时刚得到提拔晋升最高法院法官，因此他不得不委托约翰·欧文顿替他处理抵押品赎回权的问题。欧文顿欣然同意，并于 1801 年 10 月 27 日在美国地方法院提起诉讼，还清埃里森欠普赖尔的 21800 美元。这批土地最终获得售卖资格，并于 1802 年 4 月 14 日正式开卖，杰克逊作为普赖尔的代理购买了三块地，其中一块 10000 英亩的土地作为杰克逊的交易费。其后不久，西田纳西的司法官颁布了不动产证书，杰克逊便把他所分得的土地分成小块进行售卖。由于过于信任不动产证书的效力，他向买地的所有客户都提供了一份担保所有权文书，因此只要担保所有权文书一旦失效，杰克逊便不得不买回相应土地，而回购的价格以当前的市值为准，不考虑其原始价格。"我要是懂得三思而后行该多好。"杰克逊后来抱怨道。[2]

几年以后，土地价格涨了四倍。1808 年，安德鲁·欧文从普赖尔处购得土地后，便前往田纳西州把土地卖给个人买主。在得到杰克逊保证所有权有效之后，欧文便依法取得土地的所有权，并对非法占用土地的人提起诉讼。此后在 1810 年（也可能是 1811 年，杰克逊已记不清具体的时间），乔治·坎贝尔告知杰克逊，他曾经审查过 1801 年原始案件的诉讼程序，发现最终的判决无效，因为该案由联邦法院审理，而该联邦法院没有管辖权。如果坎贝尔所言属实，那么杰克逊将面临破产，因为那些售出的土地此时已价值上千万美元。杰克逊此时伤心欲绝，他不得不快马加鞭地穿过印第安人居住的荒原去到佐治亚州寻找埃里森的继承人。历经千辛万苦，终于在威尔克斯县找到了埃里森的继承人，

---

1 给出这个原因的是杰克逊的朋友和传记作家，亚摩斯·肯德尔，《杰克逊》，103 页。

2 关于这些土地的转让细节，参见亚摩斯·肯德尔，《杰克逊》，129—130 页，以及詹姆斯·杰克逊致信安德鲁·杰克逊，1805 年 9 月 21 日，《杰克逊文件汇编》，美国国会图书馆。杰克逊的话引述出自安德鲁·杰克逊写给詹姆斯·杰克逊的信，1819 年 8 月 25 日，杰克逊，《信件》，第二卷，428 页。

他低声下气地哀求他们签字,从而把"他们在田纳西州所有的财产权"转让给他。作为交换,杰克逊愿意把他们父亲曾给他的本票还给他们,仅需支付500美元便可一笔勾销。埃里森的继承者们欣然同意,并签署了一份有利于杰克逊的契约。[1]

现在情况得以反转。杰克逊不但持有已售出所有土地的唯一法定契约,还拥有最初抵押给普赖尔的85000英亩土地的所有权。等杰克逊回到田纳西州,便立即向曾购买他土地的人明示了土地所有权,然后便试图同安德鲁·欧文进行协商,准备要回欧文从普赖尔处购得的85000英亩土地。欧文断然拒绝协商。因为他认为这片土地是他从普赖尔处合法购得,根本没有协商的余地。而杰克逊别无选择只能等下去。后来,杰克逊成为上将后名声大噪,他便对欧文提起诉讼,要求法院按照埃里森的契约把土地归还于他。这场官司拖了有十年之久,直到1824年,整个事件以欧文同意支付给杰克逊10000美元,而杰克逊同意解除对所有埃里森土地的所有权告终。[2]

支付10000美元的最后期限转眼就要到了,此时欧文夫人却跑到上将面前请求免除债务。理由是经历多年官司,欧文已面临破产。而杰克逊则不假思索地同意了她的请求。赢了官司后,杰克逊优雅大度地免除了欧文的债务。这是杰克逊典型的行事风格,上一秒还恨得咬牙切齿,下一秒就变得宽大为怀。[3]

僵持将近30年的埃里森土地案让杰克逊的财产状况伤痕累累。他痛恨债务;钞票成了土地欺诈和股票经纪人投机的伎俩;操纵债务和贷款的银行更是十恶不赦的存在。

杰克逊于1804年辞去法官后,便全身心地投入到生意之中。他卖掉了猎人岭的农场,同他的妻子和奴隶们迁居到距离纳什维尔仅有10英里的一个面积为420英亩的地方,后来杰克逊为该地取名隐士庄园。重获个人财富需要花费大量时间和精力,需要胼手胝足不辞辛劳。幸运的是,雷切尔和多纳尔森一家对他倾囊相助。奇怪的是,他没有重操旧业做律师。根据目前所掌握的资料,

1 莱米尼,《杰克逊》,第一卷,130—131页;安德鲁·杰克逊致信詹姆斯·杰克逊,1819年8月25日,杰克逊,《信件》,第二卷,428页。

2 契约书,安德鲁·杰克逊致信欧文顿,1813年7月21日,《贝德福德县契约书汇编》,E部分,95—96页,副本藏于"杰克逊文件汇编项目",隐士庄园,田纳西州。

3 《贝德福德县契约书汇编》,AAA部分,362—365页,副本藏于"杰克逊文件汇编项目",隐士庄园,田纳西州。

可以推测杰克逊最早于 1796 年停止了所有律师业务，也就是在他成为国会众议员之时。

想要回到从前腰缠万贯的时候，杰克逊首先要做的是扩大生意圈。1802 年 2 月 16 日，他同托马斯·沃森和约翰·哈钦斯成为生意上的合伙人，而后者是雷切尔众多外甥中的一个。三人一起购买了一台轧棉机，建立了一家酿酒厂，并在加勒廷、黎巴嫩和猎人岭开了多家商店。后来，沃森和杰克逊发生分歧，沃森便解除了合伙人关系。1804 年 4 月，杰克逊和哈钦斯同当地一个名为约翰·科菲的商人建立了新的合伙人关系。而科菲将于不久后娶雷切尔的侄女玛丽（波莉）·多纳尔森为妻。一家名为杰克逊 & 科菲 & 哈钦斯的公司在一个名为科洛弗博顿的赛马场成立，距离隐士庄园只有 4 英里的距离。该公司名下拥有一家店铺、一家造船厂、一家酒馆和一个赛马场。[1] 几乎所有种类的干货都能从他们的公司买到，如毛毯、印花棉布、牛颈玲和磨石，以及咖啡、朗姆酒、火药、盐等，只要他们邻居想要的东西，他们都能想方设法找到。公司发展势头良好，业务已经扩展到萨默县，以及田纳西河周边的马斯尔肖尔斯的宿营地。

杰克逊忙于照顾店里生意的同时，雷切尔负责监管在农场上辛勤工作的奴隶。在短短几年时间里，杰克逊便蓄养了大量奴隶。根据应税财产清单显示，杰克逊于 1794 年蓄养了 10 名奴隶。而戴维森县 1798 年的税簿则显示，这个数字已经由原来的 10 变为 15。而 1820 年的人口普查报告显示，此时他已蓄养 44 名奴隶，其中 27 名男性奴隶、17 名女性奴隶。当杰克逊当选为美国总统之时，他在隐士庄园的奴隶人数已经增加到了 95 名。几年后，这个数字变为 150。[2]

在大多数情况下，杰克逊对奴隶的态度还算温和，能够保证奴隶们不受工头的欺负。[3] 但是有时他会变得疾言厉色。他也会毫不留情地鞭笞甚至囚禁奴隶。对于逃跑的奴隶，他更是冷酷无情。有时，他的行为可谓惨无人道。举个最坏的例子，杰克逊曾于 1804 年 9 月 26 日在《田纳西宪报》上刊登过一则启事（连

1　《贝德福德县契约书汇编》，AAA 部分，362—365 页，副本藏于"杰克逊文件汇编项目"，隐士庄园，田纳西州。

2　此部分内容的更多细节请参见《杰克逊文件汇编》，美国国会图书馆，《农场日报》，1829 年，隐士庄园，以及阿尔达·沃克，《东田纳西州历史学会刊物汇编》，"安德鲁·杰克逊：种植园主"，第 15 号（1943 年），30 页。

3　安德鲁·杰克逊致信小安德鲁，1829 年 7 月 4 日，杰克逊，《信件》，第四卷，49—50 页。

续发布），从中便能窥见杰克逊对逃跑奴隶的残酷无情。

通 缉 令

悬赏五十美元。

失主居住于纳什维尔附近，于六月二十五丢失奴隶一名，该奴隶是一名男性穆拉托人（指黑人与白人的第一代混血儿，尤指黑人与白人混血种的后裔），三十岁左右，身高约六英尺一英寸，体格健壮，生性活泼，能言善辩，走路驼背，长有一双大脚……抓到他后请立即交还于我，或者先行将其囚禁，待本人自行去取，以上均可得获赏五十美元。若在田纳西州以外的地方抓到该奴隶，则本人愿意支付因此产生的任何合理费用。此外，抽打该奴隶一百鞭则可额外获赏十美元，最多抽打三百鞭。

安德鲁·杰克逊

田纳西州纳什维尔附近

奴隶们在雷切尔的监管下辛勤劳作，隐士庄园的农场获得了大丰收，产量最高的当属棉花、玉米和小麦。县里共有24人拥有轧棉机，杰克逊是其中一个，因此他不仅可以给自家的庄稼脱粒，还可以帮助周围的邻居，邻居们赠送他货物作为答谢。他曾经营着一家酿酒厂，却在1801年被一场大火烧掉，连同酿酒的铜器、蒸馏炉、盖子、蜗杆以及剩余的所有设备。[1]杰克逊同时热衷于养马、牛、骡。他时常参加赛马活动，有时甚至能赢几千美元。在离任法官不久后，他便不惜长途跋涉前往弗吉尼亚州寻找优良马种。所幸，他花费1500美元购得一匹名为克斯顿的种马，高约63英寸，这是他最好的赛马之一。

1805年秋天，一场激烈的比赛在杰克逊5岁的克斯顿和约瑟夫·欧文上尉矫健的种马布拉博伊之间展开。赌注为2000美元，比赛当天支付，若双方中的一方在特定的情况下取消比赛，则需要支付800美元违约金。就在比赛的前一天，布拉博伊的腿突然变跛，比赛不得不临时取消，欧文支付了相应数额的违约金。起初，欧文给杰克逊一些本票作为违约金，而杰克逊拒收。根据协议，

---

1 参见杰克逊的宣誓书，1801年1月3日，杰克逊，《信件》，第一卷，49—50页。

欧文需要杰克逊提供即期本票，但是欧文之前给杰克逊的本票都没有到期。最终，欧文向杰克逊提供了相应的即期本票，此事便告一段落。

但是不久以后，杰克逊的一个名为帕滕·安德森上尉的朋友在纳什维尔的一家店里聊起欧文企图用不合格的本票蒙混过关。风言风语很快便传到了欧文的女婿查尔斯·迪金森的耳朵里，引起了他对安德森一番言论的反感。三人成虎，谣言惑众，谣言每每被重新传播一次，不实的内容就会增加一次，当事人听后也会更加愤慨。杰克逊当然不可能独善其身，因为迪金森最后给他写过一封信，在信中把他贬损为一个说话模棱两可的懦夫。[1]

据记载，迪金森后来曾在醉酒以后对"圣洁的"雷切尔·杰克逊出言不逊，并讽刺杰克逊荒唐的婚姻。迪金森有其狂放不羁的一面，这一点像极了年轻时的杰克逊，间或得意忘形便自卖自夸，间或醉酒后便大放厥词。但是迪金森出身良好，魅力非凡，家境殷实，是个不折不扣的花花公子，就算他不是田纳西州最好的枪手，他的好枪法在该州也尽人皆知。

迪金森对雷切尔的侮辱使得一场决斗在所难免，但是事实却朝另一个方向发展。一场赛马导致的决斗，却演化成一个愤怒的丈夫为捍卫自己心爱妻子的名节的决斗。[2]

终于，随着事件的持续发酵，迪金森于1806年5月24日在纳什维尔的《评论报》上发表了一则声明，声明中他毫不客气地把杰克逊称为"一个没用的无赖""一个十足的懦夫"。[3]

杰克逊在读完这则声明一个小时后，就写了一份发起决斗的正式挑战书。以下是挑战书的一部分内容："您一切针对我的言行举止都在暴露您的品性，您的无理取闹引起了我的注意……先生，我希望您有足够的勇气来见我，对您的言行给出一个满意的答复，交给您这封信的朋友会告知您具体的时间和地点。他会等待您的答复，烦请带一位您的朋友前来。"[4]

两人最终约定于5月30日周五在肯塔基州洛根县红河边的哈里森山上见

---

1 此次决斗说来话长，更多细节请参见莱米尼，《杰克逊》，第一卷，136页及后文。

2 文中关于这场决斗真正起因的描述缺乏真实证据的支撑。杰克逊的朋友倾向于相信这个原因，因为这为杀死迪金森提供了正当理由。

3 "与迪金森之决斗：一则声明引发的挑战"，杰克逊，《信件》，第一卷，142—143页。

4 安德鲁·杰克逊致信迪金森，1806年5月23日，杰克逊，《信件》，第一卷，143—144页。

面，此地距离纳什维尔北部边界极近。丈量出八步（相当于 24 英尺）的距离。决斗双方就位。

"准备好了吗？"杰克逊的副手，即约翰·欧文顿的哥哥托马斯·欧文顿上将问道。

"准备好了。"迪金森说道。

"准备好了。"杰克逊应道。

"开始！"欧文顿喊道。

迪金森迅速举起手中的枪射击。子弹击中了杰克逊的胸膛。随着子弹射击过来，杰克逊身着的外套被子弹击中的地方激起了一阵尘土，杰克逊缓缓地抬起左手，紧紧地按住受伤的部位。他咬紧牙关，静静地站着。

看到被击中后的杰克逊仍然稳如泰山般站立着，迪金森大惊失色，不由得退后一步。"我的天哪！"他大叫道，"我没有射中吗？"

"先生，请回到原地，"欧文顿厉声喝道，此时杰克逊正瞄准眼前这位被吓得呆若木鸡的人。[1]

迪金森回到原先的位置，等待杰克逊开火。他的生死完全掌握在杰克逊手里。杰克逊本该大人大量地就此收手，或是朝着天空射击一枪了事，但是他曾发誓杀死迪金森，什么也无法阻止他的誓言。据载，杰克逊曾这样说："要是他射中我的大脑，我就一定要射杀他。"[2]

杰克逊缓缓地举起手枪，放下捂在胸口上的手，扣动扳机。击铁停下后发出了一声"嘀嗒"之声，迪金森等待着。杰克逊拉回了击铁，重新瞄准，开火。

子弹正好击中了迪金森肋骨以下的部位，他立即倒了下去。他的朋友们赶紧冲上前去扶住他。他们尽最大努力帮助迪金森止血，但是一切都是徒劳。子弹击穿了迪金森的身体，留下了一个巨大的洞。这个 27 岁的年轻男子就这样英年早逝了。

欧文顿连忙走上前去查看不省人事的迪金森，随后便回到杰克逊身边。"将军，他再也不会做出任何对您不利的事了。"欧文顿说完，便准备带杰克逊离开这个是非之地。刚走不到 100 米，就发现杰克逊的鞋子被鲜血染红。杰克逊揭开了上衣，赫然发现子弹击断了他的两条肋骨并留在了他的胸膛里。

由于穿了一件宽松的外套，杰克逊侥幸捡回一条命。因为着装宽松，迪金

---

1 帕顿，《杰克逊》，第一卷，299 页。

2 肯德尔，《杰克逊》，117 页。

森误判了目标的位置，本应射进心脏的子弹被射到了附近的肋骨上，这颗子弹伴随了杰克逊的余生。一个多月以后杰克逊才勉强可以自由活动。此次受伤落下的旧疾不断复发，给杰克逊带来了巨大的痛苦。他带着这颗子弹活了将近四十年，很能说明他是一个有着超强意志力的人。

纳什维尔镇上的居民被整件事的经过吓得目瞪口呆，尤其当他们了解到，可怜的迪金森是如何手无寸铁地站在一个愤怒的男人面前静静地等待死亡。当地很多人诟病这是一起丑闻，一场冷血无情的杀戮。这场决斗紧随杰克逊同塞维尔的争执之后，带给他的伤害无疑是巨大的，他也因此落得一个残忍暴戾的名声。在接下来的几个月里，杰克逊成了田纳西州西部的过街老鼠。

第五章　老胡桃木

那场与迪金森之间臭名昭著的决斗在接下来的多年里让杰克逊不堪重负，因此不得不花费更多心力弥补因此而造成的财产损失和政治失意。他把大多数精力放在照料农场收成上。他和雷切尔住在一个两层的方形木屋里，一共三间房间——底层一间，顶层两间。后来，他又建了另一座房子，比先前的这座要小，两栋房子距离约 6 米，并在两栋房子之间建了一条带顶走廊。这就是他们当时的住处，直到 1819 年杰克逊建了一座富丽堂皇的隐士庄园宅邸。

1805 年 5 月，杰克逊和妻子在这里招待了一位让他们朴素的边疆房屋蓬荜生辉的贵客。这位贵客不是别人，正是大名鼎鼎的美国前副总统亚伦·伯尔（Aaron Burr）。他在 1801 年的国会总统选举中曾试图绕过杰斐逊单独竞选总统，但是不幸败北，随后被共和党开除。西部人士对他膨胀的野心采取放任的态度，因为他们大多受过他的恩惠，尤其在拥护田纳西以州的身份正式加入美国一事中发挥了举足轻重的作用。伯尔于 1804 年在新泽西州的威霍肯的决斗中杀死了亚历山大·汉密尔顿（Alexander Hamilton），他也因此得以在共和党复职，在西部人眼里，他的复职根本是因为汉密尔顿长久以来以联邦党党魁的身份深入人心，而且是东部利益的捍卫者。

仕途不顺，加之杀死汉密尔顿一事在东部民心尽失，伯尔便想越过阿巴拉契亚山脉（Appalachian Mountain）给精明强干的自己寻找新的出路。1805 年，他便开始整日流连于西部上流人士的交际圈，对他们的殷勤款待很是受用，同时他也频频暗示他们西南地区那群面目可憎的西班牙人快要大祸临头了，普天同庆的日子就要来临。这个和蔼可亲、平易近人的贵客在莅临纳什维尔的五天里一直同杰克逊形影不离，这无形中修复了杰克逊之前因决斗崩塌的个人形象，进而潜在提升了杰克逊一家在当地的社会地位。

三个月后，伯尔再次来到纳什维尔，带着把西班牙人驱逐出西南地区的计划，从而实现美国人在该地区的殖民。无论他是否真正如后来所诟病的那样在企图利用西班牙和美国建立一个自己的个人王国，也终究不会再有定论。不管怎样，他在杰克逊眼中魅力非凡，而伯尔则认为杰克逊是一个"别具慧眼、行事果敢、真诚爽朗、古道热肠的绅士"。[1]一次，杰克逊以伯尔的名义举办了一场隆重的舞会，多年以后，曾有幸参加舞会的人时常谈起那天的情形，"他们清楚地记得在杰克逊陪同下的伯尔上校进入舞会现场时自己的那种紧张的心情，而杰克逊则身着少将制服以示隆重"。被邀请的宾客分立房间两侧，目不转睛地注视着"这两位世界上最威严的人"巡视四周。杰克逊郑重地"向宾客们介绍了他的客人。当晚，舞会上的女士们一定都在忙于争论杰克逊和伯尔谁更绅士的问题"。[2]

在了解到杰克逊拥有强烈的民族主义情怀，以及同西班牙人之间势不两立的仇恨后，于是伯尔便因势利导地将杰克逊拉入了他的阵营，并最终说服杰克逊向其提供一到两个团的官兵，并要求他们不仅要骁勇善战，还要值得信赖。他还要求杰克逊为其在克洛弗河滩（Clover Bottom）的斯通河（Stone's River）建五艘大船，用于沿河而下购买补给的粮食，并把这些粮食运达所需之地。作为造船订单的报酬，伯尔支付给杰克逊3500美元的肯塔基州发行的纸币，杰克逊欣然接受。

彼时，杰克逊跟伯尔成了同一条船上的蚂蚱，无论伯尔谋划什么，杰克逊都脱不了干系。杰克逊应该明白这五条船的订单意味着什么，或者他自认为明白其中的意味。杰克逊从没有透露过伯尔到底对他说过什么（除了坚持认为伯尔没有犯叛国罪以外），但是他清楚地知道建造这五艘船以及购买补给的粮食是为袭击佛罗里达州境内以及与路易斯安那领地接壤的墨西哥境内的西班牙人而准备。"我爱我的国家和政府，"他曾这样写道，"我恨西班牙佬。有生之年若能看见墨西哥大厦将倾，我辈必欢欣鼓舞、喜不自胜。只要我一息尚存，就绝不会眼睁睁地看着哪怕一英尺土地落到西班牙人手中，也绝不会让美国分崩离析。"[3]

1806年10月4日，随着密谋形成，杰克逊召集田纳西州武装部队第二师

---

1 帕顿，《杰克逊》，第一卷，311页。

2 同上，316页。

3 安德鲁·杰克逊致信克莱本，1806年11月12日，杰克逊，《信件》，第一卷，153页。

的官兵们做了一场声明宣言："根据西班牙政府武装部队近来的敌对态度和敌视行为，他们的意图昭然若揭，这就要求我们的官兵时刻准备着接受命令，奔赴战场。"[1]随后，把他这份宣言连同一封信寄给了詹姆斯·温彻斯特准将，他在信中把"西班牙人的敌对态度和敌视行为"归为发布该宣言的原因。"想必你已经看了后面几页的内容"，他对温彻斯特说，"购买佛罗里达的协商谈判已告失败"，杰斐逊总统在这场谈判中花费 200 万美元。"毫无疑问，只有战争才能解决问题，"杰克逊宣称，"200 万美元别说攻下佛罗里达了，攻下西班牙在北美的所有殖民地都不成问题。"

西班牙在北美的所有殖民地！这就是杰克逊梦寐以求的美国帝国梦，一个贯通东海岸到西海岸的帝国，他矢志不渝地坚守着这个梦。"我有一个愿望，"他透露说，"号令义勇军两千，提携坚贞不渝的军官和胸怀大志的青年人，我相信我们有能力攻进圣达菲和墨西哥，给那些地区带去自由和贸易，建立牢固而持久的壁垒，阻止外国敌对势力的入侵和袭击，只要西班牙人胆敢在我们的边境上肆虐，我们势必反击。"

他居然想把美国的疆土从佛罗里达扩张到墨西哥！"是时候来一场硬仗了，"他热情洋溢地说道，"这对我们这些有骨气的年轻人来说是一次表现的好机会，是功成名就的好时机。"[2]

就在亚伦·伯尔再一次来到纳什维尔的一周之前，一件事引起了杰克逊的警惕。当然，杰克逊在塔尔博特宾馆举办了一场奢华的宴会，以欢迎伯尔的再次到来。一家当地的报刊甚至发文称，伯尔上校是"田纳西人民最忠实牢固的朋友"。[3]如果说杰克逊曾怀疑这是一场分裂美国的阴谋，那也不过是一闪而过的猜想罢了。直到 1806 年 11 月 10 日，一件意想不到的事引起了他的注意。在杰克逊收到伯尔付款约一周之后，一个名为约翰·福特的年轻上尉带着一封介绍信突然造访隐士庄园，并不经意地提到伯尔的计划之一是先钳制住新奥尔良。

新奥尔良！福特很快意识到自己说错了话。当杰克逊质问他时，"福特企图哄骗我，"杰克逊如是写道，"向我做了各种解释。但是依据当时的情形，

---

1 "向武装部队发出的命令"，1806 年 10 月 4 日，杰克逊，《信件》，第一卷，150 页。

2 安德鲁·杰克逊致信温彻斯特，1806 年 10 月 4 日，《杰克逊文件汇编》，美国国会图书馆。

3 《公正评论》，1806 年 10 月 4 日和 8 日，11 月 22 日和 29 日。

我突然意识到那些所谓的攻占新领地、教训西班牙人以及把墨西哥并入美国，等等，都不过是其真实意图的遮羞布。"现在一切真相大白，他猛然意识到伯尔的"真实意图"居然可能是计划分裂美国。[1]

"你们都有什么计划？"杰克逊问道。福特说："好吧，先占领银行，再关闭港口，然后征服墨西哥，最后把美国的西部地区并入墨西哥，建立一个新的西南帝国。"

杰克逊简直不敢相信自己的耳朵，他问道："那么你们想怎样征服墨西哥？""威尔金森上将领导的联邦军队。"福特说。

啊，又是威尔金森上将，那个在密西西比河河谷下游指挥美国部队的卑鄙上将。尽管当时的美国人不清楚一个事实，即威尔金森其实是一个双面间谍。他一面替西班牙做事，收受他们的金币作为报酬，一面指挥着西南地区的美国部队。[2]然而现在，他显然已经成了伯尔攫取新奥尔良的同谋。但是杰克逊了解威尔金森的为人，他的一个名为托马斯·巴特勒的上校好友曾在威尔金森手下谋事，只因为巴特勒拒绝剪掉自己的长发就被其开除军职。

尽管杰克逊为即将到来的分裂国家的行为忧心忡忡，但是他小心翼翼地克制自己，不当面苛责任何人，不提及主要同谋者的名字，不透露自己信息的来源。在找到更多的证据前，他不敢贸然揭发。为求自保，他给杰斐逊总统写了一封闪烁其词的信，他在信中表示，若政府和国家"遭到任何势力"的羞辱或侵略，他和他的军队愿意助一臂之力。[3]这封信让杰斐逊总统一头雾水，于是回复杰克逊少将说，他本人十分热爱和平，但是当我们的国家遭受外敌侵略时，"我们必须承担起我们的责任，让世界明白，我们既可以是睦邻友好的朋友，也可以是骁勇善战的对手"。[4]显然，杰斐逊误解了杰克逊真正的意思，只当是杰克逊单纯地同他讨论西班牙的进攻。

与此同时，伯尔在肯塔基州被抓获，大陪审团在法兰克福市以召集部队从事阴谋活动为罪名对其进行提审。一个名为亨利·克莱的年轻律师担任其辩护

---

1 安德鲁·杰克逊致信丹尼尔·史密斯，1806年11月12日，《杰克逊文件汇编》，美国国会图书馆。

2 莱米尼，《杰克逊》，第一卷，146页。

3 安德鲁·杰克逊致信杰斐逊，1806年11月12日，杰克逊，《信件》，第一卷，156页。

4 杰斐逊致信安德鲁·杰克逊，1806年12月3日，《杰斐逊文件汇编》，美国国会图书馆。

人，最终，指控因证据不足而被驳回。然后，伯尔便马不停蹄地直奔纳什维尔，企图说服杰克逊相信司法机构对他的指控纯属子虚乌有。杰克逊对其深信不疑。杰克逊必须选择相信他，因为他也深陷其中，二人的关系唇亡齿寒。此外，他希望把西班牙人尽快赶出这片土地，并占领墨西哥。自从两人第一次在田纳西见面，他们之间就注定存在着一种一荣俱荣、一损俱损的关系，自从同塞维尔的骂战和迪金森的生死决斗让他背负骂名以后，他再也承担不起一个声名狼藉的伯尔。更为重要的是，杰克逊总是凭私人交情来判断对方的人品。因为伯尔总是拥护杰克逊，所以他会不假思索地排除对伯尔的怀疑。

少将把伯尔订的船和补给的粮食一并交货。因为船的订单数量从原来的五艘变为后来的两艘，所以剩余1725.62美元以同样的纸币又退回到了伯尔手中。1806年12月22日，伯尔带着两艘船和几个随从离开克洛弗河滩，前往坎伯兰河河口，计划同一支小型舰队和俄亥俄河一个小岛上的居民会合于此，而该岛的主人是一个名为哈曼·布伦纳哈塞特的人，他担任伯尔的总副官。两队会合后，组成了一支约为60人的队伍。就在伯尔离开克洛弗河滩后不久，消息就传到了纳什维尔，杰斐逊总统刚刚宣布西部地区正在进行着一场军事阴谋，务必把相关涉案人员逮捕归案。

詹姆斯·威尔金森上将害怕伯尔的蓄谋一旦败露会危及自身，于是干脆倒戈相向，向杰斐逊总统告发伯尔企图占领新奥尔良，在路易斯安那境内发动革命，并入侵墨西哥。面对摆在面前的证据，以及本身就对伯尔心存偏见，杰斐逊立即下达逮捕令，逮捕涉案人员。[1]1807年1月1日，杰克逊接到杰斐逊总统的命令，由战争部长亨利·迪尔伯恩代为传达，要求杰克逊做好摧毁阴谋的战争准备。杰克逊立即召集武装部队，并告知迪尔伯恩正在对十二个连队进行检阅，几天之后便可准备就绪。"请相信我，"他向部长保证说，"我愿意为政府的利益而战，镇压叛乱。"杰克逊前脚才帮助伯尔建立舰队，后脚却计划着如何摧毁。[2]

伯尔刚一听到事情败露的风声，就立即弃他的随从而去，逃到密西西比河的荒原里去。不久以后乔装打扮的他便被抓获，被抓获的地方距离西属西佛罗

1　杰斐逊致信安德鲁·杰克逊，1806年12月3日，《杰斐逊文件汇编》，美国国会图书馆。

2　安德鲁·杰克逊致信迪尔伯恩，1807年1月4日，《杰克逊文件汇编》，美国国会图书馆。

里达的边界仅有几英里远。伯尔被指控叛国罪，被押解到弗吉尼亚州里士满的美国巡回法院接受审判，由首席大法官约翰·马歇尔主持审判。

一场阴谋（或者不管能不能称之为一场阴谋）就此告破，杰克逊把伯尔麾下的士兵一一送回家乡，"并衷心祝福他们的将军"。然后，忠诚无畏的杰克逊便踏上了去里士满的路，准备为伯尔做证。"我绝不相信伯尔会背叛国家，"他说，"但是如果他真的企图背叛国家，那确实死不足惜。"[1] 因为杰克逊也跟此事有千丝万缕的关系，所以难免会对伯尔心存恻隐之心。而他与生俱来的忠诚感也促使他力证朋友的清白，这是他最鲜明的个人风格之一。抵达里士满后，他同其他大约 50 个证人一起接受了大陪审团的问询。[2] 面对问询，他的回答远没有他在国会大厦台阶上的一番演讲有震撼力，当时的观众是目瞪口呆听完他的演讲的。他的言论极具煽动性，他的愤怒如脱缰的野马，因此辩护律师把他安排入证人席旁听审讯，此项措施原计划于几个月后实施。因为考虑到他的暴力行为会伤及陪审团，并给伯尔的案件造成不利影响。

阻止杰克逊接受陪审团问询这一决定让他勃然大怒，他本想借助证人席这一平台揭发威尔金森的阴谋诡计和叛国通敌的罪行。他在给丹尼尔·史密斯参议员的信中写道，"我坚信，威尔金森有罪，我可以在里士满提供对他更不利的证据"，信中还附带了"威尔金森收受西班牙贿赂"的证据。他之所以会写信给史密斯，是因为他不仅是"杰斐逊先生的挚友，更是合众国事业的忠实拥护者"。为了国家的荣誉，总统先生最好"甩掉那条毒蛇"，他如是写道，"作为一个人，我热爱杰斐逊先生，作为总统，我敬重他，"他抗议道，但是如果总统先生仍执迷不悟，"继续维护这个卑鄙无耻的小人，明知道他既腐败不堪又作恶多端，我将不再信任他，并为自己没有及时认清他的真实品性而深感惋惜。"[3]

杰克逊公开对当局进行冷嘲热讽，不仅冒犯了杰斐逊，还让时任国务卿的詹姆斯·麦迪逊（James Madison）十分难堪。后来，麦迪逊当选总统后召集众军官抗击英国，杰克逊却十分粗鲁地回应了他，这让麦迪逊久久不能释怀。杰

---

1 安德鲁·杰克逊致信安德森，1807 年 6 月 16 日，杰克逊，《信件》，第一卷，181 页。

2 托马斯·阿伯内西，《伯尔的阴谋》（纽约，1954 年），240 页。杰克逊在写给托马斯·贝利一封信中提及了审判，1807 年 6 月 27 日，《杰克逊文件汇编》，亨廷顿图书馆。

3 安德鲁·杰克逊致信史密斯，1807 年 11 月 28 日，《杰克逊文件汇编》，美国国会图书馆。

克逊对发生的一切嗤之以鼻，于是愤愤地回到家中，不停地攻击杰斐逊，大肆宣扬威尔金森是个卖国贼，不断要求当局认清威尔金森"西班牙狗腿子"的真面目。由于杰克逊直言不讳地抨击当局，他自然而然地成了田纳西州反杰斐逊和反麦迪逊派的代表人物。毫无疑问，杰克逊定然不会支持麦迪逊在1808年的总统竞选。

对伯尔叛国罪的指控，最终发展为首席大法官马歇尔同杰斐逊总统之间的政治博弈，因此伯尔被无罪释放。约翰·马歇尔在这个案件中明确指出必须有充分的证据证明叛国的意图及行动，而不是根据公民的言论，因为宪法保护民众的言论自由，避免了这一罪名沦为政治迫害的工具。然而，杰克逊从未撇清帮助伯尔密谋分裂国家的嫌疑，人们对他的嫌疑如鬼魅般跟随他多年，挥之不去。杰克逊的确为伯尔提供过船只和粮食，与伯尔的密谋有着千丝万缕的联系，而他总是辩称那是一次为驱逐西班牙人占领墨西哥的合法计划。指控他企图分裂国家或者做出有害国家的举动，简直是荒谬至极。杰克逊没有意识到错误的判断亦能达到相同的结果，无论是否有意为之。

他希望一战成名的美梦在此刻彻底破灭，于是在接下来几年里干脆赋闲在家，把时间都花在照看庄稼、买卖奴隶和养马赛马上。克斯顿为杰克逊赢得了两万多美元的比赛奖金，而每次30美元的种马配种费则是他的额外收入。对农场的精心管理以及富有远见的土地投机，让杰克逊的财富大增，加之棉花作物收成良好，使他彻底从埃里森的债务低谷中走出，开始成为一个真正富有体面的南方种植园主。他时常大宴四方宾客，成为田纳西州家喻户晓的大善人。"他热情好客，朋友和旧相识时常去他家相聚，还有不少初次来田纳西州的陌生人。"[1]一个名为托马斯·哈特·本顿的年轻军官如是写道。

杰克逊少将同自己麾下的官兵情同手足，因此官兵们总是对他的号召一呼百应。"我最骄傲的是，"他说道，"我的士兵信任我，一旦战争爆发，我会带领他们奋勇杀敌，走向胜利。若是在和平年代，吾愿辞掉军职，回到家乡安享退休后的田园生活。"[2]

依仗"硕果累累的农场"，杰克逊夫妇此刻过着无忧无虑的富足生活。杰克逊和雷切尔没有生育自己的孩子，尽管他们十分期待。然而，周围的朋友和

---

1 托马斯·哈特·本顿（以下简称本顿），《纵览三十年》（纽约，1854年），共二卷，第一卷，736页。

2 同上。

雷切尔的诸多亲戚会时不时地请求夫妇俩充当一些遗腹子的监护人。在众多被监护人中，有两位特别值得一提。其中一位是塞缪尔·多纳尔森之子安德鲁·杰克逊·多纳尔森，后者后来成为杰克逊的秘书。另一位则是杰克逊商业伙伴之子安德鲁·杰克逊·哈钦斯，杰克逊与之保持着长期而紧密的关系。1809 年，雷切尔和杰克逊终于合法领养了属于他们的第一个孩子。塞弗恩·多纳尔森及其妻子伊丽莎白同意将 1809 年 12 月 4 日出生的双胞胎男孩中的一个过继给杰克逊夫妇。孩子的生母身体状况堪忧，无力同时照看两个婴儿，因此在孩子出生三天后，她便心甘情愿地把孩子交给雷切尔抚养。[1]这个孩子就是杰克逊夫妇合法收养的儿子，取名为小安德鲁·杰克逊。

在接下来的几年里，尽管杰克逊偶尔还是有离开密西西比河的冲动，但在大多数时间里，他还是胼手胝足地经营着这来之不易的一切。他同家人在隐士庄园过着清闲自在的日子，此时他已是 640 英亩土地的主人，[2]而 1812 年对英国宣战的消息突然打破了他清闲惬意的生活，此时他已 45 岁。引发战争的原因有很多，但是最为重要的无疑是心理层面的原因。尽管多年以来，英国肆无忌惮地扣押美国船只，强行征用美国水手，干涉美国贸易以及唆使印第安人进攻北部边境，这些都可以是一场恶战的原因，但是迫使美国发动战争的最迫切的原因则是它亟须证明拥有捍卫自由和独立的天赋权利。自从宣布独立以来，美国受到了英国的一个又一个羞辱。当时有众多美国人都亟待向世界再次宣告他们有自由的权利，他们有能力捍卫来之不易的自由，不管敌人有多强大。

还有另外一个重要和实际的原因：美国的扩张。多年来，美国一直觊觎加拿大。他们在独立战争期间企图夺取加拿大的计划以失败告终。更为重要的是，夺取加拿大就意味着美国从此不必再为与印第安人的冲突而烦忧，因为这一切的始作俑者是英国。同英国宣战也意味着同它的盟国西班牙交恶，而打败西班牙意味着可以把佛罗里达收入囊中。因此，从地域扩张的层面看，战争意味着造就一个横跨大西洋到太平洋的大帝国。

国会中一些年轻的鹰派议员力主对英宣战。这些时人所称的"好战分子"都是这个国家的一时之选，包括南卡罗来纳州的约翰·卡尔霍恩（John C.Calhoun）、肯塔基州的亨利·克莱（Henry Clay）和理查德·约翰逊（Richard

---

1 此部分的叙述主要依据杰克逊的回忆。参见安德鲁·杰克逊致信小安德鲁，1844 年 12 月 1 日，副本藏于"杰克逊文件汇编项目"，隐士庄园，田纳西州。

2 应税财产清单，1812 年 1 月 1 日，《杰克逊文件汇编》，美国国会图书馆。

M.Johnson）、纽约州的彼得·波特（Peter B.Porter）以及田纳西州的费利克斯·格伦迪（Felix Grundy）。这是自美国成立以来成长起来的第二代，他们迫切地想证明自己奋勇杀敌的锐气绝对不会亚于自己的父辈。他们需要一场战争来恢复美国的荣誉。他们蓄谋已久并最终迫使詹姆斯·麦迪逊总统要求国会发布宣战声明，这一天是 1812 年 6 月 18 日。

杰克逊欣喜若狂，他说美国恢复国家荣誉的时刻指日可待了。很快，他便向总统主动请缨，准备带领 2500 名志愿军赶赴战场。当然，他希望以最快的速度收到回信，此外总统最好能赞扬一下他的爱国主义精神，并指派他和他的军队立即执行任务。然而，等待他的是一封礼貌而敷衍的回复信，信中并没有任何召他从军的意思。他大为震惊。转眼几个月过去了，他依旧没有收到召集的命令。起初，他百思不得其解。后来恍然大悟，原来当局仍对他同伯尔的关系耿耿于怀，因此压根儿就没有派他出征的打算。亨利·迪尔伯恩被派遣出击魁北克（Quebec），而詹姆斯·温彻斯特准将连同杰克逊麾下的两个团则被派往北线战场，协助哈里森上将作战。杰克逊没有得到任何命令。他的老朋友亚伦·伯尔的遭遇同他如出一辙。

与此同时，真正的战斗已然开始，威廉·赫尔（William Hull）上将因不敌一支由英军和印第安人组成的联军，而被迫交出底特律（Detroit）。入侵加拿大、北扩美国疆域本是胸有成竹，到头来却落得引火烧身。整个北线战场兵败如山倒。整个战场不见谋臣猛将，唯一骁勇善战的将军却在田纳西州虚度光阴，无人知晓——除了安德鲁·杰克逊自己。

他只能在家里愤愤不平地咒骂华盛顿那群冥顽不灵的"老顽固"，宁可置国家危亡于不顾，也不肯赏识他。他多次公开表示自己有志夺取佛罗里达、奋勇杀敌以及剿灭印第安人。[1] 但是，他心有余而力不足，只能静观其变。直到 1812 年 10 月，塞维尔的继任者威利·布朗特州长接到命令增援 1500 名志愿军，支援威尔金森上将防守新奥尔良，杰克逊才守得云开见月明。当局要求增派援军不只是为保卫南部边境免遭入侵，更是为一举占领佛罗里达，作为战后割地赔款的要挟条件。

在为新奥尔良征派援军的同时，当局也暗示布朗特最好不要起用安德鲁·杰克逊，不过仍留有余地。而杰克逊作为布朗特的政治同盟，曾代表田纳西州西

1　安德鲁·杰克逊致信乔治·科尔伯特，1812 年 6 月 5 日，《杰克逊文件汇编》，美国国会图书馆。

部地区给予其鼎力支持，因此他对是否应该对当局的暗示置之不理而犹豫不决。他试探性地向当局表示自己有权任命任何值得信任的人担任此次援军的首领，而后便得到了当局的首肯，于是他便在华盛顿当局下发的70张委任状中的一张填上了杰克逊的名字。自此以后，杰克逊摇身一变成为统领美国志愿军的少将。布朗特把委任状连同指挥志愿军去新奥尔良的将军令一并交给了杰克逊。[1]

杰克逊终于接到了带兵打仗的命令。从现在起，他有了夺取赫赫军功的机会。但美中不足的是，这支部队此行是去支援威尔金森上将。而受命于一个自己曾公开诋毁的"卑鄙小人"，个中滋味，可想而知。但杰克逊别无选择，只能如此。他在给布朗特的信中写道："在国家生死存亡之际，为国家出生入死是每一个公民应尽的义务。"尽管得知当局"并不愿委任于我，只是看在我满腔热忱的份儿上，勉强让我听命于威尔金森上将"，虽如鲠在喉，但是"这些都无足轻重，吾唯愿率领部下一路追随足下"。[2]

布朗特命令杰克逊立即召集两个师的兵力，并于1812年12月10日于纳什维尔整装待发。然而，1812年与1813年之交的那个冬天异常寒冷，出发去集结地的当天，地上的积雪足足有一英尺厚。为给士兵取暖，军需官威廉·路易斯事先购得大量木材，然而这些木材在当夜便燃烧殆尽。杰克逊和路易斯一夜未眠，来回巡视露宿野外的将士们。大约清晨6点钟，杰克逊走进驻军附近的一家小酒馆想休息一下。还没等进门，便听到一位平民嘲弄当权的军官失职，那位吹毛求疵者说道："这简直荒唐，如此寒冷的天军人们却连住的地方都没有，而他们的军官却可以在镇上逍遥。""简直胡说！"杰克逊吼道，"大雪已让将士们怨声载道。我和军需官一夜没有合眼，还不是为了让他们睡个舒服觉？以后最好不要让我听到类似的话，否则我就让你尝尝这烧红了的木炭的滋味。"[3]

这是杰克逊别具一格的领袖风格，他总是亲自照顾自己的士兵，对他们的关怀无微不至。他总是对他们信心百倍，如同他对自己的深信不疑，他事无巨细顾及将士们的福祉。多年以来，人们渐渐了解了他的为人，不禁对他敬爱有加。他们明白他可以疾言厉色，可以不屈不挠，可以专制蛮横，亦可以宁折不弯，他们清楚他脾气暴戾，让人难以承受，但是他们更了解他会全心全意地

1　尤斯提斯致信布朗特，1812年10月21日，杰克逊，《信件》，第一卷，240页，注释5。

2　安德鲁·杰克逊致信布朗特，1812年11月11日，出处同上，238—239页。

3　帕顿，《杰克逊》，第一卷，368页。

照顾他们，甚至胜过对自己的照顾，他们的需求便是他的头等大事。

几天后，料峭的春寒终于告一段落，各路部队集结成军准备启程。作为总参谋部工作人员的威廉·伯克利·路易斯被任命为副军需官助理，而他也是杰克逊的好友兼邻居。来自宾夕法尼亚州的年轻人威廉·卡罗尔则被任命为旅督察员，他聪明机智又精力充沛。托马斯·哈特·本顿则被选任为首席副官，位同中校，这位年轻聪颖的律师与杰克逊结识于一次定期巡回，杰克逊对他的才华和勤勉记忆犹新。而来自弗吉尼亚州的约翰·里德被任命为副官助手以及将军的秘书，极有可能是本顿将其推介给杰克逊。后来，里德写了一本关于杰克逊早期军旅生涯的书，该书直到里德死后才得以完成，后经约翰·伊顿之手改编成杰克逊的竞选传记。毫无疑问，此书是众多描写杰克逊早年生活传记最为翔实的一本。约翰·科菲则被任命为骑兵的指挥官，他是一个简单、勇敢而谦逊的人，作为杰克逊的前生意合作伙伴，他十分忠于杰克逊。科菲身材高大，身高足足有六英尺。只见他天庭饱满，地阁方圆，鼻梁高挺，下巴坚实，还有一头乌黑茂密的头发，无不显示着他的孔武有力和锐不可当。他是一名战功赫赫的战地指挥官，是杰克逊最得力的军事干将。

威廉·霍尔上校和本顿负责指挥两个总共由1400人组成的步兵团。军队来自四面八方，有的来自州内军事基地，有的则是最普通不过的平民百姓。他们有的是商人，有的是种植园主和自耕农，他们大多数都是独立战争老兵的后人。在1813年1月7日，这支厉兵秣马的军队终于准备进发，去保卫下游的市镇。布朗特州长命令步兵团和步枪手坐船前往新奥尔良（途经纳切兹市），而骑兵团和步兵骑兵则陆路行军。一旦抵达新奥尔良，杰克逊便需要等待麦迪逊总统的命令。

布朗特在给杰克逊送行的过程中，见他如此精明强干，能够召集众多将士为国捐躯，遂对其能力表示赞赏。而少将却不敢苟同。这是我的责任，他说道。我在"英国的暴政下长大，在我还小的时候就已经投身于捍卫我国自由的抗争之中，因为它我变得一无所有，它夺走了我挚爱的兄弟和我的幸福。有幸生活在如今的共和政府下，我可以丰衣足食，安居乐业。维护政府的政策，捍卫国家的独立主权，是我对祖国和后代子孙义不容辞的责任，若国家需要，必将万死不辞"。

对国家和共和政府的责任！杰克逊带着这重如泰山的责任开始了他的军旅生涯。当然，责任感贯穿了他的一生，是他最鲜明和最重要的特质。保卫一个自由富足社会的责任，捍卫国家"独立权利"的责任，守护"共和政府"的责任。他在信的末尾这样写道："愿战神与我们同在，祈求上帝赐福所有参战的军人。"[1]

伴随着击鼓声、加农炮的轰鸣声以及码头众人的一阵阵"万岁"的欢呼声，一支舰队缓缓离港，沿坎伯兰直下，往俄亥俄河和密西西比河方向驶去。他的部队终于开动了，杰克逊在发给战争部长的报告中说，他正率领2071名志愿军前进，若政府下令，他们一定会成人之美，把北美秃鹰悬挂在莫比尔、彭萨科拉以及圣奥古斯丁这些西班牙城镇之上。[2]

俄亥俄河结了一层厚厚的坚冰。早前，发生的一系列地震亦改变了密西西比河的航向。在长途航行过程中，三个人和一条船不幸走失。在历经39天、行程1000英里之后，这支部队终于抵达纳切兹市，而科菲和骑兵团在此等候已久。无论如何，这是一次成功的行动。

威尔金森上将本来有一肚子话想跟即将到来的杰克逊少将说，但是每次双方见面都只有一句"立正！"遂不再靠近，更谈不上交流。杰克逊和他的志愿军被命令留在纳切兹市。上级就这个意外而无礼的命令给出了诸多理由：新奥尔良补给粮食不足，华盛顿尚且没有安排这支志愿军的作战计划。还有另外一个原因，那就是杰克逊"不肯同他交流，不肯称他为尊敬的指挥官大人"。不管怎样，威尔金森开门见山地说："我……重申一遍，你就老实待在纳切兹市周边吧。"[3]

杰克逊于是就停在了纳切兹市。几周过去了，依旧没有接到任何命令。直到3月15日，他收到了新任战争部长约翰·阿姆斯特朗（John Armstrong）的命令，命令其解散部队，解甲归田。杰克逊简直不敢相信眼前这一切。解散？此时此刻，他和他的2000将士，离家500英里，漂泊在人迹罕至的荒原里，没有交通工具，没有药品，就一句解散回家。在印第安人的地盘解散！这一纸命令简直愚蠢至极。最后，杰克逊才明白这一切的始作俑者是威尔金森。因为他的部队没有粮

1 布朗特致信杰克逊，1812年12月31日；安德鲁·杰克逊致信（布朗特），1813年1月4日，《杰克逊文件汇编》，美国国会图书馆。

2 安德鲁·杰克逊致信尤斯提斯，1813年1月7日，引述自帕顿，《杰克逊》，第一卷，372页。

3 威尔金森致信安德鲁·杰克逊，1813年1月22日和25日，2月22日，3月1日和8日；安德鲁·杰克逊致信威尔金森，1813年2月16日和20日，3月1日、8日和15日，《杰克逊文件汇编》，美国国会图书馆。

食供应又远离家乡，一旦解散，他们便会义无反顾地加入威尔金森的部队。威尔金森和华盛顿的那群"酒囊饭袋"企图以此甩掉他，夺走他的部队，逼他独自返回纳什维尔，借此羞辱他。[1]

杰克逊对这个命令嗤之以鼻，遂把上校本顿召集过来，告诉他自己并不打算从命。他坚决不解散志愿军，相反地，他打算把整支军队带回田纳西州，若有必要，他愿意负担所有费用。在这个节骨眼儿上，他们找不到任何交通工具，只得徒步走回家。他胸中仍然满腔怒火，遂给战争部长写了一封言辞激烈的信。为响应国家的号召，他在给阿姆斯特朗的信中如是写道，他的部队"自告奋勇地团结起来为他洗刷屈辱。他们是追随我来到这块战场的，我应该义不容辞地护卫他们回到家乡。[2]如果阁下拒绝我的请求，事实上阁下也拒绝了我的部队"。

实际上，为避免造成寡不敌众的局面，当局已经决定舍弃进攻佛罗里达的计划，因此阿姆斯特朗便下令解散这支临时成立的突击部队，而杰克逊对此一无所知。但是国会同意夺取剩余的佛罗里达州西部地区，并于 1813 年春天，美军轻而易举地夺取了莫比尔，西班牙军队无奈之下只好撤军彭萨科拉。

讽刺的是，从纳什维尔到纳切兹市这段多灾多难的路程，在回程的途中恰恰成全了杰克逊。将军身上所有的闪光点、所有的领袖特质，都在路上淋漓尽致地展现在了志愿军眼前：他不屈不挠，他奋勇向前，他铮铮铁骨，他周身的英雄主义气概，他甘愿与士兵们同甘共苦，他胆大心细、面面俱到，他对士兵总是不厌其烦、宽以待人。总而言之，他们欣赏、信任、热爱他，因此如果他下令让他们从纳切兹市走回到纳什维尔，那么，他们心甘情愿。

苦难重重的归途还发生了其他意想不到的事情，从中显现了杰克逊的一种特质，一种更好理解他后来屡创战绩原因的特质。杰克逊的这种特质与生俱来，但是他的这个特质在这次行军中却得以发挥得酣畅淋漓。这种特质便是毅力，是非比寻常的毅力。他简直就是一个超人。这简直非比寻常。他有着一股不达目的绝不罢休的毅力。因此，如果他决定让他的士兵走回纳什维尔，他就会说到做到，哪怕这意味着他需要挨个儿把士兵们背回家。

安德鲁·杰克逊或许算不上一名伟大的将军。他比 1812 年参战的大部分

1　威尔金森致信安德鲁·杰克逊，1813 年 3 月 8 日和 16 日，《杰克逊文件汇编》，美国国会图书馆；帕顿，《杰克逊》，第一卷，380 页。

2　安德鲁·杰克逊致信阿姆斯特朗，1813 年 3 月 15 日，《杰克逊文件汇编》，美国国会图书馆。

军官都要卖力，但是这并没有使他脱颖而出。让他锋芒毕露，在战场上得以决胜千里的原因是他必胜的决心，为此他不惜一切代价。因此，每当面对艰难险阻，他总能气壮山河、坚忍不拔、所向披靡。只有胜利才能让他心驰神往，他的字典里压根儿就没有"失败"二字。

这是一场意志力的考验，凭借超强的自信以及真正（无须才华超众）的军事天赋作为支撑，杰克逊缔造了一次又一次的胜利，挫败英国人和西班牙人。通过这次从纳切兹市到纳什维尔的行军便不难发现，杰克逊本身就是为夺取军事胜利而生。他的部下感同身受，并心怀敬畏。当他的命令超出他们的极限，他们也会偶尔反抗一下。但是在大多数情况下，他们明白他们追随着一位常胜将军，一位将带领他们走向胜利和无限荣光的领路人。因此，他们爱戴他、服从他，甘心为他奋战。

在他的指挥下，田纳西州的志愿军们顺利回到纳什维尔。而这一路就像是一场痛苦的挣扎。阻止这场行军的代价是，杰克逊必须负担起 150 名病员的起居，其中有 56 名病员要么无法坐直，要么缠绵病榻。然而，他们只有 11 辆用于运送病员的马车。对于其中的大多数人来说，这场痛苦的行军将毕生难忘。杰克逊下令军官把马让给病员，他也交出自己的三匹马运送伤员。日复一日，他同士兵们一同长途跋涉，但是从未面露倦色，他总是用尽办法鼓舞他的将士，哪怕是一个手势、一个为他们骄傲的神情。他无微不至地照顾将士们的安全，时刻为他们的舒适而忧心，这一切都是出于本能，这深深地植根于他的领袖意识之中。"这是我义不容辞的责任，"他对自己的妻子说，"我要像父亲一样照顾他们，无论他们是气息奄奄，还是生龙活虎，我都要与他们同在，直到回到纳什维尔。"[1]

一旦踏上返回的路途，整支队伍便健步如飞地前行，平均每天行走 18 英里。杰克逊尽量用最温和的方式鼓励士兵们前行。当时，有一名神志不清的病人突然从马车上坐起来，迷迷糊糊地问他在哪里，杰克逊回答他说："回家的路上！"于是队伍里所有的士兵都欢呼雀跃起来。[2] 日复一日，将士们渐渐体力不支，前进的步伐蹒跚了起来，杰克逊便鞍前马后无处不在地悉心照料，以防发生任何不测。他不仅需要时不时地查看将士们的口粮配给是否充足，还需要时时鼓励

---

1 安德鲁·杰克逊致信雷切尔，1813 年 3 月 15 日，《杰克逊文件汇编》，美国国会图书馆。

2 帕顿，《杰克逊》，第一卷，382 页。

将士们坚持下去。作为领导人，用一个词形容杰克逊最为恰切不过——"不屈不挠"。他的将士都说他"强韧"，比世间任何事物都强韧。军中一个胆大如斗的人说，"像胡桃木一样强韧，因为没人能想到比胡桃木更硬的东西了"。不久以后，他的将士们开始亲切地称他为"胡桃木"。大家又十分爱戴他们这位指挥官，因此在这个绰号前加了一个前缀"老"字，以示尊重，由此便有了他流传于后世的绰号：老胡桃木。

经过一个月的长途跋涉，这支队伍终于顺利回到田纳西州。等到军队回到纳什维尔，杰克逊的英雄事迹以及将士们对他的品行赞美便很快流传开来。尽管其中的一些故事有过分夸大之嫌，但是所有的故事都反复强调了他的力量、性格和领袖精神：他坚忍不拔和不屈不挠的精神，他对将士们的安危和健康无微不至的关怀，他为将士们的进步由衷自豪，他运筹帷幄、统筹全局。"田纳西州西部的志愿军们会永远记得他们的将军"，一位纳什维尔的辉格党党员断言："因为他仁慈、亲切，像父亲一样爱护他的士兵，他们愿以爱和感恩回报他。我们可以自豪地说，即使没有参加过这支队伍的人也会爱上他。"[1] 时年 46 岁的安德鲁·杰克逊成了"田纳西州西部地区最受人爱戴和尊敬的普通公民"。他树立了新的形象：一个和蔼可亲的父亲、一个受人爱戴的将军以及一个边疆人民的守护神。[2]

---

1 帕顿，《杰克逊》，第一卷，384 页，486 页。

2 同上。

第六章　克里克战争

自从杰克逊从纳切兹市返回纳什维尔之后，人们似乎对他从前睚眦必报、暴戾恣睢的性格缺陷早已淡忘，只是他偶尔飞扬跋扈的行为会让他之前辛苦经营的好形象瞬间荡然无存，他考验着周遭朋友和邻居对他的耐心和包容。即使是在此时，因为撤退事件而名噪一时，他还是横冲直撞地卷入是非，陷自己于不仁不义之境，看官们也只能摇头叹息，叹息他的性格竟有如此云泥之别。

事件的起因仍存疑窦，但显而易见的是，此事发生于志愿军从纳切兹市返回纳什维尔的途中。总而言之，是一个名为利特尔顿·约翰斯顿的人同杰克逊的旅督察员威廉·卡罗尔发生口角。最后事情竟然发展到约翰斯顿向比利·卡罗尔发起决斗挑战，但是比利傲慢地拒绝了挑战，因为在他眼里约翰斯顿压根儿就算不上一个绅士。约翰斯顿不肯罢休，于是请求杰西·本顿代他发起挑战，而杰西是托马斯·哈特·本顿的兄弟，比利仍旧拒绝迎战。于是杰西决定以约翰斯顿替身的身份再一次向比利发起挑战，以本顿的社会地位，若比利再次拒绝，便只能落得个胆小怕事的名声。[1]

就在此时，返程的大军成功抵达纳什维尔。决斗事宜已敲定，比利需要一名副手，但是无人愿意拔刀相助。因此，比利不得不强闯隐士庄园，请求杰克逊担任他的副手。而老胡桃木恰如其分地回绝了他。"我老了，不中用了。"他说道。但是比利锲而不舍，他添油加醋地说这是一场阴谋，一场企图赶走他的阴谋。于是，杰克逊掷地有声地回应道："好吧，卡罗尔，你就放宽心，只需知道一点：只要我安德鲁·杰克逊还有一口气在，他们就算有一万个胆子也不敢赶走你。"

---

[1] 卡罗尔致信安德鲁·杰克逊·多纳尔森，1824 年 10 月 4 日，杰克逊，《信件》，第一卷，311 页，注释 1。

最初，杰克逊企图通过劝诫的方式让双方冰释前嫌。起初，天遂人愿，双方和解。杰西生性鲁莽，这一点同他那位才华横溢的兄弟如出一辙，总是头脑发热做出让自己悔不当初的糗事。因此，杰克逊三言两语的劝慰之词便足以让他心悦诚服，不再纠缠计较。

几个下级军官对杰克逊偏宠比利的做法甚为不满，便唆使杰西纠缠到底，双方僵持不下，一场恶斗在所难免。杰克逊为此心生厌恶，一气之下答应担任比利的副手，田纳西历史上一场最为怪异的决斗即将上演。因为比利对射击"几乎一窍不通"，而杰西则是"百步穿杨的神枪手"，为公平起见，比利坚持要求把射击距离由原来的三十英尺缩短为十英尺。后来他们达成协议采取背靠背的决斗方式，这就意味着他们需要转过身直面对方才能射击。

决斗日定于 1813 年 6 月 14 日，周一，早晨六点整。

"准备！"约翰·阿姆斯特朗大声喊道，而他在此次决斗中也担任副手。

"开火！"

杰西"身手敏捷"地转过身去，随后便"立即深蹲下来，上身匍匐于地"。他开火击中了卡罗尔的拇指。

比利也不甘示弱，一枪击中正在下蹲的杰西，在他的屁股上留下了一道长长的耙形伤口。尽管伤口并不致命，却让他痛不欲生、尴尬不已。可怜的杰西为此成了纳什维尔的一大笑柄。[1]

托马斯·哈特·本顿听闻杰克逊也卷入到对他兄弟的械斗侮辱中，他暴跳如雷，旋即给他的指挥官写了一封满是义愤之辞的信，在信中指责他"卑鄙无耻、助纣为虐、心狠手辣"，一手促成了一场有失公平的决斗。他又在信中继续写道："在阁下这个年纪，本应老成持重，这原本是年轻人之间的小打小闹，本无伤大雅。"[2]

本顿的指责未留一丝情面，但是真正让老胡桃木愤怒的是这件事成了街头巷尾茶余饭后的谈资，在田纳西几乎尽人皆知。在他个人荣誉失而复得之际，他不想因本顿对自己空口无凭的指摘而再次陷入被动。杰克逊曾说，本顿最大

1　安德鲁和阿姆斯特朗的声明，1813 年 8 月 23 日，《杰克逊文件汇编》，美国国会图书馆；威廉·卡罗尔手书一封，信上标记时间为 1824 年 10 月 24 日，打印稿存于诺克斯维尔的《记录》，副本藏于"杰克逊文件汇编项目"，隐士庄园，田纳西州；帕顿，《杰克逊》，第一卷，388 页。

2　本顿致信杰克逊，1813 年 7 月 25 日，杰克逊，《信件》，1 页，312—313 页。

的毛病，就是管不住自己的嘴巴，而后老胡桃木发誓下次见到他一定要对他小惩大诫。[1]

9月初，一次机会便摆在了杰克逊面前，此时杰克逊、科菲以及杰克逊的外甥斯托克利·海斯骑马去往纳什维尔的一家城市宾馆住宿。第二天清晨，杰克逊和科菲便步行前往邮局取信，两人全副武装，杰克逊甚至随身携带了一条马鞭。突然，科菲看见托马斯就站在宾馆的门口"恶狠狠地"盯着他们。

"你看到那小子了吗？"科菲压低声音向杰克逊问道。

"嗯，当然，"杰克逊回复说，"早就看见他了。"

往往越是在这种情况下，将军的自控力就越强。他并没有急不可耐地冲上去，不分青红皂白地教训本顿一番，而是按照原定的计划继续去邮局取信。在取信回来的途中，他和科菲便取道直达城市宾馆门口的小道。而本顿兄弟俩已在此等候多时，两人都在自己的枪中装了两发子弹。等到杰克逊出现在托马斯面前，立即制伏了托马斯，并挥动着自己手中的马鞭大叫道："现在，你这个无赖，我要好好教训一下你。看谁能帮得了你。"[2]

本顿把手伸向口袋，杰克逊以为他要掏枪，旋即掏出自己的手枪，顺手又把托马斯拖入宾馆里。与此同时，杰西弯腰穿过酒吧，走到走廊边上一扇开着的门，而走廊直通后面的一个阳台，站在阳台上可以俯瞰整条河流。杰西走到这个位置，举起手枪冲杰克逊射击，分别用一颗圆形子弹和一颗方形子弹射中了他的胳膊和肩膀。杰克逊一个跟跄，并在跌倒的同时冲托马斯射击了一枪——没有射中。随后，托马斯冲倒地的杰克逊连射两枪，就在杰西再次瞄准杰克逊准备射击时，突然被一个名为詹姆斯·西特列的旁观者打断。[3]

此刻，科菲冲进屋内，紧随其后的还有斯托克利·海斯和其他两个人。斯托克利手持一把剑杖，而其余两人则手持利刀。斯托克利拿着剑杖追赶杰西，剑杖的尖一下碰到护套上，折了。然后，他便把杰西摔倒在地，并不停地将匕首刺向他的双臂。与此同时，科菲冲托马斯射击，但是不幸失手；紧接着，科菲又准备冲本顿射击，托马斯赶紧落荒而逃，因为过于仓皇，在逃跑的过程中

---

[1] 关于这场骂战的更多信息，请参见莱米尼，《杰克逊》，第一卷，183页及后文。

[2] 帕顿，《杰克逊》，第一卷，392页。

[3] "詹姆斯·西特列的证词"，1813年9月，杰克逊，《信件》，第一卷，317页。

他从一截楼梯上滚了下来。自此，这场枪战才算落下帷幕。[1]

由于失血过多，处于半昏迷状态的杰克逊被抬送到纳什维尔客栈，他的肩膀被一颗方形的子弹击伤，而他的胳膊则被一颗圆形子弹射穿，子弹留在了他左上肢的骨内。在医生赶来替他止血之前，他血流不止，流出的血浸透了两个床垫。所有前来诊治将军的医生中，只有一位医生主张截掉伤肢。

"保住我的胳膊！"老胡桃木命令道，说完他便失去了知觉。医生们不敢违背将军的意愿，他们轻而易举地取走了在将军身上残留了将近二十年的弹片。根据印第安人传授的法子，医生们把他的两处伤口用榆树和其他树类的粉屑制成的膏药敷住。大出血让他彻底卧床不起，直到三周以后，他才勉强能够起床走动。

本顿兄弟在街头逗留了一两个小时，逢人就诉说刚才发生的那一幕，公开谴责杰克逊，把他描绘成一个十恶不赦的杀人犯。托马斯返回宾馆找回杰克逊丢弃在那里的一把短匕首，在众人面前炫耀一番之后，便把它一掰两断，随后便在广场上一边招摇地来回踱步，一边大声地控诉杰克逊的暴行。

杰克逊的朋友们既不欣赏败下阵来的将军，又对本顿兄弟的做作表现嗤之以鼻。本顿兄弟很快便意识到纳什维尔不宜久留。"这里对我来说简直就是地狱，"托马斯写道，"天底下最卑微的可怜人都需要同骗子、发誓者和恬不知耻的懦夫斗智斗勇。杰克逊的所有跟班都针对我……我简直就活在地狱的中央，要么杀死他，要么被他所杀，因为我不可能屈从于杰克逊的淫威之下，我和我的兄弟把他和他的同党打得一败涂地，还在广场上把他的短匕首一掰两半，因此他一定不肯就此作罢，一定会伺机报复我们。我的生命岌岌可危……因为杰克逊的跟班会前赴后继地来找我麻烦，以期陷我于绝境之中，随后便可在混战中伺机杀死我。"[2]为了躲避杰克逊跟班的报复，托马斯毅然决定回到富兰克林的家中，战后他便辞去军职，向西迁往密苏里州。

自此托马斯·本顿和杰克逊再没见过面，直到1823年，两人同时被选入美国国会参议院，他们很快意识到不计前嫌才能更好地维护双方的政治利益。他们握手言和，整整十年的恩怨情仇就此冰雪消融，一个举足轻重的政治同盟就此诞生。但是杰西却不肯就此罢休。直到死亡的那一天，他还在不停地咒骂安德鲁·杰克逊。

---

1 "本顿描述与杰克逊的枪战过程"，1813年9月10日，杰克逊，《信件》，第一卷，318页。

2 引述帕顿，《杰克逊》，第一卷，395页。

在雷切尔的悉心照料下，老胡桃木总算从鬼门关走了回来。与此同时，克里克族印第安人在阿拉巴马州的米姆斯堡和密西西比领地（Mississippi Territory）的一部分地区与白人移民者爆发激烈的冲突。号称"红鹰酋长"的威廉·韦瑟福德领导了这场斗争，而这也成为克里克战争（the Greek War）的导火索，这场战争直接把杰克逊送上荣誉的巅峰。

"红鹰"是一位功勋卓著的酋长，是以好战著称的"红棍克里克人"（这样称呼的原因是他们战棍上都涂有鲜红色）的酋长，是克里克部落的一支。他的父亲是一名苏格兰商人，母亲则是伟大的克里克族酋长亚历山大·麦吉利夫雷（Alexander McGillivray）同母异父的妹妹。由于母亲在克里克族中有着较高的社会地位，"红鹰"选择站在母亲一边，而他本身也是一名混血儿。"红鹰"归入特库姆塞（1768？—1813 年，北美印第安人、肖尼部落酋长）旗下，后者是肖尼部落的另一位伟大的印第安人酋长，他一直试图建立一个贯通南北的印第安人联盟，北到五大湖区，南至墨西哥湾，进而把白人赶出美洲大陆。[1]

克里克部落内部分裂，其中一部分选择同特库姆塞合作，而红棍克里克人则积极领导与白人移民者之间的斗争。因此，需要注意的是，克里克战争从头至尾本质上不过是一场印第安人的内战。而最为重要的是，安德鲁·杰克逊将军在此过程中利用印第安人之间的内讧，为美国谋得了巨大的利益。

1813 年 8 月 30 日，印第安人突袭米姆斯堡，直接造成约 250 名白人死亡。

消息传到了田纳西州，田纳西州州议会立即授权州长召集 5000 名志愿军，服役期三个月。布朗特立即做出回应，并命令杰克逊"立即召集部队，不得延误"，2500 名志愿军和国民军立即出动，"击退印第安人……并援助密西西比地区"。[2] 由约翰·科克少将领导的另外 2500 名志愿军组成的部队也接到命令，反击克里克人，而这 2500 名志愿军多来自田纳西州东部地区。幸运的是，此时的约翰·塞维尔围于国会之中，不得抽身，否则田纳西州的人民一定会哭喊着让他走马上任，统率整个军队。

此时，杰克逊新伤未愈，弱不禁风，领兵作战实属勉为其难，但是杰克逊选择临危受命，立军功的机会就在眼前，他等这一刻很久了，若此时他没能担

---

1 关于克里克战争最详尽的描述请参见《边疆海湾的奋斗：克里克战争和新奥尔良战役（1812—1815 年）》（盖恩斯维尔，1981 年），小弗兰克·劳伦斯·奥斯利，6—41 页。

2 布朗特致信安德鲁·杰克逊，1813 年 9 月 24 日，约翰·布兰南编辑，《公函》，215 页，布朗特致信安德鲁·杰克逊，1813 年 9 月 25 日，《杰克逊文件汇编》，美国国会图书馆。

起大任，则时不再来。在他的心里，他别无选择。他不得不扛起领导这次战斗的重担，即使这意味着他要强忍着伤痛从病榻上站起来，吃力地骑上战马。他随即发出命令，命令手下的军队在费耶特维尔会合，立即投入到与克里克人的战斗中。鉴于他在纳什维尔被本顿兄弟用枪射伤一事尽人皆知，因此他认为有必要申明自己当前的身体状况。"你们将军的身体早已痊愈，"他说道，"他要亲自上阵。"[1]

杰克逊计划横穿克里克部落，在荒原上为大军辟出一条路，直到他们抵达海边的莫比尔。从田纳西州至墨西哥湾的这次行军，为日后美国的移民者横穿西南腹地找到了一条捷径，与此同时，还能瓦解一部分克里克力量。此后，他便计划进军西属佛罗里达。他想借此钳制住彭萨科拉，以防范克里克人。[2]毫无疑问，杰克逊打心底认为只有彻底消除西班牙和英国在该区域的影响力（众所周知，英国的势力在美国南方根深蒂固），才能彻底解决印第安人的问题。[3]

1813年10月7日，杰克逊在费耶特维尔挂帅，前来会合他在田纳西州西部的军队，而此时的他依旧面容憔悴，身体虚弱，胳膊上还缠着绷带。三天后，他便拔营南行，准备与科菲领导的骑兵会合，而科菲的骑兵先前被派至亨茨维尔，为即将到来的大军布置营房。[4]大军以每天36英里的惊人速度行进，并最终与科菲的骑兵会合，会合后继续前往克里克人的领地，并抵达田纳西河的最南端，杰克逊便在此建立了迪波西特堡，用作军需供应站，而此处亦位于汤普森克里克人的关口处。苦等几天后，田纳西州派发的军需品和援兵迟迟未到，急不可待的杰克逊决定向前开路。他带领大军向南推进，直至跨过库萨河，并在崇山峻岭中开辟了一条小道，最终在斯特罗瑟堡建立基地，作为先遣部队的军需供应站。他手上的口粮只够将士们一周之用，因此他迫切地希望立即同田纳西州东部的科克少将会合。

杰克逊此时驻军斯特罗瑟堡，与红棍克里克人近在咫尺。13英里之外便是

1　里德和伊顿，《杰克逊》，33页。

2　安德鲁·杰克逊致信勒罗伊·蒲伯，1813年10月31日，杰克逊，《信件》，第一卷，339页；里昂致信安德鲁·杰克逊，1813年10月27日，《杰克逊文件汇编》，美国国会图书馆。

3　参见安德鲁·杰克逊致信蒲伯，1813年10月31日，杰克逊，《信件》，第一卷，339页，以及安德鲁·杰克逊致信科菲，1813年9月29日，科佩收藏馆，普林斯顿大学图书馆。

4　安德鲁·杰克逊致信科菲，1813年9月25日，《杰克逊文件汇编》，美国国会图书馆。

红棍克里克人所在的印第安村庄塔卢沙奇，将近 200 名战士守卫在此。杰克逊命令科菲将军和他的骑兵以及骑马的步兵摧毁这个村庄。在 1813 年 11 月 3 日的清晨，1000 名士兵把塔卢沙奇团团围住，轻而易举地消灭了大部分守卫的战士。科菲手下的士兵在此役中死亡者为 5 人、受伤者为 41 人，他们一共杀死了 186 名印第安武士（村里所有的男人），另有 84 名妇女和儿童则被当作俘虏带回杰克逊的军营。

在血流成河的战场上，士兵们发现一位撒手人寰的印第安母亲手里紧紧地握着一个仅有 10 个月大的婴儿，所幸婴儿还活着。婴儿和其他俘虏一起被带到了杰克逊的军营，杰克逊将军要求其中的一些印第安妇女帮忙照顾这个婴儿的饮食，却吃了闭门羹。"没有必要，"这些妇女说道，"他所有的亲人都不在人世了，还是杀了他一了百了吧。"当听到"他所有的亲人都不在人世了"这句话时，一种难以名状的感情涌上了杰克逊心头。他想起了年轻时的自己，他的一家人为战乱所戕害，他也是一名孤儿。他随即遣散了在场的所有印第安妇女，把那个婴儿抱进了自己的帐篷，在水中溶化掉一小块红糖，慈爱地哄着婴儿喝下去。后来，将军便把这个婴儿送去亨茨维尔照顾，拿出自己的钱供他吃穿住用，直至战争结束后，这个婴儿便被送到隐士庄园。杰克逊给这个婴儿取名林科雅，在他被送到隐士庄园当天，杰克逊特地下令该如何照顾这名婴儿。不能像对待仆人或者孤儿那样对待他，他特别强调。"我就是想好好地照顾他，"将军是这样告诉雷切尔的，"他的存在对我有特别的意义，实际上，每当我想到他的亲人跟我的亲人一样都已不在人世，孤苦伶仃，我的恻隐之心便不能自已。"[1]

杰克逊在塔卢沙奇获胜后，很多敌对的印第安村镇便投诚杰克逊。其中之一便是塔拉迪加镇，一个仅有 154 人的小镇，位于库萨河对岸，距离斯特罗瑟南部仅有 13 英里。"红鹰"闻此，愤然召集 1000 名印第安武士团团围住塔拉迪加镇，准备把此地夷为平地。老胡桃木命令士兵分成三个平行的纵队行军。他率领 1200 名步兵和 800 名骑兵，正好是韦瑟福德围困塔拉迪加镇兵力的两倍。1813 年 11 月 9 日，破晓时分，杰克逊的军队开始做战前准备。步兵分站为两排，国民军在左，志愿军在右。骑兵则在两侧形成侧翼，以新月形"曲线状"前进，在攻进小镇的一刹那，步兵便立即发起进攻。主攻部队后并排列着一队骑兵殿

---

[1] 帕顿，《杰克逊》，第一卷，439 页，安德鲁·杰克逊致信雷切尔，1813 年 11 月 4 日，《杰克逊文件汇编》，哈佛大学图书馆，以及 1813 年 12 月 29 日，《杰克逊文件汇编》，美国国会图书馆。

后。杰克逊的计划是先头部队率先进攻，双方交战；随后，先锋部队便慢慢后撤，加入主力部队，从而把红棍克里克人引入先前布置的新月形队列中，形成包围之势。

预定的计谋顺利开展奏效，先头部队率先出动。在经过四五轮扫射后，一群"尖叫着"的红棍克里克人突然从掩体中冲了出来，[1]先头部队按计划后撤。此时，约有1000名印第安人拥入已设好的圈套，两支"曲线状"的队伍把涌进来的印第安人团团围住。田纳西的军人们近距离射杀印第安人，但由于右侧的一部分步兵不明原因地后撤，包围圈断裂了，缝隙越来越大，几百名印第安人如潮水般涌出包围圈，躲避田纳西人的扫射。殿后的骑兵迅速下马，堵住包围圈上的裂口，印第安人再一次被团团围住。被困在包围圈中的印第安人被雨滴般的子弹射杀，无一生还。随后，科菲率领骑兵追赶逃脱的红棍克里克人，追了有三四英里，其间射杀、射伤众多逃跑中的红棍克里克人，逃走的约700名印第安人在日后又发起了一场战争。杰克逊把这次战争表述为"一场用兵不当的战争"，他不得不解散了后备军支援主力军。[2]不管怎样，已经有300余名克里克人横尸沙场。杰克逊此役折将15人、伤者85人。[3]

安葬死去的将士，以及安置完受伤的将士后，杰克逊带领士兵搜罗了附近所有能吃的食物，之后便率领大军回到斯特罗瑟堡，满怀期待地等待着来自纳什维尔的军需补给。但是却一无所获，军需粮食没有到，部队中的伤员、病人甚至吃光了杰克逊自费购买的食物。现在，等他们回到斯特罗瑟堡，仅剩的食物只有几十块饼干和一块肉而已。仅剩的几头牛也被宰杀分发给士兵作为口粮。

日子就这样一天天地过去了，不满和反抗情绪开始在军中蔓延。校级军官们甚至秘密组织会议，讨论向杰克逊递交请愿书，要求杰克逊解散军队，让士兵们回家。老胡桃木断然拒绝了他们的请愿，并提醒他们作为一名士兵的职责所在。当正规军浩浩荡荡地破营而出时，场面彻底失控，幸好他们并没有走远。

　　1 里德和伊顿，《杰克逊》，56页。

　　2 安德鲁·杰克逊致信布朗特，1813年11月11日，布兰南，《公函》，265页；科菲致信约翰·多纳尔森，1813年11月12日，《美国历史杂志》（1901年4月），第六卷，176页；约翰·里德致信南森·里德，1814年12月24日，《约翰·里德文件汇编》，美国国会图书馆。

　　3 安德鲁·杰克逊致信布朗特，1813年11月15日，安德鲁·杰克逊致信托马斯·平克尼，1813年12月3日，《杰克逊文件汇编》，美国国会图书馆。

杰克逊立即召集志愿军追赶他们，挡住他们的去路，迫使他们回到军营。接下来的一天，国民军和志愿军的角色却戏剧性地反转了；志愿军企图弃营而逃，而挡住他们去路的则换成了国民军。[1] 这是这次战争中发生的最为愚不可及的行为之一。

手下军人的叛变规模完全超出了杰克逊的预想。一大队士兵集合起来，准备赶回田纳西州，并威胁所有试图阻止他们离开的人。这是一场大范围的叛变，对杰克逊的领袖地位构成了严重威胁。他顺手抓起一把滑膛枪，旋即把枪架到马颈上（此时他的左臂因枪伤未愈尚无法活动），杰克逊骑马赶到叛逃军队的正前方，缓慢而慎重地把手上的枪冲前方叛逃的军队瞄准。他的眼睛里迸发着"杀气"，就像当年作为法官的他逮捕拉塞尔·比恩时一样。科菲将军和里德少校此时亦骑马飞奔过来，同杰克逊站在一起。叛逃的军人们惕怒地瞪着眼前的铁三角，鸦雀无声。老胡桃木用沙哑的嗓子激动地呵斥他们。并警告他们，谁胆敢成为第一个踏上田纳西州返程之路的人，他就会在谁的脑门上赏赐一颗子弹。

几分钟过去了，所有人都纹丝不动地站在原地。没有人敢挑战杰克逊眼睛里的那股"杀气"。随后，有部分忠心耿耿的士兵排成队列站在他们将军的身后，企图挡住叛逃者的去路。杰克逊的目的达到了。几名逃兵离开叛逃的军队，回到自己的岗位。越来越多的逃兵效仿起来。最后，仅剩几名逃兵发现叛逃无望，只好悻悻地返回军营。这场叛逃无形中增加了杰克逊在军中的威望。[2]

他本想着事情发展到这步田地不可能再往更坏的方向发展了。多亏少校路易斯，军需物品开始陆续到达军营，此时杰克逊热切地盼望科克将军也能同他并肩作战。这样，他们就可以一同进攻韦瑟福德和他手下的红棍克里克人。但是他手下的士兵却同他貌合神离。他们对困顿的生活、离家的苦楚以及严格的纪律都心存怨愤。印第安人的突袭只会徒增他们的痛苦。志愿军们计划于 1813 年 12 月 10 日解散回家已是公开的秘密，因为这一天他们服役期满。他们把应征过后在家等待入伍的时间也算作服役时间，而杰克逊则认为一年的服役期为

---

1 校级军官的请愿书参见《杰克逊文件汇编》，美国国会图书馆；里德和伊顿，《杰克逊》，63 页；安德鲁·杰克逊致信雷切尔，1813 年 12 月 9 日，《杰克逊文件汇编》，美国国会图书馆。

2 里德和伊顿，《杰克逊》，68—71 页；肯德尔，《杰克逊》，216—217 页。

真正地在部队中服役的 365 天。

12 月 9 日晚间，霍尔将军突然出现在杰克逊帐中，向其报告他手下的士兵准备趁夜深人静逃之夭夭。杰克逊迅速写下一条命令，命令这队士兵在堡的西侧集合。与此同时，他安排炮兵连前后围住叛军，并用野战炮的炮口对准他们。忠贞不贰的国民军埋伏在附近的一处"高地"，控制了前往田纳西州的去路，他们得到命令要不惜一切代价阻止叛军离开此地。[1] 随后，杰克逊骑上战马，走到叛逃的志愿军面前。他起先低声劝说他们，几乎是用商量的口吻。他祈求他们不要弃营而逃，援军随时都会到，援军一到他们便去留随意。他甚至向他们起誓。"简直是寡廉鲜耻，"他后来这样告诉自己的妻子，"这种感觉只可意会，不可言传……他们的爱国情怀曾是我和整个国家的骄傲……谁承想离开战场还不到 50 英里他们就背信弃义。"[2]

他的劝说没有打动任何人。无奈之下，老胡桃木只得下令炮手点火，而他则纹丝不动地站在叛军面前，站在炮火射击范围之内。足够了解安德鲁·杰克逊的人都明白，他一定会毫不犹豫地下令炮手点火，把叛军炸得片甲不留。说时迟那时快，军官们突然从叛军中站出来，保证自己和手下军人等到援军赶来。叛逃的士兵无不同意，就这样，杰克逊总算粉碎了他们叛逃的企图。于是他们纷纷回到自己的营房。杰克逊不无伤感地对雷切尔说，我的志愿军"从崇高的爱国者一落变成喝酒起哄满腹牢骚的叛军，为了平息这场叛乱我不得不命令大炮对准他们，点燃火柴摧毁他们"。[3]

1813 年 12 月 12 日，科克将军率领 1500 名士兵抵达斯特罗瑟堡。有了这些补充兵力，杰克逊不得不兑现自己的承诺，解散之前想要回家的军人。在这些军人走后没多久，杰克逊突然得知科克手下的大部分士兵也将在几天后服役期满，而其余的士兵则在几周后期满。杰克逊嗤之以鼻，命令科克整队回到田纳西州，就地解散他们，即使这样做会使他的处境变得更为不乐观。

随后，灾难再一次降临。在科克和他的部队离开军营后不久，杰克逊便收到科菲的一封来信，信中科菲告知杰克逊他手下的骑兵团已经就地解散，此时的科

1　里德和伊顿，《杰克逊》，84 页。

2　安德鲁·杰克逊致信雷切尔，1813 年 12 月 14 日，杰克逊，《信件》，第一卷，391—392 页。

3　里德和伊顿，《杰克逊》，85 页；安德鲁·杰克逊致信雷切尔，1813 年 12 月 29 日，《杰克逊文件汇编》，亨廷顿图书馆。

菲已经回到田纳西州，在那里购买良马和军需物资。由于当时科菲身体欠佳，对手下骑兵的解散无能为力。[1] 屋漏偏逢连夜雨，布朗特州长告知杰克逊他手下的国民军按照法律已经服役期满，因此建议他舍弃斯特罗瑟堡，退回田纳西州沿线。[2]

杰克逊伤心欲绝。他别无选择，只好将州长的建议如数告知，让他们自己选择是留下来继续战斗还是解甲归田。让他万念俱灰的是，所有的士兵都选择解甲归田，回到田纳西州。就在他们溜之大吉的时候，老胡桃木诅咒他们每个人"唇腐齿落，传给后人的甲胄是女人穿的衬裙"。[3]

斯特罗瑟堡实际上已经失守。杰克逊手上只有一个团的兵力同几英里之外的红棍克里克人对峙。这支兵团的服役期也将在 1814 年 1 月 14 日到期。此时，他就是真正的孤家寡人。

幸好，布朗特州长如及时雨一般拯救了困顿中的杰克逊。他征得 2500 名士兵，华盛顿的陆军部也顺利通过了征兵的请求。[4] 甚至先前解散的军队中的一些军官也加入到征募新兵的行动中。1814 年 3 月中旬，老胡桃木手下又多了几千兵力。

但是那是 3 月时的情况。而 1 月的斯特罗瑟堡能跟印第安人一较高下的便只剩一小撮军人和老胡桃木不屈的意志。随后，当年的 1 月 14 日，800 名新兵来到斯特罗瑟堡，这次增兵没有任何提前通知，完全意想不到，确实给杰克逊打了一剂强心针。他不敢相信自己的眼睛，欣欣鼓舞地接收援军，指挥他们立即投入行动之中。此时的新兵没有意识到老胡桃木带领行军的荒原中处处埋藏着杀机，他们就这样踏进了克里克部落的领地。杰克逊本准备速战速决，但是他却为此付出了惨痛的代价。

杰克逊率军长驱直入，向重兵把守的要塞东邦佩卡 [又名蹄铁湾（Horseshoe Bend）] 营地进发。这是一个方圆一百英亩的半岛，四周环绕着塔拉普萨河。1 月 21 日，杰克逊在伊穆克福克里克（Emuckfaw Greek）扎营，距离东邦佩卡营

---

1 科菲致信安德鲁·杰克逊，1813 年 12 月 20 日，《杰克逊文件汇编》，美国国会图书馆。

2 布朗特致信安德鲁·杰克逊，1813 年 12 月 7 日，《杰克逊文件汇编》，美国国会图书馆；布朗特致信安德鲁·杰克逊，1813 年 12 月 22 日，《美国国家文件汇编——军事》，第三卷，698 页。

3 安德鲁·杰克逊致信科菲，1813 年 12 月 31 日，杰克逊，《信件》，第一卷，431 页。

4 布朗特致信阿姆斯特朗，1814 年 1 月 5 日，《美国国家文件汇编——军事》，第三卷，698 页。

地仅有三英里远，于是他派出密探到周边打探消息（对于他手下的密探，他总能人尽其才）。大约午夜时分，密探回来报告说印第安人确实扎营于三英里之外。他们又喊又跳，手舞足蹈，说明印第安人已经打探到杰克逊的到来，正在做战前准备。

破晓，红棍克里克人发起了进攻。杰克逊方面业已做好应战准备。战事胶着，战斗持续了将近一个小时，其中左翼的战斗最为猛烈。克里克人挫败以后，杰克逊命令归来的科菲率领手下的 400 勇士连同投诚的一些印第安人摧毁印第安人的营地。但是科菲发现营地的防守坚不可摧，若是强攻则免不了一场短兵相接的恶战，于是便退回到杰克逊的营地。在他撤退的途中，红棍克里克人再一次发起进攻，此次他们的攻击目标是美军的右翼。经过一场殊死抵抗，印第安人再度退兵。在此役中，科菲负伤，杰克逊的妻兄亚历山大·多纳尔森少校和副官阵亡。印第安人再一次发起主攻，此次他们的目标是美军的左翼，而杰克逊预计到这一点。红棍克里克人"躲在木材、树林、灌木丛中以及任何能藏身的地方"。[1] 趴在木材后面的印第安人给枪上膛、起身、射击，再迅速弯腰上膛。杰克逊任命比利·卡罗尔为一个冲锋队的首领，命令他率领冲锋队"驱赶躲在暗处的印第安人，让他们措手不及"。印第安人被成功驱散。[2]

印第安人设计了一套万全的攻击策略，同时攻进三处的美军防线，但是进攻计划却做了改变，原因是原本指派进攻美军前线的一队印第安人临时决定撤回他们所住的村庄。杰克逊死里逃生。[3] 侥幸脱险后，杰克逊决定从长计议，于是率领他的新兵明智地撤回斯特罗瑟堡。

就在他们撤退的过程中，红棍克里克人紧随其后。杰克逊到达伊诺塔克奥普克里克（Enotachopco Greek）并准备渡河，就在他隐藏在先锋军和侧翼部队后的大炮准备入水之时，印第安人发起了进攻。杰克逊立即命令后卫部队加入战斗，与此同时，他命令左右纵队上前围攻，在红棍克里克人的猛攻中渡河，并把他们团团围住，模仿围攻塔拉迪加镇所用的战术。"最让我震惊和屈辱的是，"杰克逊后来向托马斯·平克尼描述，"……我发现……后卫部队居然没过多久就放弃了抵抗。这次可耻的撤退酿成不可挽救的大祸。"为了躲避枪林

1　里德和伊顿，《杰克逊》，128 页。

2　同上，129 页。

3　安德鲁·杰克逊致信托马斯·平克尼，1814 年 1 月 29 日，杰克逊，《信件》，第一卷，448—501 页。

弹雨，新兵们不得不退回河水中，杰克逊怒吼着发号施令，命令他们重整队形，号令他们顽强抵抗印第安人。战势渐趋胶着，分遣队顶住压力纷纷渡河，经过十几分钟的激战，他们终于成功击退印第安人。在此次战斗中，田纳西人凭借英勇无畏和不屈不挠的精神证明了自己，尽管他们初出茅庐，但他们得到了杰克逊指挥官的高度赞扬。[1]

据一名对杰克逊心生敬意的观察者称，杰克逊在此次作战行动中可谓"威震八方"，甚至震慑住了印第安武士们。"矢志不渝、意气风发……他的榜样力量和不怒自威的权威威慑着逃兵，赐予他们重返战场的信心……在枪林弹雨之中……我看见他……号召惊慌失措的逃兵打起精神，重整队形，身先士卒，激励他们卷土重来"。[2]此次战役中，20名美军阵亡、75名受伤，其中一些伤员在战争结束后死去。通过清点战场上和河流里的印第安人尸体，得知印第安人战死200余人。杰克逊的英勇无畏和高超战术成功把手下的部队拉出克里克部落埋伏的深渊，避免了被全歼的可能。

老胡桃木率军返回斯特罗瑟堡，此时已是2月初，他接到消息后称不久会有2000余名东田纳西士兵加入他的麾下。2月6日，约翰·威廉姆斯上校率领美国第三十九团抵达斯特罗瑟堡。3月，杰克逊麾下兵员已增至5000余人。

但是军纪为行军打仗所必需，因此杰克逊不得不严整军纪，从而让手下的士兵个个儿骁勇善战。他禁止军人饮用威士忌一类的烈酒，命令士兵们修筑斯特罗瑟堡和迪波西特堡之间的道路。杰克逊实行了最严厉的军纪，叛乱出逃等行为都会受到严惩。在此期间发生了一件事，如鬼魅般困扰了杰克逊的余生，这件事情使得人们更为确信杰克逊就是一个冷血无情的杀手。约翰·伍兹在应征加入国民军时还不足18周岁。他所属的部队里曾发生过严重的纪律问题。在2月的一个寒风刺骨、阴雨连绵的清晨，伍兹负责站岗，在得到一名军官的允许后，他回到自己的帐篷取毛毯御寒。在帐篷里他发现战友给他留了早饭，于是他坐下来把早饭吃掉。几分钟后，另外一名军官发现了他，命令他立即回到自己的岗位上。伍兹拒绝，一场争吵在所难免，随后这名军官下令逮捕伍兹。伍兹歇斯底里地抓起身上的枪，威胁上前逮捕他的人，若敢上前一步就开枪。随着事件进入白热化，有人便私下告知杰克逊有"一名叛军"正在谋反。"叛军"

1 安德鲁·杰克逊致信托马斯·平克尼，1814年1月29日，杰克逊，《信件》，第一卷，448—501页。

2 里德和伊顿，《杰克逊》，136页。

这个词或多或少地使杰克逊想起了最近经历的几次士兵叛逃事件，他立即冲出帐篷。"谁是那个恶棍？开枪！开枪！先给他十颗子弹尝尝！"[1]与此同时，伍兹已被成功劝服放下凶器，准备束手就擒。

大多数军中士兵都认为这件事无伤大雅，但是杰克逊执意要拿伍兹杀鸡儆猴。他坚持把伍兹送上军事法庭，以叛乱罪论处。这名年轻的军人辩称自己无罪，法庭驳回了他的申辩，并判处他死刑。许多人曾使出浑身解数争取对伍兹的宽大处理，但是杰克逊执意冷酷到底，选择视而不见，听而不闻。3月14日，也就是审判结果下达两天后，约翰·伍兹在全军面前被行刑队当众射杀。[2]

多年以后，杰克逊竞选总统时，他当年"血腥行为"的始末被重新搬上报纸，以此来证明老胡桃木是个冷血无情的杀手，他本可以选择从轻处罚，而不是生生断送一个刚刚成年的鲜活生命。惩罚确实严酷了些。要是在别的情况下，或许杰克逊会表现得更为宽容，尽管他的性格有时确实有些变幻莫测，但是刚刚过去的12月和1月的叛乱事件还历历在目，杰克逊在纪律问题上变得更为严苛，可谓宁折不弯。在大规模叛军涌现以及最糟糕的战况发生之时，他也必须奋战到最后一刻。这种经历历练了他。他认为，无论情况多么恶劣，军人就应始终忠于军人的使命，即使这意味着牺牲掉一个年轻人的性命。

痛彻心扉的经历让指挥官的意志坚若磐石、无坚不摧，此时的杰克逊只会比从前更为冷酷坚韧。他变成了一个严酷无情、强劲有力甚至不知疲倦的战争机器。杰克逊在1814年前几个月不停地训练军队。现在，他做好了战争的准备。

在伍兹被处决的当天，杰克逊挑起了一场战斗，他深信凭借此役他会战胜全部红棍克里克人，结束克里克战争。此时他手下有成千训练有素的军人，他计划沿库萨河向南行军，然后向蹄铁湾附近的伊穆克福进发，因为据杰克逊所知，众多克里克部落聚集在此地寻求自保。摧毁这个"联盟"以后，他会率军前往位于库萨河和塔拉普萨河交汇处的圣地（Holy Ground），此地是印第安人神圣的集会地。印第安人笃信此地由神明护佑，任何企图亵渎她的白人，都会命丧九泉。[3]杰克逊将军明知山有虎，偏向虎山行，他认为自己有能力打破印第安人的迷信。

1814年3月14日，杰克逊率军前行，留下450名军人驻守斯特罗瑟堡，命

1 帕顿，《杰克逊》，第一卷，508页。

2 军令，1814年3月12日，杰克逊，《信件》，第一卷，479页。

3 安德鲁·杰克逊致信平克尼，1814年3月14日，《杰克逊文件汇编》，美国国会图书馆；哈尔伯特和霍尔，《克里克战争》，246—247页。

令约翰·威廉姆斯上校率军沿河而下，并在斯特罗瑟堡以南 30 英里处建立前线基地。在缓慢完成前期的准备工作后，杰克逊迅速率军前往印第安人的要塞蹄铁湾。此时他的麾下有将近 4000 名军人，其中包含大量的克里克人同盟军。杰克逊运筹帷幄，他了解到蹄铁湾内聚集着 1000 名红棍克里克战士和约 300 名妇孺。

蹄铁湾的大本营是一个 100 英亩的半岛，岛上树木繁盛，半岛几乎四面环水，一堵坚实的胸墙横跨仅 320 米的海峡。胸墙是"由大型横木和树干头尾相接砌成，仅留一小块出口供出入"。[1]胸墙有 5—8 英尺高，墙上"巧妙地设置了"一行双排的射击孔，防卫者"可以控制他们开火的方向"。由于胸墙被建成弯曲状，因此若要强攻必然需要经受墙内射出的弹雨。该地"是天然的防守之地，加之巧夺天工的防御工事，此地更是易守难攻"，杰克逊如是说。[2]

3 月 27 日上午 10 点整，杰克逊一行人到达蹄铁湾。他对眼前的景象叹为观止。"我想不出比这更好的防御方法了，"他在写给平克尼将军的信中说道，"他们在建筑防御工事中显露出的鬼斧神工般的技艺让我心悦诚服。"[3]几个小时之前，杰克逊就已经派遣科菲和他的骑兵以及所有投诚的彻罗基人和密探连队提前占领环绕着蹄铁湾的河流对岸，以防红棍克里克人潜逃。此外，杰克逊还安排科菲使用佯攻之计，从而分散红棍克里克人的注意力，降低主攻部队的攻击难度。此举主要为牵制要塞内的克里克人，因为杰克逊计划强攻胸墙，从而达到最终降服红棍克里克人的目的。

杰克逊在距离胸墙最近 73 米、最远 229 米的高地布置了两门大炮，一门大炮发射 2.7 千克重的炮弹，而另一门则发射 1.4 千克重的炮弹。上午 10 点 30 分，杰克逊命令开火。枪林弹雨对牢不可破的胸墙根本不起作用，"只听到炮弹呼啸而过，防御胸墙却纹丝不动"。只要印第安人从胸墙中探头攻击美军，杰克逊就下令枪手们猛攻。激战两个小时后，双方仍胜负难分，大炮依旧没有攻破印第安人的防御胸墙。

与此同时，科菲派遣一队水性佳的士兵游到河流对岸，割断克里克人的独木舟的纤绳，带回独木舟，用于从背部进攻要塞时运输士兵。随后，另一队士

---

1 里德和伊顿，《杰克逊》，149 页。

2 安德鲁·杰克逊致信布朗特，1814 年 3 月 31 日，杰克逊，《信件》，第一卷，490 页；安德鲁·杰克逊致信约翰·阿姆斯特朗，1814 年 4 月 2 日，国家档案馆。

3 安德鲁·杰克逊致信平克尼，1814 年 3 月 28 日，杰克逊，《信件》，第一卷，488—489 页。

兵则游到河对岸，放火烧掉位于蹄铁湾半岛拐角处的临时营房，并趁机攻击营房中的印第安人。当杰克逊看到燃烧的营房冒出的冉冉白烟，立刻意识到先前计划的佯攻之术顺利执行，于是命令手下的部队强攻防御胸墙。

一声令下，士兵们叫喊着向前冲去。三十九团作为冲锋军，冒着印第安人的炮火和弓箭前行。冲到胸墙上的士兵把枪对准射击孔。一时之间，双方短兵相接，枪口对着枪口射击，"在此过程中，红棍克里克人射出的子弹大都撞在了我军枪支的刺刀上"。莱缪尔·蒙哥马利少校第一个登上防御胸墙。他跳上围墙，号召战友们跟上来，等他说完没多久，一颗子弹便射进了他的头部，他一头栽在地上，英勇牺牲了。恩赛因·萨姆·休斯顿紧随其后站上胸墙，像蒙哥马利一样冲战友们呼喊着。一支箭射中了他的大腿，他跟随潮水般涌进胸墙的将士冲入印第安人的要塞。胸墙最终被攻破，大批美军拥入印第安人的驻防要塞。[1]

红棍克里克人大惊失色，四处退散，试图藏身于周边茂密的灌木丛中。但是一场残暴的杀戮在所难免。"屠杀的场面简直惨不忍睹。"杰克逊描述道。[2]其中一些红棍克里克人趁乱寻找独木舟，准备乘船逃亡，却发现等待着他们的是科菲的部队。还有一部分克里克人跳下河，准备藏身于布满矮树丛和伐倒之树的悬崖中。又过了几个小时，已是下午，战斗还在进行，美军把躲藏起来的印第安人逐个赶出，并在他们惊慌失措地寻找新的庇护时一枪击毙。此时的红棍克里克人乱作一团，秩序全无，惊慌地寻找庇护。美军继续射杀躲藏起来的红棍克里克人。一小撮死里逃生的印第安人在夜色的掩盖下，成功游过河逃走了。

接下来的一天，杰克逊命令部下清点死伤人数。地面上发现了557名印第安人尸体，据科菲估计，约有300余名印第安人命丧河中，之后又在树丛中找到了几十具印第安人尸体，也就是总共约有900名红棍克里克人被杀。几名印第安武士幸免于难，杰克逊预计约不超过20名印第安武士生还，但是这个数字很可能更高。美军俘获了300余名克里克人，除了4人以外其余全为妇女和

1　安德鲁·杰克逊致信布朗特，1814年3月31日，杰克逊，《信件》，第一卷，491页；安德鲁·杰克逊致信布朗特，1814年4月1日，《杰克逊文件汇编》，美国国会图书馆；里德致信伊丽莎白·里德，1814年4月1日，里德致信南森·里德，1814年4月5日，《里德文件汇编》，美国国会图书馆，科菲致信安德鲁·杰克逊，1814年4月1日，《杰克逊文件汇编》，美国国会图书馆。

2　安德鲁·杰克逊致信雷切尔，1814年4月1日，杰克逊，《信件》，第一卷，493页。

儿童。杰克逊此役折将 47 人、159 人受伤，而投诚的克里克人和彻罗基人有 23 人战亡、47 人受伤。[1]

面对这场无出其右的胜利，杰克逊并不满足。红鹰酋长威廉·韦瑟福德逃走了。在决战当日，韦瑟福德在远处观战，并没有进驻蹄铁湾，取而代之的是一个名为梅内瓦（"伟大武士"）的混血克里克人领导了那场战斗。[2]梅内瓦身上的伤口多达七处，不省人事地躺在尸体中间，但是他却死里逃生醒了过来，爬到河边找到一条独木舟，仓皇出逃。尽管杰克逊为没有抓到韦瑟福德而黯然神伤，但是此役确实给红棍克里克人造成了毁灭性的打击。

蹄铁湾战役（Battle of Horseshoe Bend）是 1812 年战争的重要战役之一。印第安人丧失再一次发动战争的斗志和能力，而此时英国派出的军队正准备在墨西哥湾沿岸登陆，随时会向印第安人提供大量武器和弹药。

杰克逊命人从河里打捞起阵亡的将士，并安抚伤员，给全军将士一段短暂的时间休养生息。随后，4 月 5 日，杰克逊便率军前往位于萨河和塔拉普萨河交汇处的圣地，一路上烧杀抢掠印第安人的村庄。4 月 18 日，杰克逊在图卢兹弗伦奇堡插上了美国的国旗，后重建更名为杰克逊堡。很多克里克酋长来到此地向杰克逊拱手而降。几天之后，韦瑟福德本人也来到了杰克逊的军帐中，冷静地要求得到像其他前来投诚的酋长一样的庇护。与此同时，他向杰克逊坦诚为了他和他的人民愿意休战求和。红鹰酋长的过人胆量并没有让杰克逊感到惊讶。

"我落到了你的手上，要杀要剐任凭处置。"韦瑟福德说道，"我是一名军人。我曾经与白人战斗，英勇地战斗过；如果此时我手上尚有兵力，我会选择战斗，直至坚持到最后一刻，但是我一无所有；我所有的子民都落荒而逃。我现在能做的就只有为部落的不幸而哀号。"

杰克逊为眼前这个满是英雄气概的人叹服。他发自内心地赞赏这样一位伟大的领袖。等酋长慷慨激昂地陈词结束后，过了好一会儿，老胡桃木才告诉他，他可以安全地离开这里，不会受到任何惩罚。"但是，"杰克逊说，"如果你

---

1 安德鲁·杰克逊致信布朗特，1814 年 3 月 31 日，杰克逊，《信件》，第一卷，491—492 页；科菲致信玛丽·科菲，1814 年 4 月 1 日，《科菲文件汇编》，田纳西州历史学会。

2 来自属于上克里克的奥克福斯基、新尤卡、奥克寨、希拉比、尤法拉和菲什庞兹等村镇受一位名为莫纳西（外号"先知"）的酋长管辖，而梅内瓦则领导了这起反抗。

选择卷土重来，我一定会活捉你，届时你就必须为此付出代价。不过如果你是真的打算休战求和，大可从哪里来、回哪里去，我会保你余生平安。"[1]

面谈就这样结束了。韦瑟福德彻底弃甲投戈，而杰克逊虽然对他的勇气欣赏有加，但还是直截了当地警告他，克里克人若真想安然无恙，就必须无条件地服从他。韦瑟福德同意劝降那些还在殊死抵抗的印第安人。几天后，他便离开营地去完成他劝降的誓言。只是，他从此不再是克里克酋长，1812 年战争结束后，他彻底解甲归田，（据说）偶尔去隐士庄园拜访老胡桃木。[2]

杰克逊之所以放红鹰酋长一条生路，除了对他赞赏有加之外，真正的原因是，他活着远比死掉或者囚禁起来有用。只要韦瑟福德帮助他稳住印第安人，就是对他莫大的帮助，因为他需要克服更强大的敌人——英国和西班牙。

并不是说杰克逊需要依仗韦瑟福德终结克里克战争。杰克逊手下的将士依旧按照计划进行战后扫荡。杰克逊在给布朗特的信中说道，克里克战争于 4 月 18 日彻底结束。[3]

杰克逊具备将军、西部人、边疆居民和偶像的多重身份，在克里克战争中一战成名。

虽然这场战争为杰克逊带来了荣誉，但也把他的健康状况推向了万劫不复的境地。在参战的这 8 个月中，由于荒原的恶劣环境，以及时常缺食少药，使他饱受慢性腹泻和痢疾的折磨，加之他对自己健康状况的漠然，使得本就虚弱不堪的身体每况愈下。战争开始时，他同本顿兄弟决斗落下的枪伤尚未痊愈。由于胳膊上有多处碎骨没有取出，他的胳膊连续几个月都无法动弹。后来，有几片碎骨"从我的胳膊上掉落下来"，他便把这些碎骨送给雷切尔作为纪念。"多么希望我身体里的碎骨都掉落出来，"他在给雷切尔的信中写道，"这样我就不用再为此痛不欲生了。"[4] 在战争的过程中，杰克逊曾连续数天疼痛不已，他甚至认为自己会死于这种疼痛。当然，他强迫自己打起精神。他不能任凭自己身体的痛楚堕落下去。为了他的神圣目标，他需要振作起来。战争接近尾声之时，也是他身体垮掉之时，是他不屈的意志支撑他走向了胜利。

1　里德和伊顿，《杰克逊》，165 页；安妮·罗安德，《阿拉巴马的来信》（华盛顿，1830 年），91—92 页。

2　安吉·迪博，《消失之路》（诺曼，俄克拉荷马州，1967 年），82 页。

3　安德鲁·杰克逊致信布朗特，1814 年 4 月 18 日，杰克逊，《信件》，第一卷，503 页。

4　安德鲁·杰克逊致信雷切尔，1814 年 9 月 22 日，《杰克逊文件汇编》，亨廷顿图书馆。

政府承认杰克逊所做的卓越贡献，却只吝啬地授予他美国陆军上将军衔，统领第七军区，包括路易斯安那州、田纳西州、密西西比地区以及克里克部落。任命于 1814 年 5 月 28 日发出，杰克逊于 6 月 18 日正式接受任命。政府立即命令他于杰克逊堡同克里克部落签订和平条约，并下发给他一系列关于谈判的规定，但是杰克逊压根儿就不需要参考这些规定，他自有一套对付印第安人的章法。

杰克逊于 1814 年 7 月 10 日抵达杰克逊堡，旋即召集克里克诸位酋长举行全体大会，这些酋长既包括对立的克里克人酋长，也包括投诚的克里克人酋长。杰克逊要求他们赔付战争对美国造成的同等损失，通过他的计算，也就意味着克里克部落需要割让 2300 万英亩土地给美国，这相当于阿拉巴马州面积的五分之三以及佐治亚州面积的五分之一。此外，克里克人必须停止与英国和西班牙联络，必须承认美国的权利，同意美国在克里克部落的村庄修路，建立必要的军事和贸易基地，此外他们还必须交出坚持继续反抗的克里克人。[1]

当杰克逊提出的所有条件被翻译成克里克语后，酋长们便私下讨论起这些严重的不平等条约，此时他们称杰克逊为"快刀"。[2]一天后，他们试图告诉杰克逊他列出的条约是何其不平等，但是他油盐不进。

酋长们纷纷退出了私下组织的会议。杰克逊的不平等条约大大削弱了克里克部落的实力，剥夺了他们的大片土地，是否归降决定着是否重新开战。结局不言而明。1814 年 8 月 9 日，酋长们纷纷投诚，一共 35 位酋长（其中只有一位是红棍克里克人）尽管十分不情愿，但还是于当天下午 2 点签订了条约。他们随后便撤离了杰克逊堡，把这一消息带给他们的人民，给部落带去绝望。[3]

杰克逊凭借自己的天分让印第安人签署这样一份不平等条约。他甚至逼迫昔日的印第安盟友也签订了这份和平条约，战争就此结束。

1 "杰克逊堡条约"，《美国国家文件汇编——印第安人事务》，第一卷，826—827 页。

2 肯德尔，《杰克逊》，89 页。

3 安德鲁·杰克逊致信雷切尔，1814 年 8 月 10 日，私人珍藏，副本藏于"杰克逊文件汇编项目"，隐士庄园，田纳西州；条约的条款请参见《美国国家文件汇编——印第安人事务》，第一卷，826—827 页。

第七章　新奥尔良战役

杰克逊将军在 1812 年战争期间的功勋主要得益于他驾轻就熟的军事指挥才能、战场上御下有方的气概，以及速战速决的气魄。他算不上雄才伟略的谋略家，他的战术也称不上高明。但是，在恶劣的环境下，他能鼓舞士气，让手下的士兵听命于他。他总能及时地调兵遣将，充分利用特工部队提供的信息，是铁杵成针般的意志和似海的决心成就了他。

是一颗"报仇雪耻"的心，致使他对克里克人残酷无情。欧洲那群侵略者也会落得同样下场。"英国人欠我的血债，我都牢记在心，"他告诉雷切尔，"一旦我们兵强马壮，我誓让它血债血偿，它勾结西班牙人戕害我们的妇女和儿童，无恶不作。"[1] 但是，杰克逊的复仇之路并不顺畅。因为，根据美国国会的宣战宣言，目前美国只跟英国处于战争状态，而非西班牙。当然，麦迪逊当局曾暗示，支持并肯定西班牙有意维持双方和平的决定。尽管如此，杰克逊依旧认为打击西班牙势在必行，后来当局同意若西班牙继续同英国和印第安人联手，就一定要严厉打击。[2] 因此，杰克逊将军便给彭萨科拉的西班牙总督唐·马泰奥·冈萨雷斯·曼里克寄去一封亲笔信，并在信中警告曼里克最好尽快妥善解决他提出的问题，否则绝不姑息。老胡桃木在信中告知曼里克，"一群克里克人"纷纷踏上佛罗里达，"美国政府供应他们口粮，英国人却煞费苦心地训练他们"。约西亚·弗朗西斯（海德利斯·哈德乔）、彼得·麦奎因以及其他敌对克里克部落的酋长"罪大恶极，你们这些基督徒似乎天生一副好心肠，竟对他们滥施同情心"。逮捕他们、囚禁他们，让他

---

1 安德鲁·杰克逊致信雷切尔，1814 年 8 月 5 日，《杰克逊文件汇编》，亨廷顿图书馆。
2 安德鲁·杰克逊致信阿姆斯特朗，1814 年 7 月 18 日，引述自里德和伊顿，《杰克逊》，196—197 页。

们认罪服法才是正途。美国绝对不姑息养奸。"记住我的话，"杰克逊如是说，"以眼还眼，以牙还牙，一报还一报。"[1]

杰克逊离开杰克逊堡，率军南下，准备以实际行动警告西班牙人，用恰当的方式对待美国和美国的印第安人。与此同时，停泊在墨西哥湾的英国正谋划着一场战斗，计划把美国人赶出西佛罗里达和路易斯安那。欧洲的战争业已结束。拿破仑被生擒，此时的英国大可以把大量兵力转移到美国战场，给美国最后的致命一击。

攻击行动已然开始。乔治·科伯恩爵士率领的英军攻占了切萨皮克，进军华盛顿，火烧白宫和国会大厦，随后又炮轰巴尔的摩。另一支英军从魁北克攻入纽约，尚普兰湖却不幸失守，在后方援军到来之前，他们只好按兵不动。与此同时，北美军事基地指挥官海军中将亚历山大·科克兰爵士建议英国政府派遣远征队从墨西哥湾登陆，进而占领美国。他认为几千兵力足够，因为有印第安人和西班牙人施以援手，他们可以轻而易举地搜捕美国人，进而把沿岸以及密西西比河河谷的美国人赶走。控制河谷就可以连通加拿大，也就意味着英国可以从北、西、南三个方向把美国团团围住，让美国形成一个孤岛。[2]

科克兰的完美计划打动了英国海军部。除了从英国本土派遣部队，海军部还批准2000余名切萨皮克区域的驻军加入此次行动。派遣的部队预计1814年11月中旬抵达牙买加。

英军在密谋登陆墨西哥湾进而大规模入侵美国之时，杰克逊将军亦匆匆撤离杰克逊堡，穿过库萨河和阿拉巴马河，于8月22日抵达莫比尔。此次堪称完美的行动粉碎了英军企图通过莫比尔占领密西西比河河谷的阴谋，此地是绝佳的入侵口，因为此地连接西班牙和印第安人的领地，可以为入侵密西西比河河谷做足准备。当科克兰得知杰克逊的行动后，便把原定攻击新奥尔良的计划改为直接攻击莫比尔。这是他犯下的第一个错误。

由于杰克逊的威胁，西班牙总督冈萨雷斯·曼里克邀请英军进驻彭萨科拉，

---

1 安德鲁·杰克逊致信曼里克，1814年8月24日，《杰克逊文件汇编》，美国国会图书馆。

2 雷金纳德·霍斯曼，《1812年战争》（新奥尔良，1969年），227页；小弗兰克·奥斯利，"在1812年战争期间，美国南部在英国大战略中的地位"，《田纳西州历史季刊》（1972年春），第三十一卷，29—30页。

这一举动表明西班牙不再是战争中立国。[1]他自行其是，认为有必要寻找同盟一起应对美国的入侵。[2]

英军起先只想把杰克逊赶出莫比尔，海军上将威廉·珀西爵士于9月12日率领四艘军船抵达莫比尔湾，四艘军船分别名为"赫耳墨斯"号、"卡伦"号、"索菲"号以及"奇尔德斯"号，船上总共有78杆枪。三天后，这支舰队便向杰克逊驻扎的军事驻地进发。双方激战数小时，最终以"赫耳墨斯"号爆炸、英军仓皇出逃而告终。因此，科克兰不得不修改他的作战计划，打消占领莫比尔、包围美国的念头。

此时，杰克逊决定入侵佛罗里达。进军佛罗里达不仅能进一步挫败英军，还能摧毁他们在此地的特工系统，杰克逊坚信英军的特工中心就位于佛罗里达，还能借此惩戒西班牙违反中立国原则一事。"这次行动将会彻底终止印第安人在南部的反抗，"他告知时任美国战争部长的詹姆斯·门罗（James Monroe），"因为会削弱美国南部所有的外国势力。"[3]

杰克逊于10月25日离开莫比尔，并于1814年11月6日抵达彭萨科拉。而彭萨科拉不过是由两个小军事基地控制的村庄而已，这两个军事基地分别是圣罗斯和圣迈克尔，而它真正的兵力驻扎在巴兰卡斯堡，此地正好扼住海湾的入口。巴兰卡斯堡插着一面休战旗，因此杰克逊便堂而皇之地占领了此地以及此地所有的军需品，"除非西班牙肯为撕毁中立国约定付出代价"。[4]

冈萨雷斯·曼里克总督从来都没有收到杰克逊的占领指示，因为休战旗被付之一炬，或许是附近的英军所为。于是，老胡桃木二话不说立即开战，先是派遣一队500人的骑兵攻击巴兰卡斯堡的西侧，随后亲自率领主力军进攻东侧，可谓声西击东。经过一场激烈的交火，美军如蜂般拥入城中，把西班牙士兵从房屋和花园中驱赶出来。攻击迅雷不及掩耳，抵抗瞬间瓦解。冈萨雷斯·曼里克总督跟跄地举着白旗投降，交出了巴兰卡斯堡和相关的防御

1 冈萨雷斯·曼里克致信鲁伊斯·阿波达卡，1814年12月6日，古巴1795号文卷，《印第安事务文件汇编》，塞维利亚，西班牙。

2 安德鲁·杰克逊致信冈萨雷斯·曼里克，1814年8月30日，冈萨雷斯·曼里克致信鲁伊斯·阿波达卡，1814年9月10日和12月6日，古巴1795号文卷，《印第安事务文件汇编》，塞维利亚，西班牙。

3 安德鲁·杰克逊致信门罗，1814年10月26日，杰克逊，《信件》，第二卷，82—83页。

4 安德鲁·杰克逊致信冈萨雷斯·曼里克，1814年11月6日，古巴1795号文卷，《印第安事务文件汇编》，塞维利亚，西班牙。

工事。而英军和印第安人则纷纷撤退到船上，驶入墨西哥湾。"看到英军和印第安人战战兢兢地撤退，我心满意足。"杰克逊幸灾乐祸地说道。美军此役战亡7人、11人受伤；西班牙军队14死、6伤；英军和印第安人的伤亡人数无确切记录。[1]

杰克逊认为自己的军事行动沉重打击了英国进攻美国南方的计划。[2]当然，入侵佛罗里达以及攻占彭萨科拉的确是明智之举。他的军事行动彻底堵上了英军潜在的入侵途径，要比在密西西比河河谷和新奥尔良同敌人短兵相接有更大的军事意义。

杰克逊考虑到莫比尔地理位置优越，是兵家必争之地，因此杰克逊又把彭萨科拉还给了冈萨雷斯·曼里克总督。他是这样告诉总督的："敌人都溜之大吉了，敌对克里克人也躲进了森林里，我把你的地方还给你，给你原来的自由。"[3]随后杰克逊便回到了莫比尔。他在莫比尔足足等了英军十天，而英军依旧没有现身，因此他断定英军把入侵点从莫比尔转移到了新奥尔良。很快，他便命令科菲将军率领2000余名骑兵前往巴吞鲁日，同新招募的田纳西民兵和肯塔基民兵在此地会合，会合后包围新奥尔良。同时，他还派遣亚瑟·海恩上校前往密西西比河河口寻找合适的炮位，以便后期安置大炮，从而控制整条河流，阻止英军抢滩。完成安排以后，他便把莫比尔交给詹姆斯·温彻斯特准将控制，并于1814年11月22日率领2000名士兵前往新奥尔良。

杰克逊还让雷切尔前往新奥尔良。并告知她带好床、桌子、马车、仆人，以及带上小安德鲁。他现在十分需要她的照顾，他的身体已经快要垮掉。"在离开彭萨科拉之前，我就感觉自己已病入膏肓，"他说，"医生让我服用了一剂泻药，服用后疼痛难忍，我已经有八天滴水未进。我的身体在慢慢复原，但是依旧十分虚弱。"[4]此时的他已经心力交瘁，但是他誓要驱除侵略者，挣扎着骑上战马，向西部的新奥尔良进发，并于12月1日清晨到达新奥尔良。在他

1 安德鲁·杰克逊致信门罗，1814年11月14日，杰克逊，《信件》，第二卷，99页。

2 里德和伊顿，《杰克逊》，235页。

3 安德鲁·杰克逊致信冈萨雷斯·曼里克，1814年11月9日，古巴1795号文卷，《印第安事务文件汇编》，塞维利亚，西班牙。

4 安德鲁·杰克逊致信雷切尔，1814年11月15日，《杰克逊文件汇编》，哈佛大学图书馆；安德鲁·杰克逊致信雷切尔，1814年11月17日，《杰克逊文件汇编》，密苏里州历史学会。

抵达新奥尔良之前，一支由六艘美国军船组成的无敌舰队在海军上将科克兰的领导下，满载着 14000 名军人离开牙买加，径直驶向新奥尔良方向，这六艘军船包括护卫舰、单桅帆船、炮艇以及其他类型的运输船。[1]

当杰克逊抵达新奥尔良之后，由于长期行军打仗，逐渐积劳成疾，所以难免旧疾未愈又添新疾。此时的他瘦骨嶙峋、弱不禁风。但他面黄肌瘦的脸上却流露着坚毅（在他没有发怒的时候），他看上去沉着冷静，他的意志并没有被他的病体所打倒。钢铁般的意志如磐石般支撑着他的残躯。已是 47 岁的年纪，他的头发已变成铁灰色，但是他的行为举止无不透露着自信、坚定和力量。一位观察者这样描述此时的他：“挺拔、沉着、定力十足、英姿飒爽……活脱脱一个绅士。”[2]

新奥尔良距离密西西比河弯弯曲曲的河口约 100 英里，坐落在该河东岸拐角处的一片沼泽和几条支流之上，周围环绕着通天的大树，西班牙苔藓在树丛间无忧无虑地生长着。由于该河河面极宽，横渡河流难度极大，因此从西部进攻该市实属天方夜谭。这就意味着，只能从东部和南部进攻。

越过一条如此之长之宽的河流发动攻击困难极大，但也不无可能，尽管圣菲利普堡已经对这条线路实行保护，一个由正规军把守的军事基地就位于下游 65 英里处，该军事基地配有 13 千克和 11 千克的大炮。顺流而上，距离新奥尔良 25 英里处坐落着圣利昂堡，该处位于密西西比河的一处急转弯，世人惯称“英国弯”。风弱时，途经的帆船便会搁浅，因此不得不等待风向转变后才能扬帆离开此处。攻击搁浅在此处的敌方船只简直手到擒来，基地的枪支足以把他们打得落花流水。

显然，从南部进攻新奥尔良难于上青天。因此英军只有两条路可选，陆路途经莫比尔（杰克逊一直担心英军觊觎莫比尔，因此此地的战略意义远胜他处），水路则需通过墨西哥湾进入波尔恩湖和庞恰特雷恩湖。两湖之间由一条名为里

---

1 英军在 11 月 27 日—28 日陆续离开牙买加，门罗部长通过他在古巴安置的眼线迅速得知他们离开的消息。门罗直接把这一消息转达给杰克逊，并提醒他“若新奥尔良之战一举得胜，我国其他领域的战争也将随之结束”。门罗致信安德鲁·杰克逊，1814 年 12 月 10 日，杰克逊，《信件》，第二卷，110 页。

2 路易丝·利文斯顿·亨特，《爱德华·利文斯顿夫人回忆录兼未出版书信》（纽约，1886 年），53—54 页。

戈来兹的狭长海峡连接，距离新奥尔良北部和东部仅有几英里远。圣约翰是庞恰特雷恩湖的一条支流，流域最近处距离新奥尔良只有两英里。位于湖口的圣约翰堡仅是一个残砖破瓦的小军事基地。湖泊和城市之间的土地泥泞松软、一马平川，周围镶嵌着无数条细小的支流。此处人迹罕至，并没有形成道路。新奥尔良东北方向有一处狭长的隆起，名为让蒂伊平原。平原延伸出一条名为谢夫门特的路，把新奥尔良和里戈来兹海峡连接起来。大多数新奥尔良居民认为英军会通过水路进攻。

杰克逊一到达新奥尔良就受到了克莱本州长的热情接待，他在任期内一直受州议会的牵制，因为双方总是意见相左。他不仅需要时时担忧奴隶起义，还要想方设法安抚新奥尔良的百姓，大战在即，人们难免惴惴不安。此外，担任海军军区司令官的海军准将丹尼尔·帕特森、新奥尔良公共安全委员会主席爱德华·利文斯顿是克莱本州长的左膀右臂，而后者则凭借出色的法律才能闻名新奥尔良，并凭借机敏的才智和敏锐的判断力得到杰克逊的赏识。利文斯顿很快被任命为将军秘书、翻译、机要顾问以及副官。欢迎仪式结束后，利文斯顿邀请杰克逊去家中吃晚餐。利文斯顿的妻子路易丝是一名美丽的克里奥耳女人，她是当地上流社会的领军人物，得知丈夫的贵客即将到来的消息后，她表现得有些紧张不安。此时，她正在同几位女士举行一场私人晚宴。"我们该怎么跟这位田纳西州的粗野将军相处呢？"她们窃窃私语道。就在她们担忧烦扰之时，杰克逊出现在了房间里。只见他穿着蓝色粗布和黄色鹿皮相间的制服，脚上穿着一双污迹斑斑的高筒靴，一副"饱经战乱的光荣勇士和指挥官的典型形象"。

杰克逊向坐在角落里的女士们鞠躬致意。他优雅得体地向坐在最远处的女士致意，虽然有些许尴尬。然后，他便把利文斯顿夫人扶到她的沙发上，并与之亲切交谈了十几分钟。在场的女士们无不惊讶于他的文质彬彬，感叹于他的温文尔雅。晚餐过程中，将军也轻松洒脱地讨论即将到来的战争，并向女士们保证他有能力保住这座城市的平安，劝说她们不要无谓担忧。当他起身离开餐桌，在利文斯顿的陪同下离开房间后，在场的女士们便开始羡慕地恭维起屋子的女主人。"这就是你说的村野武夫？不知夫人为何会这样认为，他简直就是王子。"[1]

---

1 帕顿，《杰克逊》，第二卷，31 页。

杰克逊在皇家大道 106 号所建的指挥部竣工之后，便着手准备防御工作。他召集参与防御工事的工程师与会，告知他们封闭城市道路阻止入侵的最佳方法。接下来，他派遣了几小队人马砍伐支流两岸的大树，用这些树堵住溪流，以及所有通向新奥尔良的细枝末流，因为这些溪流很可能为敌人的进攻提供天然通道。然而，由于杰克逊没有亲自视察工程的完工情况，亦没有派遣有责任心的官员监督每条河流的堵塞情况，本应完美的计划就这样功亏一篑。随后，他便下令在圣菲利普堡外建立炮台，安置大炮。一支由五艘炮艇组成的舰队在海军上尉托马斯·爱普·凯茨比·琼斯的率领下进驻波尔恩湖，进而在该区守卫新奥尔良。然而此时杰克逊深信这支部队只能用来佯攻，转移敌人的注意力。他一直坚信敌人会从庞恰特雷恩湖发起攻击，并通过谢夫门特路攻入新奥尔良，而庞恰特雷恩湖距离新奥尔良东部约有 15 英里的距离。

而新奥尔良城内的防守兵力名义上只有 700 人，实际上还有 200 人因故缺勤。此外，城中的法国和西班牙居民的确有借机起义谋反的可能。此外，还有一个值得关注的问题，一群海盗控制着巴拉塔里亚湾，这是一片广阔的水域，距离新奥尔良仅有 70 英里。而这群海盗的头领名为让·拉菲特，同他的两个哥哥皮埃尔和多米尼克以及一伙海盗居住在巴拉塔里亚湾的格兰德岛上，通过掳获商船以及走私货物牟取非法暴利，他们的这些罪行背后大多由墨西哥和佛罗里达的西班牙人支持。

拉菲特十分精明狡猾。他不仅能流利使用英语、西班牙语、法语和意大利语，而且精于经商之道，总能精明地权衡各方利弊得失，以保全自己的商业利益。从前，他是新奥尔良城中的一名铁匠，出生于法属圣多明哥（今海地），他勇于冒险、狡猾奸诈，但是不擅驾船。尽管如此，并不能阻止他成为一名举世闻名的大海盗。作为一个精于钻营之人，他先向英国投去橄榄枝，而英国强硬地下达了两条结盟条件：第一，必须停止攻击西班牙商船；第二，必须返还本该属于英国的赃物。[1] 事情便不了了之。于是，拉菲特又转向美国，有些犹豫的杰克逊最终接受了利文斯顿和一个由城内精英人士组成的委员会提交的恳请意见，正式接受杰克逊口中的所谓"凶残的歹徒"为抗英士兵。[2] 后来事实证明，这群海盗确实在迎击英军主力军中发挥了不可磨灭的作用，而他们主要负责把

1 简·德格拉蒙德，《蛮夷和新奥尔良战役》（巴吞鲁日，1961 年），7—9 页，37—48 页。

2 安德鲁·杰克逊致信门罗，1814 年 12 月 10 日；安德鲁·杰克逊致信科菲，1814 年 12 月 11 日，杰克逊，《信件》，第二卷，111—113 页；拉图尔，《历史回忆录》，72 页。

守炮台。

杰克逊也把城中的黑人自由人收编入军中。全凭克莱本州长的帮助，才召集起总数约 600 人的黑人军团。杰克逊热情洋溢地收编了这队黑人部队。"我们的祖国，"他在写给克莱本的信中这样写道，"现在已经岌岌可危，四面楚歌。它需要它的将士为它而战。黑人自由人……天生就是好军人。恶战已然来临，他们不会袖手旁观。"[1] 杰克逊命令白人军官指挥这队黑人军团，其待遇与白人志愿军一视同仁。皮埃尔·拉科斯特负责指挥这支黑人军团，随后一支由圣多明哥难民组成另一支黑人军团，杰克逊安排让·达坎少校率领这支部队。

路易斯安那州人对将军的这个决定颇有微词，他们生怕黑人拿起手中的枪倒戈相向。当时有一名助理出纳对将军的征兵权提出质疑，认为杰克逊无权招募黑人，而杰克逊则反唇相讥："把你的这份心好好用在军费支出的政策上，多多留心官兵的名册变动，而不是关心部队里的军人是白人、黑人还是印第安人。"[2]

杰克逊在抵达新奥尔良将近两周之后，确切地说是在 1814 年 12 月 13 日，有人密报英国无敌舰队从凯特岛进入波尔恩湖。美国炮艇得令不得在湖中与英军起冲突，可就在他们撤退的过程中，风突然停了，配有 42 门大炮以及载有 1000 余名海军将士的 45 艘军船向美军开火，逼迫他们就范。美军此役战亡 6 人、35 人受伤、86 人被俘，其中琼斯上尉因战负伤；英军则 17 亡、77 伤。[3] 此时，波尔恩湖由英军全权控制。

英军的胜利便是美军的灾殃。杰克逊彻底打消了监视湖区，谨防英军从陆路进攻的念头。[4] 但是这场败仗在无意中帮了美军一个大忙，被俘的美军都坚称杰克逊手下的军队实际人数是英军的四倍。这个消息让英军举棋不定。最后，科克兰决定把佩亚岛的所有部队都运往里戈来兹海峡，最后再一起运送到陆地。这次行动困难重重，亟须时间。

---

1 安德鲁·杰克逊致信克莱本，1814 年 9 月 21 日，《杰克逊文件汇编》，美国国会图书馆。

2 安德鲁·杰克逊致信艾伦，1814 年 12 月 23 日，《杰克逊文件汇编》，美国国会图书馆。

3 霍斯曼，《1812 年战争》，238—239 页；奥斯利，《墨西哥湾沿岸的战斗》，139 页。

4 实际上，此次行动也断绝了敌军从莫比尔进攻的可能，若从莫比尔进攻，则美军后患无穷。参见安德鲁·杰克逊致信温彻斯特，1814 年 12 月 16 日，以及安德鲁·杰克逊致信科菲，1814 年 12 月 17 日，《杰克逊文件汇编》，美国国会图书馆。

至于杰克逊麾下士兵的具体数字没人真正清楚，包括他本人。在战争初期，美军的兵力或许有3500—4000人。对当时的杰克逊来说，时间就是生命，每多一天的备战时间就意味着多一批加入战斗的志愿军。他需要时间安排援兵入城，并时刻关注敌军的一举一动。在他听说科克兰已经率军抵达新奥尔良时，第一个命令便发给了科菲将军："在进入攻击距离之前，你不能合眼睡觉。"此外，科菲还必须给卡罗尔将军送一封快信，命令他以最快的速度到达新奥尔良。[1]科菲于12月20日清晨抵达新奥尔良，并于第二天同卡罗尔率领的3000名田纳西新兵会合，与新兵一同前来的还有托马斯·海因兹上校以及一个密西西比骑兵团。

英军抵达新奥尔良的消息传到了城里，城中的居民惊慌失措。虽然杰克逊给了他们莫大的信心，人们听到敌军到来的消息后依旧惊慌不已。鉴于此，杰克逊认为有必要全城戒严。如果他真的要守住这座城池，顶住侵略，把英国侵略者赶出美国，他就必须这么做。因此，12月16日，他发布了戒严令，全城戒严新奥尔良，这就意味着新奥尔良成了一个全民皆兵的军事基地。戒严令明确规定，每次进城公民必须征得国民警卫队总指挥的同意，没有将军或者其属下的亲笔签字，城内任何人不得离开新奥尔良。过往的行船必须出示通行证，明确目的港，每天晚间9点以后实行宵禁。任何在宵禁时段出现在街道上的人都将以间谍罪逮捕。[2]

12月22日上午9点整，成功登陆的英军通过比安弗尼河进军新奥尔良。由1800名军人组成的先锋军在威廉·桑顿上校的率领下踏上了进犯之路。约翰·基恩少将也在此次的先锋军中，并由于后来的决策失误给远征军酿成大祸。这支小型舰队井然有序地驶入了广袤无垠的沼泽地。后来，他们发现前行的道路越来越艰难，并隐隐约约看见了小道。于是士兵们下船并排成一列纵队继续前行。渐渐地，沼泽变成了枯朽的柏树林，随后是甘蔗丛，最后到达了一片开阔的耕地，而这是路易斯安那民兵统领雅克·维勒尔将军的私人农场。

将军的儿子加布里埃尔·维勒尔少校此时正悠闲地坐在正房的门廊上，猛然发现一群红衣英军穿过长满橙色树叶的果园，向河边走来。他匆匆跳下椅子，逃到内屋，准备从后门逃跑，却被几名英军逮个正着。此时的他万念俱灰，拼

---

1 安德鲁·杰克逊致信科菲，1814年12月16日；科菲致信安德鲁·杰克逊，1814年12月17日，《杰克逊文件汇编》，美国国会图书馆。

2 查尔斯·加亚雷，《路易斯安那州历史》（纽约，1866年），第四卷，419页。

死从英军手中挣脱，跳窗而逃。飞奔过院子，跳过尖桩篱栅，趁英军不备，一溜烟儿钻入了沼泽周围的柏树丛，[1]并在一个邻居的帮助下最终逃到了城里，把这个骇人听闻的消息带到了新奥尔良。

这一切让英军始料未及。而英军却无意中发现了这条畅通无阻的河流，并顺利闯了进来，距离新奥尔良南部仅有十几英里。鉴于比安弗尼河流域的驻防工作由维勒尔所辖，后来军事法庭以玩忽职守罪为名对他提起诉讼。然而，这次事件的最终责任人却是安德鲁·杰克逊，他本应逐个确认各条溪流的驻防工作，为公平起见，维勒尔将军最后无罪释放。

基恩少将随后赶到维勒尔的宅邸处，同已经在此停留的英军会合，他旋即命令部队整顿队形，向农场的尽头前进，并在河流和柏树丛沼泽的一块平地处停了下来。同行的军官时不时地催促他继续行军，一举拿下前面这座毫无防备的空城。因为他们这一路畅通无阻，丝毫不见美国人的身影，仅凭手下的兵力就可拿下眼前这座城池，而不必苦等大本营派来的援军。

他们的判断千真万确。在他们抵达维勒尔农场的时候，杰克逊对他们的动向一无所知，因此也没有安排充足的防卫军，此时的新奥尔良的确不堪一击，仅凭借巷斗和游击战就足以对新奥尔良造成灭顶之灾。

但是，基恩做事一向谨小慎微。他想起了俘获的美国水兵曾告诉他城中有千军万马，并声称不少于两万士兵，加之他对本就脆弱的舰队供应线和通信线心存疑虑，遂决定等到主力部队赶上前锋部队后再从长计议。他怯懦的决定恰好拯救了新奥尔良。[2]

当布里埃尔·维勒尔最终见到杰克逊，并告知英军此时正驻军于他父亲的农场时，杰克逊的反应是"紧握拳头愤恨地敲击桌面"。他大吼道："他们别想在这儿留下来！"随后，便召集起秘书和众位副官。"先生们，"在他们纷纷落座之后，他说道，"英国人就在眼前，我们今晚就跟他们决一死战。"[3]

杰克逊明白立即出兵应战才是保全新奥尔良的上上之策。要不是基恩的疏忽，体弱多病的杰克逊也免不了一场同敌人的贴身搏斗。"我要杀得他们片甲不留，"他说道，"上帝保佑！"[4]不久，国民军、城市守卫军、密西西比骑兵

---

1 查尔斯·加亚雷，《路易斯安那州历史》（纽约，1866 年），第四卷，419 页。

2 德格拉蒙德，《蛮夷》，75—76 页，85—86 页。

3 沃克，《杰克逊和新奥尔良》，150 页。

4 文森特·诺尔蒂，《东西半球五十年》（纽约，1854 年），209—210 页。

团、黑人军团以及科菲的骑兵团便收到了行军的命令，沿河而下。卡罗尔率领的田纳西新兵以及路易斯安那民兵则前往谢夫门特路驻守，以防杰克逊之前的猜测正确，而英军真正的目的是进军密西西比河，出现在比安弗尼河的一小队英军仅是敌人的障眼法。

杰克逊命令科菲沿着柏树沼泽的左侧前行，主要攻击英军的侧翼，而主力部队则需沿河攻击。同时，他还下令"卡罗来纳"号沿着密西西比河顺流而下，驶到英军军营的对面，并于7点30分向英军开火，这将是全面进攻的导火索。

在正式开战以前，杰克逊手上仅有2000余名士兵用于对阵基恩的侵略军，仅比基恩手下的士兵多几百人。天已经漆黑一片，美军已经做好进攻前的准备。此时由于天寒地冻，英军堆起了篝火取暖，明亮的火苗清晰地勾勒出敌军的身影，他们顺理成章地成了美军枪手的众矢之的。

7点30分，"卡罗来纳"号上舰炮齐射，三角洲地区瞬间山崩地裂，英军大惊失色。大约过了10分钟，基恩的士兵才缓过神，仓皇失措地拿起枪支准备投入战斗。随后，杰克逊命令麾下将士发起全面进攻。双方激战两小时依旧难分难舍，将士们甚至赤膊上阵。9点30分，浓雾突然罩住了河流，"（美军）不同的兵种之间的士兵由于看不清对方，甚至互相厮杀起来，"杰克逊描述道，"在此种情况下，考虑到麾下的将士们都是初次合作，非常不利于进一步的夜战。"因此他决定退兵，把手下的士兵带到距离敌军几百米以外的地方，士兵们叉着腿坐在通往新奥尔良的路上，等待黎明的到来。美军此役24人战亡、115人受伤、74人失踪或被俘；英军24人战亡、167人受伤、64人失踪或被俘。[1]

杰克逊此次撤军是明智之举，因为基恩的援军会在8点以后陆续到来。训练有素的援军无疑会对资历尚浅的美军构成严重威胁，而且美军在短期内仅有数量上的微弱优势。

杰克逊此役充其量战平英军，但实际上英军更胜一筹。因为美军没有对他们的先头部队构成任何实质性打击，尽管杰克逊是主动进攻，攻其不备，把入侵变为反攻，震慑住了英军，让英军按兵不动。老胡桃木依然好勇斗狠，一场入侵就这样戛然而止。此役拯救了新奥尔良，若不是杰克逊以"迅雷不及掩耳之势"反攻，英军在等到援军后一定会马不停蹄地进犯新奥尔良。毫无疑问，

---

1 安德鲁·杰克逊致信门罗，1814年12月27日，杰克逊，《信件》，第二卷，127页；拉图尔，《历史回忆录》，102—103页，死伤以及失踪人数报告。1814年12月23日和25日，《杰克逊文件汇编》，美国国会图书馆。

他们此时的兵力足够占领新奥尔良。[1]

接下来的一天，也就是1814年的圣诞节前夕，双方在根特（今比利时境内）签订《根特和约》，终止战争。杰克逊决定继续率军后撤，并在一处名为罗德里格斯水渠的旧磨坊水槽处驻防，深4英尺、宽10英尺，横跨密西西比河东岸，一直延伸至柏树沼泽地中，全长约0.75英里。水渠的北部边缘建立了防御土墙（此处距离新奥尔良最近），士兵们把大炮有秩序地安置在水渠旁边。与此同时，"路易斯安那"号和"卡罗来纳"号定期向敌方军营投射炮弹。

英军方面，调派新增的援军替换掉沿河的先头部队，以此增强驻防兵力。根据美军的估计，此时英军有约7000名士兵，而美军只有"3000余名"。[2] 随后，也就是圣诞节当天，新任英军指挥官走马上任，着手准备接下来的进攻。幸好不是让美国人威风丧胆的威灵顿公爵，取而代之的是他的妻弟爱德华·米歇尔·帕克南中校。威灵顿公爵16岁从军，赢得半岛战争击败拿破仑，自此一战成名，其间勇破法军防线，虽然损失惨重。现在，帕克南接替此前在巴尔的摩被杀身亡的罗伯特·罗斯爵士成为英军的统帅。

帕克南决定首先击垮"卡罗来纳"号和"路易斯安那"号，或者至少把这两艘美国军船赶跑。12月26日夜晚，他命令手下将士把9台野战炮拖至河边，并沿河岸架起火炉，供将士们取暖。第二天清晨，野战炮精准地瞄准"卡罗来纳"号拼命发射。"卡罗来纳"号在第二轮射击中着火，失去控制。船上的船员纷纷从船的边沿处跳下。说时迟，那时快，"卡罗来纳"号突然"砰"的一声爆炸，十几英里外的地方都能感到地动山摇。此时的杰克逊在将近200米以外的马卡特堡指挥所内，而该指挥所被防御土墙所包围，他命令"路易斯安那"号迅速撤离战区。"路易斯安那"号是一艘装备精良的重型舰，正穿过河流换岗，它所处的位置恰好挡在杰克逊的防御堡垒之前，可以轻易击垮任何来犯的部队。"卡罗来纳"号上的士兵除一死六伤外，其余全部获救，并加入到美军防线的炮兵阵列中。

第二天，帕克南任命一名将领指挥先头部队。先头部队由两列纵队组成。突然间，美军的炮火齐鸣，"路易斯安那"号也冲着英军的方向发狂般地发射，英军不得不选择撤退。帕克南随后决定把美军所处的方位为目标防御，安置大

---

1 拉图尔，《历史回忆录》，112页。相关信息还请参见里德写给艾布拉姆莫里的信，1814年12月25日，《里德文件汇编》，美国国会图书馆。

2 里德致信南森·里德，1814年12月30日，《里德文件汇编》，美国国会图书馆。

炮进行绝地反击。于是在接下来的三天，他不得不把笨重的海军炮运到防御位置，而此时计划攻城用的野战炮还在运来的途中。英军需要在沼泽地上运输4门11千克炮和10门8千克炮，这真是一项大工程。首先在距离美军据点640米的地方排列炮阵，随后便是内陆的河边，帕克南命令手下的英军建了5座炮台（一共17门炮），每次齐射可以射出约136千克的炮弹（而美军的大炮每次齐射却只能发射102千克的炮弹）。最前方的炮台正对着杰克逊在西岸建造的火炮阵，由大卫·摩根将军和海军准将丹尼尔·帕特森负责指挥。帕克南所建的其余4个炮台均沿此线而建，炮台后掩护着两列英军，右侧为燧发枪手，左侧为掷弹兵。

就在这时，杰克逊也加强了驻防，把防线延伸到沼泽地内，高筑墙，深挖沟。也就在此时，他突然明白，眼前集聚的英军就是此次进攻的主力军，从前的猜测是错误的。于是他连忙召回卡罗尔和他的田纳西部队，把他们安置在防线上。同时，他还增加了壕沟沿线炮台的数量，从原来的5个增加到了12个。

1815年元旦，清晨，帕克南在完成炮攻和突袭美军据点的准备后，便立即下令发动大规模炮攻。英军依照惯例在总攻前发射康格里夫火箭，此时是上午10点整。如旋风般吼叫着的箭炮让美军惊恐不已，在炮攻没有开始之前，就已经让他们陷入混乱。

"别管这些箭炮！"杰克逊匆匆赶往防御土墙处，冲着手下的将士大吼道，"不过是耍弄毛头小儿的把戏。"时任杰克逊副官的约翰·里德却说："我所在的这支军队就没有被英军的箭炮吓住。"而英军也承认了这一点。[1]

持续了将近两个小时的炮攻依旧没有要停止的意思，整个三角洲地区地动山摇。晨气渐渐退却，美军也毫不示弱，不断加强反攻的兵力。帕特森安置于海岸的大炮朝英军堤岸炮台猛攻，最终英军败下阵来。"此役的炮手们立下了汗马功劳，"杰克逊事后向门罗说道，"怎么赞美他们都不为过。"[2]的确，炮手们把英军的据点炸得"只剩断壁残垣"，曾经固若金汤的炮台变成了一座废墟。此外，英军没有瞄准美军的据点，致使强攻数小时也没能成功打破美军的防线。

不久，侵略者们便偃旗息鼓。下午3点整，双方停火。英军此役44亡55伤；

---

1 沃克，《杰克逊和新奥尔良》，150页，256页；里德致信伊丽莎白·里德，1815年2月10日，《里德文件汇编》，美国国会图书馆。

2 安德鲁·杰克逊致信门罗，1815年1月2日，《杰克逊文件汇编》，美国国会图书馆。

美军 11 亡 23 伤。[1]

帕克南对陷于河流和沼泽地之间狭长地带的英军深感窝火，此次战略位置的选择实在是愚不可及。此时的帕克南洞若观火，既然处境被动，不如率军逼近杰克逊的防御工事。若采用此战略，则要把大量兵力投入到最前线，而美军很容易凭借兵力上的微弱优势取胜。因此，帕克南决定一不做二不休，静待约翰·兰伯特少将援军，据可靠消息，援军的到来指日可待。事实上，兰伯特所率领的援军已经抵达指定地点，并于 1 月 6 日成功到达帕克南的据点。

帕克南决定采用交叉射击术，以减轻前线士兵进攻的负担，为士兵提供坚实后盾。他打算运载 1500 名士兵到密西西比河西岸，由智勇双全的威廉·桑顿上校率领。此举意在掳获帕特森指挥下的火炮，并用以反攻杰克逊。控制西岸的炮台后，东岸的英军主力便发起总攻，誓要摧毁杰克逊的阵地，逼他弃城而逃。目前还有一个关键性问题亟待解决：船。把士兵运到西岸的船。运兵的驳船英军不缺，问题是这些驳船都停靠在比安弗尼河上。这意味着需要拓宽维勒尔处的水道，才能把这些驳船引渡到密西西比河上。于是，英军便埋头苦挖河道，若此举成功，美军便面临交叉射击，危在旦夕，却没有引起杰克逊的足够重视，相反地，他把三条防线都布置在了东岸！第一道防线便是罗德里格斯水渠的防御土墙，第二道防线距离新奥尔良有 2 英里远，第三道防线距离城区仅有 1.25 英里远。显然，若战事不利，将军打算层层防守。

罗德里格斯水渠的防御土墙平均有 5 英尺高，此地的土墙最厚可达 20 英尺，但是薄弱的地方却不堪一击，敌方的大炮可以轻易摧毁薄弱处的土墙。杰克逊在此线布防 4000 名士兵，又安置 1000 名士兵作为后备军。[2] 除了安置在河滨、战场中心区以及沼泽地的火炮，杰克逊还在此线安排了由乔治·罗斯上校指挥的第七军团，该军团负责防守密西西比河沿线；由普拉切率领的城市民兵自卫队；拉科斯和达坎麾下的黑人军团；四十四步兵团；卡罗尔手下的田纳西民兵，而约翰·亚岱尔的肯塔基民兵也在此驻防；科菲的骑兵团则被安排在最左侧，而乔克托人则负责在此侦查沼泽地内的一举一动。

面对牢不可破的美军防线，帕克南决定派遣 2200 名士兵攻击美军的左侧据点，由少将塞缪尔·吉布斯爵士掌管；而基恩少将将率领 1200 名士兵攻击

1 拉图尔，《历史回忆录》，59 页。
2 安德鲁·杰克逊致信门罗，1815 年 2 月 13 日，《杰克逊文件汇编》，美国国会图书馆，杰克逊在信中说目前左岸的兵力不足 3000 人，其中只有 600 人是正规军。

美军右侧据点。与此同时，一支由 520 名西印度群岛居民组成的部队负责攻击科菲，意在转移科菲的注意力，在此处突破美军的防线。桑顿率军成功渡过密西西比河，准备占领摩根守卫的炮台，并准备在吉布斯和基恩冲向美军之时，把占领的大炮对准杰克逊的据点。而少将兰伯特指挥的第三纵队则被安排在战场中心的正后方，作为后备军。[1]

1 月 7 日，海军准将帕特森沿密西西比河视察，做最后的战前准备，却在正对英军的据点处发现了英军的活动，并于此观察敌军的动向数小时。敌军的目的昭然若揭。帕克南命令英军加深、加宽维勒尔河道，50 条驳船停泊于此，并准备在夜幕降临后把军队偷运到西岸。帕特森迅速将此事报告给杰克逊，杰克逊遂命令 500 名肯塔基民兵渡河支援，但是仅有 250 名民兵配有武器。然而，一切为时已晚。西岸的美军将寡兵微，不堪一击。眼看大战在即，美军却陷入交叉射击的危险之中。

1815 年 1 月 8 日，凌晨 4 点，一支红衣英军偷偷潜到距离美军的防御土墙半英里处。这支军队是英军的四十四军团，接到吉布斯的命令搬运柴捆和梯子先行出动。柴捆由甘蔗捆成，主要用于投掷在前方杰克逊的壕沟内，直至填满。还需要携带的 16 把梯子主要做翻越美军的防御土墙用。柴捆和梯子必须事先放置在规定的位置，一旦战斗打响，先锋队便可凭借事先放置好的柴捆和梯子攻城略地。

四十四军团得令后悄无声息地极速前进，就在他们快要到达指定位置之时，突然发现自己已酿成大错。

他们竟然忘记携带指定的柴捆和梯子！

于是他们发疯似的跑回后方搬运这些物资。随后，又拼命跑回指定地点，祈祷战争晚点开始。

一切都太迟了，因为此时战争已经打响。[2]

这是一个周日的清晨，6 点钟，两枚康克里夫火箭从英军的两翼射出，划破长空，一场彻底决定美国历史进程的战役打响了。

1　兰伯特致信巴瑟斯特勋爵，1815 年 1 月 10 日，拉图尔，《历史回忆录》，150 页；霍斯曼，《1812 年战争》，245—246 页。

2　罗宾·利立，《门口的英国》（纽约，1974 年），295—296 页，相关信息还请参见德格拉蒙德，《蛮夷》，131 页。四十四团的指挥官托马斯·马伦斯中校极其无能，他是文特里的第三个儿子。

很快，吉布斯率领先锋军冲美军左侧攻去，从而夺得树林的掩护。军鼓奏着激扬的鼓点，伴随着先锋军冲锋。杰克逊视察了整条战线，命令安置在后方的所有部队朝防御土墙进发。来复枪手们焦灼地等待着敌人的出现。英国决心攫取美国东南部的高潮时刻终于到来了。

红衣英军攻入美军的防守范围。忽然，一阵弹雨从美军壕沟射出，冲在最前方的几排英军纷纷倒地。子弹接连不断地射出，美军启用车轮攻击战，把枪手分成三列：第一列向敌人猛攻，攻击完毕退到后方装载弹药；随后第二列枪手跳上前去，瞄准、开火，退到后方；第三列顶上来。子弹连绵不断地射向来犯的英军。[1]

由于四十四军团没有按计划把柴捆和梯子运到指定位置，吉布斯麾下的先锋军在冲到距离美军防线 90 米左右的距离时，突然乱了阵脚。先锋军并没有按照计划冲向防御土墙，而是在美军发射第一轮子弹时下意识地停了下来，随后便立即举枪相向，朝美军方向射去。英军再一次犯下致命错误。迎头赶来的四十四军团也如法炮制，丢掉手中的柴捆和梯子，向美军方向射击。就在两路英军犹豫的空当，四十四军团成为众矢之的，从防御土墙中射出的弹雨毫不留情地砸向四十四军团。不一会儿，这支英军便阵脚大乱，溃不成军。

就在此时，英军的指挥官下令继续进攻，本来丢盔弃甲的英军再一次发起进攻。一部分英军趁乱爬进壕沟，但是却没有攀爬防御土墙的工具，完全不见柴捆和梯子的踪影。他们伤心欲绝，叫天不灵，叫地不应。

防御土墙内射出的子弹如泼出的水般砸向迎面攻来的英军，英军瞬间狼奔豕突。吉布斯将军发疯似的命令前方狼狈不堪的英军重整队形。惊恐万分的英军此刻仓皇撤退，吉布斯将军的命令淹没在人潮中。

按捺不住的帕克南从后方冲到阵前，企图阻止这场耻辱的撤退，却不幸被杀。吉布斯也被美军的炮火击中，奄奄一息。痛不欲生的他被英军抬出战场，苟延残喘地挨过一天之后，便一命归西。基恩将军也身受重伤，被抬到战场后方。此刻，英军前方连一个善于调兵遣将、鼓舞士气的高级军官都没有。

最高指挥部几乎全军覆没，"军心大乱，英军获胜的希望越发渺茫。"兰伯特将军后来描述道。[2]苏格兰高地兵团从左侧横穿战场，冲到距离英军防御土墙 100 米以内的地方，企图搭救自己的战友，美军一轮又一轮的扫射后，500

---

1 里德和伊顿，《杰克逊》，339 页。

2 兰伯特致信巴瑟斯特勋爵，1815 年 1 月 10 日，拉图尔，《历史回忆录》，151 页。

多名苏格兰高地士兵永久地躺在了战场上。侥幸活命的苏格兰士兵也不得不选择停止进攻，落荒而逃。[1]"还没等他们攻进来，我军的霰弹已经把他们打得落花流水，"科菲如是说，"而我们毫发未伤。"[2]

英军发起了进攻，杰克逊将军在他布防的战线后方来回踱步，他尤其关注左侧的战线，不停地确认左侧的士兵是否已经做好了防御准备。他时不时高喊口号，鼓励自己的将士。在他视察前线的过程中，那些没有忙于装载和发射子弹的士兵都替他欢呼喝彩。终于，战争进入了白热化阶段，杰克逊站在中心阵地附近的一处略高的阵地，意在把握战况，纵观全局。他看起来镇定自若，好像对战争的结果胸有成竹。此刻，将士们看他专注的样子，都不忍心打搅他。

就在英军防线轰然坍塌之时，位于敌后的密西西比骑兵统帅托马斯·海因兹突然冲到杰克逊面前，求他批准自己率军乘胜追击穷寇。此提议正合杰克逊的性子，他巴不得立即同意。但是，贸然追击的危害却是显而易见的。最后，杰克逊十分不情愿地摇了摇头。

在英军主攻部队的后方，兰伯特将军正焦急地等待着他的后备军。当他得知帕克南战亡，吉布斯和基恩身受重伤，便冲上前去指挥部队。他命令后备军前行。但是他不得不谨慎小心地缓慢行军，因为难保美军不会在这个时候趁势反击。帕克南生前曾命令后备军冲上前线，但是军号手在先锋军行军的过程中卡住了胳膊，混乱中不慎丢失了军号，前进的号角再也没有响起过。此时，后备军能做的只有掩护撤退的英军。所幸杰克逊当初没有答应海因兹乘胜追击的请求。否则，他的部队不得不跟精锐的英国后备军殊死搏斗一番。[3]

美军在左线和中线的战势可谓一路高歌，而右线（距离密西西比河最近）的战局则十分不妙。罗伯特·伦尼上校率领基恩的作战旅势如破竹，在战争打响之时便冲破了美军防线。美军前哨部队的哨兵吓得仓皇出逃。伦尼在士兵后面穷追不舍，随后双方的士兵便打作一团。美军的指挥官汉弗莱上尉为避免伤及自己的将士，只好忍而不发，保留自己的火力。最终，美军踏上一个木支架，成功出逃，而这块木支架正好由壕沟通向防御土墙，随后，逃到防御土墙后的

<hr>

1 里德致信艾布拉姆·莫里，1815 年 1 月 9 日，《里德文件汇编》，美国国会图书馆。

2 科菲致信约翰·多纳尔森，1815 年 1 月 25 日，《美国历史杂志》（1901 年 4 月），第六卷，186 页。

3 兰伯特致信巴瑟斯特勋爵，1815 年 1 月 10 日，拉图尔，《历史回忆录》，151 页；帕顿，《杰克逊》，第二卷，207 页；沃克，《杰克逊和新奥尔良》，332 页。

汉弗莱命令手下立即开炮。伦尼和他的两名属下站到了防御土墙上，两名手下被新奥尔良的枪手们击中身亡，伦尼的"一只眼睛"中了一枪。假若英军的主力部队在伦尼突袭成功后立即冲过来，说不定基恩可轻而易举地突破美军的防线。然而，帕克南却命令基恩援助吉布斯，而不是伦尼。帕克南大错特错，基恩最后以率领自己的部下战死沙场告终。[1]

在杰克逊布防的最左侧战线上，科菲和他手下将士静静地观察着柏树沼泽地的动向，丝毫不敢松懈。这支由西印度群岛居民组成的分遣队攻进了树林里。其中的一些士兵甚至已经接近了科菲的据点，但是他们要么陷入沼泽地不能前进，要么溺亡，要么被俘。

就在英军鸣金收兵之时，杰克逊手下的将士把他团团围住，向他庆祝这场大获全胜的战役，而此时的老胡桃木看起来却有些心事重重，他惴惴不安地朝河对岸望去。为什么没有一点动静？为什么如此安静？这种死寂让他坐立难安。

就在此时，摩根将军的火炮响了起来，杰克逊长舒了一口气。于是，他爬上了防御土墙，把脸转向他的将士。"摘掉你们的帽子，高呼三声以示庆贺！"他命令道。将士们听令行事，也就是在此时，他们看清了 1.5 英里之外发生的一切。

刚刚发生了一场灾难，一场美国人的灾难。密西西比河西岸的挫败同东岸的胜利形成鲜明对比。杰克逊的麻痹大意，致使其没有注意到河对岸的敌人对自己构成的威胁，也因此没有安排足够的援军支援西岸。尽管桑顿延迟了抵达预定登陆点的时间（密西西比河的湍流把他和手下的舰队带离了预定的登陆点，该地距离预定登陆点约有 1.5 英里），但是依旧挫败了西岸的美军。英军仅留给摩根和帕特森的炮兵连毁掉远程火炮的时间，便仓皇撤退。就在美军失魂落魄之时，一名副官在撤军后大喊："耻辱！简直是耻辱！将士们，站到将军的后面去。"但是没有人理会他的话，没有人选择停下来，摩根将军垂头丧气地骑马跟在撤军后面。[2]

桑顿和他的部下刚刚修好帕特森的一部分火炮，正准备冲对岸杰克逊的阵线发起攻击之时，东岸战败连同撤军的消息一同传来，桑顿一行人不得不重新渡河回到主力部队中。他在西岸取得的一切战果就这样付之东流，他十分不情

---

1 豪厄尔·塔特姆，"豪厄尔塔特姆上校的日记"，约翰·巴西特编辑，《史密斯学院历史研究》（1920—1922 年），第七卷，126 页。

2 沃克，《杰克逊和新奥尔良》，353 页。

愿地接受了命令。此时已将近中午。

罗德里格斯水渠前的战斗在几个小时前就已经结束。总攻的时间也没有超过两小时，而主攻时间也不过半个小时而已。随后便是最残酷的伤亡统计工作，统计数字显示，美军于 1 月 8 日的战斗造成 13 亡 39 伤 19 人失踪；英军 291 亡 1262 伤以及 484 人被俘或失踪。[1]

这是一场前无古人、后无来者的胜利。美国再也不需要凭军力证明自己的实力，再也不会缺乏捍卫自身自由、获得世界尊重的自信。

此次胜利得益于杰克逊恰到好处地使用了自己先前惯用的战术。更为重要的是，他在防御土墙后集中大批火力，给进攻的英军以迎头痛击。枪手们，尤其是来复枪手们百步穿杨的射击术是此役获胜的另一大决定性因素。不得不说，杰克逊此役红运当头。就在基恩当初决定停在比安弗尼河上等待援军，而不是听从周围人的建议直接攻占新奥尔良之时，幸运女神便站在了杰克逊一边。随后，桑顿延迟到达指定地点，准备攻击东岸时收到退兵的命令，杰克逊又侥幸逃过一劫。

杰克逊总说他是幸运的，一份他的苏格兰—爱尔兰祖先赐给他的幸运。

1　海恩致信安德鲁·杰克逊，1815 年 1 月 13 日，布兰南，《公函》，459 页。伤亡报告参见《杰克逊文件汇编》，美国国会图书馆，其中提及 1814 年 12 月 23 日的行动 26 亡 115 伤 72 失踪，12 月 28 日，7 亡 8 伤，1 月 1 日，11 亡 23 伤。四次行动中，在河岸两边发现 55 亡 185 伤 93 失踪。英军的伤亡失踪人数请参见兰伯特写给巴瑟斯特勋爵的信，1815 年 1 月 10 日，拉图尔，《历史回忆录》，152 页，兰伯特致信巴瑟斯特勋爵，1815 年 1 月 28 日，伦敦公共档案馆馆藏英国陆军部档案，1 页和 141 页。

第八章　印第安人迁移

在接下来的 10 天里，两军一直处于对垒状态，双方都不知道该何去何从。兰伯特将军首次与杰克逊对话，要求停战埋葬阵亡的将士，抚慰受伤的人员。杰克逊欣然同意，阵亡将士的埋葬工作迅速处理妥当，据说帕克南的尸体被装进了一个朗姆酒桶，经由哈瓦那，最终到达伦敦。随后，在 1 月 18 日半夜，英军便蹑手蹑脚地拔营逃走，只给严阵以待的美军留下一堆堆熊熊燃烧的篝火。英军撤退到他们来时所驾的船上，灰溜溜地驾船逃走了。

直到 1 月 21 日，杰克逊才小心谨慎地撤走驻防在罗德里格斯水渠后的主力军。两天前，他曾给佛罗里达和路易斯安那主教教区的署理区首长（apostolic administrator）纪尧姆·迪堡神父写过一封信，并在信中暗示他主办一场公开的感恩仪式，以欢迎凯旋的军队。"这是天堂的神迹，"他在信中写道，"赋予我们克敌制胜的法宝……我们的胜利会让每一位心系政府的人民欢欣鼓舞，感恩戴德，他们需要特定的场合表达这种感情。因此，请允许我请求阁下在教堂举办一场公开感恩仪式。"神父慨然应允，并承诺尽快"着手布置仪式，将军您和您英勇将士的到来将会使得整个教堂蓬荜生辉"。[1]

1 月 21 日清晨，杰克逊最后一次号令手下的将士在防御土墙后集合。先是向将士们发表了慷慨激昂的演说，表彰他们在战争中表现出的英勇无畏和能征善战，随后便下令他们撤回新奥尔良城中。这是开战以来，他首次回到城中。

欢迎的队伍中不乏老弱妇孺，人们纷纷列队欢迎，欢迎这群救他们于水火的勇士。"每一张脸上都洋溢着感激，每一位不负众望凯旋的父亲、兄弟、丈夫、儿子的脸上都散发着快乐的光辉，他们刚刚挽救了自己家人的生命，保卫了他

---

[1] 安德鲁·杰克逊致信门罗，1815 年 1 月 19 日，《杰克逊文件汇编》，美国国会图书馆，迪堡神父致信安德鲁·杰克逊，日期不详，杰克逊，《信件》，第二卷，150 页，注释 1。

们的财产，捍卫了他们的荣誉"。[1]

1月23日，周二，也就是神父筹划举办感恩仪式的那一天，道路上挤满了前来观看仪式的观众，阳台和屋顶上也人满为患。熙熙攘攘的人群从四面八方聚集到教堂和河流中间的大广场上，聚集到河堤通往广场的街道上。劳切麾下着统一制服的士兵分立成两队，立在广场（河边）通向教堂入口的两侧。一个临时的拱门建在了此广场的中间位置，与教堂的正门遥遥相对。拱门由六根科林斯式圆柱架起，每根圆柱的两侧都分别立有一位尚处豆蔻年华的少女，一位代表着正义，另一位代表着自由。拱门的下面，两个手捧桂冠的孩童站在基座上。一群甜美可人的年轻女孩井然有序地站在拱门和教堂之间的通道上，每一位都代表着美国的一个州或者一个地区，只见她们身着纯白色的裙子，戴着淡蓝色的面纱，每位姑娘的额头上都画有一颗闪亮亮的银色星星。她们的左手都持有一面旗帜，旗帜分别写有她们所代表州的名字或地区的名字，而她们的右手都持有一篮鲜花。一支支长矛插在地上，每根长矛的后面站着一位手持盾牌的年轻女孩，每块盾牌上写有一个州或地区的名字。由常青树和花朵制成的一条长长的花环把盾牌连接了起来，贯穿了从拱门到教堂门口的道路。[2]

此后，新获美名"新奥尔良英雄"的安德鲁·杰克逊朝广场的入口处阔步走来，这个名号将伴随他一生，并流芳百世。此时的他正由自己的将士簇拥着走来。一阵巨大的欢呼声从摩肩接踵的人群中传来，人们热情地冲他挥舞着手臂，高喊着他的名字。此时，礼炮阵阵，响彻云霄，昭示着英雄的到来，人们用炮声向厥功至伟的安德鲁·杰克逊表达敬意。英雄在到达广场之后，经由一条特地为他准备的小道走向教堂。在他经过拱门之时，手捧花冠的两个孩童为他戴上花冠。[3]大卫·克尔博士8岁的女儿代表路易斯安那人民走上前来，向将军的胜利致以祝贺。人群中唱起了一首以《洋基歌》为基调的民谣。在他前往教堂的路上，几位年轻的女孩在他的前面撒着花，诵读着一首专门为他而写的颂歌。

身着华丽法衣的神父庄重地站在教堂的门廊上，致辞欢迎杰克逊的到来，他在演讲中感谢全能的主赐予美国这样一位崇高卓越的"救世主"。人们都向前簇拥着，想一睹杰克逊演讲的风采。"尊敬的先生，"杰克逊开始了演讲，"我

1 拉图尔，《历史回忆录》，197—198页。

2 同上，199—200页。

3 同上；帕顿，《杰克逊》，第二卷，273页。

满怀感激和欣喜地接受了诸位怀着虔诚之心赐予的花冠。我代表跟我一起浴血奋战保卫国家的将士们接受这枚桂冠，他们理应得到国家的嘉赏。对我个人而言，是上苍的恩赐才让我有此机会为如此伟大的国家而奋战。"[1]随后，杰克逊便在护卫队的保护下步入教堂，参加教堂里的赞美颂感恩仪式。仪式结束后，杰克逊便在仪仗队的陪同下回到了营房。

新年伊始的华盛顿却笼罩着阴郁和绝望的氛围，焦虑和恐惧深深压在每一个首都人民的心底。面对国家近几个月来所经历的种种耻辱，华盛顿的人民无不郁郁寡欢。从战争一开始美军便节节败退，此时的首都被敌人付之一炬，烧成一片废墟，而美国当局却不知羞耻地落荒而逃，国会则无能地把这一切归为战争的失利。更为糟糕的是，此时谣言四起，谣言声称在康涅狄格州参加哈特福德会议（Hartford Convention）的代表于1815年1月5日休会，准备前往华盛顿修改宪法，企图脱离联邦，成立新英格兰联邦。

此后，2月4日，人们还沉浸在阴郁恐惧的氛围内不能自拔，新奥尔良大破敌军的捷报传来，华盛顿瞬间变为"欢腾的海洋"。首都上下洋溢着幸福与感恩。整座城市彻夜不眠，灯火通明，人们蜂拥至白宫庆祝这场史无前例的胜利。各大报纸纷纷以最大的版面报道这一特大惊喜："大获全胜！安德鲁·杰克逊和他的勇士们给敌人以重挫，把敌人打得落荒而逃。听闻此消息，举国同庆，这是一场伟大的胜利。"[2]

"主在天堂之上享受这无上荣光，敌人终于被打败。"《奈尔斯每周记录》疾呼道，"荣耀属于杰克逊！荣耀属于军队，属于自由之子！属于拯救国家于危亡中的所有人……万岁。"[3]

获胜的消息迅速传到了北方各地，"消息所到之处瞬间变成一片欢乐的海洋"。人们纷纷自发地走上街头游行，庆祝胜利。到处都是赞扬美国军队的溢美之词，人们尊敬地把杰克逊称为"美国的救世主""这一天永不会褪色，杰克逊值得被铭记，直到时间的尽头"。[4]

就在得知杰克逊获胜消息的九天后，美国同英国在比利时根特签订《根特

1 布兰南，《公函》，468页。

2 《国家谍报》（华盛顿），1815年2月7日。

3 《奈尔斯每周记录》，1815年2月14日。

4 约翰·宾斯，《自传》，引述自帕顿，《杰克逊》，第二卷，248页。

条约》结束 1812 年战争。听到这个消息的人们冲上街头兴奋地奔走相告："停战了！停战了！停战了！"而此时在华盛顿的哈特福德会议代表却尴尬沮丧，趁现在没人注意到他们，赶紧灰溜溜地逃走了。

杰克逊在新奥尔良战役中给美国带来了无上的荣耀，"战争英雄"这一形象在此后伴随了他一生。在公众心中，新奥尔良战役的胜利完全归功于安德鲁·杰克逊。老胡桃木！新奥尔良的英雄。他重树了美国的自信，赋予了美国战胜艰难险阻捍卫自由和独立的力量。

国会投票决定嘉奖杰克逊的战功，授予他一块金牌。詹姆斯·门罗寄给他一封总统的祝贺信。"这是亘古未有的一场胜利，"他写道，"以最小的代价争取到了最大的胜利。政府对阁下所做的巨大贡献甚感欣慰，各位同胞对阁下的壮举感恩怀德。"[1] 此时的杰克逊并不曾意识到此次的胜利会让他流芳百世。"1 月 8 日上午，"他写道，"所有英国人都会铭记，而所有美国人都会庆祝。"[2]

杰克逊在 1812 年战争的胜利甚至大大改变了美国未来的扩张路线。他不仅帮助美国确定了其西南方的边境，更为近期美国的进一步扩张开辟了一条新的道路。[3]

此时驻军新奥尔良的杰克逊依旧不肯解除戒严令，直到得到官方签订停战条约的消息。他顽固不化，在得到官方许可之前，绝不解除戒严令，即使城中人人皆知战争早已结束，新奥尔良的人民无须再全民皆兵。人们由对他的感恩戴德渐渐变为愤恨不满，导致路易斯安那的一位参议员故意将安德鲁·杰克逊的名字从一张列表中删除，而该列表上列有拯救新奥尔良的功臣良将的名字，用于表达人们的感激之情。

杰克逊逮捕了一位名为多明尼克·奥古斯汀·霍尔的联邦特区法官，起因是这位法官发布了一条人身保护令，释放了一位名为路易斯·卢瓦伊勒的立法官，而后者则因在报纸上发文抨击新奥尔良的军事权威过盛而身陷囹圄。这一事件几乎是击垮杰克逊固执试行戒严令的最后一根稻草。在戒严令解除之前他便被抓入狱。像新奥尔良城中的每一个人一样，霍尔法官认为此时的戒严令纯属画蛇添足，多此一举，因此他便想通过发布人身保护令一事表明自己的看法。

1　门罗致信安德鲁·杰克逊，1815 年 2 月 5 日，杰克逊，《信件》，第二卷，158 页。

2　安德鲁·杰克逊致信罗伯特·海斯，1815 年 2 月 9 日，《杰克逊文件汇编》，美国国会图书馆。

3　关于此观点，更多延伸信息请参见莱米尼，《杰克逊》，第一卷，298—307 页。

当这条人身保护令递交到杰克逊手中时，他也发出了一条命令："根据档案信息显示，多明尼克·奥古斯汀·霍尔曾参与到我军的一起煽动和教唆军人叛变的行动中，"他在写给马修·阿巴克尔上校的命令信中写道，"兹命令你逮捕并囚禁他，不得延误，并向总部报告行动结果。"[1] 阿巴克尔上校立即照章办事，当晚霍尔就锒铛入狱，同卢瓦伊勒关在了同一个营房中。

1815年3月13日，停战协定通过的正式通知最终到达新奥尔良，杰克逊随即解除戒严令。卢瓦伊勒被释放，他曾被告上军事法庭，虽然最终以无罪释放，但杰克逊却拒绝释放他，而此时霍尔获准官复原职，依旧担任联邦特区法官。在霍尔上任后不久，即3月21日，便针对杰克逊发布了一条指令，直指杰克逊不该公然违抗法院释放卢瓦伊勒的指令。

1815年3月24日，周五，上午10点整，一场家喻户晓的审判开庭了，"美国之于安德鲁·杰克逊少将之审判"。英雄如约出现在了庭审现场，霍尔及时出面阻止了他原计划阅读一份事先准备好的声明以脱罪的企图。霍尔法官最终以判他有罪，并罚款1000美元而告终。"这里存在的唯一问题是，"霍尔说，"到底法律该屈从于将军，还是将军该屈从于法律的问题。"[2] 但是杰克逊本人从没在任何场合说过法律该屈从于他的意志。在戒严令下他就是法律，他坚信自己所做的一切都公平正义。

新奥尔良英雄支付了罚款，尽管他可能十分不情愿。他并不准备公然挑衅霍尔的权威，也并不打算引起一场必败无疑的争端，一场争端很可能让他因小失大。为了显示他的决心，他拒绝接收公众募捐的1000美元，并要求把这部分捐款用于抚恤那些为保卫新奥尔良而战亡的军人的家属。

在回到田纳西州之前，将军和他的家人最后在新奥尔良度过了一段惬意恬静的时光。在宣布停战的几天后，雷切尔和他们的养子安德鲁最终来到了新奥尔良。此时的雷切尔早已成为一名身材发福、肤色黝黑的四十岁中年妇人，执迷于宗教，满怀深情并不乏趣味。

雷切尔参加了一场以杰克逊名义举办的大型舞会，舞会上到处都是布满窗花的玻璃、鲜花、彩色装饰灯、珍馐佳肴和舞动的人们，她简直不敢相信眼前这如天堂般的场景。在晚宴上，她被安排在了一处正对窗花玻璃的位置，玻璃

---

1 安德鲁·杰克逊致信阿巴克尔，1815年3月5日，《杰克逊文件汇编》，美国国会图书馆。

2 声明参见《杰克逊文件汇编》，美国国会图书馆。

上写着"杰克逊和胜利：合二为一。"晚宴结束后，杰克逊便携同他的夫人前往舞场，并为来宾们展示了一场乡村版的"趣味芭蕾双人舞"。"只见身材修长、形容枯槁的将军携同矮胖敦实的将军夫人，笨拙地随着节奏强烈的舞曲《负鼠跳上桉树》摆动，像两个喝醉了的印第安人，并时不时奋力跳到空中做出舞蹈动作。两人的身材截然不同，使得他们这场芭蕾表演的教化意义远胜欧洲任何一场芭蕾表演。"[1]

在新奥尔良度过的最后一段时光是杰克逊一生中为数不多的快乐时光之一。他可以在"英雄"和"救世主"的角色中自得其乐。沉冤旧恨在此时的杰克逊心里早已消失得无影无踪。1815 年 4 月 6 日，他最终离开新奥尔良，踏上了回家的路程，并把指挥权移交给了艾德蒙·盖恩斯。

杰克逊北上返程的路途遥远，但是一路都挤满了为他庆祝喝彩的人群。"他所到之处人们无不夹道欢迎，欢迎这个国家的救世主，"里德描述道，"人们争相用美酒佳肴款待他，热情地靠近他，人们极端崇拜他，视他为旷世奇才；黄童白叟、妇人孺子纷纷拥到街头争相观看杰克逊，好像看街上的一头大象那么稀罕。人们过分的热情和高涨的好奇心让杰克逊尴尬不已。他能做的只是彬彬有礼地脱帽弯腰致意，但人们展现出的这种过分的关注让他自惭形秽、手足无措。"[2]杰克逊于 5 月 15 日返回纳什维尔，这一天纳什维尔万人空巷，每一个人都走上街头迎接英雄的归来。他在欢迎队伍的陪同下回到了纳什维尔。杰克逊在感谢菲力克斯·格伦迪专为他做的欢迎演讲时说道："在下无法用确切的词语表达此时的感想，同胞们对我的认可就是对我最大的奖赏。"[3]而格伦迪是一名极为激进的好战分子。

在回到隐士庄园的几个月的时间里，杰克逊过上了恬静安适的生活，并极力回到战前那种南部社会特有的宁静的乡村生活。实际上，杰克逊也如愿回到了战前的生活。1815 年春季，美军被分为南、北两个军区，杰克逊统领南部军区，而雅各布·布朗则是北部军区的最高司令官。政府特批杰克逊把隐士庄园设为南部军区总部，这样一来，杰克逊便可以处理军务和管理农场两不误，可

---

1 诺尔蒂，《五十年》，238 页；雷切尔致信罗伯特·海斯，1815 年 3 月 5 日，《杰克逊文件汇编》，美国国会图书馆；里德致信伊丽莎白·里德，1815 年 2 月 22 日，《里德文件汇编》，美国国会图书馆。

2 里德致信索菲·里德，1815 年 4 月 20 日，《里德文件汇编》，美国国会图书馆。

3 帕顿，《杰克逊》，第二卷，329 页。

以像一般的乡村绅士那样尽情享受田园生活。此外，少将的年薪是 2400 美元，加 1652 美元津贴补助，这笔钱对杰克逊来说可谓是一笔稳定的收入，足以让他过上安闲舒适的日子。他终于过上了梦寐以求的生活。

因工作原因同将军居住在一起的下属，因为经年累月的相处，实际上跟将军的家人并无二致。在不同的时期他们分别是：萨姆·休斯顿、理查德·基思·考尔、安德鲁·杰克逊·多纳尔森、罗伯特·巴特勒、詹姆斯·加兹登、约翰·欧文顿、塞缪尔·欧文顿、詹姆斯·布罗纳（杰克逊的私人医生）以及约翰·伊顿。杰克逊在此阶段的主要任务便是访问此地区的各印第安部落（克里克族、切罗基族、契卡索族以及乔克托族），同他们保持礼节性的对话，并根据已经签订的相关条约进行土地征收。然而，此次征地行动需按照《根特条约》第九条规定。该条内容规定美国需退还 1811 年后占领的所有印第安属地。也就是说，根据条约规定，杰克逊需把从克里克族手中夺得的约 2300 万英亩土地物归原主。但是他昂然自得地无视第九条的存在，继续按照原有计划把印第安人迁移出相关的属地。无人敢上前阻止，大家都是敢怒不敢言。

切罗基族人抗议克里克族把本属切罗基族的土地割让给了美国。他们因此不得不向华盛顿当局提起上诉，而新任战争部长威廉·克劳福德接受了他们提起的上诉，并于 1816 年 3 月 22 日同他们签订了一份条约，该条约规定退还《杰克逊堡条约》中美国向印第安人索赔的 400 万英亩土地。

杰克逊闻讯勃然大怒。他并不惧于同总统公开叫板，更不用说战争部长。"本着权利和正义的原则，"杰克逊在信中斥责克劳福德道，"万万不该交出那些理应属于美国的土地。"[1]令克劳福德震惊的不仅仅是杰克逊的过激反应，无数西部居民甚至以他的政治前途相威胁，只是因为他签订了那份条约。在此种情况下，他决定任命一个由三人组成的委员会同印第安人展开对话，企图尽最大努力同切罗基族、乔克托族以及契卡索族签订友好条约。杰克逊理所当然地被任命为委员会的负责人，此外该委员会还包括佐治亚州的大卫·梅里韦瑟上将和北卡罗来纳州的杰西·富兰克林。

该委员会的主要任务之一便是同印第安各部落确定同美国的固定地界。此时的杰克逊对政府该如何对待印第安人了然于心。杰克逊对此已盘算多年，尤其是同印第安人的克里克战争，大大削弱了美国的军力，致使美军在墨西哥湾

---

1 安德鲁·杰克逊致信克劳福德，1816 年 6 月 10 日，《美国国家文件汇编——印第安人事务》，第二卷，110 页。

对阵英国之时屡屡受挫。"印第安人的属地对美国来说极为重要，"他在写给詹姆斯·门罗总统的信中说道，"因为它过于弱小，无法保证自己的安全。"[1]后来，杰克逊又向门罗总统详述了自己对印第安人的态度，以及该对他们采用怎样的策略。此外，"我一直认为先前同印第安人签订的条约都极为荒谬，"他说道，"我们政府对待印第安人的原则存在问题。印第安人是美国的臣民。我时常这样想，由于国会过于依赖立法条例进行管理，致使所有印第安人都理所应当地认为他们是土地的主人。"简而言之，若印第安人的权利与美国的安全相冲突，则他们不享有该等权利。"印第安人住在美国的土地上，"他说道，"因此他们理应尊重美国的主权，遵守美国的宪法。"[2]

经过多次磋商，加之杰克逊暗中行贿相关人员，委员会的成员终于于 1816年 9 月 14 日同切罗基人签订了一份条约。此外，为胁迫切罗基人顺利交出大片切罗基族属地到田纳西河南部之间的大片土地，美国向切罗基族承诺保持双方之间的和平友好关系。此外，作为迁移的补偿，美国政府将连续 10 年每年补贴这些印第安人 6000 美元，并在条约生效 60 天后一次性支付 5000 美元。[3]

契卡索人对自己的处境难以置信，因为杰克逊坚持认为他们已经把所有的土地割让给美国政府，包括田纳西河的北部和南部地区，以及汤比格比河西岸以下地区到乔克托族在密西西比河的边界之间的土地。实际上，此举将会给田纳西州的大量白人移民移居到墨西哥湾沿岸地区提供巨大便利。[4]作为补偿，美国政府连续 10 年每年支付 12000 美元给这些印第安人，若在 45 天之内上交土地做出改良，则额外补偿 4500 美元。可契卡索人依旧不依不饶，坚持按照以前的条约行事，杰克逊只好故技重演，再一次贿赂"几位出席人员"，杰克逊很愿意这么称呼他们。收到贿赂的人员再一次费尽口舌劝服契卡索族的酋长们接受杰克逊的要求。这桩强买强卖的生意，美国占尽了便宜。[5]

---

1 安德鲁·杰克逊致信门罗，1817 年 3 月 4 日，《门罗文件汇编》，纽约公共图书馆。

2 同上。

3 杰克逊、梅里韦瑟和富兰克林致信克劳福德，1816 年 9 月 20 日，《美国国家文件汇编——印第安人事务》，第二卷，105 页；格雷斯·伍德沃德，《切罗基人》（诺曼，1963 年），135 页。

4 阿雷尔·吉布森，《契卡索人》（诺曼，1971 年），105 页。

5 《美国国家文件汇编——印第安人事务》，第二卷，95 页。

几乎在同一时间，白人移民者如潮水般涌入"这片肥沃的土地"。[1]科菲将军和杰克逊在田纳西州的一众亲信都争相投资此地，他们甚至成立了柏树土地公司，在马斯尔肖尔斯附近购得沃野无数。杰克逊本人也参与到土地投资运营计划中，他确有以此获得经济收益的动机，但更为重要的是他想通过白人移民者移居于此来增强国家的防卫能力。

早在 1817 年，当局就授权杰克逊消除同切罗基族签订的条约中关于"印第安所有权"的相关内容。[2]依据美国同切罗基族于 1808 年签订的条约，此项权力最后延伸为允许杰克逊同切罗基人进行土地"交换"。就好像切罗基人同意割让密西西比河东岸地区，以此换得位于阿肯色的居住地。在此后多年，数以千计的切罗基人迁居阿肯色，但是并没有交出东部的相关区域给美国政府。杰克逊此时的任务便是让居住在东部地区的切罗基人交出此地，作为移居阿肯色的交换用地。政府同时还赋予杰克逊另外一项权力，即他有权授予愿移居阿肯色河和奥色治边界地区的东部切罗基人以另外的土地。经过多次谈判协商，加之此次迁移须跨越不同的州和合并区域，杰克逊第一次清楚地得出让印第安人迁移到密西西比河以西的最好政策。[3]而且，杰克逊一贯认为国会对该政策的执行需全权负责。

切罗基人自然对这位白人对 1808 年条约所做的解释心存异议。他们坚称土地交换根本无从谈起，而迁往阿肯色的切罗基人则是纯属自发的迁移，不存在履行条约义务的说法。切罗基人的所作所为让杰克逊十分恼怒。切罗基族酋长在一次集合会议上曾当面指责杰克逊是骗子，而杰克逊拒不承认自己有错，还对他们大加指责。没有任何人胆敢忤逆现在的杰克逊，印第安人更没有这个能力。他随后便对切罗基人进行了威胁。"烦请诸位仔细看看周围，认真回忆一下我们的兄弟克里克人最近的状况。"他警告道。他曾预言，如果切罗基人执意"采取拒绝合作而敌对"的态度，那么同样的命运将会降临到他们身上。[4]

---

1 安德鲁·杰克逊致信乔治·格拉哈姆，1816 年 12 月 21 日，《美国国家文件汇编——印第安人事务》，第二卷，123 页。

2 乔治·格拉哈姆致信安德鲁·杰克逊，1817 年 1 月 13 日，参考资料同上，第二卷，140 页。

3 乔治·格拉哈姆致信安德鲁·杰克逊，1817 年 5 月 16 日，参考资料同上，第二卷，143 页。

4 同上。

东部的切罗基人十分了解杰克逊的行事作风，为免遭横祸，他们不得不于1817 年 7 月 8 日同杰克逊签订事先拟定的条约。他们割让将近 200 万英亩土地，包括佐治亚州、亚拉巴马州和密西西比州，作为交换，他们获得了密西西比河西岸同等数量的土地，而美国政府有权在这片土地上修筑国防公路和建立军事据点。约有 6000 名切罗基人在接下来的两年移居这片土地，这些人每人得到政府发放的来复枪一支、弹药适量、毯子一条以及铜壶或者海狸夹一个，此外，美国政府还同意提供平底船和食物来协助这次迁移。[1]

要是磋商早结束几个月，杰克逊肯定早就想出迁移政策的主体部分，而他一旦当选总统，他便会正式实施此项政策。此项政策的主要阻碍力量来自一些政客，包括前总统托马斯·杰斐逊。[2] 在 1817 年夏季，他将自己对此项政策的想法如数告诉了他的好友兼得力助手约翰·科菲，而他与新任战争部长威廉·克劳福德和新任总统詹姆斯·门罗之间的通信也透露出他对印第安人政策的些许观点。杰克逊认为，随着白人人口稳定而持续地增长，并不断向美国各处迁移，一定会慢慢对印第安人形成包围之势，这就会迫使他们不得不做出两种决定：要么“成为勤勉的美国公民”，接受所居住州的统治；要么“迁居到一个可以保留他们古老风俗的地方，这样他们就不必为融入主流社会而苦恼”。“我们对印第安人多么仁慈。”他如是告诉科菲，“若他们准备从事农业生产，从此过上文明的生活，恪守当地法律，那么他们可以居住在原地不动。”他们将成为美国的公民，他们的私人财产将受到法律的保护，他们将同“文明的”社会融为一体。若他们执意选择保留“他们古老的风俗习惯”，那么他们必须迁移到阿肯色河附近的地区，不能居住在各州内和合并地区内。此外不存在其他任何可能性，除非他们选择种族灭绝。最终，他决定迁移印第安人是“保护他们传统和种族的唯一办法”。[3]

---

1 1817 年 7 月 8 日，美国政府同切罗基人签订条约，参见《美国国家文件汇编——印第安人事务》，第二卷，130 页。

2 参见雷金纳德·霍斯曼，“美国印第安人政策和命定扩张论的起源”，弗朗西斯·保罗·鲁沙编辑，《美国历史中的印第安人》（纽约，1971 年）；威尔伯·雅各布斯，《被驱逐的印第安人》（纽约，1972 年）；伯纳德·希恩，《灭亡的种子》（教堂山，1973 年）。

3 安德鲁·杰克逊致信科菲，1817 年 7 月 13 日，《科菲文件汇编》，田纳西州历史学会；格雷厄姆的委员，1817 年 7 月 8 日，《美国国家文件汇编——印第安人事务》，第二卷，140—147 页，安德鲁·杰克逊致信约翰·卡尔霍恩，1820 年 9 月 2 日，《杰克逊文件汇编》，美国国会图书馆。

杰克逊对这项迁移原则的坚持，并不是贪婪或者种族主义使然。他无意种族灭绝，他也并没有借此为他的田纳西州亲信或者其他任何人谋求大片土地。一直以来他都饱受印第安人问题的困扰，并同多个部落的印第安人打过交道，敌对印第安人也好，友好印第安人也罢，基于以上经验他得出了一条结论，即印第安人迁移是同时惠及白种人和红种人的不二良方。他认为，若美国政府授权印第安人迁移的合法性，则印第安人的灭绝就迫在眉睫。

1820 年秋天，门罗总统任命杰克逊同乔克托族磋商土地割让事宜，他便当机立断，把存在于自己脑海中的想法付诸实践。对杰克逊来说，这无异于一张实现迁移合法化的邀请函。他告诉时任国务卿的约翰·昆西说，美国的对外政策必须考虑到"我们正在把印第安人迁移到密西西比河西部地区"。[1]

他在密西西比河一处名为多克兹斯丹（Doak's Stand）的地方会见了乔克托族，他在这里郑重其事地告诉他们，若想继续成为印第安人，则必须迁移出此地。"若不想迁移，"他说道，"那么你们就必须向你们的白人兄弟学习，日出而作，日落而息。此外，你们在不久的将来也会成为一名美国公民，并遵守美国的法律。"[2] 这意味他们不仅需要遵守美国的法律，还需遵守他们所居住州内的法律。显然，后一种选择让大多数印第安人无所适从。遵守州的法律意味着会慢慢脱离他们原有的珍贵文化和社会习俗。

乔克托人试图鱼死网破，反对杰克逊的建议，但是他打定主意让他们屈服。他甚至威胁他们："如果你们选择拒绝……那么等待着你们的就是灭亡。"他们最终十分不情愿地接受了杰克逊的建议。他们曾说过，与杰克逊的意志背道而驰是不会有好下场的。根据一家密西西比地区的报纸报道，他们把一些最富饶的土地割让给了美国，也就是密西西比河三角洲的腹地。[3]

于 1820 年 10 月 18 日签订的《多克兹斯丹条约》（Treaty of Doak's Stand）成为印第安人迁移的所谓"范本"。该条约顺利驱除"异族"，密西西

1 查尔斯·弗朗西斯·亚当斯（以下简称亚当斯）编辑，《约翰·昆西·亚当斯回忆录》（费城，1874—1877 年，以下简称《回忆录》），共十二卷，第四卷，238 页，安德鲁·杰克逊致信卡尔霍恩，1820 年 6 月 19 日，《卡尔霍恩》，第五卷，196 页。

2 会议议事录，1820 年，《杰克逊文件汇编》，美国国会图书馆。

3 同上；报纸引用自小亚瑟·德罗齐尔，《乔克托族印第安人迁移》（诺克斯维尔，1970 年），67 页，"多克兹斯丹条约"，《美国国家文件汇编——印第安人事务》，第二卷，225 页。

比河中西部三角洲的千里沃野成为美国的囊中之物。因此，密西西比州的首府以安德鲁·杰克逊的名字命名理所应当，以此纪念他的"汗马功劳"。此条约的签订也标志着南部印第安各族在各主权州内的生存进入岌岌可危的境地，这也预示着杰克逊当选为美利坚合众国总统后印第安人将面临更为悲惨的命运。

第九章　第一次塞米诺尔战争

1816 年，詹姆斯·门罗击败威廉·克劳福德，代表共和党参与总统竞选，杰克逊将军听闻此消息后喜不自胜，因为他对克劳福德心存怨怼（因其曾极力主张归还《杰克逊堡条约》中印第安人割让的土地），而对门罗欣赏不已。他曾连续多年支持门罗实现他的政治抱负，并且他一直认为 1812 年战争期间他取得的战绩多得益于门罗对他的支持和提携。此时的他又有了更大的野心，即掌管美国整个南方的军事事务。

杰克逊认为门罗任命约翰·卡尔霍恩为战争部长使得他离实现自己的野心更近了一步。卡尔霍恩曾告诉他："像任何一个爱国者一样，在下一直仰慕敬重您。我国军队建设正趋于完备阶段，还需要多多仰仗您的提携。"[1]杰克逊在印第安事务上取得的"成就"足以名垂青史，门罗总统深知国家理应给予杰克逊更好的赏赐。"最近同印第安人签订的条约对我国大有裨益。"门罗在信中写道。[2]但总统和杰克逊明白，在对印第安人的问题上，他们日后所获得的利益一定会远远大于今天的利益。只要西班牙还固守在佛罗里达一天，佛罗里达就会成为敌对印第安人的庇护之所，而南部边境尚无一日安宁可言。

1812 年战争以后，西班牙在佛罗里达的据点早已处于风雨飘摇的境地。英国的叛离，加之自身防守力量薄弱，管理更无从谈起，于是西班牙决定一不做二不休。西班牙人深知袭击早已成为美国人的眼中钉、肉中刺。而安德鲁·杰克逊则是密谋赶走西班牙人的美国官员中最为积极活跃的一个。西班牙人甚至对杰克逊的入侵计划一清二楚，先是从墨西哥湾登陆横扫佛罗里达，再进军得

1　卡尔霍恩致信安德鲁·杰克逊，1817 年 12 月 29 日，《杰克逊文件汇编》，美国国会图书馆。

2　门罗致信安德鲁·杰克逊，1816 年 12 月 14 日，杰克逊，《信件》，第二卷，266 页。

克萨斯，最后再进军墨西哥。做过这种帝国梦的美国人大有人在，而凭借杰克逊已有的军事实力，实现这一梦想可谓手到擒来。

一个名为内格罗堡的据点发生了一件让西班牙猝不及防的事情。事发地位于佛罗里达的阿巴拉契科拉河沿岸，距离美国边境约有 60 英里。从美国逃亡出境的黑人奴隶占据了此堡，自此开始，占据此堡的黑人奴隶就鼓动其他美国境内的黑人奴隶出逃，然后成为他的一员。几乎每一位位于南部边境的美国人都把此堡视为自身安危和财产安全的一大威胁。杰克逊跟其他奴隶主一样，同样对此心存担忧。他生性好斗，这次也不例外，他准备亲自出马解决这个问题。1816 年春季，他曾给彭萨科拉的司令官毛利西奥·德·苏尼卡写过一封亲笔信，并在信中警告苏尼卡妥善解决此事，否则他绝不会姑息。"我军在与美军交战期间建立的内格罗堡……现在居然成了 250 名黑人的据点，这些黑人多是受人蛊惑而逃至此地，他们本该安分守己地为他们的主人工作，而他们的主人都是美国公民。"他在信中写道。他们的此种行为"绝不会为我们的政府所容忍，若西班牙政府对此无动于衷，则美国需亲自出兵除之而后快"。[1]

这无异于明目张胆地入侵佛罗里达。殊不知内格罗堡的存在也是西班牙的一块心病，也恨不能立即摧毁它，只是无奈于自己的军力实在不堪一击。令人大惑不解的是，苏尼卡居然告诉杰克逊说他愿意配合美军的此次行动，若杰克逊将军有意寻求帮助，他和西班牙总督愿意唯将军马首是瞻。[2]1816 年的春季，艾德蒙·盖恩斯将军在临近弗林特河河口处建立了斯科特堡，该地位于佛罗里达边界以北，并派出一支军队越过佛罗里达边境，冲进内格罗堡，杀死 270 人，[3]对黑人的屠杀到此为止。

塞米诺尔族印第安人则是美国的另一个心头大患，他们时常联合居住在佛罗里达的克里克人与佐治亚州的白人居民发生冲突，事后便躲进佛罗里达边界内的村庄里藏匿起来，而这也正为美军进入佛罗里达提供了绝佳借口。1816 年到 1817 年，一众塞米诺尔人拒不承认克里克战争割让给美国的土地，殊死抵抗，拒绝从这些土地上迁移出去。而居住在紧靠佛罗里达边界以北的法汤镇的一小撮塞米诺尔人尤甚，拒不承认《杰克逊堡条约》中割让的土地。法汤镇的

---

1 安德鲁·杰克逊致信苏尼卡，1816 年 4 月 23 日，杰克逊，《信件》，第二卷，241 页。

2 苏尼卡致信安德鲁·杰克逊，1816 年 5 月 26 日，《杰克逊文件汇编》，美国国会图书馆。

3 爱德温·麦克雷诺兹，《塞米诺尔人》（诺曼，1957 年），77 页。

酋长内阿玛拉甚至曾警告盖恩斯将军，若美军胆敢赶他们离开家园，他们一定会选择鱼死网破。一场恶战在所难免。因此，一支美军已经从斯科特堡出发，朝法汤镇攻去，并于1817年11月12日到达法汤镇，美军一把火烧掉了法汤镇，镇上的印第安武士和印第安妇女落荒而逃。[1] 9天后，一队塞米诺尔人伺机报复，他们埋伏在一条顺阿巴拉契科拉河而上前往斯科特堡的大型敞舱船附近，船上有40名军人、7名妇女以及4名儿童。趁船上的美军不备，塞米诺尔人突然杀了上去，除一名妇女被俘和4名男子跳船上岸而逃外，其他人员皆被歼灭。

第一次塞米诺尔战争正式打响。在接下来的几周内，盖恩斯收到了战争部长下达的命令，命他立即追击这伙印第安人，若有必要"可直接攻进佛罗里达边境以内，除非他们隐匿在西班牙的据点内。若他们跟西班牙人有所苟且，则须立即上报战争部"。[2]

进入佛罗里达是一码事，而占领佛罗里达又是另一码事。毫无疑问，占领佛罗里达是当局的真正意图。就在当局下达进入佛罗里达追击印第安人的命令不到10天的时间里，杰克逊就接到命令接管驻扎在斯科特堡的军队。而杰克逊正是整个南部军区的最高指挥官，如果当局此举仅是意在让杰克逊追穷寇，显然是大材小用。任命他为杰克逊堡的指挥官肯定是希望他剑指西班牙，与先前当局的策略如出一辙，否则当局不必大费周章派遣杰克逊去镇压几个匪寇。当局没有明确禁止他同西班牙操戈相向，更没有警告他切勿引起国际争议，而是给了他一个想象空间极大的命令。"必要时须采取非常措施，"战争部长对他命令道，"终止这场冲突，总统先生出于慈爱之心，本不想予以追究，但是他们现在的恶行实在欺人太甚。"[3]

杰克逊认为终止这场冲突的最佳办法便是占领佛罗里达。但是门罗会同意这种做法吗？若把西班牙人赶出佛罗里达，总统会对造成的后果负责吗？杰克逊行前上呈门罗总统道："职有意以一切手段（两人共同之密友约翰·瑞亚所言，而其是一名来自田纳西州的国会议员）据有合众国值得拥有的佛罗里达之地，

---

1 盖恩斯致信安德鲁·杰克逊，1817年11月21日，《美国国家文件汇编——军事》，第一卷，686页；詹姆斯·西尔弗，《前线指挥官——艾德蒙·彭德尔顿·盖恩斯》（巴吞鲁日），63页。

2 卡尔霍恩致信盖恩斯，1817年12月16日，《美国国家文件汇编——军事》，第一卷，689页。

3 卡尔霍恩致信安德鲁·杰克逊，1817年12月26日，参考资料同上。

六十日可成。"[1]

　　门罗在来信中声称自己身体抱恙，并称自己与瑞亚从未有过交流。然而，杰克逊却从瑞亚那里收到一封来信，并在信中得到了所有他想得到的答复。"希望此信是阁下所期冀的那封，"瑞亚在写给杰克逊的信中写道，"阁下的期冀得以实现实在是在下一大幸事。总统先生与您相持的观点一致。"[2] 依据信中的内容，杰克逊推测兴许总统答应了他的请求，但是此信的写信日期是 1 月 12 日，而杰克逊在 1 月 6 日才给门罗寄过一封信。显然，瑞亚的信早于门罗收到杰克逊的信；此信甚至根本没有足够的时间从纳什维尔寄往华盛顿，再由华盛顿寄回纳什维尔，门罗更是没有足够的时间首肯瑞亚的请求。

　　而杰克逊则一直认为他取得了占领佛罗里达的命令，并且是门罗直接下达给他的命令。确实，门罗曾直接给他下达过命令。1817 年 12 月 28 日，门罗给杰克逊写过一封极具挑衅意味的信。"几天后阁下将收到一条命令，该命令事关追击塞米诺尔人的我国军队，塞米诺尔人长期以来犯我主权，辱我国格。收到命令，剿灭阿梅利亚和加尔维斯顿的匪徒后，阁下还须费心其他事情。"

　　既然门罗已经确认追击印第安人的合法性，那么"其他事情"如果不是指占领佛罗里达，还会是什么呢？显然，总统为防信件落入非人之手，必须慎言；当然，为更清楚地表达自己的意图，总统还在信末说道："现在不是姑息养奸的时候。美国人民的福祉就在眼前，亟须听到阁下凯旋的消息，亟待阁下扫清存在于每个角落的障碍，在大功告成之日以前，还请阁下枕戈待旦。"[3]

　　杰克逊固然明白门罗对佛罗里达的真实意图，麦迪逊总统时期任国务卿的门罗就曾于 1811 年一再怂恿乔治·马修斯将军占领佛罗里达东部，并告知马修斯，"若情形不乐观就赶快脱身"，[4] 而此时的麦迪逊总统亦懂得门罗的真实意图。因而，当总司令说到"福祉"以及"清除"存在于每个角落的障碍时，杰克逊自然认为总统的意图就是命令他占领佛罗里达。

　　实际上，1818 年 1 月 22 日，杰克逊收到总统的命令便立即召集约有 1000人的军队朝斯科特堡进发。杰克逊带领部队行军 450 英里，长达 46 天，行军

1　安德鲁·杰克逊致信门罗，1818 年 1 月 6 日，《门罗文件汇编》，纽约公共图书馆。
2　瑞亚致信安德鲁·杰克逊，1818 年 1 月 12 日，杰克逊，《信件》，第二卷，348 页。
3　门罗致信安德鲁·杰克逊，1817 年 12 月 28 日，《门罗文件汇编》，纽约公共图书馆。
4　塞缪尔·弗拉格·比米斯，《约翰·昆西·亚当斯和美国外交政策的建立》（纽约，1950 年），314 页。

途中天气恶劣，路遇倾盆大雨，使得本就崎岖不平的道路变得更为泥泞不堪，带着沉重行李的士兵不得不放慢前行的脚步，最终杰克逊于 3 月 9 日抵达斯科特堡。

杰克逊组建的情报网络一如既往地眼疾手快，料事如神，曾为他各种军事行动提供过绝佳的情报。值此之际，他写道："据密报得知，弗朗西斯（又名希利斯·阿戈）和彼得·麦奎因以及诸位头目曾煽动红棍克里克人对抗美国，最近他们转而煽动塞米诺尔人与美国作对。阿巴思诺特和其他几个外国人则是聚集起他们的幕后黑手。"[1]

阿巴思诺特，苏格兰人，时年 70 岁，于 1817 年从巴哈马群岛来到佛罗里达，主要与塞米诺尔人和西班牙人通商。他用刀具、枪械、弹药和毛毯换取毛皮、蜂蜡和玉米。他同印第安人做生意一诺千金，童叟无欺，所以塞米诺尔人多乐于倾听他的劝诫，而克里克人则委托他代为发声。[2] 而他则力劝印第安人以和为贵，避免挑起战争。他决心捍卫印第安人以及他们的利益，阿巴思诺特一直认为印第安人先是被英国人无情地耍弄利用，后来又被美国人洗劫一空。

不久以后，另一名英国人也加入了阿巴思诺特，此人名为罗伯特·阿布李斯特，不仅是一名英国皇家海军的前中尉，还是一位口若悬河的酒鬼。跟阿巴思诺特一样，阿布李斯特极为拥护印第安人的事业，但在他的眼中阿巴思诺特不过是一位年老体衰、软弱无能的人。他与阿巴思诺特不同的是，他主张塞米诺尔人捍卫自己的财产和权利，并力劝他们同美国斗争到底。他穿着一身色彩鲜艳的制服，大摇大摆地站在全体年轻印第安人面前，厉声冲他们下达命令。而他的命令对这些年轻的印第安人极具号召力。他成功挑起了一场战争，使阿巴思诺特却命丧于此。

到达斯科特堡以后，杰克逊先是用三大块肉和一夸脱玉米喂饱了饥肠辘辘的将士，随后便离开斯科特堡，径直向佛罗里达进发。此时他不仅率领 3000余名美军，包括正规军和志愿军，还率领 2000 余名印第安人，讽刺的是，这些印第安士兵大多是克里克人。[3] 途经位于阿巴拉契科拉的内格罗堡，而此时的内格罗堡业已废弃，他们便径直向西班牙领地内的圣马克斯进发，此地位于斯

---

1 安德鲁·杰克逊致信麦基弗上尉，1818 年 3 月，帕顿，《杰克逊》，第二卷，447 页。

2 休伯特·富勒，《购买佛罗里达》（盖恩斯维尔，1964 年），247 页。

3 安德鲁·杰克逊致信卡尔霍恩，1818 年 2 月 10 日，26 日，以及 3 月 25 日，《美国国家文件汇编——军事》，第一卷，697 页，698—699 页。

科特堡东南约 70 英里处，距离海岸不足 10 英里。"根据条约规定，西班牙政府须确保境内的印第安人不与美国为敌，"杰克逊在 3 月 25 日给战争部长的信中写道，"他们承认自己管束印第安人鞭长莫及，因此必然需要仰仗我们的力量约束这些印第安人。"[1]

4 月 6 日，杰克逊顺利抵达圣马克斯，并旋即通知西班牙的防区司令他正在此地驻防要塞，准备"严惩"那些胆敢同美国作对的印第安人和黑人。他告诉驻防司令，自己的行为完全出于自卫。由于没有足够的兵力安抚住印第安人，这位时运不济的防区司令只好眼睁睁地看着杰克逊的布防要塞。圣马克斯就这样被占领了。西班牙的国旗在没有任何征兆的情况下被降了下来，取而代之的星条旗冉冉升起。[2]

杰克逊发现圣马克斯空空如也，没有敌人的一丝踪影，但是他已下定决心活捉那"臭名昭著的苏格兰恶棍阿巴思诺特，他不仅怂恿而且极力煽动印第安人与美国持续作战。我必须将他绳之以法"。[3]与此同时，一个同杰克逊军队联盟的海军司令官艾萨克·麦基弗上校俘获了两名克里克酋长，分别是外号"先知"的弗朗西斯（又名约西亚·弗朗西斯或者希利斯·哈德乔）和西摩勒米克。麦基弗在自己的船上挂上英军的旗帜诱惑他们。印第安人以为自己发现了同盟军，找到了军火和弹药的援助。

"我已经于 4 月 8 日把'先知'弗朗西斯和西摩勒米克就地正法，"杰克逊告知雷切尔说，"他们不会再暗中作祟煽动暴乱了。"[4]就在占领圣马克斯两天后，杰克逊再一次率领大军向前进发。他的大部队雄赳赳、气昂昂地冲萨沃尼河上的伯莱格斯镇进军，此地距离东部约 100 英里。此地名义上是逃亡黑人奴隶的避难所，但杰克逊认为此地亦藏匿着众多印第安人。占领此地并生擒此地的反动人员，将会大大加快杰克逊扫清美国南部所有反动印第安人的进程。

圣马克斯到伯莱格斯镇之间隔着一块平坦的沼泽荒原，因此士兵们不得不

---

1 安德鲁·杰克逊致信卡尔霍恩，1818 年 3 月 25 日，《美国国家文件汇编——军事》，第一卷，698 页。

2 安德鲁·杰克逊致信卡尔霍恩，1818 年 4 月 8 日，杰克逊，《信件》，第二卷，358—359 页。

3 安德鲁·杰克逊致信雷切尔，1818 年 4 月 8 日，参考资料同上，358 页。

4 安德鲁·杰克逊致信雷切尔，1818 年 4 月 10 日，《杰克逊文件汇编》，哈佛大学图书馆。

蹚水穿过一个又一个浅水湾。途中与狭路相逢的敌对印第安人厮杀两次之后，杰克逊率军于 4 月 16 日抵达伯莱格斯镇郊区。杰克逊命将士们稍事休息后便马不停蹄地布防战线，并派出一支部队前往塞米诺尔镇。然而，印第安人似乎早就对杰克逊的行踪了如指掌，还没等他靠近便已横渡萨沃尼河，避开交锋。[1]

几天后，狂妄自大的前海军中尉罗伯特·阿布李斯特在一个名为彼得·库克的白人随从的陪同下闯入了伯莱格斯镇，他并没有意识到他的印第安人盟友此时早已落荒而逃，而此地已经成了杰克逊的天下。阿布李斯特很快便发现自己处境不妙，但是更为糟糕的事接踵而至。美军在一名黑人囚犯身上发现一封阿巴思诺特写给儿子的书信，他在信中提醒儿子杰克逊即将来犯。[2]此时杰克逊终于恍然大悟，印第安人如何顺利逃脱他的追击、如何带领一家老小和大多数军需物资悄然离开——这一切都真相大白。"把阿巴思诺特和阿布李斯特这两个无耻之徒绳之以法，让那些违法之徒看清楚同美国作对的下场。"他在给卡尔霍恩的信中写道。[3]

杰克逊把伯莱格斯镇的 300 多间民房付之一炬后，便率领军队返回圣马克斯，行军时间仅用了 5 天。到达圣马克斯不久，老胡桃木便召集 12 名军官组成军事法庭，准备审判阿巴思诺特和阿布李斯特，由盖恩斯将军主持具体事宜。在听取各方证词后，法庭判决 70 岁的阿巴思诺特有罪，罪名是煽动印第安人暴动并充当印第安人间谍，他被处以绞刑。

而阿布李斯特则被指控协助敌军，并指挥塞米诺尔人同美国开战。铁证如山，尽管他曾苦苦请求法庭的宽恕，但是他的罪行不可饶恕，最终被判以枪刑。[4]

1818 年 4 月 29 日，两名人犯被执行死刑。当阿巴思诺特站在自己的船上，被船桁上的绳索突然吊到空中，附近的印第安人惊恐地看着这一幕，他们不敢相信这位无所不能的盟友在外敌面前居然如此不堪一击。阿巴思诺特和阿布李斯特给印第安人留下了刻骨铭心的记忆。安德鲁·杰克逊将军在他们眼中无疑是一位心狠手辣、睚眦必报的敌手，一心想摧毁他们，并占他们的财产为己有。[5]

1　安德鲁·杰克逊致信卡尔霍恩，1818 年 4 月 20 日，《美国国家文件汇编——军事》，第一卷，700—701 页。

2　阿巴思诺特致信约翰·阿巴思诺特，1818 年 4 月 2 日，参考资料同上，722 页。

3　安德鲁·杰克逊致信卡尔霍恩，1818 年 5 月 5 日，参考资料同上，702 页。

4　法院后来改变主意，撤回了死刑，取而代之的惩罚是鞭笞犯人裸背 50 次，用锁链囚禁犯人 12 个月，并在此期间做苦役，但是杰克逊后来又责令法院改判回死刑。

5　《美国国家文件汇编——外交事务》，第四卷，595 页。

行刑当日杰克逊并没有前去观看。在他心里，这两名英国人罪恶滔天、罄竹难书，有今天的下场实属罪有应得。他希望此次行刑可以起到"震慑英国的作用，煽动印第安人挑起战争所犯下的累累罪行，终有一天会报仇雪耻"。[1]就在行刑当日，杰克逊率军前往彭萨科拉。"美军必须在彭萨科拉占据一席之地，"他宣称，"根据相应的政策或者总督的行为对其进行赏罚。"[2]

与位于穷乡僻壤的圣马克斯不同的是，彭萨科拉是西班牙在佛罗里达的统治中心。杰克逊胸有成竹地向战争部长保证自己有能力摧毁彭萨科拉的中心地位。5月初，杰克逊便收到密报称几百名印第安人聚集到彭萨科拉，并计划与西班牙人一起进攻美国的居民点，因此他决定先下手为强，拿下彭萨科拉。[3]1818年5月24日，杰克逊率军抵达彭萨科拉，轻而易举地横扫驻守在彭萨科拉的西班牙军队，并占领此地。而此地的西班牙总督约瑟·马索特上校则率军退至城外的巴兰卡斯堡，企图在此地重整旗鼓。杰克逊紧随其后，穷追不舍，逼他就范，马索特断然拒绝。"阁下已经进入到西班牙的边界以内，并且把阿巴拉契亚山的据点据为己有，此地的西班牙人被阁下打得流离失所，"他厉声说道，"如若阁下执意占领此地，鄙人势必殊死抵抗，拼个你死我活。"[4]

杰克逊知道劝降已无可能，便命令手下将士把一门发射4千克炮弹的火炮和五门8英寸高的榴弹炮对准巴兰卡斯堡。堡内的西班牙军抵抗没多久后，便在堡上升起一面投降的白旗。马索特象征性的背水一战可以看作是向他的国王表了忠心。殊死抵抗只能算是不智之举，因此他极为识时务地投降，并率军撤出了巴兰卡斯堡。"最遗憾的是，"杰克逊后来写道，"我当时没有率军冲进堡内，活捉那位总督，把他置于法庭之上，以谋杀罪控告他，最后对他施以绞刑，为死去的人报仇。"[5]

因此，几乎不费吹灰之力，杰克逊便歼灭了佛罗里达境内的西班牙人。在占领彭萨科拉以后，杰克逊发布了一项正式声明，辩称自己的侵占行为完全是

1　安德鲁·杰克逊致信卡尔霍恩，1818年5月5日，杰克逊，《信件》，第二卷，367页。

2　安德鲁·杰克逊致信卡尔霍恩，1818年5月19日，《约翰·卡德威尔·卡尔霍恩文件汇编》（哥伦比亚，南卡罗来纳州，1963年至今，以下简称《卡尔霍恩文件汇编》），第三卷，547页。

3　安德鲁·杰克逊致信卡尔霍恩，1818年5月5日，杰克逊，《信件》，第二卷，367页。

4　马索特致信安德鲁·杰克逊，1818年5月24日，《卡尔霍恩文件汇编》，共十五卷，第二卷，372—373页。

5　帕顿，《杰克逊》，第二卷，492—493页。

出于"自卫"。声明中还规定建立佛罗里达区的临时政府。第四步兵团的威廉·金上校被任命为彭萨科拉的长官，主管此地的军事和民事，而詹姆斯·加兹登上尉则被任命为此地的收税员。[1]声明的内容极为傲慢无礼。这一次，杰克逊凭借手中兵力获得的胜利，撼动了当局政府的权威。他的丰功伟绩可与伟大的拿破仑比肩，而杰克逊本人对拿破仑也是欣赏有加。

6月2日，鉴于圣马克斯、加兹登堡（原内格罗堡）和巴兰卡斯堡已成为美国的囊中之物，杰克逊告知门罗塞米诺尔战争业已结束。"此三地乃滋生事端之温床，"他在信中写道，"为了维护社会长治久安和边境安全，我们必须把它们据为己有。"此时，若门罗再把第五步兵团交由他手，并配给他足够枪支弹药，"加上驻守圣奥古斯丁堡的军团，以及一支护卫舰，那么攫取古巴则指日可待"。但是他告诉门罗自己已经气息奄奄，常年行军打仗让他身心俱疲。"此时的我心力交瘁，左胸处的枪伤至今未愈，几乎日日咳血的我已经骨瘦如柴。我必须辞职休养。"他还在信中说自己必须立即回到纳什维尔。[2]杰克逊对占领古巴翘首以待，但是他每况愈下的身体却让回家成为他的唯一之选。此时的他奄奄一息，辞职确实是痛定思痛后的无奈选择。

在杰克逊佛罗里达之行成行前，门罗兴许就曾考虑过对西班牙略施压力，佛罗里达便如囊中取物。[3]而杰克逊此行显然有矫枉过正之嫌，他不仅占领了佛罗里达，而且把西班牙政府赶出了此地，甚至还处决了两名英国国民，这一切都足以引起同西班牙和英国之间的正式战争。当表彰杰克逊赫赫战功的消息传到华盛顿时，西班牙公使唐·路易斯·德·奥尼斯极为愤慨，对美国当局的做法颇有微词。他希望得到美国当局的道歉，并要求当局认定杰克逊的侵占属违法行为，须对他进行惩戒。一时没了主意的总统准备暂时离开华盛顿，去外地避风头，而时任国务卿的约翰·昆西·亚当斯把总统的这一举动解读为暴风雨来临之前无济于事的躲避。[4]门罗一回到华盛顿便召集内阁成员，要求他们帮助解决这场因自己而起的尴尬事件。而内阁成员们却各执一词，很难达成一致。卡尔霍恩极力要求进行官方调查，并严惩涉事人员，因为瑞亚写给杰克逊的信居然瞒天过海地从他眼前直接递到了总统手中，他对信中授权占领佛罗里达一

1　正式声明，1818 年 5 月 29 日，杰克逊，《信件》，第二卷，374—375 页。

2　安德鲁·杰克逊致信门罗，1818 年 6 月 2 日，《门罗文件汇编》，纽约公共图书馆。

3　哈里·阿姆蒙，《詹姆斯·门罗：国家认同探寻之旅》（纽约，1971 年），417—425 页。

4　亚当斯，《回忆录》，第四卷，103—107 页；参考资料同上，421 页。

事却一无所知。财政部长威廉·克劳福德则极力支持卡尔霍恩的观点，此时的他已隐约感到杰克逊将会成为他1824年总统竞选的强大潜在对手。他还敦促门罗把佛罗里达归还给西班牙。司法部长威廉·威尔特虽没有过多发表意见，但是他也坚定地站在卡尔霍恩和克劳福德一边。一向沉默寡言、刚正不阿、求真务实的亚当斯站在了杰克逊一边，他认为杰克逊领导的军事行动完全是出于自卫，是在非常情况下的非常之策。杰克逊入侵西属佛罗里达实为追击塞米诺尔人，而追击塞米诺尔人是政府批准的合法行为；杰克逊领导的军事行动的目标是打击印第安人，而不是西班牙人，因此杰克逊的所作所为均合法有据。亚当斯还说，只有占领圣马克斯和彭萨科拉才能进一步解决印第安人的问题。[1]然而，门罗从内阁成员们的建议中看到其他的契机，只需略施外交手腕，既不必刻意维护杰克逊，又无须对已占领的地方负责。门罗遂起草了一份外交照会寄送给西班牙公使，照会承认杰克逊确有违反军令之实，但是坚称将军占领圣马克斯和彭萨科拉实属军事形势所迫。

安抚怒火中烧的西班牙公使这份苦差便理所当然地落到了约翰·昆西·亚当斯身上。西班牙方强烈要求归还美方占领的圣马克斯和彭萨科拉，并要求美方把此次军事行动界定为违法事件，此外还要求对安德鲁·杰克逊将军"适度惩戒"。[2]亚当斯凭借其高超的外交手腕恰如其分地表明了美国当局的立场。他说，对杰克逊将军进行谴责或者施以惩戒都有违公理，因为他的行为皆出于自我防御。此外，亚当斯还表示，若驻军圣马克斯和彭萨科拉的西班牙司令官没有足够能力镇压印第安人，导致伤及无辜，则"西班牙必须马上（决定）派遣足够的兵力保护其佛罗里达属土……或割让西班牙仅名义上据有的一省予合众国，而该省其实……是一处烦扰西班牙的小据点"。[3]亚当斯的辩驳简明有力，直指问题的根源，致使马德里的政府无力反驳，只好乖乖认栽，接受自己最近在美国南部和中部的连连失利。

然而，当局处理此事时所显示出的力不从心和进退维谷让杰克逊甚为震惊，他一直坚信自己的所作所为均是执行总统的意愿。杰克逊很快便得出这是因为有人从中作梗，怀疑一些敌对之人暗中挑拨，企图抹黑他。很快，他便想到了

1　亚当斯，《回忆录》，第四卷，108—114页。

2　奥尼斯致信亚当斯，1818年7月8日，《美国国家文件汇编——外交事务》，第四卷，496—497页。

3　亚当斯致信奥尼斯，1818年7月23日，参考资料同上，497—499页。

一个人，这个人就是脑满肠肥的财政部部长威廉·克劳福德，他曾违反（在杰克逊看来）《杰克逊堡条约》，企图把印第安割让的土地还给印第安人。

但是将军很快便发现针对他的人远不止克劳福德一人。佛罗里达接手事宜的谈判如期开始，国会会议再一次在华盛顿召开，弥漫着浓浓的火药味，因为当局已经深深地陷入对西班牙不宜而战的尴尬境地不能自拔。此外，一些怀有远大政治抱负的政客更是把现在的杰克逊视为眼中钉、肉中刺，生怕他对自己未来的政治前途构成威胁。明眼人不难发现此时的杰克逊可谓一人之下、万人之上，功高盖主，一呼百应。他可以轻而易举地争得肯塔基州的前好战分子亨利·克莱在西部地区的选票，而杰克逊在南部的影响力更是克劳福德所望尘莫及的。所以，老胡桃木便不可避免地招来了灾祸，几个阴险老练的政客企图对他进行打压。他们像是"妙手回春"的外科医生，准备在这场秘密召开的国会会议上进行一次"大手术"。

支持对杰克逊施以惩戒或谴责的国会议员无非是出于以下几种原因：一些议员认为占领佛罗里达属于违宪行为；另一些议员则担心杰克逊成为拿破仑式的"独裁军阀"，而拿破仑事件确实让这些心存民主共和的议员心有余悸；还有一些议员则痛恨门罗的统治，企图借此进行打压；当然，还有另外一些议员出于对州权至高无上观点的坚持，把占领佛罗里达的联邦军视为联邦集权的可怕魅影。

面临首都即将对他进行谴责的压力，老胡桃木不得不强忍着疾病的痛苦，骑马穿越重重高山，于1819年1月23日抵达华盛顿。众议院军事委员会甚至特别出具了一份报告，用来谴责杰克逊擅自处死阿布李斯特和阿巴思诺特，这或许是杰克逊在佛罗里达一事上最容易招致非议的事件。这些"阴谋诡计"全都是"威廉·克劳福德先生和众议院议长克莱先生"的手笔，将军写道："我最好等到3月4日，到那时克莱先生便无法再用手中的国会特权来替自己辩护。"[1]

自亨利·克莱在众议院站起来准备挑起争端的那一刻起，美国历史上首次"国会大辩论"便拉开了序幕。克莱一向争强好胜，唇枪舌剑的激辩只会让他火力全开。他巧舌如簧的功力可谓登峰造极，几乎每一场国会会议中他都能使对手很快败下阵来。只见他身材修长、形容枯槁、目光如刀、口宽唇薄，加之嘴唇毫无血色，更加让人望而生畏。他的演讲总是铿锵有力，在走廊中也能听得一清二楚，他的演讲极具煽动性，总能引来阵阵呼喊声和掌声。现在，为了

---

1 安德鲁·杰克逊致信安德鲁·杰克逊·多纳尔森，1819年1月31日，杰克逊，《信件》，第二卷，408页。国会短期会议于3月4日结束。

彻底摧毁伟大的新奥尔良英雄，他郑重地站在众议院的中央，期待着一场好戏上演。一丝狡黠的笑意从他脸上一闪而过。他开始了自己的演讲。他先是否认自己与杰克逊或者当局有任何瓜葛，并坚称此次演讲完全是为捍卫道义。接着，他对《杰克逊堡条约》发起猛烈攻击，认为该条约是引起塞米诺尔战争的直接原因。随后便把观众的注意力引向杰克逊处决阿布李斯特和阿巴思诺特一事上，并似有若无地提及亚历山大大帝、恺撒大帝和拿破仑，最后总结道杰克逊并没有引领美国走向自由。"诸位众议员，"他说道，"我相信你们有能力打倒一切反对派，而将军凭借公众的爱戴也会获得绝对的选票支持；感恩戴德的公众会亲手通过本国会把他送上宝座。但是，一旦他们得偿所愿，这将是愚忠的胜利，这将是军权战胜民权的胜利，这将是凌驾于国会之权的胜利，这将是僭越宪法的胜利。我虔诚地祈祷上苍，祈祷这一切不要成为现实，倘若这一切成为现实，那将是一场超越人民自由的胜利。"[1]

在亨利·克莱演讲的空当，安德鲁·杰克逊便对他埋下了仇恨的种子。"伪善卑鄙的克莱，"他对自己的朋友兼邻居威廉·路易斯少校控诉道，"他假意与我称兄道弟，背地里却唆使行政部门对我施压，就凭他的所作所为，我实在无法高看他，我想西部地区的人民也会跟我有同样的想法，"他又补充道，"恨不能剥他的皮，然后你在西部烤了他。"[2]但是，由于约翰·昆西·亚当斯在同西班牙人交涉的过程中巧妙地替他辩护，杰克逊最终逃过一劫，因此他便敦促西部地区的报纸刊文"颂扬"国务卿先生。门罗也值得杰克逊致以谢意，因为他在此次国会会议开始之初便向国会报告了佛罗里达军队的状况，此举甚慰将军之心。但是该如何面对卡尔霍恩始终是个问题，但是总统曾向杰克逊保证战争部长的"人品"。此外，老胡桃木说道："卡尔霍恩曾信誓旦旦地把我当朋友对待，追随我跟总统的行动。"加之，卡尔霍恩曾在内阁会议上为杰克逊辩护，杰克逊便也推心置腹把他当成朋友。杰克逊此时刚刚在政治上崭露头角，工作勤勉、尽职尽责的战争部长卡尔霍恩确实给他造成了一些错误的印象。[3]

尽管克莱、克劳福德以及他们的朋友费了九牛二虎之力，但是国会的议员们也不敢冒天下之大不韪谴责一位极受人民爱戴的战争英雄。1818年2月18日，

1　《美国国会年鉴》，第十五届国会第二次会议，631—655页。

2　安德鲁·杰克逊致信路易斯，1819年1月25日和30日，《杰克逊－路易斯文件汇编》，纽约公共图书馆。

3　同上。

关于谴责杰克逊入侵佛罗里达行动的四项决议均遭到否决。[1] 杰克逊闻讯欣喜若狂。他不仅沉冤得雪，甚至还得到总统的亲自接待，这让他无比的欢欣鼓舞。这简直是一场前所未有的个人胜利！"杰克逊周围围满了决心为他披肝沥胆的人，"观察力敏锐的国务卿亚当斯这样写道，"他家门前车水马龙，挤满了前来拜访的人，人们在凝望他时，眼睛里总是充满敬意和感恩，前来他家客厅叙旧的人并不少于参观总统家的人。"[2]

几天以后，克莱前往杰克逊落脚的宾馆拜访，顺道说明当天自己在国会上的演讲并不是出于个人私利。克莱自诩心系苍生的政治家，一向致力于撇清私人恩怨和政见分歧之间的界线。不幸的是，杰克逊恰好于此时离开华盛顿前往位于纽约州的西点军校看望自己的教子安德鲁·杰克逊·多纳尔森。但是他并没有遂愿，因为他每到一处总是被热情的民众团团围住。杰克逊抵达费城后，费城便举行了一场为期四天的庆祝活动。随后他又来到纽约州，"将军所到之地，万人空巷，夹道相迎，人们蜂拥而至，只求一睹尊容"。此后，他出席了一场招待会，一支管弦乐队旋即奏响一首名为《英雄今日得胜归》的乐曲。"杰克逊美名远扬，尽人皆知，"一家报刊这样写道，"所到之处，男女老少无不夹道欢迎。"[3]

亚当斯凭借巧妙的外交手腕顺利地解决了佛罗里达的后续事宜。经过多次磋商，西班牙最终承认自己在美国南方的势力已江河日下，而美国再次占领佛罗里达更是易如反掌，卖掉这块"无主之地"（亚当斯送佛罗里达的别号）实属上上之策。安德鲁·杰克逊令西班牙人闻风丧胆，他们甚至把他称为"暴脾气的拿破仑"。西班牙人更是把他最近的侵略行径称为"彭萨科拉之怒"。他的出现让西班牙人战战兢兢，如履薄冰，他们能做的只是束手就擒，放弃抵抗。在西班牙人心里，杰克逊简直就是一个无处不在、如影随形的怪兽，他们极其害怕他出兵占领古巴。[4] 亚当斯机警地意识到自己手上握有的筹码，以及杰克逊对马德里的"威慑魔力"。安德鲁·杰克逊是他手中的无影剑，只要稍稍抛出

1　《美国国会年鉴》，第十五届国会第二次会议，1136—1138 页；515—530 页，583—1138 页，详述了此次辩论的始末。

2　亚当斯，《回忆录》，第四卷，243 页。

3　帕顿，《杰克逊》，第二卷，557—558 页，565 页，566 页；《宪报》（富兰克林，田纳西州），1818 年 7 月 17 日。

4　菲利普·布鲁克斯，《外交手腕和穷乡僻壤》（纽约，1970 年），100 页，查尔斯·格里芬，《美国和西班牙帝国的瓦解》（纽约，1968 年），169 页；乔治·丹杰菲尔德，《和谐时代》（纽约，1968 年），146 页。

杰克逊出兵的意图，便会使西班牙陷入惊慌失措。因此，亚当斯知会奥尼斯说，美国西部的边界线须沿得克萨斯境内的科罗拉多河源头——一些美国人一直坚称得克萨斯在路易斯安那购地案（Louisiana Purchase）中便成为美国领土的一部分，一直延伸至密苏里河的源头以及"太平洋沿岸"。实际上，亚当斯意图占有一整块大陆，而西班牙最终以屈服告终。1819 年 2 月 22 日，《亚当斯 - 奥尼斯条约》（又称《横贯大陆条约》）签订。西班牙把密西西比河以东的所有属地割让给美国，也就是佛罗里达的东部和西部地区，而美国则须向西班牙支付 500 万美元作为赔偿。美国西部的领土此时定格在了色宾河、雷德河以及阿肯色河上，并进一步向西延伸至北纬 42 度太平洋沿岸地区。美国再一次大获全胜。此事最终以双方都志得意满而告终。西班牙成功保住了得克萨斯，而美国则如愿获得一整块大陆。[1]

　　华盛顿的一家报纸对占领佛罗里达一事欣喜若狂，把此事件称为"自 1803 年以来，美国历史上最为重要的一件大事"。[2] 最为重要的是，约翰·昆西·亚当斯高超的外交手腕得益于一种观念，这种观念即大陆主义。即亚当斯力主美国的边界扩张，试图穿过层层平原和座座高山，一直把领土延伸至太平洋沿岸。然而亚当斯只是提出了一种横贯大陆的愿景，而安德鲁·杰克逊则把这种愿景变为现实。由于安德鲁·杰克逊的存在，亚当斯不费吹灰之力便在条约磋商中占据了有利地位，杰克逊誓将盘踞在美国西南方的外敌驱赶殆尽之心尽人皆知，更为重要的是，他有着坚如磐石的意志，加之一往无前的军人气魄，实现此愿景自不在话下。没有安德鲁·杰克逊，抑或是一个像他这样脾性、天赋和意志的人，亚当斯的大陆之梦远不会实现得如此之快。

　　1　比米斯，《亚当斯》，318—319 页，书中收录了一封奥尼斯于 1818 年 7 月 18 日写给时任西班牙外相约瑟·皮萨罗的信的译本。由于西班牙政府的拖延，该条约在几年后才得到认可。直到 1821 年该条约才得以生效。

　　2　《国家情报》，1821 年 4 月 7 日。

第十章　州长杰克逊

以《亚当斯－奥尼斯条约》为鲜明代表的美国扩张正如火如荼地进行，与此同时，奴隶制的问题也日益凸显，导火索是密苏里企图以蓄奴州的身份申请加入联邦，这在国内引起了轩然大波。经过旷日持久的激辩，南北方终于达成妥协，同意密苏里以蓄奴州的身份加入联邦，缅因则从马萨诸塞州脱离，成立缅因州，以自由州的身份加入联邦，以保持参议院中自由州和蓄奴州议员数目相等。且除密苏里州以外，奴隶制被牢牢地限制在北纬 36° 30′（阿肯色州的北部边界），而这部分领土大多取自路易斯安那购地案。绝大多数南方种植园主对联邦政府的这一折中之举颇有微词，杰克逊也不例外，他对联邦的未来深感不安。

> 所谓的密苏里问题已然大失民心，我也只能喟然长叹，然若此事得不到妥善处理，则定将置我联邦于不利之境地。每每想起此事甚有可能演变为得利之人挑唆的暴动和屠杀，我便不寒而栗。这本是一场东部诸州控制的政治阴谋，凭借所掌握的政治优势和权利，攫取利益，而罔顾事件的后果、宪法的禁令以及整个联邦的福祉。他们定会竭力促成南方和西部诸州向北方妥协，进而他们便可在宪法权利上取得绝对优势。实不愿在有生之年看见那些道貌岸然、满嘴仁义道德的阴谋家阴谋得逞，而这些人唯一的目的就是假公济私，国家和人民的福祉于他们而言则不过是一纸空文。[1]

就在密苏里问题顺利解决之际，联邦政府还没来得及松一口气，西班牙政

---

[1] 安德鲁·杰克逊致信多纳尔森，日期不详，《杰克逊文件汇编》，美国国会图书馆。

府正式承认条约生效的消息从国外传来，佛罗里达自此成为美国领土不可分割的一部分。门罗总统刚得到消息，便立即写信给杰克逊，命他担任新获领地的州长。"阁下有此意向吗？"他问道。"阁下的风度与此地的风气甚为契合，"他敦促道，"没有比阁下更让我信任的人选了。"门罗催促杰克逊赶快下决心，因为国会将在 3 月 3 日休会，而门罗想在国会会期结束前把事情处理停当。[1]

杰克逊在华盛顿和纳什维尔的诸多朋友都看到了州长一职的利好。其一是州长拥有任免权；其二是州长有权征用土地。然而，对杰克逊来说，成为州长就意味大众承认他在塞米诺尔战争中一切所作所为的合法性。而他在战争中发动的多次军事行动早已引起多方诟病。他心想若自己应下这份差事，便可在短期内着手组建一个牢不可破的准州政府，庇佑自己的亲信，洗刷自己的冤屈，而后衣锦还乡。此外，杰克逊还将主持佛罗里达的交接仪式，正式从西班牙手中接管该地，在此期间他大可尽情享受西班牙政府落幕佛罗里达的胜利喜悦。因此，杰克逊于 2 月 11 日答复门罗总统，表明愿意接受任命，条件是准州政府的组建工作必须交由他全权负责。[2]杰克逊于 1821 年 3 月获得门罗的正式认可，年薪是 5000 美元加补贴，与他担任少将时的津贴一样，除任命他为州长外，门罗总统还任命他为古巴总司令，即掌握领地内的最高军权。此外，他有权撤销领地内官员的官职，但是总统任命的官员除外。但是，杰克逊无权另立新的名目征税，更无赠地之权。

接受州长任命不久之后，杰克逊便于 1821 年 6 月 1 日辞去少将一职。他战功赫赫的军旅生涯暂告一段落，此时的他将开启新的征程，丰功伟业等待着他前去成就。携同他的妻子和"两个安德鲁"（杰克逊对他的养子小安德鲁·杰克逊和受监护人安德鲁·杰克逊·哈钦斯的爱称），他们一行四人取道密西西比河，8 天后，也就是 4 月 22 日，抵达新奥尔良。雷切尔更是被一路的景色惊得咋舌不已，尤其是新奥尔良。"这简直就是古巴比伦转世，"她赞叹道，"啊，简直美不胜收！流光溢彩、富甲天下、无以言表！"

在洽谈交接佛罗里达事宜之初，西班牙便摆出一副拒人于千里之外的阵势。他们此举着实激怒了杰克逊。然而，他们并不知收敛。等杰克逊一行人抵达彭萨科拉之时，西班牙总督约瑟·凯勒瓦上校便摆出一副傲睨一切的态势。他坚决拒绝会见安德鲁·杰克逊商讨具体交接事宜，而此时这位古巴总司令已对他

---

1 门罗致信安德鲁·杰克逊，1821 年 1 月 24 日，《杰克逊文件汇编》，美国国会图书馆。
2 安德鲁·杰克逊致信门罗，1821 年 2 月 11 日，《门罗文件汇编》，纽约公共图书馆。

下达多道明令（书面）。事情妥善解决之前，杰克逊和凯勒瓦在数周之间频繁通信，双方争得你死我活，终于把 1821 年 7 月 17 日定为交接日。[1]

1821 年 7 月 17 日，星期二，上午 7 点整，美军的仪仗队进驻彭萨科拉，此时一支乐队奏响凯歌。整个城市似乎笼罩在一种焦躁不安的氛围下，城中的人们激动地等待着将要发生的一切。总督府门前的广场上挤满了前来观看仪式的民众。然而，美军进驻城内之时，没有人欢迎雀跃。取而代之的是，深深的忧虑挂在人们的脸上。城内居民大多是西班牙人，对于即将到来的美国统治者，他们无法得知自己未来的路在何方。

美军来到总督府门前正对一小队西班牙驻军，准备进行交接仪式。杰克逊将军和他的随员骑马而来，凯勒瓦走上前去，两人依据礼节互相致意。此时已是上午 10 点整。杰克逊把象征自己管辖权的契约书交给凯勒瓦，正式接管该领地。随后，凯勒瓦宣布依据 1821 年 5 月 5 日在哈瓦那制定的特别委托，特此将西佛罗里达交由安德鲁·杰克逊将军接管。而后，西班牙的国旗在庄严肃穆的氛围下徐徐降下，美国的国旗升到 100 英尺之上的空中，此时乐队奏响"'啊！你说那星条旗是否会静止，在自由的土地上飘扬，在勇者的家园上飞扬'的曲调"。伴着隆隆的礼炮声，一支美军舰队靠岸，站在广场上的西班牙裔佛罗里达人"泪如泉涌，眼睁睁地看着自己热爱的城市和国家离自己远去，没有一丝回还的希望"。[2]

1821 年 6 月 6 日，类似的交接仪式在圣奥古斯丁举行，东佛罗里达正式并入美国。南部军区陆军副官长罗伯特·巴特勒上校代替安德鲁·杰克逊完成交接仪式，西班牙方的代表则是约瑟·科平杰先生。

在杰克逊任职州长初期，便荆棘载途，他不得不苦心孤诣寻求出路。首先发难的便是凯勒瓦，他作为西班牙国王外交事务的全权代表使出浑身解数刁难杰克逊。首先，是要塞中炮的归属问题；其次，便是西班牙卫戍部队从佛罗里达前往古巴的军需供应问题；最后，一宗已故土地所有人的财产文书争议接踵而来。更为糟糕的是，门罗政府对杰克逊并不完全信任。领地内大多数要职，

---

1 此次争论的详情请参见莱米尼，《杰克逊》，第一卷，404—406 页。杰克逊和凯勒瓦之间的信件往来请参见《美国国家文件汇编——外交事务》，第四卷，759—761 页。

2 安德鲁·杰克逊致信亚当斯，1821 年 7 月 18 日，参考资料同上，764—765 页；安德鲁·杰克逊致信沃辛顿，1821 年 7 月 26 日，《杰克逊文件汇编》，美国国会图书馆；帕顿，第二卷，604 页。

诸如法官、地方检察官、书记员、收税员等，由华盛顿任命，总统在任命此类官员时并没有征求杰克逊的意见。"我举荐的人都惨遭落选。"杰克逊抱怨道。[1]尽管杰克逊作为州长的权力名义上可谓一手遮天，然而他的实权却受到极大的限制。例如，他无权授予或批准官衔，更无权替任何人索求土地，此外他也无权征收新税和追加税。

尽管困难重重，杰克逊还是当机立断，立即着手在佛罗里达组建一个行之有效的美国政府。他曾颁布一条法令把佛罗里达分为两个县：埃斯坎比亚县，此县位于帕迪多河和萨旺尼河之间；以及圣约翰斯，此县位于萨旺尼河以东。建立了三个税区：彭萨科拉、圣马克斯和圣奥古斯丁。杰克逊建立县政府，为主要市镇委派市长、市参议员以及治安法官。他还授权市长和市参议员担任市政会成员，并授予他们征税权，用以支撑市镇政府的运营，杰克逊此举招来众多非议，因为他并无此特权。在司法事务上，杰克逊享有最高申诉权，无他的首肯，不得执行死刑。每县从 10 名治安法官中选出 5 名组成县法院。民事诉讼程序依旧按照西班牙法律执行，而刑事诉讼程序则须参照普通法。陪审团成员均须按照普通法审理所有刑事案件。州长还为各县指派了一名书记员、一名县行政司法长官以及一名检察官。[2]

杰克逊颇具政治家风范地改组了佛罗里达的政府体系，[3]同时还颁布了一系列涵盖多种社会问题的法令。他着手建立地方卫生局，并委派詹姆斯·布罗纳医生主持具体事宜，并下令改建彭萨科拉周边的众多医院建筑。颁布了一系列关于养生、社区保护、领航级别组建以及居民登记（自愿归化成为美国公民的原佛罗里达居民需要进行居民登记）等法令，所有法令都以英语和西班牙语两种版本同时出版发行。[4]

1　安德鲁·杰克逊致信詹姆斯·布罗纳医生，1821 年 6 月 9 日，杰克逊，《信件》，第三卷，65 页。

2　不同版本的公告参见《杰克逊文件汇编》，美国国会图书馆；《美国领地文件汇编》（华盛顿，1936 年至今），克拉伦斯·卡特编辑，第十二卷，150 页；《美国国家文件汇编——杂项》，第二卷，900 页，907 页。另请参见小赫伯特，《佛罗里达历史季刊》（1954 年 7 月），第三十三卷，3 页及后文。

3　多尔蒂，《安德鲁·杰克逊的州长之路》，25 页。

4　相关法令请参见卡特编辑，《领地文件汇编》，第二十二卷，156—157 页，脚注 4；多尔蒂，《安德鲁·杰克逊的州长之路》，12 页；《美国国家文件汇编——杂项》，第二卷，905—907 页。

在雷切尔的催促下，杰克逊取缔了她指出的一些亵渎神明的活动。而人们在安息日做一些违反教义的活动让她忍无可忍，杰克逊立即发布一条法令废止了相关活动。违反法令将面临 200 美元的罚款，而举报则可获得 500 美元的见义勇为券。仅仅几天时间，整个社会的风气就发生了翻天覆地的变化。"天哪，这一周到底发生了些什么！"雷切尔惊呼道，"街上秩序井然，家家关门闭户，赌档不复存在，筛锣擂鼓已然消失，安息日终于回归安宁，污言秽语也已销声匿迹。"[1]

埃利吉乌斯·弗罗芒坦是第一个抵达佛罗里达的联邦政府任命官员，他曾是一位耶稣会信徒，在法国大革命期间被赶出法国，走投无路来到美国，并同一位富家小姐结婚，获得一笔不菲的财产。门罗指派他担任西佛罗里达的联邦法官。虽然他老成持重、温文尔雅，但由他担任法官还是有智小谋大之嫌。就在他来到佛罗里达不久，便与凯勒瓦速成为莫逆之交，因两人性情相投，志同道合。而凯勒瓦本人更是一位英俊潇洒、高贵儒雅的卡斯提尔人，因半岛战役而一战成名，未到不惑之年便已擢升为上校和总督。两人迅速交好，随后一个名为约翰·伊诺埃立特的商人加入到两人之中，后者野心勃勃，是一家名为福布斯 & 康帕尼的贸易商行在彭萨科拉的代理人。

一件轰动整个佛罗里达的事件在 1821 年 8 月中旬上演，事件牵扯杰克逊、弗罗芒坦、凯勒瓦以及其他相关人士。事件的起因是，彭萨科拉市长亨利·布拉肯里奇跟杰克逊说起一个名为梅赛德斯·威代尔的人所遭遇的困境，而后者是已故尼古拉斯·马利亚·威代尔的私生女。威代尔于 1806 年去世，给自己的多名混血子女留下大块地产。福布斯 & 康帕尼贸易商行则被指定为遗嘱执行者，却迟迟不进行既定的土地转让。健在的威代尔后代把该商行告上法庭，要求商行对此做出解释，但是约翰·伊诺埃立特无视法庭的裁定，拒绝服从西班牙总督发出的递交与本案相关文书的命令。[2]梅赛德斯·威代尔是已故威代尔的子女之一，通过搜集多种文件的复印件，成功证明自己享有继承权，她对该商行的一些行为甚为不解，并要求商行就延迟土地转让一事做出解释。此案中，布拉肯里奇和理查德·考尔担任她的代理律师，她要求立即提起诉讼，因为她怀疑相关证据已于近期转移到多明戈·苏萨中尉的住处，而多明戈·苏萨中尉

---

1 雷切尔致信伊莱扎金斯利夫人，1821 年 7 月 23 日，帕顿，《杰克逊》，第二卷，604 页。

2 《美国国家文件汇编——杂项》，第二卷，849—875 页。

是凯勒瓦的一位办事员，他们的最终目的是把证据转移到哈瓦那。[1]布拉肯里奇被眼前这个家遭不幸的女人的悲惨故事深为触动，她为争取自己的继承权整整被骗 15 年，于是他便跑到杰克逊面前求他为这个悲惨的女人主持公道，因为州长握有最高司法权，而弗罗芒坦法官则没有此权。杰克逊要求布拉肯里奇提供证据，后者便把证据如实供出。面对横眉怒目的杰克逊，心惊胆战的苏萨战战兢兢地承认相关证据已经转移到了凯勒瓦的住处，杰克逊旋即命人去凯勒瓦的住处索要证据。

当官兵冲进凯勒瓦家时，他正在与弗罗芒坦、伊诺埃立特以及其他一些人共进晚餐，看到凯勒瓦被抓，这些人大声冲前来擒拿的官兵抗议，说凯勒瓦是皇家特使，杰克逊无权缉拿。然而，凯勒瓦还是被带到了杰克逊面前。在接下来的两个小时内，这两人你一言我一语，吵得不可开交，难分胜负。杰克逊命令他交出证据，而他誓死不从。震耳欲聋的吵闹声和敲打声令人毛骨悚然。直到最后，杰克逊吵得精疲力竭，便命人把凯勒瓦押到狱中。西班牙军官目瞪口呆地看着杰克逊下令囚禁凯勒瓦。"安德鲁·杰克逊州长，"他们其中一人这样写道，"一边愤怒地敲击着桌子，一边唾沫横飞。"厉声下令逮捕天主教国王（过去西班牙王的称号）钦定的皇家特使和总督。[2]凯勒瓦银铛入狱，被囚禁在一间狭小脏乱的囚室里，该地为西班牙政府多年以前建立。在他和一众西班牙军官进到监狱的那一刻，他突然发狂一般向后倒下，仰天大笑。随后，看守牢房的官兵送来了椅子和床，一同送来的还有食品、雪茄和香槟酒。这群西班牙军官一整夜都在模仿"佛罗里达州长安德鲁·杰克逊先生"的夸张举动取乐。

第二天上午，杰克逊发布令状，命令从凯勒瓦的住处取出威代尔的证据。州长在拿到证据后旋即释放了狱中的犯人。实际上，杰克逊清空了整个监狱。[3]

与此同时，弗罗芒坦为凯勒瓦发行人身保护令，杰克逊不得不召他前来，对他该如何妥善使用自己手中的权力进行指导。杰克逊在自己的职权范围内恰切地行使权力，而弗罗芒坦作为一名法官却"横加干预"案件的审理过程，这样做只会助长西班牙人的"嚣张气焰"。杰克逊将此事上报给约翰·昆西·亚

1　《美国国家文件汇编——杂项》，第二卷 ，811—812 页。

2　《美国国家文件汇编——外交事务》，第四卷，770 页，帕顿，《杰克逊》，第二卷，631 页。1821 年 8 月 22 日对凯勒瓦的审讯记录请参见《美国国家文件汇编——外交事务》，第四卷，783 页。

3　《美国国家文件汇编——杂项》，第二卷，809 页。

当斯，他在信中说："我把他叫到跟前训诫一番，是相信此后他一定会以身作则，依法行事，维护政府的利益，而不是受西班牙人的蛊惑试图悖逆了我。实际上，背后有一撮西班牙人唆使弗罗芒坦故意与我相左。"杰克逊宣称。随后，他在信中提及自己十分关切的威代尔一家，并为他们身处的困窘深表忧心，便感慨道："一直以来，我坚信，只有在法律面前，穷人和富人才能一律平等，豪强恃强凌弱，同样需要依法判处，与穷人并无二致。因为非富即贵的人无人敢惹，而身份低微的穷苦人家却要以法律为盾牌。"[1]

这是杰克逊毕生坚持的信念之一。早在他成为美利坚合众国总统之前，就已明确表达了杰克逊民主政治（Jacksonian Democracy）的基本要义：政府无权授予任何一个阶层特权，从而避免该阶层利用特权打压其他阶层，相反，政府应扮演好调停人的角色，保护弱者，制止豪强权贵滥用权力，损害弱者的利益。

杰克逊继续跟进威代尔一案，并且不遗余力地帮助已故威代尔的子女们上诉。然而，在该案尘埃落定前，与该案相关的其他多个疑点均浮现出来，当事人的上诉请求越积越多。一些国会议员甚至提议彻查此事，但是考虑到杰克逊的名望和彻查此事带来的后果，这一提议便不了了之了。

凯勒瓦被释放出狱后，立即飞奔到华盛顿告御状。国务卿亚当斯一如既往地站在杰克逊一边，并对西班牙人的所作所为大加挞伐，指责他们怠惰因循，在把佛罗里达转交给美国一事上一拖再拖，他甚至认为囚禁凯勒瓦乃是正当之举。[2]

但是华盛顿对此事的看法分成了截然不同的两个阵营，凯勒瓦的行为着实令人愤慨，而杰克逊大可不必如此小题大做。作为一州之长，他必须左右逢源，宽宏大度，多加体谅败军之将，因为此时的西班牙对荣誉、尊严以及面子都极为敏感。杰克逊没有必要囚禁凯勒瓦。这样做只会雪上加霜，州长也会被人看作是跳梁小丑。

在佛罗里达经历的一切，让杰克逊越发坚定辞职返乡的决心。他在州长任期内过得并不开心，从他的一些作为中便不难看出他的郁郁寡欢。他认为自己一开始就不该应下这份苦差事。门罗并没有完全放权于他，可见对他并不是十分信任。门罗总统任命的官员也没有成为他的左膀右臂，反而双方积怨颇深。

---

1 《美国国家文件汇编——杂项》，第二卷，809页。

2 亚当斯致信德安杜瓦嘉，1822年4月15日，《美国国家文件汇编——外交事务》，第四卷，802—807页。

加之西班牙军官的公然挑衅，而他们的美国同盟更是从中作梗，这一切远远超出了他的职权所辖，是时候告老还乡了。

尽管如此，杰克逊的政绩还是可圈可点。他在佛罗里达依法建立政府，使佛罗里达正式走上正轨。此外，老胡桃木知人善任，公正而审慎地维护了领地的利益和诉求。另外，杰克逊举办多种文化活动，大大加快佛罗里达的"美国化"进程。就在他抵达彭萨科拉的第一天，便下令建立联邦剧院。当年8月，一台印刷机被运抵彭萨科拉，不久，第一家流动图书馆开门，馆内有一间阅览室，陈列着50多种报纸和各种期刊。[1]

在杰克逊代表美国政府在佛罗里达推行法律期间，他坚持"法律面前不分贵贱，一律平等"的原则，认为政府是所有国民利益的代言人。[2]他认为，为推进民主进程，每一位自由人都应享有平等的公民权。"所有的自由人都须依法行事，"他在写给布罗纳的信中写道，"他们有权为自己的权利和利益发声。"他所指的公民权并没有把黑人自由人排除在外，甚至不排除逗留在佛罗里达并有意成为美国公民的印第安人，他在1817年同切罗基人签订条约时曾经对此有所暗示。[3]

杰克逊在佛罗里达领地的州长一职上任职时间不超过12个周，长于他预期的任职时间。早在10月，杰克逊就曾告知门罗自己有意辞职返回田纳西州。为了得偿所愿，得到总统的批准，他声称自己的妻子身体状况堪忧，但对自己的身体状况只字未提，尽管此时的他已经积劳成疾，一病不起。他的辞职信写于1821年11月13日，由布罗纳医生亲自转交给门罗总统，而门罗于1821年12月1日正式接收该辞职信。[4]

总的来说，杰克逊作为州长的政绩功大于过，与他的同僚相比，至少在历史学家眼中还算得上是差强人意。他确实引起过一些不必要的骚动，并且，他的所作所为有时像极了暴君。但是他明白统一东、西佛罗里达的重要性，懂得循序渐进地推进民主，他了解自己此行的主要目标。更重要的是，他极其渴望

---

1 多尔蒂，《安德鲁·杰克逊的州长之路》，13页及后文；赫伯特·多尔蒂，《理查德·基思·考尔：美国南方的联邦主义者》（盖恩斯维尔，1961年），20页。

2 安德鲁·杰克逊致信亚当斯，1821年11月22日，杰克逊，《信件》，第三卷，139页。

3 安德鲁·杰克逊致信布罗纳，1822年8月27日，引用自多尔蒂，"安德鲁·杰克逊在佛罗里达政治圈的亲信"，《佛罗里达历史季刊》（1955年7月），第三十四卷，23页。

4 杰克逊和门罗之间的通信请参见杰克逊，《信件》，第三卷，122页及后文。

此地尽快融入美国主流社会，无论是在政治还是文化上。他曾告诉门罗总统："国会应为政府提供一套行之有效的法律，只有这样才能加快佛罗里达的美国化。"[1]

10月4日晚，彭萨科拉的军官和居民为杰克逊一家举办了送别宴。"我对所有人都一视同仁，"他拿着一份提前准备好的演讲稿说道，"我的家门口没有守卫，只要有人认为自己的权益受到侵害，并需要我的庇护和帮助，都可以随意出入。"[2]三天以后，一辆由四匹灰马拉动的马车载着杰克逊一家驶出政府大厦，把他们送到船上，一路上他们一家悠闲自得，并于11月7日抵达纳什维尔，当地民众热情相迎。

尴尬不已的华盛顿当局十分乐见杰克逊辞职返家，美国人民却郁郁寡欢。他们把他的州长之任看作他的另一项丰功伟绩，在他们眼中，他们看到的是一个为民生请命、心怀国家、孜孜不倦的好官。他匡扶正义，除暴安良。他们说，一个功勋卓著、身体力行、践行民主的人本不属于农场，不应在田纳西州过着闲散的田园隐居生活，这样的人属于华盛顿，这样的人该入主白宫。

---

1 安德鲁·杰克逊致信门罗，1821年10月5日，杰克逊，《信件》，第三卷，123页。

2 彭萨科拉，"佛罗里达人"，1821年10月8日，《奈尔斯每周记录》，1821年11月10日。

第十一章　腐败时代

时年 55 岁的杰克逊，艰难地从多事之秋的佛罗里达逃离，回到隐士庄园的他已然成为一个身残体弱、气息奄奄的老者，身体的痛楚常常让他生不如死。1821—1845 年，他每天都忍受着病痛的折磨。他身上嵌着两颗子弹，其中一颗子弹时常在他的伤口处化脓，他便咳嗽不止，咳血更是家常便饭。他还患有痢疾和疟疾，为此他不得不经常服用大量甘汞和铅糖，从而导致水银和铅中毒。尽管如此，杰克逊依旧没有屈服于自己的病躯，他如铁一般的意志足以战胜病痛。

就在他从佛罗里达回到田纳西州后，将军的身体每况愈下。他写道："接连四个月，我每天都剧烈地咳嗽，甚至还患有顽固性便秘。"随后，他甚至还感染了严重的痢疾，自此卧床不起。此外，他首次对自己每次咳嗽咳出的"大量"痰液抱怨不止。枪伤引起的炎症反复引起支气管炎，意味着他的余生要同痰盂相伴。[1]

杰克逊的健康状况在 1822 年急转直下，他意识到自己必须直面即将到来的死亡，他便开始仔细思考起了人生。他开始忧心孩子们的康乐，后悔这么多年一直疏于照顾他们。"包括林科雅在内的我的孩子们都要接受教育，在我不在的日子里，他们的学校教育没有得到足够的重视。为公平起见，我必须亲力亲为，只要我的身体允许。"杰克逊心心念念的"两个安德鲁"，一个是他的养子小安德鲁·杰克逊，另一个则是他的受监护人安德鲁·杰克逊·哈钦斯。1822 年 12 月 4 日，小安德鲁年满 14 岁，不久便有资格入读位于纳什维尔的坎伯兰学院的初级班，该学院前身是戴维森县专门学校。而另一个安德鲁则是约

---

1 安德鲁·杰克逊致信詹姆斯·加兹登，1822 年 5 月 2 日，杰克逊，《信件》，第三章，161 页；约翰·摩西和威尔伯·克罗斯，《总统的勇气》（纽约，1980 年），36—66 页。

翰·哈钦斯的儿子。而约翰曾一度是杰克逊的商业伙伴，在他的父亲于1817年亡故后，便同杰克逊一家住在一起，而杰克逊将军是他的指定监护人。时年11岁的安德鲁调皮捣蛋，让杰克逊头疼不已。尽管如此，杰克逊依旧舐犊情深，深爱着这两个孩子，他的拳拳之爱不曾消减，哪怕他们有时让他烦忧不堪。

截然不同的是，林科雅的身上出现了让杰克逊头疼不已的问题。这个年轻的克里克少年如今已经年满10岁，而杰克逊收养他时他还是褓褓中嗷嗷待哺的婴儿，尽管他已经适应了白人社会，但是他的身上已然残留着"印第安人的旧俗"。在5岁时，他便"仿效印第安人"弯腰鞠躬，并学着在脸上涂上颜料躲在灌木丛后面，然后突然跳出灌木丛吓唬别的孩子。尽管如此，杰克逊还是希望等他长大后考入西点军校，因为在他看来那是全美国最好的学校。[1]

除了"两个安德鲁"和林科雅外，杰克逊还是多个孩子的监护人，有男有女，这些孩子的亲生父母由于这样或者那样的原因无法亲自抚养他们长大。只要他们的亲生父母稍一请求杰克逊夫妇代为抚养，他便无一例外地欣然同意负起抚养孩子的责任。毋庸置疑的是，杰克逊最钟爱他的侄子安德鲁·杰克逊·多纳尔森，他是塞缪尔·多纳尔森之子，并在1805年成为老胡桃木的受监护人。他无微不至地照顾和支持这个年轻人的学业，一如他事无巨细地照顾其他受他监护的孩子。1817年，年轻的多纳尔森顺利被西点军校录取，成为候补军官，并以班级第二名的成绩毕业，这令杰克逊大喜过望。从西点军校毕业后，他便在杰克逊的军队内担任副官，服役两年后便于1822年进入位于肯塔基州列克星敦市的特兰西瓦尼亚大学学习法律。毕业后为他的姑父安德鲁·杰克逊担任私人秘书。

他的孩子们和受监护人们在他长达数月的康复期间给了他莫大的安慰，而他最需要和依赖的人则是他的妻子雷切尔。"杰克逊姑姑"是她的侄子和侄女对她的爱称，"雷切尔妹妹"则是她的哥哥姐姐对她的昵称，她总是不厌其烦，古道热肠，深明大义，慈悲为怀。她是一个无比虔诚的信徒，此生最大的快乐便是去教堂礼拜，聆听救世主的宝训。每一个途经纳什维尔的牧师都会被邀请至隐士庄园小叙。1823年，杰克逊为自己的妻子在隐士庄园附近建立了一座教堂，距离他们的居所只有很短的距离。在雷切尔仅存的几封信中（1834年隐士庄园的大火烧掉了大部分信件），其中便有她在佛罗里达的煎熬岁月中写给自

---

1 林科雅的讣告，《美国电讯报》，1828年7月3日。

己兄长约翰的一封信，她的信中饱含着思乡的哀怨，而让她有勇气继续忍受思乡之苦的是矢志不渝的宗教信仰。

> 请告知我的所有朋友以及所有人，我多么希望回到家乡与他们相见，希望他们一切安好，有的人身在福中不知福，不仅伤害自己，还要加害于他人，抱怨的话先讲到这儿。代我跟玛丽姐姐问好，霍奇先生曾许诺六月份来这里看望我们，但是一直没有看见他的影子……杰克逊先生久病缠身，我的健康状况也不容乐观，愿主保佑他，我会日日替他诵经祈福。希望我的好朋友们没有将我忘记，我多想听听孩子们的声音，耶稣的圣光会环绕着他们，告诉桑迪兄长我有很多话要同他诉说，我挚爱的兄长再会，祝您一切顺利，主永存心中。[1]

杰克逊回家后身体慢慢地康复起来，不仅得益于雷切尔的悉心照顾，亲朋好友的时时来访，也让他顿时精神倍增。杰克逊和雷切尔都热衷于宴飨宾客，因为他们有足够的财力举办奢华的宴会。而他们的隐士庄园则提供了绝佳的场所。简约、宽敞而牢固的砖体建筑，足有两层高。隐士庄园坐北向南，宾客进屋须穿过一条门廊，进入一间宽敞明亮的大厅，在大厅的尽头便是一座采光良好的螺旋状楼梯，直通二楼。一楼中心过道的两侧有4个房间；西北方向的房间是餐厅；东南方向和西南方向的房间是客厅；东北方向的房间是杰克逊的卧室，卧室里有一道通往后花园的门。

每当大宴宾客时，杰克逊几乎从不坐在主位上，而是选择坐在两位女士之间，"在不同的时间选择坐在不同的人之间"。他"十分宽厚温和，温文尔雅"，时常四处走动，有时甚至会同宾客嬉笑玩耍，但是不失威严。他总是十分专注，不去理会流言蜚语。他早已练就口若悬河、滔滔不绝的本领，只是有时会出现发音错误或者语法错误，"值得一提的是，每当有人指出他的发音或语法错误时，他便会郑重其事地按照正确的方法大声重复一遍"。[2]

与杰克逊的亲切和蔼以及热情好客相配的是，雷切尔周身都散发着"蔼然可亲"的气质。她语音低沉、语速极快，伴随着短促的喘息声。她"曾是一位

---

1 雷切尔致信约翰·多纳尔森，1821年8月25日，《杰克逊文件汇编》，田纳西历史学会。

2 亨利·怀斯，《合众国七十载》（费城，1881年），98—99页。

面若桃花、明艳动人的美人，而此时的她显然已经大腹便便、富态横生，甚至患有肺结核"。医生推荐她抽烟斗，因而她经常夜里从床上爬起来抽烟缓解病痛。有时她也抽雪茄，她的这一癖好让东部人士大为震惊，因为他们认为女士不该抽烟。[1]

一次，杰克逊夫妇主办一场婚宴，前来的宾客包括杰克逊的老朋友约翰·欧文顿法官；杰克逊夫妇在当地的长老会牧师詹宁斯大人，而他的女儿就是当天的新娘；以及男傧相亨利·鲍尔温。待婚礼结束后，宾客们拥入隐士庄园的大厅，几个小时后，宾客们便酒足饭饱，一小撮宾客便前往杰克逊夫妇所在的房间内夜谈。"长相古怪的老者"欧文顿法官第一个走进房间。只见他身材矮小，五官分明，一个葫芦状的秃头上挺立着一个高高的鼻子，"他的牙齿全都掉光了，时不时地咂弄着嘴唇"。他尖长的下巴总是微微上翘，人们不禁打趣说，他说话时下巴和鼻子会一不小心碰在一起的。在他来到隐士庄园做客的当天，脑袋顶着一个大头巾，不停发出咀嚼牙床的"吧唧吧唧"的声音，还时不时地向四周张望，好似"女巫安铎"一样，对这个世界充满好奇。他与杰克逊相邻而坐，只见杰克逊满头银发，短簇簇、硬刷刷的银丝透着一股倔劲儿。拖着瘦削憔悴的病体，身形越发偃偻。但是透过他修长的身材、突起的颧骨、尖瘦的下巴、高挺的鼻梁以及"透着磐石般坚毅"的四方阔口，不难想象他年轻时的英姿勃发。他的牙齿狭长，有些甚至已经松动，"嘴巴一张一合，那稀疏的牙齿格外骇人"。一聊起天来，他就立即变得口若悬河，侃侃而谈，激动处甚至慷慨激昂，但从来都不失"体面和从容"。杰克逊的另一边坐着詹宁斯医生，而他的不远处坐着笑容可掬的雷切尔以及青春洋溢的鲍尔温。[2]

夜谈会开始不久，话题便引到了宗教上面，杰克逊直接叫板施维登堡派（Swedenborgianism）的一些学说，詹宁斯则不以为意，针锋相对地提出自己的观点。别人的否认越发激起了杰克逊的斗志，侃侃而谈，一发不可收拾。说到重点时用右手不停地比画着，目光炯炯，连头发都兴奋地竖起来似的。

周围的人见将军神采奕奕，便更是欢欣鼓舞。大家你一言我一语，好不热闹，连"女巫"安铎都加入其中。他焦急地咂着嘴，发出"嘎吱嘎吱"的声音，直到没了力气。而周围的人只能听到"咕哝咕哝"的声音。最后，他大声发誓，企图吸引周围人的注意力。"上帝啊！"他喊道。而后便意识到自己犯了错误，

---

1 亨利·怀斯，《合众国七十载》（费城，1881 年），113 页。

2 同上，80 页，100—101 页。

于是便羞怯地转向雷切尔。"朱庇特啊！"他纠正道。

雷切尔冲自己的丈夫望去，只见他因激辩而兴奋得涨红了脸。随后便微微低下头，伸手轻轻碰了下鲍尔温的膝盖。

"亲爱的，鲍尔温先生，"她柔声说道，"您困了吗？"

正在全神贯注倾听辩论的鲍尔温被吓了一跳，随后他不情愿地跟雷切尔说自己还不困，很享受辩论的过程。然而，他的不情愿是徒劳的。雷切尔站起身来，招呼一个仆人"点上蜡烛，送这位可爱的孩子上床睡觉"。大家看雷切尔起身后，便也紧接着站起身来。此次辩论到此为止，人们随即风流云散。[1]

一位在场的人后来写道："杰克逊对他妻子总是深情款款和忠贞不贰，即使此时的他正怒火中烧，一听到妻子的柔声细语，他便瞬间冰雪消融，这是多么难得的品质。"随后，该目击者继续写道，"而雷切尔判断力绝佳，自控力强，性格温和，加之她对杰克逊情真意切，因此杰克逊几乎对他言听计从。"[2]

1822 年，杰克逊的健康状况急转直下，她更是忧心忡忡，十分挂心他的健康状况，管理隐士庄园的一些额外的负担也落到了她的肩上。暂时从俗世杂务中解脱出来的杰克逊得以有时间认真思索一些更为重要的事情，不仅事关他的家庭，更攸关他的未来，以及整个国家的未来。每到他的思绪停留在合众国四面楚歌的境况时，便不由得不寒而栗。第二合众国银行（the Second Bank of the United States）重新实行紧缩的货币和信贷政策，导致本就脆弱不堪的经济形势更加混乱不堪。崩坏的经济形势蔓延至全国，对国家的经济和政治形势造成难以估量的负面影响，这种影响持续多年，西部诸州尤甚。

杰克逊对时局的忧虑不只来自经济方面，其他很多发生在这个国家的事情也让他忧心如焚，考虑得越多，他就越焦虑不安。他焦虑不已，于是便着手编写他称之为"备忘录"的资料，旨在整理他的思绪，针砭时弊，指出当前面临的棘手问题。一家报社甚至出版了一篇他署名的文章，该文章对官员选举过程中行贿腐败的细节进行了无情的披露，此文在 1822 年传阅甚广。在纽约发行的《政治家》一刊中更是直言："公职机构非法挪用公款，滥用公款，公职人员滥用职权，玩忽职守，在过去 6 到 8 年尤甚，罪行昭昭，无从藏匿。"[3]在 1822 年秋，巴尔的摩的《联邦共和》更是以醒目的大标题"巨大亏空"斥文，指责海

---

1 亨利·怀斯，《合众国七十载》（费城，1881 年），102—103 页。

2 南森·萨金特，《公务人员大事记》（费城，1875 年），第一卷，36 页。

3 《政治家》，1822 年 8 月 6 日。

军特工、海军出纳员以及其他相关人员存在渎职行为。此报还进一步报道说："这不过是华盛顿腐败案的九牛一毛而已。"[1]

整个国家似乎陷入道德沦丧、世风日下的泥潭，杰克逊一边抱怨着，一边在各大报刊上书写着自己的忧虑。公共评论员更是对渐趋沦丧的公德和私德灰心丧气。"那些建有银行的大小城市，其中的办事人员都不再同以往那样诚实可靠，"一个人这样记录道，"人人交口称赞的荣誉和尊严早已是明日黄花，此时此刻的里士满还有一宗州财务长挪用 12 万美元公款的渎职案悬而未决。"[2]

"诈骗政府 22500 美元……已然违反宪法……是叛变国家背信弃义的行为……与州内选举存在着千丝万缕的关系"。杰克逊潦草匆忙地写着备忘录。他就这样不厌其烦地一直写，强压住满腔的怒火和失望，时而痛斥政府的腐败无能，时而怒批他在佛罗里达任期内遭受的排挤，尤其是华盛顿官员对他的排挤。[3]而他的矛头主要指向时任财政部长的威廉·克劳福德，而此时他深信华盛顿的整个官僚体系都极其腐败，自上而下皆是如此。[4]而 1816—1828 年这段时期一般被称为"和谐时代"，因其此时一党独大，共和党统治着这个国家，想当然地认为国泰民安、政治昌明是水到渠成之事；然而，共和党内积弊丛生、党争激烈早已尽人皆知，杰克逊甚至怀疑共和党内的贪污腐败早已司空见惯、不足为怪。

诚然，杰克逊所烦扰之事多是道听途说的谣言，缺乏切实的证据，但是"政府腐败丛生"确系事实，[5]更为重要的是，杰克逊深信此等腐败早已荼毒华盛顿，因此必须予以根除。然而，值得一提的是，19 世纪早期的美国腐败远不仅仅限于行贿或者是挪用公款。还有更为骇人听闻的腐败形式，如恶意篡改宪法体系、卖官鬻爵、损公肥私，等等。滥用权位以图谋求更高的职位远比单纯挪用公款更为危险可怕，而杰克逊就曾指责克劳福德谋权不当。[6]

---

1 1822 年 9 月 4 日。

2 斯蒂尔，日记手稿，1820—1829 年，亨廷顿图书馆。

3 备忘录，1822 年，《杰克逊文件汇编》，美国国会图书馆。

4 门罗政府所谓的腐败证据细节请参见莱米尼，《杰克逊》，第二卷，12—38 页。

5 把门罗当政期间称为"和谐时代"，恐怕会引起诸多历史学家的非议，因为历史学家更倾向于把这一时期称为"腐败时代"。此外，理查德·麦考密克曾于 1983 年 12 月出席在旧金山举办的美国历史学会大会，并以"年轻合众国的政治腐败问题"为题进行演讲，在其演讲中举出诸多例证，有力地支持了杰克逊的担忧和思虑。

6 备忘录，《杰克逊文件汇编》，美国国会图书馆。

　　一些国会议员，尤其是克劳福德的几个朋友，企图通过把持传统的党团会议提名下一届总统候选人。此等提名几乎等同于大选，因为共和党的势力在全国一家独大（由于联邦党成员涉嫌参与哈特福德会议而民心尽失）。也就是说，仅凭党团会议中的几个国会议员就可以选出美利坚合众国的总统。尽管党团会议在建国前几十年早已是司空见惯之事，但是党团会议却是两党相争的产物。而现在的美国却一党独大、一手遮天。此时提出建立党团会议无疑是危险而极为不合时宜的。它是对自由选举权的否定。在总统选举中起决定性作用的是国会议员，竟然不是美国公民，本身就有违宪法体制。而国会议员胆敢通过把持党团会议提名共和党候选人本身就说明"华盛顿腐败"比比皆是，至少在杰克逊看来是如此。[1]

　　此外，党团会议的决定皆是内定已是公开的秘密，而克劳福德十拿九稳会成为总统候选人，因为他不仅与国会议员私交甚好，还同华盛顿的各政府机构有着极为紧密的联系，他曾利用自己的职权授予多人政府公职。因此，明眼人都能看出国会正密谋从美国选民手中"偷取"总统之位。此后，克劳福德突然中风，自此卧床不起，并丧失言语能力和视力，而那批国会议员依旧厚颜无耻地组建党团会议，准备把这样一个无用之人送上总统的宝座，国会的企图昭然若揭。若国会得手，美国的下一任总统将是一个瘫痪、失明又失聪的中风病人。

　　每日来往于隐士庄园和华盛顿之间的信件都写满了政府"腐败"和渎职的新增案例。时任美国副总统的丹尼尔·汤普金斯（Daniel D. Tompkins）更是屡屡失态。"他在华盛顿期间过得浑浑噩噩，"詹姆斯·布罗纳在写给杰克逊的信中写道，"有几次他几乎醉得不省人事，烂醉如泥地躺在椅子上，处理政事根本就是天方夜谭。我想他定不愿再回到华盛顿。"[2]

　　第二合众国银行涉嫌参与欺诈性活动，不惜牺牲普通民众的利益，进而大大加剧了1819年经济恐慌（Panic of 1819）的破坏力，银行的所作所为让杰克逊更为心惊肉跳。随后，各州不得不出台法律限制该银行，禁止其继续扩大债务。肯塔基州依旧实行禁止取消抵押品赎回权的法律手续，并革除债务监禁，之所以在此处特别指出肯塔基州，是因为该州的一些举措对杰克逊当选为总统后实行的银行政策有着重大影响。

　　19世纪初的十几年中，美国的经济形势如江河日下，加之合众国第二银行

1　巴尔的摩，《联邦共和》，1822年8月26日。

2　布罗纳致信安德鲁·杰克逊，1822年2月8日，杰克逊，《信件》，第三卷，148页。

在经济上的垄断，甚至企图染指政治选举，美国人民怨声载道，抗议声日盛，加之华盛顿政府权力日渐膨胀，更是引起多方不满。美国选民不需要能只手遮天的国家首都，他们真正需要的是公正和效率。

限制联邦政府权力在过去几十年中屡屡被保守人士提起，早已成为老生常谈。即使在合众国建立之初，保守人士也极力要求在宪法框架下限制联邦政府的权力。他们甚至断言，只有对联邦政府的权力加以限制，才能确保它行事公正。无限制的权力定会招致腐败，侵害自由。在华盛顿总统当政期间，政党制度方兴未艾，亚历山大·汉密尔顿领导的联邦党主张增强联邦政府的权力，加强中央集权，允许联邦政府全权行使自由裁量权。然而，由托马斯·杰斐逊和詹姆斯·麦迪逊领导的共和党，则极力反对加强中央集权，极力鼓吹州权，力图削减国家经费支出。

两党水火不容的政治观点其实都来源于对"共和政治"一词的理解分歧。革命一代深信权力必然会对自由构成威胁，一旦权力政府权力过大，便会制定多种政策限制自由，甚至剥夺公民的权力。持此种观点的人还认为，权力的最大武器即"腐败"，而"德行"能够在最大限度上维护自由。殖民地时期人们对自由和权力的向往引发了革命。然而等到殖民地人民成功摆脱大英帝国的统治，追求自由的道路依旧道阻且长。只要权力集中，政府腐败，自由就会受到威胁。美国人民的德行便成为捍卫自由的不二法宝。[1]

发生在门罗当政期间的一系列事件，尤其是 1819 年经济恐慌之后，自由和权力的矛盾再度凸显。中央政府权力的急剧膨胀，政府内部改革耗费大量经费，1816 年通过了建立第二合众国银行的法案并授予它为期 20 年的经营特许状，关税保护呼声渐高，政府腐败事件层出不穷，联邦政府任免权滥用，国会要求建立党团会议，以上种种给熟知"共和政治"的人们敲响警钟，杰克逊便是其中一员。他在 19 世纪 20 年代期间写过的信件与美国国父们建国之初坚守的信条遥相呼应。"当我看见……国会议员拿着人民的权力换取官位之时，"他写道，"我为祖国遗失自由而哭泣。""我真诚地祈祷我们的共和政府能够源远流长。"他希望国会的党团会议可以"就此长眠"；若党团会议势在必行，"则需要设立中间权力对其进行牵制；一个贪污腐败的政府势必会剥夺人民的

---

1 详细信息请参见莱米尼，《杰克逊》，第二卷，29 页及后文。

自由"。[1] 杰克逊一贯认为自由选举是革除政府一切弊病的灵丹妙药。"宪法赐予人民抵抗权力剥夺最强有力的利器……是选举权。"他说道。[2]

实际上，杰克逊深知牵制中央政府权力持续膨胀的最有效方法是州。但是，需要中央政府和州之间保持一种微妙的平衡，双方必须势均力敌。"保持州权和中央政府之间的和谐，"他在 1824 年曾宣称，"是事关美国自由和幸福的所在。"[3]

因此，杰克逊的政治观点与独立战争期间先贤的"共和"理想不谋而合。他把限制政府权力的保守主义信条奉为圭臬。他极力反对宪法权力扩大化。他推崇州权，但是州权不应成为超越国家权力的存在。他也不赞同州享有主权独立权，他还强调削减债务的重要性。他把国家债务视为阻碍政府自由的祸根和威胁。因此，杰克逊的一大目标便是彻底削减国家债务。这也成为他总统任内的一大功绩之一。[4]

杰克逊坐在隐士庄园的书房里，反复思虑着国家当前的形势以及领导者的所作所为，于是奋笔疾书，痛陈自己对腐败和黑幕交易的担忧，这与当初的原则背道而驰，正在一点点蚕食着美国的政府体制，以及每一位公民的自由。他写道："若黑幕交易、非法操纵以及腐败大行其道……公民的德行便无立足之地。"[5] 后来，他前往华盛顿，在此所目睹的一切更是印证了他之前的所有忧虑。"一个如此腐败的合众国还能苟活多久？"他不无痛心地说。[6]

1　安德鲁·杰克逊致信科菲，1825 年 2 月 10 日，3 月 25 日和 8 日，《科菲文件汇编》，田纳西州历史学会，安德鲁·杰克逊致信多纳尔森，1822 年 8 月 6 日，《多纳尔森文件汇编》，美国国会图书馆。

2　安德鲁·杰克逊致信詹姆斯·布坎南，1825 年 6 月 25 日，《布坎南文件汇编》，宾夕法尼亚州历史学会，费城。

3　安德鲁·杰克逊致信詹姆斯·拉尼尔，1824 年 5 月 15 日（？），杰克逊，《信件》，第三卷，253 页。

4　安德鲁·杰克逊致信詹姆斯·波尔克，1826 年 12 月 4 日，《波尔克文件汇编》，美国国会图书馆，安德鲁·杰克逊致信弗朗西斯·布莱尔，1824 年 1 月 27 日，《杰克逊文件汇编》，亨廷顿图书馆，安德鲁·杰克逊致信威廉·富尔顿，1824 年 7 月 4 日，杰克逊，《信件》，第三卷，139 页。

5　安德鲁·杰克逊致信多纳尔森，1824 年 2 月 12 日，《多纳尔森文件汇编》，美国国会图书馆。

6　安德鲁·杰克逊致信多纳尔森，1824 年 4 月 17 日，《多纳尔森文件汇编》，美国国会图书馆。

对合众国心存烦忧的远不止杰克逊一人。从他的信件中不难发现，还有其他人同他持类似观点。不久之后，这些人便打着"维护合众国政府赖以生存的宪法原则以及捍卫公民自由永存"的旗号，鼓动杰克逊参选总统。[1]面对支持他参选总统的呼声日盛，老胡桃木并没有一口回绝。但是他坦言自己不会主动参选，一切顺其自然。无论如何，他已迈出长征的第一步，"还是那句话，我无意参选任何公职，现在不会，以后更不会。但是人民有权选择合适的人选，代替他们行使宪法赋予的责任，若人民需要，作为公民理应责无旁贷"。[2]

田纳西州自然是最初把杰克逊推上总统宝座的地方。由欧文顿法官、约翰·伊顿、威廉·路易斯、菲力克斯·格伦迪以及其他人组成的纳什维尔集团接过老布朗特的衣钵，尤其在1819年经济恐慌到来之时，他们异常团结，经受住了打击。由于他们在田纳西州拥有并运营多家银行，而安德鲁·欧文上校和参议员约翰·威廉姆斯领导的约翰·塞维尔派在选举中占据上风，对他们构成威胁。为弥补损失，纳什维尔集团便转向杰克逊，说服他参与总统竞选，其中一些银行家十分惧怕杰克逊对银行心存偏见，甚至会废止银行发行纸币。尽管如此，他们需要团结一致，收拾残局。于是，格伦迪于1822年9月22日致信老胡桃木，并在信中鼓动他以田纳西州之子的身份参与州议会的竞选。"一切听从人民的选择。"便是杰克逊给出的回答。[3]

最初，纳什维尔集团的不二人选是约翰·昆西·亚当斯，其次是约翰·卡尔霍恩。随后，亨利·克莱宣布参选，该集团内的一小撮人又转向这位肯塔基人，其中便包括欧文顿法官。但是，当杰克逊明确自己的参选意图之后，欧文顿便当即放弃克莱，偕同格伦迪、伊顿、威廉·路易斯、普莱曾特·米勒以及其他人着手帮助杰克逊通过州议会的提名。[4]议案中写道："安德鲁·杰克逊上校……以美国人民之名，决定参与即将到来的选举。"议案于1822年7月20日一致

---

1 杰克逊后来回忆他是如何走上总统竞选之路。安德鲁·杰克逊致信（约翰·麦克勒莫尔？），1830年12月25日，《杰克逊文件汇编》，纽约州历史学会。

2 安德鲁·杰克逊致信布罗纳医生，1822年7月18日，《杰克逊文件汇编》，美国国会图书馆。

3 安德鲁·杰克逊致信多纳尔森，1822年8月6日，《多纳尔森文件汇编》，美国国会图书馆。格伦迪于1822年7月27日写给安德鲁·杰克逊的信件请参见杰克逊，《信件》，第三卷，163—164页。

4 欧文顿派系所用的具体策略参见莱米尼，《杰克逊》，第二卷，39—53页。

通过。[1]

纳什维尔集团成功帮助杰克逊获得提名后，又替他谋划在美国参议院取得一席之地。此举至少可以增加他日后竞选的筹码，并且可以扩大他在全国的影响力。[2]此外，若杰克逊如愿以偿，则意味着约翰·威廉姆斯败北，而后者是塞维尔派的领袖，一直谋求连任。竞选成功也是杰克逊本人乐见的，因为威廉姆斯曾在国会中中伤他进攻佛罗里达之举。然而，这却是一块烫手山芋。因为威廉姆斯在田纳西州议会中人脉甚广，若他成功击败杰克逊，则日后定会对杰克逊的总统竞选之路构成极大威胁。但是纳什维尔集团的成员迎难而上，经过悉心准备，于1823年10月1日以35票比25票顺利通过州议会的选举。

既然成功当选，杰克逊便不得不前往腐败横生的华盛顿任职。"担任参议员完全违背我的本意，"他抱怨道"实属情非得已……为了我的政治信仰……我别无选择。"[3]"他是一名军人，"他的朋友路易斯少校评论道，"服从命令是军人的天职！"[4]因此，杰克逊立即打包行囊，赶往华盛顿，并于1823年12月3日清晨抵达。他与同为参议员的约翰·伊顿以及他们共同的朋友理查德·基思·考尔上尉寄住在威廉·奥尼尔的公寓里。

与此同时，该集团着手准备杰克逊的总统竞选事宜，先是在州内各地安排杰克逊同选民会面。令他们大为惊喜的是，杰克逊在宣布参选总统之后，人们闻风响应，踊跃参与，很快这种势头便以燎原之势席卷全国。纳什维尔集团的成员简直不敢相信自己的眼睛。诚然，无人胆敢质疑杰克逊的受欢迎程度。但是令他们没有想到的是，在同政绩卓越的政治家诸如约翰·昆西·亚当斯、约翰·卡尔霍恩、威廉·克劳福德以及亨利·克莱（以及其他宣布参选的总统候选人）同台竞争总统之位时，杰克逊居然毫不逊色。

无论如何，他们迅速从惊喜中抽离出来，准备充分利用这次的意外之喜。或许，纳什维尔集团做的最重要以及最明智的选择便是着手准备发行以《怀俄明的来信，致美国人民，总统大选，支持安德鲁·杰克逊》（以下简称《怀俄明的来信》）为题的竞选文章。第一辑由7封信组成，署名"怀俄明"，于

---

1 《奈尔斯每周记录》，1822年8月24日。

2 欧文顿派系所用的具体策略参见莱米尼，《杰克逊》，第二卷，51—53页。

3 安德鲁·杰克逊致信科菲，1823年10月5日，《科菲文件汇编》，田纳西州历史学会。

4 路易斯致信路易斯·克拉斯，具体日期不详，可能是1844年或者1845年，《杰克逊－路易斯文件汇编》，纽约公共图书馆。

1823 年 6 月和 7 月分别发表于费城的《哥伦比亚观察者报》，其中大部分文章出自约翰·伊顿之手，该系列信件于 1824 年重印，并结集成册，在全国范围内广为流传。而这些文章正合当下国民的口味，大家都认为国家局势每况愈下，亟须改革。这些文章一再重申国家当下正处于阴谋和暴政的倾轧之下。革命一代的德行和美德早已消失殆尽。"腐败"——该词在整篇文章中反复被提及——已然笼罩整个华盛顿。"睁眼看看现在的华盛顿吧，任何一个品性正直的爱国者都会为它而痛哭。腐败已是不争的事实，正如野草般弥漫开来。"更为可怕的是，腐败之风已经向全国蔓延。只有坚守革命时代的信条，选安德鲁·杰克逊为"最高行政长官"，国家才能恢复往昔的繁荣。"不要忘记，杰克逊就是革命的化身！"他"是合众国自由的英勇缔造者，是宪法注定的总统人选"。[1]

《怀俄明的来信》再一次有力地重申了"共和政治"的理念，该理念主张自由和权力的长期斗争关系，阐明支持、德行以及腐败分别对权力和自由的影响。只要人民"坚持原则和德行"，那么合众国就会绵延千秋万代，《怀俄明的来信》中写道，我们完全可以"继续坚持合众国的原则……只要把安德鲁·杰克逊送上总统之位"。[2]

《怀俄明的来信》是一份重要的政治文件，不仅因为它是一份竞选声明，更是因为它进一步讨论了如何在一个民主社会保持自由不受侵害这一课题。该文件的散播不断强化了美国人民的一个观点，那就是只有安德鲁·杰克逊参政并成为总统，才能重建合众国的理念，而这些理念都源于革命时代，是捍卫和保持美国人民自由的唯一根基。

《怀俄明的来信》同时也为杰克逊民主政治运动提供了意识形态上的框架。它是一份阐明杰克逊参选总统具体动机的文件。该文件指出将军的名字定会名垂青史，因为他会接过"革命先贤"的旗帜，坚定不移地捍卫来之不易的自由。安德鲁·杰克逊雄才大略，定会坚定捍卫美国的自由之路。

毫无疑问，杰克逊一定涉足过《怀俄明的来信》一书的撰写工作，因为文中多处内容与他的"回忆录"不谋而合，但是他却不宜公开参与此事。相反，他应该秉公执法，做好参议员的分内之事，尽管摆在他面前的工作十分棘手，令他苦不堪言，但是他必须尽力而为，以期让同僚看到他对参选总统一事的诚意。

---

1 《怀俄明的来信》（费城，1824 年），10 页，11 页，24 页，93 页，94 页。

2 同上，11 页，12 页，14 页。

　　1823 年 12 月，随着第十八届国会第一次会议的召开，总统选举的临近让会场热闹非凡，过道上挤满了讨论大选的人群。只有一小撮激进分子（特指共和党内的保守派和教条派）极力鼓吹建立国会党团会议，进而甄选共和党的总统候选人。无须赘述，他们当然希望克劳福德拔得头筹，因为他们都是他的追随者。而国会上这撮激进分子的新晋领袖是纽约州的新任参议员马丁·范布伦（Martin Van Buren）。他是一位老成持重的组织者，面面俱到的政治舵手。他还与一帮地方政客控制了纽约的政治机器，史称奥尔巴尼摄政执政团（Albany Regency），试图操纵地方的选举政治。大约就是在这时，他的政治形象被人为地扭曲了，政敌们攻击他狡猾善变，玩弄诡计，并给他起了一些不雅的绰号，如"小魔术师""金德胡克红狐狸"等。时年 42 岁的他，时时散发着自持的魅力。身材矮小，健壮结实，着装时髦优雅，面如冠玉，沙色的头发略显稀疏，炯炯有神的小眼睛显得他的额头格外丰满。他风度翩翩，文质兼备，在国会内竟一时无两。这位"运筹帷幄"的政客，正极力为克劳福德筹划提名党团会议，力主把这个废人送入白宫。

　　尽管范布伦支持克劳福德，并且负有"魔术师"的绰号，但是杰克逊越发对他欣赏起来。他发现范布伦不仅思维敏捷、管理有方、诚实可靠，而且并不是一个见风使舵的伪君子。后来，杰克逊和范布伦都承认在相识之初，他们对对方都有极大的误解。最初，杰克逊在范布伦眼里不过是一个"久经沙场的武夫"，根本没有成为总统的潜质。然而，短短三年之内，范布伦就对杰克逊的政治才能刮目相看，并把他视为这个国家最伟大的政治家。而杰克逊则对范布伦任职参议员时的卓越才干所折服。作为参议员的范布伦总是以身作则，兢兢业业。渐渐地，两人冰释前嫌，并最终成为挚友。[1]

　　在杰克逊抵达华盛顿之时，他还偶遇了托马斯·哈特·本顿上校。本顿此时已是密苏里州的参议员，两人在国会上比邻而坐。不出所料，两人甚至同时供职于军事委员会。两人几乎朝夕相处，因此不得不互相寒暄。本顿是一位精明强干、胸藏甲兵的军人。每次讲话声如洪钟的他，虎背熊腰，不怒自威。与本顿重修旧好确实是明智之举。某天，杰克逊便主动走向他，并给他的妻子带去问候。几天后，杰克逊想趁热打铁，主动造访本顿。等到下次他们相见之时，本顿便主动迎上前来，冲杰克逊深深鞠躬。而将军则立即伸出自己的手，两人

---

　　1 威廉·艾伦·巴特勒，《马丁·范布伦》（纽约，1862 年），24—25 页。

握手言欢，一笑泯恩仇，10 年前的恩怨情仇就此了结。[1]

毋庸置疑，本次会议最具争议性的事件便是建立国会党团会议，提名共和党总统候选人。1824 年 2 月 7 日，华盛顿的《国家情报》刊登了一份有 11 名国会议员联名签署的通知，通知号召各州的同僚于 2 月 14 日周六与会，为美国人民推举总统候选人。尽管这场"霸王党团会议"引起了多人的诟病，甚至极力打压，但是组织者们如期召开了会议。261 位成员中有 68 位出席会议，其中 48 人主要来自四个州：纽约州、佐治亚州、北卡罗来纳州以及弗吉尼亚州。投票结束后，主席团公布总得票数，与会人员瞬间"怨声载道"，威廉·克劳福德 64 票，其中有 2 票出自代理人，约翰·昆西·亚当斯获得 2 票，而安德鲁·杰克逊和来自北卡罗来纳州的纳撒尼尔·梅肯各自仅获得 1 票。该党团会议还提名艾伯特·加勒廷为副总统候选人，随后便面向全国选民发表演说，并辩称该党团会议采取的一系列行动皆符合惯例和常理。[2]

得知结果后的杰克迅十分嫌恶地摇了摇头。"那不过是一场彻头彻尾的阴谋交易，"他冲自己的朋友约翰·科菲控诉道，"此时，一群心怀鬼胎的政客企图颠覆人民的意图；你将看到一个由不到四分之一国会成员组成的党团会议如何强奸民意；除非宪法权利重归于民，这些政客才会得到应有的报应。"[3]

然而，党团会议的所作所为成了竹篮打水一场空。因为越来越多的克劳福德追随者，尤其是范布伦，意识到此时的共和党已经分崩离析，因为党内多人都觊觎总统之位，即使最后有人当选，重组政党也难如登天。范布伦坚定支持党团会议的原因之一便是该会议是凝聚党内人心的必然之选。没有党团会议，维护党内纪律的一大利器便憾然遗失。

同月，最后一届国会提名总统候选人的党团会议在一片反对声中落下帷幕，约翰·卡尔霍恩决定退出总统选举，因为杰克逊加入竞选以来，他在北方的支持率大跌。他进而转战副总统。那么，此次竞选最终由 4 名总统候选人组成：克劳福德、杰克逊、约翰·昆西·亚当斯以及亨利·克莱。如此看来，克劳福德是南方的候选人，亚当斯是新英格兰的候选人，而杰克逊和克莱都是西部的

---

1 帕顿，《杰克逊》，第三卷，48 页。

2 范布伦致信本杰明·巴特勒，1824 年 2 月 15 日，《范布伦文件汇编》，美国国会图书馆，斯蒂芬·范·伦斯勒致信所罗门·范·伦斯勒，1824 年 2 月 15 日，出自凯瑟琳娜·邦尼夫人，《历史拾遗》（奥尔巴尼，1875 年），410 页。

3 安德鲁·杰克逊致信科菲，1824 年 2 月 15 日，《科菲文件汇编》，田纳西州历史学会。

候选人。

这就不难理解，激进分子屡屡试图抹黑杰克逊的初衷，因为他们把后者看作是克劳福德最强劲的对手。他们在国会上故意挑拨杰克逊，企图使他"方寸大乱"，进而丢掉总统候选人的资格。对此，杰克逊如是写道："他们实在太不了解我的为人。"[1]他们没有意识到，老胡桃木有着异于常人的自控力。他们仅仅把他当成一个性情鲁莽的边疆粗汉，想当然地认为杰克逊也会跟萨姆·休斯顿（Sam Houston）一样横冲直撞，而后者常常身着印第安人的民族服饰在华盛顿招摇过市。他们天真地认为杰克逊"一定会一只手拎一把剥皮刀，另一只手提一把手枪现身，一言不合就会撂倒对方，剥掉对方的头皮当战利品"。而他的一举一动却让他们大吃一惊。这位来自田纳西州的新任参议员，压根儿不是他们想象中那个好勇斗狠的武夫，站在他们面前的是"一个平易近人、独具慧眼的人，一个让人如沐春风的人，他从不凭空指责他人，除非他手中握有证据"。[2]

他谨言慎行，与人为善，不遗余力地向他的同僚们展现他的政治家风范。作为参议员在第一次会议中的卓越表现为他赢得了极高的政治声誉。有那么几次，激进分子们企图构陷于他，但是他从没施以报复，他说道。除了那撮激进分子，若说华盛顿的当权者中还有人对杰克逊成为总统候选人的能力心存疑虑，那么他们的这种疑虑在1823—1824年的冬季便烟消云散了。等到会期结束，议员们纷纷踏上回家的路程时，他们便意识到杰克逊的政治能力不容小觑。

1824年的总统竞选证实了他们的想法。老胡桃木在大选中的支持率可谓一枝独秀，唯独约翰·昆西·亚当斯足以对他构成威胁。克劳福德因为中风，大失民心，范布伦拼尽全力也无法力挽狂澜。而倒霉的克莱要跟杰克逊竞争南方和西部的选票，但是他十分期望总统的最终人选由众议院选出，一旦这几位候选人所得票数都没超过所选派选举人总数的半数，那么他十拿九稳会当选为总统，因为他在美国众议院有着绝对的影响力。他想当然地认为自己有能力挤进选举团票数的三甲，那么根据宪法第十条修正案的规定，国会将有权最终选出

---

1 安德鲁·杰克逊致信多纳尔森，1824年3月6日，《多纳尔森文件汇编》，美国国会图书馆。

2 安德鲁·杰克逊致信多纳尔森，1824年3月19日，《多纳尔森文件汇编》，美国国会图书馆；安德鲁·杰克逊致信科菲，1824年6月18日，《科菲文件汇编》，田纳西州历史学会。

总统人选。

　　1824 年总统大选是美国有史以来第一次将全民投票票数计入最终结果的大选，但是依旧无法改变（以后也无法改变）选举人投票选举总统的这一根本方式，所有参与选举的选举人必须根据本州的州宪法实行记名投票。其中有 6 个州的选举人由州议会选出，其余各州则通过全民投票方式进行投票。各州的投票时段均集中在 1824 年的秋季，总票数统计结果显示杰克逊得票最多，无论是全民投票结果还是选举人投票结果，杰克逊均胜出。但是他没能得到半数以上的选举人投票，因此总统的最终人选的选择落在了众议院手中。选举人半数票是 131 票，而杰克逊落后 32 票。杰克逊得到 4 位候选人中的最高票数，为 99 票，亚当斯紧随其后，为 84 票，克劳福德次之，为 41 票，而克莱位居最末，仅得 37 票。在副总统的角逐中，卡尔霍恩则以绝对优势胜出。

　　不出所料，新英格兰的 55 票选举人票全部为亚当斯所得。而在纽约州、特拉华州、马里兰州、路易斯安那州以及伊利诺伊州也不乏他的支持者。克劳福德的支持者则主要来自纽约州、特拉华州、马里兰州、弗吉尼亚州以及佐治亚州。克莱则主要拿下了肯塔基州、密苏里州以及俄亥俄州的绝大多数选票，此外纽约州的一部分选票也投给了他。而几乎整个南方的选票都投给了安德鲁·杰克逊。而杰克逊在西部的优势并不明显。他憾失肯塔基州、俄亥俄州以及密苏里州的选票，却意外获得印第安纳州、田纳西州以及伊利诺伊州的大力支持。此外，他在新泽西州和宾夕法尼亚州的表现不俗，但是在纽约州仅获得一位选举人的支持。

　　而全国全民投票票数的最终结果则清楚地表明人们更钟情于安德鲁·杰克逊，他总共获得 152901 票全民投票，而亚当斯的得票数是 114023 票，克莱得票 47217 票，克劳福德为 46979 票。杰克逊全民投票的胜出表明了他就是人们的总统之选，但是值得一提的是，他的全民投票数少于三位对手的总票数。[1]无论最终结果如何，1824 年的美国人民已经根据当时的竞选规则选出了中意的总统人选，他们希望安德鲁·杰克逊入主白宫。接下来，决选总统这一重任便如约交到了众议院手中。

　　根据宪法的第十二条修正案，获得总统选票最多的人，如所得票数超过所

---

　　1 此次选举描述最为详尽的文献参见詹姆斯·霍普金斯，"1824 年总统大选"，《美国总统大选历史》（纽约，1971 年），小亚瑟·施莱辛格，佛瑞德·伊斯雷尔以及威廉·汉森等人编辑，第一卷，349—381 页。

选派选举人总数的半数，即为总统。如无人获得这种过半数票，众议院应立即从被选为总统之人名单中得票最多的但不超过 3 人中间，投票选举总统。但选举总统时，以州为单位计票，每州全体代表有一票表决权。2 / 3 的州各有 1 名或多名众议员出席，即构成选举总统的法定人数，决选总统需要所有州的过半数票。克莱则时运不济，因为他的得票数在 4 位候选人中最低，所以无缘问鼎总统之位。然而，由于他在众议院权倾一时，众议员对他几乎言听计从，因此他可以轻而易举地左右总统决选的最终结果。他本想自己能顺利进入三甲，再假以他在众议院的影响力，总统之位便唾手可得，而此时他却必须助力他人。

亨利·克莱于 1777 年生于弗吉尼亚州，随后随母亲迁往肯塔基州，并于 1810 年被选为美国众议员，随后担任众议院议长，成为国会中"鹰派"的代表。身材魁伟修长、五官棱角分明的他，是一个极有影响力的政治家和演说家。凭借着杰出的政治能力和了得的辩才，克莱很快获得了众议员的支持，并成为他们的领袖。

杰克逊十分憎恶克莱，主要因为克莱在 1818 年曾公开指责他入侵佛罗里达，两人从此成为终生仇敌。此外，由于两人都出身于西部，需要对同一选区同一选民进行竞争。克莱把杰克逊视为实现终生抱负的阻碍。而杰克逊则指责他是典型的西部投机者，为达到目的不择手段。[1]

很显然，克莱绝对不会支持杰克逊在众议员的总统决选。在这位肯塔基人眼中，英雄不过是"在新奥尔良滥杀英军的武夫"，性格和能力都不足以出任总统。而形同废人的财政部长克劳福德亦不在克莱的考虑范围内，不仅仅是因为他的健康问题，还因为他秉持的一些激进的主张并不为克莱所支持。克莱是个不折不扣的国家主义者，认为中央政府应大力协助地方发展经济。任期内，他开始倡导名为美国系统（American System）的经济计划，其主要目标和途径为通过高关税来抵制保护美国自己的工业发展，通过建立国家银行来统一各地的货币流通，通过发展交通系统增进资源流动，以尽快发展经济。

而约翰·昆西·亚当斯成为他唯一的选择。无论受教育程度、学识涵养，还是从政经历，亚当斯都是总统的绝佳人选。1767 年（与安德鲁·杰克逊同年），约翰·昆西·亚当斯诞生于马萨诸塞州，曾前往美国、法国以及荷兰等地求学。并于 23 岁获得律师资格证，在波士顿担任律师。1794 年，他被乔治·华盛顿

---

1 安德鲁·杰克逊致信路易斯，1819 年 1 月 25 日，30 日，《杰克逊－路易斯文件汇编》，纽约公共图书馆。

总统任命为驻荷兰公使，随后又被派往普鲁士、俄国以及英国等地担任公使。凭借丰富的外交经验，门罗总统于 1817 年任命他为国务卿。当然，他是个从容自若而不苟言笑的人。他痛恨党派政治，总是极力疏远联邦党和共和党人。尽管亚当斯和克莱的脾气秉性相去甚远，但二者的政治理想却极为相近。尤其是亚当斯支持国家的公共建设项目，这更加坚定了克莱支持亚当斯成为总统的决心，因为他希望尽快实施美国系统计划。

1824 年 12 月，杰克逊在秋季大选结束后回到华盛顿，准备开始新的国会会期，而此时国会上下却充斥着形形色色的拉票活动。一旦人们确定众议院获得总统决选的资格，阴谋论、交易论等流言蜚语便甚嚣尘上。"谣言称一场政治阴谋即将成型，"杰克逊同他在田纳西州的追随者说道，"克莱先生正企图对俄亥俄州、肯塔基州、密苏里州以及伊利诺伊州施加影响，使他们转而支持亚当斯。别人都说克莱企图通过此举改变大选结果，我简直不敢相信。"[1]

这其实是一场"肮脏的交易"，杰克逊说道："我气愤的不是有人通过旁门左道攫取总统之位，我气愤的是有人明目张胆地掠夺人民的自由选举权。党团会议已经落败，巴比伦娼妓已经俯首，我国的自由已然保全，自由永垂不朽，我坚信，有我自由就不会落幕。"[2]

1825 年伊始，随着众议院决选日子的临近，关于"肮脏的交易"的谣言日盛，克莱倍感压力。一些国会议员选择静观其变，还有一些议员直接当起了中间人的角色。来自宾夕法尼亚州的众议员詹姆斯·布坎南（James Buchanan）天生喜欢搬弄是非，作为杰克逊的忠实拥护者，当他听说克莱的朋党到处散布对杰克逊不利的谣言，称将军一旦当选，绝对会"惩罚"那位肯塔基人，并把他和他的亲信一并逐出内阁。考虑到克莱的这群朋党会倒向亚当斯，布坎南便把这一消息传达给了约翰·伊顿，随后又亲自告知杰克逊。就在他站在机警的将军面前准备通风报信之时，他的一只眼睛不听指挥地疼痛起来。在他同老胡桃木讲话时，眼睛不受控制地眨来眨去。"克莱的朋党许诺'一小时内结束大选，若将军有意阻止亚当斯连任国务卿……'"拼命控制自己眨眼次数的布坎南说道。[3]

---

1 安德鲁·杰克逊致信路易斯，1824 年 12 月 27 日，《杰克逊文件汇编》，马萨诸塞州历史学会。

2 安德鲁·杰克逊致信科菲，1825 年 1 月 10 日，《科菲文件汇编》，田纳西州历史学会。

3 丹杰菲尔德，《和谐时代》，338 页，《奈尔斯每周记录》，1827 年 8 月 18 日。

　　杰克逊将信将疑地盯着眼前这位不停眨眼的年轻人，而他看上去十分烦躁不安。杰克逊道听途说的阴谋诡计现在赤裸裸地摆在他的面前。显然，若想得到克莱的支持，必须以国务卿（因为成为国务卿是入住白宫最传统和快捷的方法）同他交换，因此杰克逊派布坎南去探克莱的口风。杰克逊甚至还暗中表示他希望竞争透明化。实际上，克莱并没有指派过任何人会见过布坎南，也没有同杰克逊订立约定的意思。就在布坎南向杰克逊通报消息之时，那位肯塔基人就已经下定决心支持亚当斯。1825 年 1 月 9 日，一项重大决定即将做出。亚当斯和克莱当天约好时间进行一场夜谈。"克莱先生 6 点准时到场，"亚当斯在日记中吐露道，"我们整晚都在交流。"在谈话的过程中，克莱曾恳请这位新英格兰人"在一些有关国家利益的原则上支持他，但是丝毫没有听他提及任何私人请求"。[1] 就像宣布政治协议的条款那样自然地脱口而出，他们的谈话丝毫不粗俗粗鲁。因为没有必要，两人都对对方的需求心知肚明。两人都明白此次谈话意味着什么。当然，他们也都清楚，众议院支持亚当斯的代价就是任命克莱为国务卿。

　　2 月 24 日，肯塔基州在国会的代表团宣布支持亚当斯。值得一提的是，鉴于亚当斯在肯塔基州的全民投票支持率为零，该州议会命令代表团在众议院选举中把该州唯一一票表决票投给西部的候选人（杰克逊）。当代表团的代表们决定听从克莱的建议，无视州议会的命令时，他们并不十分清楚这样做的后果。同天，俄亥俄的代表团也公开表示支持亚当斯。很显然，克莱对这两个州的选举团有着绝对的影响力。

　　克莱的决定公之于众后，国会上下一片哗然。"得知克莱和亚当斯结盟的消息，我们全都惊得目瞪口呆，"北卡罗来纳州的罗伯特·海恩这样写道，"他们明目张胆地夺走杰克逊在西部诸州的选票，而这些州几乎百分之九十的选民都选择支持杰克逊。"[2] 众多国会议员认为这是一场"骇人听闻"的结盟，甚至有些滑稽可笑。西部居民压根儿不想支持约翰·昆西·亚当斯，因为他们已经站在老胡桃木一边。克莱只手遮天，篡改规则，使得下任政府成了为人诟病的笑柄。而这愚蠢的行径让马丁·范布伦十分不齿。"如果你听从了克莱的建议，"

1　亚当斯，《回忆录》，第六卷，464—465 页。

2　海恩致信格里姆凯，1825 年 1 月 28 日，《海恩文件汇编》，纽约州历史学会。

范布伦对自己的一位肯塔基同僚说，"你就等同于在为他的政治前途掘墓。"[1]

在克莱表明自己的意向之后，他的政治声誉便一落千丈。所有人有喜欢他，但是没人信任他。在那时看来，他似乎距离总统之位仅有一步之遥。但是终其一生也没能如愿以偿。他同亚当斯之间"骇人听闻的联盟"，抑或者更为文雅地称之为"临时结盟""极其违背常理"，特拉华州的路易斯·麦克莱恩写道："因此即使是天堂之水也无法洗掉这腐败的印记。"[2]

杰克逊是否曾在此时针锋相对，想办法反击"临时结盟"对他做出的不利举动，我们不得而知。因为此时的杰克逊一病不起，缠绵病榻数周之久，日夜不停地咳血。身子极度虚弱的他，几乎不省人事，似乎离死神越来越近，但是他奇迹般地好起来了。他一定在某时某刻找到了让他战胜死神的力量，他想活下去。从此以后，咳血便是家常便饭。他是如何一次次挺过咳血的痛苦，无人可知。在他的朋友眼里，他简直就是超人的化身。

就在杰克逊躺在病床上咳血不止、一步步向死亡逼近之际，1825年2月9日中午，众议院即将在此时选出合众国的第六任总统。那一大风雪交加，异常寒冷，前来参观会程的人却挤满了众议院的走廊。最终成为总统的人必须最少获得13个州的表决票，每个州都拥有一票表决权。一些精明的政客早已提前盘算清楚，亚当斯–克莱的临时结盟手中握有12个州的表决票、杰克逊握有7票、克劳福德4票。以范布伦领导的克劳福德派试图竭力阻止亚当斯获得第十三个州的表决票，如此一来，大选便进入僵局，拖延时间，进而扭转局面。他便有时间说服其他州转而支持克劳福德，进而打破僵局。显然，若想计划如愿，则第十三个州必须保持中立，而此州就是范布伦所代表的纽约州。尽管他已经竭尽所能，但是范布伦依旧没有说动纽约州。[3]在第一轮投票中，纽约州毅然决然地偏向得势派，把自己的表决票投给了亚当斯，因此他如愿获得多数票。最后的投票结果显示，亚当斯获得13个州的表决票、杰克逊获得7票、克劳福德4票。先前有11个州的选举团选择支持杰克逊，但是其中的4个

---

1 范布伦，《马丁范布伦自传》（约翰·菲茨帕特里克编辑，华盛顿哥伦比亚特区，1920年，以下简称《自传》），199—200页。

2 麦克莱恩致信麦克莱恩夫人，1825年2月6日，《麦克莱恩文件汇编》，美国国会图书馆。

3 范布伦在其《自传》（151页）中曾讲过一个逗人的故事，讲述诸州如何被亚当斯所掌握，时间始末请参见莱米尼，《杰克逊》，第二卷，92—96页。

州却在众议院选举过程中弃他而去，包括路易斯安那州、马里兰州、伊利诺伊州以及北卡罗来纳州。路易斯安那州无疑是由克莱说动，而马萨诸塞州的丹尼尔·库克则负责说服马里兰州。而伊利诺伊州背弃杰克逊的原因不过是因为丹尼尔·库克同亚当斯的私交。1826年，库克未能在国会获得连任资格，而亚当斯作为回报派遣他去古巴进行"外事交流"。[1]北卡罗来纳州放弃支持克劳福德的原因或许是因为他奉行的原则过于保守。密苏里州的代表团仅有约翰·斯科特一人，因此这关键一票由他一人投出。尽管西部地区的人民"十有八九"支持杰克逊，但是斯科特还是把密苏里州的表决票投给了那位新英格兰人。当亚当斯向他许诺他的弟弟可以继续任职时，他就已经做出了自己的决定，尽管此举属于违法行为。[2]而斯科特在1826年的连任选举中败北，自此再也没有东山再起。

"我为国家遗失的自由而哭泣，"杰克逊悲叹道，此时他的身体刚刚好转，"人民的权利却成了卖官鬻爵的筹码。"[3]在公开场合下，杰克逊对自己败北的事实表现得十分从容优雅。而在私底下，他却为蔓延全国的腐败深感忧虑。"大选已经结束，"他在给好友约翰·欧文顿的信中写道，"亚当斯先生在第一轮投票中胜出。"西部诸州都被克莱收买，他补充道，马里兰州也转而支持亚当斯，因此胜负一目了然。"因此你会发现，西部人民的诉求被无故无视，野心家们为了自己的政见，抑或自己的私欲，西部人民的权利就像待宰的羊儿被屠杀。"他计划在3月离开华盛顿，4月便可如愿回到隐士庄园。他说，他十分想念家乡。他现在只想赶快回到朴实的乡亲们中间。[4]

总统大选结束5天后，亚当斯便提名肯塔基的那位"赌棍"为国务卿。亚当斯提名克莱实属无奈之举，而后者本应予以拒绝。作为一名阅历丰富的政客，他却没有看到其中的危险。他明知道接受任命存在风险，腐败交易的谣言早已甚嚣尘上。但是他像赌徒一样，决定赌一把。他极为渴望成为国务卿，因此这历来是成为总统的必经之路。他反复考虑了将近一周时间。其间更是极为苦闷，反复挣扎。尽管诸多征兆已表明接下来要发生的事情将对他极为不利，尽管他

1 比米斯，《亚当斯》，42—43页。比米斯把它称为"外交游览"。

2 斯科特的具体行动请参见莱米尼，《杰克逊》，第二卷，94页。

3 安德鲁·杰克逊致信科菲，1825年2月19日，《科菲文件汇编》，田纳西州历史学会。

4 安德鲁·杰克逊致信欧文顿，1825年2月10日，《欧文顿文件汇编》，田纳西州历史学会。

也意识到了此举的冒险性，但最后他还是义无反顾地接受了亚当斯的提名。自此，他再无当选为总统的可能。

当得知克莱接受提名的消息后，杰克逊恼火了。"你们看，"他怒吼道，"西部的犹大为了那区区 30 块银条而撕毁协议。他定会落得和犹大一样的下场。敢问其他国家有这样明目张胆的腐败行为吗？"在老胡桃木看来，克莱接受提名也就意味着他肯定签有强奸民意的"密约"。"两个政见南辕北辙的政客，一夜之间统一口径，只能说明背后有见不得人的秘密。"很多国会议员同意此种说法。亚当斯和克莱之间通过一场"腐败交易"无情地剥夺了人民的自由选举权。"啊，"杰克逊哀叹道，"我为吾国的自由颤抖。"[1]

1825 年，约翰·昆西·亚当斯当选为总统，并任命亨利·克莱为国务卿，此事越发坚定了杰克逊改革和复兴共和主义原则以及政府运行程序的决心。此事促成了美国政治史的一大转折，后来被历史学家称为"杰克逊民主政治"的运动即将拉开帷幕。"腐败交易"的哀号向这个国家宣示着 1828 年的总统竞选已然开始。

---

[1] 安德鲁·杰克逊致信路易斯，1825 年 2 月 14 日，杰克逊，《信件》，第三卷，276 页，安德鲁·杰克逊致信路易斯，1825 年 2 月 10 日，《杰克逊－路易斯文件汇编》，纽约公共图书馆。

第十二章　"杰克逊和改革"

1825 年的众议院总统大选在杰克逊及其亲信眼中根本就是一场腐败交易，而联邦政府就是这场交易的筹码。杰克逊的总统之路戛然而止，无疑是对民意的公然蔑视，尤其是西部地区人民的民意，而此时一些政客甚至担忧起宪法制度的安危来。如果说仅凭一场"腐败交易"和一小撮居心叵测的阴谋集团就能左右总统的任命，那么自由本身也危在旦夕。[1]

然而，随着杰克逊运动的发展，它的范畴远非局限于一场重树政府威信以及根除腐败的改革运动。这场运动的发起人意识到，杰斐逊的理想同汉密尔顿的目标之间存在的分歧历久弥新。在杰克逊的追随者们看来，重申共和政治的原则刻不容缓，因为这些原则随着约翰·昆西·亚当斯的当选早已形同虚设。一些人计划通过盗取政府领导权从而重树联邦主义信条的企图昭然若揭，而那些对此次大选结果持支持态度的政客就是这些人的中坚力量。这场旷日持久的争辩从 18 世纪便已拉开帷幕，愤怒的硝烟一直燃烧到 19 世纪也没有停歇。这几对矛盾好似根深蒂固，永难消弭：自由对权力；德行对腐败；人民对精英。

"在我看来，"时任副总统的约翰·卡尔霍恩在此时写信给杰克逊说道，"权力和自由之间的确存在问题。"[2]

因此，杰克逊运动在发起之初，领导者们就致力于共和政治，他们也因此陷入了一场道德冲突，精英阶层企图进一步强化统治，而普罗大众则力图捍卫

---

1 亨利·李致信安德鲁·杰克逊，1828 年 9 月 17 日，《多纳尔森文件汇编》，美国国会图书馆；乔治·比布致信菲力克斯·格伦迪，日期不详，《格伦迪文件汇编》，北卡罗来纳州立图书馆。

2 卡尔霍恩致信安德鲁·杰克逊，1826 年 6 月 4 日，《卡尔霍恩文件汇编》，第十卷，110 页。

自己的自由和财产权。因而，民主党最终能够形成得益于这一基本的道德基础，而杰克逊的追随者凭此大可以战胜对手。

1825 年总统大选结束后，杰克逊身边的亲信都害怕政府因此落入非人之手，害怕掌握大权的是一群觊觎金钱与权力的人，甚至不惜牺牲自由来换取。[1]"伟大合众国正直的人们，"亨利·李于 1828 年写信给杰克逊说道，"都希望选您为总统，因为您可以捍卫我们的自由。"[2]

就在众议院宣布大选结果不久之后，人们便谣传一个专为打败亚当斯 – 克莱联盟而建的新政治联盟已然形成。纽约州的参议员鲁弗斯·金声称杰克逊 – 卡尔霍恩联盟已经结成。"一个与亚当斯先生领导的当局政府分庭抗礼的政党已经形成，"他宣称，"南卡罗来纳州是他们的大本营，据我了解，此地区的代表团会在今天举行晚宴，届时杰克逊将军、卡尔霍恩先生……以及其他人都是这次晚宴的座上宾……这是这些反抗者结成联盟的第一步。"[3]

杰克逊和卡尔霍恩之间的联盟水到渠成。时任战争部部长的卡尔霍恩便总是唯杰克逊的意志和脾性马首是瞻，除却塞米诺尔战争一事。克莱立志成为亚当斯的总统继任者，卡尔霍恩的唯一出路便是老胡桃木。对将军来说，同一位南卡罗来那人结成联盟是再自然不过的事情了。若杰克逊有意参与 1828 年总统大选，把窃取国家的恶棍赶下台，还政于民，那么结盟是必然的一步。

因此，反抗亚当斯当局的筹划工作也随即展开。杰克逊一党在此时所做的动作甚至对美国其后的几十年都产生了不可磨灭的影响，直接堵住了亨利·克莱的总统之路。杰克逊的追随者们一直坚称和鼓吹的"腐败交易"控诉已然奏效。这是他们的战斗口号。凭此他们迅速掌握政治话语权，不曾丢失。在接下来的 3 年里，"腐败交易"被屡次提起，甚至成了美国那个时代道德沦丧的代名词。

杰克逊和卡尔霍恩达成共识后，便回到他纳什维尔的家中着手准备下一任总统大选。1825 年 8 月，田纳西州议会十分识趣地提名他为下一任总统候选人，

1 范例请参见罗伯特·特兰伯尔，"联邦政府篡权的危机或企图"，初版发表在《水星报》（查尔斯顿），后从中选取部分内容后重新结集成书，其中一个副本藏于杰克逊隐士庄园内的个人图书馆中，第十四卷，第 8 号。

2 李致信安德鲁·杰克逊，1828 年 9 月 17 日，《多纳尔森文件汇编》。另请参见卡尔霍恩致信安德鲁·杰克逊，1826 年 6 月 4 日，《卡尔霍恩文件汇编》，第十章，110—111 页。

3 鲁弗斯·金致信约翰·金，1825 年 2 月 27 日，《金文件汇编》，纽约州历史学会。

此后杰克逊便网罗势力，精心准备大选。他旋即辞去参议员，专注精力，一心准备总统竞选，纳什维尔中央委员会成立，他在其中担任管理和指导职位，此委员会意在出谋划策打败亚当斯－克莱联盟。该委员会人才济济，包括约翰·欧文顿、休·劳森·怀特、威廉·路易斯、约翰·伊顿，而菲力克斯·格伦迪、萨姆·休斯顿以及坎贝尔也在此之列。这些人各司其职，各展其长。他们为各大报纸撰写声明，他们同整个国家的政客通信讨论政事，他们有时甚至需要去往其他州，访问当地支持杰克逊的委员会。他们同州以及当地的委员会建立通信联系，并在华盛顿组建中央委员会。他们为 1828 年总统大选撰写了大量宣传和竞选材料。

一个名为民主党的新政党经过全国各地政客多年的努力终于形成。最终，他们团结一致，建立了一套行之有效的体制，把杰克逊推上总统之位，复兴共和政治。"新政党如冉冉新星一般升起在合众国的每一个角落，摧毁那些试图背叛合众国的堕落之人。"一位政客说道。[1]

民主党党部在华盛顿开始发挥最重要的作用，1825 年 12 月国会再次召开之际，该党部在此阶段如期展开相关活动。与此同时，杰克逊的追随者也开始对当局政府发起猛烈攻击，迫使中间派意识到两派对峙的局面已经形成，他们必须选择一派站队。最初，他们的武器库中便拥有一个威力十足的武器：交易。他们兴致勃勃地挥舞着手中的这个武器。约翰·伦道夫来自弗吉尼亚州的罗阿诺克，他是个古怪又糊涂的参议员，在一次参议院会议演讲中曾公开斥责亚当斯－克莱的结盟，并把这次结盟称为"比菲儿和布莱克·乔治的结盟（引用自亨利·菲尔丁的小说《汤姆·琼斯》）……清教徒和骗子的结盟"。听闻此话的克莱十分气愤，遂向伦道夫决斗，决斗的地点是波托马克河（Potomac River）的南岸。两人均没有负伤，只是克莱把伦道夫的外套打穿了一个洞。[2]

民主党的党部组建之初，亚当斯总统甚至无心插柳助力过该党的成长。他接二连三犯下大错，一次次向世人证明他领导的政府偏爱精英，而不是普罗大众。1825 年 12 月 6 日，他犯了第一个大错，那就是他向国会递交的国情咨文。他在国情咨文中大胆而又颇具政治家风范地陈述了政府的责任就是促进整个国

---

1 布兰得利致信古利安·维尔普朗克，1827 年 11 月 13 日，《维尔普朗克文件汇编》，纽约州历史学会。

2 《国会辩论记录》，第十九届国会第一次会议，401—403 页；本顿，《纵览三十年》，第一卷，70—77 页，包含有此次决斗的细节描写。

家的知识和经济发展。亚当斯向国会描述了一个令人惊叹的公共工程建设项目，而克劳福德的保守（激进分子）追随者以及杰克逊的追随者抓住他的把柄，他们谴责该项目不仅涉嫌违宪而且不切实际。该国情咨文主要基于克莱的美国系统计划，因此它所涉及的大量提议都为激进分子和杰克逊的追随者所诟病。"政府制度的一大目标，"总统先生掷地有声地说道，"便是提高社会契约方的社会地位。"为了完成修建马路和运河、建立全国性的大学以及开拓西部边疆的目标，亚当斯在国情咨文中不断强调说，国会的一举一动不能让全世界认为"政府需要受选民的意志左右"。[1]

大错特错。他引导国会无视民意，一如几个月前他的所作所为。杰克逊的追随者狂笑不已。亚当斯和他的朋党分明是非法占有政府的强盗。不久，整个国家的政客都一致认为，"那些不满于现状的种植园主、农民以及工人比以往更需要认真考虑接下来的大选，这是美国精英与民主的一场大对决"。[2]

杰克逊十分赞同他们的观点。不少政客写信向杰克逊抒发自己的愤懑之情，而后者皆报以同情。他同时也发表自己的观点：

> 国情咨文描绘了一派繁华壮丽的景象，政府的权力之大，国会通过合法手段便可引领整个国家走上卓越之路，然而政府受选民意志的左右居然称为违法，鄙人对此深感忧心。如果置人民的呼声于不顾，则必会导致蚕食吞并，结果必将走向独裁。但是，我对美国人民的智慧和德行有信心，他们定不会抛弃宪政之船，他们定会大声疾呼，他们的诉求必须被倾听。建设通天的灯塔、全国性的大学以及开疆扩土都不会是他们的当务之急，他们定会要求偿还国家债务，争取国家独立和进行自卫，以及把剩余的税收分摊入各州，用于普及穷人教育，把教育管理权归还给各州。这是一条永葆我国康乐的安全之路。[3]

---

[1] 理查森，《美国总统咨文和官方文件汇编》（华盛顿哥伦比亚特区，1908 年，以下简称《咨文和官方文件》），共二十卷，第二卷，866—868 页，872 页，879 页，882 页。

[2] 爱德华·盖恩斯致信安德鲁·杰克逊，（1826 年），《杰克逊文件汇编》，美国国会图书馆。

[3] 德鲁·杰克逊致信约翰·布兰奇，1828 年 3 月 3 日，《布兰奇家族文件汇编》，美国南方史料收藏馆，教堂山。

或许，激进分子是最不赞同亚当斯在国情咨文中所传达的治国理念的政治团体。"总统的国情咨文，"北卡罗来纳的纳撒尼尔·梅肯气急败坏地斥责道，"根本就是企图把所有的权力都收归联邦政府。"[1] 因此，马丁·范布伦领导的激进分子在接下来的几个月里逐渐向杰克逊的追随者们靠拢，并不断地试探对方，以期结成联盟。

不久，范布伦便决定以个人的名义投奔杰克逊。范布伦此举极为识时务。他意识到了英雄的名望之大。更为重要的是，激进分子所坚守的限制政府权力和厉行节约的保守信条，于杰克逊而言，正中下怀。此外，只有杰克逊能满足激进分子的所有诉求和期望。而范布伦也对美国人民此时的心境了然于心。老胡桃木就是他们心中真正的总统候选人，腐败和政客的把戏是杰克逊此次梦断总统之路的始作俑者。

范布伦投靠杰克逊还意味着美国政治两党制的复兴。与建国的领导们观念不同的是，"魔术师"范布伦并不认为政党制会导致国家分裂和消亡，他把政党制看作代议制政府的必然。他辩称，现代高效的政府需要行之有效的政党体系在公开场合进行彼此质疑。没有政党，民主便如空中楼阁。秩序井然的两党制通过针锋相对保持权力的相对平衡，进而捍卫自由和共和政治制度。詹姆斯·门罗领导下的一党专政造成了华盛顿权力过分膨胀，腐败遍地横生，约翰·昆西·亚当斯通过不正当手段当选为总统。范布伦说，只有复兴两党制，才能坚固中央和地方的利益，确保国家有序、合法以及稳定地运行。[2]

杰克逊此时已经辞去参议员，离开华盛顿，范布伦便决定会见副总统，看他是否愿意同自己结盟，他们便可以各得其所。两人于 1826 年 12 月底在弗吉尼亚州的威廉·菲茨休家中会面，范布伦向其表达自己愿意支持杰克逊 1828 年的总统大选，大批的激进分子也将支持他成为总统。他强调复兴政党制的重要性，希望杰克逊予以支持，并决心净化共和政治。他说，他想建立一个团结南北方各州的政党，一个他后来称为"南方种植园主和北方工厂主"之间的联盟。他继续说道："杰克逊的胜利一定得益于他的军事才能，而不关乎政党……这是其一。然而，竞选成功需要依仗政党的协同努力，坚持特定的原则，并反

---

1 梅肯致信燕西，1825 年 12 月 8 日，埃德温·威尔逊，《纳撒尼尔·梅肯的国会生涯》（教堂山，1900 年），76 页。

2 特请参见范布伦于 1827 年 1 月 13 日写给托马斯·里奇的信件，《范布伦文件汇编》，美国国会图书馆。

对一些当前流行的普世观点，这是其二，也是完全不同的范畴。"[1]

为了立即开启"联合"并争取获得大部分其他激进分子的支持，范布伦告诉卡尔霍恩写信给里士满《问询报》的主编托马斯·里奇，而里奇也是里士满政治集团的领袖，该政治集团是控制弗吉尼亚州的政治机器。纽约州－弗吉尼亚州轴心集团对所有杰斐逊的追随者都有着巨大的吸引力，无论他们此时身在何方。在组建新政党的过程中，由于卡尔霍恩和克劳福德长久以来积怨颇深，一部分激进分子难免会难以接受卡尔霍恩，正如杰克逊难以接受克劳福德，但是为了国家的未来，他们最终还是放下了个人恩怨。政党一旦组建，杰克逊和卡尔霍恩便可轻而易举地获得多个州的提名。

在范布伦讲话的始末，副总统便一动不动地盯着眼前这位身材矮小精壮的人，他的眼睛如磁石般盯住这位纽约人不放。最后，魔术师终于发表完自己的看法，停了下来，等待着对方的回应。过了好一会儿，卡尔霍恩从椅子上起身，向他伸出手。范布伦会心一笑，紧紧地握住了他的手。[2]

在民主党的发展组建过程中，杰克逊发挥着至关重要的作用。然而，他并没有积极公开地参与竞选活动，相反，他只是不动声色地静观默察，时而指导一下纳什维尔中央委员会的活动。当然，他把竞选总统的活动视为"改革"之一。他宣称，改革时代必须取代腐败时代。他还宣称，他成为总统后的首要任务便是"改组政府"以及"清洗政府部门"，清理掉那些因"政治交易或违背民意"而上位的腐败官员。[3]

对于一些既定的问题，杰克逊早有打算。例如，他认为银行与大范围的腐败息息相关，并认为银行是造成腐败的主要原因，谴责银行是危害自由政治制度安全的主因。而他对软货币和硬货币的态度截然相反。他极力支持硬币，却把纸币看作银行进行腐败交易的工具。他常常把纸币称为"纸钱"，把它当作

---

1 参见范布伦于 1827 年 1 月 13 日写给托马斯·里奇的信件，《范布伦文件汇编》，美国国会图书馆。此处范布伦的话并不是说给卡尔霍恩的，而是范布伦在 1827 年 1 月 13 日给里奇的信中写的。然而，我们可以推测出范布伦和卡尔霍恩所持的论点相似。

2 范布伦在他《自传》的第 514 页中这样写道："我们团结一心，携手帮助杰克逊将军赢得大选。"

3 安德鲁·杰克逊致信亚摩斯·肯德尔，1827 年 9 月 4 日，《杰克逊－肯德尔文件汇编》，美国国会图书馆；安德鲁·杰克逊致信爱德华·利文斯顿，1827 年 12 月 6 日，《利文斯顿文件汇编》。

破坏社会结构平衡以及牺牲穷人利益的始作俑者。[1] 杰克逊的关税和国内经济发展政策比较灵活，主要依赖防御等涉及国家利益的领域，但是他对印第安人却一如既往地持强硬态度，誓将他们驱逐到密西西比河以西。[2]

19 世纪 20 年代时的杰克逊对国家主要问题的认识和理解程度日渐成熟，相较其早年的观点更为温和。由于此时仍有政客谴责他对国家存在的主要问题缺乏清晰认知，所以在国家政策方针的问题上他不得不谨言慎行。周围到处是机关陷阱，他如履薄冰。在杰克逊眼中，他的政敌都是一些恶毒又报复心极强的小人，若非时常敲打警告，他们便会立即变节出卖。

1827 年，总统大选进入白热化阶段，越来越多的政客选择公开支持老胡桃木，而杰克逊则被突如其来的关注扰得焦头烂额：他们需要了解内幕；他们需要得到解释；他们需要他解释各个相关事件中他的所作所为。为什么他在 1796 年的众议院会议投票中投给乔治·华盛顿总统反对票？他在伯尔叛国阴谋中扮演的角色又是什么？他在新奥尔良为何关押霍尔法官？政敌还大肆宣传他曾处决民兵，并要求他对此做出解释。处决阿巴思诺特和阿布李斯特、杀死查尔斯·迪金森、同本顿兄弟酒馆械斗，都需要杰克逊做出解释。在竞选活动全面展开之时，对杰克逊最有杀伤力的指控莫过于他同雷切尔的婚姻状况。因为杰克逊将军在此次大选中已经站定了道德制高点，批判华盛顿以及整个国家存在的腐败问题，于是当局的朋党便指控他犯有通奸罪和重婚罪，逼他对自己同有夫之妇私奔的行为做出解释。[3]

辛辛那提《宪报》主编查尔斯·哈蒙德对杰克逊的婚姻状况大加挞伐，致使此事尽人皆知，瞬间使杰克逊臭名昭著。"1790 年夏天，"他写道，"杰克逊将军诱使肯塔基州绸缎商人路易斯·罗巴兹之妻抛弃丈夫，同其同居。"1827 年 3 月 23 日，哈蒙德便在该地《宪报》上发表与此事相关的文章，自此便在一本名为《探索真相——反杰克逊评注月刊》的册子上进行连载。该书的发行

1　关于杰克逊对软货币和硬货币截然相反的观念，请参见布雷·哈蒙德，《美国的银行和政治》（普林斯顿，1957 年）；小亚瑟·施莱辛格，《杰克逊时代》（波士顿，1946 年），以及约翰·麦克福尔，《杰克逊的财政纲领》（伊萨卡，纽约州，1972 年）。

2　安德鲁·杰克逊致信约翰·特里尔上校，1826 年 7 月 29 日，杰克逊，《信件》，第三卷，308—309 页。

3　对于此次大选的细节，尤其是两大阵营对彼此的攻击与反攻击，请参见罗伯特·莱米尼，《安德鲁·杰克逊的大选》（纽约州，1963 年）。

直接迫使纳什维尔中央委员会针对杰克逊的婚姻状况的"真实情况"做出全面解释，解释的文章大多出自约翰·欧文顿之手。[1]

报纸上对杰克逊婚姻状况的描写广泛传播，这让他极为恐慌。但是，他清楚事情的起因何在。亨利·克莱被指控在总统大选中涉嫌欺骗和腐败交易，使得人民所托非人，遂使用阴谋诡计进行报复。杰克逊曾听闻哈蒙德在肯塔基州拜访过克莱，而哈蒙德在《宪报》上所发表的文章全部取材于克莱提供的信息。因此，他便让参议员伊顿着手处理此事。伊顿找到克莱，要求他做出解释。克莱对自己见过哈蒙德一事供认不讳，但是拒不承认自己牵扯其中。尽管如此，杰克逊依旧对他心存疑虑。除此之外还会有谁？除了克莱以外，谁还会对杰克逊的婚姻如此热心？谁又能轻而易举地获得这些信息？老胡桃木在写给萨姆·休斯顿的信中彻底抒发了自己压抑已久的愤怒和失望。

> 那些合伙诽谤辱骂我的当局者，我定将撕下他们伪装的面具；我相信，时机一到，不仁不义、卑鄙无耻、作恶多端的克莱定会在美国人民面前认罪伏法。我最近听闻他在背后策划秘密活动，若我能够找到确凿证据，定不会轻易饶恕他。他是我见过最卑劣、最卑鄙、最无赖的人，上帝都以他为耻，最卑劣或低俗的词也不足以形容他，他怀着怯懦而卑微的目的暗中中伤我。即使是老者和贞洁的女性他也要暗中联合他人进行诽谤中伤。到此为止，你了解我的，在合适的时机到来之前，我一定会强压住心中的怒火，报应一定会降临到他的身上。[2]

杰克逊怒斥道，亚当斯－克莱联盟所行的阴谋诡计，卑鄙地在大选中重提他婚姻的细节，更加证明了他在道德和政治上的沦丧。杰克逊控诉腐败致使政府所托非人本是合法，而当局竟然用如此卑劣的手段报复指控。对杰克逊来说，他终于打消了先前的诸多疑虑，厘清了亚当斯和克莱夺得总统之位的手段。

政敌对他的攻击远不止于此。他的军旅生涯也成了政敌中伤攻击的目标，而将军绝不容忍任何人对此进行攻击。政敌甚至发行了诸多以"杰克逊将军血腥行为的详细描写"或"雅各布·韦勃、大卫·莫罗、约翰·哈里斯、亨利·路

---

1 对于此处陈述，请参见《美国电讯报》，1827 年 6 月 22 日。

2 安德鲁·杰克逊致信休斯顿，1827 年 12 月 15 日，《杰克逊文件汇编》，美国国会图书馆。

易斯、大卫·亨特和爱德华·林德赛6名士兵被判死刑，杰克逊少将支持判决结果，并下令对6人执行枪刑"为标题的小册子。小册子以黑色镶边，顶部印有6具棺材，每具棺材上写有一个"被杀"士兵的姓名。这份"棺材传单"上撰文详述了这6人在克里克战争期间服役期结束后准备返回家乡，却被指控为逃兵，随后便被冷血无情的杰克逊下令处以极刑。费城《民主报》主编约翰·宾斯甚至以棺材传单为素材，添油加醋后作诗一首，名曰"比悲伤更悲伤的悲剧"。

面对小亚当斯阵营如潮的抹黑和攻击，以杰克逊为首的民主党人也不甘示弱。杰克逊和他的追随者不仅逐一驳斥小亚当斯阵营的指控。同时，小亚当斯也未能免遭揭丑。他们整理出来的"黑材料"显示，小亚当斯竟当过皮条客。据说，小亚当斯在1809—1814年担任美国驻俄国大使期间，曾设法弄到一个美国女孩，让她为俄国沙皇亚历山大一世提供性服务。该指控刊载在老胡桃木竞选自传《少将安德鲁·杰克逊的生平、性格和履历简介》，作者是新罕布什尔州的艾萨克·希尔。这个充满恶意的谣言很快流传开来，很多人甚至相信了这个谣言。民主党人在西部诸州甚至毫不客气地嘲讽小亚当斯为"联盟里的皮条客"，却对他曾是一位功勋卓著的外交家只字不提。[1]除此之外，杰克逊阵营还指控小亚当斯担任总统期间，曾使用公款在白宫购置赌博设备，而他购买的不过是一个桌球台、球杆和球。杰克逊阵营还指责小亚当斯是奢侈的贵族，并在报刊极尽夸张之能事地描绘他的这一形象，以期让他罔顾大多数美国民众期冀的形象深入人心。

面对这些突如其来的抹黑，小亚当斯置若罔闻。随着政敌对杰克逊私生活以及军旅生涯的炮轰，他便深陷在这场撕咬中不能自拔。他首先同达夫·格林取得通信联系，而后者是以杰克逊为首的华盛顿报纸集团的新任主编。他在杰克逊以及朋党的资金支持下买断老华盛顿《宪报》，并将其改名为《美国电讯报》。在报纸正式发刊之前，将军便同格林照会，并向其指出宣传中所要坚持的一些指导方针。"若当局继续执迷不悟行抹黑诽谤之事，"他说道，"那么我们就需要做好准备，搜集好需要发表的素材，随时准备向他们的营帐扔去火把。"但是，"我的朋友们请不要牵扯进任何女性，除非他们胆敢继续攻击杰克逊夫人，那么必须实事求是地进行反击"。[2]

---

1 莱米尼，《安德鲁·杰克逊的大选》，117—119页。关于1828年大选的其他一些细节的详细描述都可在本书中找到。

2 安德鲁·杰克逊致信格林，1827年8月13日，《杰克逊文件汇编》，美国国会图书馆。

杰克逊在这一时期也开始同肯塔基州的亚摩斯·肯德尔频繁通信，而后者是《美国西部之眼》的主编，他曾与克莱交好，但由于观念和个人背景的差异致使两人分道扬镳，肯德尔便加入到民主党人的队伍中。他猛烈地攻击美国的银行体系，并在他执笔的报纸上疯狂地抨击当局。他加入杰克逊阵营的重要性完全不亚于卡尔霍恩和范布伦的加入，尽管他与后两者所发挥的作用完全不同。凭借着过硬的报业专业能力，他与一同运营《美国西部之眼》的同事弗朗西斯·布莱尔一道，不仅为杰克逊阵营带来了巨大的活力，更为亨利·克莱控制的肯塔基州注入了民主党的强大势力。此外，由于亚摩斯和弗朗西斯都是西部人士，他们很快便获得了杰克逊的信任和赏识。他们两个人的携手合作，远比民主党内的其他任何两个人所提供的能量、观点以及议题要多得多。

其他在新闻业举足轻重的从业人员也陆续加入杰克逊的阵营，包括里士满《问询报》的托马斯·里奇以及奥尔巴尼市《守卫者》的爱德温·克罗斯威尔，而后者是奥尔巴尼摄政执政团的发言人，听命于范布伦。新罕布什尔州《爱国者》的艾萨克·希尔、纽约《问询报》的詹姆斯·戈登·班尼特以及波士顿《政治家》的纳撒尼尔·格林也为杰克逊阵营的活动提供了极为有力的帮助。不久后，小亚当斯阵营便满腹牢骚地抱怨，民主党人在"新英格兰地区到路易斯安那州，以及列克星敦到西部诸州，建立起了一条报纸通信线路"，而这些被称为"国家共和党人"（National Republicans）的人从民主共和党脱离出来，因为国家共和主义更符合他们的意识形态。[1]

杰克逊阵营中的许多人，尤其是新闻从业者，十分在意肯德尔所称的"我们所为之奋斗的原因"。他们要做的不只是把一个冥顽不灵的当局政府赶下台那么简单，他们真正的目的是同政府的暴政和权力滥用作斗争。与此同时，他们也害怕汉密尔顿阵营为了谋求本党私利而不惜控制和操纵政府。"反对腐败和权力是我们的奋斗目标，"一位日后成了杰克逊的内阁成员说道，"凭借智慧和爱国主义情怀，我们希望自己步步为营。"[2]也就是说，杰克逊的胜选不仅仅是把腐败的当局政府赶下台，而是在人民的拥护下建立一个全新的政党，复兴以宪政捍卫自由的信条。杰克逊此时也越发意识到自己参选的责任之大。从

---

1 《国家期刊》，1827年2月27日，3月10日、22日、31日，7月24日，以及《国家情报》，1827年3月13日、20日。

2 巴里致信阿尔佛雷德·鲍尔奇，1827年11月19日，《杰克逊文件汇编》，美国国会图书馆。

他同民主党内党魁们的通信文件中不难看出，他反复强调共和政治的理念，并开始渐渐制定出改革的纲要。"只有当宪法的修订基于保护人民的合法权利时，"他告诉北卡罗来纳州的约翰·布兰奇道，"以及人民和政府间保持平衡时；当国家债务被如数偿还时，以及政府的行政部门不再受金钱至上的权贵进行的腐败交易影响时；当国会通过的每项议案都完全基于人民的福祉时，所有的经费预算都须经过特别否决权投票时，每一位官员每年都向国会述职并公开经手的经费去向时。那么，以上预想无须全部实现，我们的国民性中便不会再有腐败的劣根，那么我们的官员也就没有了腐败的温床，他们自然会变得诚实公正。"[1]

时至1828年，党内诸多领袖便彻底领会到了杰克逊的执政理念，以及他参选的最终目的。在纽约州的德·威特·克林顿去世的当天下午甚至还写信给他俄亥俄州的盟友卡利德·阿特沃特，劝服他支持老胡桃木参选。"若阁下不想再一次经历恐怖统治，那么支持杰克逊将军，"他在信中写道，"若阁下志在复兴古朴的共和政治信条，那么也请支持他。"总之，恰如民主党阵营媒体所宣称的那样："杰克逊和小亚当斯，民主的代言人和权贵的代言人。"[2]

"毫无疑问，俄亥俄州的选票一定会在下届大选中投向杰克逊和改革，"阿特沃特说道，"州议会的议员已经达成共识，这是本次大选的主旋律。我们一定会不遗余力地支持他。"[3]显然，民主党的党员巧妙地通过竞选口号"杰克逊和改革"唤起了公众的良知，赢得了多个州的信任。新奥尔良英雄曾在1815年的节节败退中救国救民，此时他要从一个权贵当政的非法政府中，把人民和国家从其腐败和暴政的魔爪中解救出来。

大选的火药味越发浓烈起来，大批民众走上街头为老胡桃木摇旗呐喊，游行的规模在往年大选中难得一见。而此次大规模游行则是由一群新兴政客发起并组织的，他们登上政治舞台的时间还不到10年。公众在他们的鼓动下纷纷走上街头，为自己支持的候选人摇旗鼓劲。游行、户外烧烤、晚餐、街头集会、植树以及各种花样繁多的爱国运动席卷全国。其中有人说道："一个名为拉票

---

1 安德鲁·杰克逊致信布兰奇，1828年6月24日，《杰克逊文件汇编》，美国国会图书馆。

2 克林顿致信阿特沃特，1828年2月29日，《杰克逊文件汇编》，美国国会图书馆；《美国电讯报》，1828年1月24日。

3 阿特沃特致信安德鲁·杰克逊，1827年9月30日，《杰克逊文件汇编》，美国国会图书馆。

兄弟帮的组织专门为杰克逊进行拉票，此外那些闹哄哄的政客都是他的同党。"拉票兄弟帮的成员到处分发胡桃木扫帚、胡桃木手杖以及胡桃木拐棍。他们把这些胡桃木制品插在尖塔上、汽船上、路标上。胡桃木做成的旗杆被插在了"每一个村庄的每一个角落，城市的每一条街道上也插满了这种旗杆"。"种胡桃树！"国家共和党人（National Republicans）轻蔑地嗤笑道，"一群傻瓜！胡桃树与共和政治和大选有必然联系吗？"[1]

自由的言论甚嚣尘上，加之精英群体的暴政，爆发大规模的反共济会运动的原因不言而喻。事情起因于 1826 年，一个名为威廉·摩根的共济会成员突然失踪，很显然摩根死于谋杀。摩根来自纽约州的巴达维达，隶属于当地的共进会分会，由于其同会中的共济会兄弟发生分歧，遂写书将共济会的秘密公之于众。共济会的成员极力劝阻他不要做出背叛本会的行为未果，此后不久，摩根便因债务纠纷锒铛入狱。1826 年 11 月 11 日，一个声称是摩根朋友的人到警察局将摩根保释带走，从此他便杳无音信。有知情人透露他被带往尼亚加拉河，并在此地溺亡。摩根的失踪使得整个事件迅速在纽约州西部各个地区激起惊涛骇浪，许多人加入到抗议共济会的运动中来。人们纷纷指责共济会是一个企图通过绑架和谋杀隐藏不可告人秘密的组织。随后，宗教势力以及经济的破败也加剧了这场运动的发展。社会上那些灰心丧气的人、满腔怒火的人以及不满现状的人越来越认识到共济会的影响力，它不仅已经渗透到商业、政治以及法庭当中，甚至是整个国家权力结构中任何一个重要的职位中。共济会这种无孔不入的态势，势必大大阻碍非共济会员的发展前途。嗅觉灵敏的政客，如宾夕法尼亚州的撒迪厄斯·史蒂文斯以及纽约州的瑟洛·威德，很快意识到这场此起彼伏运动的价值所在，并企图把它引向选举。就在反共济会浪潮的巅峰时刻，人们愕然发现安德鲁·杰克逊居然是共济会排序中的"大王"，这一发现大大降低了他在纽约州的支持率。[2]

从某种角度来看，这次反共济会运动的爆发根本上是一场反对所谓精英阶层特权的民主运动。越来越多的普通民众惧怕有钱人和掌权人会因个人利益控制整个社会。有些人通过攫取总统之位恢复汉密尔顿时期的经济政策就足以说

1　约翰·米勒致信约翰·泰勒，1828 年 2 月 8 日，《泰勒文件汇编》，纽约州历史学会；帕顿，《杰克逊》，第三卷，144 页，《国家期刊》，1828 年 5 月 24 日。

2　关于反共济会组织的最新研究，请参见威廉·沃恩，《1826—1843 年，美国的反共济会党》（列克星敦市，1983 年）。

明阴谋确实存在。如果连政府都可能失窃，那么世上的一切皆不安全。

幸运的是，1828 年，反共济会运动仅在少部分地区对杰克逊的总统大选造成潜在危险。而反共济会运动的政治力量刚刚开始壮大。直到 1828 年夏末，共济会身份对杰克逊参选造成的负面影响小之又小，大批的民主党党员都对杰克逊的胜选抱有极大信心，他们甚至认为他有可能以绝对优势胜出。[1]

民主党人如此自信的原因之一便是他们在 1827 年的非大选年获得了极大的成功。此时的他们已经完全控制了两院，并计划插手立法事务，以增加杰克逊将军能够在 1828 年胜选的概率。以参议员范布伦为首的民主党国会议员拟定了一份关税法案，通过提高东北地区和西北地区所偏爱商品的保护性关税，吸引该地区的选举人票，如原毛、亚麻、糖浆、蒸馏酒精以及大麻。而南方人通常对保护性关税持反对态度，并认为保护性关税违宪，因为他们相信保护性关税是以牺牲南方经济利益为代价，进而保护北方经济利益的行为。南北双方经过一场互不相让争辩，互相谴责对方玩弄诡计，以关税法案最终得以通过以及亚当斯总统签字认可而告终。该法案尤其在南方引起巨大非议，甚至被蔑称为"妥协税率法案"（Tariff of Abominations），此法案恰好帮助杰克逊获得了好几个州的支持，而这几个州的支持对他的胜选至关重要，包括肯塔基州、伊利诺伊州、印第安纳州、密苏里州、宾夕法尼亚州、俄亥俄州以及纽约州。[2]

当人们发现杰克逊再次参选时，成千上万的民众在民主党的指引下奔向投票处。杰克逊在当地组建的党部时刻紧盯着投票的过程。大量的选举中央委员会分别带领一个 50 或 60 个选民组成的队伍前去投票，每个队伍的前方都举着一个写着"杰克逊和改革"标语的横幅。在其他地方，数量众多的胡桃木俱乐部分发旗帜，鼓动那些忠于政党的选民前去投票，捍卫他们复兴德行和共和政治的诉求。

"去投票！"《美国电讯报》撰文疾呼，"去投票！忠诚的哨兵今夜无眠，没有人待在家中，每一个人都去投票……我们要见证'杰克逊、卡尔霍恩和自由'

---

1 尼古拉斯·特里斯特致信多纳尔森，1828 年 10 月 19 日，《多纳尔森文件汇编》，美国国会图书馆。

2 关于文中提及法案所牵扯到的所有暗中操作，相关详情请参见莱米尼，"马丁·范布伦和《妥协税率法案》"，《美国历史透视》，第六十八卷，第 4 号（1958 年 7 月），914—916 页。

的胜利。"[1]

1828 年的选举程序在 24 个州中发生了极大变化。南卡罗来纳州和特拉华州通过州议会选出选举人，在其他地方，选举人则由全民选举或者某一选区的选民选出，相当于该地区的所有成年白人人口，但不包括弗吉尼亚州、路易斯安那州以及罗得岛州。纽约州、田纳西州、伊利诺伊州、缅因州以及马里兰州则采用选区系统（意味着本州内的选举人票可以同时对多位候选人有效），而其他州则采用赢者通吃的计票方式，即意味着任何一个总统候选人如果赢得了这个州的多数人投票，就算赢得了这个州的所有选举人票。1824—1828 年，有 4 个州首次通过法律允许全民选举参与总统大选的选举人，包括纽约州、佛蒙特州、佐治亚州以及路易斯安那州。此项改革造成直接参与美国大选的选民数量暴增数十万人。

投票于 9 月开始，11 月结束。各州的投票均持续数日，投票处在不同的时段开放，即使是在同一个州开放的时间也大不相同。最终的投票结果于秋末出炉，结果显示杰克逊获得 647276 张全民选票，178 张选举人票。与之相对，亚当斯则获得 50864 张全民选票，83 张选举人票。亚当斯在选举人的投票中大败。此外，除了新英格兰，他还获得了新泽西州、特拉华州的支持以及马里兰州的大多数选举人票，纽约州的 36 张选票中仅有 16 票投给他，而他在伊利诺伊州仅获得 1 票支持。杰克逊则获得了其余的选票。[2]

一名国家共和党人悲叹道："一场翻天覆地的变革在所难免。"另一个该党人士则对此嗤之以鼻道："不过是一场关于民主的狂吼乱叫罢了。"一位来自小亚当斯阵营的记者赫齐卡亚·奈尔斯这样写道："杰克逊之所以能取得这场绝对性的胜利，不过是仰仗成千上万的狂热民众罢了。""亚当斯和克莱的联盟，"爱德华·埃弗雷特对他的兄弟说道，"不是败于二比一的对决，而是败于绝大多数选民，这是一场让当局朋党瞠目结舌的选举，而将军本人和他的朋友也对选举的最终结果感到猝不及防……所向披靡的盛况以及陡然壮大的政党一夜之间竟让他们有些不知所措。"[3]

---

1 《美国电讯报》，1828 年 10 月 20 日。

2 施莱辛格和伊斯雷尔编辑，《美国总统大选历史》，第一卷，492 页。

3 肖致信克莱，1829 年 1 月 9 日，《克莱文件汇编》，美国国会图书馆，《奈尔斯每周记录》，1828 年 12 月 6 日；爱德华·埃弗雷特致信埃弗雷特，1828 年 12 月 2 日，《埃弗雷特文件汇编》，马萨诸塞州历史学会。

然而，杰克逊的得票与选民的"暴增"并没有实际关系。只是看上去有关系而已。此时的美国总人口约为 1300 万人，拥有投票权的白人男性为 1155340人，从统计数据来看，这并不是一个庞大的数据。尽管如此，此次参与选举的人数比上次选举人数多出整整 80 万人，意味着此时公众对总统大选所展现出的兴趣远超以前。

实际上，这是一场史无前例的大选，有几个原因造就了它的与众不同。首先，也是最重要的一点，杰克逊作为民族英雄对整个国家各个阶层都具有强大的号召力；其次，是因为民众普遍认为亚当斯是通过不正当手段获得的总统之位，并公然忤逆民众之意；最后，便是得益于民主党完备的组织运行架构。通过各地区和州委员会以及党报的"协同努力"，如范布伦所称，为杰克逊在西部和大西洋中部沿岸的关键州获得大量选票。"井然有序的党部是杰克逊此次获胜的秘密所在，"一位亲小亚当斯阵营的报社记者这样写道，"我们就是败在了这个组织上。"[1]

当老胡桃木胜选的消息最终传到隐士庄园时，并没有引起多大的波澜。雷切尔在听到此消息后也没有表现出多大的热忱，因为她已经认识到置身于公众生活意味着什么。"当然，我为杰克逊先生感到由衷开心，"她说道，"但是对我来说，我并不渴求。"此时的雷切尔还没完全从丧子之痛中恢复过来，她的印第安养子林科雅刚于 1828 年 6 月 1 日离世。他年仅 16 岁，可能死于肺结核。雷切尔无微不至地照顾他的饮食起居，但是一切都是徒劳。林科雅在经历一场极为痛苦的病痛后便溘然长逝，死在了曾经征服他民族的英雄的屋檐下，他的遗体也随之被装进了一个体面的坟墓中。[2]

12 月初，竞选的最终结果刚出炉不久，雷切尔便前往纳什维尔，为即将成为第一夫人做准备，即便她并不十分情愿。就在置办行装的空当，她突觉一阵疲意袭来，于是便到城中她的一位亲戚—— 一个报社编辑的私人办公室稍事休息。就在她休息的时候，突然看见一本竞选小册子上赫然写着她同杰克逊婚姻的来龙去脉。小册子上写的内容让她几近崩溃。她以前从不知道自己的婚姻居然招致了如此多的非议。文章极尽能事地指责她犯有通奸罪和重婚罪。此时的她全明白了。这突如其来的指责让她难以招架，她突然瘫了似的倒在地板上，歇斯底里地哭了起来。也就是从这时开始，她的身体和心理慢慢走向崩溃。

1 《美国人》（纽约州），1827 年 11 月 9 日。

2 帕顿，《杰克逊》，第三卷，153 页，《美国电讯报》，1828 年 7 月 3 日。

12月18日，星期三，就在她偶感风寒，并出现胸膜炎的症状时，她的大限即将来临。当时她正在仆人汉娜的陪同下做家务，她突然感到胸前和左胳膊一阵剧痛。她一边痛苦地抓住自己心脏的部位，一边痛苦地大叫。她不得不瘫坐在椅子上休息，吃力地呼吸着，并倒在了汉娜的臂弯里。仆人们听到哀号声连忙赶来。他们小心翼翼地把她抬到卧室的床上去。[1]

此时，杰克逊正坐在自己的写字台前工作，听到妻子的尖叫声后他立即丢下手中的笔跑去看他的妻子。他跪在妻子的床边，不断地轻声安慰着。一名骑手飞速奔向城中求医。在接下来的60个小时中，杰克逊将军几乎寸步不离，静静地守护着她。就在自己的病情刚刚有所好转时，雷切尔便不停地要求丈夫赶紧去休息。最后，他实在拗不过，便去相邻房间的沙发上躺了下来。从弗吉尼亚州赶来拜访的亨利·李·海斯克尔医生以及杰克逊的主治医生塞缪尔·霍格医生均留在雷切尔所在的房间里。

那是12月22日，周日，晚上9点，将军向自己的妻子道过晚安后，便去到邻近的房间休息。就在他离开后不到五分钟，雷切尔便命令仆人们把她抬下床，以便他们重新整理床单，准备就寝。当她在汉娜的支撑下坐在椅子上时，另一阵剧痛再次袭来。她痛得大喊大叫。此时，她的"嗓子里甚至发出呼噜呼噜的声音"。她一头栽在了汉娜的肩膀上。此时，雷切尔撒手人寰。[2]

杰克逊在听到妻子的惨叫后便夺门而入。诸位仆人和亲人也纷纷冲进来，悲痛欲绝的哀号不绝于耳。医生和杰克逊把她从椅子上抬起来，轻轻地把她放到床上。

"给她放放血。"杰克逊要求道。

医生在她的胳膊上划出一道开口，但是没有血流出。

杰克逊当即吓得愣住。

"医生，试试太阳穴。"他恳求道。

医生照做。切口处仅仅渗出两滴血，滴在了雷切尔的帽子上，仅此而已。

丈夫慌乱地摸着妻子的脸，企图找到哪怕一丝生还的迹象。他呆呆地站在她的身旁，连续几个小时一动不动，奢望着找到任何她还活着的迹象。当她手

1 怀斯，《合众国七十载》，113—114页；巴西特，《杰克逊》，406页，脚注1；帕顿，《杰克逊》，第三卷，154—155页，弗朗西斯·布莱尔致信安德鲁·杰克逊，1828年12月5日，杰克逊，《信件》，第三卷，452页，注释2。

2 帕顿，《杰克逊》，第三卷，157页。

脚冰凉没有一丝血色时，杰克逊才慢慢接受他的心爱之人已死的残酷现实。

第二天清晨，路易斯上校闻讯赶来，只见杰克逊静静地坐在妻子的身旁，脸深深地埋在双手中，悲痛欲绝。将军沉浸在悲痛中无法自拔，痛苦的他几乎无法言语。他在接下来的一天里一步也没有踏出过房间，"痛不欲生"。[1]

雷切尔在圣诞节前夜下葬，被葬在了隐士庄园的花园里。老汉娜在雷切尔的墓前一病不起。在葬礼进行的过程中，杰克逊整个人看起来哀毁骨立。雷切尔死后，这是他第一次大哭，此时的他任由泪水汹涌而出。一位送葬人走上前去试图安慰他。英雄紧紧地握住那个人的手，连续握了三次。他竭尽全力地想表达自己的哀痛和绝望，但是费尽气力也只说了个"费城"，就再也无法言语。那位送葬人看到将军这副模样也悲不自胜。"我无法忘记那张伤心欲绝的脸。"他说道。[2]

杰克逊在妻子的墓地上架起了一个护棚，便差人去找合适的墓碑。在前往华盛顿就职前，他令人建一座希腊神庙式的墓，白色的大理石柱上修饰有白色圆形的穹顶。墓地落成后，杰克逊便在此地立起一块墓碑。

"我的心几乎已经碎了。"杰克逊痛苦地说道，此时的他正准备前往华盛顿就任。此后，他一直没能从丧妻的痛苦中走出来，直到死亡。此时，当选为总统对他来说也早已变得微不足道。"没有了她，生无可恋，"他说道，"尘世的快乐无法与她相提并论。"[3]

---

1 帕顿，《杰克逊》，第三卷，156页；马奎斯·詹姆斯，《安德鲁·杰克逊传记》（纽约州，1938年），478页。

2 帕顿，《杰克逊》，第三卷，158页。

3 安德鲁·杰克逊致信科菲，1829年1月17日，《科菲文件汇编》，田纳西州历史学会；安德鲁·杰克逊致信让·普劳切，1829年1月17日，《杰克逊文件汇编》，美国国会图书馆。

第十三章　第一次属于人民的总统就职典礼

雷切尔离世几周后，杰克逊试着强迫自己专注于新的使命。1829年1月18日，周日，载着他前往华盛顿就职的汽船已经抵达坎伯兰河。1月19日，杰克逊一行人就要踏上从隐士庄园到首都的征程，整个行程需花约三周时间。杰克逊的随行人员包括他的侄子安德鲁·杰克逊·多纳尔森，而后者一直担任他的私人秘书；多纳尔森的妻子埃米莉（也是安德鲁·杰克逊的侄女）；威廉·路易斯；小安德鲁·杰克逊；亨利·李，以及杰克逊的被监护人玛丽·伊斯丁。

杰克逊再次出现在公众视野时，依旧是一袭丧服，并且此后多年他一直保有穿丧服的习惯。只见他身着一套黑色西装、白色衬衫，脖子上系着一条黑色的领带。他常常在胳膊上缠一条黑色的袖带，并在他那高高耸起的海狸呢帽子上缠一条同样的黑色条带，余下的带子垂到他的脖子后面，以向世人诉说他正在服丧。胜选后，这是他第一次出现在公众面前，依旧郁郁寡欢，但是面对人民，他丝毫不失一位绅士该有的风度，以及一位久经沙场的军人所独有的威严。当时甚至有人评论说，他是继乔治·华盛顿以来最有总统风范的总统。[1]

杰克逊通过民主党派所属的报刊声明，在此次行程中他不准备"会见以及接见公众"。[2] 但是，当人们听说他就在附近时，便忍不住自发组织起来前去一睹他的风采。最为重要的是，他们想要亲眼证实他一切安好，足以挑起安邦定国的大任。

2月11日，上午10点左右，杰克逊一行人悄悄地抵达华盛顿，乘坐一辆简朴的四轮马车，仅有一名黑人仆人随从其后。杰克逊的马车前"约有十个骑

1 弗朗西斯·特罗洛普，《美国人的国民风度》（纽约州，1949年），第一卷，125页。
2 《美国电讯报》，1829年1月28日。

手骑马相伴"。[1] 将军在国家宾馆处落脚，该宾馆位于宾夕法尼亚大道和第六大道东北角的相交处，是当地最新潮时尚的宾馆。

杰克逊目前最关心的事便是为自己的政府组建内阁。就在此时，范布伦的名字突然浮现在了他的脑海里，范布伦在杰克逊的政党内所发挥的重要作用几乎有目共睹，他的地位毋庸置疑。而范布伦刚刚被选为纽约州的新任州长一事，与他的付出相比根本不值一提。杰克逊在多次征询周围顾问的意见后，发现人们似乎并不反对对范布伦委以重任，于是他于2月14日写信给范布伦，并在信中正式邀请他出任国务卿。以范布伦在党内的声誉和地位，只有国务卿一职最适合他。然而，对范布伦的任命却让卡尔霍恩以及他的朋党心生不悦，因为人们普遍相信国务卿是最有希望成为下任总统的人，但是他们也只好默默忍下这口恶气，因为这位南卡罗来纳人好歹也是堂堂副总统。[2]

为了安抚卡尔霍恩一派，杰克逊这位候任总统便任命宾夕法尼亚州的塞缪尔·英厄姆为财政部长，而该职位是内阁的第二把交椅。此外，宾夕法尼亚州为杰克逊当选总统立下汗马功劳，杰克逊在此州获得大多数选票，此外该州不仅在整个美国，而且在民主党内都发挥着"举足轻重"的作用，所以任命该州的人担任要职是大势所趋。在杰克逊抵达华盛顿不久后，该州"绝大多数"的国会代表团成员都曾前去造访过他，并"联合提名英厄姆为该州的民主党候选人。杰克逊当即向他们保证英厄姆是财政部长的不二人选"。[3] 尽管他本人更为欣赏亨利·鲍尔温，但是迫于代表团的提议，他也只能选择屈服。

不久以后，杰克逊犯了一个极为愚蠢的错误。他决定在内阁成员中安插一位他的至交，如此他便可以对其畅所欲言，赤诚相待，而那个人必须对他和盘托出，忠贞不贰。如此这般改组内阁他并没有十分的把握，因为忠诚从来都不

---

1 阿尔佛雷德·莫迪凯致信埃伦·莫迪凯，1829年2月11日，莎拉·艾格尼丝·华莱士编辑，"私人信件中关于杰克逊任职总统期间公开露面的日子"，《田纳西州历史季刊》（1950年），第九章，368页。

2 安德鲁·杰克逊致信范布伦，1829年2月14日，《范布伦文件汇编》，美国国会图书馆，肯德尔致信布莱尔，1829年3月7日，《布莱尔－李文件汇编》，普林斯顿大学图书馆。

3 同上；詹姆斯·汉密尔顿致信范布伦，1829年2月，《范布伦文件汇编》，美国国会图书馆；英厄姆，《塞缪尔·英厄姆》（费城，1910年），6—10页；金姆·菲利普斯，"杰克逊运动在宾夕法尼亚州的起源"，《政治科学季刊》（1976年），第九十一卷，489—508页。

是组建内阁的首要问题。杰克逊此时有两个人选：约翰·亨利·伊顿和休·劳森·怀特，这两位都是他的老朋友，且都与田纳西州有着千丝万缕的联系。怀特聪明过人，且为人正直可靠，伊顿则同杰克逊交情颇深，且可以为自己提供专业服务。怀特一身正气，是少有的正派之人，他本是杰克逊的首选。但是伊顿对杰克逊来说非同一般，他不仅是杰克逊的传记作者，长久以来他还担任杰克逊的副官，是杰克逊不可或缺的同僚。因此，杰克逊甚至对雷切尔说：“伊顿就像是我的一个儿子，只要我还有一口气尚存，我便会带着感恩之心珍惜他的付出和友谊。”[1] 最棘手的问题是，1829 年 1 月 1 日，伊顿同一位名为玛格丽特（佩吉）·奥尼尔·汀布莱克的女人结婚。

他们结婚之时，伊顿已是一个中年鳏夫，而佩吉则是一个年方 29 岁的美人。她的父母在华盛顿当地经营一家旅馆，她明艳动人、聪明伶俐，时而轻佻冒失，时而急躁莽撞，时常罔顾社会对妇女的禁锢。她热衷于影响别人，她享受被关注的感觉。她的第一任丈夫死后，她便同伊顿走到一起。她的亡夫约翰·汀布莱克是一名海军上尉，在一艘军船上任事务长，据说为给自己的妻子还债而涉嫌欺骗政府，后自杀。“传言她和伊顿早就有一腿，”亚摩斯·肯德尔写道，“我相信传言并不属实，”肯德尔继续写道，“但是此事在华盛顿的社交圈中流传甚广。”“伊顿居然娶了他的情妇，”一位爱饶舌的政客嘲笑道，“他的情妇可还有其他十一打情夫！”[2]

在同佩吉结婚前，伊顿曾专程询问过杰克逊的态度。他认为同佩吉结婚符合“荣誉”和“正义”，他认为自己的行为“正确且符合常理”，杰克逊点头首肯。因此，伊顿同佩吉的结合，杰克逊并没有提出任何意见。结婚一事全凭伊顿自己做主。他只是简单地征询杰克逊的意见而已，他说：“您对我结婚一事所提供的建议和所持的态度同我一致，我心满意足。”[3]

但是，既然杰克逊知道流言蜚语的谣传会让人们质疑他的判断力，他为什么还一定要将伊顿任命为内阁成员呢？或许，他只是觉得对伊顿有所亏欠。或

---

1 安德鲁·杰克逊致信雷切尔，1824 年 2 月 27 日，查尔斯·诺顿·欧文收藏，格伦科，伊利诺伊州。

2 肯德尔致信布莱尔，1829 年 3 月 7 日，《布莱尔－李文件汇编》，普林斯顿大学图书馆，路易斯·麦克莱恩致信詹姆斯·贝阿德，1829 年 2 月 19 日，《贝阿德文件汇编》，美国国会图书馆。

3 伊顿致信安德鲁·杰克逊，1828 年 12 月 7 日，叙扎收藏，田纳西州立博物馆。

许，他只是做做样子而已，并认为伊顿一定会顾及自己和妻子的名声，而断然拒绝杰克逊的任命。如果杰克逊确实只是想做做样子，那么他就大错特错了。对于杰克逊的任命，伊顿可谓翘首企盼。尽管怀特曾事先告知杰克逊自己不准备担任任何职务，杰克逊还是决定再确认一次，看他是否愿意接受任命。毫无悬念，怀特拒绝了他。杰克逊的内阁不仅失掉了一位真挚而忠诚的好友，更憾失了一位品格高尚、机智过人的同僚。杰克逊任命的官员完全超出了他的控制，他的领导力元气大伤。这不是他最后一次犯类似的错误。杰克逊任命的官员从总体来看都是轻虑浅谋之辈，而能谋善断之人寥寥。

杰克逊在任命约翰·布兰奇为海军部部长一事上又栽了跟头，而后者是北卡罗来纳州的参议员，该州的前任州长。"没人能知道，可怜的布兰奇接受这一任命究竟是出于何种初衷。"路易斯·麦克莱恩说道。肯德尔认为："北卡罗来纳州素来卑以自牧，无甚野心，更没想过争取更高的位置，但是就所取得的功绩而言，该州丝毫不逊色于它周边那些争强好胜的州，这也许是杰克逊任命布兰奇的原因。"若以上分析属实，那么任命布兰奇的原因比任命伊顿的理由更不能服众。布兰奇是新任总统的老朋友，并一直是新任总统忠实的追随者。他在田纳西州拥有农场，并时常前往隐士庄园造访杰克逊。此外，他是一名虔诚的州权支持者，并极力声讨银行的所作所为，他的这两点信条与老胡桃木的政治观点不谋而合。有人曾说，布兰奇以他玉盘珍馐般的晚餐和完美无瑕的人品著称，说不定会"大大提高新政党的声誉"。任命布兰奇确实可能为杰克逊带来他所期冀的声望。一位是人格至美至善的君子，而另一位的妻子则声名狼藉，甚至被怀疑同"十一打"男人睡过，把两位截然不同的人同时安插在内阁，难免会在华盛顿引起流言蜚语，造成无尽的麻烦。[1]

杰克逊在任命官员上犯的另一大错误便是任命约翰·麦克弗森·贝里恩为司法部部长。"来自佐治亚州克劳福德县的贝里恩确系栋梁之材，"肯德尔承认这一点，"但是自从上次的战争结束以来，他就成了一名坚定的联邦主义者。我不明白将军提拔他的用意何在，或许是为取悦他在克劳福德县的朋友吧。"激进分子们希望新任司法部部长"足够强硬"，而杰克逊任命他的原因则是由于他拥护印第安人迁移，这是最为重要的考量。杰克逊决心进行印第安人迁移，

---

1 麦克莱恩致信范布伦，1829 年 2 月 19 日，《范布伦文件汇编》，美国国会图书馆；肯德尔致信布莱尔，1829 年 3 月 7 日，《布莱尔－李文件汇编》，普林斯顿大学图书馆；詹姆斯·汉密尔顿，《回忆录》（纽约州，1869 年），102 页。

他亟须一位对此持同样态度的司法部部长。[1]

候任总统任命肯塔基州的威廉·巴里为邮政部部长，他在任命官员的路上再一次进入歧途。起先，出于对约翰·麦克莱恩背弃约翰·昆西·亚当斯的赞赏，杰克逊决定继续留任麦克莱恩。但是麦克莱恩对联邦最高法院的职位更为倾心，而该职位刚好空缺，杰克逊便应允了他的请求。而巴里刚刚击败民主党内的对手，成为肯塔基州长候选人，而他本想在最高法院任职，知晓该职位已任命麦克莱恩后，他便欣然接受。事实证明，巴里碌碌无为、游手好闲、反应迟钝，根本不能胜任邮政部部长一职。杰克逊早已下定决心改组邮政部，他需要在邮政部内安插得力干将，随时协同他进行改革事宜，并知晓改革所有细枝末节。但是，巴里完全不符合杰克逊的任职要求，巴里在任期内的所作所为对改革来说几乎是一场灾难。

就在达夫·格林在自己的报纸上撰文发布人员名单之后，人们纷纷指责，除马丁·范布伦不负众望外，整个内阁都是无能之辈。"简直是平庸之辈的黄金时代啊。"其中一个人这样评论道。这一届内阁确系19世纪最差的内阁之一。尽管当局政府志在施行强有力的改革复兴共和政治，但是决策人员的名单却让人大失所望。该内阁在两年内就以分崩离析收场，而这不足为怪。

杰克逊任命的内阁成员大多乏善可陈，如此他便需要承担更重的负担。杰克逊需要执行力强的行政人员，他仅须下达一般性指示，而行政人员则须立即执行，而几个新闻从业人士看起来要比他最后选定的人选优秀得多。当年2月，大批的新闻从业人员造访杰克逊，并向他展示自己的才华，提出自己的建议。达夫·格林、艾萨克·希尔以及亚摩斯·肯德尔出现在第一批造访的人群中。而弗吉尼亚州的托马斯·里奇、达布尼·凯尔、吉迪恩·威尔斯以及纳撒尼尔·格林随后向杰克逊表达了自己愿意效忠的诚意。这两次造访中，亚摩斯·肯德尔给杰克逊留下了最为深刻的印象。肯德尔凭借着自己横溢的才华、孜孜不倦的耕耘、西部人该有的优点、力透纸背的笔者以及忠诚于"杰克逊和改革"的理念，加之他学富五车、明察秋毫以及饶有风趣，使候任总统对他印象极佳。肯德尔对合众国银行（BUS）以及政府的改组持极端态度。"不容置疑的是，"他说道，"政府的职能被大肆滥用。""假设我也可以在一个相对独立的情况下缔结政府，"他评论道，"国家的运行应趋于透明，而老胡桃木最好不要立即将那些秘密公

---

1 肯德尔致信布莱尔，1829年3月7日，《布莱尔－李文件汇编》，普林斯顿大学图书馆，杰克逊亲写备忘录，1828年12月9日，杰克逊，《信件》，第三卷，451—452页。

之于众。"[1] 杰克逊随后任命肯德尔为财政部的第四审计员。任用肯德尔是杰克逊最好以及最重要的决定。

肯德尔在同杰克逊讨论改革计划后，便把杰克逊准备施行改革计划的好消息告知了同自己交好的一些新闻业同行，他们时常在俄巴底亚·布朗大人家聚会。而布朗本人则在工作日时担任邮政部的书记员，并在周日担任华盛顿第一浸信会教堂的牧师。布朗家的客厅里积聚着杰克逊阵营的文人才子，文笔辛辣的艾萨克·希尔、惯于虚张声势的纳撒尼尔·格林、行文夸张而用词朴实的达夫·格林。随后，康涅狄格州的吉迪恩·威尔斯和纽约州的莫迪凯·诺亚也加入其中。他们中的所有人都十分关心奖励的事情。肯德尔向他们保证"说定的奖励一定会如约兑现"，但是他们必须忠于杰克逊的改革初衷。那些"投奔对方阵营或者利用自身地位中伤杰克逊的人"都会被清除出去。此时这群新闻业人士把改革事宜抛之脑后，一门心思地讨论起如何铲除对方阵营的异己。奖励演变成了俸禄，而俸禄只属于胜利者。[2]

拟定内阁成员的工作已完成大半，杰克逊着手起草就职演讲稿。杰克逊汇编的文件中，有一个名为"就职演讲草拟"的文件。该文件一直由杰克逊保存，显然这篇就职演讲出自他手。这篇文章语言凝练，观点犀利。他在演讲稿中写道："人民通过自愿选举所表达的意志。政府最重要的职责便是利用人民赋予的权力实行政策，合众国全体人民的康乐与自由是政府唯一的目的和荣耀，对于你们的信任，我不胜感激，感谢你们赐予我无上的荣耀，我必将尽我绵薄之力，保护你们的安全，捍卫你们的权益。"

随后，他便在演讲稿中列出具体的改革计划。首先，削减政府支出；其次，偿还国债，设定"合理的"关税；最后，在当前框架下，分发剩余税收，用于改善州内的教育和经济。更为重要的是，他计划解雇所有有腐败前科的官员，践行"尊重州权的原则，认为保持州权才是保证国家团结的必然"。[3]

他列出的这些计划，并没有得到朋友们的一致赞成，相反，他们认为这些计划都太过具体，因此说服他做出相应改变。不幸的是，这些改变使演讲稿丧失掉了原先的生气和力量。杰克逊最终打印出的演讲稿中最为引人注意的是印第安人的政策问题，他计划对印第安人实行"公正而自由的政策"。印第安人

1 肯德尔致信布莱尔，1829年2月3日，《布莱尔－李文件汇编》，普林斯顿大学图书馆。

2 肯德尔，《自传》（波士顿，1872年），287—288页。

3 第一次就职演讲稿"草拟"，《杰克逊文件汇编》，美国国会图书馆。

迁移的政策早就在他的心中生根发芽，但是他在演讲稿中只是含糊地一笔带过。此外，最终版的演讲稿提及"改革"的必要性。其中"改革"一词被着重画出。谈及改革，他希望自己可以改变"联邦政府的权力滥用问题，改变因此而导致的选举自由丧失"。此外，他还希望搬走"妨碍正当任命程序实行的绊脚石"，并把权力从"背信弃义或者无能之辈"手中收回。[1]

就职演讲稿最终得到了所有在场的田纳西政治集团成员的认可后，他们便开始着手准备 3 月 4 日的就职典礼。此时的华盛顿早已人满为患，挤满了前来参观的人，充满好奇心的人们急切地想要见证"人民的政府"的开幕，那时他们的英雄会站在他们的面前，庄严宣誓就职。"我之前从没见过这么多人，"马萨诸塞州的参议员丹尼尔·韦伯斯特评论道，"人们从四面八方赶来，只为一睹杰克逊将军的尊容，在他们看来，英雄就是将国家从所处的危险中解救出来的那个人！"[2] 不久之后，华盛顿的每一家旅馆和寄居宿舍都挤满了旅客，他们来自"五湖四海"。那场面不亚于"北方的非罗马人如潮水般涌入罗马的景象"。只有白宫还有剩余的床位。约翰·昆西·亚当斯及其家人在就职典礼举行的前夜，约 9 点，离开白宫，前往位于默里迪恩山的海军准将大卫·波特的家中，亚当斯此前便租下此地。由于杰克逊在抵达华盛顿后一直拒绝同他相见，这让他十分难堪。因此，亚当斯决定不出席继任总统的就职典礼。这对双方来说都不见得是好事。杰克逊确实应该显示出总统气度，正式而简明地邀请亚当斯出席。但是，杰克逊依旧无法原谅亚当斯恶意指使华盛顿的报刊大肆抹黑他的婚姻，并且没有适时阻止事态的发展。杰克逊在过去的为官生涯中得到过亚当斯的诸多提携，而就算是总统也无法把控党派报纸的发文。杰克逊本应强压住心中的怒火，按照礼节行事。但是，他认为要求亚当斯出席就职典礼就是对自己爱妻的背叛，于是他选择拒绝。[3]

1829 年 3 月 4 日，星期三，拂晓的阳光格外刺眼，又是阳光明媚的一天，而这一天将举行新任总统的就职典礼，这样的天气恰好适合户外庆典。在经历寒冷而潮湿的漫长季节之后，迎来这样一个晴好的天气，"似乎大自然都想为

1 理查森，《咨文和官方文件》，第二卷，1000—1001 页。

2 韦伯斯特先生致信韦伯斯特夫人，1829 年 2 月 19 日，韦伯斯特，《私人信件》（波士顿，1857 年），第一卷，470 页。

3 帕顿，《杰克逊》，第三卷，169 页。

这个事关千万人幸福的伟大典礼助一臂之力"。[1]总统就职典礼首次于美国国会大厦的东门廊（East Portico）举行，并在此后成为该类典礼的传统场地。民众如潮水般涌入华盛顿，只为一睹英雄宣誓时的英姿，并见证他的胜利，于是，政府便决定在户外举行就职典礼。上午 10 点，东门廊前的空地处早已摩肩接踵，通向东门廊的主街也未能幸免。一些人甚至爬上通往东门廊的台阶，因此工作人员不得不拿船缆绳把此地三分之二的台阶围住，以阻止人们攀爬。弗朗西斯·斯科特·基惊讶地看着眼前人山人海的场面。"何其壮美，"他赞叹道，"让人心生仰慕。"[2]

上午 11 点整，杰克逊从他居住的加兹比宾馆前往典礼，一支由革命军人组成的队列紧随其旁，一同前行的还有 1815 年在新奥尔良服役的军官以及华盛顿中央委员会的成员。杰克逊一身简朴的黑色西装，黑色领带，连长外套都是黑色。身形修长的杰克逊走在宾夕法尼亚大道上显得十分突兀，站在大街两侧为官的人群不费吹灰之力便可一睹他的光彩。[3]

杰克逊在队列的护卫下阔步前行，"租赁马车、双轮马车、双轮单座马车、木制双轮马车以及一辆荷兰式四轮马车"也不甘落后，紧随其后。将军沿着大街一路向东，所到之处欢呼声响彻云霄，他见状频频点头致意。在抵达国会大厦之后，他首先前往参议院会议厅观看副总统约翰·卡尔霍恩的就职典礼。他于上午 11 点 30 分到达副总统宣誓现场，并在国务卿的座位之前落座。上届总统的座位通常与现任总统的座位相邻而设，但是在整个仪式的过程中，前任总统的位置上却空空如也。[4]

几近中午时分，卡尔霍恩在参议院少数派领袖的领读下宣誓完毕，一列军队在参议院会议厅内整装待发，缓缓前行，朝东门廊行进，为总统的就职典礼做准备。有 1.5 万—2 万人（《电讯报》声称有 3 万人）把国会大厦团团围住。圆形大厅的大门缓缓打开，典礼官庄严入场，联邦最高法院的法官紧随其后。海军乐队在门口的右侧台阶上站定，着装统一的士兵站在人群中随时待命。

当杰克逊将军出现在公众面前时，人群中瞬间人声鼎沸。人们高呼着"万岁"，此起彼伏。"那欢呼声时不时浮现在耳边，难以抹去。"玛格丽特·贝

1　《晚报》（纽约州），1829 年 3 月 10 日。

2　《美国宪报》（费城），1829 年 3 月 6 日。

3　《美国电讯报》，1829 年 3 月 5 日。

4　《美国宪报》，1829 年 3 月 8 日。

阿德·史密斯在一周后如是说，而她是马里兰州一位参议员的妻子。"那场景我永生难忘，"另一个人感叹道，"人们穿着五彩斑斓的服饰，眼神里饱含着期盼与热切，只为一睹自己崇拜的领袖，那一刻也让我久久难以忘怀。"霎时，好像"变魔术"一般，整个人群的颜色大变样，"人们在同一时间脱帽，原先人们穿着五颜六色的衣服，戴着黑色的帽子……随着上万人同时脱帽，兴高采烈地扬起脑袋，整个画面的色调瞬间明亮不少，空气中也弥漫着突如其来的喜悦之情"。[1]

杰克逊盯着眼前蔚为壮观的场景，片刻过后，便移步前行，所到之处欢声雷动，他便向人们弯腰致意。他向"伟大的人民鞠躬"。[2]

门梁中间的圆柱之间放置着用绯红色天鹅绒覆盖住的桌子，杰克逊、卡尔霍恩以及联邦最高法院首席大法官的椅子则依次放置其后。在向围观群众鞠躬致意后，杰克逊便就座，随后取出两副眼镜，一副"眼镜戴在头顶上，另一副眼镜则戴在眼睛上"。[3]等欢呼声和鼓掌声渐渐退去，杰克逊便起身宣读就职演讲稿。与现代就职仪式不同的是，就是演讲在就职宣誓之前。

"同胞们，"他的演讲开始了，"自由的人民召唤我担负的责任如此重大而艰巨，在这个庄严的时刻，请允许我表达我的感激之情……"此时的典礼现场鸦雀无声，人们都急切地希望听清楚他的演讲内容。"人们都屏住呼吸，针落有声"，但是"依旧一个字都听不到"。好在演讲只持续了不到10分钟。这是有史以来历时最短的总统就职演讲，甚至已经创造了纪录。不久后，总统的演讲稿得以出版，并获得一致好评。"演讲内容本身肃穆雅致，充满爱国情怀，文中的名言警句起到启迪人心的作用，同时又不失庄严，"南卡罗来纳州的参议员小詹姆斯·汉密尔顿告诉范布伦，"据我所知……人们对演讲稿赞不绝口。"[4]

杰克逊演讲结束后，人群中传来欢呼声，向他表示祝贺。他"在欢呼的人群中站了好几分钟"，并向他们挥手致意，表示感谢，随后便坐了下来。"将

---

1 盖拉德·亨特编辑，《头四十年的华盛顿社会》（纽约州，1906年），293页；帕顿，《杰克逊》，第三卷，170页。

2 亨特编辑，《头四十年的华盛顿社会》，291页。

3 《政治家》（波士顿），1829年3月12日。

4 亨特编辑，《头四十年的华盛顿社会》，291页，萨蒙·蔡斯，日记手稿，1829年3月4日，《蔡斯文件汇编》，美国国会图书馆；理查森，《咨文和官方文件》，第二卷，999—1001页；汉密尔顿致信范布伦，1829年3月5日，《范布伦文件汇编》，美国国会图书馆。

军正气凛然，风度翩翩，让所有人着迷。"[1]

首席大法官约翰·马歇尔随后起身主持总统的宣誓就职仪式。一名典礼司仪手持《圣经》。杰克逊走向首席大法官，并把一只手放在《圣经》上，另一只手则举起。马歇尔负责领读宪法规定的誓词，杰克逊紧随其后，铿锵有力地宣读每一个字。宣誓完毕后，杰克逊旋即拿起《圣经》，并虔诚地亲吻了一下。在总统与马歇尔握手致意的时候，围观民众的欢呼声和尖叫声如翻江倒海。杰克逊再次转向民众，向他们深深鞠躬。"是的，"史密斯夫人站在自家房屋的楼层上不无兴奋地说道，"他向所有伟大的人民鞠躬。"[2]

此时群情激昂，人们喜不自胜。突然间一股人潮涌向前去，冲破束缚，蜂拥至他们的英雄身旁，而此时门廊上的来宾正在向杰克逊道贺。典礼官费了九牛二虎之力才把总统从这群不守规矩的民众中间解救出来。他只能暂时去到国会大厦中躲避一阵，然而就职仪式结束后白宫还要举行一场公共招待会，因此他不得不折回宾夕法尼亚大道。

他从国会大厦的西入口退场，徒步走下国会山，而山下的门口处有一匹白色骏马正等着他，准备将他带回新家。看到总统跃马扬鞭，在此等候的民众纷纷欢呼喝彩。此时的宾夕法尼亚大道早已人山人海。"目光所及之处，"亚摩斯·肯德尔如是描述道，"大街两旁的人行道上挤满了徒步前来观礼的人们，道路的中央则是难以计数的马车和骑马前行的人，他们都朝着同一个方向涌去。过了足足有半个小时的时间，我站在旁边等待人潮散去，但是国会大厦就像是一座巨型的喷泉，人潮不断地涌流出来。"[3]杰克逊不停地跟向他欢呼和挥舞的人群致意，整个队伍缓缓地迈向白宫。"啊，"意犹未尽的史密斯夫人说道，"随行的场面真是壮观。乡下人、农夫、绅士、骑马的人和不骑马的人、年轻人、妇孺、黑人以及白人。四轮马车、小型马车以及二轮马车全都一股脑地涌向总统的居所。"[4]

等到杰克逊抵达白宫时，发现白宫第一层所有的房间内都人头攒动，挤满了各色的人物。"上至名门望族，"联邦最高法院大法官约瑟夫·斯托里说道，"下至村夫野老，齐聚白宫。""我还从没见过这样的场景，"他抱怨道，"乱

1　汉密尔顿致信范布伦，1829年3月5日，《范布伦文件汇编》，美国国会图书馆。

2　亨特编辑，《头四十年的华盛顿社会》，291页。

3　《美国西部之眼》，1829年3月18日。

4　亨特编辑，《头四十年的华盛顿社会》，291页。

民之王的胜利。"他连忙补充道，"我还是三十六计——走为上计。"[1]

白宫的这场招待会在筹备的过程中几乎一切从简。而即将发生的一切却让场面混乱到了极点。现场杂乱无章，一塌糊涂。一桶桶的橙红色宾治酒早已事先备好，侍者打开门正准备抬出这些酒，却被在场的民众一个箭步冲上去争抢。酒桶里的酒溅得满地都是，盛酒的杯子也未能幸免，掉在地上摔得粉碎，现场乱作一团，"女士们点的宾治酒和冰淇淋迟迟不见踪影"。在人们哄抢宾治酒期间，数不清的瓷碟和酒杯被打碎，数千美元就这样化为泡影。为了躲开哄抢的人群，一些人甚至穿着"沾满泥土的靴子"，无所顾忌地站在锦缎铺就的椅子上，只为好好看一看他们的总统。"我们权当今天是农神节，"参议员汉密尔顿笑称，"成千上万的民众破门而入，如同渣滓和污物涌流不息，其中的有些人真该关进监狱好好教化。"[2]

等史密斯夫人陪同自己的家人来到白宫的招待会现场时，她被眼前的场景吓得目瞪口呆。"究竟发生了什么？！"她惊讶得倒抽了一口气，说道，"伟大的人民到哪里去了，我们只看见一帮乌合之众，一帮民众，年轻的小伙子、黑人、女人以及孩童，全都乱作一团，不停地追逐打闹。可惜了，可惜了！"[3]

可怜的杰克逊。他们的热情几乎让杰克逊窒息，每一个人都想同他握手。最后，总统实在应付不过来如此多的手，而此时的他在人们的拥挤下随时都可能受伤，因此他的朋友们临时围成一个圈，"用他们的身体把他团团护住"。据史密斯夫人描述，总统本人当时"差点被疯狂的人群压死，几乎窒息，差点被蜂拥赶来同他握手的人撕成碎片"。万幸，他最终从疯狂的人群中逃离，连忙赶回到他的临时住处加兹比宾馆。此时已经是下午 4 点整。[4]

然而，总统的逃离丝毫没有扫掉这群民众的兴致。若真要细究其中的不同，只能说总统离开后整个招待会的场面变得更为混乱了。更为甚者，此时的白宫看起来随时都有轰然倒塌的危险。侍者们发现屋子里的情况不妙，遂把酒水的供应服务转移到户外的草坪上，为了保持供应不间断，侍者们打开白宫的所有窗户，作为临时的通道。这一招果然奏效。这群"乌合之众"逐酒水而迁移，

1 约瑟夫·斯托里致信斯托里夫人，1829 年 3 月 7 日，威廉·斯托里，《约瑟夫·斯托里生平及信件》（波士顿，1851 年），第一卷，563 页。

2 汉密尔顿致信范布伦，1829 年 3 月 5 日，《范布伦文件汇编》，美国国会图书馆。

3 亨特编辑，《头四十年的华盛顿社会》，284 页。

4 同上，295 页。

纷纷拥到供应酒水的草坪上去，甚至有人不惜跳窗而出。

这是一场近乎疯狂的招待会。在温文尔雅的人看来，这简直是美国生活与习俗的败笔。但是有人却持相反意见。参议员小詹姆斯·汉密尔顿却宣称这是一场伟大的成功。"尽管有些在场的民众会小打小闹，"他告诉范布伦，"但是无伤大雅。"[1]

与此同时，杰克逊回到临时落脚的加兹比宾馆稍事休息。不久后，他便同卡尔霍恩以及其他一些朋友一起吃沙朗牛排，这是一块上好的牛排，刚从一头精壮的公牛身上切割下来。但是杰克逊远算不上大胃王，相反，他食量极小，对美食本身兴趣寥寥。他热衷于餐桌社交，却并不怎么吃饭。他决定早早休息，并无兴致参见华盛顿礼堂当晚举行的总统就职舞会。他依旧无法从丧妻的痛苦中走出来。

1829年的总统就职日淋漓尽致地展现了美国精神，如此兴高采烈、生机勃勃以及顺乎人理，它的精神内核最终发展成为美国精神的传统。这是第一次属于人民的总统就职典礼。出席典礼的人既不是达官显贵，也不是华盛顿的上流社会人士，更不是中央委员会的成员，这本身就让整个就职典礼显得与众不同。"对美国人民来说，这是自豪的一天，"《西部之眼》在1829年3月18日撰文报道当天的盛况，"杰克逊将军是他们自己的总统。他穿着朴素简洁，他态度庄严肃穆，他举止自然亲切。人们热情地向他致以问候，无不显示着英雄强大的号召力。"

我们换一个角度看待这次的就职典礼，一个史密斯夫人更愿意接受的角度，尽管她无法完全接受。但是她选择压住怒火，仅仅表现出小小的不悦。"那一天属于人民，总统也属于人民，人民大可以独断专行。上帝赋予人民这一天或者另外任何一天，但是人民不该在这一天坏掉所有的规矩。"[2]

田纳西人安德鲁·杰克逊将军的总统就职典礼尽管有一些粗俗野蛮的小插曲，但并不妨碍它成为美国历史上最伟大的一刻。而所有人都无法对它的伟大性提出质疑，因为它的出现象征着代议制政府对美国人民的一次飞跃。[3]安德鲁·杰克逊是人民亲自选出的总统，也是第一位通过此种方式选出的总统，这本身就是一件令人称道和欢欣的事。望着前来聚集的民众，倾听着他们的欢呼，他们心中期冀的政府模样成为现实，民主社会的美好未来就在前方。

1　汉密尔顿致信范布伦，1829年3月5日，《范布伦文件汇编》，美国国会图书馆。

2　亨特编辑，《头四十年的华盛顿社会》，297页。

3　《美国西部之眼》，1829年3月18日。

第十四章　改革伊始

　　"暴民劫掠"后的白宫经过一番"整修后"，直到3月10日，杰克逊总统才得以搬入白宫"居住"。杰克逊锐意革新，白宫的建筑结构和外观也在改变的范畴之内，他上任后立即着手白宫改建事宜。安德鲁·杰克逊凭借其智慧和想象力（以及政治手腕）使得国会通过了白宫整修的财政拨款，白宫未完工的建筑部分以及内饰部分立即提上日程。在他的指导下，白宫北门廊终于在1829年落成，而该建筑早在20年前就已经由本杰明·拉特罗布设计成形。此外，主楼部分向东、西两个方向扩建单层侧厅，分别用于办公以及存放马匹和马车。1833年，白宫内铺设铁管，从富兰克林公园引用自来水。在此之前，白宫用水一直通过两个水泵和木质水槽取水。白宫的第一座正式花园也即将落成，总统本人为纪念亡妻，亲手在此地种下多棵木兰花。[1]

　　杰克逊搬入白宫后，他便尽可能地留自己的家人住在这里。多纳尔森一家——安德鲁和埃米莉（担任总统的官方第一夫人）以及他们将近3岁的儿子，以及小安德鲁·杰克逊，组成了第一家庭的核心成员。杰克逊年仅20岁的儿子也跟随父亲进驻白宫，但在不久后便返回到田纳西州，照看那里的农场和隐士庄园，仅定期回白宫省亲。玛丽·易思廷是威廉和雷切尔·多纳尔森·易思廷之女，是杰克逊总统众多的被监护人之一，埃米莉·多纳尔森的知己密友，也随着杰克逊一家搬入白宫。当年春末，画家拉尔夫·厄尔也成为白宫大家庭的一员。厄尔曾娶雷切尔·杰克逊的外甥女简·卡弗里（婚后不久便撒手人寰）为妻，而厄尔经常陪同杰克逊出外旅行。尤其在雷切尔死后，杰克逊发现有厄尔陪伴左右，自己能从中得到些许慰藉。于是，他便把厄尔召入白宫，并赐予

---

　　[1]《白宫整修委任报告》（华盛顿哥伦比亚特区，1952年），30页。

他一间个人画室，他可以在画室中心无旁骛地作画。在接下来的数年中，厄尔创作了多幅形象逼真的老胡桃木画像，让人印象深刻。

威廉·路易斯一路陪同杰克逊一行人从田纳西州来到华盛顿，并跟随将军来到白宫，正当他收拾行李准备打道回府之际，据路易斯说，总统恳请他留下来。于是便任命他为财政部的审计员，并居住在白宫。路易斯是杰克逊的得力干将，不仅仅是替杰克逊向他的政治伙伴就一些重要问题传达他的观点和意图。

杰克逊选了位于主楼西南侧走廊尽头的两间房间作为居住区，而把自己的办公室选在了走廊的另一端。多纳尔森一家则占据主楼西北角的房间，房间正对宾夕法尼亚大街，并把与该房间相邻的一个房间修整成保育室。而走廊另一侧的房间则供厄尔和路易斯分别居住，此处拐角处还有一间常年锁着的办公室，它的主人是多纳尔森。杰克逊对自己的安排极为满意，至少在最初的时候，有家人陪伴左右让他能更快地适应周遭的环境。[1]

杰克逊总统的新政府当前面临的最紧迫的事情便是撤换贪赃枉法的官吏，他认为正是这些人的存在，才致使美国政府在过去 10 年中施政不力。杰克逊立志捍卫美国人民永恒的自由，而他所任命的官员对接下来进行的改革计划发挥着至关重要的作用。他同样惧怕"官员贵族"的存在，这个群体制定的决策往往置民众的权利于不顾。这群人往往为官几年后便明目张胆地公权私用，甚至调动一切关系让子女接任自己的职位。

在杰克逊就任之前，他便根据即将开展的改革计划制定了一套"原则纲要"，并把这份纲要下发给各部门的领导。该份文件的签署日期是 1829 年 2 月 23 日。文件中他要求内阁成员必须立即对各自部门的运行进行一次"严格的审查"，以下问题须直接向他报告，包括"在不影响提供公共服务的前提下精简员工，撤销无用的官职，以及促进经济发展和提高政务执行效率的策略"。杰克逊说，他这么做的目的无非是为了尽可能地限制政府运作的规模。他之所以选择撤换某些官员，撤销某些官位，主要是因为"腐败无孔不入"。但是，他还补充道，这些变动必须严格按照"原则纲要"的精神进行。因此，他明确指出，只撤换那些"通过卖官鬻爵上位的官员"或者撤销那些"严重妨碍人民自由参与选举"的官职。任命权必须无条件地为人民的自由之路服务，或者，用杰克逊的话说："让自由永世流传。"此外，他希望所有的新任官员都投入到恢复政府的德行

---

1 帕顿，《杰克逊》，第三卷，180 页；波林·威尔科特斯·伯克，《来自田纳西州的埃米莉·多纳尔森》（里士满，弗吉尼亚州，1942 年），第一卷，173 页。

和美德行动中。他们必须以身作则，谨言慎行。"为了更好地发挥政府的角色，政府官员的道德习惯事关能否高效履行上级委派的各项不同职责。公职人员无论于公于私都要以身作则，在忠诚和诚信方面做人民的楷模，否则……他们就面临被踢出局的危险。"他宣称，"坚守此项原则不仅会提升政府的形象，而且能够起到提高整个国家道德水准的作用。而该项原则是总统执政的基本原则之一。"[1]

杰克逊把此项政策称为"官职轮值"。但是对渴望入仕的政客来说，这次大规模换血对他们有着别样的意义。"把敌人的赃物收归胜利者。"参议员威廉·勒尼德·马西毫不避讳地大声说道，他是范布伦最坚实的盟友之一。而这番直白而又充满火药味的言论给杰克逊意欲展开的官职轮值计划蒙上了一层别样的色彩。杰克逊的政敌甚至宣称，杰克逊打着改革的幌子，在政府中引进了一种最臭名昭著的制度："分赃"制度。就在总统开始实行轮值制时，有人甚至声称："以前的政府是精英为国家服务，现今的政府是社会的渣滓在为国家服务。"[2]

毋庸置疑，杰克逊在美国政府引入分赃制度的言论纯属无稽之谈。他并没有同政敌所言那样，裁掉上千名官员。在他执政的前18个月中，他仅仅辞掉了919人，而官员的总数是10093人。在他执政8年期间，他换掉的官员总数仅占总官员数的9%，大约是十分之一。因此，把杰克逊称为分赃者实属不公，尤其是辞退的人中还包括因死亡或主动辞职而离任的官员，以及因能力不佳和背信弃义而辞退的官员。

杰克逊立志为政府建立一套行之有效的民主原则，1829年12月8日，他首次向国会宣讲《国情咨文》，在咨文中他解释了自己坚守的原则以及推行这些原则的原因。

一直以来，官职一直作为一种财产而存在，而政府更沦为一种谋求个人利益的工具，而不是为人民造福的机器。而腐败恰是对正确价

1 "原则纲要"，1829年2月23日，《杰克逊文件汇编》，美国国会图书馆，安德鲁·杰克逊备忘录，始于1829年4月，《杰克逊文件汇编》，美国国会图书馆，另请参见艾伯特·索米，"政府改革者——安德鲁·杰克逊"，《田纳西州历史季刊》（1954年），第十三卷，204—233页。

2 帕顿，《杰克逊》，第三卷，220页。

值观和原则的误读，这些被误读的价值观和原则由政府各层层层执行，政府沦为少数人剥削大众的工具。所有公职人员都应履行或者至少承认的职责原则本就显而易见，聪明睿智之人理应被委以重任，让其施展才华；此外，我深信，长时间从官任职并无益于经验的累积。因此，我恳请诸位思考一下，官员制度会不会降低政府的行政效率，在法律框架下每四年任命一次官员能不能保障官僚体系和官员的廉正。

一个国家的政府只能用来为人民谋求福利，任何人不该存有特权心理。官位不是牺牲人民利益来保护个别人私利的保护伞。因此，撤换某个人的官职并无对错可言，因为无论是重新任命还是继续留任都是一种权利……而这种权利属于人民，只有他们有权评价官员称职与否。离任的官员跟成千上万从没担任过公职的百姓一样，享受他们平凡的幸福。以上所提及的限制定会打破现今流行的官位财产观，尽管这会引起某些人的不悦，但是此次推行的官位轮值却是在践行共和主义信条的指导性原则，对整个体制的健康发展大有裨益。[1]

杰克逊对官位轮值的论证其实是对民主政治的论证。捍卫人民的利益是官员的根本使命。没有人天生拥有不可剥夺的特权，权利面前人人平等。因此，撤换官员本身无可厚非。杰克逊所提供的论点无非是想证明，在选举基础上产生的政府，在其运行的过程中不应受精英阶层意志的影响，否则便有违背民意的危险。

人们顺理成章地接受了轮值制。美国人民极为拥护这一举措，因为它似乎十分符合建设民主政府的原则。且不说国会从法律上接受该制度，每一个新任政府都理应有权选择最得力的人员组建政府。恰当地运用轮值制有助于快速解决美国人民不断变化的诉求，恰如投票选举的功能，而这正是民主制度的精髓所在。

怀疑论者此后便不断质疑杰克逊在就任前描绘的政府腐败程度。当时甚至流行把轮值制当作是分赃制的委婉语。而事实是，杰克逊辩称过去10年腐败猖獗的情况属实。[2]竟在财政部约有50万美元花费去向不明，加之印第安人事宜的解决、陆军和海军契约的制定以及合众国银行的运行中各级官员的分赃，

---

1 理查森，《咨文和官方文件》，第二卷，1011—1012页。

2 详情请参见莱米尼，《杰克逊》，第二卷，186页及后文。

这些既定事实让杰克逊越发相信所谓的和谐时代不过是腐败时代。

杰克逊意识到自己的改革措施引起了"大动静"，于是在接下来的官员撤换中他更是谨小慎微、如履薄冰。当马丁·范布伦抵达华盛顿出任国务卿之时，杰克逊在推行新政的过程中表现得更为谨言慎行，因为前者便是谨慎之人。3月22日，一辆四轮马车载着范布伦驶入人声鼎沸的华盛顿。当他走下马车，进入宾馆时，便被一群渴望入仕的人团团围住。他们尾随他至他的房间，等他坐到沙发上后，人们便把他紧紧地围在中央。范布伦告诉他们自己一个小时后要去白宫觐见总统，在此期间他们可以畅所欲言。一小时后，他进入白宫，如期同总统会面。这是他们结成政治联盟以来的第一次会面。白宫的前厅上仅点亮了一盏灯，当魔术师进到总统的办公室时，摇曳着的蜡烛正照耀着这间屋子。

路易斯少校站在杰克逊的身旁。对于这次会面，范布伦原本十分心忧，但总统温情的问候以及热情的欢迎，瞬间打消了他先前的诸多疑虑。实际上，范布伦被总统"过分热情"的问候吓了一跳。除此之外，范布伦在同总统的交谈中被总统敏锐的思维所折服。像韦伯斯特、本顿、肯德尔以及其他人一样，范布伦很快被杰克逊的才智所吸引。"他的判断力极强，"本顿如是评论道，"反应神速，直觉力强，做出判断后，便立即付诸行动。"[1] 杰克逊的说话风格与他的写作风格如出一辙，"如飞流急湍般……往往让人印象深刻"。[2] 此次会面，让范布伦惊叹不已，或许对他来说实在是过于意外。因此，从一开始范布伦就对杰克逊的能力深信不疑，他生怕自己在态度上有所差池，进而影响自己同总统之间的关系。多年以后，他在自己写的《自传》中曾详述自己与杰克逊的关系。他说道，他们的关系自他踏入白宫的那一刻开始。"从我们会面的那个晚上，直至他驾鹤西去的那一天，我们是同僚的关系，但更多的时候是政治伙伴关系和私人朋友关系，我同这位长者一直保持着良好的关系，他身上散发的那种热忱和信任，是所有公务人员所不可或缺的美好品质。"[3]

无论是从性格上、外形上还是其他任何方面，这两位并无相似之处。杰克逊身形修长、形容枯槁、五官轮廓分明、性格张扬易怒，与之相对，范布伦身材矮小敦实、行事谨小慎微。然而，这些浮于表面的不同之处，恰恰掩盖了两人的共同点。两人都是鳏夫，这种同是天涯沦落人的境遇，使得两人惺惺相惜。

---

1 本顿，《杰克逊》，第一卷，737 页。

2 同上，738 页。

3 范布伦，《自传》，232 页。

尽管杰克逊新近丧妻，而范布伦之妻则于 10 年之前离世，他不得不只手抚养 4 个孩子成年，这种经历让他尤为理解杰克逊的遭遇。更为重要的是，两人都是奉行务实主义的政治家。尽管他们各自所奉行的务实主义并不完全一致，但是他们都是办事高效之人，都取得过瞩目的政绩，都致力于为政治注入现代（民主）血液。此外，两人都把州权主义奉为圭臬，都坚持在经济发展中采取自由放任的经济政策。两人都把杰斐逊主义作为治国理政的基石，但都不认为自己是杰斐逊政治理念的继承人，此外两人都不是政治理论家。两人都坚定地限制政府权力。两人都认识到了改革的紧迫性。[1]

他们的白宫第一次会面就畅谈数小时之久。不仅仅是范布伦对自己的上司有了绝好的印象，总统也通过此次谈话认识到魔术师确有许多过人之才。当他的国务卿满腔热血地向他建议，派遣使节前往英国、法国、西班牙以及其他所有重要的欧洲国家的首都，杰克逊便由衷地赞赏他的这份热忱。如果范布伦能把同样的热情用在管理自己手下的部门，并有十足的决心取得最后的胜利，那么本届政府便会在一个好的开始中启程。会谈结束后，两人之间便建立起了一条纽带，随着双方会面次数的增加，这条纽带也越发牢固。通过这次谈话，杰克逊便发现范布伦是一位可以放心倚仗的顾问，他给出的意见往往都诚实可信，切中要害。在后来的合作中，范布伦无数次地证明了自己绝佳的判断力、渊博的知识以及忠贞不贰的诚心。最后，杰克逊发现范布伦给出的意见都十分中肯有效，是不可多得的谏才，此外范布伦随叫随到，随时待命，这让总统十分欣慰，因为魔术师没有妻子，所以大把的时间都用来工作，杰克逊不用为占用他的私人时间而过分愧疚。此外，这位身材矮小的男人会时不时地陪伴家人，享受天伦之乐。

在接下来的多年中，杰克逊越发倚重范布伦，但是他从没在任何问题上失去自己对政府的控制权，包括范布伦以及其他任何人。"我能感觉到总统对我极为喜爱、信任以及友好，"范布伦在抵达华盛顿后这样写道，"然而，他对

---

1 参见马克斯·明茨，"马丁·范布伦的政治理想"，《纽约州历史》（1949 年），第三十卷，422—448 页。这里推荐的新近出版的范布伦传记，可谓是同类传记中的佼佼者：约翰·尼文，《马丁·范布伦：美国政治的浪漫主义时代》（纽约州，1983 年），以及唐纳德·科尔，《马丁·范布伦和美国的政治体系》（普林斯顿，1984 年）。

特定的问题有自己的期冀和偏好，而这些都已超出我的职权范围。"[1]范布伦从一开始就认定杰克逊是自己天下的主人，他能有今天早已是九死一生。由于范布伦一直坚信这一事实，他最终在杰克逊的扶持下问鼎白宫。

范布伦曾在任命纽约港收税员一职上向杰克逊提供过建议。这是一个十分机密而又特别重要的位置，每年约有1500万美元从这位收税员手中流过。胜任此职位的人首先要有极高的责任感和绝佳的人品。当范布伦听闻杰克逊打算将此重任交给塞缪尔·斯沃特乌特时，他几近崩溃。不仅因为斯沃特乌特犯罪动机明显，而且奥尔巴尼摄政执政团与其交恶。于是，范布伦便立即提醒杰克逊，并告知他任命斯沃特乌特"并不符合公众的期许、国家的利益以及政府的声誉"。不幸的是，杰克逊一意孤行，不听劝阻。他欣赏斯沃特乌特不过是因为他是自己早期的支持者，比范布伦要早得多，因此他义无反顾地任命斯沃特乌特为收税员。不出所料，斯沃特乌特果然卷走了国家1222705.09美元。他也因这次盗窃公款而"万古不朽"。而他侵吞公款的事实被公之于众，早已是几年后的事情，他早已畏罪潜逃到欧洲。杰克逊大失所望，羞愧难当。"他怎么能拿着那些赃款羞耻度日？"总统怒吼道，"他怎么不割喉而死？"此后，杰克逊和范布伦谁也没有再提起这件事。"我对他行使任命权的职权范围以及他的羞愧难当过于敏感，因此不敢在他面前提及此事。"范布伦后来写道。[2]

丑闻败露后，引来了反对派阵营的哄然嘲笑。他们嗤笑道，口口声声要根除腐败，合众国历史上最大的贪污公款案却发生在将军自己当政的政府。口口声声说要恢复政府的德行，但就这一桩贪污案的赃款就高于小亚当斯总统政府所有挪用的公款。这就是官职轮值的苦果，杰克逊为此引来了数不清的嘲骂声。这就是否认政府为精英官僚服务的可怕后果，结果只落得服务于一些虚幻的民主主义原则。或许，杰克逊从这次骇人听闻的事件中学到了一些有价值的教训。或许，他因此懂得，仅凭总统一个判定任职官员的人品，并不能根除腐败。无论他学到的是什么样的教训，他已经沦落为众人的笑柄，而这一切竟是咎由

---

1 范布伦致信杰西·霍伊特，1829年4月13日，威廉·麦肯齐，《马丁·范布伦生平》（波士顿，1846年），216页。

2 范布伦致信安德鲁·杰克逊，1829年4月23日，《范布伦文件汇编》，美国国会图书馆；安德鲁·杰克逊致信范布伦，1829年4月24日，范布伦，《自传》，265页；安德鲁·杰克逊致信布莱尔，1839年1月5日，《杰克逊文件汇编》，美国国会图书馆；范布伦，《自传》，269页。

自取。

但是，杰克逊的改革计划不仅仅包含官职轮值一项。这次的改革不过是他整个改革计划的冰山一角，他的整个改革项目囊括了外交和内政的诸多事务，他后来称这次改革为"改革整顿和经济"。主要包含以下方面：减少政府的规模和运行流程；削减政府开支，偿还国债；改组合众国银行结构，因为银行体系是美国"最大的腐败"；制定"周全合理"的海关税率表，以维持各地区、各部门的和谐相处；继续向西扩张领土，以保护西南边境的安全；与英国和法国重新磋商"我们的事务"，以从前者手中获得同西印度群岛的商业交易权，以及同后者解决抢劫（交战国对中立国船只的经授权的抢劫）索赔（Spoliation Claims）的问题；采用宪法修正案，管理总统和副总统的选举，防止出现1825年明显违背民意的选举结果；把印第安人部落迁出密西西比河流域，"以保护和保存他们的民族特性"。[1]

就在他意气风发地准备开始实行这些改革计划并撰写第一篇国情咨文，以期国会以法律的形式通过他的改革计划之时，杰克逊突然失去了他对自己家庭和政府的控制。他的失策酿成了一大公共丑闻，让改革的步伐陷入停滞不前的境地。他的家庭也在此时陷入混乱，直接导致多纳尔森一家返回田纳西州。这次的动荡引起了巨大的宪政危机，甚至动摇了国家的基石。

---

1 杰克逊私人备忘录，以及"注释"，1830年5月，《杰克逊文件汇编》，美国国会图书馆；安德鲁·杰克逊致信范布伦，1830年5月15日，《范布伦文件汇编》，美国国会图书馆。

第十五章　政治动乱

　　杰克逊的一个早期传记作家曾用戏谑的笔触描写那些发生在 19 世纪的美国的事件，他在 1860 年的一篇文章中这样写道："美国过去 30 年的政治史，从范布伦先生用他的柔手叩响伊顿夫人宅邸门环的那一刻起便拉开序幕。"[1] 人们普遍认为，幕后操纵着这起臭名昭著社会丑闻的人就是范布伦，这起丑闻引起的政治动荡震惊了整个国家，并最终毁尽约翰·卡尔霍恩的政治前途，范布伦则因此上位，并于 8 年后成功问鼎总统大位。范布伦把这次的丑闻称为"伊顿疟疾"，了解此事的人无不赞成这种说法，因为这本是一起原本就庸俗不堪的风流韵事，却因这场政治动乱而蒙上了一层肮脏卑鄙的阴影。

　　由于佩吉的坏名声，伊顿的婚姻从一开始就是个烫手山芋。随后发生的一系列事件更使事情发展到无法挽回的境地。杰克逊对伊顿赤胆忠心般的友情，以及他一意孤行、随心所欲的行事方式，佩吉·伊顿自以为是地捍卫自己的正当权利，道貌岸然的卫道士从中作梗，加之野心勃勃的政客耍弄着自私自利的小伎俩，致使事态逐渐失控。

　　而与此次丑闻密切相关的政治事件更是发展到了引人入胜的境地。民主党的萌芽和发展得益于该党的两大推手：马丁·范布伦和约翰·卡尔霍恩。这使得两人以及两人背后的势力从一开始便形成对垒，互不相让，然而卡尔霍恩接任杰克逊成为下一任总统似乎是水到渠成之事。而鉴于杰克逊羸弱多病，卡尔霍恩甚至极有可能在 4 年后继任成为总统。但是范布伦在很多方面要远胜于他，他在纳什维尔中央委员会有诸多朋党，而这些人无一例外均对卡尔霍恩无好感。他们甚至掌握了一些对这位南卡罗来纳人极为不利的谣言，谣言称卡尔霍恩曾

---

1 帕顿，《杰克逊》，第三卷，287 页。

批评杰克逊于 1818 年在可能"未经许可的"情况下攻占佛罗里达的行为，并在门罗的内阁中要求对杰克逊进行弹劾。萨姆·休斯顿以及路易斯上校这些人都对此极为不满，但是他们都没有找到证明卡尔霍恩在门罗内阁中所作所为的铁证，而路易斯倒向范布伦更多是出于个人原因。范布伦作为党内决定谁能当选的关键人物，若这位纽约人成为下一任总统的首要人选，那么这对路易斯本人日后的官运益处甚大。由于路易斯和伊顿是连襟关系，因此等到 3 人先后来到华盛顿准备服务于新政府时，他们 3 人便很快结成了一个强有力的联盟。

而安德鲁·杰克逊·多纳尔森在白宫的出现恰好抵消了这个 3 人联盟的影响力。杰克逊对路易斯信任有加让多纳尔森心怀不满，而路易斯作为总统最重要的言官这一角色更是让路易斯对他心怀妒忌。在这种情况下，直接导致多纳尔森对范布伦心存芥蒂。而他的妻子埃米莉更是选择站在丈夫一边，拒绝同佩吉·伊顿交往，进而引起了多方不快。

随后，两位牧师从中搅和，使得事态往更坏的方向发展。坎贝尔大人是华盛顿长老会的牧师，而该长老会一直为杰克逊和雷切尔所膜拜向往，而来自费城的以斯拉·斯泰尔斯·伊利大人与杰克逊结识于后者在 18 世纪 90 年代首次去东部出差。伊利自认为自己的献言必将对新政府大有裨益，于是便于 1829 年上半年给杰克逊写了一封长信，他在信中详细列举了所有针对佩吉的不利传言。[1]

杰克逊在看完这封信后，果然勃然大怒，不仅义正词严地否认了那些传言，还斥责他的这位昔日好友为"腹黑而狡猾的曲意逢迎"。[2] 且不论杰克逊是否有意将伊顿夫人的困境同雷切尔的过往等量齐观。他对身处困境的妇女有一种与生俱来的怜悯，更何况他同伊顿之间绵长而持久的友谊，加之他坚信这些谣言不过是由"克莱和他的那帮奴才"刻意散播，目的就是中伤伊顿夫妇，"并通过击垮伊顿一家来打压自己的势力"，因此杰克逊没有任何理由置这对夫妇于风口浪尖于不顾。他不惜拿自己的总统职位来捍卫这位遭到排挤的女士。这不是他第一次为了一个女人同整个社会的礼俗针锋相对。但是，正如当时亲历此事的人评论说，按照杰克逊的脾气，他不可能对这件事听之任之，否则他就不是安德鲁·杰克逊。[3]

1 伊利致信安德鲁·杰克逊，1829 年 3 月 18 日，帕顿，《杰克逊》，第三卷，186 页。
2 安德鲁·杰克逊致信斯泰尔斯，1829 年 3 月 23 日，同上，188—189 页。
3 本顿，《纵览三十年》，第一卷，738 页。

伊利刚搅和完，坎贝尔就迎头赶上，他特地前往白宫拜访总统，并将他自己擅自搜集的关于伊顿夫人的绯闻如数上报总统。杰克逊把坎贝尔这次的行为当成是他最伟大且最具激情的一次把戏。坎贝尔刚声情并茂地讲完他的"邪恶故事"，老胡桃木便对他一顿呵斥。他暴跳如雷，一边指指点点，一边威胁恐吓，一边情绪激动控诉自己压根儿不相信这些故事，而那位可怜的牧师被吓得不敢言语。[1]

随后多日，总统便跟坎贝尔就此事争论不休，甚至详细给后者分析那些流言蜚语是如何的荒唐。他甚至邀请坎贝尔再来白宫，他们当面对质。9月10日，杰克逊召集所有内阁成员开会，集体讨论所谓伊顿与"汀布莱克夫人苟且"的证据，好像内阁本是一个道德与司法机构，这就把本就充满争议的事件推向了一个极度荒谬的深渊。除了范布伦、英厄姆、布兰奇、巴里和贝里恩，总统还邀请了路易斯和多纳尔森与会，伊利大人和坎贝尔大人也在此。当然，伊顿肯定不会出现在现场。[2]会议刚开始，杰克逊便在会议上分析坎贝尔提供的证据，分析完后便问伊利调查后得到的结论。此时的伊利巴不得立即从这团乱麻中抽身出来，并与总统重修旧好，于是他宣称自己没有发现伊顿先生有任何不端行为的证据。

"伊顿夫人同样没有行为不端。"杰克逊突然打断他的话。

"在这个问题上，"伊利回击道，"我无话可说。"

"她像处女一般纯洁！"总统怒喝道。[3]

在场的人都听到了这句不可思议的话，但是每个人都漠然地坐在那里，没有任何表示。最后，坎贝尔要求发言，杰克逊随即点头许可。这位牧师说，他提供这些证据不过是为了替政府分忧，为国家解难。

杰克逊打断了他的话，并说道，坎贝尔来到这里的目的是提供证据，而不是来布道说教。

"我想，我出现在这里本就是个错误，"坎贝尔反击道，"我没有任何机会为我的观点辩解。"说罢，他便向在场的所有内阁成员鞠躬，随后便扬长而去。过了不久，会议便结束了。[4]

---

1 "杰克逊将军的自叙"，帕顿，《杰克逊》，第三卷，197—199页。

2 同上。

3 同上，204页。

4 "杰克逊将军的自叙"，帕顿，《杰克逊》，第三卷，205页。

　　这根本就是一场闹剧！美利坚合众国政府的内阁成员居然正襟危坐聚在一起，只为听证他们其中一位成员所谓的不检点的证据。总统本人更是这场愚不可及的"神圣战争"的发起人，他本可以事不关己，高高挂起。

　　这次会议结束后，杰克逊本以为佩吉以后便可以清白度日了。他本该想到自己的想法是如此的天真。在佩吉一事上，他的家人都没有跟他站在统一战线上。总统的侄女兼白宫女主人埃米莉·多纳尔森按照姑父的要求在白宫招待伊顿夫人，但是拒绝伊顿夫人进入自己的房间。其他内阁成员的妻子也都以同样的方式排挤伊顿夫人。"这里的女士们都不准备同她打交道。"埃米莉同自己的朋友说道。[1]一些热衷于吹毛求疵的人甚至把伊顿夫人比作"司战女神柏洛娜"，把伊顿夫妇的韵事称作是"衬裙战争"。很多人甚至把这些事情当成是茶余饭后的笑资。

　　随着华盛顿社交季的到来，深陷丑闻的伊顿夫妇一定会在社会交际中遇到数不清的麻烦。一般而言，总统携家人若带头正式宴请内阁成员及其家人，国务卿须带领内阁成员依次宴请其他内阁成员及其家人。杰克逊举行宴会当天，内阁成员及其家属全员出席，但是多位内阁成员的妻子却整晚都哭丧着脸，闷闷不乐，那是一个压抑沮丧的夜晚。宴会结束后，又羞又恼的老胡桃木闷闷不乐地回房休息。

　　范布伦接棒总统成为举行下一场宴会的主人，为了使自己的宴会蓬荜生辉，他甚至邀请到了前弗吉尼亚州长托马斯·曼·伦道夫的遗孀玛莎·杰斐逊·伦道夫出席宴会，而玛莎是托马斯·杰斐逊唯一健在的孩子。然而，范布伦不久后便收到了约翰·布兰奇托人送到的短笺，声称自己接受邀请，但是自己的妻子和女儿因"一些不便细说的原因"不能出席宴会，这明显就是借口。丧妻独居的约翰·麦克弗森·贝里恩居然也拒绝出席宴会。理由是他"临时有事"，须出城解决，而他的女儿则因"身体抱恙"，不便出席。尽管塞缪尔·英厄姆答应出席，但是他的妻子却缺席宴会。伊顿和威廉·巴里的妻子也没有出席宴会，因为她们决定"守卫在自己的炮台里"。[2]

　　几周后，范布伦又举行了另一场宴会（他的做法很快为自己招来了麻烦）。《华盛顿日报》随即谴责他和他的盟友英国公使查尔斯·沃恩爵士企图强迫华

1　埃米莉·多纳尔森致信玛丽·科菲，1829年3月27日，伯克，《来自田纳西州的埃米莉·多纳尔森》，第一卷，178页。

2　范布伦，《自传》，350页。

盛顿上流社会接受一个"不值得尊敬的人"，而查尔斯公使也是一位单身汉。收到邀约的人只好通过拒绝邀约的方式表达自己的不满。同样，这场宴会也创下了所有人拒绝参加的纪录。怪兽也挡不住华盛顿上流社会的妇女心，当然除了英厄姆夫人、布兰奇夫人和贝里恩小姐。她们三人都称病拒绝出席宴会。据说，这场宴会在当时曾轰动一时。[1]

范布伦因外交活动结识的另一位好友，同样也是一位单身汉，随后便于1829年12月23日举行了另一场宴会。这次宴会的主人是俄国公使克鲁德纳男爵。由于英厄姆夫人再次缺席，宴会的主人便安排伊顿夫人依次坐到相应的位置上。伊顿则正对荷兰公使的妻子惠更斯夫人。惠更斯夫人对当天的安排颇有微词，甚至曾扬言要举行一场不邀请伊顿夫人的宴会，如此所有内阁成员的妻子都会依样行事，作为当晚安排的报复，她便可以把伊顿夫妇驱逐出华盛顿的上流社会。

尽管范布伦奋力搅拌调节着这碗女人毒液般的浓汤，一些好事者还是把惠更斯夫人的言论传达给了杰克逊总统。不久后，范布伦便收到了白宫的传唤。杰克逊通知范布伦，若他听到的传闻属实，则立即收缴惠更斯一家的签证。杰克逊把整件事情看作是一场"阴谋"，而这场阴谋的最终目的就是击垮他。但是惠更斯夫人拒绝承认自己说过传闻中的那些话。她抗议道："她很早便已开始外交生涯，知道如何摆正自己的位置，根本不会掺和这类事情。"她义正词严地为自己辩解果然奏效，总统"不计前嫌"原谅了她。惠更斯一家得到了赦免。[2]

然而，内阁成员的遭遇则截然不同。总统召唤了三位罪臣（英厄姆、布兰奇和贝里恩）前来开会，并当众宣读了一份备忘录，谴责他们三人结成"联盟"企图把伊顿和他的家人赶出华盛顿上流社会，并"迫使我"把他从内阁成员名单中除名。"我不会将伊顿先生从我的内阁中除名，"总统宣称，"我奉劝那些不能同他和睦相处的内阁成员，最好知难而退，否则我绝不姑息。"[3]

最初，杰克逊把这起事件归咎于"克莱和他的那帮奴才"之间的"结盟"，后来便怀疑是"那群满脑子假惺惺仁义道德的女人"在搞鬼。他从没意识到这

1 范布伦，《自传》，352页。

2 同上，353—354页，利瓦伊·伍德伯里致信伊丽莎白·伍德伯里，1829年12月24日，《伍德伯里文件汇编》，美国国会图书馆。

3 备忘录，1830年1月，《杰克逊文件汇编》，美国国会图书馆。

是下一任总统竞选预先设下的一个阴谋，下一任大选的号角已然吹响。[1]

但是杰克逊至少通过伊顿事件找到了一位可以推心置腹的真朋友。范布伦孜孜不倦地向总统表忠心。尽管他和他的朋友除了可以安排几场饭局，其他什么都没做过。他只是静观其变，并在恰当的时候审慎地向总统进言，圆滑地向总统提供处理公共事件时合宜的方式和方法。眼前的一切不过是顺水推舟，但现在的一切都朝着对范布伦有利的方向发展。

杰克逊对范布伦的所作所为越发赞赏有加。"对我来说，他堪称完美，"老胡桃木在给约翰·欧文顿的信中写道，"他不像传闻中说的那样自私狡诈，我认识的他分明是一个开诚布公、公正无私而又果断勇敢的人。作为言官，他既聪明能干又深谋远虑，他把共和主义奉为圭臬，他是我见过最讨人喜欢的人，与他共事我如沐春风。"

"我多么希望卡尔霍恩先生和他的那群朋友也能让我如此省心，"他在这封信中继续写道，"您知道我曾对他十分信任。但是，我现在越发跟他无话可说，我甚至认为，自从我来到华盛顿上任以来遇到的所有麻烦、困扰以及困难，都跟他的那群朋友脱不了干系。他的事情姑且讲到这里。"[2]

总统点名批评卡尔霍恩涉嫌为总统制造"麻烦、困扰以及困难"，加之急速发展的事态，后者的运气也在渐渐消耗殆尽。在过去的几个月中，总统对卡尔霍恩在政府中扮演的角色越发不满。其一，他甚至听闻副总统卡尔霍恩插手《抗议决议》（*South Carolina Exposition and Protest*）的撰写工作，该决议由南卡罗来纳州议会通过，旨在抗议《妥协税率法案》。杰克逊在关税争议上虽同情南卡罗来纳州，他明白南方对保护性关税法规的不满由来已久，却也强烈支持由具实权的中央政府所领导的联邦。其二，卡尔霍恩对合众国银行存在的问题充耳不闻，对偿还国债后结余的财政收入分摊到各州一事持反对态度。威廉·路易斯对卡尔霍恩的不满更加剧了杰克逊对这位副总统的厌恶。实际上，卡尔霍恩的妻子弗洛里德拒绝同伊顿夫妇交往，有人甚至称卡尔霍恩夫人为"妇女分遣队"的领头人，领头羞辱和排挤可怜的佩吉，总统肯定也会因为此事对卡尔霍恩的印象大打折扣。

1　安德鲁·杰克逊致信约翰·麦克勒莫尔，1829 年 9 月 22 日，12 月 25 日，《杰克逊文件汇编》，纽约州历史学会。

2　安德鲁·杰克逊致信欧文顿，1829 年 12 月 31 日，杰克逊，《信件》，第四卷，108—109 页。

接下来发生的一件事，更是让卡尔霍恩的处境变得岌岌可危。南卡罗来纳州的罗伯特·海恩以及马萨诸塞州的丹尼尔·韦伯斯特在参议院会议时大打出手，起因是两人对州权、合众国国家性质以及奴隶制的地位各执一词，互不相让。海恩振振有词地阐述了卡恩霍恩所奉行的那一套理论，他声称若州议会判定某条联邦法律有损本州利益和主权，则该州有权判定该条联邦法律在本州内无效。海恩甚至声称，南部诸州的州权在任何时候都需要尊重，任何企图危害州权的行为都会引起无法挽回的后果：首先宣布联邦法律无效，若判定无效失败，那么脱离联邦便是最终的解决方法。[1]

韦伯斯特连续两天发言对此进行驳斥。他用手指着联邦法律无效论的发起者卡尔霍恩，大声宣布合众国属于全体人民，不属于个别州。韦伯斯特此次的发言，使事件发展到了白热化的阶段。"我热爱合众国的宪法，我热爱合众国，"韦伯斯特宣称，"副总统先生，这是人民的宪法，这是人民的政府，一个民有、民治、民享的政府。"[2]

几乎所有人都判定杰克逊会站在海恩一边，捍卫州权。达夫·格林在《美国电讯报》上发表的一些社论似乎间接印证了人们的这些假设。直到人们想起格林是卡尔霍恩的亲戚兼挚友，他首先忠于的人一定是副总统。如果此次辩论仅仅局限于州权之争，那么杰克逊极有可能站在海恩一边。但是，此次辩论的内容甚至涉及联邦法律无效论以及脱离联邦，甚至分裂联邦。基于这点，杰克逊断不敢苟同。他宁可"战死到最后一刻"，恰如他从前说过，"也绝不能眼睁睁地看着合众国分崩离析"。[3]

由于达夫·格林的虚假宣传，加之他本人对分裂联邦行为的深恶痛绝，杰克逊决定打破沉默。他绝不让公众误以为自己站在海恩和卡尔霍恩一边。但是该如何与他们划清界限呢？所幸救命的稻草及时出现了。在过去的20年中，位于华盛顿的国会中的共和主义者会在每年的4月13日庆祝杰斐逊的生日。尽管，人们普遍把杰克逊视为"杰斐逊主义的伟大复兴者和榜样"，[4]他却十分急切地想要参与这场即将到来的庆祝活动。若他带头参与庆祝，那么副总统、所有内阁成员以及所有自命不凡的官员都会参与其中。范布伦突然意识到，这

---

1 《国会辩论记录》，第二十一届国会第一次会议，31—35页，35—41页，43—80页。
2 同上，77页。莫里斯·巴克斯特，《不可或缺，浑然天成：丹尼尔·韦伯斯特和合众国》。
3 安德鲁·杰克逊致信克莱本，1806年12月12日，杰克逊，《信件》，第一卷，153页。
4 帕顿，《杰克逊》，第三卷，282页。

场庆祝大会很可能会沦为联邦法律无效论者及其朋党借此"搞小动作"的场合，"而这将大大危害合众国的长治久安"。这次的庆祝活动很可能成为那群联邦法律无效论者借机拉拢国会支持的"遮羞布"。[1]

在庆祝日当天，《美国电讯报》发布了一份庆祝活动的日程表，当杰克逊看到参与庆祝的人员名单时，他瞬间明白，"这压根儿就是那帮联邦法律无效论者的庆祝"，[2]明眼人都能看懂。总统是时候出面揭发他们的诡计，并当着国会议员和美国人民的面同他们壁垒分明。

杰克逊立即起草了三份声明。由于杰克逊肯定会被要求在庆祝活动中致敬酒辞，他便决定借敬酒辞表明自己的立场。他把自己起草的三份声明分别拿给路易斯、多纳尔森以及范布伦看，他们一直选定最短的那份声明，因为它"最能给人留下深刻印象"。杰克逊旋即把选定的声明放进口袋，并把其余两份声明扔到火中烧掉了。

晚宴在印第安女王宾馆举行。参加典礼的人分别坐在两条平行的桌子上，一条横放的桌子把两条桌子的桌头连成一体。总统在 5 点到场，一直逗留到 10 点左右才离去。弗吉尼亚州的约翰·罗恩负责主持整个典礼，另外十几个国会议员负责协助他维持现场。庆典宣布开始后，在场的宾客无不跃跃欲试，准备致祝酒词，而后畅饮一番。总共有 24 位在场宾客致过祝酒词，除了六七位以外，其余人无不提及杰斐逊和弗吉尼亚州以及他所倡行的州权主义伟大原则，并声称他的这些原则定会永久流传。调解委员主席罗伯特·海恩更是发表冗长的演讲，粉饰州权标准下已取得的那些"伟大而光辉"的胜利。演讲结束后，他还不忘送上自己的祝酒词，"致州的合众国，致州的主权"。

此时的杰克逊如坐针毡。他认为其中的一些祝酒词就是在打分裂联邦的擦边球，他绝不能容忍"那些如儿戏般分裂联邦的言论"。[3]

杰克逊和卡尔霍恩相邻而坐。范布伦则坐在第二张桌子的尾部，紧邻一位联邦法律无效论者，确保场面不至于失控。杰克逊拿起了一张上面印有各类通用祝酒词的列表，并在这张列表的背面写下了自己的祝酒词。但是他在写祝酒词的过程中却无意中漏掉了一个词。

---

1 范布伦，《自传》，413 页。

2 同上。

3 《美国电讯报》，1830 年 4 月 15 日，17 日，20 日，23 日，肯德尔致信布莱尔，1830 年 4 月 25 日，《布莱尔－李文件汇编》，普林斯顿大学图书馆。

第一轮祝酒结束后。有人便请求总统带头祝酒。他站起身来。

"我们的合众国：必须捍卫。"

这几个字不停地回荡在房间中。"面纱被摘了下来，"范布伦写道，"那些见不得人的巫术被暴露在光天化日之下。"[1]

海恩从座位上一跃而起，忙不迭地跑向总统。他央求总统在刚才的祝酒词中加上"联邦"一词，因此祝酒词就变成了"我们的联邦合众国"。尽管省掉这个词非杰克逊本意，但是他为"这次的失误而欢呼雀跃"。[2]

副总统旋即起身致祝酒词。

"此合众国，"他故意大声说道，"仅次于我们的自由，我最亲爱的朋友们。"若卡尔霍恩点到为止，那么他的祝酒词或许会同杰克逊的祝酒词一样简洁深刻，打动人心。但是他忍不住又向在场的人发表了一些其他言论，这使得他最初那句祝酒词的震慑力大打折扣。

接下来便是范布伦致祝酒词，他向在场的每一个人送去了祝福。"相互约束，相互妥协，"他说道，"这是我们的合众国得以建立的基础。从中衍生出的爱国主义精神将永远鼓舞着我们捍卫合众国的统一。"[3]

这三次祝酒词都无一例外提到了"合众国"。卡尔霍恩认为合众国仅次于自由。但是韦伯斯特在参议院会议中第二次回应海恩中，明确声明自由和合众国相辅相成，缺一不可。而这也恰是杰克逊的观点。他一贯坚持自由在政府运行中的绝对重要性。但是只有依托强大的合众国，才能永远自由，当然这里所指的政府不是一个绝对中央集权的政府。[4]

此次论战直接撕裂了杰克逊同他的副总统之间的关系。与此同时，当局政府同它所谓的发言人《美国电讯报》之间的关系也受到了重创。就在此时，范布伦趁机得势。他极力怂恿杰克逊参与1832年总统大选，争取连任，最初却得到了总统本人的极力反对。[5]老胡桃木若连任成功，魔术师极其希望连任局面的出现，只有这样才能慢慢消耗掉卡尔霍恩接任总统的野心，至少要让他再等

1 范布伦，《自传》，413 页。

2 同上。

3 《美国电讯报》，1830 年 4 月 15 日，17 日，20 日，23 日。

4 《国会辩论记录》，第二十一届国会第一次会议，80 页。

5 理查德·波拉德致信威廉·里夫斯，1830 年 6 月 10 日，《里夫斯文件汇编》，美国国会图书馆。

4 年。

明察秋毫的亚摩斯·肯德尔发现了这位纽约人妙不可言的魔术手腕。他丝毫不吝啬自己的赞美之词。"范布伦如润滑油一般八面玲珑，如猫一般不动声色，静观其变，"他告诉弗朗西斯·布莱尔，"如果这一切都是他谋划的结果，人们也从无察觉，因为他的手腕实在高明。卡尔霍恩的朋友连连失利，而他却频频从中得利。他已经得到了总统的信任，并赢得了他朋友们的支持。而卡尔霍恩此时却屡战屡败。"[1]

杰斐逊的生日庆典刚结束没几天，南卡罗来纳州的一个国会议员便前去白宫拜访总统，在自己离任回家之前向总统告别，并表示自己的敬意。他问总统有没有话需要带给他在南卡罗来纳州的朋友。"没有，没有什么要说的。"他干脆利落地回答道。但是，总统立即想起了他那次的祝酒词，于是立即改口说道："我确实有话要说，请传达我对贵州的朋友们最真挚的问候，此外烦请告知他们，谁胆敢为反对联邦法律流哪怕一滴血，只要让我发现有类似的叛国行为，我一定会毫不手软地把他绞死在离我最近的那棵树上。"[2]

通过伊顿事件，联邦法律无效论事件，加之国务卿高超的政治手腕，副总统卡尔霍恩渐渐失去了总统杰克逊的信任。在短短的五六个月里，一条绞索慢慢靠近卡尔霍恩的脖子，渐渐地消磨掉他的政治生命。趁他不备，有人便把这条绞索猛地致命一拉。杰克逊致完那场令人印象深刻的祝酒词后 3 天，佐治亚州州长约翰·福赛斯便给威廉·克劳福德写了一封信。自此，约翰·卡尔霍恩便再也与继承安德鲁·杰克逊的总统职位无缘。

一场针对卡尔霍恩的阴谋早就在数年前开始发酵。事件的起因要追溯到杰克逊攻占佛罗里达，门罗内阁的一部分成员，包括卡尔霍恩，认为应该对杰克逊将军未经授权擅自占领西班牙殖民地的行为进行弹劾。卡尔霍恩从没在公众场合提及此事，而老胡桃木周围的人却一直怀疑他有"变节行为"。这些人中就包括萨姆·休斯顿，他手中掌握了一份门罗写给卡尔霍恩信件的原件，信上标注的日期是 1818 年 9 月 9 日，信中内容显示通信双方均不支持杰克逊的占领行为。然后，在 1828 年总统大选的最高潮，范布伦把詹姆斯·汉密尔顿派遣到纳什维尔，此举旨在帮助汉密尔顿快速成长，同时又提高范布伦在英雄心

---

1 肯德尔致信布莱尔，1830 年 4 月 25 日，《布莱尔－李文件汇编》，普林斯顿大学图书馆。

2 帕顿，《杰克逊》，第三卷，284—285 页。

中的影响力。在去纳什维尔的途中，汉密尔顿顺道去往佐治亚州（表面上是探望威廉·克劳福德，帮助杰克逊同这位佐治亚州人重归于好），并在此地见到了佐治亚州州长约翰·福赛斯，此后福赛斯曾给汉密尔顿写过一封信，信中提到杰克逊一直认为克劳福德曾在门罗的内阁会议上极力建议惩罚他占领佛罗里达的行为，而这件事一直是横亘在两人心中的心病。而克劳福德拒不承认自己做过此事。并说当年是卡尔霍恩极力要求对将军实行监禁和惩罚。[1]

为了防止大选节外生枝，当时谁也没有提及此信。但是很多人都知道这封信的存在，包括范布伦和威廉·路易斯。[2]直到伊顿事件闹得满城风雨，路易斯才告知杰克逊这封信的存在。此外，他还信誓旦旦地告诉总统，那封信中特别强调卡尔霍恩在得知将军占领佛罗里达后，曾极力支持当局监禁和惩罚将军。

"你确定看到了一封这样的信？"杰克逊倒吸了一口气，说道，"这封信在哪里？"

"在纽约……在汉密尔顿上校那里，信是州长约翰·福赛斯所写。"

"那好，拿来给我看看。"总统说道。[3]

然而拿到证据还需要等一段时间，因为福赛斯州长坚持先征得克劳福德的同意再上交信件。克劳福德回应了福赛斯州长的请求，并正式指控卡尔霍恩曾密谋对杰克逊的占领行为进行惩罚。[4]

1830年5月12日，克劳福德的信件终于到了杰克逊的手中。杰克逊旋即把这封信转交给卡尔霍恩，并厉声要求他做出解释。这封信中的"声明和事实"，杰克逊在附信中写道，"与我之前理解的完全不同，有必要请阁下考虑一下它们的正确性"。[5]

杰克逊故意把自己的信和克劳福德的信一同寄给副总统的目的就是要同他决裂。决裂的原因十分简单。因为卡尔霍恩联邦法律无效论的观点着实激怒了他，并给他敲响了警钟，他认为副总统一旦继任成为总统，那后果将不堪设想。此时，在他眼里，范布伦是更佳的总统人选，也是更安全的人选，因此他必须

---

1 "威廉·路易斯少校的自叙"，帕顿，《杰克逊》，第三卷，320页。

2 同上；路易斯曾于1828年前往纽约，汉密尔顿正是在此期间向他展示了这封信。

3 同上，323—324页。

4 克劳福德致信福赛斯，1830年4月30日，《约翰·卡尔霍恩作品集》（纽约州，1851—1856年），理查德·科罗拉编辑，第六卷，30页。

5 安德鲁·杰克逊致信卡尔霍恩，1830年5月13日，杰克逊，《信件》，第四卷，136页。

舍弃掉卡尔霍恩。这就是为什么说他的这封信是故意的挑衅。为了挑起卡尔霍恩的怒意，总统必须首先同他决裂。"事实上，"杰克逊的一位早期传记作家写道，"在此事发生之前（此事是指将军要求卡尔霍恩做出解释一事），总统早已对卡尔霍恩先生心生不满，巴不得赶紧找到借口同他决裂。"[1]

而卡尔霍恩更是顺水推舟给他们的公开决裂提供了绝佳的借口。一封长达25页的回信交到了总统手中，信件上的日期是5月25日，而这封长信的内容正中杰克逊的下怀。卡尔霍恩的粗俗无礼加剧了总统踢他出局的速度。开篇的第一句话便奠定了整封信的基调。"我不认为您有权力，"卡尔霍恩说道，"质疑我的行为。"他这句话明摆着就是要把事情闹大，更何况这句话是对美利坚合众国的总统而说。他继续按照第一句话的语调写完了整封信。难道杰克逊没有发现克劳福德突然出现在政治舞台的背后隐藏的原因吗？"这本是一场彻头彻尾的政治阴谋，我还是瞎了的好，这样就可以假装看不见它，"卡尔霍恩继续写道，"……一阵阴风分明正吹向我。"他没有挑明这阵阴风到底来自何处，但是两年前一位来自纽约的人却刻意同他过不去，执意调查此事，这才引起了他的怀疑。有人正在谋划一场惊天阴谋，他愤愤不平地说，那个人的目的就是击垮他；尽管他没有提及那个人的名字，但是他坚称不久的将来他一定会将那个人的罪证公诸天下，而这场阴谋的发起人就是范布伦。[2]

杰克逊在读完卡尔霍恩的来信后立即得出了结论。他告诉路易斯自己被卡尔霍恩欺骗了，自己对他付出了"最真诚的友谊，最坚实的信任"。他感觉自己被出卖了，他感觉十分羞耻。[3]

此外，让杰克逊更为不快的是，"伊顿疟疾"不断给他带来"困扰"，甚至造成内阁成员之间的人心涣散。他抱怨道，发生这种事副总统反而不同我站在一边，却同那些部门首脑一同密谋，"企图把伊顿少校排挤出内阁，让我颜面尽失，削弱我政府的力量……让我在人们心中的地位变差，这样他们就不用再支持我继续连任了"。[4]

1 帕顿，《杰克逊》，第三卷，333页。

2 卡尔霍恩致信安德鲁·杰克逊，1830年5月25日，《美国电讯报》，1831年2月17日，21日，23日，26日。

3 "威廉·路易斯少校的自叙"，帕顿，《杰克逊》，第三卷，326页。

4 安德鲁·杰克逊致信多纳尔森，1830年12月25日，《杰克逊文件汇编》，纽约州历史学会。

"我要连任！"1830 年年末，杰克逊突然意识到自己必须选择连任，必须把卡尔霍恩从候选人名单中踢掉，必须开除那些不忠不力的内阁成员。在不引起民心大变的前提下，完成以上目标的确需要高超的政治手腕和政治智慧。

他小心翼翼地开始了行动。也就是在随后不久他明确了自己该采取的行动。首先也是极为重要的一步就是替换掉当前政党的喉舌《美国电讯报》，改用另外一家报刊。"格林将军（《美国电讯报》的主编）把杰克逊将军及其朋友同南卡罗来纳州的联邦法律无效论者混为一谈，并大肆宣传，"肯德尔·亚摩斯说道，"使得杰克逊不得不考虑换掉这家报社。"[1] 杰克逊身边的政治顾问一致推荐肯塔基州的弗朗西斯·布莱尔，他曾供职于《美国西部之眼》，文笔尖锐犀利，忠于杰克逊以及他的改革原则，并与亚摩斯·肯德尔和邮政部长威廉·巴里交好。不难看出，布莱尔是最佳人选。很快，杰克逊便邀请布莱尔前来华盛顿，参加 1830 年 12 月国会的开幕典礼。为了帮助布莱尔获得杰克逊的宠信，肯德尔给他列出了一份计划大纲，以确保他将要主笔的那份政府报刊能够获得总统的青睐。"报纸必须遵循明确的纲领路线，必须为政府彻底的改革而服务。"此外，报纸的内容必须"与南卡罗来纳州的联邦法律无效论者划清界限，拥护合理关税和国家内部改良，以及分摊剩余税款，支持偿还国债……反对合众国银行，支持各州独立行使州权不受其他势力的干扰，除非由于专制影响到了整个国家的安全"。[2]

布莱尔于 12 月 1 日抵达华盛顿，他在白宫的出现几乎把所有在场的人员惊得哑口无言。他衣冠不整，看起来茫然失措，活像一具行走的死尸。更为骇人的是，他的脑门上居然有一道很深的伤口，得益于不久前的一场马车事故。

他立即前去觐见总统。总统仔仔细细地打量了他一番。只见他长得贼眉鼠眼，体重甚至不到一百磅，布莱尔本想把自己打扮成一表人才的样子，但是他的外表离他理想中的样子相去甚远。两人促膝长谈，直到谈话结束后，杰克逊才彻底忘掉布莱尔那十分不出众的外表。两人相谈甚欢，杰克逊更是朝他大倒苦水，抱怨自己当政以来遇到的种种麻烦和苦恼。布莱尔对答如流，坦诚相告，会谈结束后，总统越发相信自己找到了合适的报刊编辑，有能力向整个美国社

---

1 肯德尔致信弗朗西斯·布莱尔，1830 年 10 月 2 日，《布莱尔－李文件汇编》，普林斯顿大学图书馆。

2 同上。

会宣传自己以及自己的政策。[1]

杰克逊热情邀请布莱尔前来参加晚宴。他自然不敢贸然拒绝。然而，等他到达白宫东厢赴宴时，却赫然发现在座的皆是达官显贵，全都身着锦衣华服。布莱尔仅有一件像样的大衣，那是一件双排扣的礼服大衣。珠光宝气的宴会大厅让他局促不安。他鬼鬼祟祟地溜到房间的一个角落处，惴惴不安地等待着总统的到来。但是，总统进来后，一下子就看到了他，径直走向他，把他引到自己右手边的座位入座，而这是贵宾才能享受的待遇。此时的布莱尔被突如其来的关注吓得呆若木鸡。也就是从这一刻起，他对杰克逊的忠诚和忠心再未消减过。[2]

1830年12月7日，新版"杰克逊报纸"的第一期面世。这是一份半周刊，布莱尔给它起名为《环球报》。该报的第一期由四个版面组成，并在最明显的位置上阐明该报的宗旨："本报刊致力于宣传和弘扬杰克逊将军坚守的原则。"布莱尔随后正式宣布了《环球报》创刊的基本理念："这是一个统治过严的世界。"他宣称，这句格言最后被印在了报头上。"若人民要求政府结束这样一个统治过严的世界，那么我们相信政府有能力替民行道，打倒一切企图进行邪恶统治的人"。我们都是幸运的，只要安德鲁·杰克逊做我们的总统，我们就不必为此而担惊受怕，布莱尔在这份报刊上如是写道。

《环球报》宣布开刊当天，订阅信就铺天盖地地席卷了布莱尔的办公室，短短数周时间，忠贞不贰的民主党人便取消订阅《美国电讯报》，转而订阅《环球报》。[3]布莱尔和他的家人索性搬到了宾夕法尼亚大道居住，几乎每天出入白宫，同总统交流，获得总统的指示。几乎所有人都知道杰克逊喜欢口授自己的政策。与《电讯报》不同的是，国会议员爱德华·埃弗雷特说道，《环球报》是"他自己的报纸"。[4]

《环球报》的建立为杰克逊提供了掌握民主党绝对控制权的必要政党机器。它是保持政党长期性发展的一项重要组织机构，结构上的统一性有助于所有民

1 路易斯致信欧文顿，1831年1月13日，《欧文顿文件汇编》，田纳西州历史学会。

2 布莱尔致信范布伦，1858年12月9日，《范布伦文件汇编》，美国国会图书馆。

3 乔治·克劳福德致信布莱尔，1831年3月27日，《布莱尔－李文件汇编》，普林斯顿大学图书馆。

4 埃弗雷特致信亚历山大·埃弗雷特，1831年1月23日，《埃弗雷特文件汇编》，马萨诸塞州历史学会。

主党人齐聚在领导人的领导之下。这份报刊的建立不仅助力杰克逊宣传他的原则和政策，更极大地保证了党内人士的纪律性和忠诚度。

此时，杰克逊决定采取下一步的行动，排除以卡尔霍恩为首的异己，统一内阁。副总统又为杰克逊的计划出了一份力。卡尔霍恩决定出版所有与佛罗里达占领相关的所有信件，具体动机只有他自己清楚，但是他的这一举动彻底撕裂了杰克逊 – 卡尔霍恩联盟存在的最后一丝可能性。或许，副总统只是单纯想证明这件事根本就是范布伦耍的一场两面三刀的"阴谋"。或许，他自欺欺人地认为公众了解此事有助于自己从中开脱，但是他并不知道自己这么做简直是犯了大忌。事实上，杰克逊对自己当年占领佛罗里达一事一直心存芥蒂，任何出现在公众视野的文件刊物若不极力支持他当年的行为，便会大祸临头。因此，卡尔霍恩此举无疑是愚蠢至极。

1831 年 2 月 17 日，一本包含杰克逊 – 卡尔霍恩信件的宣传册由达夫·格林的《电讯报》刊行，小册子的扉页上写着一篇序文。标题是"安德鲁·杰克逊将军和约翰·卡尔霍恩之间的通信信件"……就此问题阐述后者的行为，关于门罗先生的内阁，关于塞米诺尔战争期间发生的事件，小册子里还包含了卡尔霍恩将这些信件公之于众的原因。"我必须选择面对你们……就我的行为做出解释……因为有人认为我行为失当，这根本就是诬陷。"只要读过这本小册子的人就会立即得出两大结论：为卡尔霍恩在门罗政府的所作所为辩解；证明有人蓄谋终结卡尔霍恩的政治前途，而这场阴谋完全出自范布伦之手。尽管范布伦的名字并没有在小册子中提及，但是明眼人都能看出它的所指。因此，范布伦要求格林在 2 月 25 日刊发的《电讯报》上加载一则声明，否认自己曾制造过一场所谓的阴谋。小册子上提及的任何关于我故意在总统面前抹黑卡尔霍恩的"断言或暗示"都纯粹是"子虚乌有"，他说道。[1]

这些信件公之于众后，不仅引起了整个华盛顿的震动，整个国家也一片哗然。把过去两年内阁成员之间的恩怨公之于众，使得杰克逊当政的政府一时间沦为人们的笑柄。卡尔霍恩披露了公众之前压根儿不了解的事情，现在他们全都知道了，举国震惊，人们对政府的失望之情更添一分。大多数民主党人都相信卡尔霍恩所做出的解释，但是他们同样认为，他的这种做法不仅将他自己，而且将总统、政党以及整个国家置于不利的境地。他"对总统的攻击"（人们

---

1 完整内容请参见《电讯报》，1831 年 2 月 17 日，21 日，23 日，26 日。

通常用这个词来指代这次的事件）遭到了党内的一致批评。[1]

不久之后，白宫就下发了应对此次事件的指示。2月21日，《环球报》刊载一篇社论，其中便把卡尔霍恩的小册子称作"扔进民主党内的一团叛变之火。卡尔霍恩先生需要为自己所有的行为负责"。"战争，一场公开的战争，正在叫嚣着。"亚摩斯·肯德尔宣称。"卡尔霍恩已死。"另一个人评论道。杰克逊授意公开宣布开除卡尔霍恩和达夫·格林的民主党籍。他评论说，卡尔霍恩出版信件一事无疑是在自我毁灭。"他们要自绝后路，"他说道，"我还是第一次发现有人居然可以在如此短的时间内自我了结。"[2]

尽管从表面来看，现在发生的一切正合杰克逊的本意。此时的杰克逊可以大大方方地踢出卡尔霍恩和他的朋友们，而不必劳烦伊顿夫妇亲自上门请求。当然，几乎所有人都相信这些奇怪事件的发生都跟范布伦脱不了干系。只有魔术师才有能力和胆识创造出这样的奇迹。

还没等杰克逊指示，范布伦就已经沦为了替罪羊，传说中的反派角色。他深知此次信件事件带给人们的震惊退却后，取而代之的便是人们对杰克逊和卡尔霍恩的同情。最终，范布伦知道公众一定会把卡尔霍恩看作是一个无知愚昧的党政受害者，而他的背后一定是有一个技艺高超的魔术师在操纵。"那些攻击我的话语，"他后来写道，"实在过于恶毒……你很难想象出那些彬彬有礼的三好公民会说出那种话。"[3]

为了保护自己以及自己的前途，这位纽约人必须想办法扭转乾坤，他很快便想出了一条解决问题的良方。他后来不断说服自己，自己之所以辞职是不想给将军"添堵"。实际上他这么做完全是为了自己。他别无选择。[4]

目前挡在眼前的唯一障碍便是如何同总统解释自己辞职的原因。绝不能让总统以为自己是为了逃避尚且处在困境中的政府。经过几番思想斗争后，范布伦终于鼓起勇气向总统解释自己当前的处境。那是一个阳光明媚、天朗气清的

1 威廉姆斯致信范布伦，1831年3月22日，《范布伦文件汇编》，美国国会图书馆；帕顿，《杰克逊》，第三卷，345页；安德鲁·杰克逊致信查尔斯·洛夫，1831年3月7日，杰克逊，《信件》，第四卷，246页。

2 肯德尔致信吉迪恩·威尔斯，1831年3月19日，《威尔斯文件汇编》，美国国会图书馆，安德鲁·杰克逊致信洛夫，1831年3月7日，杰克逊，《信件》，第四卷，246页。

3 范布伦，《自传》，384页。

4 同上，402页。

日子，两人按照当时的风俗相约骑马出行。总统说了一些关于如何解决当前困境的想法。

"将军，有一件事可以让您重归平静。"范布伦回答道。

"先生，您说？"

"我宣布辞职！"

这几个字把这位久经沙场的老兵惊得目瞪口呆。"先生，不可以！"他回答道，"即便你并不十分了解安德鲁·杰克逊的为人，你认为他能接受这种来自朋友的羞辱吗？"[1]

在接下来的4个小时里，范布伦不停地同他的上司争论，试图让他"明白自己指出的这条路是摆在他们面前唯一完全可行的路"。一天以后，杰克逊一夜没有合眼，最终决定放范布伦走。当范布伦来到白宫时，总统表现得"异常客气和冷淡"。

"范布伦先生，"老胡桃木说道，"我有一条人生准则，不允许任何人在遇到困难后为了自己的利益临阵逃脱，您也不例外。"

范布伦听到此话后如当头棒喝，他最怕发生这样的误解。此时的他坐立不安，连连向杰克逊发誓自己这样做完全不是为了一己之私，甚至说若杰克逊不相信自己"心底的想法"，大可以掏出自己的心来看看。"先生！既然如此，"范布伦宣称，"无论如何，我都不会离开内阁，直到您满意为止。我不仅会继续为您效力，而且……满心欢喜。"

杰克逊紧紧地握住了范布伦的手。这位身材矮小的男人讲了所有这位老男人希望听到的话，来表示他的忠心。"我的朋友，请原谅我的猜忌，"杰克逊怵哭道，"是我太鲁莽了。"显然，他不需要从范布伦的辞职中看到后者的智慧，尤其是这位矮小男人为自己政治前途的期冀。总统想要得到的答案不过是范布伦的辞职是出于对自己的忠心。

当伊顿听说范布伦将要辞职的打算时，他十分尴尬。"您为什么要辞职？"他说道，"我才是招来所有麻烦的那个祸根，要辞职也得先轮到我。"后来，范布伦反复强调自己从没想到伊顿会因自己而辞职，而人们的确没有理由怀疑他。纽约人辞职后，伊顿也不得不依样行事。他们两人相继辞职后，为其余内阁成员省去了不少麻烦。[2]

---

1 范布伦，《自传》，403页。

2 范布伦，《自传》，403—407页。

在同总统的最后讨论中，伊顿表示自己想首先提交辞职信，这与范布伦的想法不谋而合。1831年4月7日，伊顿递交了自己的辞职信，并在信中称自己想回归私人生活。4月11日，范布伦也提交了自己的辞职信，但是他在信中暗指自己遭到过无端的怀疑和谩骂，并表示希望以后继续为杰克逊分忧，远离那些毫无根据的指责。总统和颜悦色地回应了两人的辞职申请。4月20日，《环球报》公布了两人辞职的消息。处理完两人的辞职后，杰克逊便召集英厄姆和布兰奇前来白宫，当面把范布伦和伊顿辞职的消息告知他们，此时贝里恩不在华盛顿，所以没有前来。4月18日，他分别同他们三人单独谈话，让他们自行决定去留。[1]但是英厄姆却极为不配合，杰克逊不得不再次找他单独谈话，并索性告诉他自己希望他辞职。贝里恩和布兰奇识时务地选择辞职，并很快上交了正式的辞职信。[2]

内阁解散，举国哗然。国家有史以来从没出现过当前的情况。没人想到会有这么一天。美国人民仅对伊顿的丑闻略有耳闻，但是内阁成员大规模辞职却是他们始料未及的。"举国震惊"。政府建立40年来一直井然有序地运行，"一场突如其来的灾难"打破了长久以来的安稳。对很多人来说，内阁重新洗牌意味着政府的陷落。如此看来，杰克逊撼动了政府，而这种撼动是前所未有的。"我们生活在一个变革的年代，"当亨利·克莱想到内阁的瓦解对给自己政党带来巨大的政治机会时，他得意地大笑道，"谁能想到华盛顿居然也有需要大清扫的奥吉厄斯牛舍？（相传舍内养牛3000头，30年未打扫，粪秽堆积如山，赫拉克勒斯引阿尔甫斯河水入舍，于一日内冲洗干净）一夜之间几乎换掉了所有内阁成员。"[3]

尽管范布伦在解散内阁中的表现获得超出预期的政治赞誉，但他仍然在批准新任内阁成员的人选上发挥着巨大作用。他本人有意担任驻英国公使。杰克逊于是便决定成全他，以此来挽回两人先前丢失的颜面。但是包括亨利·克莱在内的几乎所有人都认为有必要派遣他出国或者对他另行奖赏。特拉华州的路

---

1 备忘录，1831年4月18日，杰克逊手稿，《杰克逊文件汇编》，美国国会图书馆。

2 此处提及的诸多信件均可查阅杰克逊，《信件》，第四卷，266页，295页。

3 帕顿，《杰克逊》，第三卷，359页；约翰·泰勒致信利特尔顿·塔兹韦尔，1831年5月8日，里昂·泰勒，《泰勒一家的家书和时代》（里士满，1884—1896年），第一卷，422页，克莱致信弗朗西斯·布鲁克，1831年5月1日，加尔文·科尔顿编辑，《亨利·克莱的私人信件》（纽约，1857年），299页。

易斯·麦克莱恩从伦敦调遣回国，顶替英厄姆成为财政部部长。爱德华·利文斯顿受命顶替范布伦成为国务院的首脑。总统打算重新任命休·劳森·怀特为战争部部长，以填补伊顿的空缺，这是总统第二次邀请怀特出任。但是怀特依旧敬谢不敏。他说自己能力欠佳，难当大任，也不想凭借同总统的私交来换取政治前途。[1] 杰克逊就此事同范布伦、利文斯顿以及伊顿进行了讨论，他们深知总统有意将聚居于美国东部的印第安部落迁往密西西比河以西，于是便推荐路易斯·卡斯为战争部部长的最佳人选。卡斯身材魁梧、性格率直、不苟言笑，担任密歇根准州的州长长达 19 年，在当地赫赫有名。范布伦对卡斯欣赏有加，并在杰克逊面前称赞他为"最有能力的领导者"。最重要的是，卡斯在印第安人问题的态度上与杰克逊不谋而合。[2]

新内阁成员必须要考虑到新英格兰地区的人选，杰克逊于是便任命利瓦伊·伍德伯里为海军部部长，后者曾任新罕布什尔州州长，现任美国参议员，是范布伦的好友兼支持者。尽管伍德伯里有时敏感易怒，但的确是这一职位的合适人选。才智出众的他为政府职务的管理注入了强有力的司法理念。此外，让杰克逊欣慰不已的是，伍德伯里对他可谓忠心耿耿。

任命马里兰州的罗杰·布鲁克·托尼为司法部部长使得内阁成员的名单锦上添花。总统先前就认识托尼，并对他的法律素养和政治组织才华刮目相看。托尼是 1828 年马里兰州民主党竞选组织的实际领导人，曾担任杰克逊中央委员会的主席。他出众的法律才华在巴尔的摩得以锻造，现任马里兰州总检察长，并因出众的学识和政治魅力而广受赞誉。他是一名罗马天主教徒，是著名诗人弗朗西斯·斯科特·基的姐夫，是马里兰州南部富有的知识精英。身材瘦削、前额凸出、鼻子高高隆起、下唇微微向前凸出，加上他的近视眼（他因此患上了斜视）和先天性驼背，托尼生就一副牧师的长相。

威廉·巴里成为此次内阁大换血中唯一幸存的成员。巴里作为邮政部部长，没有受到伊顿事件的影响，因此能力不足成为唯一能够辞掉他的原因。他在伊顿事件中坚定地站在杰克逊－路易斯－范布伦一派，因而侥幸留任。尽管此时邮政部部长算不上内阁的常任成员（随后将变为常任成员），他却有幸成为特例。

---

1 怀特致信安德鲁·杰克逊，1831 年 4 月 20 日，杰克逊，《信件》，第四卷，267 页。

2 范布伦致信安德鲁·杰克逊，1831 年 7 月 16 日，《范布伦文件汇编》，美国国会图书馆。

　　杰克逊对自己的新内阁十分满意并寄予厚望，希望各内阁成员能团结一致、和睦相处。尽管这届内阁无论从成员能力上还是从忠诚度上都明显优于前届内阁，但是依旧乏善可陈，并无特别新意。更为不幸的是，前后两届内阁成员在交接的过程中又引发了许多不快，让当局政府颜面尽失，甚至危及了改革的进一步推进。5月初，《美国电讯报》刊文宣传华盛顿在过去两年中的流言蜚语，伊顿夫妇丑闻的所有细枝末节霎时成为全国人民的谈资。不出所料，文章暗示英厄姆、贝里恩和布兰奇因洁身自好，不肯与臭名昭著的佩吉·伊顿结交而遭到解聘。

　　伊顿辞去内阁的职位后便离开华盛顿，回到田纳西州重操旧业参选参议员，但以失败告终。伊顿的离去直接缓和了杰克逊同安德鲁和埃米莉·多纳尔森的关系。埃米莉曾因给佩吉脸色看而被赶出白宫，伊顿夫妇回到田纳西后，埃米莉才得到原谅回到白宫。埃米莉和安德鲁双双承认自己在这场风波中犯了大错，追悔莫及。"那件事早已是明日黄花，"多纳尔森在给妻子的信中写道，"……我也认为姑父对那件事的态度并无过错。如果因此导致亲人分离，我想我们一定会后悔的，我们将无法报答他以前对我们的关怀备至和拳拳之情。"[1]

　　由于英厄姆、贝里恩和布兰奇的"变节"，杰克逊举行内阁会议的次数明显变少，转而向其他人征询意见。他有时甚至向朋友和亲戚征求意见，诸如路易斯、多纳尔森、科菲以及欧文顿。智谋双全的范布伦俨然成为总统的锦囊，加之"他的忠诚和赤子之心"，更让杰克逊青睐有加。随着内阁的解散，范布伦前往伦敦，一时之下竟然无人能替代范布伦的位置。杰克逊便按照自己的习惯向观念相近的人征询意见。针对不同的问题，征询意见的人固然不同。

　　内阁解散后，亚摩斯·肯德尔和弗朗西斯·布莱尔便频频为总统出谋划策。随着两人打入杰克逊的私人交际圈，反对派开始大肆抨击"厨房内阁"。在那些创造和使用这个词条的人眼中，杰克逊除有官方内阁的协助外，背后还有一伙天赋异禀的人帮助杰克逊管理政府、分封官员以及操纵民主党。他们不是像内阁官员（他们被称为"客厅内阁"）那样的官方顾问，有人甚至想象他们是通过后楼梯穿过厨房然后再鬼鬼祟祟地溜进总统的书房。杰克逊的8年任期期间前来献策的人来来往往，没有定数，就连总统的政敌或者后世的历史学家也无法对这些"厨房内阁"成员的具体数量或任职时间给出定论。他们中包括编辑、

---

1 多纳尔森致信埃米莉，1831 年 6 月 16 日，《多纳尔森文件汇编》，美国国会图书馆。

政客、家人和故交以及官方的内阁成员。

现今可考最早出现"厨房内阁"这一概念的是 1831 年 12 月的一份文件，合众国银行总裁尼古拉斯·比德尔在同杰克逊的一次私人谈话中劝说道："厨房……战胜了客厅。"[1] 然而，直到同年 3 月，密西西比的参议员乔治·波因德克斯特因无法忍受范布伦而离开杰克逊，投奔卡尔霍恩，此外他本人长相凶神恶煞，常常纵情于声色犬马之中。他于 1832 年 3 月 27 日在《美国电讯报》上刊文，因在文中使用"厨房内阁"而引起多方关注。"总统自己的报纸，"他写道，"在他本人的授意下，由'一对克莱党的叛徒'主笔（意指肯德尔和布莱尔），以及其他一些人共同编辑，这就是所谓的'厨房内阁'，他们聚在一起诽谤造谣，出版着合众国最庸俗的刊物。"[2] 此文一出，"厨房内阁"一词旋即成为经典的美国政治词汇。

实际上，"厨房内阁"本是子虚乌有之事，至少不是反对派所描述的那样。杰克逊不过是向自己的至交征询建议，进而帮助自己厘清思路，为撰写声明和咨文提供不同的声音，让更多的政客和选民了解自己所做的决定。但是这其中没有任何运行的机构，也不存在任何既定的形式。参与讨论的人员随着具体时间和问题的不同而不同。杰克逊本人是这场旷日持久的征询航行中唯一稳定而持久的舵手，其余所有人都无从确定。只有他本人依然如故；只有他能决定参加会议的具体人员组成；只有他能决定需要讨论的具体内容。他起决定作用。

杰克逊几乎从来不会让顾问代替自己做决定。他通常带着既定的倾向参加会议，无论是在"客厅"还是在"厨房"。他只是把问题抛给与会的人员，看他们作何反应，随后再自行做出决定。如果所做出的决定需要以咨文、宣言、行政命令等形式发布，杰克逊的私人秘书安德鲁·杰克逊·多纳尔森则会提供一份草稿。通常情况下，肯德尔和布莱尔会协助多纳尔森起草这份草稿。杰克逊发布的绝大多数官方文件往往出自十几个人甚至更多人之手。

杰克逊是所有政治征询活动中绝对的领导，因此"厨房内阁"纯属无稽之

1　比德尔致信罗伯特·吉布斯，1831 年 12 月 31 日，《比德尔文件汇编》，美国国会图书馆。

2　一篇署名为"真理"（毫无疑问是波因德克斯特）的文章于 3 月 13 日在《美国电讯报》上发表，文中关于波因德克斯特投票反对范布伦被提名驻英国公使一事中提及"厨房内阁"。《问询报》（里士满）于两日后刊文重提"厨房内阁"一词。

谈，范布伦、布莱尔、肯德尔、路易斯等人更不可能对他造成"不良的"影响。在他卸任总统之前，他还建立起了一张庞大的顾问网，从报社编辑和内阁成员到政府官员、国会议员、朋友、全国各地的政治领袖。杰克逊是这张网的绝对中心，是这张网存在的原因和目的。毋庸置疑，他此后控制了全国的政治事务。毋庸置疑，他有能力改变政府的运行机制。

第十六章　卷土重来的改革

"人民对改革翘首企盼，"杰克逊在主政之初便说道，"我们不能让人民失望。"然而，他却不能按照自己先前的计划展开改革，这让他心急如焚，但是想到改革必须要在"原则"的指引下"谨慎地"推行，如此才能高效和持久，他也就释怀不少。[1]首先便是削减政府编制规模。当然，他的第一届内阁并没有团结一心执行他发起的"紧缩和节约"计划，更没有就所负责的相应工作及时向其汇报。[2]

在推行他的"紧缩和节约"计划的过程中，杰克逊向世人证明了自己的雄才大略，最后他把自己此次改革的整个计划归入"紧缩和节约的改革方案"计划中。他不仅孜孜不倦地花费大量时间制定研究"原则"，以指导各部门官员进行改革，而且不时同他们会面，商讨改革细节，以满足他们的诉求，并及时解决他们遇到的问题。他下放权力，他慷慨相助。他全神贯注地监督行政部门的一举一动，尤其注意审查各项政府开支。他一丝不苟地审查国会通过的各项拨款细节。

为保证自己制定"紧缩和节约的改革方案"计划（包括官职轮值、债务削减、变更合众国银行、印第安人迁移以及其他政策计划）顺利推行，杰克逊必须要向国会解释和介绍这些计划，并争取获得国会议员的支持和协助。1829 年 12 月，他向国会阐释自己改革计划的第一个机会到来，因为根据宪法，他需要向国会发布国情咨文。为使自己的第一次国情咨文更为完备和有说服力，杰克

1　安德鲁·杰克逊致信范布伦，1829 年 3 月 31 日，《范布伦文件汇编》，美国国会图书馆。

2　"下发给各部门首脑的原则纲要"，1829 年 2 月 23 日，《杰克逊文件汇编》，美国国会图书馆。

逊甚至招揽詹姆斯·汉密尔顿作为其幕僚，而后者是大名鼎鼎的亚历山大·汉密尔顿之子。此外，参与此次国情咨文撰写的幕僚还包括亚摩斯·肯德尔、多纳尔森以及路易斯。此次国情咨文的正稿首先阐述了外交事务的政策。总统不会要求做"不确定是否正确的事"以及"不会向错误的事情屈服"，这句话便是此次国情咨文有名的开场白，杰克逊在任职总统的 8 年期间屡次提起这句话，它甚至已经上升为原则的高度，成为他衡量外事交往中一切谈判成败的标准。美国同英国、法国、西班牙之间存在的诸多悬而未决的问题都在国情咨文中被一一提及。美国须同英国保持友好关系；美国须同法国解决拿破仑战争期间法国对美国公民财产掠夺的赔偿问题；美国须同西班牙商讨后者政府对美国经济造成损失的赔偿问题。丹麦也曾巧取豪夺美国公民的财产，鉴于相关谈判已在过去多年中展开，双方关切的问题有望在不久的将来得以解决。

接下来，杰克逊要求对宪法进行修正，以杜绝出现 1825 年大选所出现的情形。"选举总统的权力理应属于人民。"杰克逊强调说。无论是选举人团还是众议院，都无权左右他们的选择。"让多数人的意愿来统治这个国家。"他宣称。"让我们行动起来修改我们的选举体系"，如此"才能公正地表达多数人的意愿"，总统便由这多数人的意愿选举而出。这是他首次阐释新型民主的含义，杰克逊还要求清除掉总统大选过程中涉及的一切"间接"代理。他甚至要求废除选举人团，并暗示总统每一届的任期应在 4 到 6 年。

杰克逊在咨文中进一步阐述了官职轮值，以及他对此次改革和政府各部门整顿的期冀。他积极推行关税改革，力图消除《妥协税率法案》的积弊。他急于偿还积重难返的国债，于是要求国会削减开支。一旦债务清偿完毕，剩余的财政税收将分摊到各州，用于改善各州的公共设施和教育。他反对以联邦政府为首的国内改良，认为此种行为违宪，并提醒国会认识到"我们的联邦政府是一个权力受到限制和界定的政府，而不是一个权力过分集中的政府……我们有义务守护它的本质，而不枉国父们当年的呕心沥血"。[1]

杰克逊随后便讲到了印第安人的问题，并向国会提出了安置这些美洲原住民的方案。"我建议诸位考虑在密西西比河以西开辟一片广袤的土地，不设立特定的州或者准州，并向印第安人保证他们有权占领这片土地，每一支部落都有权控制其中一块特定的土地。"他们可以在此地自由组建政府，杰克逊说。

---

1 理查森，《咨文和官方文件》，第二卷，1006 页及后文。

除了执行维持边界和各部落稳定的措施外，这些印第安部落可以自行进行统治。鉴于过去多年的种种暴行以及白人当前无限制的贪欲，杰克逊宣称，一个公正无私的政府所能制定的最佳政策，便是把印第安人迁到一个安全的地方去，而他相信密西西比河以西就是那片理想的安全之地。

杰克逊在分析完陆军和海军的现状，以及提出改革司法制度的必要性后，他接下来宣布的事情如炸弹爆炸一般引人震惊。在此次国情咨文接近尾声之时，他用两段篇幅痛斥了自己对合众国银行的不满。他甚至提醒国会银行的特许状将在1836年到期。他说道："创建这家银行，无论是合宪性，还是法律的合宜性，都深受我们大部分同胞的质疑，所有人都必须承认，它无法实现这个伟大的目标，即确立一种统一、健全的货币。"[1]

杰克逊最后这番言论语惊四座。他告诉世人，银行是造成美国腐败的罪魁祸首。自此，正式打响了漫长而曲折的银行战争历史的第一枪。

新一届国会会议召开，新一批立法摆在了杰克逊面前，使得他有机会凭借这些立法向国家表明自己的改革立场，其中有一项关于从梅斯维尔到列克星敦市（两市都位于肯塔基州）之间修建国道的法案。该国道于1811年始修于马里兰州的坎伯兰，并在接下来的多年中一直向西扩展。该国道目前已横贯肯塔基州，惊慌失措的狭义解释宪法派害怕联邦政府缩小公共设施建设规模，这会大大限制这些公共设施的目的性和实用性。国会对"梅斯维尔道路法案"进行了连续3天的激烈辩论，直到1830年4月下旬，众议院最终通过法案。尽管杰克逊此时已经对法案在参议院讨论的结果了然于心，但还是在国会中安插了自己的亲信，监督国会立法的一举一动，以防它们的立法有违自己设立的目标。"人民迫切地希望本届政府推行紧缩和节约的改革方案，"他写道，"北到缅因州，南到路易斯安那州，人民皆呼吁改革。而国会制定的那个伟大目标，却会将我的政府推向奢侈腐化的深渊。我绝不允许这种事情发生。必须遵守联邦宪法；必须捍卫州的权利；必须还清国债；必须禁止征收直接税和进行直接贷款；以及必须捍卫联邦合众国的统一。这是我当前的目标，无论结果如何，我都要推行。"[2]

参议院和总统翘首企盼的法案最终通过。而此项法案与杰克逊致力推行的"紧缩和节约的改革方案"截然相反，也与人们对身为总统的他的期望相悖。

---

1 理查森，《咨文和官方文件》，第二卷，1025页。

2 安德鲁·杰克逊致信范布伦，1830年5月15日，范布伦，《自传》，322页。

他不禁要通过行使否决权来扼杀这条法案。

1830 年 5 月 27 日，杰克逊否决了"梅斯维尔道路法案"，并把该法案退还至众议院，因为是众议院最初提起的此项法案。提倡国内改良的支持者对杰克逊此举大为惊慌，而那些共和政治的"忠实信徒"则对此"置若罔闻"，来自罗诺克的约翰·伦道夫说道："如明日黄花般无价值。"[1] 此项法案的支持者声称："'魔术师的手'几乎无处不在。"[2] 诚然，那些迂回夸张的语言也只有范布伦能驾驭。尽管那是杰克逊的咨文。从信条和原则的角度上来看，否决"梅斯维尔道路法案"昭示了杰克逊真实的目的。

总统先从该项法案违宪入手论证。"此项法案在我看来完全是区域性质的。"他说道。此外，人民有权要求建立一个"节俭的开支系统"，政府可以据此"偿还国债，在国家安全性和独立性得以保障的前提下……把税收降到最低"。他补充道，国债清偿后，可以把剩余的财政税收分摊至各州，用于内部改良。这是最开明的国家政策，他强调说，能从多个方面"提升"政府形象。

总统还透露了自己的另一个担忧，那就是在没有修改宪法的前提下，如何明确解释和界定联邦政府的权力，如何把这种权力用于国内改良系统。否决权除了有否决公共设施建设的权力，再无其他。而国会有权根据防御和国家利益等目的进行拨款，但也仅此而已。"开明的原则"以及政治上的"深谋远虑"，范布伦说道，要求总统必须做出妥协。[3]

杰克逊对否决权引以为傲，因为他凭借该权有效解决了政府内存留的诸多问题。他在否决咨文的"注释"一栏中曾提及他担忧的一些问题。他匆匆写下，宪法中没有任何一条规定美国可以成为某个州立公司的股东，此处特指梅斯维尔、华盛顿、巴黎和列克星敦收费高速公路公司，由肯塔基州议会入股，而国会也正在考虑购买该公司的股份。我要是允许美国成为该公司的股东，"那就是彻彻底底的腐败，必将对政府的纯洁性构成极大危害，"他写道，"它比合

---

1 安德鲁·杰克逊致信范布伦，1830 年 5 月 15 日，范布伦，《自传》，326 页。

2 同上。

3 同上，327 页；理查森，《咨文和官方文件》，第二卷，1046—1055 页。在接下来的几年中，杰克逊越发对国家内部发展的政策心存敌意，甚至进一步缩小联邦政府干预的范围。他甚至渐渐放弃分摊财政冗余的理念。详情请参见他在 1834 年 12 月 1 日发表的第六次国情咨文和 1836 年 12 月 5 日发表的第八次国情咨文，参考资料同上，第二卷，1340—1342 页，1464—1465 页。

众国银行更能伤害和摧毁人民的民心和自由。"[1]

他再次提及他对"自由"的忧虑，也再次提及他对人民"民心"的忧虑。"梅斯维尔道路法案"如同合众国银行一样，威胁着政府的"纯洁性"和人民的自由。杰克逊说道，美国政府无论是成为道路公司的股东还是银行的股东，"它都会运用手中的权力干涉选举以及州内存在的所有问题，并会进一步导致权力合并，甚至会彻底摧毁国家的自由"。[2]

最终，杰克逊认为国内改良会导致国会擅自拨款。这对"公正立法有致命打击"，并会"危害公务人员的纯洁性"。因此，他需要时刻准备着利用手中的否决权驳回此类立法，尤其是那些无视财务状况的立法。

杰克逊当政第一年召开的第一次国会会议给他提供了足够的机会，向世人证明"紧缩和节约的改革方案"的全部意义。两院于1830年5月31日休会，拨款预算案纷至沓来，等待总统的签字认可，而这些预算案让杰克逊大发雷霆。预算案的总金额居然将近100万美元。想象一下，他大声指责道，整整100万美元！这就是国会在星期六和星期日上午通过的预算案，"他们明明知道先前的预算已经耗尽了国库"。既然如此，他也毫不客气。他一项接着一项地否决。他否决了"梅斯维尔道路法案"，而此时他又否决了华盛顿收费高速公路预算案。接下来，也是有史以来，他首次使用了搁置否决权，国会在规定期限届满之前休会，总统就可以将法案搁置不理，装进自己的口袋，使法案自行无效，这就是所谓的搁置否决权。他取消了修建灯塔和瞭望台、疏浚港口以及其他此类改良计划的预算。他还取消了一项购买路易斯维尔和波特兰运河公司的法案。这堪称一场议案的大屠杀。杰克逊扬眉吐气。他坚称，通过行使否决权，他兑现了自己推行"紧缩和节约的改革方案"的诺言。[3]

印第安人迁移是杰克逊在首次国情咨文中提及的提案之一，也是引起争议最大的一项提案，面对如潮的非议，杰克逊本人深感震惊。这场反对浪潮在美国外事委员会的领导下，迅速在两院和政府内蔓延，参议院和众议院传来的声讨声不绝于耳。

1 "注释：梅斯维尔道路法案"，《杰克逊文件汇编》，美国国会图书馆。

2 同上。

3 同上；安德鲁·杰克逊致信科菲，1830年5月31日，《科菲文件汇编》，安德鲁·杰克逊致信欧文顿，1830年5月13日，《欧文顿文件汇编》，田纳西州历史学会；理查森，《咨文和官方文件》，第二卷，1165页。

从一开始，美国白人对印第安人的政策就极为不人道。有时这些政策有利于印第安人，如分享教育上的优势，但是更多时候这些政策都不利于印第安人。从一开始，美国白人就在驱逐印第安人，偷取他们的土地，甚至置他们于死地。在很多美国人看来，印第安人是劣等民族，他们的文化是落后愚昧的文化，只会给他们带来黑暗。移民大量拥入西部和南部地区，使得约 53000 名切罗基人、克里克人、乔克托人、契卡索人偏居在美国西南部 3300 万英亩的土地上。随着与商人、政府机构等交际日渐增多，切罗基人在技术和物质生活上获得了极大的提升。自然，有一些美国人，尤其是宗教团体，如基督教公谊会，强烈反对用非人的手段对待印第安人，尤其是当杰克逊建议把印第安人迁移到密西西比河以西时。

杰克逊的民族主义（扩张主义论的部分产物）以及他的州权论（关心个人自由的产物）相互碰撞，进而产生了他的印第安政策。尽管将军在华盛顿苦心孤诣地限制政府权力，但是他不允许任何危害国家安全隐患的存在。杰克逊一直认为以部落为单位聚居在具有主权的各州内，对整个国家的安全构成极大威胁，必须将他们赶走。尽管印第安提案的反对声如潮水般涌来，但是杰克逊不为所动，继续同在国会中任职的民主党党魁商讨通过法案并使其生效成为法律的必要策略。[1]

此项议案被分别送至两院的印第安事务委员会，而两个委员会都十分赞成此项议案。两个田纳西人分别领导着这两个委员会，他们是约翰·贝尔和休·劳森·怀特。为了加大议案通过的胜算，当局还须物色合适的众议院议长，在恰当的时机打破僵局，而此人便是弗吉尼亚州的安德鲁·史蒂文森，此后的事实证明，他需要分别打破 3 次僵局，保证迁移法案的顺利通过。[2]

1830 年 2 月 22 日，参议院的印第安事务委员会提出了第一项法案，紧接着，两天后众议院的委员会提出了第二项法案。不出所料，由于杰克逊的关注和干涉，两项议案出奇般相似，都建议政府在密西西比河以西建立一块大保留地，使其足够容纳更多的印第安部落，并把印第安人向西迁移到这片区域。法案还

1　弗朗西斯·保罗·普拉查所著的《伟大的父亲》（林肯，1984 年）一书中从政治层面上深入探讨了印第安人与白人的关系，两卷版，雷金纳德·霍斯曼，《1783—1812 年，扩张和美国的印第安政策》（东辛兰市，密歇根州）；维尔科姆·沃什伯恩，《印第安人的土地／白人的法律》（纽约，1971 年）。

2　《国会辩论记录》，第二十一届国会第一次会议，1124—1125 页。

提及同所有居住在东部的印第安部落交换土地。两项议案提及的土地交换问题，引发了人们对其宪法和道德意义的大讨论，甚至有人质疑总统行政权力有过分膨胀之嫌。

4月6日，国会议员例行对参议院议案进行讨论，而此项印第安议案引发了数次激烈的讨论。以新泽西州的参议员希欧多尔·弗里林海森为首的反对派，连续争辩了3天，每天最少两个小时。他是一名虔诚的信徒，法案支持者所表现出的明显意图让他心怀不安。他认为，印第安人有权拒绝交出他们的土地，威胁和掠夺只会招致暴动和杀戮。他说道："我们已经把这些部落赶到贫瘠的南部边境：我们留给他们的只是曾经无边无际的森林，但是我们却像蚂蟥般贪得无厌，高喊着：'交出来！交出来！交出来！'"[1]

佐治亚州的参议员约翰·福赛斯听到此言论后勃然大怒。弗里林海森的"言论真是有理有据"，他说道："纽约州、新英格兰地区、弗吉尼亚州等地的印第安人就算离开，也会得到这些州的呵护和怜悯。与此同时，联邦政府派出军队保护乔克托人、契卡索人和克里克人，尤其是帮助切罗基人免于在密西西比州、亚拉巴马州和佐治亚州免遭镇压。"[2]

一些参议员要求制定相应的宪法修正案，确保同印第安人就迁移问题进行的谈判有序进行，但是遭到断然拒绝。弗里林海森还曾提议推迟迁移，直到国会确定西部有足够的土地供印第安人居住，依旧遭到断然拒绝。1830年4月26日，国会对该法案进行最终表决，并以28比19通过，国会分成观念完全相反的两派。[3]

参议院的最终表决打击了法案和杰克逊。迁移法案险些没有通过，因为很多众议员不敢公然支持该法案，害怕遭到当地宗教团体的报复。从5月15日开始，众议院便对该项法案进行了激烈的讨论，来自纽约州的众议员亨利·斯托尔斯更是把矛头直接对准白宫，对其大加挞伐。他指责杰克逊企图颠覆州的宪法保障以及它们的管辖权，并企图将国会废除现存条约以防止战争或者出现其他情况的权力收归己有。"如果立法部门不对行政部门的此种侵权行为进行反抗或者处理的话，"他说道，"那么这种侵权行为一定会所向披靡，无往不胜。"[4]

---

1 《国会辩论记录》，第二十一届国会第一次会议，310—311页。

2 同上，325页。

3 同上，383页。

4 同上，1001—1002页。

来自佐治亚州的众议员威尔逊·兰普金则对此番言论不屑一顾，认为斯托尔斯的言论只是政党偏见的表现。他据理力争道，民主党人所提出的方案是为保护印第安人免遭灭绝。他继续说道，迁移是"他们唯一获得拯救的希望"。幸亏白宫内住着一位了解这个事实，并为印第安人的福祉而有所行动的总统。"没有人比安德鲁·杰克逊对印第安人更友善了。"他强调说。[1]

辩论期间，国会议员提出了多项提案，这些提案中都弥漫着一种深深的焦虑，因为安德鲁·杰克逊将军就是那个掌控印第安迁移的人。或许兰普金是真的认为总统此举是对印第安人的一腔热心，而其他国会议员则各有各的担心，各有各的小算盘。来自宾夕法尼亚州的民主党籍众议员约瑟夫·亨普希尔则对此持保留意见。跟其他国会议员一样，他也陷入两难境地，一方面他是当局政府的忠实追随者，另一方面他所在选区的大多数选民都反对迁移。亨普希尔因此希望通过提出一项替代法案来缓解当前的尴尬处境，他提议迁移推迟一年，其间政府派出一个委员会去迁移目的地搜集详细资料。出于人道的考虑，至少需要这样做，他说道。[2]替代法案最终的投票结果打成平局，最后是议长大人投出一票反对票，把此项提案扼杀在摇篮里。显然，迁移问题存在巨大争议，即使是在民主党内部。为了最终通过《印第安人迁移法案》，白宫也不得不插手干预国会。

为了插手立法程序的运作过程，促使国会通过法案，杰克逊做了不少功课。首先，他故意延迟否决"梅斯维尔道路法案"。如果他当即否决该铁路法案，那么他的迁移法案也必将立即胎死腹中。接下来便是给众议院的众议员施加压力，获得他们的支持。总统特别提醒他们："此项法案事关当局政府执政的成败。"他一定要拿到此项法案，并且不打算接受任何缩水的替代法案。[3]杰克逊精诚所至，金石为开。宾夕法尼亚州和马萨诸塞州议员团中的大多数代表都屈从于白宫的压力，因此，此项迁移法案最终以102票比97票通过。[4]杰克逊于1830年5月28日签署该法案。此项法案通过后的第二天，他便否决了"梅斯维尔道路法案"。

1830年《印第安人迁移法案》的通过，使杰克逊在首次国情咨文中提及政

---

1 《国会辩论记录》，第二十一届国会第一次会议，1021—1024页。

2 同上，1132—1133页。

3 范布伦，《自传》，289页。

4 《国会辩论记录》，第二十一届国会第一次会议，1145—1146页。

策计划变为现实。他便可以拿密西西比河以西荒芜不堪的公共用地换取印第安人在东部的膏腴之地。政府承诺给同意迁移的印第安人提供新土地的永久产权，并对他们故土的改良做出赔偿。印第安人迁移所产生的费用由联邦政府承担。联邦政府还承诺向同意迁移的印第安人，将在搬迁后的头一年获得政府提供的"支持和补贴"。国会通过 50 万美元拨款来购买粮食等供应物。[1]

这项具有里程碑意义的立法，奠定了美国印第安人后来悲惨的命运。这是一项无情苛刻、傲慢骄横、充满种族歧视的立法。此项立法丝毫不能体现印第安人所拥有的任何权利。他们的权利在很久之前已被生生剥夺。

总统主张迁移当然不是为了捍卫印第安人的语言、习俗、文化或者其他任何事情。他这么做主要出于两点考虑：首先，是出于对美国军事安全的考虑，他绝不允许印第安人占有一切可能危害国家防御系统的区域；其次，他坚定地认为，所有州内居民都必须服从该州的管辖以及法律。而印第安部落绝不可能成为主权实体，即使他们居住在这些州的界限以内。

美国人民对《印第安人迁移法案》的反应果然不出所料。一些人义愤填膺，还有一些人尽管惴惴不安，但是仍认为这是大势所趋。或许大部分美国人都赞成印第安人迁移，他们为总统一劳永逸地解决印第安人问题而拍手叫好。总而言之，印第安人迁移并没有引起大规模民愤。

杰克逊在执行《印第安人迁移法案》的过程中可谓战战兢兢，如临深渊，如履薄冰。他立即派出政府代表同美国南方的主要印第安部落谈判，并签订条约。该法案通过以后，第一个迁移条约《舞兔克里克条约》（*Treaty of Dancing Rabbit Creek*）于 1830 年 9 月 27 日签订，乔克托族割让密西西比河以东的土地用以换取支付阿肯色准州以西的土地，也就是今天的俄克拉荷马州。印第安人割让 1050 万英亩土地，并承诺分阶段迁移，首批于 1831 年秋开始迁移，第二批于 1832 年，最后一批在 1833 年。然而，第一批印第安人一直拖延到当年的晚秋才开始迁移，造成无数乔克托人死亡，引起了人们的恐慌，而这些本可以避免。整个迁移的过程都充斥着擅离职守、白黑不分、愚蠢无知以及罪大恶极，而罔顾人权。此次迁移让印第安人处在水深火热的痛苦之中，是整个杰克逊统治时代印第安人生活的缩影。[2]

---

1 《美国国会法案及决议案》，第四卷，411—412 页。

2 德罗斯特，《乔克托族印第安人迁移》，122 页，128 页；莱米尼，《杰克逊》，第二卷，270 页及后文。

1832 年 10 月，契卡索人不堪重压，最终屈服，签订了迁移条约。但是杰克逊却在美国南部其他印第安部落那里吃了闭门羹。切罗基人和克里克人不甘屈服，选择上诉，他们雇用美国前司法部部长威廉·威尔特（William Wirt）为辩护人。此案最终上诉至美国最高法院，威尔特辩称印第安人有权组建一个与美国相对的外国政府，此项权力在美国先前同印第安人签订的条约中已得到美国政府的认可。首席大法官约翰·马歇尔在 1831 年 3 月 18 日审理切罗基人诉佐治亚州案（Cherokee Nation v. Georgia）一案中明确表明了自己的态度。他反对威尔特把切罗基部落作为一个独立的主权国家。而杰克逊坚称切罗基人应该遵守所在州内的法律，马歇尔也表示不认同。他说，印第安人是"国家内部独立的民族"，应该受到合众国政府的管理，一如被监护人同监护人的关系。他们并不隶属于单个州，他强调说，印第安人的领土事实上是美国领土不可分割的一部分。[1]

印第安人相信这一论点从本质上对其有利，因为马歇尔要求美国政府保护他们的权利和财产。与此同时，佐治亚州于 1830 年 12 月下旬通过一项法律，规定自 1831 年 3 月 1 日起，白人不得任意出入印第安部落，除非持有本州颁发的通行证。此举主要针对某些传教士，他们怂恿印第安人无视法律。两位传教士塞缪尔·伍斯特以及伊莱泽·巴特勒医生公然违抗法律；他们因此锒铛入狱，并判处监禁 4 年，被关在州立监狱中。他们对审判结果不满，于是上诉，这就是著名的伍斯特诉佐治亚州案（Worcester v. Georgia）。1832 年 3 月 3 日，联邦最高法院做出判决，认定佐治亚州的法律不合常规。马歇尔于两天后发布一项正式命令，要求佐治亚州最高法院改判此案。[2]

据贺拉斯·格里利后来描述称，杰克逊对马歇尔的判决极为不满。"那好，既然约翰·马歇尔做了决定，就让他自己去执行好了！"[3]这是格里利引用乔治·布里格斯的话，而后者是马萨诸塞州的众议员。而这话的语气像极了杰克逊，很多历史学家甚至认为这句话本是出自他之口。事实上，杰克逊从未说过此类的话，因为压根儿就不存在说这句话的原因。此事与他并无实际关联。直到法院召集州政府官员出庭，判处两位传教士蔑视法庭罪，或许还在法庭上发

---

1 切罗基人诉佐治亚州案的详细介绍请参见《美国判例汇编第五卷·彼得斯》。

2 《美国判例汇编第六卷·彼得斯》，515 页。

3 贺拉斯·格里利，《美国冲突：美国大叛乱历史……》（哈特福特，1865 年），第一卷，106 页。

布人身保护令，宣布释放两位传教士，这就是事情后续的发展。既然如此，杰克逊又怎会提出一场无要求的诉讼呢？

即使格里利所说的话的确不是出自杰克逊之口，即使杰克逊当时并没有做出任何直接行动，一些历史学家仍旧认为引语实际上就是代表了杰克逊对此事真实的态度。有证据证明，杰克逊"曾在一次私人谈话中半开玩笑地说道"，若是法院召集"他前去支持此项判决，那么他会要求那些做出判决的人来执行"。[1]实际上，所有人都不希望杰克逊来执行此项判决，包括那两位传教士在内。因此，这不过是大多数人的臆测罢了，他们只是单纯设想若执行判决的是总统本人，那么他一定会对判决结果表示不服。

只是一味地把杰克逊看作是一个喜欢言过其实和故意挑衅的人，往往就会忽视他身上极为重要的一个优点。需要注意的是，杰克逊面对此危机表现出了超乎寻常的审慎，因为只要稍不留意，佐治亚州就会借机反抗。在面对佐治亚州的危机以及后来南卡罗来纳州企图脱离联邦的事变，杰克逊表现出了超出常人的审慎，而绝非挑衅。一位历史学家曾提到，在处理具有极大潜在危机的事件时，杰克逊所表现出的审慎值得称赞，不应该鲁莽地给他扣上爱挑衅的帽子。[2]

不久之后，南卡罗来纳州一场关于联邦法律无效论的论战持续发酵。杰克逊谨慎小心地从中调解，从而避免佐治亚州也加入到此次论战中。因此，他设法在此问题上孤立南卡罗来纳州，并迫使佐治亚州退出冲突的旋涡。他需要敦促佐治亚州释放两位传教士。由于他忙于说服国会议员通过《印第安人迁移法案》抽不开身，便差战争部部长暗中告知两位传教士的法律顾问以及切罗基人在国会中的朋友说，总统绝不会擅自僭越职权，更不会贸然干涉佐治亚州实施法律。就在此时，克里克人签署了迁移条约，参议院于 1832 年 4 月正式批准，立即生效。[3]

尽管参议员希欧多尔·弗里林海森"不断地祈求上苍"，祈祷佐治亚州默

---

1 查尔斯·约翰逊致信（收信人不详），1832 年 3 月 23 日，《大卫·坎贝尔文件汇编》，杜克大学图书馆。

2 理查德·龙雅可，"安德鲁·杰克逊和司法体系"，《政治科学季刊》（1956 年），第七十一卷，350 页。

3 确切地说，这称不上是真正意义上的迁移条约，而是一场阴谋，诱使克里克人拿土地作为抵押，并把抵押得来的好处分配给克里克各部落的酋长和首领。克里克人在经过一场无力的抵抗后，被迫走上了西迁之路。

认联邦最高法院的判决，但是他很快意识到这件事的症结是切罗基人，他们必须选择让步。大法官约翰·麦克莱恩在伍斯特诉佐治亚州案中提出的并存意见中，劝告切罗基人在华盛顿的代表团签署迁移条约。与此同时，杰克逊通过共同的朋友说服威尔逊·兰普金州长释放两位传教士。威廉·威尔特最终表示服从联邦最高法院的判决，而该州州长也随即做出让步，并于 1833 年 1 月 14 日下令从狱中释放伍斯特和巴特勒。一场正面对峙就此化解。[1]

切罗基人最终向总统做出让步。1835 年 12 月 29 日，切罗基人同美国政府在佐治亚州签订《约耶寇塔条约》（*Treaty of New Echota*），这是一个存在欺诈和陷阱的条约，目的在于通过条约换取更多土地。切罗基人"同意"让与他们在密西西比河以东所有土地（约 800 万英亩）的权利和所有权，并迁移到密西西比河以西的印第安领地（Indian Territory），作为回报他们将获得 500 万美元的补偿。自此，掀开了美国历史上最为惨绝人寰、泣下沾襟的一幕。切罗基人遭到美国政府军的围捕，并把他们赶进了战俘集中营，他们便在美国军队的押解下一路向西，他们后来把这次迁移称为"血泪之路"。约有 18000 个切罗基人被押解上路西行，在 2000 公里的漫长旅途中，百日咳、伤寒、痢疾、霍乱流行，加上饥饿，沿途约有 4000 名切罗基人死亡。切罗基人大规模迁移之时，杰克逊早已卸任总统。但是他那些不人道的行为却随着切罗基人的迁移而浮出水面，他也因此饱受责难。他只是迫不及待地把印第安人赶出"文明社会"，并没有仔细考虑过他那种顽固的决心到底使多少人因此失去性命，到底给多少人带去了无尽痛苦。

杰克逊的第一届任期接近尾声之时，东部所有的印第安人都答应迁移，不单单是南部的印第安部落。1832 年的黑鹰战争（Black Hawk War）结束以后，杰克逊把所有的印第安人迁出密西西比河流域。黑鹰战争的起因是一群饥肠辘辘的索克和狐部落（Sac and Fox Indians）的印第安人，于 1832 年春在酋长"黑鹰"的带领下渡过密西西比河寻找食物。边境地区的美国居民看到印第安人大为惊慌，伊利诺伊州州长约翰·雷诺兹旋即召集国民军进行镇压，并向杰克逊提出救援增兵。联邦军在温菲尔德·斯科特将军和亨利·阿特金森将军的率领

---

1 范布伦致信安德鲁·杰克逊，1832 年 12 月 22 日，《范布伦文件汇编》，美国国会图书馆；本杰明·巴特勒致信威尔逊·兰普金，1832 年 12 月 17 日，格拉茨收藏，宾夕法尼亚州历史学会；马丁·凯恩，"威廉·沃特迎战安德鲁·杰克逊：一个时代的反映"，《美国中部》（1965 年），第四十七卷，113 页及后文。

下立即赶到战场救援。先是几个喝醉的民兵挑起事端，最终一场恶战在所难免，战争结束后，西北地区的印第安部落士气大落，加之杰克逊不断施加压力，他们最终屈服，同意迁移。黑鹰战争的结果，总统在第四次对国会的国情咨文中说道，彰显了我军将士作战骁勇无敌。"此次战争也借机给了印第安人一个教训，"他讲道，"我们必须让他们认识到肆意挑衅的后果，希望他们能永远记住今天的教训。"[1]

佛罗里达州的塞米诺尔人在迁移的过程中也发生了一幕幕惨不忍睹的惨剧。1835年年末，塞米诺尔人同美军开战，随着1842年最后一场战役结束，第二次塞米诺尔战争也随即落下帷幕。塞米诺尔人在奥西奥拉酋长的率领下英勇抵抗，直到一名叛徒把奥西奥拉的行踪泄露给联邦军指挥官，致使奥西奥拉被俘。第二次塞米诺尔战争结束之时，将近4000名塞米诺尔人被迫迁出故土，其间耗费1000万美元，1500名正规军战死。印第安人和民兵的死伤人数更是不计其数。[2]

杰克逊的8年总统任期接近尾声之时，约有45690名印第安人迁到密西西比河以西的地方。据印第安事务部统计，杰克逊当政期间，仅有9000名印第安人没有同政府签订迁移条约，这些印第安人大部分分布在老西北部地区以及纽约州。杰克逊拿6800万美元和3200万英亩西部土地换取了约一亿英亩土地。[3]

杰克逊除了制定印第安迁移政策，还改组了处理印第安问题的政府机构。自1824年起，印第安事务局便开始着手处理政府与印第安人的关系。到杰克逊当政时期，印第安事务局已经成为"一潭死水"，总统遂下决心进行改组。1834年6月30日，国会通过立法，成立印第安事务部，由一名印第安长官领导，此行政机构一直延续到20世纪。印第安事务部的建立有力地解决了多项印第安问题，取得了远胜从前的进步。其中一些规范化的程序逐渐演变成惯例，而非法律。[4]

1 理查森，《咨文和官方文件》，第二卷，1166页。黑鹰战争详情请参见塞西尔·伊比，《"耻辱之事"：黑鹰战争》（纽约，1973年）；埃伦·惠特尼汇总和编辑，《黑鹰战争：1831—1832年》两卷版，（斯普林菲尔德，伊利诺伊州，1970—1975年）。

2 参见约翰·马洪，《第二次塞米诺尔战争，1835—1842年》（盖恩斯维尔，1967年），214—218页。

3 罗纳德·萨茨，《杰克逊时代的美国对印第安人政策》（林肯，1975年），97页，115页，注释1。自1789年至1838年，约有81282名印第安人被迁移出密西西比河流域。《国会文件记录》，第二十五届国会第三次会议，第347号。

4 萨茨，《美国对印第安人政策》，152页。

美国印第安人的迁移可谓是杰克逊当政时期最为重大且最具悲剧性的举措之一。它完全违背了司法与法制下的美国原则，也与杰克逊一生孜孜以求的道德准则背道而驰。毋庸置疑，杰克逊认为迁移是对印第安人最好的归宿，但是为了这个归宿，难以计数的男人、女人和孩子饱受折磨，直至死亡。不幸的是，杰克逊的人道主义关怀夹杂着强烈的民族优越感和专制主义作风，丝毫看不到他对印第安文化和文明的些许尊重和欣赏。

第十七章　银行战争拉开帷幕

杰克逊首任总统期间，他的独子成婚，让他享受到了难得一遇的天伦之乐，尤其是多纳尔森一家离开白宫，是他抹不掉的伤痛，直到他的第一届内阁解散，伊顿夫妇启程回到田纳西州，他们的关系才有所缓和。听闻儿子要结婚的消息，杰克逊先是一阵担忧。小安德鲁·杰克逊，这个年仅 22 岁的年轻人，你不能希望他同他的父亲一样敢作敢当。除此之外，他不断地坠入爱河，不停地向女孩们求婚，压根儿不考虑女孩的社会地位和财产情况。不过，小安德鲁最终遇见了一位芳名莎拉·约克（Sarah Yorke）的年轻女士，她"知书达理、粉面含春、大方端庄"，她和安德鲁可谓天作之合，并给老将军漫长的余生带来了无尽的快乐和幸福。

莎拉·约克生于费城的一个富商家庭，小安德鲁便是在此地与她邂逅的。跟之前一样，他对莎拉一见倾心，并很快向她求婚，而她居然也毫不犹豫地接受了求婚。大约是 1831 年 10 月中旬，小安德鲁把自己的婚事告知父亲，并附上一封莎拉的来信。杰克逊深知自己儿子的脾性，尽管满腹狐疑，但还是答应了下来。"只有你幸福，我才能幸福，"他在给儿子的信中写道，"我也将不久于人世。"杰克逊在认真研读莎拉的来信，并听儿子细数她的妻德，遂让安德鲁向莎拉传话，告诉她"我十分赞同这门亲事，赞成你们成婚；我愿意把她当成我的女儿对待，视如己出"。尽管如此，杰克逊在私底下还是有些忧心忡忡。约克家热衷于"铺张浪费"，他写道，但是"只要他是真心爱她，我别无他求，她是个品行端正的孩子……不是那种思想前卫女子"。但是，"如果他娶的是我认识人家的姑娘，我就更心满意足了"。[1]

---

1 安德鲁·杰克逊致信小安德鲁·杰克逊，1831 年 10 月 27 日，杰克逊，《信件》，第四卷，365 页，安德鲁·杰克逊致信科菲，1831 年 11 月 20 日，《科菲文件汇编》，田纳西州历史学会。

248

11 月 20 日，安德鲁在玛丽·伊斯丁的陪同下离开华盛顿，前去费城迎娶莎拉。婚礼于 1831 年 11 月 24 日在费城举行，蜜月则是在白宫度过。杰克逊最初对这场婚姻抱有的诸多疑虑或者说担忧，很快随着儿子婚后的生活烟消云散。莎拉对他极为体贴地照顾，直至他走到生命的尽头，一直悉心照料他的饮食起居，给他爱和关怀，而他也投桃报李，回馈给她浓浓的父爱。

杰克逊因华盛顿公务繁忙，无法抽身参加儿子的婚礼。尽管他的新内阁表现得差强人意，但是杰克逊深知这种一团和气下隐藏的不足，他曾公开宣称希望把范布伦从英国召回国，并委任他为副总统，而此时的范布伦是美国驻英国公使。"我和伊顿都十分想念你。"他对魔术师说。杰克逊十分敬重新任国务卿爱德华·利文斯顿，而后者在法学和写作上造诣颇深，但是"他对人性一无所知"。因此在杰克逊看来，利文斯顿压根儿做不到知人善任。[1]

从某种程度上讲，前任美国驻英国公使路易斯·麦克莱恩是这一批内阁成员的佼佼者。利文斯顿曾担任国会筹款委员会主席多年，是合众国银行和英国霸菱银行总裁尼古拉斯·比德尔的好友，他相信自己完全可以在财政领域长袖善舞。他和杰克逊在合众国银行的态度上各执一词，但是总统说，这是"一场开诚布公的意见向左"，并不会危及当前的局势。[2] 很不巧，麦克莱恩并没有意会到总统让他点到为止的深意。导致他后来一意孤行，僭越自己的权力，总统不得不罢黜他的官职。[3]

麦克莱恩坚信合众国银行事关美国人民的福祉，因此他下定决心说服杰克逊，企图让他改变对银行的态度。为此，他甚至拟定了一份计划，并坚信这份计划可以得到总统的认可。这份计划探讨的中心问题便是建议杰克逊在第一任期结束之前还清国债。美国政府此时的国债约为 2400 万美元，1600 万预期税收加上合众国银行发布的 800 万国债券足以还清国债。清偿国债，尤其是直接把国债券卖给合众国银行，与杰克逊的想法不谋而合。利文斯顿只有一个要求，即总统在下一届对国会的国情咨文中绝口不提合众国银行一事，麦克莱恩便可借此在年度财务报告中提议再续特许状，因为合众国银行的特许状在 1836 年

---

1 安德鲁·杰克逊致信范布伦，1831 年 12 月 6 日，17 日，《范布伦文件汇编》，美国国会图书馆。

2 同上。

3 罗杰·托尼，"罗杰·托尼的'银行战争手稿'"，卡尔·斯威舍编辑，《马里兰州历史杂志》（1958 年），第五十三卷，125 页。

到期，到期的时间真是恰到好处。否则，国会筹款委员将会根据他的财务报告起草一份再续合众国银行特许状的法案，而他绝不能违背良知拒绝这份法案。[1]杰克逊慨然应允。得到总统的首肯后，麦克莱恩便马不停蹄地奔向费城，亲自把这一喜讯带给比德尔。

当比德尔得知杰克逊对银行运作现状不再心存成见时，他长舒一口气，心里的石头终于放了下来。然而，总统决定在下次国情咨文中只字不提合众国银行，让比德尔大为不快，比德尔曾建议总统允许国会按照自己的意愿出台任何关于银行的法案，而总统也对此表示赞同，当然总统并不知道提出该意见的人是比德尔。

杰克逊在 1831 年向国会发布的国情咨文中的政策有明显改变，这让国家共和党人心急如焚。他们本想揪住他反银行的小辫子，在即将到来的总统大选中把他拉下马。1831 年 12 月 12 日到 16 日，国家共和党人举行全国代表大会提名党内总统候选人，约有 150 名党员从全国各地来到巴尔的摩。18 个州分别派出了代表，他们一致选举亨利·克莱为总统候选人，而宾夕法尼亚州的约翰·萨金特则是他的竞选搭档。然而，这绝非美国历史上首次全国代表大会。享此殊荣的当属反共济会党，首个第三党，该党党员于 1831 年 9 月 26 日齐聚巴尔的摩，提名马里兰州的威廉·威尔特为该党总统候选人，宾夕法尼亚州的亚摩斯·埃尔马克尔为副总统候选人。1826 年骇人听闻的威廉·摩根谋杀案发生后，人们对共济会会员的敌视情绪从纽约州蔓延至新英格兰地区，乃至中西部地区。早在 19 世纪 30 年代初期，反共济会党就在多个州内建立了完备的政党机构，连同多家报社以及众多地方组织委员会，还涌现出大批出类拔萃的领袖，比如纽约州的瑟洛·威德和威廉·苏华德，以及宾夕法尼亚州的撒迪厄斯·史蒂文斯。很多国家共和党人企图怂恿反共济会党人加入他们，合力对抗"共济会大佬"安德鲁·杰克逊。然而，亨利·克莱的共济会员身份使得他们之间的合作成为泡影。[2]

克莱拿下党内提名后，便火急火燎地谋划银行再续特许状一事，因为他需

---

1 约翰·芒罗，《路易斯·麦克莱恩：联邦制的拥护者和杰克逊的拥护者》（新不伦瑞克，1973 年），307 页。

2 《奈尔斯每周记录》，1831 年 10 月 1 日；哈里特·威德编辑，《瑟洛·威德自传》（波士顿，1883 年），389 页；莱米尼，《安德鲁·杰克逊和银行战争》（纽约，1967 年），90—91 页。

要一个潜在的爆炸性议题，比如再续银行特许状来搅局，否则就会让总统轻松连任。这就意味着需要把银行问题赤裸裸地摆在公众面前，没有什么比让国会表决特许状再续法案更有效的方法了。因此，他直接找到尼古拉斯·比德尔，催促他要求再续银行特许状，并告诉他杰克逊绝不敢在大选前否决此项法案，否则他的乌纱帽必将不保。尽管比德尔必须在杰克逊结束第二任期之前要求再续特许状，但是克莱坚称法案在大选前提出远比大选后提出通过的机会更大。"银行的资助者，"克莱告诉比德尔，"希望法案尽快提上日程。"法案万一通过，杰克逊的总统之路也会徒增更多的怀疑和猜忌。[1]

尽管比德尔最初举棋不定，但是他在新年伊始之际突然决定要求再续银行特许状。问题的关键在于，他无法拒绝"我们的资助者"的要求，尤其是克莱和丹尼尔·韦伯斯特，他深知他们催促自己完全是出于各自的政治利益，但是他们的支持对他来说举足轻重。尽管不少亲银行派参议员曾善意提醒过他，劝他"最好不要把总统逼进死胡同，否则他一定会否决提案"。[2]

1832 年 1 月 6 日，比德尔正式向国会递交要求再续银行特许状的请愿书。果然不出所料，白宫中激进的反银行派顾问对突如其来的请愿书大为惊慌，包括亚摩斯·肯德尔、弗朗西斯·布莱尔以及罗杰·托尼。他们掷地有声地告诉杰克逊，比德尔为了满足克莱的利益，不惜把一个纯粹的经济问题变为政治问题，甚至会打乱原有的政治程序。托尼说："我认为他们此时提出申请的意思，用直白的话说就是，银行对总统喊话'您的这一任期眼看就要结束了，如果您给我们再续特许状，那么很好，如果您不续，那么当心您的乌纱帽'。"[3]

没有托尼的三重唱，杰克逊也自然明白银行早已背信弃义另谋他路。此时的他比以往任何时候都更确定银行是美国社会腐败的终极代表，需要斩草除根，以绝后患。他必须手刃这个怪物，而不是仅仅把它囚禁起来那么简单。起初，他十分愿意保留自己的部分意见和顾虑，听取任何关于银行特许状的方案。但是绝不是现在。从比德尔在 1832 年大选前强行提出再续特许状的请愿书的那一刻起，杰克逊就下定决心对这个"怪物"赶尽杀绝，此外当时距离银行特许状到期还有足足 4 年的时间。

---

1 克莱致信比德尔，1831 年 12 月 15 日，《比德尔文件汇编》，美国国会图书馆。

2 塞缪尔·史密斯致信威廉·里夫斯，1832 年 1 月 3 日，引用自芒罗，《麦克莱恩》，321 页。

3 托尼致信埃利科特，1832 年 1 月 25 日，《托尼文件汇编》，美国国会图书馆。

但是比德尔绝对是一个不容小觑的对手。他出生于费城的富贵人家，是普林斯顿大学的高才生，学生时代门门功课第一，还娶了阔小姐为妻。他住在一栋富丽堂皇的乡间别墅，醉心于研究希腊艺术品。詹姆斯·门罗任命他为美国合众国银行董事会董事。随后，他凭借过硬的人脉和出众的经商头脑，于1823年被提拔为合众国银行总裁。口齿伶俐、敏捷机智、傲慢无礼、目中无人、意志坚强、精力充沛、才华横溢、品位高雅，他是地地道道的贵族。他身长五英尺，风流倜傥，一举一动像极了浪漫的诗人或者画家，丝毫不像一位头脑精明的商人。约翰·昆西·亚当斯曾评价说："他才气过人，文质彬彬，温文尔雅，几乎无可挑剔。"[1] 此话出自爱吹毛求疵的亚当斯，确系极高的评价。

因此，为争取再次连任，安德鲁·杰克逊需要打败两个重量级人物：亨利·克莱和尼古拉斯·比德尔。然而杰克逊在1832年，也就是总统大选年，开局十分不利。先是再续特许状的请愿书，随后他感染了流感，紧接着他左胳膊上的旧疾发作。杰西·本顿在1813年射到他胳膊里的子弹，在他体内一待就是20年，子弹引起的伤口时常隐隐作痛。1831年，他胳膊上的这颗子弹顺着原先的伤口一直向下，完全脱离原先的伤口，蹿到距离皮肤仅有一英寸的地方。用手甚至能够直接感觉到子弹的存在，并且可以稍微移动它的位置。1831年4月，杰克逊本想前往费城"取出胳膊里的子弹"，然而"由于受到某些政治因素的牵连，他最终没有成行"。[2] 9个月以后，子弹穿过的伤口越发疼痛难忍，甚至打乱了他的工作计划。既然子弹距离皮肤表面只有一英寸，他的朋友及家人都认为取出子弹并非难事，况且一旦成功取出，他不仅不用再如此痛苦，对他的身体健康也大有裨益。老胡桃木同意取出子弹，费城的哈里斯医生被召进白宫做这场手术。整个手术过程干净利落。因为找不到麻醉剂，杰克逊只好撑着手臂，咬紧牙关，紧紧地抓住手杖，就说了句："开始吧。"医生用手术刀在子弹处割了个切口，使劲挤压胳膊，"半颗子弹"从切口处钻了出来，就是普通枪支射出的那种子弹。胳膊里的骨头已经把这颗子弹的表面磨平，子弹的边缘还有一些锯齿形的裂缝依稀可见。待伤口包扎好后，杰克逊立即回到了原先的工作中。在手术完成后的接下来3天里，他居然仍旧一心扑到工作中，没受任何打扰，

---

1 引用自沃尔特·史密斯，《美国第二银行的经济情况》（坎布里奇，马萨诸塞州），14页。

2 布莱尔致信本杰明夫人·格拉茨夫人，1831年4月20日，"克莱和老胡桃木相处的那两年"，《亚特兰大月刊》（1887年），第六十卷，193页。

况且此时的他还身患严重的流感，这让很多人敬佩不已。[1]

新年伊始的前几个周，发生在杰克逊身上的不如意之事一件接着一件，而 1 月 25 日参议院会议上发生的事情更是让他失望透顶。1 月初，他提名范布伦、麦克莱恩以及利文斯顿任职，参议院则要紧接着逐一批准提名。利文斯顿和麦克莱恩分别于 1 月 12 日和 13 日顺利通过批准。但是范布伦的提名却被驳回。针对魔术师的提名批准，参议院进行了为期两天的激烈辩论。参议员亨利·克莱发起猛攻，声称"为了政府的荣誉和形象"绝不能通过批准。丹尼尔·韦伯斯特也公开发表反对意见，但是密西西比州的乔治·波因德克斯特却把这场激辩转向了人身攻击。波因德克斯特用流着口水的"脏嘴"含沙射影地讽刺范布伦私生活混乱，并暗指他对佩吉·伊顿心怀不轨。南卡罗来纳州的斯蒂芬·米勒甚至以到处宣扬这些暗讽的话为乐。密苏里州的亚历山大·巴克纳不得不站出来说："只有骗子，臭名昭著的骗子，才能说出这样的话。"[2] 参议院为期两天的辩论，完全演变成穷凶极恶的政客互揭对方伤疤，并借机发泄私愤的闹剧。旧的伤疤被硬生生地揭开。副总统卡尔霍恩的朋党公然辱骂范布伦用阴谋诡计讨取杰克逊的欢心。范布伦的支持者也同样不甘示弱，指责副总统在塞米诺尔战争和伊顿事件中耍阴招、假慈悲。

在提名被驳回的可能性极大以及参议院的参议员各怀鬼胎的情况下，民主党人和国家共和党人几乎同一时间意识到，副总统卡尔霍恩打算通过驳回范布伦的任命来挣回自己的荣誉和尊严。若参议院的投票出现平局，卡尔霍恩将负责投下那决定性的一票，这将是多么激动人心的场景。

这样的事居然发生了。参议院正式投票，决定范布伦是否有资格成为驻英国公使，23 位参议员投出同意票，另外 23 位则投出反对票。所有人的目光都转向了卡尔霍恩。卡尔霍恩喜不自胜。他故作镇定地投出决定性的一票，范布伦的任命最终胎死腹中。[3]

几分钟后，托马斯·哈特·本顿无意中听到卡尔霍恩跟他的朋友谈起这件事。卡尔霍恩的朋友不无担忧地说，他们无意中投的反对票说不定反而成就了范布伦，说不准他会因祸得福升到更高的位置。"先生们，我要杀了他，"他冷笑道，

1　帕顿，《杰克逊》，第三卷，415 页；多纳尔森致信科菲，1832 年 1 月 16 日，《多纳尔森文件汇编》，美国国会图书馆。

2　《国会辩论记录》，第二十二届国会第一次会议，1341 页。

3　同上，1324 页。

"杀死他，他就再也不会兴风作浪了，先生们，再也不会了。"[1]

参议院投票时，杰克逊正在主持一场晚宴。参议院的会议直到 6 点之后才散席。杰克逊当晚精神焕发，泰然自若。只见他脸型瘦长，浓密的灰白色头发像刷子一样，齐刷刷地朝前冲去，"像是被他坚韧的品格所感染"，加上他紧皱的眉头，以及一双炯炯有神的深蓝色眼睛，一个不怒自威的军人形象便出现在了人们的面前。突然，一名通信员闯进房间，并与他耳语一番。听到消息后的杰克逊霎时严肃起来，双眼放着利光。他突然从椅子上跳了起来。

"我们没完！我一定要给他们点厉害瞧瞧！"[2]

杰克逊的宾客们迅速围了上来，关切地问他到底发生了什么。他们听到这个毁灭性的消息后不由得安慰起他来。但是他迅速冷静下来，自信地盘算着该如何对付卡尔霍恩、克莱以及公司。"此次政府受到的侮辱，"他在后来写给范布伦中的信中写道，"人民一定会不屑一顾，那个人投票否决了你，让你处境尴尬，这样的侮辱行为甚至影响到了我国的外交关系。"在杰克逊心中，这一记反对票就是与他作对，让他在选民面前颜面扫地。即便如此，他也相信人民会站在他这一边（一如从前那样），并会对这次公然的侮辱嗤之以鼻。[3]

这次丢官对范布伦而言，反而是塞翁失马，焉知非福。经此一事，他和杰克逊的命运便彻底绑在了一起。他的宦途、财产以及声誉全系与老胡桃木一人之上，若这位长者一如从前般受到万人敬仰，那么他也会分一杯羹。"阁下现在跟总统风雨同舟，"纽约州议员邱吉尔·卡姆不莱伦格写道，"我们必须趁热打铁。"[4]

尽管杰克逊迫不及待地想把范布伦召回身边，但是魔术师却并不急于回国，唯恐被人指责贪居高位。他趁机用剩下的几个月时间周游欧洲，让自己彻底放松享受一番，并顺便错过民主党人 5 月将在巴尔的摩举行的全国代表大会。杰克逊自然对党内领袖中意的人选一清二楚，他在很久之前就已经决定让范布伦来当自己的竞选搭档。"杰克逊对范布伦一往情深。"参议院威廉·玛西在写给奥尔巴尼摄政执政团成员的信中写道，副总统绝对不会再有其他人选。[5]

---

1 本顿，《纵览三十年》，219 页。

2 亨利·维克富，《一个游手好闲之人的回忆录》（纽约，1880 年），29—31 页。

3 安德鲁·杰克逊致信范布伦，1832 年 2 月 12 日，《范布伦文件汇编》，美国国会图书馆。

4 卡姆不莱伦格致信范布伦，1832 年 2 月 13 日，《范布伦文件汇编》，美国国会图书馆。

5 玛西致信阿扎赖亚·弗拉格，1832 年 2 月 6 日，《弗拉格文件汇编》，纽约公共图书馆。

　　1832 年 5 月 21 日，民主党全国代表大会如期召开，会场原本设在一个图书馆，由于与会人数过多，不得已将会场转移至圣保罗大街上的一所普救论教堂。共有 334 名民主党代表与会，除密苏里州外，其余各州均派出代表参加。与会代表一致同意只有获得三分之二票数的候选人才能被提名为副总统候选人。此举的目的不外乎凝聚党内力量，为候选人提供坚实的后盾。会议的第二天，与会代表就完成了会议的一大主要任务。在没有任何竞选演讲以及正式提名的情况下，他们麻利地进行了一轮投票，直接提名范布伦为副总统候选人。此次大会的唯一目的就是选出副总统候选人，而总统候选人就是安德鲁·杰克逊，大家心照不宣。与会代表只是"心有灵犀"地相信总统已经获得了各个州的提名。没有党纲、没有致辞、没有任何原则声明。至于争议，只要安德鲁·杰克逊稳稳地坐在白宫，谁需要争议呢？

　　然而，此时的华盛顿却暗藏危机，两项毁灭性的法案正慢慢进入国会的立法程序，单拎出一项法案就足以导致举国震动。一项法案是要求再续合众国银行的特许状，另一项法案则要求修订海关税则，以修改 1828 年通过的《妥协税率法案》中一些不合理的条款。

　　两大议题几乎同一时间交到国会手中。亨利·克莱苦口婆心地连续演讲了 3 天，并提出了新的海关税则。他不遗余力地宣扬自己的美国系统计划，并不断强调该计划将造福美国各个部门。他以前从未如此滔滔不绝、夸夸其谈。他正处在"自己黄金期的黄金期"，一同时代的人说道。许久未担任参议员的他，此次重整旗鼓。此时，他回到了先前的位置，经过一番休养生息，他春风得意、神采奕奕。[1]

　　杰克逊计划降低关税，便命财政部部长提出关税由现在的 45% 降至 27%。不难想象，对关税持极端态度的两派对此项提案极为不满，他们有的指责关税过高，有的则指责过低。联邦法律无效论者以及高关税的拥护者拧成一股绳，合力对抗当局政府。经过多次讨价还价，从中斡旋，《1832 年关税法》于 7 月 9 日在一片抱怨声中通过，减少约 500 万美元税收，并把大多数关税降至约 25%。但是毛织品、铁矿石以及棉花仍旧维持原先的高税率。

　　1832 年 7 月 14 日，总统神采飞扬地签署了关税法案。"经过修改的《关税法》，"他告诉约翰·科菲，"让极端主义者的美梦落空，主要是联邦法律

　　1　帕顿，《杰克逊》，第三卷，451 页。克莱的演讲请参见《国会辩论记录》，第二十二届国会第一次会议，462 页及后文。

无效论者以及高关税的拥护者，他们几周前还欢天喜地地结盟，尤其是卡尔霍恩、克莱和韦伯斯特为首，现在他们扰乱合众国安定的企图可以消停了。"尽管后续可能会引起事端，他预测道，"人民的美德"足以打消反对派的念头。

1832 年春，"银行法案"也交到了国会手中，另一个重磅炸弹即将引爆。1832 年春，反银行势力为维护自己的权益，开始向各机构蔓延，如参议院的本顿、众议院的詹姆斯·诺克斯·波尔克、以布莱尔为首的《环球报》，而肯德尔和托尼更是与杰克逊如影随形。路易斯·麦克莱恩甚至也放弃了银行。法案极其傲慢地要求再续银行特许状，不留任何回转的余地，麦克莱恩忍无可忍，于是决定支持废止这项法案。只有国务卿爱德华·利文斯顿继续为再续银行特许状说情，而杰克逊选择视而不见。

眼看反对银行的浪潮日盛，尼古拉斯·比德尔便急匆匆地赶回华盛顿，准备亲自指挥这场战争。他命人向国会提交请求再续特许状的请愿书。他还不停地催促银行在国会的雇员发表演说，其中就包括丹尼尔·韦伯斯特，然后他再差人把演讲稿重印，在全国发行。

杰克逊冷眼观察着，布莱尔忠实地记录着，比德尔如何一步步渗透进立法程序。总统之前害怕发生的事情，以及过去做出的警告，都如数发生在了比德尔身上。合众国银行再一次引起腐败，甚至豢养了一头"九头怪"。谁人胆敢挑战银行的权力和影响力？这头怪兽引起的所有恐慌正蔓延在这片土地上。

1832 年 6 月 11 日，尽管托马斯·哈特·本顿和杰克逊在国会的其他亲信都苦口婆心地游说参议员，但是再续银行特许状法案在参议院以 28 票比 20 票通过。几乎一个月后，也就是 7 月 3 日，众议院以 107 票比 85 票通过此法案。新英格兰地区以及濒大西洋中部诸州均对此法案持支持态度，而南部诸州则完全相反，西北部地区和西南部地区的态度更是天差地别。比德尔终于松了一口气。"我诚挚地祝贺我们的朋友们，这真是一个皆大欢喜的结果。现在该轮到总统了。我没猜错的话，总统大人肯定会投否决票，尽管你们可能并不相信"。[1]

毋庸置疑，杰克逊一定会否决法案。他要求肯德尔起草否决咨文，托尼、利瓦伊·伍德伯里以及安德鲁·杰克逊·多纳尔森也参与其中。通篇咨文处处体现着杰克逊的气度和意志。咨文最终呈现的内容精准恰切地向国会和美国人民传达了他的真实想法。[2]

---

1 比德尔致信卡德瓦拉德，1832 年 7 月 3 日，《比德尔文件汇编》，美国国会图书馆。
2 托尼，"罗杰·托尼的'银行战争手稿'"，226—227 页。

1832 年 7 月 4 日，马丁·范布伦从欧洲返回美国，他回到华盛顿的时机恰到好处，正好赶在总统否决提案的前夕。杰克逊迫不及待地想同他相见。范布伦回家后首次出现在白宫当晚，他惊讶地发现自己的朋友竟然奄奄一息地躺在病床上，活像一个"幽灵……但是依旧一副英雄的气派"。总统看到这位纽约人时，立即笑逐颜开。他急忙伸出一只手表示欢迎。魔术师也滔滔不绝地同他寒暄问候。随后，他用一只手抓住范布伦的手，另一只手轻轻地理顺了一下他那一头长长的灰白色头发，并说道："范布伦先生，银行想要置我于死地，但是我要杀死银行！"[1]

1832 年 7 月 10 日，杰克逊把签过名的否决咨文递交给国会，像龙卷风袭来一般，举国震惊。因此否决再续特许状不仅引起了人们对宪法的争论，这也应该是否决特许状的唯一理由，而与此相关的政治原因、社会原因、经济原因以及国家主义原因也引起了人们的普遍关注。合众国银行，杰克逊强调称，享有政府赋予的特权，垄断着所有外币汇兑和国内汇兑。政府不应该赋予任何人或任何机构以特权，他强调说，因为这必将造成不平等，并最终剥夺自由。有调查显示，他说道，有少数美国人担任合众国银行的股东。而这些人"非富即贵"，他们把政府投资基金所产生的税收归入自己的腰包，而这些钱本应属于全体人民。"约有价值 800 万美元的股票掌握在外国人手中。"他强调说。因此，再续合众国银行特许状实际意味着，"美利坚合众国给外国人送了好几百万的礼物"。若政府必须要出售特许权，他继续说道："那么必须做到公正无私，制定完备的政策……以确保我们的同胞从中获利，让每一个同胞都有机会获得政府的红利。"[2]

至于此次法案涉及的宪法问题，杰克逊指出，银行的资助者都坚称该法案不存在违宪问题，因为相关问题早已由联邦最高法院在麦卡洛克诉马里兰州案（McCulloch v.Maryland）中做出判决。"对于这一结论，"杰克逊宣称，"请恕我不能苟同。"立法机构和行政机构在接手一项提案之时，对法案是否违宪这一问题必须要自己做出决定，无论该法案是否需要立法机构投票表决，还是需要总统签字确认。"众议院、参议院以及总统在需要通过或批准的任何法案或者决议中所涉及的违宪问题负有重大责任，若这些法案或决心需要提交联邦最高法院进行司法裁决，那么大法官也须对它们所涉及的违宪问题负有责任。"

---

1 范布伦，《自传》，625 页。

2 理查森，《咨文和官方文件》，第二卷，1139—1140 页，1143—1144 页。

杰克逊在此强调的无非是要求保持联邦政府各机构之间的平等性和独立性，而他的这种阐述方式，1830年的美国国民完全能够理解。宪法规定了美国是一个三权分立的国家，三权制衡才能保证人民的自由不受侵犯。联邦最高法院对宪法享有绝对解释权是对这一制度的扭曲。联邦最高法院认定某法案符合宪法，并不意味着国会必须为该法案投赞成票，总统也不必签字认可，国会和总统必须依靠自己的判断，如实地判定该法案是否违宪。"因此，联邦最高法院无权干涉，"他强调说，"国会和行政机构的立法权，仅能以合理合法的方式行使职权。"尽管国家银行已经受到国会和行政机构权力的制约，杰克逊只是想强调，立法和行政部门应以独立和平等的身份思考和参与国家治理。[1]

然而，否决咨文的文末却提出了极具爆炸性的言论，如龙卷风般无坚不摧。毫无疑问，总统此举可谓前无古人，后无来者。

> 遗憾的是，富人和权贵往往为一己之私而攫取政府权力。任何一个公正无私的政府治下的社会都必将存在差异。人才、教育以及财富的平等，不能完全寄希望于人类建立的制度。上帝赐予的礼物所带来的全部快乐，以及发达的产业、经济和崇高的品德所带来的所有福报，都应为每个人所共享，这种权利在法律面前一律平等，但是当法律把这些自然而平等的权利分出人为的差异之时，通过授予权利、额外津贴和特权，使得富人更富有，权贵更有权力，而处于社会底层的人们，农民、技工以及劳工，却没有时间和工具来维护他们应有的权益，他们有权控诉政府的不公。政府本身并没有造成腐败的必然因素。只有滥用政府权力才会造成腐败。如果政府能够平等地保护所有治下的人民，一如上帝恩泽的雨露一般，无论高低，一样雨露均沾，政府对待穷人和富人也理应如此，只有这样才能广施上帝的恩典。而我所面对的这份法案，似乎与公正的原则相去甚远。[2]

随后，杰克逊合上了否决咨文，把剩下的希望寄托在了美国人民的身上。如果他们选择支持他，他会"十分感激和开心"。杰克逊时常提及他对人民的能力要有绝对的信心，相信他们有能力从他的行动中认识到智慧和道德的价值。

---

1 理查森，《咨文和官方文件》，第二卷，1144—1145页。

2 同上，1153页。

"隐藏在我们身边的困难，时刻威胁着我们政治制度的危险，"他总结道，"我们一定会得到上帝的护佑，我相信，上帝一定会悉心保佑我们的合众国命运无虞，保佑我们的子民智慧永存。上帝之恩泽加之人民之爱国忠心，我们的自由和合众国必将毫发无损。"[1]

这份最强硬、最具争议性的总统声明终于画上了句号。否决咨文所用的语气和其中提及的观点，把银行的资助者们惊得瞠目结舌，其中的一些论点和原则后来被历史学家和经济学家讥讽为"卑鄙至极"。[2]尼古拉斯·比德尔把杰克逊比作是"一头暴怒的黑豹正拼命撕咬囚笼内的栏杆"。他说，这是一场"引起社会动乱的宣言，与法国大革命期间的马拉和罗伯斯庇尔向民众宣读的宣言并无二致"。[3]作为一份财政声明，居然对银行的财政价值绝口不提，不得不说这是一份存在严重缺陷的声明。作为一份宣传材料，它绝对堪称杰作。

实际上，杰克逊对银行的否决是总统有史以来最为重要的否决，其中体现的新理念推进了政治体制的发展，转变和加强了总统的职权。通过这份否决咨文，杰克逊实现了一次史无前例的转变。杰克逊之前的所有总统总共仅行使过九次否决权。在过去的40年宪政中，总统仅否决过9项由国会通过的法案，其中仅有3项法案涉及重要议题。总统一旦行使否决权就会声称该项立法违宪。因此，久而久之，法案违宪成为总统行使否决权的唯一原因。杰克逊则不以为然。他认为总统行使否决权的原因可以有很多，政治原因、社会原因、经济原因或者任何其他原因，只要他认为该法案伤及国家和人民的权益。此种对否决权的解释影响重大。实际上，总统是在争取自己在立法过程中的权力。杰克逊把总统的职权范围渗入到原本仅属国会的立法权中。在他看来，国会在通过所有法案之前，必须考虑到总统的意愿，否则法案将面临否决。如果立法部门想要顺利通过法案，则必须遵从行政部门的意愿。因此，杰克逊对总统职权的阐释，彻底改变了政府部门中立法和行政部门之间的关系。总统此时的地位可谓居高临下。他成了名副其实的政府首脑，而不再是一个单纯的政治搭档。

合众国根据宪法建立以来，立法机构一致被认为主导机构。在大多数人心中，国会才是体现和保障代议制政府的机构，而不是总统。尤其是在独立革命中浴火重生的那一代美国人，对过分强大的行政首脑本就心存疑虑。对他们而

1 理查森，《咨文和官方文件》，第二卷，1154页。

2 拉尔夫·卡特罗尔，《美国第二银行》（芝加哥，1903年），239页。

3 比德尔致信克莱，1832年8月1日，《比德尔文件汇编》，美国国会图书馆。

言，行政权力就等同于君权（以及绝对的专制）。因此，为了确保他们的个人自由永存，他们设计出一套拥有强大立法权的政府体系，由人民选举产生，并控制着国家的财政权。杰克逊改变了这一切。此后，总统便可参与到立法程序中。加之杰克逊自创的那套理论早已深入人心，即总统是全体人民的代表。而他，作为总统，有义务捍卫他们的自由。

批评者们对杰克逊的声明义愤填膺。华盛顿《国家情报》后来撰文辩称，否决权"使得总统……剥夺了立法权"。从此以后，问题的关键"将不再是国会将怎样做的问题，"他们讥讽道，"而是总统大人允许与否的问题。"[1]

杰克逊 1832 年的否决咨文同时也特地重申了州权的观点。过分集中的中央政权对自由不利，他说道，因此这样的政府绝不能介入社会的正常运作中。当政府干扰以及擅用不当权力时，如建立一个国家银行，各阶级间便会产生"人为的"差异，并导致不平等和不公正。

银行战争的炮火已经烧至国会大厦。国会有权选择接受杰克逊的决定或者直接推翻他的否决。没人怀疑接下来将会发生的事情。7 月 11 日，丹尼尔·韦伯斯特俨乎其然地从参议院议席上起身，他巧舌如簧，凭着渊博的宪法知识向总统发起挑战。

国会的走廊里又挤满了熙熙攘攘的民众，只为一睹"神一般的丹尼尔"的雄辩风采，而他没有让他们失望。他抑扬顿挫的语调，仿佛把人们带到了戏剧现场。他才辩无双，语惊四座，只见他时不时地挥起右手，以强调自己提出的论点。他极其鄙视总统对宪法的论证，总统对联邦最高法院的态度更让他怒火中烧，而总统企图剥夺国会享有的绝对立法权，他则忍无可忍。"根据总统先生提出的论点，"韦伯斯特怒目圆睁地吼道，"尽管国会已经通过某项法律，联邦最高法院也已经表明该项法律符合宪法，法律还是一纸空文，只要总统先生认为它存在缺陷。换句话说就是，总统废止或取消某项法律，全凭他自己的心情。"韦伯斯特越说越愤怒，他的脸色也越来越难看，"先生们，以前从没有哪位总统或公务人员胆敢当着整个国家的面提出这样的观点。如此一位明目张胆宣扬专制权力的总统，绝不会在任何时候被任何人所容忍。"韦伯斯特还不忘继续据理力争，他声称杰克逊对于自身权力的大胆言论，不仅仅是局限于总统的权力凌驾于政府的立法机构和司法机构之上那么简单。他乘胜追击地说

---

1 《国家情报》，1834 年 11 月 22 日。

道，杰克逊"眼中的总统，绝不仅仅拥有审批权，而是立法的主要权力"。[1]

未必见得。老胡桃木只想成为国会制定法律过程中的搭档，他认为，只有恰当地使用否决权才能达到他的目的。

韦伯斯特的观点与亨利·克莱不谋而合。他把杰克逊的行为称为"否决权的滥用"。宪法的制定者们，他说道，并没有打算用宪法来解决"普通案件，它存在的目的就是为了在不确定的时刻制定法律"。否决权不应该滥用，这一点前任的总统们都心知肚明。"而现在，国会在通过法案的过程中，"他大声说道，"总统常常声明要使用否决权，进而逼迫国会驳回法案，这种事早已司空见惯！"通过使用否决权，总统可以轻而易举地左右立法过程，并把自己的意志强加给国会。他强调说，此种权力运行方式"根本不能真正代表代议制政府"。[2]

民主党人对克莱的言论嗤之以鼻。托马斯·哈特·本顿起身针锋相对。这位不怒自威、傲睨自若的大块头，是挫杀参议院韦伯斯特和克莱气焰的最佳利器。他把他们称为"双簧参议员"，并责怪他们错怪杰克逊的本意，因为合众国银行才是这个国家最丧心病狂的机构，它所到之处都沾满了腐败的铜臭气。

克莱对本顿不屑一顾。真是个大骗子！他想起了1813年发生的那件事，克莱说道，当时杰克逊和本顿还是一对死敌，他们分别伙同他人在一家旅馆枪战械斗，其中就包括本顿的兄弟杰西。而本顿敢于直面谈及这段往事。至少，他敢于讥讽克莱："我本人从没有与总统先生有过嫌隙，自从我看到总统先生匍匐在地、奄奄一息的那一刻起，就原谅了他与我兄弟之间发生的冲突。"他继续说道，本人从未说过，若杰克逊当选为总统，国会议员需要配枪和匕首来保护自身的安全。

"这简直是令人作呕的污蔑。"本顿吼道，暴跳如雷。

"什么？"克莱反驳道，"先生，请问您敢直视着我的眼睛，然后告诉我，您从没说过那些话吗？"

"好，我看着您的眼睛，"本顿咆哮道，"那些话都是令人作呕的污蔑，谁敢再说一遍，我绝不会轻饶他。"

---

1 丹尼尔·韦伯斯特，《丹尼尔·韦伯斯特作品集》（波士顿，1864年），第三卷，434页，446页，438页，447页。

2 亨利·克莱，《亨利·克莱作品集》（纽约，1904年），卡尔文·科尔顿编辑，第七卷，524页。

克莱气得满脸通红。"那好，我就当着所有参议员再重申一遍，这些话就是您原原本本告诉过我的。"

"太假了！太假了！简直太假了！"本顿尖叫道。

其余的参议员赶紧上前拉住两人，害怕双方赤膊上阵。议长敲击小木槌，要求恢复会议秩序。过了一会儿，参议院才恢复到往常的庄严。

"我为我的说话方式，向参议院的全体同人致歉，"本顿说道，"但是除了那位来自肯塔基州的参议员。"

克莱站在原地。只见他嘴角的细纹逐渐化成一阵笑意。"参议院的同人们，"他说道，"我也向大家表示歉意。至于那位来自密苏里州的参议员，想都别想！"[1]

这场针对杰克逊肆意夺取立法权以及他对"政府机构和宪法所做的非法实验"的激烈辩论，终于落下帷幕。尽管韦伯斯特和克莱巧舌如簧、妙语连珠，也没能帮助银行家们赢得三分之二的票数，驳回杰克逊的否决。最终的投票结果是22票比19票，距离目标票数相去甚远。1832年7月16日，参议院和众议院同时休会。鉴于当年秋季即将举行总统大选，国会议员们都极为关切这场银行战争对政治究竟有多大的影响力。杰克逊通过一篇否决咨文，把银行的问题开诚布公地摆在全国人民的面前，让人民做出决定。以前从未有过任何一位总统敢对这样一个重要的议题采取如此强硬的立场，用极具争议的语言把自己的立场和盘托出，并把最终的选择权交还给选民。他们只能二选一。要么选择克莱和银行，要么选择杰克逊，放弃银行。

究竟该作何选择，全凭美国人民做主。

---

1 威廉·钱伯斯，《老比利翁·本顿：新西部来的参议员》（波士顿，1956年），184—186页；本·蒲理·普尔，《蒲理的回忆录》（费城，1886年），第一卷，144页。

第十八章　杰克逊和合众国

　　1832 年大选是美国历史上罕见地把重要议题直接摆在选民面前，让选民做出决定的总统大选。一般而言，美国人民并不直接参与决定议题。但是杰克逊坚持让公民复决。他是如此信任人民的判断力，以及人民对他的忠诚和热爱，他是如此睥睨合众国银行，认为它是造成国家腐败的根本原因，他深知这是一场预料之中的结局。他索性把问题简化为一场事关善与恶的道德较量、一场朴实诚恳的自耕农同腐败堕落的金钱权力之间的博弈。他以行使否决权为荣，坚信美德和正义必胜，因此并不打算多花心思操纵和指挥这场大选。他把这次胜利的主动权交到了别人手中，比如肯德尔、布莱尔、路易斯、多纳尔森，以及散落在各州内的一小部分政客。

　　亚摩斯·肯德尔在此次大选中实际扮演着民主党主席的角色。每天，从他办公室分发出去到各个州的政客手中的信件和竞选材料数不胜数。他鞭策各党部，他鼓动创建新报刊，他督促政客"公开颂扬"杰克逊倡导改革的咨文。"阁下最好建立一个高效能的党部，点燃人民的爱国热情，"他跟其中一位党首说道，"这样才能抵消金钱的效力。""阁下在贵州建立党部了吗？"他随后问询另一位党首道，"我不管您有没有建立这样一个党部……请发我一份支持杰克逊的名单，这些人需要品行端正，州内的每个镇区都要有代表……我们的朋友们会给这些人分发相关政治资料。麻烦您尽快办妥此事。"[1]

　　弗朗西斯·布莱尔在此次大选中的出色表现，再一次证明他是一位卓尔不

　　1 肯德尔致信（收信人不详），1832 年 7 月 25 日，《肯德尔文件汇编》，纽约州历史学会；肯德尔致信威尔斯，1831 年 9 月 12 日，《威尔斯文件汇编》，美国国会图书馆；杰克逊备忘录，1832 年 7 月，《杰克逊文件汇编》，美国国会图书馆；杰克逊致信路易斯，1832 年 8 月 18 日，《杰克逊－路易斯文件汇编》，纽约公共图书馆。

群的竞选推手。当然，他把持下的报刊火力全开，声势浩大，效果显著，尽管其中一些宣传材料略存瑕疵，但是它们都起到了绝佳的宣传作用。他和肯德尔在竞选期间还特别主持编订了《环球报增刊》，并声称要把"这份报纸分发到美国的每一个街区"。"本届政府及其官员成捆成捆地派发《环球报增刊》，"缅因州的《倡导者报》报道说，"派发到杰克逊的支持者手中，再由这些支持者派发给周围民众。"[1] 否决咨文中所采用的措辞和语调旋即引来了多家报社的评论。共和党的编辑们并没有拿克莱或者威尔特（反对党的总统候选人）开涮，而是把矛头直接对准了合众国银行（或者比德尔），认为它才是此次大选的元凶巨恶。《环球报》更是多次撰文，把银行称为"怪兽"——一个长有27个头颅、100只手的怪物。

当然，尼古拉斯·比德尔并不打算息事宁人，他沉默地坐在费城栗树街上，坐等他的银行淹没在这些粗暴的言论当中。他不惜斥巨资雇人攻击杰克逊，企图让对方一败涂地。他花大价钱印制克莱和韦伯斯特等人的演讲，以及任何支持再续银行特许状的演讲。他甚至刊印了三万份否决咨文，他认为杰克逊的这篇咨文恰好是对银行的卖力宣传。"合众国银行已然严阵以待，"参议员威廉·玛西写道，"5万甚至10万美元花在纽约这样的城市，只为引导选举方向，它的影响力实在让我感到后怕。"艾萨克·希尔深以为然。"成千上万的美元撒向这里（新罕布什尔州），企图影响我们的选择。"他写道。[2]

党刊的编辑们考虑到杰克逊与银行作对的主要原因以及比德尔疯狂的反扑，便把大选的舆论风向由原本对"怪兽"的抨击，进一步深化为对民主和自由的忧患。这场与银行之间的斗争被生动地描述为捍卫美国人民民主的斗争。"杰克逊的事业，"编辑们齐声唱和道，"就是自由和人民的事业，一个同腐败和精英专制作斗争的事业。"[3]

不难预想，国家共和党人对杰克逊的大选动作冷嘲热讽，尤其是竭力针对

---

1 《奈尔斯每周记录》，1832 年 3 月 14 日；莱米尼，"1832 年大选"，小亚瑟·施莱辛格、佛瑞德·伊斯雷尔和威廉·汉森编辑，《美国总统大选历史》（纽约，1971 年），第一卷，510 页。

2 玛西致信霍伊特，1832 年 10 月 1 日，威廉·麦肯齐，《本杰明·巴特勒和杰西·霍伊特传记》（波士顿，1845 年），113 页，希尔致信霍伊特，1832 年 10 月 15 日，麦肯齐，《马丁·范布伦的生平和时代》，239 页。

3 《环球报》，1832 年 9 月 5 日；另请参见其他民主党报对《环球报》的翻印，1832 年 9 月 8 日、15 日、22 日，以及 10 月 3 日、6 日、17 日、20 日。

他的改革计划。对于杰克逊竞选材料上宣扬的民主和自由，他们都用"专制"和"暴政"等字眼予以回敬。"杰克逊主义（Jacksonianism）的实质，"波士顿的《每日广告和爱国者报》强调称，"就是雅各宾主义（Jacobinism）……其一，无政府主义（Anarchy），其二，专制（Anarchy）。他们只顾宣泄自己的一腔热情，而忽视人民最关心的部分。"而辛辛那提的《每日广告》更撰文声称，杰克逊已经完全把持住了"参众两院、联邦最高法院以及美利坚合众国的宪法"。"宪法的荣光早已一去不返！"华盛顿的《国家情报》叹息道，"它早已形同虚设，独裁者的意志即最高法律！"[1]

1832 年夏季，杰克逊回到田纳西州的家中，只剩下肯德尔和布莱尔并肩作战，共同应对国家共和党人"谎话连篇"的宣传。据传，他回家的途中所需购买之物均用金条付账。"纸币是多余的，你瞧，同胞们，"他每做一笔交易就会重复这样的话，"只要我能扳倒尼古拉斯·比德尔和他的怪兽银行。"[2]金条早已算不上是通用货币，却在此时得到重视，对人民来说它不失为一种安全的币种，杰克逊和他的政府班子希望金条重回流通领域。与纸币不同的是，金条货真价实，是不会撒谎的币种。与之相反，纸币是银行牟利的工具，是引起腐败的骗子，是欺诈无辜善良公众的罪魁祸首。

当年夏天，杰克逊在家中休假期间仅为一件事情寝食难安。此事甚至在他离开华盛顿之前就已埋下祸根。《1832 年关税法》在国会几近休会时通过并生效，从那时起，似乎便注定某些野心勃勃的人一定会在南方挑起事端。杰克逊忧心忡忡地看着南卡罗来纳州的联邦法律无效论者，他们蠢蠢欲动，绝没有就此善罢甘休的意思。从该州传出的消息预示着内乱在即，大事不妙。此时有人甚至对杰克逊说，卡尔霍恩胆敢提出联邦法律无效论，"他是国家自由的叛徒，应该处以绞刑"。总统深以为然。此外，他还说，如果那群联邦法律无效论者胆敢轻举妄动，他准备派出一万义勇军，直接杀进南卡罗来纳州，"击垮并绞死"那群叛徒。"那些深爱我们这个幸福国度的人，那些期望把我们荣享的自由传承给子孙后代的人，一定会如我这般想法"。[3]

夏末秋初之际，联邦法律无效论者的蠢蠢欲动之心似乎再也按捺不住。像

---

1 《国家情报》，1832 年 9 月 6 日。

2 帕顿，《杰克逊》，第三卷，420 页。

3 安德鲁·杰克逊致信范布伦，1832 年 8 月 30 日，《范布伦文件汇编》，美国国会图书馆。

查尔斯顿这样的城市紧张的气氛日浓，全副武装的闹事者甚至在夜间随处游荡，一时间各大报刊争相报道，杰克逊也整日惶恐不安。[1]南卡罗来纳州的各家报社破口大骂，互不相让，因此从 8 月初到 9 月，决斗、血腥的互殴以及暴乱早已是家常便饭。随后杰克逊便听闻查尔斯顿海港的陆军和海军指挥官意图谋反，他绝对不能坐以待毙。尽管他不希望南方的态势发展到"无力回天的境地，但是未雨绸缪总是上策"。杰克逊通知海军部部长利瓦伊·伍德伯里。因此，他立即着手准备各项行动。陆军部部长和海军部部长同时接到命令，通力合作，"争取抓住一切有利时机"替换掉查尔斯顿部队的军官。让他们在"不知情的情况下心安理得地离队，越快越好，截止日期是 10 月 20 日"。他随后便指示温菲尔德·斯科特将军监督完成所有准备工作。他还要求尽快在诺福克军事基地安插一支海军分遣队，"以备不时之需"。与此同时，他还不惜与南卡罗来纳州的联邦主义者（Unionists）重新开启对话，诸如乔尔·波因塞特、威廉·德雷顿上校、詹姆斯·佩季格鲁、理查森家族、普林格尔家族、法官大卫·约翰逊等，并督促他们向他提供及时可靠的消息，以免事态超出控制。[2]

除此之外，杰克逊的夏日休假还算平安无事。全国各地的民主党领袖向他保证秋季大选胜利在望，并不忘称颂他否决"银行法案"的壮举为"一份合众国最清明时代的文件。它使我们无限接近那个人们普遍奉行基础准则的时代，接近那种一直激励着我们的国父自强不息的精神，自从杰斐逊当政的那个时代至今，行政部门从未焕发过如此活力"。[3]

在大选即将来临之际，政客们也忙于完善各自所在的党部组织，不断调整竞选的方式和方法，以顺应瞬息万变的社会和经济。他借助讽刺画、游行、烧烤聚会及其他噱头引起选民的兴趣，取悦选民。他们这样做并不是在贬损美国的政治，仅仅是反映了社会大变革几乎影响到了美国社会的方方面面。工业革命如火如荼地进行，伴随着 19 世纪 30 年代美国经济的飞速发展，交通工具领

---

1 威廉·弗里林，《1816—1836 年，内战前奏：南卡罗来纳州的拒行联邦法律危机》（纽约，1965 年），253 页。

2 安德鲁·杰克逊致信伍德伯里，1832 年 9 月 11 日，杰克逊，《信件》，第四卷，474—475 页；安德鲁·杰克逊致信多纳尔森，1832 年 8 月 30 日，9 月 17 日，《多纳尔森文件汇编》，美国国会图书馆，弗里林，《内战前奏》，239 页及后文，安德鲁·杰克逊致信路易斯，1832 年 8 月 23 日，《时代报》（纽约），1875 年 1 月 11 日。

3 引述自莱米尼，《1832 年大选》，509 页。

域出现大变革，尤其是铁路的出现，使得人口流动速度大大加快，随着各阶层人民生活水平的提高，原有社会阶层之间牢固的壁垒受到严重冲击，工作、赚钱以及"取得成功"成为当务之急，一个崭新而现代的美国社会应运而生，而这个时代的政客必须要学会顺应时代的潮流，做出相应改变，才不致落伍。

安德鲁·杰克逊正是这场千变万化、翻江倒海般民主浪潮的标志人物。他不再仅仅依靠过去的赫赫战功来博取知名度和支持率。1832年，人们更愿意把他称为"人民的代表"而不是"新奥尔良英雄"。一名政客曾提及："民主和杰克逊，他们并无二致。"[1]

10月19日晚，杰克逊回到华盛顿便接到通知说联邦党人在南卡罗来纳州选举失利。"您最好是紧盯该州的党代表大会，以防联邦法律无效论者有所动作。"乔尔·波因塞特向他建议道。[2]总统甚至还得到消息称，联邦法律无效论者计划伺机进攻位于查尔斯顿的联邦军事基地。杰克逊当即向战争部部长发布命令。

机　密

战争部部长立即向驻守在查尔斯顿海港军事基地的军官下达绝密命令，南卡罗来纳州处于警戒状态，以随时应对白天或者夜晚发生的紧急状况，打击任何企图抢夺军事基地的叛徒。任何聚众而行的人群不得以任何借口接近军事基地。任何有不良企图征兆的人需得到警告，驻守在军事基地的官兵对保卫军事基地和要塞负有全权之责，他们必须至死捍卫军事基地的安全，确保任何敌对武装人员不得在白天或者夜晚接近军事基地。若当地的民兵组织计划突袭军事基地和要塞，驻守军事基地的官兵们务必一丝不苟地观察敌人的动向，任何企图通过武力攻占军事基地的行为，都要立即施以反击，以作惩戒。[3]

1832年10月29日，华盛顿

---

1 乔治·达拉斯致信爱德华·利文斯顿，1831年5月30日，《利文斯顿文件汇编》，约翰·罗斯·德拉菲尔德基金会。

2 波因塞特致信安德鲁·杰克逊，1832年10月16日，《杰克逊文件汇编》，美国国会图书馆。

3 安德鲁·杰克逊致信路易斯·卡斯，1832年10月29日，杰克逊，《信件》，第四卷，483页。

杰克逊除了指导部下部署军事基地，防止敌人突袭之外，还把注意力转向了海关和邮局。于是他任命肯塔基州州长约翰·布雷萨特之弟乔治·布雷萨特前往南卡罗来纳州，名义上是作为邮政局巡视员例行巡视，实际上是搜集税收和邮政部门谋反图谋的情报，"列出所有涉事人员的名单"。布雷萨特甚至还接到命令，直接同南卡罗来纳州的联邦主义者接洽，因为他们能为政府提供最有利的情报，及时揭发联邦法律无效论者的阴谋。[1]

11 月，就在南卡罗来纳州的情势日渐剑拔弩张之际，杰克逊得知自己在全民投票和选举人团投票中大获全胜。在全民投票中，他总共获得 688242 票，克莱获得 473462 票，而威尔特则获得 101051 票。英雄在全民投票中拿到了 55% 的支持率，克莱的支持率为 37%，而威尔特仅为 7%。在选举人团投票中，杰克逊获得 219 票，克莱获得 49 票，威尔特仅仅获得 7 票。克莱拿下了马萨诸塞州、罗得岛州、康涅狄格州、特拉华州、肯塔基州以及马里兰州的大多数选举人票，而威尔特仅获得佛蒙特州的支持。杰克逊拿下了剩下的所有州，当然除去南卡罗来纳州，该州把 11 票选举人票投给了弗吉尼亚州的约翰·弗洛伊德。在副总统的竞选中，范布伦以摧枯拉朽之势赢得选举，总共获得了 189 票选票，萨金特获得 49 票，而埃尔马克尔仅获得 7 票。而南卡罗来纳州投给马萨诸塞州的亨利·李 11 票，与此同时，宾夕法尼亚州把 30 票投给了他们最爱戴的威廉·威尔金斯。[2]

此次大选印证了杰克逊和美国人民之间存在着一种牢不可破的关系。克莱主张再续银行特许状，并以此来打压老胡桃木，因为在很多人心中，或许再续银行特许状符合他们的当前利益。尽管如此，此项议题以及银行中的存款也没能撼动将军在人民心中的地位。"民众对他的喜爱更多是因为他的个人魅力，而无关乎他的政策指向。"《奈尔斯每周记录》宣称。[3]"除了杰克逊将军之外，谁还会有如此大的勇气否决再续银行特许状法案？"一个人发问道，"除了杰

---

1 安德鲁·杰克逊致信多纳尔森，1832 年 10 月 10 日，《多纳尔森文件汇编》，美国国会图书馆；安德鲁·杰克逊致信布雷萨特，1832 年 11 月 7 日，杰克逊，《信件》，第四卷，484—485 页。

2 斯文·彼得森，《美国总统大选的统计史》（纽约，1963 年），20—21 页。

3 1832 年 4 月 21 日。

克逊将军之外，谁还会对腐朽的精英统治有如此巨大的影响力？"[1]

毋庸置疑，此次大选的中心问题就是杰克逊本人，选民们用自己手中的选票再一次证明他们对他的信任和信心。他的领导让他们感到安心，因为他是他们利益的保护神，是他们真正的代言人。据一名来自俄亥俄州的政客描述道，这次大选是一场"杰克逊和民主"的胜利。[2]无他，此次大选恰如其分地证明了杰克逊身上存在着一大优点，那就是一种让人心甘情愿接受他领导的能力，即使他做出诸如废止银行这样决绝的决定，让人们为此忧心焦虑。"我认为，"败北的第三党总统候选人威廉·威尔特说道，"只要他愿意，他可以当一辈子总统。"[3]

国会将在12月重新开幕，而此时南卡罗来纳州的局势日趋剑拔弩张，加之美国人民通过手中的选票给了杰克逊莫大的自信，他突然萌生了建立一个新政党的念头，以期建立起一条团结统一的战线，共同对抗联邦法律无效论者。他曾多次鼓动国家共和党人加入他的阵营，通力合作建立起一股"道德力量"，摧毁企图分裂国家的反动力量。随着联邦法律无效论的呼声日盛，一些国家共和党人，尤其是以丹尼尔·韦伯斯特为首，在帮助总统捍卫合众国统一的过程中立下了汗马功劳。

"我在此沉痛声明"，总统在国会开幕时宣布，人们对税法的反对已经到了"危及合众国统一"的境地。他迫切希望找到一条和平解决此事的方案，希望南卡罗来纳州的人民和官员保持审慎，勿忘心中的爱国情怀。为防止矛盾激化，理智丧失，杰克逊承诺向国会提出建议，进而缓和当前的局势。与此同时，他建议逐渐降低关税税率，以此向南卡罗来纳州显示中央政府的诚意。[4]

众所周知，事态在过去几周中的发展让人措手不及。10月22日，杰克逊从田纳西州回到首都3天之后，南卡罗来纳州议会在州长小詹姆斯·汉密尔顿的号召下召开了一场特别会议。随后，他们便确定于1832年11月19日在哥

---

1 乔治·布莱尔致信威利·珀森斯·曼格姆，1832年12月8日，亨利·尚克斯编辑，《威利·珀森斯·曼格姆文件汇编》（罗利，1950—1956年），第一卷，588页。

2 基尔斯致信阿扎赖亚·弗拉格，1832年10月13日，《弗拉格文件汇编》，纽约公共图书馆。

3 威尔特致信约翰·洛马克斯，1832年11月15日，约翰·肯尼迪，《司法部长威廉·威尔特生平回忆录》（费城，1849年），第二卷，331页。

4 理查森，《咨文和官方文件》，第二卷，1161—1162页。

伦比亚举行会议，以应对国会通过的《1832年关税法》。此次会议后，他们于11月24日通过了《拒行联邦法律条例》（*Ordinance of Nullification*），136票赞成票对26票反对票，该条例宣称《1828年关税法》和《1832年关税法》对南卡罗来纳州的所有官员和公民"无实际意义、无效且无任何法律效力"。1833年2月1日后，条例还增订内容称："在南卡罗来纳州的范围内……强制缴税……即为非法。"我们心意已决，与会成员说道，"将不惜一切代价"捍卫此条例，我们整个州绝不会屈服于……武力之下。如果联邦政府动用武力，那么南卡罗来纳州的人民"将会义无反顾地采取行动守护和捍卫他们同其他州之间的政治纽带。他们将众志成城，建立一个新政府"。[1]

拒行联邦法律大会（Nullification Convention）所做出决定的消息以迅雷不及掩耳之势传遍华盛顿以及全国。南卡罗来纳州的公然挑衅让总统大为震怒。他在白宫的走廊里来回踱步，不停地咒骂威胁，但是他绝不允许自己感情用事，绝不让一时冲动影响自己的判断或者行动。在危机发生之时，杰克逊将军会用绝对的理智控制自己平时容易心浮气躁的毛病。

乔尔·波因塞特及时向总统汇报了大会的进程。"幸运的是，"他说道，"杰克逊先前采取的行动有效遏制了反动派夺取位于查尔斯顿海港的穆特里和平克尼军事基地的企图。"他预测2月1日之前不会出现暴乱。但是却无法预料此后的局势。[2]

杰克逊迅速做出回应。"我十分赞同阁下对拒行联邦法律一事的观点，"他说道，"它会直接引起内战，造成流血杀戮，合众国的每一位捍卫者必将对此深恶痛绝。"他已经采取了额外的"防范性措施"，并且已经把把控全局的控制权交到温菲尔德将军手中。他继续说道，"合众国必须毫发无损，合众国的法律必须如期执行。"杰克逊要求波因塞特通知南卡罗来纳州的联邦主义者，"宪法的永恒性是由先贤们的鲜血浇铸而成"。合众国坚不可摧，牢不可破。宪法修正案就是解决争议的方法。因此，州无权宣布独立，更不用说"危害"合众国的安全。"因此，拒行联邦法律就意味着叛乱和战争；其他州有权予以镇压"。[3]

1　《拒行联邦法律之州文件》（波士顿，1834年），29—31页。

2　波因塞特致信安德鲁·杰克逊，1832年11月24日，25日，29日，《杰克逊文件汇编》，美国国会图书馆。

3　安德鲁·杰克逊致信波因塞特，1832年12月2日，《波因塞特文件汇编》，宾夕法尼亚州历史学会，费城。

南卡罗来纳州的局势开始走向崩溃的边缘，同联邦政府的正面冲突以及内战似乎一触即发。该州人民似乎对《拒行联邦法律条例》并不排斥。联邦主义者派在秋季选举中以"绝对优势"被击溃，尽管这都在意料之中，但是他们对联邦法律无效论者却心存同情。罗伯特·海恩辞去参议员，约翰·卡尔霍恩则辞去副总统。海恩继小詹姆斯·汉密尔顿被选为南卡罗来纳州州长。新成立的州议会选举卡尔霍恩为参议员，代替海恩原先的位置，计划在国会中提出《拒行联邦法律条例》的配套立法，并最终使该条例生效。举例来说，条例规定州长有权在本州受到入侵时征募民兵。海恩在他的就职演讲中说道："若南卡罗来纳州神圣的土地上被任何一名入侵者的脚印玷污……我相信全能的上帝（Almighty God）会保佑她所有的儿子[1]……都不会犯弑母之罪。"[2]

南卡罗来纳州回荡着反抗之声。中间镶着一枚棕榈纽扣的蓝色徽章比比皆是，在"帽子上以及上衣胸襟上"。勋章上赫然写着"约翰·卡尔霍恩，南方邦联（Southern Confederacy）第一主席"，情势极为不妙。[3]

此次拒行联邦法律危机由关税争端引起，其中心问题是州到底有无权力在本州内宣布联邦法律无效（并在必要的情况下，宣布脱离联邦），以保护本州的权力权益不受侵害。安德鲁·杰克逊对此问题的答案极为明确。答案简单直接。或许他的答案并没有确切的历史依据，但是他对此深信不疑。联邦政府，他说道，是在全体人民的努力下，"是基于联合的永久联邦"。州无权宣布联邦法律无效，亦无权宣布脱离联邦。此外，全体人民通过宪法赋予联邦政府主权，而不是州。他们建立了合众国，他们缔造了联邦政府，他们赋予了联邦权力。以上种种，他强调说，在人民在制宪会议上签订宪法的那一刻就已经注定。尽管《宪法》已经签署生效，若发生新的变动，则各州的宪法须根据变动自行修正。[4]

为阐明自己的立场，杰克逊决定面向南卡罗来纳州的人民发表一份总统宣言。一份单刀直入、振聋发聩的宣言已在他脑海中成形，他决定直截了当地挑明拒行联邦法律会直接导致流血杀戮和内战。除此之外，杰克逊打算通过此宣言在全国掀起一股"道德力量"，摧毁企图分裂国家的反动力量；此宣言不只是面向南卡罗来纳州的人民，它面向全国人民，并凝聚他们的力量，捍卫合众

---

1 此处很可能是暗指安德鲁·杰克逊，因为他出生于南卡罗来纳州。

2 帕顿，《杰克逊》，第三卷，458—459页。

3 同上，459页。

4 安德鲁·杰克逊私人备忘录，《杰克逊文件汇编》，美国国会图书馆。

国和宪法。

杰克逊让国务卿爱德华·利文斯顿协助自己撰写此宣言。利文斯顿相貌平平，鼻梁拱起，前额宽阔，但是极具个人魅力，是著名的法学家和律师。由于他衣着考究，风度翩翩，他的朋友和仰慕者把他称为"花花公子内德"。作为内阁成员，他的行文风格十分契合他文雅精致的风度，作为国内知名的宪法专家，他能赋予此宣言以权威性、庄严性以及学术性。但是这份宣言必须富有激情，这是一切之本。

利文斯顿不必赋予这份宣言以中心思想。这是总统的职责。实际上，杰克逊把自己反锁在办公室中，一页一页地书写着自己心中的感念。疾风劲笔，满腔热血，倾注着自己对合众国、对捍卫合众国以及对州权的思考。他的思想和信念强烈地震撼着他。就在他写完 15 页或者 20 页之时，被一位不速之客打断了思路，这位访客注意到，其中有 3 页的墨水尚未干。这份宣言"激情澎湃、热情洋溢、斗志昂扬、高屋建瓴"，在这些字迹尚潮湿的纸张上熠熠生辉。[1]

杰克逊把这些草稿纸收集起来，全都转交给利文斯顿，并嘱托他把这些材料整合成一份具有权威性和说服力的总统公文。与此同时，杰克逊还撰写了一份宣言的结束语，并把它一并交给国务卿，并嘱咐他把这份结束语"改成妙章，直击内心"。这份结束语可谓综合了他此次宣言的全部意图。

宣言的结语：

同胞们，尽管你们已经被欺世盗名的理论和学说所蒙蔽，被阴险狡诈之人所欺骗，我以天父的立场发自肺腑地呼吁，回头是岸。若《拒行联邦法律条例》得以执行，你们在历史上将会留下致命的一笔，人民的安全受到威胁，你们所珍视的自由和和平将荡然无存。团结在合众国的旗帜下，是你们必须履行的义务，向上帝起誓，宣誓效忠，为了我们能够享有自由，合众国必须完好无损。

回想一下，首次拒行法律并宣布法律无效的那群人，他们撕毁了你们的信心，扑灭了你们的希望，他们是叛国者，他们引诱你们叛国，而你们会为此受尽痛苦和折磨。你们……愿意成为叛国者吗？上帝，

---

1 安德鲁·杰克逊致信利文斯顿，1832 年 12 月 4 日，《利文斯顿文件汇编》，约翰·罗斯·德拉菲尔德基金会；帕顿，《杰克逊》，第三卷，466 页。

制止他们吧！ ¹

　　此份宣言最终由利文斯顿撰写完成，并由杰克逊修改确认，完成日期是1832年12月10日，出版日期是12月11日。这份宣言是美国历史上最为重要的总统文件之一，经常被拿来同林肯的就职演讲作比较。用精妙的语言阐释法律和宪法论据，既能给人留下深刻印象，又极具说服力。当然，是杰克逊独有的激情澎湃赋予了这份宣言以灵魂和生命。恰当的措辞和绝妙的表达是利文斯顿之功，但是政府和合众国的理念、赤诚之心以及思想的深度要归功于杰克逊。

　　宣言开门见山地宣布召开拒行联邦法律大会的行为实质是在破坏合众国的统一。"那么，我认为，州拥有废止联邦法律的权力一事，与合众国的存在性相悖，与宪法所规定的内容相斥，僭越宪法的精神，违背宪法中任何已知的原则，摧毁宪法所设定的伟大目标。"合众国的人民，杰克逊继续说道，制定了宪法，并在各自的州履行。宪法"构建了一个政府，而非联盟"，政府代表着所有人民，并直接对人民负责，而非州。"单个国家"已经建立，也就意味着各州"无权退出"。

　　总统继续说道，州也不享有完整主权。州"出让主权"，这些出让的主权便"组成了国家"。公民的效忠对象也随之改变，他们需要转而向美利坚合众国政府效忠。各州的公民遂变为美利坚合众国的公民，需要遵守合众国的宪法和法律。

　　合众国年长于州，杰克逊宣称。在采用宪法前，合众国就已经以政治实体而存在。"在神圣政府的领导下，我们无权分裂；我们的合众国始于13个殖民地（United Colonies），我们为反对压迫而生。我们是联邦体制下的美利坚合众国，根据《联邦宪法》（Federal Constitution），美利坚合众国这个名字将会流芳百世，它也一定会日臻完美。" ²

　　随后的内容便是杰克逊对美国的特别贡献，即他对美国的民主实验和立宪政府有着深刻的认识和理解。他是美国第一位把合众国定义为永久实体的政治家。他提出的论据和得出的结论充分论证了州无退出联邦的权力。就宪法方面的论据，杰克逊所做出的声明的意义要远大于丹尼尔·韦伯斯特同海恩那场著名的论战。韦伯斯特从情感角度入手，把合众国称为"人类的福祉"。杰克逊

　　1 安德鲁·杰克逊致信利文斯顿，1832年12月4日，《利文斯顿文件汇编》，约翰·罗斯·德拉菲尔德基金会。

　　2 理查森，《咨文和官方文件》，第二卷，1203—1213页。

的论断打破感情层面，他从历史和宪法的角度，与时俱进地解读这个问题。[1]

杰克逊对"美利坚合众国"的本质有着超乎寻常的理解，但是这种理解并不来源于追本溯源的思考，抑或是对历史和政治科学的精深研究。在他看来，那是一种客观实在，是一种"常识"，是人民建立了合众国，因此只有他们有权改变和解散它。

在有力地驳斥了联邦法律无效论者提出的主要论据后，杰克逊在宣言结尾处直接呼吁南卡罗来纳州的人民。此处的语气突然急转直下。语调变得沉重。"在此问题上我没有任何自由裁量权（Discretionary Power），我的责任就是如实地履行宪法。"如果违背法律，就让事实来证明违背的后果吧。

> 一定有人这样告诉过你们：你们能够轻而易举地免除他们的死刑。这些人在说谎；他们甚至连自己都骗不了……他们的目标就是分裂联邦。不要被他们的名字所蒙蔽。武装分裂联邦就是叛国。你们都准备好承受这项罪名了吗？如果你已经准备好了，煽动者们人头落地就是叛国的可怕后果；他们头颅充满着耻辱，如果你们也选择叛国，你们同样也会遭到惩罚。那个让你痛苦不已的州将会布满罪恶，这是你强加给你的国家和你的政府的……我恳求你……回头是岸。[2]

此时此刻，杰克逊的所作所为值得所有美国人的信赖、信任和爱戴。这是一份伟大的政府文件，简直无可挑剔。亚伯拉罕·林肯（Abraham Lincoln）后来甚至曾借鉴这份宣言中的基本论据用来解释和证明他即将采取行动，目的在于解决 1861 年联邦的分裂。此宣言是对宪法的深入揭示。只有像杰克逊这样第一流的政治家才能做出这样精辟的总结。此外，很多美国人一定承认这样一个事实，在危机发生之时，他们最幸运的事便是杰克逊是政府的一把手。安德鲁·杰克逊将军凭借着"英勇无畏的决心"，统领着整个国家，正直无私地守护着合众国和人民。

---

1 笔者对杰克逊以及合众国的永恒性的论证与肯尼思·斯坦普的分析相近，《危机中的合众国：内战背景文集》（纽约，1980 年），33—34 页。理查德·埃利斯，《危险中的合众国：杰克逊民主政治、州权以及拒行联邦法律危机》（纽约，1987 年），该书对此次危机有新颖而独到的见解。

2 理查森，《咨文和官方文件》，第二卷，1217 页。

第十九章 合众国毫发无损

宣言的发表使得全国上下欢声雷动，人民如释重负。人们起先是怀着忧心仲仲的心情读这篇宣言，待读到总统一针见血地强调国家主权的至上性时，他们瞬间豁然开朗，如沐春风。甚至反对党的党报也对此宣言赞赏有加。"总统的宣言，"一名国家共和党人写道，"让自由得到伸张，让所有的政党爱国热情高涨，据此……希望他能得偿所愿。"[1]

此时的杰克逊也志得意满、眼笑眉飞。"我已经同国会的所有成员交谈过，可以确定，"他向南卡罗来纳州的联邦主义者们描述道，"国会会站在我这一边。如果是这样的话，我就要有所动作了，把那些带头闹事的头目都逮捕起来，以叛国罪论处。"[2]尽管如此，他深知局势依旧不明朗，于是特意提醒战争部部长路易斯·卡斯。"我们必须未雨绸缪，防患于未然，"他写道，"我听说南卡罗来纳州议会已经通过法律使得那份造反条例生效，我猜测明天就是那份条例的正式生效日，我们必须行动起来。"他安排3个师的炮兵严阵以待，每一个"炮兵师都由九磅炮、十二磅炮和十八磅炮组成"。他要求命令下达4天之内部队即可行军作战。[3]

但是南卡罗来纳州并没有贸然前行，继续拿脱离联邦作为威胁，一部分是因为怕落下把柄，惹得总统采取军事行动。此外，联邦法律无效论者还发现总

1 理查德·拉什致信爱德华·利文斯顿，1832年12月18日，19日，《利文斯顿文件汇编》，约翰·罗斯·德拉菲尔德基金会。该宣言自然也引来了不少批评，尤其是在坚决主张州权的人群中，南方和北方都存有批评声。

2 安德鲁·杰克逊致信波因塞特，1832年12月9日，《波因塞特文件汇编》，宾夕法尼亚州历史学会，费城。

3 安德鲁·杰克逊致信卡斯，1832年12月17日，杰克逊，《信件》，第四卷，502页。

统的宣言已经在全国引起了共鸣。他们已经感受到一股"道德力量"。尽管如此，州议会已经授权海恩州长召集警卫军，征募志愿兵，并在必要的情况下召集该州内（18—45 岁未入伍的）全体青壮年男子。州议会甚至拨出 20 万美元军费。征募志愿兵的任务落到了海恩肩上，他已经开始着手建立和训练部队。[1]

在接下来的几周内，杰克逊决定完成以下事情：继续在全国范围内汇聚"道德力量"；克制自己不致做出挑衅行为（尽管他在私底下经常用过激的言语批评叛变州），以免与叛变州发生正面冲突；他甚至计划把南卡罗来纳州的联邦主义者收归为志愿兵，用以在必要的情况下牵制联邦法律无效论者的军力。

逐渐降低关税率成为缓解危机的可行方案，杰克逊曾在对国会的国情咨文中提及此事。路易斯·麦克莱恩负责起草法案，并把该法案递交给众议院筹款委员会，而纽约州的古利安·维尔普朗克则负责递交请愿书，敦促委员会尽快通过法案。

《维尔普朗克法案》最终成形，并于 1833 年 1 月 8 日向参议院提交，这一天也正好是新奥尔良战役周年纪念日，该法案要求关税率减半。关税减半缓冲期为两年，接近于 1818 年对 1816 年关税率的修改幅度。尽管此项法案并没有完全实现杰克逊早前对改革的承诺，但是它及时修正了过去的弊病，大大缓解了南卡罗来纳州的怨愤。但是此举显示了联邦政府的诚意，愿意正视南卡罗来纳州的不满，并试图尽力补救。但是在贸易保护者眼中，此举无疑意味着向联邦法律无效论者妥协。尽管如此，杰克逊同时厉声警告企图叛变的州，若该州执意一意孤行，他将要求国会授权部署军队，镇压叛军。1833 年 1 月 16 日，他向国会提交《军力动员法》（Force Bill）咨文，联邦法律无效论者后来称该法案为"血腥法案"或者"战争法案"。

《军力动员法》是在路易斯·麦克莱恩的辅助下撰写完成的。这是一篇震慑人心的咨文，但是不乏鞭辟入里、娓娓而谈，它并不咄咄逼人、杀气腾腾。杰克逊此举目的在于尽力避免冲突，他向国会反复强调，首要任务是稳住南卡罗来纳州，而不是通过他的授权逼迫该州履行法律。他再一次强调说，一旦发生冲突，南卡罗来纳州必定会先发制人。

咨文开门见山，他提醒道：他已经向国会下达通知，若局势进一步恶化，见机行事。随后，他便叙述了危机发生的始末。总统说道，南卡罗来纳州的行

---

1 詹姆斯·欧汉隆致信安德鲁·杰克逊，1832 年 12 月 20 日，《杰克逊文件汇编》，美国国会图书馆；弗里林，《内战前奏》，285 页。

动"具有革命的特征和倾向，意在颠覆法律的至高无上性和合众国的统一性"。单个州的人民企图随意"解除"自己的权利和义务，并且没有得到其他州的认同，他说道："这种行为是不可能得到认可的，因为它损害了数以百万计人民的自由和幸福，而是他们组成了合众国。"杰克逊并没有否认，当事情发展到无法挽回的地步时，反抗是"天赋人权"（Natural Right）。但是他强调称，当今的局势仍有转圜的余地。[1]

在此种情况下，政府的责任清楚明了，行政部门必须依法行事。因此，总统声明自己有权关闭任何他认为应该关闭的进口港，并有权在其他港口或者海港重新建立进口港。他还要求更改联邦司法体系，以保护美国的国家性质，依法拘捕违法的联邦法律无效论者。杰克逊苦口婆心地解释此要求与当前现存法律的必然性联系，他甚至直接要求国会通过这些法律。事实证明，他的措施卓有成效。通过转移海关的位置，增加联邦法律无效论者发难的难度。他们必须长途跋涉才能对联邦的机构发起进攻，才可能公然同联邦政府作对。实际上，总统通过执行法律，大大降低了武装反抗的可能性。一位历史学家说过，"杰克逊此举可谓庙胜之策"。[2]

针对极有可能发生的军事行动，咨文的用语则和风细雨，没有杰克逊以往的慷慨激昂。如果南卡罗来纳州诉诸武力，他说道，国会仅须对1795年修改的1792年法令做"些许修改"，进而使得总统有权召集各州的警卫队，并出动联邦军队和舰队。一旦他正式通知，联邦法律在执行的过程中遭到武力反抗，他有权做出行动挽救合众国于"丧心病狂、爱手反裘"之手。[3]

咨文文末再次强调脱离联邦在任何时候都行不通。联邦法律无效论者的意图十分卑鄙龌龊。杰克逊认为州权无效论伤天害理、贻害无穷。"宪法和法律具有至高无上性，"他宣称，"合众国具有不可分割性。"[4]此时，认为州有权脱离联邦而存在的美国人大有人在，但是他们交出自身的权利不仅会侵蚀州权理论，还会颠覆个人自由。杰克逊通过发表该咨文，与持这种观点的人壁垒分明。当然，他仍然坚持自己原先的州权信仰，这是他一生的执念，他只是坚决不允许州权以任何形式危害合众国的体制和统一。

---

1 理查森，《咨文和官方文件》，第二卷，1183—1184页。

2 同上，1192—1193页；弗里林，《内战前奏》，285页。

3 理查森，《咨文和官方文件》，第二卷，1194页。

4 同上，1195页。

杰克逊总统使得当时的政治舆论气象一新。他是国家早期第一位也是唯一的政治家在公开场合否定州有脱离联邦的权力。脱离联邦不再是民主社会的一个信条，也不再等同于"联邦合众国是在普遍代议制的伟大原则下建立起来"的观点。[1]尽管在某一时刻脱离联邦曾具有合法性，但是这一时刻已经过去。在老胡桃木看来，这不是一个可以拿来争论的问题，而是一个在民主社会的历史沿革中必须革除的问题。

杰克逊不仅强调合众国的不可分割性，还多次重申合众国的主权来自全体人民，但不是各州。合众国不是联盟，不是由单个州简单地联结而成，而是全体人民共同铸就的永久政治实体。

因此，他的言传身教持续变更着人们对国家以及国家机构的态度和观点。共和政治不得不让位于民主政治，不得不说安德鲁·杰克逊在其中的转变中发挥着至关重要的作用。共和政治强调自由的重要性，大力宣扬加强州权，以制衡中央政府，但是这种理念在19世纪30年代中期早已无法适应新兴的工业社会所带来的瞬息万变，只有强大的中央政府才能在现代社会中捍卫自由。此外，矢志不渝地捍卫个人权利也是民选政府的一项天职。简而言之，少数服从多数原则是捍卫自由的不二法则，而不是强有力的州权，更不是软弱无力的中央政府。

《军力动员法》于1月16日提交国会，距离南卡罗来纳州设定的最后期限仅剩15天的时间。一场政治博弈旋即拉开序幕。"我现在十分怀疑，"纽约州的参议员塞拉斯·赖特在给奥尔巴尼摄政执政团的信中写道，"韦伯斯特先生、克莱先生以及卡尔霍恩先生此时一定在其乐融融、同力协契地谋划计策。"赖特认为卡尔霍恩绝不会允许自己的州内发生战火，因此他一定会接受克莱提出的"调停方案"。《维尔普朗克法案》则会被国会否决，赖特预测说，与此同时，参议院将会响起警钟，警示战争即将临近。就在此时，克莱会站出来送上一份"和平礼物"（Peace Offering），也就是一份替代关税表，而卡尔霍恩会见好就收，立即宣布"南卡罗来纳州接受这份关税表"。随后，双方便可名正言顺地"合力否决掉他们所谓的战争（军力动员）法案"。因此，克莱和卡尔霍恩便可扬名天下，获得安定南方和捍卫合众国统一的美誉，而杰克逊的计划将以失败告终，将为人所"诟病"。[2]

1 理查森，《咨文和官方文件》，第二卷，1194页。

2 赖特致信弗拉格，1833年1月14日，2月2日，《弗拉格文件汇编》，纽约公共图书馆。

赖特对"调停方案"的推断极为贴近现实，他唯一的错误就是把韦伯斯特也归入其中。实际上，韦伯斯特并不打算同那位南卡罗来纳人妥协，后者对宪法和合众国所持的态度让他深恶痛绝。他个人所秉承的国家观点与联邦法律无效论者的国家观点水火不容。因此，当克莱和卡尔霍恩聚在一起商讨"调停方案"时，韦伯斯特就刻意同他们划清界限，此事发生在1月初，卡尔霍恩返回华盛顿担任参议员不久。实际上，据知情人士透露，韦伯斯特曾在国会上逮住一切机会声援杰克逊的宣言，并单刀直入地为总统发声。

鉴于卡尔霍恩和韦伯斯特对合众国性质上的见解水火不容，一场唇枪舌剑便在所难免。果不其然，这就上演了。

《军力动员法》于1月28日递交到参议院，"巨人"之间即将展开论战，参议院上下早已暗流涌动，吸引了诸多旁观者前来观战。最终，2月15日，那位南卡罗来纳人终于起身发话了，只见他眉头紧锁、怒目切齿（实际上，他此前曾几次无礼地打断别人的讲话）。他站在自己的位置上，极度的憔悴让他懒得移动自己的身体。他那乌黑的眼睛炯炯有神，不住地扫视着整个房间。他痛斥《军力动员法》，认为这等同于直接向他的州宣战，完全违背宪法。他怒斥该法案所提出的观点，并居心叵测地重提联邦法律无效论。[1]

神一般的丹尼尔紧随其后。他对着国家的心脏慷慨陈词，声称不要再天真地相信限制政府权力是确保自由的方法。人民铸就的合众国才是他强调的主旨，他几乎用尽毕生所学来强调合众国的最高权威。但是他百密一疏，他承认若宪法是各州之间订立的一份契约，那么州权无效论或许是合法的。卡尔霍恩见状立即见缝插针，发起猛攻，一度让他占尽上风。昏聩糊涂的约翰·伦道夫是弗吉尼亚州的前任参议员，紧邻卡尔霍恩而坐。尽管伦道夫对这位南卡罗来纳人心怀不满，并且把联邦法律无效论当成是骗人的谎话，但是在卡尔霍恩发表言论的时候，他却不住地点头表示赞同。一顶帽子挡在伦道夫的面前，挡住了他看韦伯斯特的视线。突然，他尖声大喊，声音之大整个参议院都能听见。"把这顶帽子给我拿开。我倒要看看韦伯斯特是怎么死的。"[2]

但是，这并不意味着韦伯斯特的论据站不住脚。完全相反。尽管韦伯斯特曾一度在辩论中败下阵来，但是他掌握着全国人民都想不到的有力论据。韦伯斯特的观点让总统首肯心折。老胡桃木深感欣慰，因为他发现竟然有人在参议

1　《国会辩论记录》，第二十二届国会第二次会议，519—553页。

2　同上，553—587页；本杰明·佩里，《公务人员回忆录》（费城，1883年），45页。

院公开捍卫当局政府的论点，尽管这个人并不隶属自己的党派，总统的权威再一次得到捍卫。"韦伯斯特先生昨天与卡尔霍恩先生针锋相对，"他告诉乔尔·波因塞特，"据说卡尔霍恩先生输得很惨。当天在场的很多人都发现卡尔霍恩近乎丧失理智的状态，他已经一败涂地。韦伯斯特先生像对付 3 岁小儿一样，把他耍得团团转。"[1]

这场雄辩终于在 1833 年 2 月 20 日晚上 10 点落下帷幕，那天是周三，参议院进行了最终投票，尽管卡尔霍恩曾极力要求延长会议。联邦法律无效论者见状一致决定拒绝出席投票，仅剩下弗吉尼亚州的约翰·泰勒一人出席并投出反对票，否决《军力动员法》。最终结果是 32 票赞成票对 1 票否决票，亨利·克莱和托马斯·哈特·本顿也没有出席投票。[2]

随着克莱和卡尔霍恩两人背负的压力愈加增大，被赛拉斯·赖特称为"调停方案"的法案被提上日程，希望借此弥合国会议员因为维尔普朗克《关税法案》和《军力动员法》而产生的分歧。很快，克莱便意识到，整个国家的事态已经发展到要么发动内战、要么降低关税的境地。因此，他便在 1 月末与卡尔霍恩频繁会面，提出废除贸易保护原则，在一定的时间段内逐渐降低关税，作为交换，南卡罗来纳州必须保证废除《拒行联邦法律条例》。尽管克莱提出的方案与《维尔普朗克法案》的内容并无二致，但是卡尔霍恩却乐意接受克莱提出的"折中方案"，以获得克莱的支持，共同对抗杰克逊试图在南卡罗来纳州引起战火的计划。[3]

双方对调停方案达成一致后，克莱迫不及待地在国会上提出自己的"折中"《关税法案》，而不是等《维尔普朗克法案》提交到参议院后再作打算。2 月 9 日，他在参议院中起身发言，提出一个为期 10 年的削减关税计划，初期以极小的幅度降税，随着时间的推移逐步提高降税幅度。实际上，他建议到 1842 年关税统一维持在 20% 的从价，此后便可一直维持在该等水平上。在此期间，

1 安德鲁·杰克逊致信波因塞特，1833 年 2 月 17 日，《波因塞特文件汇编》，宾夕法尼亚州历史学会，费城。

2 《国会辩论记录》，第二十二届国会第二次会议，688 页。

3 克莱致信弗朗西斯·布鲁克，1833 年 1 月 17 日，科尔顿编辑，《亨利·克莱作品集》，第五卷，347 页；卡姆不莱伦格致信范布伦，1832 年 2 月 13 日，《范布伦文件汇编》，美国国会图书馆，查尔斯·威尔特塞，《约翰·卡尔霍恩：联邦法律无效论者》（纽约，1949 年），184—185 页。

降低或者提高关税都需要以此为依据进行调停。[1]

不等这位肯塔基人坐稳，约翰·卡尔霍恩便迫不及待地从参议院议席上站起，并声明他认可克莱提出的法案，并会全力支持。所有对国家怀有赤诚之心的人都应该跟他一道，他说道。通过这样一番哗众取宠的唱和，全国人民都能看出克莱和卡尔霍恩之间早就暗中达成协议，以依靠对方达到自己不可告人的目的。

此时，克莱在众议院的亲信纷纷倒向他提出的法案，罗伯特·莱彻更是对《维尔普朗克法案》口诛笔伐，却对克莱的替代法案歌功颂德。动作如此之快，杰克逊派的人无从设防。紧接着，法案以迅雷不及掩耳之势进入三读（指在国会中对议案进行辩论以修改文字或进行最后审议）程序。翌日，也就是2月26日，人们称为"1833年折中关税法"的替代法案在众议院通过，199票赞成票对85票反对票。[2] 杰克逊应对此事负全责。他完全沉浸在撰写军力动员法案获胜咨文的喜悦中，把其他事情皆抛之脑后，其中就包括《关税法案》的问题。[3]

众议院突如其来的变动，让参议院大为震动，不得不立即采取最终行动。3月1日，卡尔霍恩发表了另外一场演讲，细数当前关税税则的弊病，但同时重申他对此份折中法案的承诺，该法案最终以29票赞成票对16票反对票在参议院通过。[4] 同日，众议院早在几个小时之前就对《军力动员法》进行最终投票，值得一提的是，该法案已于2月20日在参议院通过。杰克逊始终如一地强调通过《军力动员法》的必要性。他每天都会面见众议员，不厌其烦地说服他们，尤其是在他得知自己搞砸《削减关税法案》以后。总统想要同时签订《关税法案》和《军力动员法》两份法案。两者缺一不可。3月1日，投票的最终结果揭晓以后，杰克逊的追随者们旋即眉开眼笑。149票赞成票对48票反对票，《军力动员法》最终在众议院通过。[5]

这真是一场无与伦比的胜利，杰克逊感叹道："我说它无与伦比，是因为在我的记忆中，我们的立法体系从未同时通过两项完全针锋相对的法案。"对杰克逊来说，《军力动员法》先于《关税法案》通过意义极为重大，因为国会

1　《国会辩论记录》，第二十二届国会第二次会议，462—478页。

2　同上，697—701页，715—716页。

3　伦道夫致信威廉·里夫斯，1833年2月20日，《里夫斯文件汇编》，美国国会图书馆。

4　《国会辩论记录》，第二十二届国会第二次会议，694—716页。

5　同上，1903页。

据此向全世界表明，"她不惧内讧，若发现有人行背叛乃至叛国之事，她必将在第一时间打垮敌人。"[1]

1833 年 3 月 2 日，星期六，也就是两项法案通过后的第二天，杰克逊先后签订了这两项法案，自然是先签订《军力动员法》。两天后，也就是 3 月 4 日，这一天恰好是就职典礼日，达夫·格林在《电讯报》上发表《军力动员法》的具体条款，并在其旁边用黑体字写道"宪法已死"。在很多南方人看来，"战争法案"的颁布意味着中央政府为巩固权力而下达的最后通牒，用以抑制州权，剥夺美国人民的自由。[2]

实际上，《军力动员法》和《折中关税法》一劳永逸地终结了联邦法律无效论。即使是南卡罗来纳州的冒失之人，诸如麦克达菲和巴恩韦尔·瑞特，也都转而支持废止《拒行联邦法律条例》。随后，他们重新召开会议，废止了此项条例。但是，作为象征性的反抗，会议同时也废止了《军力动员法》。"如果说此举仅是一场闹剧的草草收场，"《环球报》在 3 月 28 日评论道，"那么它一定会被我们这样一个文明开通而又赤诚爱国的社会所鄙夷不屑。"

南卡罗来纳州被迫采取妥协立场的一个重要因素是，它的联邦法律无效论主义在整个南方的其他州遭到冷遇。举例来说，亚拉巴马州议会谴责该主义，"在理论上空洞无据，在实践中危险无比"。佐治亚州形容它为一场"有害无利""鲁莽轻率的革命"。密西西比州的立法者谴责南卡罗来纳人此举是"鲁莽草率的行动"。[3]"联邦法律无效论已死。"杰克逊宣称。但是，"他们的下一个借口将会是黑人或者奴隶制问题"。[4]

尽管当局政府在 1832—1833 年的国会会期中跌撞前行，并见证了克莱 - 卡尔霍恩结盟，但是会期接近尾声之时，拒行联邦法律的危机迎刃而解，这或许是杰克逊作为总统的最大胜利。他的政策，即主张把关税改革和《军力动员法案》结合起来的政策，巧妙无比而又切中实际。与他同一时代的杰出政治家

---

1 安德鲁·杰克逊致信波因塞特，1833 年 3 月 6 日，《波因塞特文件汇编》，宾夕法尼亚州历史学会，费城。

2 纳撒尼尔·梅肯致信范布伦，1833 年 3 月 2 日，《范布伦文件汇编》，美国国会图书馆。

3 《记载联邦法律无效论的州文件》，230 页，274 页。

4 安德鲁·杰克逊致信科菲，1833 年 4 月 9 日，《科菲文件汇编》，田纳西州历史学会；安德鲁·杰克逊致信安德鲁·克劳福德教士，1833 年 5 月 1 日，杰克逊，《信件》，第五卷，72 页。

们无一采用他这种两手抓的政策。他们非此即彼。克莱和卡尔霍恩（或许还有范布伦和本顿）反对《军力动员法》，并极力推崇自己的关税改革方案。但是此项《关税法案》让国家共和党人大为震惊，尤其是那些来自工业州的国家共和党人。韦伯斯特和约翰·昆西·亚当斯则对《折中关税法》深恶痛绝，尽管他们深知其中蕴含的政治意义。同时代的所有领袖，仅杰克逊一人坚持两项措施一起抓，作为解决危机的整合方案。他"超群绝伦的政治家风范"为危机的最终解决发挥了至关重要的作用，并使得合众国毫发无损。[1]

---

1 弗里林，《内战前奏》，293 页。

第二十章　"气势磅礴的新英格兰巡礼"

　　1833 年 5 月 6 日，安德鲁·杰克逊总统在一些内阁成员以及多纳尔森少校的陪同下，登上前往弗吉尼亚州的弗雷德里克斯堡的汽船，计划为一处纪念乔治·华盛顿母亲的纪念碑奠基。计划如期实现。一艘汽船停泊在亚历山大市，杰克逊走进船舱，并在一张长桌和一张铁架帆布床之间的椅子上坐下。就在他专心读报之际，被前海军上尉罗伯特·伦道夫突然打断，后者曾因盗窃杰克逊的特别指令被开除。突然，伦道夫的手冲向杰克逊的脸。[1]

　　"怎么回事，先生？怎么回事，先生？"总统大叫道。[2]

　　一场扭打随即上演，桌子被掀翻。陪同伦道夫上船的几个朋友闻讯赶来，抓住他，把他轰下了船。可怜的杰克逊被桌子压住，不能起身，手杖也不知去向，一点反抗的能力也没有。"有人曾告知我伦道夫就站在我的前面，"他说道，"我本该对他有所防备的，否则不可能不反抗。以前从没有恶棍能逃出我的手掌心，要不是因为当时位置所限，他也逃不掉。"[3]

　　最终，伦道夫被逮捕，并被带到法庭审讯，但是此时杰克逊已经离开自己的办公室，并无意参与检方对那个"恶棍"的起诉。"我活了这么多年，一直遵从母亲的教诲，"他告诉范布伦，"对'袭击、殴打或者诽谤等行为不予揭发'，把伦道夫监禁或者对其罚款，他并不会心存感激，我绝不会成为起诉人，或者雇用律师代理，也绝不会中途撤回诉讼。"然而，他只有一个请求。如果

---

　　1 安德鲁·杰克逊致信科菲，1833 年 5 月 11 日，《科菲家族文件汇编》，美国国会图书馆。

　　2 多纳尔森致信科菲，1833 年 5 月 14 日，《多纳尔森文件汇编》，美国国会图书馆。

　　3 备忘录，1833 年 5 月，对伦道夫上尉行为的注释，杰克逊手稿，《杰克逊文件汇编》，美国国会图书馆。

伦道夫被判有罪，杰克逊则请求使用总统特赦，并免除对他的一切罚款。他说，这种方式"或许是结束此事的最好方法"。此事"或许能给社会带来积极影响"。[1]

安德鲁·杰克逊应该是第一个被罪犯公然袭击的总统，这似乎能说明些什么。首先，杰克逊本人存在问题，他特立独行的行为方式以及激昂外露的情态，激起了一些人的情绪。另外，也是更为重要的一点，就是所处的时代。这是一种标志，一种丑恶而骇人的标志，整个国家正在发生着令人不安的变化，性格的变化、情绪的变化以及行为的变化。自有总统以来的40多年里，这种事情还是首次发生。令人遗憾的是，袭击总统成为美国生活中一个可怕的事实。杰克逊最担心的事还是发生了，换句话说，十分有必要"在总统周围派设军事守卫"。[2]

尽管伦道夫事件让"杰克逊苦恼不堪"，他还是神采奕奕地回到了华盛顿。此事似乎让他"一下子热血沸腾起来"。[3]但是另一件事使得他意气风发、生气勃勃。他决定在新英格兰地区进行一次大范围的巡礼，希望在经历联邦法律无效论的折磨后，重新把整个国家凝聚在一起。他的目的极为明确。他想要激发起各选区选民的爱国主义情感，增强捍卫合众国统一的道德力量，他深知没有什么比政府首脑亲自走到人民中间去更能激发人民的爱国情怀了。下定决心进行这场巡礼后，老胡桃木深信它能够起到凝聚整个国家、加强国家内部纽带以及克服近期危机所产生的普遍焦虑感的作用。

在美国早期的历史中，杰克逊是为数不多的几个曾进行过此类巡礼的总统。在他之前只有乔治·华盛顿和詹姆斯·门罗两位总统举行过全国巡礼活动。但是只有杰克逊的巡礼在总统和人民之间建立起一种默契。华盛顿总统对整个国家的自由事业做出的贡献足以彪炳千古，他德高望重、近乎完美，人民看到他时便只有尊重和感激。一位新闻记者曾精准点评过门罗总统的巡礼，当门罗总统抵达马萨诸塞州时，该记者声称此举标志着"和谐时代"的开端。但是杰克逊巡礼所到之处人民皆激情昂扬。人民见到杰克逊总统时的那种欢呼雀跃、喜

1　安德鲁·杰克逊致信范布伦，1838年12月4日，《范布伦文件汇编》，美国国会图书馆。

2　安德鲁·杰克逊致信范布伦，1833年5月19日，《范布伦文件汇编》，美国国会图书馆。

3　约翰·坎贝尔致信大卫·坎贝尔，1833年5月12日，《坎贝尔文件汇编》，杜克大学图书馆。

出望外的情感迸发，以前从未出现过。人们好像急需一个宣泄口，好把合众国过去 6 个月经受的苦难用叫喊的方式发泄出来。

那么，看看他们表达感情的方式吧！游行、宴会、祝酒以及演讲，各条道路上熙熙攘攘地挤满了人，家家户户的窗户上簇拥着一张张喜笑颜开的脸庞，屋顶上都站满了人，雷鸣般的炮声向英雄致敬，人们争先恐后地同总统握手，有人拼尽全力也不过为触摸一下他，甚至有人抱着自家的婴孩让总统亲吻。以上种种皆发生在杰克逊的新英格兰巡礼途中，也就是 1833 年的春夏之交。这是一场此起彼伏、欢声雷动的欢呼之旅。[1]

年初，杰克逊便将巡礼一事提上日程。1833 年 2 月 5 日，一场公开会议在康涅狄格州哈特福特召开，会议商定建立一个委员会，邀请总统前往新英格兰地区，亲自参观该地区的市、镇、教堂、大学以及工业，简而言之，就是让总统检阅"共和自由下的各级机构"，并借机走到"善良朴实"的人民中间，进而更好地了解他们。[2]杰克逊于 1833 年 3 月 7 日正式接受邀请，并声明自己迫切地想要见证共和精神和实践铸就的"共和机构"，并急切地想感受"亲身同当地居民进行交流而得到的满足感"。[3]行程的最终路线定为大西洋沿岸的主要城市。杰克逊决定效仿门罗总统在 1818 年的巡访路线。除了有家人多纳尔森少校和拉尔夫·厄尔的陪同外，杰克逊还带上了路易斯·麦克莱恩以及路易斯·卡斯。而范布伦会在纽约同他们会合。

1833 年 6 月 6 日，星期四，早上 9 点，总统一行人离开白宫，前往巴尔的摩。访问之行的第一天对杰克逊来说简直是一场大冒险。杰克逊首次乘坐火车，并感受到了它的妙处。华盛顿收费公路（Washington Turnpike）与巴尔的摩和俄亥俄州铁路相交，距离巴尔的摩郊区约有 12 英里的距离，总统踏上了前去市区的火车，而总统把火车亲切地称为"蒸汽车"（Steam Carrs）。"不一会儿"，他便飞一般地来到了巴尔的摩，当时是下午 2 点 30 分。[4]布雷特大街上的三吨酒馆（Three Tons Tavern）门前人头攒动，挤满了前来迎接总统的市民，

1　多纳尔森致信埃米莉·多纳尔森，1833 年 6 月 22 日，《多纳尔森文件汇编》，美国国会图书馆。

2　《环球报》，1833 年 3 月 15 日。

3　《奈尔斯每周记录》，1833 年 4 月 6 日。

4　安德鲁·杰克逊致信小安德鲁，1833 年 6 月 6 日，《杰克逊文件汇编》，美国国会图书馆；《环球报》，1833 年 6 月 8 日。

而总统正从摩登时代的崭新技术奇迹中走下来。欢呼声此起彼伏。的确，总统对巴尔的摩为期3天的访问就是一场"人欢马叫、欢声如雷的庆祝活动"。[1]

巧合的是，就在杰克逊访问巴尔的摩的同一天，印第安人的伟大酋长"黑鹰"也抵达了巴尔的摩。一年前，这位勇士带领着他部落的子民在伊利诺伊州北部英勇抵抗联邦和州的军队，最后以失败告终。这场战争仅仅持续了几个月，战争的结果就是印第安部落迁移到密西西比河以西的地区。"黑鹰"和其他几个酋长"被俘做人质，以稳住暴乱部落的印第安人"，他们几个人在重兵的押解下随后来到东部地区。[2]他们先是被带去了华盛顿，随后便是门罗堡。"黑鹰"在被监禁一个月后获释，眼下正被带到东部各州参与游行。此行的目的就是向他展示美国军队的强大，让他亲眼证实美国的军力和影响力，向他证明印第安人拒绝迁出密西西比河根本就是枉费心机。巴尔的摩是"黑鹰"的第一站，他随后便会被扭送到总统面前，倾听总统向他下达的指示，以便更为得体地面见美国人民。

他在一个小随从的陪伴下来到了杰克逊下榻的宾馆。总统正襟危坐。他冷冷地盯着这位印第安酋长，神情越发严肃起来。"阁下去年的行为实在不妥，我不得已派出将士与你抗衡，"杰克逊宣称，"你的人民一败涂地，损失惨重，他们要么缴械投降，要么束手就擒，如果你不再制造战争摩擦，我就心满意足了。"随后，杰克逊便强调说，他相信不会再有战争。镇守边疆的将军已经应印第安部落的要求准备放回"黑鹰"。"你手下的酋长们，"杰克逊继续说道，"已经向我保证你将来一定会安分守己，我已经下达指示，你很快会被遣送到你的地盘……但是，你若胆敢再拿起屠刀戕害我的人民，我一定会立即出兵，让你为自己的残忍付出代价。深埋你的战斧，与边疆的居民和平相处……我定会向（北美许多印第安部族崇拜的）大神祈祷，恭祝你的归途顺利，一路平安。"[3]

"黑鹰"酋长走上前去，他诚恳地看着总统。只见他轻言轻语地回答着总统，但是风度翩翩、大义凛然。"我的父亲，"他说道，"我一定谨遵您的教诲……能再次见到我的人民，我很高兴。我十分想念我的家人……在我回家以后，我

---

1 一个年轻爱尔兰人周游美国期间写下的手稿日记，1833年5月27日—11月15日，亨廷顿图书馆。

2 《环球报》，1833年4月24日。

3 《奈尔斯每周记录》，1833年6月15日。

定会把您的指示时时放在心中。我一定会安分守己。支持您是我的分内之事。"[1]

这些对话原刊自一份美国报刊，无疑被篡改过，无非是向广大读者保证"黑鹰"再也不会挑起事端，再也不会搅扰当前和平的局面。当晚，两人同时出现在前街剧院（Front Street Theater）观看一场演出，至于两人谁更能引起公众的兴趣和注意，很难有定论，毕竟当时很多东部地区的人都没见过印第安人，更何况像"黑鹰"这样的伟大勇士。在"黑鹰"接下来的游行中，他确实引起了不小的轰动。

6月8日，星期六，杰克逊一行人离开巴尔的摩前往费城。途经纽卡斯尔时，总统发现道路上挂着一条横幅，用显眼的字体写着"合众国必须毫发无损"。将军十分欣慰地看着这条标语。这说明，美国人民已经完全理解他此行的目的，并表示支持。[2] 约有3万人聚集在费城，迎接他们的总统，现场欢声雷动，此起彼伏。由4匹白马牵引的四轮四座马车负责把杰克逊载到城市宾馆（City Hotel），道路两旁人满为患，骑兵团不得不上阵为总统开路。此时，人们的热情已经达到狂热的边缘。

在费城的短期访问期间，杰克逊决定前去拜访当地有名的医生菲利普·塞恩·菲齐克（Philip Syng Physick），看看这位名医能否让他从持续的病痛中些许解脱出来。他尤其被所谓的"肺部流血"困扰不已。他的肺部会周期性流血发作。1806年查尔斯·迪金森射入他体内的那枚子弹距离心脏极近，所以至今无法取出。这枚子弹所在的位置后来发展成脓肿，并会周期性复发。中间会经历一段平静期，脓肿渐渐消除或者被身体器官消化，此时他一般不会感觉疼痛。但是复发是常事，一阵咳嗽或者一袭浓烟都会让他旧病复发。随后他的肺部就会持续出血，全身冰凉，不停地出冷汗。有时发病甚至会让他奄奄一息，直到出血舒缓了脓肿带来的炎症，他的身体才会慢慢地回到"稳定期"，但是身体往往会比从前弱很多，体重也会减轻不少。[3]

在经过一阵友好而简短的介绍后，总统便向菲齐克医生描述自己的症状，并在最后用杰克逊特有的方式告诫医生："那么，医生，您认为合理的事情，我都愿意去做，我保证比一般人更有毅力。但是，只有两件事我放不下：一是

---

1 《奈尔斯每周记录》，1833年6月15日

2 《环球报》，1833年6月12日，14日。

3 摩西和克罗斯，《总统的勇气》，40页。

咖啡；二是烟草。"[1]

医生被自己的患者深深迷住了。在接下来的几天里，他说的话全都关于老胡桃木。"杰克逊将军果然名不虚传，彬彬有礼、坦诚率直，他的一举一动都充满不可言状的独特魅力，他的风度就足以令人折服。"[2]

作为当时全美国最为尊贵的患者，菲齐克医生深知无法持续为杰克逊医治，他的身体状况也不可能明显改善，因此他唯一能做的就是鼓励总统继续同疾病抗争。"我已经见了菲齐克医生，"总统对他的儿子说，"他一直在鼓励我，并告诉我，我的心脏没有受到一丁点儿影响，还说杯吸法（Cupping）可以缓解我的疼痛。"[3]事实上，他需要做的就是竭尽全力地忍受病痛。

6月10日，星期一，总统一行人启程前往独立宫（Independent Hall）。市长在独立宫内举行了一场招待会，把受邀出席的宾客一一介绍给杰克逊，就在此时，一伙民众强行闯入宫中。在接下来的两个小时里，他们把杰克逊团团围住，争先恐后地同他握手。室内的空气令人窒息。有人便打开窗户通风，没想到随后却发生了"滑稽荒唐的一幕"。人们开始一个接一个地翻出窗户，从距离地面六英尺的地方下去。一些人选择跳下去，还有一些人选择爬下去，甚至有些人选择直接翻滚出去。[4]

尽管此时的杰克逊已经精疲力竭，但是所有人都没有发现他的异样。他像往常一样，同女士们说笑、同男士们握手，亲切地拍拍孩子们的脸颊，甚至时不时地亲吻一下婴儿。他的一举一动让有些人大呼震惊。"从品位、感觉以及原则上来看，这真是一个堕落的年代，"其中一个人说道，"简直让人目瞪口呆。杰克逊像木偶一样被他的随行人员指挥，好像他是一头正在展览的怪兽。"[5]招待会结束后，杰克逊连续阅兵5个小时。他全程都威风凛凛地坐在马鞍上。这场阅兵已经让他耗尽体力，但是他不得不鼓足劲儿参加晚间举行的军事舞会。显然，他已处在再次病倒的边缘。

1 帕顿，《杰克逊》，第三卷，489页。

2 同上。

3 杯吸法是指把排至真空的杯子在皮肤表面压实，并利用真空作用把压实处的血液吸到皮肤表面上。安德鲁·杰克逊致信小安德鲁，1833年6月10日，杰克逊，《信件》，第五卷，109页。

4 《国家情报》，1833年6月20日。

5 同上，1833年6月18日，22日；《美国电讯报》，1833年6月14日。

第二天清晨，他乘坐汽船前往纽约，当地为迎接他的到来已经做了好几周的准备。当汽船驶进纽约湾海峡（the Narrows），邻近的两处军事驻地便开始鸣炮致意。各种大小、形状以及种类的船只纷纷驶进港口。6月12日中午时分，总统一行人在城堡花园（Castle Garden）的码头处登陆。市长带头迎接杰克逊将军，并护送他前往一个"大型会客室"，该地已为迎接总统的到来精心装扮过。总统所到之处都围满了前来一睹他风采的人。"码头上、屋顶上以及船上，到处都挤满了人"。军队在炮台停住，约有1000人也簇拥在此处。[1]

此时的城堡花园与炮台隔水相望，中间由一座木桥连接。正式迎接仪式过后，杰克逊便骑上一匹马，引领着整个队伍过桥。就在他和紧跟在他后面的一两个人抵达桥的另一边时，炮台那一边的桥突然塌了。不同体形、不同年龄的高官显贵们猝不及防地落水。内阁成员、总统随从、州长、国会议员、市长以及其他名人显贵纷纷落水，所有人都湿透了、都惊恐万状、都拼尽全力寻找陆地。这种场面真是不多见。麦克莱恩逃过一劫，但是卡斯、多纳尔森以及新加入的海军部部长利瓦伊·伍德伯里全都浑身湿透，十分狼狈地爬回岸上。所幸无一人受重伤，尽管他们先前的气派荡然无存，有些人皮肤擦伤、青肿。[2]

当达官显贵们挣扎着爬上岸，忙着把自己弄干，恢复到先前的仪表堂堂之时，杰克逊等带着他们整理好后组成的游行队伍，前去百老汇（美国纽约市戏院集中的一条大街），最后抵达市政厅，只比预定时间晚了一小会儿。游行开始的信号发出时，尽管显贵们的衣服还没有完全干透，但是立即站好，步入向南前行至曼哈顿岛（Manhattan）的队伍中，杰克逊骑在马背上引领着队伍前进。

从炮台到市政厅公园之间的百老汇大街上"挤满前来瞻仰总统的男女老少，他们欢呼着、叫喊着、挥舞着手中的领巾和头巾"。总统脱下自己的大礼帽，向大街两旁的群众致以谢意和问候，与此同时他触景生情，眼睛一阵湿润，想起了自己挚爱的雷切尔。欢迎现场人头攒动，"人群如海浪般汹涌而来"。纽约州州长威廉·马尔西带领部下在市政厅正式迎接总统的到来。随后，总统便站到市政厅公园前的一个讲台上，检阅由该州国民军组成的迎接方队。现场"旌旗蔽空、蔚为壮观"，令杰克逊久久不能忘怀。老胡桃木"嘴巴因为激动而不

---

1 艾伦·内文斯编辑，《1828—1851年，菲利普·霍恩日记》（纽约，1927年），第一卷，94—95页。

2 弗莱彻·格林，"与安德鲁·杰克逊总统结伴进行巡礼"，《新英格兰季刊》（1963年），第三十六卷，218页。

停地颤抖着,但是眼睛却炯炯有神",只见他转身对旁边的马尔西州长说道:"联邦法律无效论绝不会在这里有一席之地。"[1]

此时副总统范布伦已经加入到杰克逊的巡礼队伍中,市政厅的欢迎仪式结束后,他便同老胡桃木一起前往美国宾馆(American Hotel)休息。持续的劳累让他的身体不堪重负(他已经意识到了问题的严重性),一场大病在所难免。

杰克逊此行被形容为"气势磅礴的新英格兰巡礼",杰克逊一行人继续前行,前往纽黑文市、哈特福德,随后是波塔基特、罗得岛州、罗克斯伯里、马萨诸塞州。等杰克逊一行人抵达波士顿时,杰克逊早已身心俱疲。一些人甚至发现,在他骑上马背的那一瞬间,曾下意识地趴到马脖子上,与一个风烛残年的疲惫老人并无二致。随后,他立即打起精神坐直,英姿飒爽地坐在马鞍上。只有百折不挠的人才能如此坚强,但是他的行动着实让观者心疼。在接下来的一个周末中,他日渐衰弱,直到6月24日,星期一,他一病不起。他的肺部开始出血,还染了风寒,脓肿开始恶化并破裂。[2]医生很快被叫到了总统面前,他做的第一件事就是为眼前的病人放血。但是这种疗法刚开始并不奏效,医生又给病人放了第二次血。

经过两天的休息,加之医生帮他止住了内部出血,杰克逊感觉好多了。他挣扎着从床上爬起来。哈佛大学将授予他法学博士荣誉学位,天下还没有什么事能够阻止他出席这场学位授予仪式呢!约翰·昆西·亚当斯是该大学的一名监督人,听闻此消息后大惊失色。作为"一位深爱母校的孩子",他写道,他不能眼睁睁地看着"它晚节不保,把它最崇高的文学荣誉授予一个野蛮人,一个甚至不能用恰当的语法组句和拼写自己名字的人"。[3]尽管他的语法和拼写确实缺乏"凝练之美",但是杰克逊压根儿不是什么目不识丁的边疆野人,更不是野蛮人。他的文章才思敏捷而又不失雅致。尽管他有时确实对拼写不在意,但是他作文行云流水、酣畅淋漓。

那一天阴云密布、凉风习习,杰克逊从哈佛大学校长手中郑重地接过荣誉学位。由于学位授予过程一直用拉丁语,有人便诙谐地描述了将军的反应,只见他答道:"天网恢恢,疏而不漏;合众为一,打倒暴政;人不犯我,我不犯人。"

1 《标准报》(纽约),1833年6月13日,14日;《美国人报》(纽约),1833年6月13日,15日,18日。

2 多纳尔森致信埃米莉·多纳尔森,1833年6月24日,《多纳尔森文件汇编》,美国国会图书馆。

3 亚当斯,《回忆录》,第八卷,546页。

现场的学者们竟无一人能挑出他的语法错误或者指出他的拉丁文不地道。其实，杰克逊只是用家乡方言在喃喃自语罢了，根本没人听得清楚他究竟说了什么话。

杰克·唐宁少校化名西巴·史密斯在各大当地报刊上对"这次气势磅礴的巡礼"进行报道，并对杰克逊说拉丁文的故事加以润色。一次杰克逊在"唐宁镇"发表演讲后，唐宁说道，就在总统刚要落座之际，观众席中有一位听众大声冲他喊道："博士，请给我们说点儿拉丁文听听吧。"杰克逊于是立即回答道："合众为一，我的朋友们，事关重大。"[1]

总统一行人从坎布里奇出发，抵达查尔斯顿，去参观正在建设中的邦克山纪念碑，总统还收到了两枚炮弹作为纪念此次著名战役的纪念品，并倾听了爱德华·埃弗雷特的演讲。随后杰克逊便前往林恩、马布尔黑德、塞勒姆，直到此时，一路上的风尘仆仆让杰克逊的身体不堪重负，一蹶不振。于是不得不在洛厄尔停下休整，该市是蜚声全国的制造业重镇，人造管道为20万个纺锤提供水力，供它们运转。该市浩浩荡荡的工厂女工更是名噪一时，她们集体居住在镇上，在当时很多人看来就是乌托邦一样的存在。她们为工厂做工，在温馨如家的集体宿舍中居住，并由特定的守护人细心警惕地照料着。

一场为迎接杰克逊而发起的游行在洛厄尔如火如荼地上演，总统本人也大叹"超出自己的预期"。[2]大约下午3点，杰克逊一行人抵达洛厄尔。浩大的军事仪仗队由炮兵连、来复枪手、轻步兵以及一支由"年轻女性"组成的工厂工人队。"看到我们的到来，女人和女孩们激动不已。"唐宁少校描写道。[3]现场约有足足5000名年轻女士，她们年龄都在30岁以下，都统一穿着雪白的裙子，腰上系着不同颜色的腰带，代表着她们具体供职的企业。她们都没有戴帽子，杰克逊经过她们面前时，她们笑得格外灿烂，仿佛闪着光。她们每人手中都握有一把阳伞，大多数是绿色。她们摩肩接踵地站在道路两旁，把那场景形容为"女孩的海洋"一点也不夸张。她们优雅地冲总统挥动着阳伞。总统一行人抵达梅里马克宾馆（Merrimack Hotel）后，便站定在一个讲台上，浩浩荡荡的军队以及白裙傍身的女孩们走过他们的面前，再次接受检阅。[4]

工厂因为总统的到来都已停工关闭，总统请求他们重新开工。工厂的操作

---

1 帕顿，《杰克逊》，第三卷，492页。

2 《奈尔斯每周记录》，1833年7月6日。

3 《快报》（波特兰），1833年6月20日。

4 《奈尔斯每周记录》，1833年7月6日。

让这位老者流连忘返。他又惊又喜地盯着面前机器的运作，接连问了好几个问题。他还参观了市内的消防设备，据说这是当时整个国家最先进的消防设施。设备上安装着"能产生巨大力量的水轮，真是令人叹为观止，仅在短短几分钟内，水流就会经由不同的工程师铺设的管道流到不同的建筑物上去"。[1]

洛厄尔的一切让杰克逊难以忘怀，即使在他离开这个城市后，也不停地念叨："上帝给了我们一个多么强大的国家啊！"他接下来需要前往朴次茅斯、新罕布什尔州以及康科德。此时的他早已精疲力竭，无休无止的招待会、游行以及庆祝活动让他本就虚弱不堪的身体难以招架。沿路每经过一处都要迎合数不尽的政治活动，更是让他力不从心。他的身体每况愈下。一路上的舟车劳顿使他疲惫不堪，此时的他大有日薄西山、朝不保夕之兆。[2]

他突然做出决定，将停止此次巡礼之旅，回到华盛顿，给公众的理由之一显然是令他不堪重负的健康问题。缅因州、佛蒙特州以及纽约州北部的人民闻讯失望不已，这些地方本是总统计划的访问点。当地的人民得到通知说，总统的身体无法再继续忍受这种高强度的透支。于是，杰克逊便在康科德处折返，经由洛厄尔和罗克斯伯里，刻意避过波士顿。他们一行人继续前往普罗维登斯，并在此地坐上前往纽约的汽船，然后再从纽约径直前往华盛顿。7月4日，上午 10 点，总统一行人抵达华盛顿。从康科德到华盛顿，杰克逊在 3 天内辗转474 英里。路易斯少校看到杰克逊跟跟跄跄地走进白宫时的脸色，大吃一惊。"我承认，他那憔悴不堪的样子着实让我慌了神"。[3]

但不可否认，这是一场振奋人心的政治行动，它达到了杰克逊此行的所有目的。它在全国范围内激起了爱国主义情感，让合众国的永恒性深入人心，把总统在人民心中的地位提到了一个新的高度。对杰克逊个人而言，此次巡礼进一步加强了他同"普通市民"之间的纽带关系。"除了那些大可不必之事，以及一众愚蠢之人外，"里士满的《问询报》评论道，"我们不难发现，人民对总统的到来普遍抱以诚挚、敬爱之情，无不显示着总统及其政府的巨大号召力和影响力。"[4]

---

1 《奈尔斯每周记录》，1833 年 7 月 6 日。

2 威廉·路易斯致信爱德华·利文斯顿，1833 年 11 月 18 日，《利文斯顿文件汇编》，约翰·罗斯·德拉菲尔德基金会。

3 同上。

4 《奈尔斯每周记录》，1833 年 7 月 22 日。

第二十一章　大恐慌

当杰克逊总统跌跌撞撞地爬到他在白宫二楼的房间时，他意识到自己必须想办法恢复力量和健康。他的慢性病已有20多年的历史，他早已久病成"良医"。他的常规治疗方案是泡热水澡、锻炼（通常是骑马）以及服用氯化亚汞。他还时常禁食，当然主要是因为他胃口实在太差，而不是为了均衡饮食。[1]

幸运的是，杰克逊有着健康的心理，凭着对工作的负责和关心，他会强迫自己忘掉身体的病痛。待他回到华盛顿后，发现等着他执行的项目堆积如山，最为重要的问题便是把政府的资金从"怪兽银行的金黄色金库里"撤回。[2]他认为此举一出，一定会将那怪兽置于死地。他声称，人民已经通过总统大选时投出的选票表明他们支持政府立即摧毁银行的行动。

尽管杰克逊已经下定决心撤回资金，他却在新任财政部长威廉·杜安那里栽了跟头。他在此事上表现得过于勉强，导致杜安错误地认为自己才是握有最终决定权的那个人。但是这绝不是杰克逊的本意，他一定是在不经意间做了什么，才让杜安误解。另外，杰克逊并没有计划把合众国银行中的所有资金一次性提取出来。而且，他向杜安解释说，政府需要使用资金时，便从合众国银行提取，直到存在里面的资金全部用光为止；与此同时，新政府征收的岁入会存放在选定的州银行中。[3]

1　安德鲁·杰克逊致信多纳尔森，1833年8月5日，《多纳尔森文件汇编》，美国国会图书馆。

2　《环球报》，1832年9月8日。

3　安德鲁·杰克逊致信杜安，1833年6月26日，杰克逊，《信件》，第五卷，112页。利文斯顿辞去国务卿，转而担任英国驻法国公使。路易斯·麦克莱恩随后辞去财政部长一职，转而担任国务卿。

就在杰克逊回到华盛顿不久，杜安便在 7 月 10 日给总统写过一封信，信中详细叙述了他反对撤回资金的理由。在未经国会的同意下，便用州银行代替合众国银行，他辩称，是一种既不明智也不合理的"武断"行为。[1]若自己与总统无法就此问题达成一致，他愿意辞职。几天后，老胡桃木明确地告知杜安，他已经决定用其他银行替代合众国银行，国会必须遵从适当的指示行事。[2]

与此同时，总统派遣亚摩斯·肯德尔为特使，寻找愿意接受联邦政府资金并不怕触怒合众国银行的州银行。肯德尔在前往波士顿之前，先去了巴尔的摩、费城和纽约。肯德尔声称他此行主要有两大目的，其一，打消杰克逊对州银行害怕或者不愿意成为联邦政府银行的疑虑；其二，同此类银行商定担任政府财务代理的合同条款。[3]实际上，他此行还有第三个目的，那就是寻找忠于杰克逊的银行家。成为"选定银行"或者说是被反对派称为的"宠物"银行的一个必要条件就是，要同民主党保持"友好的"关系。[4]事实证明，肯德尔是一个十分称职又充满激情的特使，正合杰克逊的要求。他告诉布莱尔，巴尔的摩有 4 家银行，另外，费城有 4 家以及纽约 7 家银行都表示愿意接受政府的邀请。"我们应该组建一个稳定和积极的团队，"肯德尔热情洋溢地说道，"让合众国银行永远不得翻身。"[5]

杰克逊在掀起银行战争之初，他就已经对自己的打击对象和目标十分明了。合众国银行早已被千夫所指，他说道，它的"腐败影响力"加剧了"体制的垄断化和贵族化"，使得政府沦落为"压迫人民的工具，而不是他们意志的代理人"。消灭银行能够使得"体制恢复到原先的朴素性和纯粹性"。因此，杰克逊需要立即开始撤回行动，"并通过《环球报》向外界解释执行撤回的所有原因，

---

1 杜安致信安德鲁·杰克逊，1833 年 7 月 10 日，《杰克逊文件汇编》，美国国会图书馆。

2 威廉·杜安，《与撤回资金相关的叙述和信件以及与此有关的事件》（费城，1838年），57 页。

3 肯德尔致信杜安，1833 年 7 月 28 日，8 月 10 日、27 日，国家档案馆；财政部报告，1833 年 7 月 23 日；亚摩斯·肯德尔报告，包括与各银行之间的信件，国家档案馆。

4 肯德尔致信约翰·奈尔斯，1833 年 10 月 2 日，《奈尔斯文件汇编》，康涅狄格州历史学会，哈特福德。

5 但是，肯德尔这一路遇到了不少困难。几家银行拒绝提供担保。"那么不提供担保的银行，"他写道，"我想把它们淘汰出局，只留下提供担保的银行。"肯德尔致信托马斯·埃利科特（？），1833 年 8 月 3 日，《托尼文件汇编》，美国国会图书馆。

以非正式声明的方式解释导致撤回的原因和事实"。[1]

根据法律规定，撤回资金的权力握在财政部部长手中，而非总统。只有财政部部长才有权发布此项命令，并通知国会自己即将采取行动。在总统与国会的指令发生冲突时，尤其是在国会掌握绝对权的财政问题上，财政部部长有权按照自己的意愿选择立场，这种权力还从未受到过挑战。

就在此时，肯德尔回到华盛顿，并把自己撰写的报告提交给杜安。鉴于成功找到 7 家银行愿意接受政府的条款成为公共资金的存储处，肯德尔神采飞扬、心花怒放。考虑到比德尔可能随时会对同政府合作的任何机构进行报复，不得不说肯德尔首战告捷。

杜安把肯德尔的报告上交给了总统，但是他私底下却认为"这项任务"一定会"以无功而返而告终"。总统一直要求他，他补充道，"把国家的财政问题"搞得"一团糟"。一想起这件事，又想起自己作为内阁成员地位没有得到尊重，杜安决定拒绝撤回资金。此外，他也打消了辞职的念头。既然国会完全认可合众国银行作为政府资金储蓄行的地位，既然资金撤回与否全凭自己手中的权力，杜安决定自己必须为国家做出最正确的选择。

那么，杜安和总统在这个问题上必定会针尖对麦芒，互不相让，因为总统已经下定决心撤回资金，而不管财政部部长同意与否。9 月 20 日，《环球报》专栏发文称："公共资金存储行将由合众国银行转为州银行……10 月 1 日后生效。"

杜安读完此份声明后心惊胆战。总统居然已经先发制人，抢先发布了公共声明。他无法忍受这种奇耻大辱。很快，他便草拟了一份声明交给杰克逊。

"这是什么？"总统问道。

"上面恭恭敬敬地写着我最终的决定，"杜安回答道，"不同意撤回资金，也不同意辞职。"

总统强压住心中的怒火："但是你说过，如果我们意见相左，你就选择辞职。"

"我确实这么说过，先生，但是出此下策，我也实属不得已。"[2]

既然财政部部长既不想遵从他的指示，也不打算辞职，那么杰克逊只有一条路可选，那就是免职。但是，这就出现了一个问题，前任所有总统都巧妙地避免直接罢免行政部门的官员，因为这些官员都经由参议院批准。既然所有的

---

1 安德鲁·杰克逊致信范布伦，1833 年 9 月 8 日，《范布伦文件汇编》，美国国会图书馆。

2 杜安，《叙述和信件》，100 页。

内阁职位都由参议院设立，既然内阁成员的任命都需得到参议院的批准，那么免职内阁成员不就意味着立法机构需要再次批准吗？持这种观点的人不在少数。这点在财政部部长的任免上尤其突出，因为他的主要职责就是把控公共资金，而国会对公共资金享有绝对控制权。以前从无任何一位总统罢免过任何一位内阁成员。他们只是要求违反规则的内阁成员主动辞职。通过此种方法，他们便可避免引起与总统免职权范围相关的体制问题。

杰克逊是第一位直面挑战此问题的总统。他认为行政部门所有的官员都必须完全听从他的命令。他们需要遵从的是总统，而非国会。自此，杰克逊进一步加强了总统的职权。他对内阁成员的罢免享有绝对权，而不必通知国会，更不必征得国会的同意。此项权力让总统在征收和分配公共资金方面如虎添翼。今天的美国总统享有对内阁成员的罢免权，19 世纪早期的情况却并非如此，直到杰克逊总统以后，罢免权才成为总统的专属权力。

杰克逊坚信，任何拒绝主动辞职的内阁成员，他都有权罢免。同杜安面谈结束后，杰克逊并没有立即罢免他。而是给杜安一两天的时间思考当前的形势。但是，当他得知杜安仍旧执迷不悟时，他便给后者写了一封简短的信，写道"政府不再需要阁下履行财政部部长的职责了"。[1]

总统立即任命罗杰·托尼为财政部部长，代替杜安，动作之快，使得将军感叹道："财政部的事务正有序开展，好似那位杜安先生从未出现过。"[2] 托尼旋即任命肯德尔为特使，负责撤回资金，此外他们还于 1833 年 9 月 25 日一同制定了一项指令，正式宣布政府把联邦特许（注册）银行业务转为储蓄银行业务。[3] 指令声明，自 10 月 1 日起，政府所有的资金将存入选定的州银行内，至于合众国银行中剩余的公共资金，政府将在必要时提取，直至剩余公共资金用完为止。

储蓄银行业务的"实验"起先于肯德尔在当年夏季考察中发掘的 7 家银行机构中展开。1833 年年末，银行的数目已由原先的 7 家变为 22 家。在接下来的 3 年中，约有 90 多家银行加入这个体系。到 1833 年 12 月 13 日，合众国银

---

1 杜安，《叙述和信件》，101—103 页。

2 安德鲁·杰克逊致信范布伦，1833 年 9 月 23 日，《范布伦文件汇编》，美国国会图书馆。

3 路易斯·伍德伯里同样负责协助起草该指令。托尼致信伍德伯里，1833 年 9 月 25 日，《伍德伯里文件汇编》，美国国会图书馆。

行中的公共资金实际上已经所剩无几。

托尼在创制储蓄银行业务中所表现出来的十足干劲和能谋善断，赢得了杰克逊的极大赞赏和尊重，与此同时，在司法部部长没有找到合适人选前，托尼还一直兼职处理司法实务。托尼在选择银行的过程中可谓谨小慎微，因为他深知一着不慎、满盘皆输的道理。他完全效忠于杰克逊推行的改革项目，他孜孜不倦、鞠躬尽瘁地投入到此次的银行"实验"中，以期储蓄银行业务能大获全胜。[1]

托尼的升职，使得司法部部长成为空缺，如往常一样，杰克逊向范布伦征询意见。魔术师向总统推荐本杰明·巴特勒，而巴特勒不仅是奥尔巴尼摄政执政团的一员、范布伦的旧友至交，还是其前任律师事务所的合伙人。巴特勒确实是司法部部长的上上之选，不仅拥有出众的法律素养，而且忠肝义胆、兢兢业业。尽管任命巴特勒进一步加大了北方人在内阁中的比例，也加强了范布伦的影响力，但是巴特勒的加入使得整个内阁在才华、忠诚度以及认同度上更胜一筹。

此时，所有内阁成员全都就位，各成员之间也十分和气，于是杰克逊便准备完成接下来的银行改革。如果那怪兽打算伺机而动，我们就先发行"150万硬币"，以防困兽犹斗。此时，总统踌躇满志，"我们只需做好防御，"他一本正经地说道，"我已经准备好拔掉怪兽的每一颗牙齿，并卸掉它的残躯。""如果我没猜错的话"，他继续说道，"在我们的攻击下，比德尔先生和他的银行在6个星期内就会变成一只温顺无辜的羔羊"。[2]

一只不容小觑的羔羊。1833年秋，咆哮声便从费城传向四面八方，像一头发怒的老虎。尼古拉斯·比德尔不可能眼睁睁地看着杰克逊置他的银行于死地而无动于衷。比德尔在当年夏天便已经收到联邦政府将要撤回资金的谣言，他在此时便已开始反击。他渐渐地减少银行的放款业务。随后，在得到撤销资金的确切信号时，他便开始奋力反扑。他首先对整个银行系统进行大范围缩减贷款。通过拒绝继续贴现，进而增加银行的流动资产，此外，他还把贴现汇票的期限限制在80天以内。这标志着两强相争的局面形成，一边是独断专行的金融家，一边是大权在握却百折不挠的政治家。比德尔知道自己在做什么。他深

---

1 安德鲁·杰克逊致信范布伦，9月26日，范布伦致信安德鲁·杰克逊，1833年9月28日，《范布伦文件汇编》，美国国会图书馆。

2 安德鲁·杰克逊致信范布伦，1833年11月19日，《范布伦文件汇编》，美国国会图书馆。

知只要对货币市场施压，并带来足够强烈的金融恐慌，他便可强迫总统恢复合众国银行储蓄公共资金的权力。他幸灾乐祸地看着眼前发生的这一切。"这值得总统好好想一想，不要因为他剥过印第安人的头皮，让法官蹲过监狱，就自以为是地认为可以用同样的方式对待合众国银行，那他就大错特错了"。[1]

杰克逊对财政问题的忽视，致使他完全看不到合众国银行的财政价值，以及它对美国经济的重要性。合众国银行与美国的经济纵横交织。摧毁它，则势必会给各金融和商业团体带来毁灭性的打击。此外，参与杰克逊此次冒险"实验"的人，也都没能意识到问题的严重性。他们中的一些人甚至直接与合众国银行有利益冲突。例如，罗杰·托尼与马里兰州的国家银行渊源颇深，而鲁宾·惠特尼与费城的吉拉德银行关系匪浅，而鲁宾是肯德尔在财政部的心腹之一。[2] 幸运的是，托尼本人一身正气，他把自己所有的精力都用在储蓄银行业务上。仅在他担任财政部部长不久后，他便埋头苦干，并克服了自己在金融方面的短板。很快，他便意识到没有稳定的金融体系，建成稳健的银行体系便如天方夜谭，因此他凭着自己的八斗之才和一腔热血向着这个目标奔去。[3]

但是这场由财政部一纸命令而引发的金融风暴却给整个政府部门造成重创。商界怨声载道，不停地抱怨和谴责此项命令，指责它让整个社会的经济结构沦落到岌岌可危的境地。他们甚至把这项指令称为"毫无根据而又厚颜无耻的篡夺和中伤行为……是战争宣言"。[4] 然而，若商界的哀号可以用惨痛来形容，那么政界的情况更不容乐观。杰克逊重新被贴上暴君的标签，因为"暴政就是对法律的无视，以及用法律约束限制个人意愿"。[5] 甚至有大批民主党人也表达了对当前局势的恐惧和焦虑。他们中的很多人从一开始就对银行战争的合理性心存疑问。尽管在克莱、韦伯斯特和比德尔提前要求再续特许状时，他们坚定地站在杰克逊身后投出否决银行的反对票。但是，撤销银行，完全是另外一码事。它不仅会危及整个国家的金融体系，甚至会让自由和民主灰飞烟灭，而自由和

1　比德尔致信约瑟夫·霍普金森，1834 年 2 月 21 日，《比德尔文件汇编》，美国国会图书馆。

2　托尼致信埃利科特，1833 年 10 月 23 日，12 月 13 日，《托尼文件汇编》，美国国会图书馆；约翰·麦克福尔，《杰克逊在财政方面的政治主张》（伊萨卡，1972 年），60 页。

3　托尼致信埃利科特，1833 年 9 月 28 日，《托尼文件汇编》，美国国会图书馆。

4　《国家情报》，1833 年 10 月 2 日。

5　同上，1833 年 9 月 21 日，10 月 2 日、4 日、16 日，11 月 2 日。

民主是美国实验的灵魂。撤销银行几乎对每个人都有毁灭性的打击，杰克逊最坚定的拥护者中，甚至丹尼尔·韦伯斯特本想加入老胡桃木阵营与他并肩作战，因为银行问题，最终走到了杰克逊的对立阵营中。韦伯斯特曾因在联邦法律无效论问题上支持杰克逊，而遭到以前盟友的疏离。但是，杰克逊资金撤回政策让两人最终分道扬镳。[1]

在接下来的几个月，尼古拉斯·比德尔进一步加大他对整个国家政治和经济的蹂躏力度。他循序渐进地对整个经济体系施加压力。他突然收紧贷款，使得整个国家经济衰退，不由得使人联想起了1819年的经济恐慌。等到1833年新一届国会开幕时，全国各地民怨沸腾的消息不绝于耳。每一个主要城市都面临营业亏损、工资和物价水平暴跌、工人大量失业。直至1834年1月末，有报刊报道说，这场重压"早已超出所有群体的承受力"。"商人的恐慌情绪"，一个人说道，"已经到了无以复加的境地。"[2]

但是，撤回资金给杰克逊带来了几大好处。首先，它加强了杰克逊作为政党领袖和政府领导的地位。他能够敢于解决如此有争议的问题，并强迫自己的政党接受他的观念，人民便能更好地权衡他的领导能力和个人魄力。反对撤回资金就等同于反对杰克逊，持反对态度的国会议员必定会自食其果。其次，银行问题进一步拉近了杰克逊同人民之间的距离，因为银行问题本身具有道德寓意，也就是说，银行战争从本质上来讲就是一场勤劳诚恳的劳动人民反对精英阶层对自己劳动成果盘剥压榨的过程。值得注意的是，杰克逊每次同人民提及银行问题时，他们总能从中体会到这番寓意，因此便会心甘情愿地按照他的期望行事。因此，撤销银行侧面阐明了民主党的意识形态立场。撤销银行使得民主党无须再用多少华丽的辞藻便可得到人民的拥护。民主党人借此可以义正词严地痛斥精英阶层、金钱和权力以及外国势力对金融的控制。他们可以大义凛然地占据道德的制高点，让对手哑口无言。民主党人精于挑起工人和农民的激情和偏见。他们不停地把自

1 韦伯斯特致信斯蒂芬·怀特，1833年12月21日，27日，《丹尼尔·韦伯斯特文件汇编》（查尔斯·威尔茨等人编辑，汉诺威，新罕布什尔州，1974年至今，共五卷，以下简称《韦伯斯特文件汇编》），第三卷，289页，296—297页。

2 约翰·泰勒致信泰勒夫人，1834年2月17日，泰勒，《家书和时代》，第一卷，485页，雅各布·巴克致信范布伦，2月25日，杰西·霍伊特致信范布伦，1834年1月29日，《范布伦文件汇编》，美国国会图书馆；利瓦伊·林肯致信韦伯斯特，1834年1月11日，《韦伯斯特文件汇编》，第三卷，308—309页。

己比作劳苦大众的一员，并以保护劳苦大众免遭精英阶层盘剥为己任。民主党人口中的人民善良、智慧而又公正，因此人民的意志必须遵从。

随着 1833—1834 年经济恐慌的加剧，商人组成的代表团陆陆续续前往白宫拜访杰克逊，请求杰克逊废止撤回资金的命令。一个由"大银行家和大资本家"组成的代表团甚至向杰克逊呈上了一份签有 6000 个名字的请愿书。他们看到杰克逊端坐在一张桌子后面，嘴里含着一根长长的陶土烟斗的烟管，旁边的桌子上放着它的烟斗。那个黑漆漆的烟斗散着浓浓的烟雾。

"那么，先生们，找我有何贵干？"总统问道。

代表团的成员们开门见山，他们向总统描述了自己的处境。他们一同央求他调停并恢复合众国银行原先的职权，他们向总统诉说了他们对破产的恐惧。

"你们是说破产吗？"杰克逊回答道，"那么，你们来找我做什么？去找尼古拉斯·比德尔。我们这里没有钱，先生们。钱都在比德尔那里。现在，他的金库里躺着几百万枚硬币，无处可花，你们若不想破产，根本就不该来找我。我告诉你们，先生们，这根本就是一场政治博弈。"

杰克逊滔滔不绝地讲了 15 分钟，痛斥比德尔和他的银行是如何荼毒整个国家及其体制的。渐渐地，他怒不可遏。他暴跳如雷；他在房间内踱来踱去；他不停地挥舞着手臂；他瞋目切齿地指着代表团发誓说，他做出的决定没有商量的余地，他绝不会废止自己的命令。在这一点上，我希望你们明白，他吼道，"希望你们彻底理解我的用意，记清楚那个叫安德鲁·杰克逊的人，他绝不会签署任何要求把公共资金存入合众国银行或者再续该银行特许状的法案或者决议"。

他终于停了下来。他的训话在一片静默中结束，整个代表团一言不发。他们只是悻悻地起身离开了房间。

等他们都离开后，杰克逊粲然一笑。"我刚才把他们都镇住了吧？"他笑着冲这个代表团的一位领导说，而他刚被召到总统办公室。这位访客怔怔地看着他的主人。这个老顽童发脾气居然是在表演。他不是那种假装发脾气却让人一眼就看穿的人。为了压制住反对自己的人，他发脾气的本领早已臻于纯熟。

陆续有其他的代表团前来央求他，他一律用同样的语气和话语予以回应。

"以上帝之名，先生们！人们把请愿书送到我这里来，到底所为何事？如果请愿书上签满成千上万个名字，他们要么是生活在这片土地上所有男女老少的姓名，要么是所有早已入土为安者的姓名，就算如此，我也绝不会改变我的立场"。[1]

因此，等到1833年12月国会重新开幕之际，此事已成为僵局，此次国会很可能被别有用心的人称为"恐慌会议"，因此很多旁观者都预测，一场关于公共资金存储去向的激辩在所难免。亨利·克莱当机立断，立马打破沉默。他先是在辩论中狡猾地曲意逢迎，待自己的论点站稳脚跟后，他便极尽挖苦之能事。"克莱先生是指挥官，他每天都孜孜不倦地训导自己的军队。"来自纽约州的参议员小赛拉斯·赖特写道。众议院针对此问题的辩论同样激烈犀利。随着经济恐慌的加剧，政府几乎每天都会受到责骂，全国各地支持合众国银行的请愿书如潮水般涌入国会。[2]

就在"恐慌会议"召开期间，一个名为辉格党（Whig Party）的新政党应运而生。这股势力早在几年前就已形成，但是在银行战争的强压下以及杰克逊至高无上的总统权威，使得他们在1834年的冬春之交最终团结起来。国家共和党人、银行家、联邦法律无效论者、高关税拥护者、国内改良支持者、州权维护者以及所有反对杰克逊以及改革政策的人，他们组成了一个新的政治联盟，他们本身与"辉格"一词极为相称。该词原是英国的政治术语，取意反对强调行政领导权的君主统治集团。此外，"辉格"一词还与美国独立战争息息相关，因此更添一层爱国主义色彩。纽约的商人菲利普·霍恩或许是第一个把这个新生政党命名为"辉格"的人。[3]不过，这个名字为人所熟知，却是借由亨利·克莱于1834年4月14日在参议院发表的一次演讲。克莱在演讲中提及此术语，是想表明自己已经接受国会中反杰克逊势力的舵手之位。

辉格党的党报宣称，该党在意识形态领域的宗旨是：一个代表代议制政府至高无上性并抗衡独裁统治的新型政治联盟。总统通过"非惯例"地行使否决权控制国会，他们强调称。行政部门贪得无厌地膨胀自己的权力实属不该。民主党和辉格党最本质的不同点是，他们说道，前者依靠行政命令治理国家，而

1 帕顿，《杰克逊》，第三卷，549—550页，553页；劳伦斯致信乔治·纽博尔德，1834年2月9日，《纽博尔德文件汇编》，纽约州历史学会。

2 赖特致信弗拉格，1833年12月11日，《弗拉格文件汇编》，纽约公共图书馆。

3 霍恩，《日记》，第一卷，12页；第二卷，629页。

后者则凭借立法委任权。[1]

关于政党关注的问题，辉格党更青睐于克莱的美国系统计划，作为解决当前问题的改革项目。总的来说，他们主张建立国家银行、加强信贷和货币融通，以顺应如火如荼的工业革命，同时主张联邦政府兴建公共工程。作为一个政党团体，辉格党通常在社会发展上采取保守态度，在经济上采取冒险政策，在政治上与"杰克逊的平均主义"针锋相对。他们主要由来自社会各阶层的工厂主、银行家、"激进的"商人以及保守的农场主组成。[2]

杰克逊当政期间政党局势发生的巨变，在华盛顿乃至全国引起了一场政治狂潮。"我以前从未看到政府采取的措施会引起如此大范围、深层次的浪潮。"一个人写道。"我们以前从未听过如此怨恨的责难，"参议员邱吉尔·卡姆不莱伦格在写给他的朋友爱德华·利文斯顿的信中描述道，"他们不停地叫嚷着破产、恐慌和失望……甚至在全国范围内都引起了反对浪潮，只有在禁运和战争期间你才能有机会看到这种场景。"[3] 各方议员在国会上经过大约100天的唇枪舌剑，几乎每天都在向总统发难，要求对他进行责难。最终，在亨利·克莱的坚持和指导下，有人便在参议院上大声朗读了针对总统的责难决议，希望可以"摧毁它要打击的一切人，甚至是安德鲁·杰克逊"。[4] 决议内容如下：

> 会议正式决定，关于做出撤回合众国银行及其分支机构公共资金的决定，且国会于1833年12月4日得到通知，其间财政部所给出的上述决定的理由不充分，且不能服众。
>
> 总统在前不久执行关于国家岁入的行政程序时，所使用的权力并非宪法和法律所授予，而是对两者的僭越。[5]

---

1 《国家情报》，1834年3月18日。关于政党意识形态的阐述，参见丹尼尔·沃克·豪编辑，《美国辉格党：选集》（纽约，1973年），以及《美国辉格党的政治文化》（芝加哥，1979年）。

2 格林登致信范都森，《1828—1848年，杰克逊时代》（纽约，1959年），96—97页。

3 兰切尔致信查尔斯·费希尔，《费希尔家族文件汇编》，美国南方史料收藏馆，北卡罗来纳州立大学，教堂山；卡姆不莱伦格致信利文斯顿，1834年3月16日，《利文斯顿文件汇编》，约翰·罗斯·德拉菲尔德基金会。

4 本顿，《纵览三十年》，第一卷，424页。

5 同上，423页。

经过数月对谴责决议的辩论，以及搜集了与杰克逊独裁统治相关的所有蛛丝马迹，参议员们决定对该决议进行投票表决。表决会议宣布召开。1834 年 3 月 28 日，26 票赞成票对 20 票反对票，参议院通过了对美利坚合众国总统的谴责决议。早些时候，在 2 月 5 日，28 票赞成票对 18 票反对票，否决了财政部部长托尼给出的资金撤回原因。

参议院通过了史无前例的谴责决议，大大伤害了杰克逊的自尊心。杰克逊不平则鸣，他准备通过一份官方的正式回应和抗议来反击国会对他的责难。因此，他立即差新任司法部部长本杰明·巴特勒为国会撰写一份"抗议"咨文，托尼和肯德尔也从旁帮助。咨文的大部分内容皆出自巴特勒，但是其中的核心观点却完全来自杰克逊本人。[1]

抗议咨文上标明的时间是 4 月 15 日，杰克逊开篇便将自己的愤怒展露无遗。"在没有事先得到通知的情况下，我突然发现自己被控告……触犯我国的宪法和法律这等重罪，真是前所未有，闻所未闻。"随后，他便列出了宪法规定的几大权力分配、总统的职权以及正式弹劾所必需的程序。根据宪法的规定，参议院通过的决议，他说道，无效。在未经众议院决定的情况下，杰克逊被指控有罪。他极力为自己的行为辩护，并强调他行使的所有权力皆由宪法所赋予。

随后，他发表了一场非比寻常的声明。他宣告总统是美国人民的代表，并对他们负责。以前从未有总统作此声明，从未有总统同选民之间存有这样一层独特的关系。当杰克逊说出这些话时，参议院的气氛明显变得躁动不安起来，他说的每一个字都对参议院产生了巨大的冲击力。

"总统是美国人民的直接代表。"杰克逊宣称。此外，他"对他们负责"。杰克逊最后的声明可谓独树一帜。这是一种领先于当时时代的民主精神，但是辉格党断不敢苟同，因为他们普遍认为法治政府才是共和政治规则的基石。他们强调总统须对国会负责。反对党报刊也认识到，杰克逊对自身权力和同人民关系的声明"在全国各地引起了巨大轰动，一如他在国会大厅引起的轰动"。[2]

唯恐此事拖到第二天，于是丹尼尔·韦伯斯特立即从参议院议席上起身，对杰克逊的"可恶观点"发起猛攻。"我们一而再，再而三地听到这些话，"他大声控诉道，"总统对美国人民负责！……无论他做任何事，他都是在对美国人民负责！……此外，先生们，与这种对美国人民虚无缥缈、华而不实的责

---

1 安德鲁·杰克逊致信肯德尔，（1834 年？）4 月，科佩收藏馆，普林斯顿大学图书馆。
2 《国家情报》，1834 年 5 月 6 日。

任紧密相连的还有另外一种观点，而这种观点我们更常听到，那就是：总统是美国人民的直接代表。"韦伯斯特的脸色越发阴沉，"现在，先生们，这句话可不是出自宪法。宪法可没有明文规定让他来代表人民，更别说直接代表他们……先生们，我认为这最好只是个假设，一个危险的假设。"[1]

韦伯斯特发言结束后，其他参议员相继起身发表自己的观点，包括克莱和卡尔霍恩，他们痛斥了杰克逊的推测和假设。无论如何，总统所提出的代表人民的观点在选民中极受欢迎。参议员利叹息道："自从总统发表了他对行政权力的独到见解后，尽管所有人都认为行政权低于立法权，而他显然认为行政权高于立法权；在他专制统治下的政府权力……明显要比各州代表的权力要大得多。"总统，而非国会，俨然已经成为代表民意的机构。[2]

杰克逊为详细介绍他对总统权力的理解，并争取最终获得肯定，他把总统和仅对国会负责的首相剥离开来。在杰克逊看来，总统不再单单是一个政府分支机构的领导，他的行动范围也不再仅仅囿于国会所批准的范围。自此以后，他大可以把自己称为全体国民的代言人，驾轻就熟地让立法机构听从他的指挥。并不是说，他在同国会协作实现公共意志的过程中不再需要必要的政治程序，而是他对政府有了更强大的控制力，能够主导和管理公共事务。

这一切皆意味着杰克逊把自己视为整个政府机构的首脑，执行民意以及仅对选民负责。他深信自己是一位人民公仆，最终，他也确实成了人民心中的那个公仆。他们相信他是一个"诚挚爱国的人；认为他是人民的朋友，为了人民不惜同腐败堕落和奢侈浪费相抗争，只有那些居心叵测的政客才会跟他唱反调。他们像爱自己的朋友一样爱着他"。[3]

总统和选民之间相互喜爱并尊重，并最终形成一种纽带，这在美国历史上绝对是闻所未闻之事。由于老胡桃木和美国人民之间的这种特殊情感纽带，一种官民之间相互依存、相互承诺的观念应运而生，改变了政府先前的风气和风格，一些公共法学家甚至把它称为民主的开端。

---

1 丹尼尔·韦伯斯特，《丹尼尔·韦伯斯特的信件和发言辞》（波士顿，1903年），第七卷，139页，143页，144页，145页，147页。

2 《国会辩论记录》，第二十三届国会第一次会议，1394—1395页，1397—1398页，1375页。关于韦伯斯特、克莱和卡尔霍恩的最新研究，请参见美林·彼得森，《伟大的三人联盟》（纽约，1987年）。

3 萨金特，《公务人员大事记》，第一卷，347页。

第二十二章　银行战争落下帷幕

　　尽管杰克逊在国会恐慌会议召开期间受到了如潮的指责，可他依旧镇定自若，但是这并不意味着他准备放任自流。他抓住一切机会向参议员和众议员现身说法。杰克逊坚定地维护他作为政府首脑（该官衔系自封）和民主党领袖的地位。通过控制《环球报》这个强大的政党宣传机器，以及选民的坚定支持，他占据了绝对的优势地位，几乎没有国会议员能够与之抗衡。他让那件爆炸性政治议题浮出水面，并在此过程中百折不挠、迎难而上，经此一事，总统的职权大大加强。他一手摧毁了合众国银行。在撤回资金一事上，他迫使国会议员同他妥协，要么同他一道将银行赶尽杀绝，要么从民主党中除名。随着国会会期的推进以及经济形势的持续恶化，杰克逊对银行一事的论调就更为清晰，也更为有说服力。"如果所有的拜金人士都来向我请愿，要求恢复合众国银行的储蓄权，"他告诉范布伦，"我宁可剁掉我的右手，也绝不会恢复它的储蓄权。别人可能对拜金人士趋之若鹜，但是我只为上帝服务。"[1]

　　由于杰克逊深知对国会施加压力的必要性，且最具威慑力的压力必然来自全国的民众，他便乐此不疲地大力施加此种压力。值得一提的是，他大力号召举行群众性集会、党团会议以及代表大会，与会的代表"均由人们自己"选出，并须"按照他们的指示"表达对合众国银行的"普遍"担忧。"准备召开会议并上交请愿书，"杰克逊向各州的政党负责人指示道，"让合众国银行带着无尽的耻辱走向灭亡。"[2]

　　杰克逊时而与国会议员们谈笑风生，时而予以警告。据传，宾夕法尼亚州

　　1　安德鲁·杰克逊致信范布伦，1834年1月3日，《范布伦文件汇编》，美国国会图书馆。

　　2　安德鲁·杰克逊致信蒂尔曼·霍华德，1833年8月20日，杰克逊，《信件》，第五卷，166页。

的议员团曾发动国会议员脱离民主党，但是却反遭"严重"打击。"我已经老迈，"一位来自宾夕法尼亚州的辉格党员称，"他眼疾手快，立即发现并制止了我们议员团中的异常举动，议员们竟忽然不知所措，彻底丧失了为自己辩白的能力"。[1] 杰克逊还巧妙地化解了一个在国会中广为流传、持续发酵的谣言，即银行战争本是纽约州政客们的一起阴谋，目的是替华尔街的金融家打败位于费城栗树街的同行。政府当局并没有足够的证据化解这起谣言。"解铃还须系铃人"。只有纽约人出面才能彻底破解谣言，且此人必须来自纽约的最高层。因此，杰克逊便要求范布伦请求小赛拉斯·赖特在国会中发表演讲，从而彻底终止谣言，因为赖特是奥尔巴尼摄政执政团在国会中最出众的代言人。[2]

赖特根据计划起身发表演讲，而他的导师此刻就坐在参议院议长席上。没等他说几个字，其他参议员便立即认识到了此次演讲的重要性，包括韦伯斯特在内的许多参议员有意识地向他靠近，希望听清楚他说的每一个字。其中，赖特明确指出，所谓让华尔街成为国家金融中心的阴谋根本是子虚乌有的谣言。经过他一番有理有据的辩驳，范布伦发现国会中议员的态度发生了明显变化，无论是辉格党议员还是民主党议员。"当前局势的发展趋势立即转向了另外一个方向，"他告诉希欧多尔·塞奇威克，"事情的真相重见天日，赖特先生功不可没，此举直接把公众的舆论引向了正确的方向。"[3]

赖特结束演讲后不久，许多州便开始纷纷向总统做出回应，公开谴责比德尔的所作所为，公众舆论在银行问题上开始不可逆转地由支持比德尔转而支持杰克逊。再者，经济恐慌的形势开始渐渐好转。此外，尽管比德尔拼尽全力想置银行们于死地，但是它们却奇迹般地抵住了风暴的侵袭。

1834年2月26日，宾夕法尼亚州州长乔治·沃尔夫对州议会发表年度咨文，改变自己先前支持合众国银行的立场，转而对其大加挞伐，致使反对派在针对杰克逊存款银行"实验"一事的分歧发展到无以复加的地步。在提及州政府发

1　约瑟夫·霍普金森致信比德尔，1834年2月11日，《比德尔文件汇编》，美国国会图书馆；王尔德致信古利安·维尔普朗克，1834年2月22日，《维尔普朗克文件汇编》，纽约州历史学会。

2　有人甚至认为此事是亚摩斯·肯德尔发起的。赛拉斯·史迪威致信比德尔，1834年2月1日，《比德尔文件汇编》，美国国会图书馆。

3　范布伦致信塞奇威克，1834年3月20日，《塞奇威克文件汇编》，马萨诸塞州历史学会。

行债券时遭遇到无认购者的困境时，沃尔夫谴责合众国银行这种"恣意摧毁"整个国家的行为。这篇咨文给合众国带来了毁灭性的影响，这种影响力立竿见影。州参议院甚至通过决议谴责该机构肆无忌惮的破坏行为；有两名参议员像沃尔夫一样公开声称自己改变立场，此后再也不会支持合众国银行；实际上，整个宾夕法尼亚州在众议院的议员团都已经放弃了这个在垂死挣扎中的银行。议员团中的大部分成员渐渐意识到，延续几个月的财政危机并不能归咎于国家银行制度，而是要归咎于合众国银行。

合众国银行在劫难逃。宾夕法尼亚州作为合众国银行的所在地，也公开反对该银行，使得它沦为众矢之的。宾夕法尼亚州表达完自己的不满后不久，一群气势汹汹的投机者对合众国银行百般责难，不停地叫嚷着要推翻它。安德鲁·杰克逊大喜过望。他立即写信给沃尔夫，向他表达了自己的赞许之情，以及感谢他"在捍卫公共自由的过程中所表现出的高情远致和忧国奉公情怀"，为整个国家做出了表率。[1]

商界对合众国银行态度的大转变，指责该银行是造成当前困境的始作俑者，这一反应纷纷被此前捍卫该银行的报刊争相报道。"据报界报道，公众的舆论方向已经大转变，人们已经全然觉醒。"范布伦声称。在波士顿《政治家》供职的编辑纳撒尼尔·格林注指出："民怨沸腾已经让银行界噤若寒蝉。"[2]

随着公众压力日趋增大，加之杰克逊的坚定领导、坚决杀死怪兽的决心以及储蓄银行体系的成功建立，国会内的民主党员明显地感受到自己所属的政党正以锐不可当的势头向前发展。最终，他们在众议院团结一致（不像他们过去那样自由散漫地组织在一起），占据了众议院的绝大多数议席，为杰克逊提供必要的支持。在筹款委员会主席詹姆斯·诺克斯·波尔克领导下的民主党党员决定孤注一掷，对一系列通过该委员会认可的决议进行投票表决，让合众国银行就此灰飞烟灭。这些决议通过表达对总统银行政策的全力支持，意在否决参议院通过的对总统的谴责案。1834年4月4日，众议院对相关决议进行表决。134票赞成票对82票反对票，众议院宣布合众国银行"不具备再续特许状的资格"。随后，通过118票赞成票对103票反对票，众议院认为该银行"不具备

---

1 安德鲁·杰克逊致信沃尔夫，1834年2月，杰克逊，《信件》，第五卷，243页。

2 范布伦致信大卫·埃文斯，1834年2月13日，《伍德伯里文件汇编》，美国国会图书馆；格林致信利瓦伊·伍德伯里，1834年3月14日，《伍德伯里文件汇编》，美国国会图书馆。

恢复储蓄权的资格"。紧接着，117 票赞成票对 105 票反对票，众议院宣称州银行有权继续担任联邦财政资金的储蓄行。最后，通过 175 票对 42 票这一压倒性票数，众议院授权成立一个专为调查合众国银行事务的委员会，调查该银行是否存在蓄意引起经济恐慌的罪行。[1]

这些决议立见成效。实际上，这些决议的通过断送了合众国银行生还的所有希望。民主党人搜罗到足以证明比德尔为再续银行特许状而蓄意制造经济恐慌的证据，似乎只是时间问题。比德尔的残忍无情直接把合众国银行推向了万劫不复的境地，因为他赶走了原本心存希望的支持者，迫使民主党人"坚定不移地走上反银行之路"。[2] 他的所作所为让公众意识到，他是美国经济生活中一股为所欲为、目无法纪的势力。最后，整个商界也不得不承认，他着实恶贯满盈、不择手段。1834 年春，他们迫使他做出缓和财政压力的让步。

"我已经大获全胜。"杰克逊欢呼道。众议院的投票结果让参议院彻底失去了强迫杰克逊恢复合众国银行储蓄权以及再续特许状的机会。无论此次的谴责案阴谋是否得逞，没有众议院的批准，参议院的任何一项决定都无法成为法律。"决议通过的票数让众议院中的反对派土崩瓦解，"杰克逊写道，"……我们旗开得胜，合众国银行这个集合腐败和权势于一体的庞然大物必将命不久矣。"司法部部长深以为然。"合众国银行已经一命呜呼。"巴特勒对奥尔巴尼摄政执政团的成员说道。[3]

尽管如此，银行的棺材上又被钉上了一颗新钉子，这颗钉子就是比德尔本人。由众议院决议授权的调查委员会抵达费城，他们手中握有传讯权，急切地要求对银行所有的账簿进行检查。调查者们却发现比德尔一如既往地苛刻残忍。他拒绝提供银行账簿以及国会议员从合众国银行获取贷款的私人信件。此外，他也拒绝在委员会面前为自己的行为辩解。调查者从费城无功而返，垂头丧气地回到华盛顿，于是便要求国会授予他们发布藐视法庭传票的权力，然而由于许多南方的民主党人并不赞成这种极端性措施，所以他们拒绝配合。在比德尔

1　《国会辩论记录》，第二十三届国会第一次会议，3474—3477 页。

2　小查尔斯·塞勒斯，《杰克逊的追随者詹姆斯·波尔克》（普林斯顿，1957 年），222 页。

3　安德鲁·杰克逊致信科菲，1834 年 4 月 6 日，《科菲文件汇编》，田纳西州历史学会；安德鲁·杰克逊致信小安德鲁，1834 年 4 月 6 日，《杰克逊文件汇编》，美国国会图书馆；巴特勒致信奥尔库特，1834 年 6 月 19 日，《奥尔库特文件汇编》，哥伦比亚大学图书馆。

看来，"由于我没有供出他们反对派的秘密信件，国会议员就通过投票"，把我送进监狱，那该是多么讽刺的一件事。尽管比德尔躲过了藐视法庭传票，他对众议院的专横无礼，让他进一步失掉了美国公众的民心。他近期的所作所为，威廉·里夫斯评论道："只能让人民更加确信摧毁合众国银行就是在杀死祸国殃民的怪兽。"[1]

既然合众国银行已经奄奄一息，杰克逊便准备乘胜追击，推行（金银）硬币政策以及州银行储蓄制度，进而建立一套井然有序、稳固可靠的银行体系。1834年4月21日，他提出一系列举措，旨在彻底改革货币和银行体系。这些举措包括：财政部部长负责甄选银行；他有权撤回任何银行的公共资金储蓄权，只要向国会提交自己的理由；银行须每月向国会呈递当月的运行状况报告；政府有权查看银行的账簿和记录；金币与银币一同进入流通市场；储蓄银行不得发行5美元以下面值的纸币。随后，面值低于20美元的纸币也被全面禁止发行。通过此种方式，整个国家的日常交易便直接依赖金银硬币，而纸币仅用于商业用途。[2]

金币法案或者《1834年铸币法》于1834年6月28日在两党的拥护下顺利通过，并于当年7月31日生效。该法的颁布使得金币和银币的比率由原先的15.5：1变为16：1。此法案的颁布使得银币贬值，但是至少一枚金鹰币（Gold Eagle）可以兑换10美元，半枚金鹰币兑换5美元，而四分之一枚金鹰币则可以兑换2.5美元。不幸的是，杰克逊改革计划的其他举措在很久之后才通过成为法律，而且国会最终给出的方案同他之前的预想相去甚远。一套井然有序、管控有力的银行系统并没有按照预期建立，相反一大批不在政府管控下的银行如雨后春笋般发展壮大起来，它们手中往往握有大量无法合理利用的资金。但是，这些银行大量向社会注入资本直接促使经济飞速发展。《储蓄法》最终于1836年6月通过，杰克逊"怀着极为矛盾和不甘的心情"签署该法，而他签署

---

1 塞勒斯，《波尔克》，第一卷，222页；比德尔致信沃特玛斯，1834年5月2日，5月10日，《比德尔文件汇编》，美国国会图书馆；里夫斯致信伍德伯里，1834年5月26日，《伍德伯里文件汇编》，美国国会图书馆。

2 该系列举措出自财政部部长托尼向筹款委员会递交的报告。《内务委员会报告》，第二十三届国会第一次会议，第422号。

该法的唯一原因是此法会增加 1836 年范布伦总统大选的胜算。[1]

参议院在休会前正谋划着给杰克逊的尊严以致命一击。1834 年 6 月 23 日，星期二，28 票赞成票对 18 票反对票，参议院否决了对托尼担任财政部部长的任命。此举使杰克逊深受打击。他把它视为一次针对他本人的人身侮辱，一次他必定需要承受的侮辱，无论经历的时间有多久，以及以何种方式出现。但是他选择泰然处之。"最广大人民的支持让我深受鼓舞，再续合众国银行特许状一事彻底落空，那些贪婪腐败的人肯定心灰意冷，看着该银行气数已尽，我备感欣慰"。[2]

杰克逊立即向国会提交另一项提名，他深知参议院绝不会否决他的第二项提名。他提名利瓦伊·伍德伯里，此人对财政部部长一职极为热衷，并深得范布伦的信任。他体形健壮、秃顶，热衷于总统竞选，才思敏捷并极具行政管理才华。他守口如瓶、老成练达，是财政部部长的绝佳人选，杰克逊任命他可谓慧眼识珠。对伍德伯里的提名很快通过确认，并于 6 月 29 日全体参议员通过对他的提名。关于伍德伯里空出的海军部部长一职，杰克逊再一次征求范布伦的意见，并选定了新泽西州的马伦·迪克森。迪克森曾担任过州长和参议员，他爱"吹毛求疵"，体弱多病，时常怒气冲冲。但是，他在银行和关税方面政绩卓越，他在国会中不遗余力地支持杰克逊的政策方针，几近苛刻地执行白宫下发的指示文件。不巧的是，他马虎随性、好逸恶劳，称不上一位合格的行政长官。然而，参议院对他的提名毫无异议，杰克逊向参议院提交提名的第二天就通过了确认。

6 月 30 日，也就是国会会期的最后一天，托马斯·哈特·本顿从参议院议席上起身，提议"删除"对总统行为的谴责决议记录。此举立即引起了其他参议员的反对，但是本顿宣布只要此项记录一天没有"删除"，他就会一直提议。在此后的每届国会期间，他都会提议通过"删除"该记录，此议题遂成为民主党和辉格党相持不下、争论不休的主要议题之一。

尽管杰克逊在此届国会中受到过一些非议，但是他通过战胜合众国银行，进一步加强了他对整个国家以及民主党内部的领导力，并重新加强了总统的职

1　本顿，《纵览三十年》，第一卷，657—658 页；　弗兰克·伽特尔，"银行战争的结果"，《美国历史学报》，第七十卷，36 页。

2　安德鲁·杰克逊致信爱德华·利文斯顿，1834 年 6 月 27 日，《利文斯顿文件汇编》，约翰·罗斯·德拉菲尔德基金会。

权。更为重要的是，银行战争使得共和政治进一步向民主方向迈进。民主党的党报常常把这场战争描述为一场制止少数人剥削多数人的战争。简单地说，这是一场民主对精英统治的博弈。我们暂且把该论断的真实性放置一边，美国人民渐渐相信合众国银行的覆灭是多数主义原则的一场伟大胜利。此外，他们把总统尊为自己的保护官和守护神，一个"光明磊落、爱国如家的人……为了人民不惜同腐败恶斗……他们像爱自己的朋友一样深爱着他"，他为民主赢得了一场巨大胜利，他们为他欢呼叫好。[1]

1 萨金特，《公务人员大事记》，第一卷，347 页。

第二十三章　隐士庄园的大火

　　杰克逊同国会之间的嫌隙，加之旧病复发，使得他在整个春天和夏天都痛苦不堪，待到秋天等他收到田纳西州的来信，信中称他富丽堂皇的宅邸隐士庄园被一场大火烧成灰烬，把他带向了更为痛苦的深渊。大火发生在 10 月 13 日，星期一，下午 4 点。他的儿子小安德鲁此时不在现场，莎拉正在房间内休息。显然，餐厅里"烟囱冒出的火花或者烟灰"点燃了屋顶，强劲的西北风使得火势快速蔓延。几分钟后，几个仆人便发现了火光，大声求救。其中的两个仆人查尔斯和斯夸尔到处找梯子，以便爬上屋顶救火，但是一无所获。此外，"房顶陡峻，人很难爬到上面去救火"。[1]

　　约瑟夫·赖夫和威廉·休姆看到火势后，立即冲上前去灭火，而两位是为安德鲁·杰克逊·多纳尔森负责建造郁金香庄园（Tulip Grove）的木匠承包商，就在隐士庄园附近。他们命令仆人搬出庄园内的家具。楼下大多数的家当被抢救了出来，尽管有许多家具已经"破败不堪，甚至在抢救的过程中，家具被慌乱的抢救人员碰坏"。楼上的家具也没有躲过这一劫。实际上，几乎所有的家具有不同程度的破损，雷切尔·杰克逊写的大部分信件葬身火海。[2]

　　约瑟夫·赖夫通过仔细观察地形，凭着矫健的身手爬上了餐厅的屋顶，这处屋顶是整个宅邸延伸出来的一处侧翼，他在屋顶上指挥救火，并最终扑灭了

　　1 罗伯特·阿姆斯特朗致信安德鲁·杰克逊，1834 年 10 月 14 日，多纳尔森致信安德鲁·杰克逊，1834 年 10 月 14 日，杰克逊，《信件》，第五卷，295—296 页，小安德鲁致信哈钦斯，1834 年 11 月 20 日，《哈钦斯文件汇编》，戴斯收藏馆，田纳西州历史学会。

　　2 安德鲁·杰克逊致信哈里特·巴特勒，1837 年 6 月 24 日，查尔斯·诺顿·欧文收藏，格伦科，伊利诺伊州。

大火。当时在场帮助赖夫救火的人还有威廉·多纳尔森家的仆人，以及在附近建造郁金香庄园的工人和帮工们。幸运的是，屋顶坍塌下来的时候，所有人都站在屋子外的空地上，无一人受伤。[1]

罗伯特·阿姆斯特朗、斯托克利·多纳尔森以及安德鲁分别给杰克逊写信描述了这场灾难，这三人都在试图让杰克逊相信火灾对房子造成的损害不严重，三人都认为房子的墙壁完好无损，隐士庄园可以在原来的位置上重建。"一部分窗户边上的墙和拱门需要重建"，斯托克利·多纳尔森说道，"还有一些墙壁仅需修整，奥斯丁先生可以提供砖块，多纳尔森少校宅邸的修建工作则须推迟一些时日。若想要在原来的地址上重建，则在冬季来临之际，房屋必须覆盖起来，否则墙壁就会暴露在冬雨中，受潮破败。"阿姆斯特朗告诉杰克逊，他的文件、书信簿、贵重物品以及绝大多数家具都已被抢救出来。但是他大大低估了火灾造成的损失，尽管他承认楼上的衣柜和大型床架已经被烧毁。烟尘造成了巨大损失，但是起初谁也没有意识到问题的严重性。阿姆斯特朗估计房屋重建需 2000 到 2500 美元，他建议杰克逊在先前的地址上重建。安德鲁则认为"把屋内所有物品复原到火灾前的样子，需要 3000 或者 4000 甚至 5000 美元，但是我认为重建宅邸并复原先前所有家什的钱不会超过 4000 美元。"[2]

可怜的莎拉被这场突如其来的灾难惊得心烦意乱。一家立即搬到鲍尔温在猎人岭的家中，安德鲁说他们一家在这里住得很舒适。不到两天时间，重建房屋的大军便已集结起来，只等杰克逊最后决定是否在先前的地址上重建。3 到 4 个双人横切锯同时开工，工人们开始覆盖房屋遗址，以免遭恶劣天气的侵害。

10 月 23 日，总统得知了这场大火。"上帝会保佑我们，"他叹息道，"建造房屋的钱财本来就受赐于上帝，他有权摧毁它，愿荣耀归于他之名。"既然火灾非人为所致，那么这显然是一场意外，杰克逊默默接受了自己的损失。"我要重建隐士庄园，"他说道，"要不是我已故爱妻选择的房屋地址，我就把房屋建到更高的猎人岭上去，但是我选择在先前的地址上修复。"他唯一担心的

---

1 斯托克利·多纳尔森致信安德鲁·杰克逊，1834 年 10 月 14 日，杰克逊，《信件》，第五卷，296 页。

2 斯托克利·多纳尔森致信安德鲁·杰克逊，1834 年 10 月 14 日，阿姆斯特朗致信安德鲁·杰克逊，1834 年 10 月 14 日，杰克逊，《信件》，第五卷，295—297 页，小安德鲁致信哈钦斯，1834 年 11 月 20 日，《哈钦斯文件汇编》，戴斯收藏馆，田纳西州历史学会。

人就是莎拉。"我担心路途的劳顿和意外造成的惊慌会让我们亲爱的莎拉不堪重负病倒，千万不要让眼前的损失给你和她带来一丁点儿烦扰。"他告诉儿子说。[1]

既然隐士庄园的墙壁和地基"完好无损"，杰克逊便要求"先行覆盖火灾留下的遗址，以免遭大雾和冬雨的侵蚀"，以便在来年春天重建房屋。与此同时，他开始制订重建计划。他告诉儿子说，自己计划用马口铁覆盖长80英尺、宽44英尺房子的屋顶。他希望"窗台由质量上佳的毛石做成，如果这种毛石可以在短时间内买到"，他还建议雇用负责修建多纳尔森少校家房屋窗户和门槛的工人。他预支给阿姆斯特朗1500美元，用作筹建费，他还要求安德鲁"同财务状况良好且认真负责的工人签订合同，从而确保这些工人一直工作到工程完工"。他还要求提供一份破损家具的清单，想知道自己的酒窖和埃米莉·多纳尔森的瓷器是否安然无恙。杰克逊还补充说，我知道现场已经慌乱不已，但是不要忘记收割和储藏棉花。"现在，我们要厉行节约，勤勤恳恳工作，以弥补我们的损失"。[2]

不巧的是，年轻气盛的安德鲁并不擅长处理突发事件以及财务和管理方面的问题。他更热衷于打猎和饮酒。收获农场上的农作物让他烦恼不已。幸运的是，杰克逊安排罗伯特·阿姆斯特朗上校负责照看隐士庄园的重建工作，他担任纳什维尔的邮政局局长，并在克里克战争中效力于杰克逊。11月4日，阿姆斯特朗在信中简短地告诉杰克逊，订购合同已经签订，修复工作已经开始，（幸运的是）开销维持在2500到3000美元之间。安德鲁·杰克逊返回到白宫不久，路易斯少校便回到田纳西州，也加入了重建隐士庄园的队伍。他去往隐士庄园查看损失，去农场检查了收获工作。路易斯少校在同安德鲁和阿姆斯特朗商议后，便向杰克逊提出了一些更改房屋样式的建议，扩大房屋面积，以便容纳更多人。总统说，房屋能修复到先前的模样他就已经心满意足了，"但是我也将不久于人世，甚至等不到退休，无法享受到它带给我的舒适"，于是他让安德鲁自行决定是否该做出调整，"只要不增加太多房屋重建的财务负担"。"我想要的，"他说道，"不过是一间可以安享退休后生活的房间，当前的工作让

1　安德鲁·杰克逊致信小安德鲁，1834年11月12日，《杰克逊文件汇编》，美国国会图书馆。

2　同上。

我疲惫不堪，恐命不久矣，这间房子我肯定不会住很久。"[1]

各大报刊纷纷报道隐士庄园的火灾，这个消息传遍全国，杰克逊受到了来自全国各方的同情和帮助。例如，新奥尔良在全国范围内发起了一场募捐活动，旨在募集重建房屋的资金，每人募捐的善款不得超过 50 美分，因此"每个人"都有能力向杰克逊捐款，"以表达公众对他的感激之情"。但是总统断然拒绝了善款。"我对民众表现出的慷慨表示尊敬……但是我不能接受善款。我有能力自行重建"。他希望把已经筹集起来的善款"捐助给慈善机构"。杰克逊品性高洁，他认为总统利用自己的位置和人民的爱戴接受公众的捐赠实属不妥。

由于莎拉体弱多病，膝下的两个孩子也尚且年幼，雷切尔生于 1832 年 11 月 1 日，安德鲁三世生于 1834 年 4 月 4 日，加之猎人岭的冬季生存环境恶劣，莎拉和孩子们决定前往华盛顿，同总统一起住在白宫中。等隐士庄园的遗址被覆盖完好以及棉花被运到市场上售卖完毕后，安德鲁也会来到白宫。路易斯少校一路护送这一家人离开田纳西州。11 月 26 日，星期三，晚上 11 点 30 分，这个小家庭终于来到白宫。雷切尔看到杰克逊伸开双臂，便欢快地跑到他的怀中，而总统总是亲昵地称她为"小宠物"。"爷爷，"她奶声奶气地喊道，"大火烧了我的帽子，大猫头鹰想杀死波尔（她的鹦鹉），但是爸爸把猫头鹰打死了。"老人紧紧地抱住孩子。"她真是个机灵活泼的好孩子，"他自豪地说道，"我的孙子也是个天真可爱的小子。他们能安然无恙来到我身边，我心满意足。"[2]

1835 年 1 月 1 日，重建隐士庄园的合同签订。杰克逊的多年好友兼生意伙伴查尔斯·洛夫上校负责审查起草的合同。早些时候，杰克逊便邀请他加入重建事宜的谈判和安排工作。他告诉杰克逊，他们已经"尽最大努力争取到了最低价格"，最终价格为 3950 美元，不包括上漆和装饰。合同还规定，重建工作将于 1835 年 12 月 25 日完工。[3]

重建工作立即提上日程。不出所料，问题很快显现出来。工人人手明显不足，

1 安德鲁·杰克逊致信小安德鲁，1834 年 11 月 12 日，《杰克逊文件汇编》，美国国会图书馆；安德鲁·杰克逊致信小安德鲁，1834 年 12 月 7 日，《杰克逊文件汇编》，亨廷顿图书馆。

2 安德鲁·杰克逊致信小安德鲁，1834 年 11 月 19 日，26 日，27 日，《杰克逊文件汇编》，美国国会图书馆。

3 洛夫致信安德鲁·杰克逊，1835 年 1 月 28 日，重建隐士庄园的交易备忘录，1835 年 1 月 1 日，杰克逊，《信件》，第五卷，315—317 页，322—323 页。

使得工程进度远远落后预期。此外，不断对房屋的外观和面积做出调整。路易斯认为房屋的楼层可以适当提高，阿姆斯特朗深以为然。他们也对窗户的尺寸和排列顺序进行了修改，使得它们的尺寸与房屋的其他部分比例更为协调。杰克逊对其中一部分的修改也提出了自己的建议。"我想让屋顶再低一点，"他告诉自己的儿子，"但是也不要太平。"他十分喜欢他在白宫主持修建的门廊，该门廊很多年前由本杰明·拉特罗布所设计，同时佛蒙特山的门廊也深得他的欢心。这与当时时兴的希腊复古式建筑不谋而合，以庙形廊柱和纯白色墙体著称。此种纪念碑式的廊柱深刻地影响了美国建筑的发展，并极大激发了杰克逊总统的想象力。因此，他决定为自己在田纳西州的家加上大型廊柱，恰如他在华盛顿修建的廊柱一般。为了修建廊柱，必须加高房子的高度，这或许是杰克逊同意采纳路易斯建议的原因，也就是说要在建筑物的前面加一个"伪造的"或"假的"前翼，从而使得廊柱足够大，进而达到预期的装饰效果。廊柱的建筑式样十分巧妙，以至于现今前去参观隐士庄园的人们也很难发现房屋的前翼居然仅仅作为支撑廊柱所用。[1]

由于设计式样的更改、劳力的匮乏、建筑施工过程中出现的正常延误，隐士庄园直到 1836 年夏季才完工，整整用了约 18 个月的时间。1836 年 8 月 2 日，阿姆斯特朗上校把工程竣工决算的账簿呈递给杰克逊。包括对窗户、西翼、厨房做的修改，以及在房屋前后加建的两层楼高的廊柱，总共花费 5125 美元。衣柜、床架、穿衣室、桌子、椅子、地毯、窗帘以及其他各式各样的家具总共花费 2303.77 美元，需要从 7 个位于费城的商贾处购买。但是这些花费还不包括私人物件，如小雷切尔的软帽。为了购置这些丢失掉的私人物品，莎拉在抵达华盛顿后来了一场大采购，总计 345.80 美元，杰克逊照单全付。等到所有物件购置齐全，加之重建和翻新隐士庄园的费用，总计在 1 万美元左右。然而，从灰烬中拔地而起的隐士庄园美轮美奂、富丽堂皇，与它主人的性格、品位和风度极为契合。一经建成，重生的隐士庄园就巍然耸立在那里，它以雄壮伟岸的姿态跨越美国的历史，成为一尊不可磨灭的丰碑。[2]

1　安德鲁·杰克逊致信小安德鲁，1834 年 10 月 30 日，《杰克逊文件汇编》，美国国会图书馆。

2　隐士庄园重建费用推算，1836 年 8 月 2 日，杰克逊，《信件》，第五卷，414—415 页；各项费用逐条列记清单，1834 年 12 月，《杰克逊文件汇编》，美国国会图书馆；安德鲁·杰克逊致信小安德鲁，1836 年 3 月 29 日，《杰克逊文件汇编》，美国国会图书馆。

第二十四章　杰克逊外交政策

　　1829 年杰克逊组建政府之初，便宣布有意对政府的运行机制进行改革，并明确表示他的改革计划既包括外交事务，也包括内政事务。在杰克逊的就职演讲发表后不久，他便邀请各国公使前往白宫，告知他们自己对别国的安全问题毫无企图，他的外交政策简单而直接。后来，他在向国会发表的第一次国情咨文中，便精确地阐释了他所奉行的外交政策："不会要求做不确定是否正确的事，更不会向错误的事情屈服。"当美国人民听到这一论断后，无不拍手叫好。在他访问新英格兰期间，各大报刊争相刊载他的论断，写着他话语的横幅和指示牌也随处可见。比如他满含劝诫之意的标语"我们的合众国，必须毫发无损"，呼吁世界尊重美利坚合众国的权益，大大激发了国民的爱国主义情怀。[1]

　　杰克逊首届政府在外交方面成果卓著。英国在独立战争后曾一度切断美国同英属西印度群岛的贸易往来。在杰克逊当政期间，美国在某种意义上恢复了同西印度群岛的贸易。此前美国政府不断争取恢复贸易，但是均以失败告终，但是杰克逊志在必得。

　　杰克逊任命来自特拉华州的路易斯·麦克莱恩为美国驻英国公使，而后者在任上取得的非凡成绩有目共睹。作为激进共和党的前任党员，人们往往用"端正、温和、生气勃勃"等词形容他，别人"不敢轻易忤逆他，他也绝不会任人羞辱"。[2] 在 1829 年 6 月初，麦克莱恩告诉范布伦，如果美利坚合众国愿意纠正小亚当斯政府当政时期犯下的错误，即在西印度群岛贸易中弄巧成拙，那么

1　杰克逊对外国公使的演讲，1829 年 4 月 6 日，《美国总统安德鲁·杰克逊文件汇编》，纽约公共图书馆；理查森，《咨文和官方文件》，第二卷，1006 页。

2　引述自芒罗，《麦克莱恩》，256 页。

英国愿意以友好的姿态同美国订立贸易互惠条约。[1]

尽管贸然改变外交政策确实存在风险，但是杰克逊已经决定抛弃前任总统的外交政策，杰克逊对即将推行的新外交政策胸有成竹，并最终形成了一套完备的杰克逊外交政策，旨在通过实用方法而非正式方法，解决那些危及美国同其他国家正常外交关系的争端。在此基础上，杰克逊迫切想要赢得全世界对美国的认可，认可美国是一个独立并享有各种合法权益的主权国家。范布伦所奉行的外交政策（已经经过杰克逊的首肯）与以往截然不同，标志着当局政府愿意采用一切实用手段达到以上目的。例如，小亚当斯没有对 1825 年国会提议授权美国船只在西印度群岛享有同英国船只在美国海域同等的权力回应一事，杰克逊深感不悦。杰克逊政府坚定不移然采取"实用主义"外交政策。[2]

安德鲁·杰克逊并非会恭顺服从外国势力的所有要求，或者甚至不战自降。如果他们的行为欠妥，那么他们一定会看到一个为捍卫民族利益而竭尽全力的总统。如果，他必须以温和的态度接受来自外国势力的怪异或者特殊的要求，那么他们一定会如愿以偿，但是，若调解或和解失败，那么他将毫不犹豫地付诸武力威胁或者其他同等的恐吓战术。杰克逊于 1830 年 4 月 10 日向范布伦下达了一份备忘录，其中系统地阐述了他希望对英国采取的外交政策。

> 在我们同英国谈判一事上，我们必须做好万全准备，以防谈判失败。我们愿意向他们提出最为坦诚而公正的条款，以温和的态度解决同该国存在的争端……若这些条款危及我国的国格，我们须立即行动，竭尽全力捍卫我们的国格。因此，尽快让国会制定同加拿大的《互不往来法案》，并派出足够舰艇（以备不时之需）……该法案通过批准并立即生效，无须等到 6 个月之后，我相信加拿大和西印度群岛很快就会尝到恶果，他们一定会为当初敦促政府把我们排挤出西印度群岛的愚蠢行为而追悔莫及。[3]

换句话说，总统所奉行的杰克逊外交政策首先应该奉行缓和政策，即愿意

1 引述自芒罗，《麦克莱恩》，262—263 页。

2 对杰克逊外交政策最确切和完备的阐述，请参见约翰·拉维克，"让雄鹰展翅高飞！"，《安德鲁·杰克逊的外交政策》（林肯和伦敦，1985 年）。

3 备忘录，1830 年 4 月 10 日，《杰克逊文件汇编》，美国国会图书馆。

采用实用方案解决外事争端，但是若外国的所作所为伤及美国的尊严，那么美国一定会"不遗余力地"让那些涉事国家"尝到痛苦的滋味"。

英国无视麦克莱恩在西印度群岛贸易一事上的礼貌提醒，一再拖延，着实触怒了总统。麦克莱恩凭着百折不挠的毅力和威逼利诱，终于使事情的发展有了眉目，尤其是当他提醒英国外交大臣亚伯丁勋爵，西印度群岛一事远非仅仅牵扯贸易那么简单。若处理欠妥，定会危及美、英未来的关系。英国最终选择妥协，因为它迫切地想要缓和同美国的关系。

麦克莱恩告知他在华盛顿的朋友们，若国会能够在互惠的基础上立即废除美国对英国船只进出西印度群岛的限制条款，从而显示我国的诚意，那么英国或许会放弃拖延政策。杰克逊于 1830 年 5 月 26 日向国会发表咨文，使得此事正式提上日程，他希望在互惠的基础上尽快成功解决西印度群岛贸易一事，并要求国会授权他独立处理此事，以防国会休会后不能及时处理。[1]总统无权废除美国对他国设立的限制条款，因为避免召开特别会议，他要求国会允许他在"合宜"的范围内通过总统声明的方式废止限制条款，只要英国同意美国船只可自由出入西印度群岛。国会立即应允，并于 5 月 29 日通过一项法案，同意在互惠的基础上达成协议。

不久，英国便给出了回应。亚伯丁指出，鉴于国会做出的决定以及美国人民不再坚持小亚当斯政府针对西印度群岛贸易所提出的那些令人难以接受的要求，英国政府可以立即保证废除我国同美国之间存在的所有贸易限制，只要杰克逊总统愿意发表声明执行法律。[2]

麦克莱恩闻讯喜出望外。"告诉阁下一个好消息，"他在给利瓦伊·伍德伯里的信中写道，他同时向多人透露了这一消息，"殖民地贸易谈判终于尘埃落定！在我的提议下，该国政府已经同意恢复我国同它殖民地的直接贸易。"他也着重强调了自己在促成这个"皆大欢喜的结局"的过程中所"付出的大量劳力和心力"。[3]

1830 年，杰克逊从田纳西州省亲返回到华盛顿不久，便收到了麦克莱恩的通知。他立即于 1830 年 10 月 5 日发表声明，"根据上述法律中的条款"，美

---

1 理查森，《咨文和官方文件》，第二卷，1043 页。

2 芒罗，《麦克莱恩》，278 页。

3 麦克莱恩致信伍德伯里，1830 年 8 月 30 日，《伍德伯里文件汇编》，美国国会图书馆。

国各口岸向英国船只开放。[1]杰克逊派遣麦克莱恩将该声明通知亚伯丁。两天后，也就是 1830 年 11 月 5 日，英国废除了对美国的限制条款。

这是杰克逊政府取得的一场卓越的外交胜利。多年来造成两国嫌隙不断的争端之源终于烟消云散，为两国的交好迈出了重要一步。过去的势不两立，逐渐变为以诚相待。

西印度群岛并不是杰克逊政府取得的唯一一场外交胜利。杰克逊的外交政策平和而又正义，简而言之，任何损害美国公民财产的国家都应做出赔偿。19 世纪早期，拿破仑战争正酣，美国人民因此遭受了大量的经济损失，除法国外，其他一些被迫执行拿破仑制定海事条例的小国也对美国人民的财产安全造成了威胁。美国已经向法国、俄国、丹麦、葡萄牙、荷兰以及两西西里王国（the Kingdom of Two Sicilies）提起抢劫索赔。尽管杰克逊之前的政府也在寻求解决索赔问题的方案，但是这些政府却对沸腾的民怨熟视无睹。现在，终于轮到安德鲁·杰克逊将军来解决此事。

杰克逊一直相信人无忠信，不可立于世。他认为这条原则也同样适用于国与国之间的交往。杰克逊绝不是那种轻易服输的人。总统始终不渝地为美国在国际上争取权益，绝不轻易言败，愿意奉陪到底，愿意提出妥协方案化解僵局，并成功地解决了诸多领域存在的问题。杰克逊通过与俄国和葡萄牙签订行政协定，取得了进展，这两个国家同意按照协定支付赔款。

然而，其他外交领域存在的问题处理起来则要麻烦得多，必须不断地使用外交手腕。杰克逊同丹麦的成功和谈，开创了成功解决此类外交争端的先例。根据相关资料显示，丹麦在 1827 年之前总共需要赔偿美国公民 200 万美元。该国并没有否认该索赔的合法性，但是却对美国抗拒执行捕获物法庭（Prize Courts）裁决的权力存有疑问。哥本哈根的代办亨利·惠顿，他也是一位优秀的国际法律师，提出了一个极具说服力的观点，即捕获物法庭设立的初衷就是厘清责任，但是当该类法庭出现判决不公的情况时，权益受害国有权提出异议。惠顿极力坚持自己的观点，丹麦外相以及大使馆都接受了他的观点。他们同意赔偿丹麦在 1808—1811 年对美国船只、货物或者财产进行"扣押、拘留以及征用或者没收"而造成的损失，一次性赔偿 65 万美元。这笔赔款标志着杰克逊外交政策的又一次胜利。"我们此次获得的赔偿要比商人们总共要求的赔偿

---

1 理查森，《咨文和官方文件》，第二卷，1061—1062 页。

还多15万美元，"他扬扬得意地冲约翰·欧文顿说道，"我们收到的总额是65万美元，我们的商人可以一次性收到全额赔偿50万美元。"杰克逊谦恭地告知国会，问题已顺利解决。1830年3月27日，双方在哥本哈根签署协定，参议院于5月27日批准，以下是此次总统咨文的部分内容："该协定经过折中，决定一次性支付大额赔偿金。"参议院欣然同意。[1]

在杰克逊的第一任期接近尾声时，他就已经在很大程度上为美国权益赢得了尊重，任何外国势力胆敢对美国的权益有一丝的亵渎之意，他就会迅速做出回应。而在苏门答腊岛的 Quallah Battoo 港发生的事件正好印证了这一点。

1831年2月7日，从事胡椒贸易的美国友谊号商船被苏门答腊岛的当地居民袭击。船上运载的硬币、鸦片、备用品和仪表被洗劫一空。杰克逊立即派出护卫舰"波拖马可"号赶到现场，并命令约翰·唐斯上校先同当地的主政国王协商退还赃物并进行赔偿。若协商不成，唐斯有权发动惩罚性军事行动。但是唐斯却越过这一命令，直接向 Quallah Battoo 港发起攻击，并向市区开火。随后，他才同当地官员谈判，并签订和平协定。[2]针对当地居民对美国商船发起的首次（海盗）攻击，杰克逊做出的反应极为恰当。但是，唐斯却违背了他要求先进行和谈的命令。一些美国人十分不能理解老胡桃木这种强烈的民族主义行动。但是，《环球报》坚称，每一位美国人都应该为目前发生的一切感到自豪。"地球另一端的马来人，听到安德鲁·杰克逊这个名字就会有所收敛，美国的国旗俨然已经成为穿越最遥远国度的安全通行证。"[3]

由于苏门答腊岛事件，杰克逊意识到同亚洲国家订立正式条约的必要性，因此他任命艾德蒙·罗伯茨为特使，后者为商船船长和商人，负责与交趾（今越南）、暹罗、马斯喀特、日本订立通商条约。通过此举，杰克逊开始同远东国家建立外交关系。罗伯茨在交趾碰了钉子，由于他拒绝国王要求把杰克逊所

---

1 安德鲁·杰克逊致信欧文顿，1830年5月27日，《欧文顿文件汇编》，田纳西州历史学会；理查森，《咨文和官方文件》，第二卷，1068—1044页。

2 《美国国家文件汇编——海军事务》，第四卷，154页及后文；约翰·拉维克，"安德鲁·杰克逊和马来西亚海盗：外交和政治之争"，《田纳西州历史季刊》（1977年），第三十六卷，19页，21页，22页，23页。

3 1832年7月11日。

写的介绍信的致意词改为恳求的口吻，[1] 所以任务落空。于是，他前往曼谷，并在此地如愿以偿。1833 年 3 月 30 日，他同暹罗政府签订《友好通商条约》。紧接着，他从此地出发来到马斯喀特，并于 1833 年 10 月 3 日与该国政府订立条约。这两项条约使美国获得在这些国家通商的最惠国待遇，参议院于 1834 年 6 月批准了这两项条约。[2] 这是美国同远东国家第一次签订条约。马斯喀特条约弥足珍贵的一点是，马斯喀特苏丹统治着香料丰富的桑给巴尔岛，该岛位于非洲东海岸，以及统治着位于阿拉伯半岛的阿曼王国。[3]

这些条约的订立，让杰克逊欣喜不已，1835 年 4 月，他命令罗伯茨同日本协商，向西方开放口岸。他还命令罗伯茨再次向交趾提出订立通商条约的要求。不幸的是，特使却于 1836 年 6 月 12 日死在了中国澳门，并没有来得及抵达目的地。尽管罗伯茨仅同亚洲国家订立了两项条约，但是已经对东方的商业优势了然于心。随后，美国便积极扩张同远东地区的贸易。[4]

美国还同南美洲的许多国家订立通商条约。哥伦比亚和智利于 1831 年、1832 年和 1833 年分别同美国签订了多项条约，授予美国互惠贸易特权（Reciprocal Trade Concessions）。实际上，在杰克逊掌政之初，同美国签订通商条约的南美洲国家和欧洲国家寥寥无几。在他即将卸任之际，美国已经同土耳其、俄国、摩洛哥、英国、墨西哥、哥伦比亚、智利、委内瑞拉、秘鲁 – 玻利维亚联邦、暹罗和马斯喀特订立了条约。在全球范围内寻找商机的动机为杰克逊时代美国的经济扩张增添了浓墨重彩的一笔。[5]

---

1 罗伯茨致信利文斯顿，1833 年 5 月 10 日，《艾德蒙·罗伯茨文件汇编》，美国国会图书馆，艾德蒙·罗伯茨，《驻东方国家越南南部、暹罗、马斯喀特大使馆》（纽约，1837 年），210—216 页。

2 亨特·米勒编辑，《美利坚合众国条约以及其他国家法》（华盛顿哥伦比亚特区，1933 年），第三卷，755—758 页，796—798 页。

3 内伊蒂奇，《安德鲁·杰克逊外交政策的起源和发展》（博士论文，剑桥大学，1977 年），210 页及后文。

4 利文斯顿致信罗伯茨，1832 年 6 月 6 日，《罗伯茨文件汇编》，美国国会图书馆；威廉·哈彻，《爱德华·利文斯顿：杰克逊共和政治和杰克逊民主政治》（巴吞鲁日，1940 年），403 页。

5 拉维克在"让雄鹰展翅高飞！"中对杰克逊外交政策的研究着重强调杰克逊当政期间的经济推力。

来自宾夕法尼亚州的詹姆斯·布坎南一手促成了同俄国订立的条约。[1] 经过不停地敦促、竭力地斡旋加之个人利益的引诱，布坎南终于说服俄国人订立条约，1832 年 12 月 18 日，条约正式签订。最惠国待遇条约规定每个国家在互惠的基础上安置船只、船员以及货物，有权获得与船籍港同等的待遇。这是俄国政府首次同外国订立该等条约。[2]

但是美国却在同两西西里王国之间的问题上一度一筹莫展。前任多届政府都曾要求那不勒斯赔偿拿破仑战争期间给美国人民造成的损失，但是均以失败告终。在杰克逊第三次对国会发表国情咨文时，他认为是时候放弃隐忍不发的姿态了。他承诺拿到赔偿金，为此他派遣来自马里兰州的约翰·纳尔森担任代办前往该王国的首都那不勒斯，而年轻的约翰是杰克逊的忠实追随者。代办很快便意识到那不勒斯政府无意支付赔款，纳尔森便告知杰克逊，只有通过武力威慑才能从那不勒斯人手中拿到钱。随后不久，护卫舰"合众国"号便抵达那不勒斯。果然不出纳尔森所料，武力威慑对那不勒斯政府奏效。1832 年 10 月 14 日，意大利人终于签订条约，赔偿 1119230 枚那不勒斯金币，折合约 1755450 美元，分九期偿还，年利息为 4%。

与此同时，美国取得了另外一项外交成就。西班牙同意对南美独立战争期间非法查封美国船只造成的损失进行赔偿，并同意订立条约。条约中，西班牙同意支付 60 万美元赔款，该条约于 1834 年 2 月 17 日在马德里签订。赔偿金额仅是美国当初要求金额的一半，但是卡勒斯特战争（Carlist War）让西班牙陷入内战的动乱中，在杰克逊政府看来能够获得条约中规定的赔偿金额已经实属侥幸。

杰克逊在连续三任国务卿（范布伦、利文斯顿和麦克莱恩）的辅助下，持续在外交事务上取得胜利，并在此后多年对美国的外交留下了深刻影响，无不显示着总统在外交事务中有着举足轻重的地位。美国 1829—1837 年的外交政策可以说是杰克逊的外交政策。但是，如果说杰克逊政府取得的外交成就主要归功于他，那么他也必将需要承受外交失败带来的责难。一场外交灾难就这样发生了。此事与针对法国的抢劫索赔息息相关，整个事件的发展可谓千回百转，

---

1 杰克逊最初任命来自罗诺克的约翰·伦道夫为美国驻俄国公使，但是他完全不能胜任这个职位。伦道夫在上任不久后便称病擅自离任回家。

2 约瑟夫·拜伦，"詹姆斯·布坎南'平静的独裁统治'"，《宾夕法尼亚州传记和历史杂志》（1953 年），第七十七卷，296 页及后文。

坎坷崎岖。后来，罗杰·托尼甚至称此事为"杰克逊将军执政以来最艰难的时刻"。[1]

经过多年的反复谈判，美国驻法公使威廉·里夫斯最终于1831年同法国订立条约，条约规定法国向美国赔偿2500万美元，分六年偿付，用于赔偿拿破仑执行《柏林条例》和《米兰条例》期间对美国人民海洋权益的侵害。双方互换了通过批准的条约，但是当第一期赔款到期应付时，法国下议院（Chamber of Deputies）却并未批准付款，财政部部长下发的付款通知单如石沉大海。就在此时，杰克逊派遣爱德华·利文斯顿（刚辞任国务卿）前往法国担任驻法公使，杰克逊命令他提醒法国，他决心迫使法国"尽快而彻底地执行"条约相关条款。[2]

1833年12月3日，杰克逊在第五次国情咨文中正式宣布当前的不利境况。他在咨文开篇便宣布条约未如期执行，他深感不悦。巴黎的赔款到期5天后美方就向法国财政部部长发布了一份付款通知单。直到此时，杰克逊才意识到法国下议院才是主管此次赔款事宜的部门。法方曾多次给杰克逊吃定心丸，最近一次是新任法国驻美公使，信誓旦旦地保证下议院在下次会议召开后便会支付赔款。"我应该对当前的境况表示失望吗？"杰克逊在咨文的该部分内容处总结道，"必要时，我将会以同样的方式通知国会此事的进展。"[3]

直到1834年1月13日，拨款法案才被提交到下议院，此外该法案很快便被移交至委员会，像死尸一样静静地在那里又待了两个月。此后，3月28日，下议院同意对此问题进行考虑，经过5天的激烈辩论，赔款法案以176票反对票、168票赞成票遭到否决。[4]

杰克逊闻讯怒不可遏。这次否决案事件让他不知所措，根本就是一场经过精心谋划的羞辱。法国此举明显是有意为之，而总统则被突如其来的变故气得暴跳如雷。他甚至考虑要求国会授权发布"捕拿（敌国商船或货物以追偿海事损失的）特许证（Letters of Marque and Reprisal）"，但是此举极有可能挑起两国战争。

---

1 托尼致信范布伦，1860年4月9日，《范布伦文件汇编》，美国国会图书馆。

2 麦克莱恩致信利文斯顿，1833年6月3日，7月25日，8月6日，《利文斯顿文件汇编》，约翰·罗斯·德拉菲尔德基金会。

3 理查森，《咨文和官方文件》，第二卷，1239—1240页，1241页。

4 利文斯顿致信麦克莱恩，1833年10月13日，《利文斯顿文件汇编》，约翰·罗斯·德拉菲尔德基金会。

当然，否决拨款法案的原因有多个。一些众议员认为赔款金额过高，不仅会侵害到法国人民的利益，而且会助长他国就所谓的过错提出索赔的气焰。其他众议员，尤其是君主主义者（Monarchist）对独立革命后的美国深恶痛绝，因为这场战争对法国人民生活和思维方式产生了深远影响。还有其他一些众议员，主要是共和主义者，对国王和政府厌恶至极，于是想抓住一切机会让它难堪。[1]

尽管杰克逊正蜷缩在睡椅上大发雷霆，但是他对此事的第一反应却是再给法国一些时日，重新考虑此事，期待法国政府改变当前的打算，并要求下议院下次开幕时履行合约条款。因此，他通知此时居住在华盛顿的法国驻美公使路易斯·巴尔贝·塞吕里耶，他会一直等到下议院下次开幕，到时他便会"对此结果进行上诉，向全国宣布国王陛下在拒付赔款一事中所做的努力"。[2]

1834年夏，杰克逊返回到隐士庄园，并等待着下议院在此时召开会议。很快，他便遭到当头一棒。下议院并没有在夏季会议中讨论赔款事宜，也并没有在秋季召开特别会议的打算，法国政府甚至通知总统，赔款问题将在当年12月下议院开幕时进行讨论。而杰克逊已经决定在下次的国情咨文中讨论此事，法国政府便礼貌地要求他最好不要提及任何不愉快的事情。[3]

杰克逊从田纳西州回到华盛顿不久后，新任国务卿约翰·福赛斯便通知法国驻美公使路易斯·塞吕里耶，说总统已经恼羞成怒，并警告塞吕里耶，杰克逊绝不是那种坐以待毙的总统，眼睁睁地看着法国故意拖延履行合约。公使在同国务卿经过多次面谈后，认为必须通知法国政府，因为杰克逊国情咨文的内容将会"十分令人不悦"。法国政府有望从"总统的国情咨文感受到浓烈的火药味"。[4]

不出所料。1834年12月1日，杰克逊总统在第六次国情咨文的开篇就指出这一爆炸性问题。"非常失望地向大家宣布，我国的外交事业取得了喜人的成绩，同大多数国家保持了友好和平的关系，但是这一切都与法国无关。"长时间的谈判已经令人十分懊恼，总统轻蔑地说道。"法国政府不仅一直在拖延执行它同美国庄严订立的条约，而且它的这种拒不履行法律义务的行为似乎会

---

1 理查德·麦克勒莫尔，《法美关系》（大学，路易斯安那州，1941年），112—113页，乔治·吉布斯致信范布伦，1834年4月2日，《范布伦文件汇编》，美国国会图书馆。

2 麦克莱恩致信塞吕里耶，1834年6月27日，麦克勒莫尔，《法美关系》，120页。

3 里尼伯爵致信利文斯顿，1834年7月31日，《利文斯顿文件汇编》，约翰·罗斯·德拉菲尔德基金会。

4 塞吕里耶致信里尼，1834年11月29日，麦克勒莫尔，《法美关系》，128页。

一直拖延到未来的某个时间段，因为我目前没有发现该国有任何准备立即履行条约义务的证据。"[1]他继续说道。

> 我坚信美国应该督促法国尽快履行条约义务，以防该国拒绝履行或者拖延履行义务。我们用了长达25年的时间同法国谈判，才换来了它同意赔偿的条约，我绝不允许再浪费25年的时间同法国讨论赔款支付问题。国际法已对此种情形给出了解决方案。国际法规所奉行的一大原则便是，当一个国家欠另一个国家债务时，且债务国拒绝或拖延向受害国支付款项，则受害国有权扣押债务国的所有物，包括该国的公民或国民，直至与欠款相抵，且无须对战争给出正当理由。此解决方案早已屡试不爽，最近法国就该种情况下对葡萄牙实行了此方案。[2]

扣押法国的所有物！此言一出，举国震惊。如果法国在下议院的下一个会季依旧无法支付赔偿款，咨文继续说道，我们便可以认定该条约已被否决，因此国会必须"立即采取正当措施"，并在"最大限度上捍卫我国的国格"。

这是一篇不同凡响的国情咨文，法国对此深感意外。国情咨文引起了"极大轰动"，利文斯顿对福赛斯描述道。此时的巴黎在"一片骚动之中"。[3]塞吕里耶接到命令返回法国，如果利文斯顿愿意的话，他也可以随时拿到归国的护照。尽管法国政府已经决定继续解决赔款事宜，并要求下议院拨款支付赔款，但是杰克逊毫无根据的"非难"让它倍感"耻辱"。

法国政府召回塞吕里耶的消息在美国引起了巨大轰动。约翰·昆西·亚当斯在日记中写道，整个众议院都在"极度的兴奋中"，很多众议员甚至要求休会以示抗议。战争的狂热分子们在美国的多个角落里捶胸顿足，纽约市的国民警卫队甚至向总统主动请缨。但是，总统向他们保证说："我们同那个故交盟国之间的嫌隙……用不了多久就会烟消云散。"[4]

---

1 理查森，《咨文和官方文件》，第二卷，1321—1322页。

2 理查森，《咨文和官方文件》，第二卷，1325页。

3 利文斯顿致信福赛斯，1835年1月11日，利文斯顿致信安德鲁·杰克逊，1835年1月16日，《利文斯顿文件汇编》，约翰·罗斯·德拉菲尔德基金会。

4 亚当斯，《回忆录》，第九卷，207页；安德鲁·杰克逊致信罗德尼·丘奇，1835年4月27日，《杰克逊文件汇编》，美国国会图书馆。

1835 年 1 月 15 日，法国财政部部长最终向下议院提交了旨在赔偿美国的拨款法案，法案随后被提交到相应的主管委员会。3 月 28 日，委员会向下议院提交了一份反馈报告，提及杰克逊对国会发表的国情咨文，并要求总统对自己的言论做出合理解释，否则法国将拒绝支付赔款。下议院于 4 月 8 日就此事进行了严肃讨论，并于 4 月 18 日以 289 票赞成票对 137 票反对票通过了一份修正案，要求"合众国总统对上年 12 月的国情咨文向法国政府做出合理解释，否则拒不支付赔款"。[1]

利文斯顿为此烦恼不堪。他告诉福赛斯："我认为这份修正案会让整个赔款法案功亏一篑……我还是遵从你的意思取回我的护照吧。"5 月 5 日，他从勒阿弗尔乘坐美国船只"宪法"号，踏上了回国的路程。[2]

法国下议院通过赔款法案的消息于 5 月 26 日传回美国。几乎所有人的第一反应都是大喊一声"谢天谢地"。杰克逊的政府再一次取得外交上的胜利，迫使一个欧洲国家向美国支付合法赔款。尽管与这场意外之喜一同而来的还包括那份修正案，法国要求赔款之前，杰克逊必须对国情咨文做出解释。约翰·昆西·亚当斯说道："事态的发展进入了一个两难的境地。"但是这在很多美国人看来无非是法国为保全体面而开出的条件，本身无伤大雅。威廉·里夫斯说道："我希望法国'做的荒唐事'引起严重的后果。"[3]而最终决定此事走向的非白宫莫属，华盛顿的《环球报》撰文公布了杰克逊对要求解释一事的回应。回应的内容极为唐突、粗鲁甚至有些挑衅的意味，但是它准确地表达了美国人民的所想和所言。"我们不可能向法国道歉，"《环球报》高呼道，"也不可能对子虚乌有的臆想之事进行道歉，更不可能被妄自尊大而又气急败坏的法国人所蒙骗。"

"绝不道歉。"这就是杰克逊对法国的解释，他故意为之。"是时候打压一下目中无人的法国了，"总统后来在给亚摩斯·肯德尔的信中写道，"我们要让整个欧洲看到，我们绝不允许法国，或者任何欧洲政府干涉我国内政，或者随意限制总统对国会发布国情咨文所用的语言。"他继续说道，1834 年的国

1 麦克勒莫尔，《法美关系》，151—152 页；哈彻，《利文斯顿》，443 页，利文斯顿致信福赛斯，1835 年 4 月 19 日，《利文斯顿文件汇编》，约翰·罗斯·德拉菲尔德基金会。

2 利文斯顿致信福赛斯，1835 年 4 月 19 日，利文斯顿致信布罗格利耶公爵，1835 年 4 月 25 日，《利文斯顿文件汇编》，约翰·罗斯·德拉菲尔德基金会。

3 亚当斯，《回忆录》，第九卷，238 页；里夫斯致信范布伦，1835 年 6 月 2 日，《范布伦文件汇编》，美国国会图书馆。

情咨文，是他完全按照宪法的要求所写，也就是说，向国会交代合众国的境况，并向国会建议应该采取何种政策。"针对国情咨文所讲的任何内容向外国政府做出解释或道歉都有损我国尊严。法国的傲慢简直到了无以复加的境地，要求我们道歉就是不承认我们是一个独立的主权国家，所有美国人都不会答应"。[1]与此同时，法国外交部部长布罗格利耶公爵希望尽快停止争端，希望总统可以通过一些官方渠道暗示自己从未故意"对法国采取敌对态度"。[2]

　　1835 年 12 月 7 日，杰克逊在下次国情咨文中竭尽所能地阐述了当前的情况。在简短概括截至目前发生的所有事件后，他对法国的所作所为做出了自己的评判，并试图为自己采取的行动正名。"那种认为我故意中伤或者羞辱法国政府的观点纯属凭空臆造，正如那种企图通过曲解的正义感中附会出对整个法国的敬畏，两者一样荒唐无稽。"他为自己发表国情咨文的权力辩护，认为其他国家无权对国情咨文提出任何质疑。此时，他更是开诚布公地向美国人民发表以下声明："我绝不会就声明的真实性以及履行的职责道歉，绝不会为此让我们的国家蒙羞……我相信，我的选民们一定会支持我的决定。"[3]

　　总统的咨文加快了争端解决的步伐，而此时的欧洲正值多事之秋，进一步推动了争端的最终解决。西班牙国内局势混乱，荷兰对比利时蠢蠢欲动，英国则不愿出面调停这场一触即发的入侵战争，俄国对法国虎视眈眈，这一切使得法国不得不考虑尽快息事宁人。最终，英国同意出面调停此事，法国和美国也选择见好就收。英格兰方面劝告法国把杰克逊最新的国情咨文当作他们所要求做出的"解释"。这招果然奏效，由此他们便可以名正言顺地支付赔款了。2月 15 日，英国照会美国政府说，赔款问题存在的困难已经全然解决，美国政府可以随时接收到第一笔赔偿金。[4]杰克逊立即于 2 月 22 日知会国会，通知此事已经解决。[5]

　　消息传出后，举国欢腾，人们为安德鲁·杰克逊总统而骄傲。即使辉格党

　　1 安德鲁·杰克逊致信肯德尔，1835 年 10 月 31 日，杰克逊，《信件》，第五卷，374—375 页。

　　2 布罗格利耶公爵向他在华盛顿的代表发出了照会，该照会文件随后于 1836 年 1 月 22 日在《国家情报》上发表。

　　3 理查森，《咨文和官方文件》，第二卷，1367 页及后文。

　　4 麦克勒莫尔，《法美关系》，184 页，187 页；班克赫德致信福赛斯，1836 年 2 月 15 日，理查森，《咨文和官方文件》，第二卷，1440 页。

　　5 理查森，《咨文和官方文件》，第二卷，1435 页，1436 页。

也无法否认他的巨大成就，杰克逊本人更是欣喜若狂。"昨天我看到了一封信，"他在给爱德华·利文斯顿的信中写道，"信上说，我从未在……欧洲有过如此之高的地位，我们的国家地位甚至可以跟欧洲几大强国比肩齐声，我国已经足以跟整个世界和平共处。"[1] 他在 1829 年第一次国情咨文中便说道："我有着坚定的决心，即不会要求做不确定是否正确的事，更不会向错误的事情屈服。"但是"坚定的决心"背后的潜在动机就是赢得世界对美国的尊重。他如愿以偿。

尽管如此，他还是时不时遭受各方责难，指责他过于铁腕，指责他的外交政策总是不分青红皂白地威胁打压，甚至不惜动用各种权谋，连所使用的语言都有用力过猛之嫌，因此会对整个国家的和平与安全带来极大威胁。批评声的确言之有理。但是在某些情况下，杰克逊的做法情有可原，至少在面对法国拒付赔款一事上，他的所作所为并无不妥之处。首先，法国的行径极其恶劣。他们本来已经订立条约，同意赔付赔款，但是随后却违约，他们违约并非偶然，而是根本没有支付赔款的打算。此外，利文斯顿作为一名蜚声国内外的优秀律师，同时又是一名亲法者，都建议对法国采取强硬措施。杰克逊如果连自己亲自任命的公使提出的建议都拒不采纳，那么他一定是昏庸无能之辈，因为公使本人就身历其境，提出的建议必然相对中肯可行。

无论如何，杰克逊处理赔款争端一事对美国产生了极为重要的影响，大大提高了美国在欧洲的国家地位，加强了美国和英国之间的关系纽带。重新理顺了法国和美国之间的关系。法国自以为是地认为它可以为所欲为，并可全身而退，只因它曾在美国独立战争中出过一己之力。现在，它已经幡然醒悟，这对两国关系的健康发展有积极意义。

但是，如果我们把此事放在历史的长河中进行考量，便不难发现杰克逊外交胜利的最重要影响或许是它有力地打压了欧洲对美国式自由实验的蔑视，[2] 被迫重视美国的权益，并把美国视为一个自由独立的主权国家。总之，杰克逊在外交事务中取得了辉煌的成绩，不仅仅是因为他追回了其他国家欠美国的债务，更因为他在世界范围内提高了美国的声誉。杰克逊奉行积极的外交政策，制定明确而崇高的目标，为整个国家赢得了应有的尊严和尊重。

---

1 安德鲁·杰克逊致信利文斯顿，1836 年 2 月 27 日，《利文斯顿文件汇编》，约翰·罗斯·德拉菲尔德基金会。

2 利文斯顿在 1834 年 6 月 23 日写给安德鲁·杰克逊的信中对此问题进行了讨论和分析，《杰克逊文件汇编》，美国国会图书馆。

第二十五章　杰克逊民主政治

杰克逊总统除了在外交方面取得了辉煌胜利外，他还取得了一场空前绝后的胜利——还清了美国的国债！1835年1月8日，杰克逊总统还清了最后一笔国债。偿还国债是杰克逊在过去4年孜孜以求力行"改革"的项目之一。这是一项足以令他引以为豪的成就。

从整个国家的角度来看，还清国债昭示着共和政治和宪政制度的胜利。这项成就足以彪炳史册，它是自由的象征，是胜利的标志。它显示着民主正福泽于全世界。由于最后一笔国债的偿还日期几乎与新奥尔良战争的周年纪念日重合，民主党便顺风扯帆（还可以获取政治优势）决定把两次事件合二为一，举行一场大的庆祝宴会。20年前，杰克逊勇挫英军，向世界宣示了美国军队的实力；现在，1835年，他又证明了美国的政治制度具有旺盛的生命力。

1835年1月8日，一场"金碧辉煌"的宴会于下午6点整在华盛顿的布朗酒店开席。晚宴之上"玉盘珍馐、垂涎欲滴"，约有250人到场。房间内处处摆放着苍翠欲滴的常青植物，一幅乔治·华盛顿总统的肖像画挂在房间一侧的墙上，杰克逊总统的肖像画则挂在对面的墙上。托马斯·哈特·本顿负责主持宴会，詹姆斯·波尔克、赛拉斯·赖特、小威廉·金以及艾萨克·希尔则负责协助本顿维持宴会现场。

这本是一件盛事，但是杰克逊却拒绝出席。这场宴会的目的就是为庆祝这一历史性时刻，他不想因为自己的出席破坏了现场的氛围，他不想成为歌功颂德的对象。与之相比，国家摆脱了"经济束缚"才是一件值得庆祝称颂的事。只要国家能够摆脱束缚，杰克逊就已心满意足，深以为荣。

副总统范布伦便作为宴会贵宾坐到了杰克逊的位置上。当晚出席宴会的除全体内阁成员外，还包括众议院议长、其他国会议员以及陆军和海军的高级军官。

参议院的牧师哈奇大人依例在宴会开始前祷告。参议员本顿起身致开场词，随后便很快进入正题。

"国债，"他宣布道，"已经还清了！"

"万岁！"人们欢呼道。

"截至 1835 年 1 月，"本顿继续说道，"是合众国成立的第五十八个年头，安德鲁·杰克逊总统当政，我们还清了国债！实在非凡罕见！一个没有国债的伟大国家，屹立于这奇幻无穷的大千世界之中！"

"先生们，"本顿并没有要停下的意思，他准备致祝酒词，"我此时此刻的心情与你们一样，祝杰克逊总统今晚之后的每一天都安适幸福，感谢他为我们的国家带来的无上光荣。"

当范布伦向总统致敬时，宴会现场的每一个人纷纷起身，等他结束致辞后，场上传来了雷鸣般的掌声。

这种场合往往让杰克逊应接不暇，所以他干脆避之不见。但是民主党人则情不自禁地想要抒发自己的感情，他们争相歌功颂德，不约而同地在祝酒词中称赞他为战争英雄、国家自由的守护者。总统虽缺席晚宴，但是依旧奉上祝酒词。他在祝酒词中，只字未提自己的功绩或者 1 月 8 日，只是把重点放在了一个重要事件上：国债已经付清。

"合众国的国债已然付清，"他宣称，"它增强了我国的实力，为合众国增光添彩，处处显示着公正、赤诚以及智慧的光辉，值得我们为此庆祝。"[1]

在场的宾客们陆续致完祝酒词，晚宴在一首名为《自由圣坛》歌声中落下帷幕，这首歌是专为这场晚宴而写的。晚宴结束后，民主党党员相互握手，用手轻拍对方的后背，他们认为这一事件完全可以称得上是美利坚合众国历史上最"独特而光荣"的事件之一。

国债的清算主要归功于杰克逊。不仅仅因为他长期以来主张对此进行改革，更因为他要求自己的政府厉行节约，以尽早还清国债。当然，由于经济的快速发展，对他还清国债大有裨益，但是他一丝不苟地监督国会拨款，并常常制定各种措施，保证在还款期限之前还清债款。此举不仅大大提高了他的个人声望，更进一步增强了他的政治影响力。普通民众对他领导下的政府表现出的兢兢业

---

[1] 1835 年 1 月 14 日，《环球报》对庆祝晚宴进行了完整记录。

业和诚心实意交口称赞，他领导全国人民还清国债，着实为他的个人履历增添了浓墨重彩的一笔。

如果说新的一年在一片盛景中开始，那么好景不长，杰克逊在一次蓄意刺杀中险些命丧黄泉。这是美国历史上第一次有人蓄意谋杀总统。以前，美国平民都不敢轻易靠近总统，更别说荷枪实弹对准总统，冲总统开火，企图改变历史的进程。

此事发生于1835年1月30日，星期五，当天是南卡罗来纳众议员沃伦·戴维斯的葬礼。葬礼仪式结束后，包括总统、内阁成员以及两院议员在内的吊唁人一同前往国会大厦的东门廊，众议员在队伍的最前面，紧随其后的是参议员，总统在队伍的最后面。东门廊圆形大厅的入口处站着一位30岁的男人，又黑又密的络腮胡子让人无法看清他的长相。总统刚抵达圆形大厅，这位年轻人便一个箭步冲上去，右手中的小型手枪直接对准杰克逊的心脏。两人的距离仅仅有2.5码远。他扣动扳机，传来一声枪响。

杰克逊反应极快。他并没有选择逃避，而是举起手杖冲向暴徒。

年轻人立即扔掉那把手枪，快速举起左手的备用手枪，再次瞄准总统，并扣动扳机。

国会大厅里又响起了一声枪响。杰克逊先是迟疑了一下，继而冲上前去。那位年轻人见状连忙躲避，最终被海军上尉格德奈伊制伏。"总统死死地按住他，"参议员约翰·泰勒写道（他是事件的目击者之一），"直到他被监禁起来。"

虽然射击了两次，但是枪管内的火药却没有被点燃。那一天的气氛极度压抑，泰勒说道，"人人郁郁寡欢"，两把手枪内都装了"上好的子弹。但是，却奇迹般地没有爆炸"。[1]

刺客是一个名叫理查德·劳伦斯的失业油漆工。他很快被移交到"民事部门"，并被监禁起来。当众议院的纠仪长（Sergeant-at-Arms）盘问他刺杀总统的意图时，他声称杰克逊在3年前杀死了他的父亲。他还声称自己是英国王位的合法继承人，而杰克逊企图阻拦他获得继承权。"这完全是一派胡言。"约翰·泰勒说道。当然，劳伦斯不久后便被法院传唤接受审判。但是，1835年4月11日，他却被判无罪，理由是"他患有精神类疾病"。[2]随后，他便被拘留于疯人院中。

1　泰勒致信罗伯特·泰勒，1835年1月31日，《杂项文件汇编》，亨廷顿图书馆。

2　同上；弗朗西斯·斯科特·基致信罗杰·托尼，1835年1月30日，《基文件汇编》，美国国会图书馆；《环球报》，1835年2月3日和4日，4月13日。

一家报刊不无沉痛地撰文道："这就是这个时代的趋势。"[1] 一股强大而恐怖的力量正在操纵着这个国家，改变着它的性格和心境。这个国家 40 年来从未发生过总统遇刺事件。这些年来，先后有 6 位总统执掌大局，这个国家历经了动荡与战争的洗礼，已经开始走向安宁与和平。当时以及后来的人大都认为，杰克逊招来杀身之祸的主要原因是他本人的性格，他过于强势，过于争强好胜，还控制欲极强，因此很容易成为社会中精神错乱之人的攻击目标。

> *你这该死的恶棍……信不信我趁你睡着时割断你的喉咙。我写这封信就是为了提醒你，提醒你这该死的小心着点，小心我去华盛顿生吞活剥了你。*

> *你的主人*
> 尼厄斯·布鲁特斯·布思

> *你是认识我的！咱们走着瞧！*[2]

> 布劳尔酒店，费城，1835 年 7 月 4 日

毋庸置疑，杰克逊的强势性格极易招惹那些隐藏在各地的精神错乱之人。但是，当时就有人提出质疑，这种局面背后肯定还存在更棘手、更深层次的原因。毫无疑问，美国社会本身难逃罪责。自从 19 世纪初期以来，美国社会的生活方式就发生了翻天覆地的变化，有时表现为积极的变化，有时则表现为消极的变化。工业革命、运输革命、大量移民拥入西部地区、生活水平的持续提高、政治制度民主化力度加大、社会经济流动性增强使得游客数量剧增，以上种种变化极大改善了美国人的生活质量。但是它们也给整个社会带来了阴霾。贫困、城市犯罪和暴力、粗鄙庸俗的享乐主义、工业革命导致财富和特权失衡以及种族和宗教偏见，以上种种层出不穷。社会积弊丛生，改革运动（Reform Movement）势在必行。亟须有计划地改变和改善美国社会，消灭享乐主义、提高教育质量、提高妇女地位、解放奴隶、改善工作环境、改良刑法机构和精神

1　《晚报》（纽约），1835 年 2 月 4 日。

2　"布思"致信安德鲁·杰克逊，1835 年 7 月 4 日，杰克逊，《信件》，第五卷，355 页。

病院、倡导克己节制的国民美德。[1] 因此，刺杀事件的发生本身就能说明美国的社会生活已经存在一些严重弊病，需要多加注意并进行根治。

刺杀事件结束后，杰克逊立即踏上一辆四轮马车，火速赶回白宫。等他回到自己的住处后，便很快恢复了平静。马丁·范布伦紧随其后来到白宫，内心思忖着总统一定免不了大发雷霆一场，但是他却惊讶地发现老胡桃木"一边逗弄着一个坐在他腿上的孩子，这个孩子是多纳尔森少校的子嗣，一边同斯科特将军攀谈，就好像刚才发生的那惊心动魄的一幕压根儿与他无关一样"。[2]

但是这场新近发生的刺杀事件很快被一连串接踵而来的政治胜利而冲淡，给杰克逊政府带来了莫大的欢欣和满足。1835 年 7 月 6 日，美利坚合众国首席大法官约翰·马歇尔去世，总统决定任命罗杰·布鲁克·托尼接任他的位置，而托尼因参议院否决而没能担任财政部部长。参议院曾几个月否决总统任命的官员，而杰克逊每新任命一位官员，他的政治势力就增长一截。康涅狄格州、伊利诺伊州以及路易斯安那州分别向参议院派遣了一名参议员，他们对民主党可谓忠贞不贰，总统的地位不可撼动。1835 年 12 月 28 日，杰克逊正式提名托尼为正式大法官，提名于 3 月 15 日通过，29 票赞成票、15 票反对票。克莱、韦伯斯特以及卡尔霍恩均投出"反对票"。杰克逊乘势追击，立即提名亚摩斯·肯德尔为邮政部部长，并最终通过国会批准，确立了邮政部部长在内阁中的地位。

提拔托尼和肯德尔确系杰克逊慧眼识珠。特别值得一提的是肯德尔，他极力协助总统推行改革，并最终促成《1836 年邮政法》，该法的颁布大大加快了邮局业务的现代化步伐。但是肯德尔任期内却发生了一些与邮局息息相关的不祥征兆。1835 年 7 月 29 日，一艘汽船载着大量反奴隶制宣传册驶进了查尔斯顿，这些宣传册由一个名为美国反奴隶制协会的组织印发，该协会于 1833 年成立于费城，而这些宣传册就是要分发给该市的上层社会人士。查尔斯顿的邮政局局长阿尔佛雷德·休格一边把这些宣传册没收，一边向肯德尔请示。不巧的是，关于这批宣传册存在于城中的消息很快传遍了整个查尔斯顿。当晚，一群暴徒破门而入，把锁在邮局里的宣传册洗劫一空。在接下来的一个晚上，在一片狂欢声中，查尔斯顿的多个练兵场上架起篝火，烧毁了这些"极具煽动性的"材料，被烧掉的还有废奴领袖威廉·劳埃德·加里森、路易斯和亚瑟·塔潘、希欧多尔·德

---

1 杰克逊时代的社会改革请参见爱丽丝·费尔特·泰勒，《自由的动乱》（明尼阿波里斯市，1944 年）。

2 范布伦，《自传》，353 页。

怀特·韦尔德等人的肖像画。

面对休格火急火燎的请示，肯德尔只是告诉他，根据这些材料的"特点或倾向性"，邮政局局长无权把这些材料排除在邮件范畴之外。但是，他又说道，"我不准备指示你"分发这批宣传册。实际上，肯德尔把这个问题又抛给了休格，让他自己审时度势做出决定。[1]

肯德尔转而向杰克逊请示此事。而此时，杰克逊正在弗吉尼亚州的 Rip Raps 度假，这是他最钟爱的度假胜地。杰克逊闻讯悲愤不已，他说居然有人企图在南方挑起种族战争。但是，杰克逊却并不否认此事的合法性，"我们是依法建立的机构，是法律的执行者；我们无权剥夺人民依法享有的运载邮件的权力"。对动用暴力截获宣传册一事让总统愁眉不展。"动用暴民法已经成为司空见惯的趋势，必须严厉予以打击，"他宣称，"否则不久后我们就会重蹈奴隶起义的覆辙。"不管怎样，在国会通过相关立法认定废奴宣传册危害公共安全应予以取缔之前，"我们唯一能做的就是确保除那些订阅者外，其他人等一概无法收到这份煽动性宣传册。"[2]

1835 年 12 月 7 日，他向国会发表了第七次国情咨文。总统要求通过必要的法律，但是却遭到以卡尔霍尔为首的联邦法律无效论者的极力阻挠。他们极力倡导制定一项禁止在任何州或者准州投递废奴材料的法律，只要该州或者准州的法律认定此类材料为非法。1836 年 7 月 2 日，《1836 年邮政法》在经过多方讨论后通过并正式生效，该法明确禁止邮政局局长在任何情况下扣押即将投递的邮件。可惜的是，南方人却对这项法律熟视无睹，他们认为邮件到达接收站后就不再受联邦法律的约束。更为可惜的是，总统实际上已经无力推行该法，尽管为公平起见，我必须指出一点，那就是在该法通过不久后他就要卸任返家，而在此期间他重病缠身、缠绵病榻，几乎一步也没踏出过病房。直到1857 年，司法部部长凯莱布·顾盛（Caleb Cushing）规定邮政局局长有权拒绝投递煽动性邮件，但是需要法院最终裁定一份邮件是否具有煽动性。尽管杰克逊不可能亲临法院裁定废奴宣传册，更不可能授权联邦最高法院享有宪法的最终解释权，但是并不意味着老胡桃木不支持美国的司法制度。他完全承认法院拥有解决多种宪法议题的权力。此外，他绝不会答应一些民主党人极力推行"改

1 肯德尔致信休格，1835 年 8 月 4 日，《奈尔斯每周记录》，1835 年 8 月 22 日。

2 安德鲁·杰克逊致信肯德尔，1835 年 8 月 7 日，9 日，杰克逊，《信件》，第五卷，360 页。

革"下级法院以限制它们司法权的要求，他也绝不会同意废除《1789年司法条例》。[1] 尽管他没能赋予法院裁定废奴宣传册的权力，但是在19世纪初期，申请对政治权利和民事权利做出司法裁决并没有得到公认。

在杰克逊总统任期的最后一年，他不仅任命了两位最为重要的官员，还通过了新的《邮政法》，而且还完成了在全国范围内改革银行和货币系统的"实验"。随着财政盈余的不断增加，银行和货币系统中存在的问题也逐渐显现出来。没有国债需要偿还、整个国家经济的飞速发展以及政府厉行节约，使得社会产生了大量财富。最终，民主党人提出一项议案，要求管理政府的财政资金，同时要求按照各州在参众两院代表的比例分发财政盈余。这笔逾500万美元的财政盈余将在1837年分四个季度发放。尽管杰克逊对此略有异议，但是他还是于1836年6月23日签署了该议案。

过分活跃的投机经济在全国范围内产生了大量纸币，杰克逊决定通过消灭投机经济存在的根本原因，彻底解决此问题。土地买卖的疯狂程度已经到了无以复加的地步，仅1836年一年中就有2500万美元的成交额。等到杰克逊下定决心予以治理时，成交额已经达到了每月500万美元。[2] 他知道自己该如何做，但是他也十分清楚国会一定会不遗余力地拒绝他，因为他计划将土地买卖所用的支付货币全都变为金或者银（硬币）。因此，他便一直等到国会休会，并于1836年7月11日发布行政命令《铸币流通令》（Specie Circular）禁止土地总局（General Land Office）在公地买卖中使用纸币。杰克逊又一次有力地（尽管手段有些卑劣）行使了行政权力。"它标志着，"参议员本顿说道，"杰克逊将军拥有远见卓识以及不折不挠的意志。"[3] 从中也不难发现杰克逊对国会意志的漠视。但是，他认为自己的做法无可指摘。甚至国会中的大多数议员都与土地投机买卖有扯不清的关系，他们不可能批准一项将会损害自己经济利益的政令。[4] 因此，杰克逊为制止无休无止的通货膨胀，不得不先下手为强，终止这场几近失控的土地投机热。

辉格党人闻讯暴怒。《国家情报》撰文谴责该《铸币流通令》，称它"与

1　克米特·霍尔，《1829—1861年，司法政治学：下级联邦司法甄选和第二政党体系》（林肯和伦敦），3页及后文。

2　《环球报》，1836年6月22日。

3　本顿，《纵览三十年》，第二卷，676页。

4　同上，678页。

1833 年政府储蓄法令一样专制武断，这一定是某位自以为是的文官头脑发热想出的馊主意，它不仅大大削弱各储蓄银行的职能，还会扰乱整个国家的商业运营环境"。[1]亨利·克莱更是对该政令大加挞伐，指责它是"一项草率、非法以及用心险恶的法令"，只有独裁者才会给出这种法令。弗兰克·布莱尔针锋相对，指出只有"投机者和那些主张使用纸币的人才会如此气急败坏地反对他"。[2]

杰克逊对这些吹毛求疵的指摘不以为意，他转身回到自己的家中休养起来。由于两年前的大火，他已经很久没有回过家了，他迫切地想要看到焕然一新的隐士庄园。

他于 8 月 4 日晚回到隐士庄园。长期路途劳顿已经让他疲惫不堪，但是等他看到自己的新宅时，先前的疲惫突然踪影全无。他借着微弱的月光，发现一幢美轮美奂、富丽堂皇的楼房正巍然耸立在自己面前。它看起来高大雄伟。6 根有凹槽的柱子撑起了一块气派的门廊，双层门廊使得建筑物整体柔和不少，相较于以前更像是一座舒适的田园住宅。每层楼都分别伸出两个侧厅，侧厅向外延展数十英尺，比以前的房屋宽了整整 40 英尺。左侧厅或者西侧厅是餐厅，另一边是配餐室和餐具储藏室，右侧厅或者东侧厅则是杰克逊的书房。[3]

隐士庄园的第一层被一间偌大的门厅横向分隔开来。走廊另一端的尽头建有华丽的螺旋状楼梯，直通二楼。门厅两侧的墙上都装饰有从法国进口的壁纸，分为四个场景，描绘了忒勒马科斯（Telemachus）在寻找尤利西斯（Ulysses）的途中，途经卡吕普索（Calypso）居住的岛屿，并在岛上经历各种冒险。门厅的左侧分别是前会客室和后会客室，两间会客室由折叠门隔开；门厅的右侧是一条通道，直通房子一侧的出口。通道两侧是多间卧室，杰克逊选择住在前卧室；他的儿子和儿媳妇则住在与之相对的后卧室，与该卧室紧邻的是一间保育室。杰克逊的书房就在他卧室的隔壁，中间隔着一道门。而他书房专门建有一个直通室外前门廊的出口。隐士庄园的二楼主要由 4 间大的客房组成，其中一间客房专为画家拉尔夫·厄尔保留。

短暂的驻留让杰克逊通体舒畅。看到富丽堂皇的新房，他心满意足。8 月

---

1 1836 年 7 月 14 日、15 日。

2 《环球报》，1836 年 10 月 12 日。

3 安德鲁·杰克逊致信肯德尔，1836 年 8 月 5 日，米滕收藏，印第安纳州历史学会，印第安纳波利斯。

20 日，他在纳什维尔的邻居和亲朋好友为他举办了一场接风宴。那是在纳什维尔举行的一场盛大的烧烤宴会，席间杰克逊不停地同他的朋友们握手、攀谈。其间有人向他致祝酒词表示敬意，他应答道："田纳西州有一句这样的格言——坚持原则，而非人的意志——它绝不会遗失杰斐逊民主共和党的优良传统，它总是矢志不渝地坚持并推行……"[1]

在他后来与友人的通信中，不断地强调"杰斐逊民主共和党的优良传统"，并指出这些优良传统塑造了他所有"改革计划"的基石。[2] 历史学家们往往认为杰克逊没有一贯坚持的治国理政方针。他们通常认为杰克逊推行改革的原因是他的私人恩怨和根深蒂固的偏见，导致他的改革总是伴随着冒进和傲慢。这种论断对杰克逊来说极为不公。事实上，杰克逊不但有明确的治国理政方针，他还要求自己的政党奉行这些方针，因为它们大大加快了已经走上轨道的民主化进程。

为了更好地理解杰克逊的政治思想走向，我们有必要旧事重提，该事件几乎对他的政府理念产生了决定性影响，那就是 1825 年的"盗窃大选"，在此期间约翰·昆西·亚当斯和亨利·克莱进行了"一场腐败交易"，明目张胆地违背民意把亚当斯送上了总统大位。在杰克逊看来，这场腐败交易简直是整个腐败时代登峰造极的腐败事件。由此，杰克逊民主政治开始奉行"第一原则"，即"多数人统治原则"。[3] 杰克逊在第一次国情咨文中便系统地阐述这一信条，并不遗余力地抓住一切机会对此进行宣传。他说道："人民统治着这个国家，我们必须遵从他们的意志。"只有多数人原则才能捍卫自由的真谛。所有的这些原则都与先前的共和政治理念相悖，因为先前人的政治代理人可以在必要的情况下改进和改变民意，一如 1825 年总统大选所出现的局面。因此，杰克逊民主政治的基石就是始终不渝地相信人民、赞扬人民。杰克逊在当政期间一直坚定不移地贯彻这一原则，使得美国的民主持续不断地向前进步。

杰克逊曾一度列举出杰克逊民主政治的诸多显著特征，以期得出一个明确定义。如果"田纳西州品行良好的自由民"，他一边写一边试着总结出一个明确定

1　纳什维尔，《国家的旗帜》，1836 年 8 月 26 日，副本藏于"杰克逊文件汇编项目"，隐士庄园，田纳西州。

2　安德鲁·杰克逊致信布莱尔，1836 年 8 月 22 日，《杰克逊文件汇编》，美国国会图书馆。

3　理查森，《咨文和官方文件》，第二卷，1011 页。

义，有机会向政治候选人询问几个简单的基本问题，他们便可以根据所给出的回答轻而易举地把民主党人和"辉格党人、联邦法律无效论者以及蓝光联邦主义者"区分开来。"人民，"杰克逊继续说道，"应该问他们下面几个问题，您支持国家银行吗？您支持对联邦宪法和州宪法进行狭义解释吗？您支持官职轮值制吗？您会坚定人民就是最高权力的共和政治信条吗？官员是人民的代理人，人民包括全国意义或者普通意义上的公民，也包括地方的公民，他们有权对自己的代理人或者代表人进行指导，而这些代理人或者代表人必须服从人民的意志，否则就要辞职。简而言之，真正的共和主义者一定会信奉真正的杰斐逊主义。"[1]

杰克逊宣称，最高权力属于人民，一切国家和地方问题都要服从于这一最高权力。此外，人民有权根据自己的意志"指导他们的代理人和代表人"。那种认为人民一旦选出代表人后就无权再进一步参与到执政过程的观点是极为失当的。在杰克逊看来，人民根据指导原则依旧对进一步的执政过程保有控制力。他会不遗余力地拿回代表人手中所享有的"更正"或改变或无视人民意志的权势或权力。

杰克逊并不认为法院享有最高权力。但是，指出了两者之间存在的区别。他承认法院有复审和解释法律的权力，但是他并不认为法院拥有最高权力，即决定对所有人都有约束力的"宪法中不确定条款的真正含义"。对法律的复审和解释权或许有"其合理性"，他辩称："因为这项权力受到大多数人民的制约。"但是决定宪法的真正含义则没有任何可行性，因为"法院一贯坚持约束"州和人民的权利，除非通过宪法修正案，否则没有任何机动性，而通过宪法修正案解决问题难如登天。允许联邦最高法院享有解释宪法的最高权力很容易滋生一个贵族政治体制，而非民主政治体制，因为仅凭4个人（现今是5个人）就可以号令全国，无论是否经过人民的首肯，这都令人极其无法容忍。在真正自由民主的国度，他强调称，人民有权最终决定宪政问题。他们通过投票箱实现自己的最高权力。[2]

蓝光联邦主义者可能是指1812年战争期间停泊在新英格兰沿岸的舰队，通过发送蓝光信号表示该处是安全港。

1　安德鲁·杰克逊致信多纳尔森，1835年5月12日，《多纳尔森文件汇编》，美国国会图书馆。

2　这些观点由布莱尔所写，于1832年7月27日发表在《环球报》上，但很明显是经过杰克逊的授权后才予以发表。在撰写银行否决咨文时，两人就深入讨论过这些观点。在此次否决咨文中杰克逊曾说道："立法机构、行政机构以及司法机构必须各自按照自身对《宪法》的理解运行。"

除了反复强调多数主义是杰克逊民主政治的首要原则外，老胡桃木还坚定不移地主张对宪法作狭义解释。他认为必须精简政府机构，并要求政府厉行节约。他坚持的信条还包括反对国家银行以及实行官职轮值制。他想通过官职轮值制向世人说明政府的运行必须面向全体社会。精英主义不可取。官僚阶层要不得。他虽然并不总是面向社会中的每一个经济阶层招募官员，但是他坚信推动政府民主化进程应被看作杰克逊民主政治的基本原则。

实际上，杰克逊对公职的观念随着年龄的增长越发民主起来。他先从一个前提出发，即所有的官职（无论是任命官职还是选举官职）必须在人民的完全把控下。任命官职应该施行轮值制，最好每4年一轮。选举官职必须由人民直接选举产生。根据上述原则，杰克逊甚至打算提出宪法修正案，废除总统大选中的选举人团制度。此外，他还表示总统任期不能超过一届，每届时长为4到6年。杰克逊提倡一届制总统任期的原因是因为连任可能会给总统带来不合宜的"腐败"影响。此外，他认为人们有权直接选举美利坚合众国的参议员。另外，他们的任期应该限制在4年，人民有权罢免他们的职务。在杰克逊眼中，参议院就是一个十足的精英机构，奉行特权原则，根本不能代表广大美国人民。《环球报》在其社论栏向选民阐述了杰克逊有意推进参议院民主化进程的想法。"那么，我们想对美国人民说，提出宪法修正案，把参议员任期缩短至4年，参议员由各州人民选出，难道不值得我们好好考虑一番吗？"[1]

有趣的是，杰克逊甚至主张联邦大法官也通过选举选出，如果他提出宪法修正案，或许联邦最高法院的大法官们也不能幸免于难。他主张将大法官的任期缩短至7年，但是允许再选。历史学家乔治·班克罗夫特（George Bancroft）曾就此问题采访过杰克逊，并记录下了总统的一些观点。"他认为每一位官员都必须通过人民的首肯或者否定"，班克罗夫特写道。"英国的法官若想保护民众的权利免受君权的压制，那么他们必须拥有独立性"，杰克逊说道。但是，这不适合于美国。"美国的法官不应具有独立性，任期也不能超过7年。人民有权再次选举表现优秀的法官"。[2]

也就是说，杰克逊民主政治无限拓展了民主的概念，但是这种概念却具有极大的可行性。显然，杰克逊本人已经走在了他所处时代的前面，或许这个国家永远都不可能实现他的政治理想。

---

1 《环球报》，1834年4月1日。

2 莱杰手稿，《乔治·班克罗夫特文件汇编》，马萨诸塞州历史学会。

在我们阅读杰克逊试图定义他独具一格的民主政治这一部分时，值得一提的是，他对奴隶制、印第安人迁移、关税以及国内改良只字未提。就这一点而言，杰克逊民主政治从未替奴隶制辩护。奴隶制还不足以引起政府的特别关注。联邦政府不得干涉个人对私有财产的权利是那个时代对整个自由概念的最基础理解。在杰克逊主义的奉行者看来，政府通过立法废除奴隶制会撼动美国立国最基本的原则和制度。

因此，从广义角度来看，总统和他的朋友们在新兴的民主原则下倾向于对所有的事情等量齐观。如果他们发现任何有违多数人原则的阴谋，那么他们一定会毫不犹豫地提高嗓音进行反击和警告。此外，他们指责辉格党人把社会上存在的所有负面事物都归罪于民主政治的发展。爱德温·克罗斯威尔不仅是奥尔巴尼市《守卫者》的主编，还担任范布伦政治集团奥尔巴尼摄政执政团的发言人，他代表该政治集团向乔治·班克罗夫阐述了他们的观点。"保守派的领导人总是企图让人们相信民主精神的迸发以及行政机构的性质和示范是犯罪剧增以及公然蔑视法律的罪魁祸首，"他写道，"重要的是……民众应该在这一点上保持清醒，我们真正应该做的是对这些极端行为追本溯源，供职于合众国银行的保守派、保守派的领袖以及代理人，无论他们是否曾在国会任职，都在那场仍旧记忆犹新的大恐慌中造成了不少负面影响，他们滔滔不绝地发动煽动性演讲、发起威慑性暗杀行动、蔑视以及违反法律。"[1]

这种被历史学家称为杰克逊民主政治的现象，其卓越之处在于它对后世的自由主义者和保守主义者都有巨大的吸引力。直到今天，它对他们的吸引力仍旧不减。杰克逊民主政治包含了美国政治频谱的两个极端：自由主义和保守主义。造成这个局面的原因或许是，杰克逊的支持者们在面对全新的工业社会所带来的各种挑战和影响时，依旧孜孜不倦地保持共和政治的最核心本质。就这点而言，19世纪与20世纪期间发生在美国历史上的诸多动态事件和重大事件都与杰克逊民主政治息息相关，民粹主义（Populism）、进步党主义（Progressivism）、新政（New Deal）和公平施政（Fair Deal）、新疆界（the New Frontier）以及伟大社会（Great Society）计划等政策就是其鲜明表现。[2]

---

1 克罗斯威尔致信班克罗夫特，8月13日，《班克罗夫特文件汇编》，马萨诸塞州历史学会。

2 在这一点上，请参见罗伯特·莱米尼，《安德鲁·杰克逊的遗产》（巴吞鲁日，1988年），38—39页，43—44页，以及哈里·沃森，"老胡桃木的民主政治"，《威尔逊季刊》（1895年秋），132—133页。

由于杰克逊懂得抓住一切机会宣传自己所奉行的民主原则和政治信念，白宫的招待会、各城市为他举行的欢迎会以及偶尔同单个人的意外相遇都是他宣政布道的舞台，使得他的这些信念深入人心。举个例子，在杰克逊从田纳西州返回到白宫的路上，便发生了一件"不期而期"之事。一个名为约翰·斯特森·巴里的年轻人刚刚踏上从马里兰州的弗罗斯特堡前往惠灵的路途，而弗罗斯特堡的国道刚刚开通。他听说杰克逊总统就在附近，让他惊喜的是，就在他刚抵达弗罗斯特堡不久便发现将军的马车就停靠在一家当地酒馆的门前。巴里就跟马车上的其他人一同下车，走进酒馆，他们发现总统"泰然自若地坐在椅子上，嘴里叼着一根'长长的'荷兰式烟斗"。等杰克逊看到这群人进入酒馆后，他便"连忙起身，同我们握手，和颜悦色地询问我们的健康状况"。在场的每个人都惊讶不已。英雄相貌普通、平易近人。他看起来就像是一位"老绅士"，他衣着朴素，谦恭有礼地问候每一个人，丝毫没有半点自命不凡的神色。他可是堂堂的美利坚合众国总统啊！

就在此时，一位醉醺醺的爱尔兰人跌跌撞撞地来到总统面前，向总统介绍自己。巴里在日记中描述说，他的话语"引起了阵阵笑声"。

"将军，您高寿？"这位爱尔兰人在自顾自地介绍完自己后问道。

杰克逊一本正经。他郑重其事地回答了这个问题。

"到下个 3 月 18 号我就 70 岁了。"

"将军，"爱尔兰人继续追问道，"人们都说您是个蛮横傲慢的人，但是我看未必如此。"

在场的人无不捂嘴窃笑。但是，杰克逊坦率直接地回答了他。

"人们常常这样评价我，"他回答道，"这完全是子虚乌有。"

就在此时，公共马车已做好出发的准备，这群人极其不情愿地离开了酒馆，"只留下那位爱尔兰人和将军继续交谈"。堂堂美利坚合众国总统和一位醉酒的工人坐在公共场合不拘礼节地交谈这一画面，在很多人看来这就是美国生活和制度的独特性体现，"真是一幅动人心魄的图画"。毋庸置疑，美国平民或者说"普通人"已经极大地融入到了美国政治生活的主流之中。[1]

巴里一定是听错了。杰克逊的生日是 3 月 15 日，而非 18 日。

1　约翰·斯特森·巴里，日记手稿，芝加哥历史学会，阿尔佛雷德·莫迪凯致信埃伦·莫迪凯，1830 年 3 月 4 日，《莫迪凯文件汇编》，美国国会图书馆。

第二十六章　得克萨斯

没能把得克萨斯并入合众国是杰克逊当政期间最为痛惜的事情之一。他很早之前就对得克萨斯垂涎不已，并把这部分领土视为他实现帝国梦不可或缺的一部分。他一直认为得克萨斯是路易斯安那准州的一部分，而该部分是美国政府于1803年合法收购所得。1819年同西班牙订立的《横贯大陆条约》（*Transcontinental Treaty*）中，当局政府为获得其他领土而舍弃了得克萨斯，杰克逊对此深感遗憾，对当局的决定极其不满。他把失掉得克萨斯的责任归咎为时任国务卿的约翰·昆西·亚当斯，认为是他"肢解了"美国帝国。[1]

自从墨西哥（该国认为得克萨斯是它不可分割的一部分）从西班牙获得独立后，美国多次试图"再次并入"得克萨斯，而"再次并入"一词出自杰克逊。并入行动接二连三地以失败告终，主要原因在于墨西哥人不愿放弃这块肥肉，而美国人在此事的谈判上也表现得极为庸常。与此同时，在墨西哥人的鼓励和许可下，大量美国人越过边境，在得克萨斯境内居住。在接下来的多年中，两国关系急剧恶化。美国对得克萨斯的觊觎之心尽人皆知。更糟糕的是，美国派驻的使节几乎个个疏谋少略、敷衍草率，甚至不懂得尊重墨西哥的国家地位以及民族荣誉感。毋庸置疑，杰克逊任命的安东尼·巴特勒上校便是其中表现最差的一位，他是一位出生在密西西比河的南卡罗来纳人。杰克逊提名巴特勒主要是受了范布伦的举荐（范布伦曾向杰克逊举荐多位碌碌无为的官员），而他本人却有意挑选一位对得克萨斯了如指掌的人担任使节。

杰克逊对得克萨斯最重要的目的，也是唯一目的，就是收购它。他命巴特勒拿500万美元购置这块土地，而他的公使却试图通过哄骗、劝诱以及利诱等

---

1 更多细节请参见莱米尼，《杰克逊》，第一卷，341页及后文。

下作方式贿赂或者欺骗墨西哥人交出该地区。但是，一切都无济于事。墨西哥官员对美国表现出的傲慢无礼与自以为是深恶痛绝。他们指责杰克逊政府企图通过鼓动美国人迁往得克萨斯，进而占领该地。

或许，只要墨西哥一天拒绝割让土地，得克萨斯问题就一天无法和平解决。或许，有能力购得这片宝地的人压根儿不存在。但是，可以确定的是，杰克逊政府的所作所为堵住了一切和平解决此问题的外交路径，杰克逊本人难逃干系。他根本不应该把巴特勒作为使节的首选，尤其是当他意识到他的使节压根儿就是个无赖，一个只想通过投机取巧的腐败手段获得得克萨斯时，他就该义无反顾地将其撤换掉。杰克逊的用人不善只会徒增墨西哥人的猜忌和敌意。墨西哥人深信美国暗中在得克萨斯培养侵略军，此种行为严重违反了美国奉行的中立法规，实质就是武装人民挑起革命。这在杰克逊当局整个外交生涯中留下了极为遗憾的一笔，与它在欧洲取得的辉煌外交成就形成鲜明对比。

杰克逊的处置失当严重打击了得克萨斯居民的士气。当他无力购买该地已成定局，当墨西哥政府力主加强中央集权，企图控制合众国（译者注：该处合众国指墨西哥）内的所有地区的意图已成定局，得克萨斯的地方自治权力即将被削弱。而当得克萨斯人的怨愤换来的只是墨西哥官员的冷漠和鄙夷时，得克萨斯境内迅速出现了一派主战派，并得到了当地大多数美国人的积极响应。此事直接导致了 1835 年 8 月得克萨斯宣布独立。墨西哥合众国总统桑塔·安纳（Antonio de Santa Anna）将军派出一支由 6000 名士兵组成的军队长驱直入得克萨斯，使得此事发展到了高潮。1836 年 3 月 2 日，得克萨斯正式宣布独立。萨姆·休斯顿担任得克萨斯部队的总司令，并于 1836 年 4 月 21 日在圣哈辛托战役中战胜桑塔·安纳。桑塔·安纳被俘，并被迫签订一项条约（后来该条约被撕毁）承认得克萨斯独立。

根据《1818 年中立法》，美国官方须在敌对行动期间保持中立，但是这项法律却屡次被违犯，最为著名的就是艾德蒙·彭德尔顿·盖恩斯将军于 1836 年 6 月率领军队越过色宾河（Sabine River），占领纳卡多奇斯。墨西哥驻美公使曼纽尔·爱德华多·德·戈罗斯蒂萨气急败坏地抗议这次非法入侵，并要求美国政府归还他的通行证。两国之间的关系迅速破裂。1836 年 6 月 28 日，海军部部长马伦·迪克森在一次例行内阁会议上报告称，他曾收到一封海军准将达拉斯的来信，信中痛陈墨西哥政府对美国在坦皮科的领事和居民所进行的"种种暴行"。此外，墨西哥政府还拒绝向附近美国军舰上的士兵供应水，并且不允许美国军舰上的军官上岸。此外，他们甚至叫嚣着要杀掉在坦皮科的所有美国人，以报复在圣哈辛托俘虏他们总统的得克萨斯人。

迪克森报告完毕后，总统"大发雷霆"。

"立即给海军准将达拉斯写信，"他厉声命令道，"命令他封锁坦皮科港，直到墨西哥人同意登陆，同意提供水，如果墨西哥人胆敢动我国公民一根汗毛，就让他打垮他们，摧毁他们的城市，让他们国家的人从地球上灭绝！"

内阁成员面面相觑，一言不发。

杰克逊转而询问国务卿约翰·福赛斯："阁下可曾对此事有所耳闻？"

福赛斯回应称自己并没听过此事。

"那么请海军部部长把这些文件递交给您，"总统命令道，"阁下最好立即给戈尔斯蒂萨先生写信，通知他我们对海军准将达拉斯下达的命令，明确告知他我们绝不会对墨方违背条约的行为姑息，也绝不可能眼睁睁地看着美国公民受到伤害而坐视不理。"[1]

尽管此事件未能（如杰克逊所说）消灭掉坦皮科的墨西哥居民，但是美、墨关系却因此滑向深渊，一场激烈的军事对抗在所难免。得克萨斯人的举动是两国关系骤然冷却的罪魁祸首。他们极力想获得美国对其独立和领导权的认可，并希望最终把得克萨斯并入美国的版图。但是随着得克萨斯并入联邦的可能性增大，杰克逊却被其中牵涉的各种问题所困扰。他对萨姆·休斯顿钟爱有加，而他们之间情同手足更是尽人皆知。即使他并没有下达任何一项命令，人们也不免怀疑他同得克萨斯革命之间的关系。于是，废奴主义者便指责他企图阴谋攫取得克萨斯，以壮大奴隶制度的势力。这种言论纯属无稽之谈。杰克逊对得克萨斯的热情与奴隶制度毫无干系。他想获取得克萨斯无非是为保护美国的安全，捍卫美国的民族尊严。然而，如果他积极干涉并推进得克萨斯脱离墨西哥的进程，其他国家会做何感想？他们将会怎样评论？他们一定会谴责美国，把美国当成一个无耻野蛮的侵略者，杰克逊根本不可能放任此种情况发生。就在圣哈辛托战役获胜后不久，斯蒂芬·奥斯丁便向总统递交了一份热情洋溢的请愿书，请求获得援助，杰克逊在请愿书的背面批注道："执笔者一定没有考虑到我国同墨西哥订立有条约，我们是一个有民族信仰的国家，必须忠于该条约。得克萨斯人（Texians，杰克逊在拼写 Texans 时总是不由自主地加上 i）在正式

---

[1] 本杰明·巴特勒致信妻子哈里特·巴特勒，1836 年 6 月 29 日，《巴特勒文件汇编》，纽约州立图书馆。

宣布独立之前就已经激怒了全体墨西哥人奋起反击，得克萨斯人应该考虑到这本是一场鲁莽草率的战争行动，我们必须坚定不移地奉行中立原则。安德鲁·杰克逊。"[1]

杰克逊基于诸多考量才不得已出此下策。废奴主义者企图利用此问题激化南北方的情绪。奴隶制度将会成为反对派妨害民主进程、恢复精英统治原则的策略。而杰克逊的另一项考量是，挑起人们对奴隶制度的反抗情绪必然对即将到来的总统大选不利。绝不能因此影响到范布伦的总统大选之路。他的最后一点考量是，他深信若他本人做出任何承认得克萨斯或者并入得克萨斯的举动，那么美墨战争一触即发。因此，他一筹莫展。此时，他只好把决定权交到国会手中。

与此同时，萨姆·休斯顿决定释放桑塔·安纳，并护送他前往华盛顿面见杰克逊，希望通过此举找出得克萨斯问题的解决方案。释放桑塔·安纳也同时可以避免陷入尴尬境地。得克萨斯人希望离开得克萨斯的桑塔·安纳可以引起墨西哥数年的动乱。

桑塔·安纳将军于 1837 年 1 月 17 日抵达美国首都。并在第一时间同安德鲁·杰克逊将军会面。两人在外表上相去不啻天渊。杰克逊此时还没从最近的出血症中恢复过来，面若死灰。但是他看上去精神矍铄，因为这种场合下他必须振作精神，让来访者感受到美国政府的气度，尽管他得时不时地停下休息。但是不难从他的面部表情和举止看出那气壮山河的气魄。他形销骨立的躯体中藏着一个百折不挠的灵魂。另外，经过长时间的路途劳顿的桑塔·安纳，依旧精神焕发、从容悠然。他对自己抵达首都招致的责骂昂然自若。一家报社曾把他描述成骇人残暴的怪兽，他却怡然自得地表现得像个彬彬有礼、温文尔雅的绅士，抓住一切机会卖弄自己的雍容尔雅和锦衣华服。尽管他皮肤黝黑，木然的脸上长着一对剑眉虎眼，但是丝毫不妨碍他炫耀自己的儒雅。宽大的下巴、略微下垂的嘴角以及浓密的黑发，西班牙人那种典型的傲慢和气度在他身上表现得淋漓尽致。

1837 年 1 月 19 日，星期四，两人在白宫会面后握手致意。"安德鲁·杰克逊将军亲切地迎接了我，"桑塔·安纳记录道，"并召集全国的名流举行晚

1　奥斯丁致信安德鲁·杰克逊，1836 年 4 月 15 日，带批注，《杰克逊文件汇编》，美国国会图书馆。

宴款待我。"[1] 在正式的迎接仪式以及欢迎会结束后，翌日，两位将军再次会面，促膝长谈，"自由交流"。显然，这是一场非正式的会谈。杰克逊穿着那套老旧的棉质长袍，嘴里叼着长长的烟斗。他们的谈话内容主要集中在两国是否有订立条约允许美国合并得克萨斯的可能性。

"如果墨西哥政府承认得克萨斯独立，"杰克逊总统对他的客人说道，"我方愿意向你国家支付 600 万比索的赔偿费。"

桑塔·安纳的眼中不禁闪过一丝快意，一抹淡淡的笑意爬上了他的脸庞。但是，他很快变得谨慎起来。

"关于这个问题，"他回应道，"墨西哥国会拥有决定权。"[2]

这是与桑塔·安纳会谈的简略版本。杰克逊本人则提供了另外一个截然不同的版本，他在会谈后不久，就将会谈内容用备忘录的形式记录了下来。此外，弗兰克·布莱尔几年后曾写过一封自荐信，从侧面证实了这次会谈。[3] 根据杰克逊的描述，这位墨西哥将军曾就割让得克萨斯提供过一个"公允价格"。杰克逊则通过提出一项提议予以反击，他指出美国的扩张计划包括吞并得克萨斯以及加利福尼亚北部，从而把疆域扩展至"格兰德河上游北纬 38° 处，并一直延伸至太平洋，包括加利福尼亚北部"。杰克逊愿意支付 350 万美元作为赔偿。"但是，在我们做出任何承诺之前，"杰克逊继续说道，"桑塔·安纳将军必须保证利用他的影响力消弭战事。"[4]

布莱尔作为当时会谈的在场人员之一，两位将军之间的谈话让他终生难忘。显然，杰克逊对桑塔·安纳的"训导"让他记忆犹新。"桑塔·安纳再也不会遇到像您这样悉心教导他爱国主义精神以及社会公德的人了，"布莱尔写道，"您不仅在语言上，而且在行动上为他示范了纯粹、正直以及力量的真正含义。"[5]

两位领导人之间进行了一场不可思议的谈话，但是这场谈话却别有一番重

---

1 安·费尔斯·克劳福德编辑，《雄鹰：桑塔·安纳自传》（奥斯丁，1967 年），187 页；《环球报》，1837 年 1 月 21 日。

2 布莱尔致信杰克逊，1839 年 8 月 28 日，《杰克逊文件汇编》，美国国会图书馆；桑塔·安纳，《自传》，57 页。

3 布莱尔致信安德鲁·杰克逊，1839 年 8 月 28 日，《杰克逊文件汇编》，美国国会图书馆。

4 备忘录，具体日期不详，《杰克逊文件汇编》，美国国会图书馆。

5 布莱尔致信安德鲁·杰克逊，1839 年 8 月 28 日，《杰克逊文件汇编》，美国国会图书馆。

要意义，那就是杰克逊虽迫切地想要得到得克萨斯，但是他坚持这一切必须在合法以及合宜的条件下进行。对杰克逊来说，没有什么比让世界看到一个坚持用体面和正派手段进行土地交易的美国更重要。

因此，杰克逊和桑塔·安纳之间的会谈在客套和含糊语调中结束。这位墨西哥人的华盛顿之旅在一系列的欢送晚宴结束后终于画上一个句号，杰克逊总统派一艘战舰将其送到维拉克鲁兹。桑塔·安纳对他的东道主满是溢美之词，老胡桃木似乎也愿意把这位墨西哥人看成是一位和蔼可亲的绅士。[1]

在接下来的数周中，杰克逊变得更加关注得克萨斯的独立问题。得克萨斯人希望并入美国的愿望皎如日星，加之美国人民支持领土扩张的野心昭昭可见，杰克逊的思绪却越发沉重起来。1837 年 2 月的第二周期间，此时距离杰克逊离任仅剩下几周的时间，杰克逊会见得克萨斯共和国（the Republic of Texas）的使节威廉·沃顿以及特别代表米母干·亨特，就在同他们谈话期间，总统突然热情洋溢地宣布他希望早日承认得克萨斯独立。在场的这两个人闻讯欢呼雀跃。"您愿意促成此事吗？"他们两人问道，"您愿意向国会发表咨文督促他们尽快承认独立事宜吗？"[2]

杰克逊的神情突然落寞了起来，瘫坐在椅子上。先前的斗志昂扬消失殆尽。"不，"他说道，"此事完全取决于国会，而非总统。"那两个得克萨斯人只是怔怔地看着他。他们看着眼前这位已近古稀的老者，形容枯槁，似乎早已因心力交瘁而对远方喧嚣的战争充耳不闻。全国要求合并的呼声此起彼伏，对此国会决定做出回应，或许他们有自己的小算盘，但是此事对即将落幕的本届政府而言，无疑是幸事一件。2 月 28 日，众议院通过了一系列决议，拨出款项用于正式承认得克萨斯独立，并要求总统任命一位派驻得克萨斯的政府代表。3 月 1 日，参议院以 23 票赞成票对 19 票反对票通过决议，要求总统正式承认得克萨斯独立。[3] 显然，承认独立并非兼并，但这仅仅只是开始。

3 月 3 日，星期五，也就是杰克逊离任的前一天，他召集沃顿和亨特两人前往白宫。等他们刚一进入房间，杰克逊就迫不及待地告知他们，他已经"认可了"参议院提交的承认独立决议，以及众议院提交的外交拨款法案，并提名

1　桑塔·安纳，《自传》，57 页。

2　沃顿和亨特致信安德鲁·杰克逊，1837 年 2 月 8 日，《美国历史协会年报之美利坚合众国外交文书》（华盛顿，1907 年），第一卷，197 页。

3　《美国国会议事录》，第二十四届国会第二次会议，213 页和 219 页。

路易斯安那州的阿尔塞·拉布兰切为驻得克萨斯共和国代办，提名已经递交给参议院。由于国会将在数小时后闭幕，这三个人于是决定熬夜等待提名的最终结果。几近午夜时分，参议院批准拉布兰切为代办的消息传入白宫。

杰克逊和蔼可亲地邀请他的宾客们同他一起畅饮一杯。三人于是同时起立，相视而笑，一同举起手中的酒杯，异口同声地说了一句祝酒词。

"得克萨斯！"[1]

---

1 沃顿和亨特致信平克尼·亨德森，1837 年 3 月 5 日，《外交文书》，201 页。

第二十七章　白宫生活

美利坚合众国第七任总统安德鲁·杰克逊于 1829 年 3 月初次搬入白宫时的样子，与他 8 年后离开白宫时的样子相去甚远。他彻底改变了它的外观。其一，1829 年时，白宫北门廊还没修建，没有门廊的人字墙（Pediment）看起来光秃秃一片。其二，白宫此时的整体外观只能用"简陋"二字来形容。这处宅邸似乎总是得不到足够的重视，因此它也无法保持住那份本属于它的气派。然后便是白宫室内，此时的白宫东厢徒有四面墙壁，压根儿就没有完工，只是一间未上过漆的空房子，它唯一的功能就是社交集会时用于疏散人群。这座宅邸的现代设施更是寥寥。比如，没有自来水。仅有的两个厕所，冲水却主要依赖于建在顶楼上的锡质蓄水池里累积的雨水，其他用水则主要靠白宫与东西侧过道之间的两个水井。[1]

杰克逊面临的首要问题便是该宅邸的日常管理，而他在此事上多依赖多纳尔森夫妇。埃米莉·多纳尔森是代理第一夫人，尽管她尚且年轻，但是她做事麻利、干净利落。然而，白宫的实际管理者却是安托万·米歇尔·古斯塔和他的妻子，他们夫妇自约翰·昆西·亚当斯当政时期就一直负责管理白宫，并一直担任此工作到杰克逊的第一个任期完成。根据 1830 年的统计数字显示，古斯塔手下有 24 位雇工，这在当时已经可以称得上是数目庞大。直到 1833 年，白宫雇工的数量由于财政原因才有所减少，而空出的职位则由黑奴顶替。根据一份制定于 1833 年或 1834 年的总统雇工名单，可以看出白宫的雇工分为以下种类：男管家和女管家各一名、一名司膳总管、一名守门人、一名"杂工"、一名厨师、一名厨师助理、两名洗碗工、一名女仆、一名雇工女仆、两名洗衣

---

1 威廉·希尔，《总统的宅邸：沿革史》（华盛顿，1986 年），第一卷，198 页。

女佣、两名信使、一名贴身男仆、一名马车夫以及一名随从。[1] 这份名单还没涵盖园丁、马夫，等等。受雇于白宫及其庭园的全职雇工甚至可以再额外管理最多 10 名雇工。

1829 年，当杰克逊的整个家庭首次搬入白宫时，杰克逊便选择了二楼西南角的房间作为他的卧室，并把走廊另一端的房间布置成自己的办公室。而他卧室的小门厅对面，也就是白宫的西北侧，是多纳尔森一家所居住的套房，分别住着年轻的多纳尔森夫妇和他们的孩子。多纳尔森在东北角处有一间小型办公室，几乎与杰克逊的办公室相对。位于多纳尔森办公室和卧室之间的是路易斯少校的卧室和拉尔夫·厄尔的卧室。

白宫二楼的"绿色圆形大厅"或许是埃米莉用来接待来访者的地方。晚餐后，女士们就会聚集在这里谈天、品咖啡。二层的东南侧，椭圆大厅的隔壁，是接见室，杰克逊在此接待请愿人、宾客以及其他来访者。接见室的隔壁也就是今天的林肯卧室，在此时是杰克逊的办公室，而杰克逊也在此召开内阁会议，总统的书籍和文件均存于此。办公室内四壁以地图装饰，华丽的胶面油地毡整齐地铺在地板上。绸缎制成的窗帘垂挂在窗子上，窗帘的顶端饰以杰克逊亲自购买的镀金雄鹰飞檐（老胡桃木总是热衷于把自己周围的环境变得气派起来）。而紧贴角落的那个房间是一件狭小的厢房，安置着白宫内仅有的两处厕所的一处。[2]

为了把二楼的办公区域和家庭活动区域分开，杰克逊命人修建了多扇玻璃门。因此，前来觐见总统的公务来访者经由门厅处的楼梯上楼，而总统的家庭成员则使用横厅西侧的主楼梯上楼，雇工则使用守门人房间内的楼梯去往二楼。

杰克逊从住进白宫的那一刻起，就开始了改造白宫内外的工程。当然，白宫的外观设计完全是在杰克逊的监督下完工的。就在搬进白宫的几周内，他便命令修建北门廊，并于 1829 年 9 月完工。北门廊改变并提升了白宫的整体外观，使得整个建筑物独具一格。北门廊的修建使得原本光秃秃的壁垣瞬间气度非凡。该门廊采用当时时兴的希腊复古式风格，杰克逊后来于 1834 年复建隐士庄园时亦采用此种风格。具有讽刺意味的是，雄伟复古的廊柱预示着一个新民主时代的来临。

杰克逊对白宫做的最重要改变就是为其引进了自来水。1833 年春，一名名

---

1 清单，"白宫家庭"，《杰克逊文件汇编》，美国国会图书馆。

2 希尔，《总统的宅邸》，第一卷，183—184 页。

为罗伯特·莱基的工程师受命负责输水铁管道的铺设工程，把水从富兰克林广场直接引入白宫。工程很快提上日程，并于同年 5 月中旬完工。这是一套极为初级的管道系统，仅仅使用了水泵、蓄水池以及喷水池。但是整个宅邸仅有两处或者三处供水处：地下室过道；司膳总管所辖的餐具室；厨房或许也有一处供水处。每根铁管上都安装有一个铜旋塞或者给水栓。此后不久，1833 年年末或者 1834 年年初，一间配备有自来水的"浴室"落成。该浴室内提供热水浴、冷水浴、淋浴。此外，室内还安装有大型铜质锅炉，用于加热洗澡水。该浴室的具体位置尚不能确定，但是最有可能位于地下室，或者东厢。[1]

杰克逊不仅修整了白宫南部的庭园，还给花园小径设置了路标，并在其表层铺以碎石。更为重要的是，他还在白宫北部前门处的庭园里修筑了栅栏。杰克逊还希望改变车道的构造，白宫北部前门处的入口也有了极大的改观。他命人修筑矮护墙和铁艺栏杆，他还要求拓宽门道和扶壁之间的距离。完工后，整个白宫北部前门被栅栏圈起，一条黑色的围栏像丝带一般"错落有致地"环绕着白宫。他还对正门进行了加宽，使得车道直通北门廊，它所处的位置一直延续到今天。车道上铺着细细的沙砾，旁边错落着几条通向各处的人行道。[2]

杰克逊还主持修建了一座温房，温房的位置大概是在本杰明·亨利·拉特罗布（Benjamin Henry Latrobe）为财政部建造的防火金库的废墟上。防火金库是一栋单层矩形建筑，隶属于财政部大楼，原本用于连接白宫和财政部。杰克逊将其改造成温房或者甜橙温室（当时人们惯用此称呼），温房的中央部分坐落着一块高地，用于栽种大型植物。温房四周分别伸出一块玻璃侧翼。到 1836 年，甜橙温室完全投入使用，但是却在 1859 年被拆除。[3]

至于白宫的室内设计，杰克逊做出变动最大的地方当属东厢。当初，这是一间丝毫没有经过装饰的大型房间（80 英尺长、40 英尺宽、22 英尺高）。该房间于 1818 年完工。一条横饰带贯穿于整个墙与天花板之间，除此之外一无所有。墙上的灰泥并没有上漆，房间内所有的壁炉架都只能作为临时用具。由于该房间面积极大，所以通常被用作分流门厅处和横厅处的人群，尤其在新年和 7 月 4 日国庆日之时，总统常常会举行大型庆祝招待会，此时大量人群便会拥入白宫。杰克逊把装饰东厢的任务交到路易斯少校手中，路易斯决定把东厢

1 希尔，《总统的宅邸》，第一卷，199—200 页。

2 同上，202—203 页。

3 同上，206—207 页。

设计成为一间既充满现代气息又具有杰克逊式气派的房间。[1]

路易斯想把东厢装饰成一间富丽堂皇的屋子，用以衬托新奥尔良英雄的气派，这意味着要将其装饰成一间金碧辉煌的居室。门口处有一扇大型拱形门道，路易斯打算把它装饰成真正意义上的"凯旋门"，杰克逊总统可以在正式场合中从门厅经由此门，向他的膜拜者们致意。这个巨大的拱形门道便成了老英雄的华丽背景。的确，装饰完毕的东厢摇身一变成为高堂广厦。那个巨大的拱形建筑物已经不是原来的拱道。现在的它，流光溢彩，悬着 24 颗金色的星星，象征着组成联邦的各个州。它看起来好似神庙的入口，只有神明才能从中穿过。[2]

房间本身就包含有四处装有壁炉架的壁炉，周围饰以黑色的"埃及"大理石。天花板上缀有三朵大型的熟石灰葵花饰，花蕊处分别饰以大型枝形吊灯，由镀金黄铜和雕花玻璃制成。每一盏枝形吊灯上都装有 18 个带玻璃灯罩的油灯头和盛油器。四面墙上，成排的托架灯台整齐划一，每盏托架灯台上都安装有五盏油灯。房间内的暗处以及任何可能引起不便的地方都装有大量的镀金球和星形灯。浅黄色的壁纸使得整个房间亮堂不少，壁纸的边缘镶着蓝丝绒质的布边。[3]

杰克逊时代涌现了一种新型便利去处，路易斯恰好可以凭借其便利性装饰整个东厢。这个便利的去处指的就是家具批发商店。在此之前，家居装修所用到的多种家具必须经由各处采购，因此常常需要提前招工匠进入白宫，搭建出一处场地用于收纳装饰各个房间的家具。而此时，多亏"现代商业经营模式"，路易斯仅需在费城一家由路易斯·贝龙经营的家具批发商店中，就可以一次性购齐所有装饰东厢所需要用到的家具。贝龙经营的家具商店几乎应有尽有：灯具、桌子、椅子、床、沙发、窗帘、火炉、地毯、洗脸盆、厨房用具，等等。在此类商店中购物的主要优点就是省钱，而杰克逊在参与竞选期间就已经注意到白宫的铺张浪费问题。

在开始装修之前，路易斯就从贝龙的商店里购置了多块镶着金边的法式金属镜，这种镜子极大，主要用于装在东厢的四面墙上。镜子两两相对，给人的视觉造成一种无限延伸的假象，这种无限延伸的效果在整个 19 世纪的美国极为流行。窗户上，"华丽的希腊式窗帷"下是嫩黄色与帝王蓝相间的丝绸窗帘，

1 希尔，《总统的宅邸》，第一卷，185 页。

2 同上，187 页。

3 同上，186 页。

从镀金雄鹰飞檐上垂坠而下，飞檐上缀有一串金色的星星。

　　詹姆斯·门罗以及约翰·昆西·亚当斯当政时代的家具要么被翻新，要么直接被从贝龙的商店里购买的新家具所替换。每一盏枝形吊灯下都摆着一条镶有黑色大理石顶的红木桌子。桌子上放着带有玻璃灯罩的油灯，灯座都由经典的女性形象托起。沿着墙壁，放置有大量矮几，用于间隔散落在房间各处的椅子和沙发。地板上铺着一条蓝黄相间的布鲁塞尔地毯，足有 500 码。仅此地毯就花费 1058.25 美元。在人多的场合下，白宫的雇工们便会提前铺下三条"华丽的小地毯"，以防磨损到昂贵的布鲁塞尔地毯。考虑到男性的需求，房间内还恰如其分地放置了 20 个痰盂。

　　夜晚时分，点亮所有灯盏后，整个东厢耀眼夺目。流光溢彩的窗帘，黑色的大理石同黄色的壁纸相映成趣，多棱面的镀金金属表面璀璨生辉，镶有钻石的旭日形珠宝熠熠生辉，更添安德鲁·杰克逊将军的威仪。具有浓重尚武意味的蓝色和黄色喧宾夺主，它的光芒丝毫不刺眼。枝形吊灯上晶莹剔透的玻璃灯罩时不时地反射着它的微光。[1] 现今的白宫内，一些特定的房间往往代表着特定的总统，如林肯卧室。19 世纪的白宫东厢就是安德鲁·杰克逊的象征。不幸的是，这一切都已成为过往。1950 年白宫大修期间，东厢被一队抢险队所毁。

　　装修东厢最初的账单于 1829 年 11 月 25 日提交至国会，目前保存于白宫档案室，总共花费 9358.27 美元。但是，杰克逊还购买了镜子、额外的雕花玻璃灯罩以及用于其他房间的家具，其中主要是为绿厅和国宴厅购置家具。此外，他还为一楼的横厅购置了一块价值 1200 美元的油布。他为自己的卧室、公共宴会厅、私人宴会厅、客厅、绿厅以及新圆形大厅装裱了墙壁。他还花费 300 美元购置了一架钢琴。

　　除了为东厢购置家具，杰克逊还购买了大量的银制餐具、瓷具以及雕花玻璃。他还在法国进口了瓷器和上好的丝绸。法式纯银器皿总共花费 4308.82 美元，包括 36 个勺子、36 副刀叉、4 个蜜饯匙、2 个糖匙、48 个茶和咖啡勺、8 个小勺以及 2 个芥末匙。餐具包括 2 个汤锅、4 个蔬菜盘、2 个调味汁碟和盘、8 个大圆盘、12 个小圆盘、6 个椭圆盘、2 个篮筐、18 个瓶架、12 个烤肉叉、一把大咖啡壶、一把小咖啡壶、一把奶壶、一把鱼刀、8 个双层盐碟、2 个芥末碟架、36 个大汤匙、60 把带银质手柄的餐刀、36 把带银质手柄和刀片的水

---

1 希尔，《总统的宅邸》，第一卷，186—187 页。

果刀，另外 36 把刀带有银质手柄和钢制刀片、3 副大型切肉刀叉、11 个长柄勺以及 2 个用于装以上器皿和餐具的箱子。"普通"厨房器皿的数量在 10 打到 15 打之间。

杰克逊还从法国"定制了"由 440 件器皿组成的瓷质餐具，"均饰以美国秃鹰标志"，总共花费 1500 美元，包括 32 个圆盘、32 个椭圆盘、6 打汤盘、20 打浅平盘、4 个长鱼盘、12 个带盖蔬菜盘、8 个带盖糖碟、6 个菜酱壳形碟、6 个橄榄色船形碟以及 4 个八角形色拉盘。此外，总统还定制了由 412 件器皿组成的甜品餐具，总共花费 1000 美元，每件餐具上都饰以"蓝金相间的秃鹰图案"。杰克逊花在家具、银器、瓷具、雕花玻璃、丝绸、瓷器上的钱约在 45000 美元。作为一个常常在国会大肆宣扬政府需要践行节约和紧缩的总统来说，他在为白宫购置诸多物资时并没有身体力行自己所提出的原则。

从某种程度上来说，购置大量的瓷具和银制餐具是为了满足杰克逊举办晚宴和召开招待会规模和数量上的要求。杰克逊当政期间，这类招待会的举办次数骤增，因为城中的每一个人，尤其是游客，都迫切地想要见到他，同他紧紧地握一握手。每次白宫宣布举办招待会时，民众就蜂拥而至。"成千上万的人涌到我们面前，"一个人描述道，"男女老少，三教九流，各色人等。"在这里，你可以看到代表高贵和正统的代表，他们留着胡须，正高谈阔论，以及来自西部森林的印第安人，他们头上插着羽毛，脸上涂着色彩。他们相映成趣。一位参加过杰克逊招待会的人曾这样形容这个情景："诺亚方舟载着的所有动物，都分为干净的动物和不干净的动物两类。"即使城中衣衫褴褛的儿童也可以爬上东厢的窗户来到招待会上。

庄重高大的总统站在民众中间，威风凛凛、大义凛然。宾客们靠近他，一边握着他的手，一边鞠躬或者行屈膝礼，并致以问候。随后，他们便立即把位置留给后来的人，让其余的人"也享受到同样的特权"。"密密麻麻的人群中有的在凝望，有的则满脸惊讶"，而他们中有衣冠楚楚的外交官，有制服傍身的军官，有身穿锦衣华服的女士，有工人，有店主以及身着战衣的印第安人，他们的脸上和头发上都涂有颜色。"软帽、羽毛、制服，不一而足，真是一场多姿多彩的集会。"一位记者描述道。[1]

---

[1] 《内务委员会公共建筑支出报告》，1842 年 4 月 1 日，5 页及后文。关于此类招待会的请柬和描述请参见《环球报》，1834 年 12 月 31 日，以及报纸新闻报道；艾斯特·辛格尔顿，《白宫传》（纽约，1907 年），第一卷，214—227 页。

　　杰克逊曾举办过一场极为壮观的招待会，而此事与著名的"杰克逊奶酪"不无关系。1835 年秋，来自纽约州奥斯维戈县桑迪克里克的托马斯·米查姆上校想到一个向总统献奶酪的主意。他刚开始只是保守地估计了奶酪的尺寸，准备仅用 500 磅奶酪进行制作，但是完工后的样子有些寒酸，于是他决定增大尺寸。等到他再次完工时，一个重达 1400 磅的庞然大物出现在了他的面前。足足有 4 英尺长、2 英尺厚。奶酪的周身环绕着一条"国家条带"，代表着组成合众国的各个州，只见条带上写着："我们的合众国，必须毫发无损！"一队由 12 匹灰马拉着装有奶酪的四轮马车喜气洋洋地踏上了前往华盛顿的征程，米查姆上校准备把它正式献给总统。值得一提的是，这辆马车的车身上覆盖着美国国旗。显然，总统只能把这块大奶酪放置在白宫的前厅处，这一放就是整整两年！进入白宫的访客们一定会被这庞然大物吓一跳。此后，为了把它处理掉，杰克逊便要求《环球报》发布一份公共邀请函，邀请全体公民于 2 月 22 日下午 1 点到 3 点前往白宫品尝这块巨大的奶酪，而这一天是华盛顿的生日。这简直是一场无可比拟的大型招待会。总统、内阁成员、国会议员、各国使节、法官、名流、华盛顿当地名媛以及必不可少的"人民"（the People，《环球报》在发表文章时总是首字母大写 P）全都是此次奶酪盛宴的座上宾。"人们谈论的话题全都关于奶酪，鼻子里闻着的也全是奶酪"。地毯上反射着奶酪的油光，各式各样的容器里盛着奶酪球，距离奶酪半英里处的地方都能闻到奶酪散发的香气。民众用了两个小时就将奶酪一扫而光，仅剩下总统桌子上的奶酪散发着诱人的香气。[1]

　　除了经常举办此类招待会，杰克逊每周都会举行晚宴，邀请各部门首脑、国会议员、各国使节以及其他身份尊贵的客人出席。最初，晚宴上的食物都极其普通。但是等杰克逊雇了一位名为约瑟夫·布朗热的比利时厨师，加之埃米莉·多纳尔森适应第一夫人的新角色后，晚宴的菜肴变得越发丰盛起来。1834 年，一个名为约翰·蒙哥马利的费城律师详细描述过白宫的一场正式晚宴："餐桌装饰豪华，晚宴现场灯火通明。"一个装有 32 支蜡烛的枝形吊灯悬挂在餐桌之上，所有的壁间墙和壁炉架上都点着无数蜡烛。"第一道菜是法式浓汤；接着是牛肉卷，去骨野火鸡饰以脑髓；随后是鱼，冷切鸡，镶嵌着白色的牛舌

---

1 《环球报》，1837 年 2 月 22 日；《国家情报》，1837 年 2 月 22 日；《奈尔斯每周记录》，1837 年 2 月 25 日。"登记有公民名字的登记簿"以及参加杰克逊奶酪宴会的"总人数"，纽约州立图书馆，副本藏于"杰克逊文件汇编项目"，隐士庄园，田纳西州。

片，并饰以蔬菜沙拉；接下来是鸭肉和芹菜，松鸡加糖果式面包；最后是野鸡加老弗吉尼亚火腿肠。"蒙哥马利提到的餐后甜点有：土耳其风味的果冻和小型水果蛋糕、布兰奇风格的甜酥蛋糕饰以果干、果酱、冰激凌以及柑橘和葡萄。用餐期间，还供应雪利酒、波尔图葡萄酒、马得拉白葡萄酒、香槟酒、红葡萄酒以及樱桃啤酒。真是一场饕餮盛宴。[1]

晚宴的宾客们总是对总统提供的宴饮饮料赞不绝口。其实，杰克逊在白宫修建了一间货真价实的酒窖。放置酒瓶和酒桶的架子就陈列在国宴厅下方某一区域的墙上。当时的酒窖后来变成了地图室，富兰克林·罗斯福和温斯顿·丘吉尔经常在此处会面。老胡桃木当政期间，此处装有厚重的木条围栏，用于防盗。花样繁多的烈性酒、葡萄酒以及啤酒就储存在这里。

显然，这个酒窖为杰克逊居住时的白宫增添了一丝考究的品位，如果称不上华丽的话。尽管如此，他从来没有忘记白宫属于人民，而他是他们的"管理人"。[2]对他来说，这几乎就意味着，任何人在任何时间都可以走进这座宅邸会见总统，并同他握手。一位外国访客惊讶地发现白宫居然没有守卫。在他敲门后，守门人便打开前门，在一位雇工的引导下来到一间大的会客厅，老胡桃木连忙停下手中的工作同他打招呼，并同他寒暄了几分钟。这位外国人写道："很难想象这样一个大国的最高行政长官居然可以用这些方式接待我，温和、真挚、坦率，没有任何无礼的举动。"[3]

有一次，刚从俄国回国的詹姆斯·布坎南准备向总统引见一位"来自英格兰的E女士"。他本想按照自己的经验把接待会布置成一个带有王室气派的会面。他在会面前一个小时就来面见总统，准备给他一些提示，但是却发现总统穿着旧衣服，把脚搭在桌子上，嘴里还怡然自得地叼着一根玉米穗烟斗。惊骇不已的布坎南连忙告诉总统说，这位女士的爵位极高，对上流社会中所有的"优雅礼节"习以为常。

杰克逊饶有趣味地看着布坎南焦急的眼神。"詹姆斯·布坎南，"他一边说，

---

1 蒙哥马利致信利蒂希娅·蒙哥马利，1834年2月20日，《时代报》（纽约），1935年2月21日，副本藏于"杰克逊文件汇编项目"，隐士庄园，田纳西州。大卫·坎贝尔在写给玛丽·坎贝尔的信件中对杰克逊早期所设的宴会有详细描述，1829年5月21日，《坎贝尔文件汇编》，杜克大学图书馆。

2 杰西·本顿·弗里蒙特，《追忆我的时光》（波士顿，1887年），98页。

3 詹姆斯·斯图尔特，《北美三十年》（爱丁堡，1833年），第二卷，44—45页。

一边把烟斗从嘴巴里拿出来，"我还是学生的时候，曾在学校里读到过一本书，书中讲了一个我很感兴趣的人。那是一个专注于自己内心的人，他的这种专注最后让他收获颇丰。"

布坎南则急匆匆地退了。想到"E女士"来访将要发生的一切，他就惴惴不安。不久之后，他便陪同这位女士来到了白宫。"令他惊讶的是，杰克逊亲自走到马车前迎接，并亲自把这位女士护送至白宫，毫无差池，还优雅而周到地款待了这位女士，同她畅谈了足足一个小时，以至于她后来宣称，杰克逊是她在这一路的旅行中见过的最彬彬有礼的绅士"。[1]

无论是身居高位的人，还是贫苦百姓，都在慢慢靠近那个伟大的民主时代。在他前往教堂的路上，总是被途经的百姓热情地叫住。他加入了华盛顿第一长老会教堂，并每年花费32.5美元在教堂内租了一把标号为6号的靠背长凳。[2]他的位子，一位外国游客记录道："与教堂内其他人的座椅并无二致。看到他跟其他信徒一起挤在教堂的过道里，有人要从他身边经过时，他也不忘与那人攀谈两句，看不出一丝的官架子，这个情景让我久久不能忘怀。"总统向每一个经过他的人鞠躬致意，"无论从举止上还是外表上来看，"这位记录者写道，"他看上去就是一个派头十足的绅士。"[3]

毋庸置疑，白宫生活的日常都是以总统为中心，但是值得一提的是，这一切的重中之重却是总统的身体健康状况。通常，在健康允许的情况下，他便每天骑马，并常常在下午时分暂时停下手中的工作，与拉尔夫·厄尔一同外出散步。多年以来，杰克逊的身体状况每况愈下，他外出白宫散步的次数也渐渐减少。他时常隐居起来，一整天都躺在病床上或者处理公务。作为总统，他可谓鞠躬尽瘁。他心头的责任重万钧。他起早贪黑、兢兢业业。即使重病缠身、疼痛不已之时，他也常常连续工作多个小时。杰克逊一位名为尼古拉斯·特里斯特的秘书曾这样评论道，杰克逊表现出了对"身体病痛的极度蔑视。他总是冷静而严谨地处理手上的工作，即使他正遭受着剧烈的病痛，即使他已经形容枯槁，连签下自己的名字都需要耗费十二分的力量"。杰克逊用一片赤诚和奉献之心浇筑他的总统之路，而这条路也几乎耗尽了他的精力。"他一刻都不能离

1　陈述，《多纳尔森文件汇编》，美国国会图书馆，副本藏于"杰克逊文件汇编项目"，隐士庄园，田纳西州。

2　收据，《杰克逊文件汇编》，美国国会图书馆。

3　斯图尔特，《北美三十年》，第二卷，42页，43页。

开工作"，特里斯特突然有些夸张地说道。如果他已经"到了缠绵病榻的地步，实在无法用双手工作，那么他就会选择不停地思考"。[1]

除了政府正常需要处理的公文文件外，杰克逊还同诸多官员、朋友、家人、政客以及全国形形色色的公民有书信来往。这意味着，他每天需要写10到20封信。有时这些信件长达4页、8页，甚至12页。这种坚持写信的习惯着实十分了不起。

只要他的身体尚且允许，总统几乎每天都面见来访者。比如像布莱尔一类的人，每天都会前往白宫，倾听总统的意愿。"我已经养成了每天面见您的习惯，"布莱尔在给总统的信中写道，"但是这个习惯对我来说并不容易，直到我有幸参观了您的办公室。"[2] "厨房"内阁召开会议几乎是家常便饭。"客厅"内阁则通常在每周二相聚，除非突发紧急事件，需要多次召开会议。杰克逊还常常阅读大量资料，主要是官方文件，然后就是信件。跟许多文韬武略的政治家一样，他也有读报纸的习惯，却很少读书。但是，他每天都会选读妻子的祈祷书。特里斯特还记得，有一次他在晚上前去总统卧室，询问总统该如何处理一些信件，却赫然发现总统穿着睡衣，但是并没有上床就寝。只见总统坐在一个小桌子旁边，桌子上放着他妻子的微型画像，而他正在选读雷切尔的祈祷书。他通常把这幅微型画像挂在"靠近心脏的地方，一根结实的黑绳穿过微型画像的一端，挂在他的脖子上"，只有晚上他在阅读祈祷书的时候才会将微型画像取下。"他在睡前做的最后一件事就是，"特里斯特说道，"阅读那本书，并把那幅画像放在眼前。"[3]

杰克逊在白宫内的生活也常常洋溢着孩子们的笑声。杰克逊的孙子和孙女、多纳尔森的儿女，是这些孩子的主力军，但是其他的孩子也时常造访白宫。以孩子们的名义举办聚会更是司空见惯之事。伍德伯里的孩子、麦克莱恩的孩子、布莱尔的孩子、麦科姆的孩子、普莱森顿的孩子以及其他居住在附近的孩子，常常会收到来自白宫的邀请函，成为白宫的座上宾。

---

1 帕顿，《杰克逊》，第三卷，612页。

2 布莱尔致信安德鲁·杰克逊，1836年7月30日，《杰克逊文件汇编》，美国国会图书馆。

3 帕顿，《杰克逊》，第三卷，602页。

其中一封邀请函的内容如下：

> 杰克逊总统家的孩子们邀请您前往东厢参加嬉戏聚会，时间是圣诞节当天下午4点整。
>
> 华盛顿，12月19日

这种特殊的聚会也会邀请一些成年人参加，包括副总统、一些外交使节，詹姆斯·麦迪逊夫人也常常带着她的侄孙女艾迪·卡茨出席，以及爱德华·利文斯顿的女儿科拉·利文斯顿。捉迷藏、抢壁角游戏以及罚物游戏通常是这类嬉戏聚会最常玩的游戏。随着一个乐队奏响"总统进行曲"，小客人们便前去就餐。饭毕，他们通常会玩打雪仗游戏。这些雪球都是由棉花制成的，齐齐地码放在一张桌子上。一只镀金斗鸡威风凛凛地站在雪球堆之上，昂首挺立、展翅欲飞。孩子们玩累后，便会排起长队准备离开。他们一个接一个地向总统鞠躬或者行屈膝礼。"晚安，将军。"他们嫩声嫩气地说道。只见此时，这位老战士满脸笑容。多利·麦迪逊此刻就站在他旁边，不由自主地感叹道："多么美妙的场景啊！让我不禁想起了《仲夏夜之梦》里的精灵队列！"[1]

杰克逊也对设宴请客极为热衷。除了晚宴和招待会，白宫的宴请大多是社交音乐会。著名的艺术家常常会同高官显贵一样前去白宫拜谒英雄。舞蹈家、歌唱家、演员、画家时常会混在各政府部门首脑以及各国使节中间，出席白宫举行的接待会。杰克逊本人并不十分迷恋剧院演出，几乎很少观看舞台表演。但是，途经的巡演剧团往往会前往白宫表演，以向它的居住者致敬。他总是和蔼可亲、事无巨细、彬彬有礼地接待他们。他把自己的家长式作风发挥得淋漓尽致、无以复加。无论他的客人是孩子、女士、艺术家、军人、友人、邻人、家人还是同乡，老胡桃木都会自发地负责起他们的安全和安康事宜，任劳任怨。当然，这其实也是他的一项乐趣所在。安德鲁·杰克逊是仅有的几个真正的英雄之一，为总统一职增光添彩。他无惧无畏、气势如虹。他百折不挠。美国人民始终相信，只要安德鲁·杰克逊将军活着一天，民主就会安全无虞。

---

1 安妮·沃顿，《合众国早期的社交生活》（纽约，1902年），264—266页。

第二十八章　告　别

1836 年 11 月 19 日，星期六，就在杰克逊撰写最后一篇国情咨文时，患了重感冒的他突然猛烈地咳嗽起来。最害怕的事情还是发生了，他的肺部开始大出血。多纳尔森少校此刻正在他左右，见状立即命人去请医生。在进行常规治疗后，医生便开始给总统放血，并在随后配制了一剂药用盐。医生居然奇迹般地止住了血。大出血让杰克逊完全失去了意识，他被众人抬上了床。一些雇工开始不停地悲叹，悲叹总统大限将近。

总统第二天在剧烈的疼痛中醒来，尤其是他那患有慢性病的一侧身体。随后，他的肺部又开始流血，所幸不似昨晚那样严重。医生来到后，便为杰克逊做"杯吸治疗，为此他的皮肤上长满了脓疱"，在接下来的一整天里，他痛不欲生。夜幕来临时，他的病情越发危险。因此，医生便再次替他放血，放出了"60 多盎司血液"。杰克逊后来写道："在医生的手术刀下和放出的 70 多盎司血液中，我虚弱无力地躺了将近 48 个小时。"[1]

通过一些不可思议的医疗手段，杰克逊居然不可思议地在 11 月 21 日晚度过了危机。后来，白宫内的雇工不无玩笑地说，他最终能活下来肯定是因为他心中有一股坚不可摧的求生欲。杰克逊则不以为然。"这是冥冥之中的天意，我们的生死都掌握在天意的手中"，是天意让他活了过来，这是神的意志。[2]虽

---

1 多纳尔森致信埃米莉·多纳尔森，1836 年 11 月 20 日，21 日；安德鲁·杰克逊致信玛丽·波尔克，1836 年 12 月 22 日，私人珍藏，副本藏于"杰克逊文件汇编项目"，隐士庄园，田纳西州；安德鲁·杰克逊致信毛塞尔·怀特，1836 年 12 月 2 日，杰克逊，《信件》，第五卷，440 页。

2 安德鲁·杰克逊致信埃米莉·多纳尔森，1836 年 11 月 27 日，杰克逊，《信件》，第五卷，439 页。

然杰克逊的状况十分不容乐观，但是他还是挺了过来。此后，他一直半昏半醒地躺了好多天。医生不再给他放血后，他也慢慢地恢复了气力。但是这种恢复过程极其缓慢。在接下来的几周里，他一直软弱无力、无精打采。"必须对他多加照顾，不能让他再旧病复发，"多纳尔森写道，"不能让他感染风寒，否则他恐怕挨不过这个冬天。"但是，杰克逊把自己照顾得极好。整整两个月，他都把自己关在屋子里。从他首次旧病复发的当天到 1837 年 3 月 4 日，也就是他执政的最后一天，杰克逊仅有 4 次离开卧室，走下楼去。[1]

尽管如此，杰克逊当政最后一个月的政治走向却预示着他此后个人命运以及政治命运持续好转。首先，他的健康状况慢慢改善，尽管恢复缓慢。他重拾先前的工作，尽管他还是囿于卧室的方寸之间。随后，传来了他期盼已久的消息，马丁·范布伦顺利当选为总统。直到 11 月末，小魔术师击败辉格党多位总统候选人的消息才渐渐浮出水面。范布伦总共获得了 764198 张全民选票，170 张选举人票。整个辉格党的候选人获得 736147 张全民选票，俄亥俄州的威廉·亨利·哈里森获得 73 张选举人票，田纳西州的休·劳森·怀特获得 26 张选举人票，而丹尼尔·韦伯斯特（马萨诸塞州）和威利·曼格姆（南卡罗来纳州）分别获得 14 张和 11 张选举人票。[2]

不巧的是，民主党的副总统候选人理查德·门特·约翰逊（肯塔基州）并没有顺利获得半数以上选举人票。约翰逊与纽约州的弗朗西斯·格兰杰以及弗吉尼亚州的威廉·史密斯和约翰·泰勒的名单一同提交给参议院，由参议院决定最终结果。1837 年 2 月 8 日，33 票赞成票对 16 票反对票，约翰逊成功当选为新一任副总统。

民主党的总统大选在全国范围内接连取得胜利，以托马斯·哈特·本顿为首的参议员决定制订计划通过决议，"删除"参议院于 1834 年对总统通过的谴责决议。大多数共和党都认为这是去伪存真的最好时机。"人民的呼声极为强烈，决议的用语有失公正，"首席大法官罗杰·托尼说道，"删除该决议是正义使然。"毋庸置疑，他说道，杰克逊在离开白宫之前此事必须做个了结。[3]

---

1 多纳尔森致信埃米莉·多纳尔森，1836 年 11 月 27 日，《多纳尔森文件汇编》，美国国会图书馆，安德鲁·杰克逊致信特里斯特，1837 年 3 月 2 日，《特里斯特文件汇编》，美国国会图书馆。

2 彼得森，《美国总统大选》，22—24 页。

3 托尼致信安德鲁·杰克逊，1836 年 12 月 8 日，《杰克逊文件汇编》，美国国会图书馆。

1836 年 12 月 26 日，是克莱正式向参议院提出对杰克逊的谴责决议案 3 周年的日子，本顿于是就在当天提出了删除该决议案的决议。

> 会议正式决定，从议事录中删除该项（谴责）决议案；参议院秘书长（Secretary of the Senate）应根据参议院的指示将议事录原件中 1833 年和 1834 年会议记录部分带至参议院，并在全体参议员面前用黑线将上述决议案圈出，并用加粗字体在该决议案上写下以下文字：根据参议院的指令，该决议案已于公元 1837 年的今日删除。[1]

辉格党闻讯暴跳如雷。三人联盟——克莱、卡尔霍恩以及韦伯斯特轮番详述原先谴责案存在的合理性。卡尔霍恩不断地提醒在场的参议员，宪法规定议事录是保存原有诉讼程序的必要文件。"如果它可以被篡改，"他说道，"那么它又怎么能称得上是必要文件呢？""此删除决议完全背离了宪法的本质精神。"克莱则慷慨激昂地发表了演说。"法令已经颁布，"他宣称，"篡改行动已经成行，这是一场邪恶的行动，一如恶贯满盈的麦克白那沾满血腥的双手，这双手所犯下的罪行，即使用尽整个海洋的水也断难洗清。"根据白宫下达的命令，计划将谴责案删除。"那么，当你决定犯下罪行之时，试着去说服人民吧。告诉他们，你为我们这个平凡国家所做出的丰功伟绩。告诉他们，你已经替他们熄灭了公民自由圣坛上那簇最明亮、最纯粹的火焰……再告诉他们，从此以后，无论总统大人做出如何鲁莽或者残暴的举动，你们的嘴巴也定会被参议院密封起来……那么，如果当时我们看到的不是民怨沸腾的场面，那么只能说我对美国的自由民了解得不够透彻。"[2]

克莱确有经天纬地之才，他自己也深知这一点。他的旷世之才从未完全施展开来，这确实是美国的一大损失。他永远被总统之位堵在了门外，这一切都因那场企图挫败安德鲁·杰克逊将军入主白宫计划的"腐败交易"而起。

韦伯斯特最后一个发言，但是他并没有如克莱和卡尔霍恩一般怒不可遏，或许因为他与老胡桃木之间并不存在私人恩怨。因此，他的抗议演讲简明扼要而又语气节制，并没有强调原先谴责案存在的必要性。

午夜将近。无人有离开议席的打算，整个参议院内依旧挤满了人。气氛越

---

1 本顿，《纵览三十年》，第一卷，718 页，719 页。

2 同上，728 页，729 页。

发紧张起来。待韦伯斯特发表完演讲后，无人再起身。在经历了漫长的沉默之后，终于有人发话了。来自亚拉巴马州的监选员金下令投票。一共有43位参议员出席，5位缺席。其中24人投出赞成票支持本顿的删除决议案，19人则投出反对票。投出赞成票的人包括本顿、布坎南、格伦迪、林、里夫斯、塔尔梅奇以及赖特；而投出反对票的人包括卡尔霍恩、克莱、格里坦恩德恩、韦伯斯特以及休·劳森·怀特。

在主席宣布投票结果后，本顿起身要求执行删除命令。执行程序立即开始。就在此时，辉格党员集体走出会议厅，以示抗议。参议院秘书长阿斯伯里·狄更斯随后取出参议院的议事录原件，并翻至1834年3月28日那项谴责判决。就在秘书长准备在谴责案上画一条方形的黑线并写下删除谴责的文字时，环形走廊的左翼处传来如潮的嘘声和叹息声。而发出这些嘘声的人正对参议院本顿。

本顿一跃而起。"银行的恶棍！银行的恶棍！"他大声喊道，"纠仪长，抓住他们！……把他们带至参议院的围栏里。"

带头闹事的头目被抓了起来，其他人见状立即安静了下来。秩序恢复后，删除程序在静默中继续进行。秘书长在谴责条款处画了一条黑线，并随后在该谴责案上写下如下文字："根据参议院的决议删除，1月16日，致我们伟大的1837年。"[1]

删除仪式结束后，本顿拿起秘书长刚才用来删除谴责案的那支笔，并于第二天交由他的小儿子转交给杰克逊。那位老者感激涕零。"我衷心地感谢您送我这支珍贵的笔，"他在回信中写道，"……这支笔捍卫了正义，我愿意将它同其他珍贵的纪念品一样珍藏起来，在我的余生中倍加珍惜，我将在我的遗嘱中将它赠送给阁下，您是它真正的归宿，借此表达我的尊重之意，您高尚的情感中无不透露着您的才华、美德以及爱国之情。"[2]

随后，杰克逊为此次删除事件的功臣以及他们的妻子举行了一场"盛大的晚宴"。由于他仍旧极为虚弱，并没从先前的病痛中恢复过来，所以他能做的只是简单地同他们致意，表达对他们的感激和赞赏之情。随后，他走向了此次事件的"头等功臣"本顿，把他引领到自己原本坐的主位上后，自己便径直回了病房中休息。宴会持续了多个小时后才散去。

在杰克逊政府即将还政之际，仍旧有一些明快的时刻。那是杰克逊最后一

---

1 普尔，《蒲理的回忆录》，第一卷，142页；怀斯，《合众国七十载》，143页。

2 安德鲁·杰克逊致信本顿，1837年1月17日，《杰克逊文件汇编》，美国国会图书馆。

次招待会的清晨，纽约州的一个市民委员会向他献上了一辆造型精美的四轮敞篷马车，该马车跟大名鼎鼎的军舰宪法号都是用同一种木料造成，而人们也亲切地将后者称为"老铁甲"（Old Ironsides）。将军对这个礼物赞不绝口，"感激涕零地"接受了它。"每每看到这些制成'老铁甲'的栎木"，他说道，都能让我时常想起"那艘英勇的舰船乘风破浪、屡建奇功的场景……所以，我定会将其珍藏密敛起来"。[1]

但是杰克逊却在临卸任之时否决了国会通过的意在废止《1834年铸币法》的法案，即使此时的国会议员大多隶属民主党籍，这为他的卸任增加了些许不和谐的调子。1837年3月3日，是当届国会会议的最后一天，而每个人似乎都乐见它的闭幕。他们不停地吵嚷着，并时不时地批判谴责总统，参议员和众议员们纷纷离开自己的议席，桌子上铺满了未完成的政务文件以及未通过的立法。

杰克逊的任期也随之画上了句号，但是他当政时的丰功伟绩必将彪炳史册。更为重要的是，评论者们也都一致认为杰克逊树立了总统的新形象。诚然，并不是所有人都对这个形象赞赏有加，但是他们都承认他的总统形象确实独具一格。在他的支持者眼中，杰克逊式的总统形象反映和体现着人民的意志，这种对民主的认同形式意味着总统有能力在一个日趋现代化的国家中更好地扮演好自己的角色，即政府首脑和国家领袖。此外，为支持总统实现改革目标并协助他完成长期目标，一个建立在杰斐逊共和政治理念基础上的政党组织应运而生，该政党有广泛的群众基础，以人民权利至高无上为自己的信条。

前任总统从未把总统由全体国民选出这一理念奉为圭臬，更不用说将这一理念明确表达出来。安德鲁·杰克逊创立了这一论点。以前从未有总统声明，他是"全体国民民意的代表，而非国会的代表"；老胡桃木却做了这样的声明。以前从未有总统坚称联邦政府的某一个部门具有优越性，也从未有总统试图用自己的主张代替国会的主张，除非国会确系存在违宪问题；杰克逊却常常坚持自己的主张，尤其是当他认为此主张确实对人民大有裨益时。因此，他是美国历史上第一位现代总统，也是第一位认为自己是民主国家领袖的总统。

杰克逊作为总统还有许多其他值得称道的地方。他挽救了合众国，有力地打击了联邦法律无效论者，这是他对这个国家做的最至高无上的贡献。它的重要性几乎与他首次偿还国债的重要性并驾齐驱。根据最近一项对杰克逊所推行

---

1 《环球报》，1837年2月25日。

的"改革计划"的研究，杰克逊确实在国家早期历史中为美国人民造就了一个最为清正廉洁的政府。[1]

杰克逊在任内还从印第安人手中"获得"了大量土地，这些土地大多延伸在马萨诸塞州、新罕布什尔州、佛蒙特州、康涅狄格州、罗得岛州、新泽西州、特拉华州以外的大片区域处。现今的美国人可能会对此项成就闪烁其词，因为它给印第安人带来了无尽的痛苦，但是杰克逊时代的美国人都引以为傲。更为重要的是，迁移或许实际上有效保护了南方各部落免遭灭绝。

他还使得一个穷奢极侈的国家银行化为乌有，而此举与他的民主思想和民主哲学不谋而合。一场长达 10 年的关税战争在老胡桃木的调解下达成和解。杰克逊当政期间在外交领域取得了多项成就，大大提高了美国的主权地位，捍卫了美国的国家权益。杰克逊还同外国签订大量商务条约，极大地扩展了美国的对外市场，直接促成了美国在 19 世纪 30 年代的经济腾飞。

但是杰克逊的执政生涯中也不乏败笔。杰克逊用人不当，值得一提的是，这些人大多为范布伦所举荐。尽管如此，杰克逊对所托非人一事责无旁贷。他在改革方面取得了令人瞩目的成就，但是由他亲自任命的塞缪尔·斯沃特乌特（范布伦并不看好他）盗走了有史以来最多的政府公款，比历任政府非法挪用的公款总额还要多。此外，杰克逊不能领导国会和整个国家有效运转，例如，他没能促使国会通过《维尔普朗克法案》、他无法在 1834 年阻止一位辉格党员当选为众议长以及他在得克萨斯问题上屡屡失利。除此之外，杰克逊并没有制定一套行之有效的银行系统来取代合众国银行，他对硬币的肤浅认知、他任意干涉土地投机，使得整个国家遭受损失。更为重要的是，他粗鲁无情地将印第安人驱逐出他们的家园，而对给印第安人造成的无尽苦难熟视无睹。

总的来说，安德鲁·杰克逊功大于过。他捍卫了合众国、任内加强总统职权以及大力推进民主。人民生活富足、安居乐业，他们得到了全世界的尊重。

杰克逊不仅能清醒地意识到自己的功绩，还极为在意历史对自己的最终评价，他想亲自对美国人民解释他执政这 8 年期间的所作所为，并阐述他所奉行的施政原则，这将是他最后一次作为他们代言人做出的官方行为。他准备仿效乔治·华盛顿总统发表告别演讲（Farewell Address），并邀请首席大法官托尼

---

[1] 大卫·哈克特教授极为热心地与我分享关于早期总统当政时期腐败问题的研究结论。他的大多数研究都基于经过量化的证据。他在此方面的著作即将出版发行，书名《腐败：革新和衰退交替的美国历史》。

撰写此次的演讲稿。他想着重强调"我们辉煌的合众国"，提醒整个国家提防"那些野心勃勃和别有用心的人"时刻准备着分裂合众国，使整个社会陷入混乱，以满足他们的私欲，这些人就包括联邦法律无效论者和废奴主义者。值得一提的是，他尤为担心地方主义。他声称，意志薄弱的人，往往会说服自己，骗自己说自己的分裂行为"都是为了捍卫人道以及……人类的权利"。但是不要被他们所欺骗，他写道，"任何一个拥有清醒头脑的人都不难看出，这些以牺牲他人感情和权力的犯罪行为只能招致灾祸"。[1]

在撰写演讲稿的过程中，杰克逊和托尼依旧坚持捍卫合众国和限制联邦权力这两大原则，他们详述了这两大要旨，至此整个演讲稿豪迈又不失风趣。然而，不巧的是，他们却选择继续探讨征税权以及财政，一旦此话题深化下去，便注定会脱离正题，偏向纸币、银行、垄断、专有特权，等等，而总统在此领域鲜有建树、乏善可陈，不利于营造告别演讲的氛围。尽管如此，杰克逊一度设法阐述他对杰克逊民主政治的理解。他试图直接同美国人民对话。"这个国家的最高权力掌握在你们手中，"他提醒他们说，"任何一个处于权力中心的人都对你们负有绝对责任。你们有能力见证人民愿望成真的那一刻，人民的意志被执行的那一刻。"只要人民保持"质朴公正"，只要他们对自己的权利时刻保持警觉，那么整个国家将安全无虞，政府也必安然无恙。"我们的自由事业必将一往无前、战无不胜"。[2]

随后，他给出了杰克逊民主政治的简明定义，而这也是杰克逊给整个国家的遗产：人民拥有最高统治权，他们的意志具有至高无上性；自由只有掌握在道德高尚的人手中才能获得永生。

随后，他继续在告别演讲中提及外交事务，并强调说有效的外交政策就是做好作战准备。他紧接着说，"由于我国拥有漫长的大西洋海岸线，海军是我国的第一道防线"。

随后，就是他此次演讲的结束语部分。"美利坚合众国所取得的成就，"杰克逊说道，"已经远超国父们曾经的期冀。我们此时的国家繁荣、昌盛，不断吸收新知识以及所有实用技术，不再有任何畏惧外国势力的理由。整个文明

---

1 安德鲁·杰克逊致信托尼，1836 年 10 月 13 日，《杰克逊文件汇编》，美国国会图书馆，告别演讲的具体内容请参见理查森，《咨文和官方文件》，第二卷，1511 页及后文。引述的段落请参见 1516 页，1517 页。

2 同上，1525 页。

世界，已经对合众国的力量和势力了然于心"。

> 你们负有人类最高的责任，必须对其加以关切爱护。上帝无私地
> 给这片土地施以恩惠，而你们已经被选为自由的捍卫者，你们必须为
> 整个人类而捍卫它。希望你们不会辜负掌握国家命运的上帝之手，上
> 帝授予你们的权利，你们须以最纯粹之心和最洁净之手以及最警觉之
> 心守卫和捍卫，直到生命终止。这是上帝交由你们的一份伟大使命。
> 我的旅程即将结束……我感谢上帝让我生在一片自由的热土之上，感
> 谢他赋予我一颗赤诚的爱国之心，让我像儿子一般热爱着自己的国家。
> 你们赐予我恒久的仁慈，我满怀感激、心怀热情，就此别过。[1]

这是一段令人动容且恰如其分的结束语，不仅为这次演讲画上了一个圆满
的句号，还向世人阐释了一届令人振奋、时常风云变幻但是令人神往的政府。
杰克逊在此次告别演讲稿的最后一页签上自己的名字，命人拿去打印，并于随
后分发至国会和出版社。他对托尼大法官所写的内容赞赏不已，希望此次的演
讲稿可以同乔治·华盛顿的演讲稿一样砥砺和鞭策美国人民不断前行。就在签
署完此文件几分钟后，他的一些朋友前来拜访，于是他们把酒言欢。少顷，他
放下手中的酒杯，点燃了那根长长的烟斗，缓缓地吐出了几个烟圈，转身望向
角落处一台高大的老式座钟。还差5分钟便是子时。分针慢慢地接近12点。突
然，一阵猛烈而清脆的钟声响起。就在此时，杰克逊转向他的朋友们说道：
"先生们，我不再是美利坚合众国的总统，但是和你们中的任何人一样是一个
好公民。"[2]

在他的朋友们纷纷离去后，这位老者又拿出雷切尔的《圣经》读了一会儿。
待他感到头部隐隐作痛时，便放下书，爬到床上去。整个白宫沉浸在夜色的沉
寂中。总而言之，安德鲁·杰克逊的总统之路已经功德圆满。

翌日，1837年3月4日，总统就职日，又是一个天朗气清、风和日丽的日
子。中午时分，那辆新得的四轮敞篷马车便在熠熠的日光中傲然地立在白宫的
入口处。片刻间，老英雄从卧室中走出，准备迎接候任总统马丁·范布伦，而

---

1 理查森，《咨文和官方文件》，第二卷，1527页。
2 本·蒲理·普尔，"要闻集成"（波士顿），《纽约时报》，1886年5月16日，
副本藏于"杰克逊文件汇编项目"，隐士庄园，田纳西州。

后者已经在门厅处等待他的到来，两人一起在马车中坐定，前往国会大厦参加就职典礼。

国会大厦东侧广场的边上聚集着一群慕名前来的围观者，当两人踏上通往门廊的台阶时，"周围的人群响起了一阵欢呼声，大家异口同声地向他们致意"。首席大法官托尼主持了宣誓仪式，"看到范布伦先生加冕桂冠的盛景"，杰克逊"满怀"喜悦，"曾经被参议院残忍拒绝的他，现在已经宣誓成为总统，而首席大法官托尼也曾饱受参议院派系争斗之苦，被参议院拒之门外"。[1] 就职仪式结束后，老胡桃木拾级而下，径直走向在不远处等待着他的那辆四轮敞篷马车。走到一半时，他突然停了下来，或许是为了镇定下来。就在此时，人群中爆发出"一连串的欢呼声和喝彩声，久久地回荡在空中，不能散去"。参议员本顿说道，他们已经无法自已。那是"这个活生生的年代所特有的钟爱之情、感激之情以及赞赏之情，他们最后一次向这位伟大的英雄致敬"。[2]

杰克逊再次向他们鞠躬致意。他脱下帽子，不停地向人们比画着他的感激之情，感激他们的钟爱与尊敬，他的脸上洋溢着"谦逊和感谢"。本顿不禁哽咽起来。"当时我就在一处侧窗处向下张望，"他写道，"那是一种我从未经历过的浓烈感情。""我曾经观看过很多场就职典礼，"他继续写道，"但是总给我一种刻意表演的感觉，空洞而了无灵魂。"而这次的就职典礼与它们有云泥之别。它真实不做作。"一个真实的人和人民"；他放权归政；他们替那"尚未出生的一代"向他致谢，感谢他将整个国家的自由和民主推向新的高度。[3]

杰克逊的总统生涯为美国的政治和灵魂筑造了一条漫长而又激情昂扬的轨道。他独树一帜、求真务实、百折不挠、精明强干、足智多谋、惊世骇俗、广受爱戴。他是一位懂得理解和尊重过去传统的政治家，更是一位敢于推陈出新、坚持自我的政治家。一位历史学家曾这样评价道："安德鲁·杰克逊既是改革的先驱，又是传统的代表。"[4]

毋庸置疑，他走下政坛对美国的政治生活大有裨益。有利于使政治生活恢复到更为正常的节奏中去，有利于复兴两党制。两党制在南方的复兴尤为明显，该地区在过去的十几年里几乎是一党独大的局面。杰克逊是一位远超同时代政

---

1 《环球报》，1837 年 3 月 8 日。

2 本顿，《纵览三十年》，第一卷，735 页。

3 同上。

4 霍尔，《司法政治学》，26 页。

治家的伟大政治家。作为政治人物，他几乎占尽风头。在很多地方，杰克逊本人，也只有他，才是问题的所在。并不是说，只要杰克逊退休回到隐士庄园，就会出现一个惯常的政治运行机制。根据一位历史学家的最新研究结果，这个新的政治时代开始于 1836 年，政党双方持不同的意识形态并致力于解决不同问题的一套真正的两党制体制应运而生。[1]

当杰克逊踏上等待已久的马车载着他回到白宫之时，他已精疲力竭。但是，在他的余生中，他时常满含热泪地想起，他永远退出政治生活的那一天人们对他发自肺腑的爱慕之情。

1 乔尔·西尔贝，"1836 年大选"，施莱辛格等人编辑，《美国总统大选历史》，第一卷，598 页。

第二十九章　退　休

　　直到 3 月 7 日，星期二，养精蓄锐后的前任总统才踏上返回隐士庄园的漫长征途。此时的他已近古稀之年，已经垂垂老矣，身体的剧痛时时困扰着他。同他一起踏上归途的有他的家庭成员——他的儿子安德鲁和儿媳妇以及他们的孩子们，他如影随形的挚友也就是画家拉尔夫·厄尔以及一位名为托马斯·劳森的军医，后者受命于范布伦护送前总统。在同多方握手致意后，老英雄最后一次离开白宫。范布伦一路护送他坐上马车，并一直将他送至铁路车站。经过讨论，他们一致决定总统应该乘坐火车，"因为这种交通工具安逸舒适……直到他抵达铁路和以碎石铺就的国道的交会处，他的私人马车就在那里等待着他"。在他们分别之际，有人无意中听到范布伦承诺前往隐士庄园拜访杰克逊。老者一边点头，一边满意地笑了。随后，他同总统握手告别，踏上了火车。[1]

　　英雄在舒适缓慢的马车中前行，马车穿过乡间小道，到处都挤满了前来为他喝彩的人群，他们不停地向他表达热爱和尊崇之情。随着他途经路线的消息传开，越来越多的人群聚集起来。欢迎会、晚宴、游行以及公众聚会，此起彼伏。有些集会规模之大，着实让这位老战士受宠若惊。在惠灵，成千上万的人聚集在码头向他致意，祝福他"一生幸福、乐享天年"。"这场集会聚集的同胞人数之多，我有生之年还是第一次看到，"杰克逊写道，"要比华盛顿 3 月 4 日聚集的人数……还要多。"[2]

　　当这位功成身退的英雄于 3 月 18 日星期六下午 5 点抵达辛辛那提时，人

1　《环球报》，1837 年 3 月 9 日。

2　安德鲁·杰克逊致信多纳尔森，1837 年 3 月 19 日，《杰克逊文件汇编》，隐士庄园妇女协会；安德鲁·杰克逊致信威廉·诺兰，1837 年 3 月 11 日，杂项收藏，威廉斯堡基金会，副本藏于"杰克逊文件汇编项目"，隐士庄园，田纳西州。

们自发发起了另一场大集会。他们前去瞻仰"这个时代最伟大的人，安德鲁·杰克逊，他们就是民主，"辛辛那提的《共和党人》于3月20日报道说，"这或许是他们最后一次集会，仰慕地拉着他的手，再看一次这位英勇无畏地守卫和保护整个国家的英雄。"

"从波托马克河到密西西比河，"路易斯维尔的《广告商报》于3月21日报道称，"'干得漂亮！您是一位公正诚实的人民公仆'，这类呼声此起彼伏。"

杰克逊于3月24日星期五抵达纳什维尔，"一场由邻居和同胞发起的盛大集会在迎接着杰克逊的到来，壮观而又热情洋溢"。看到其他地方对他们最钟爱的儿子施以热情款待，他们自然不甘示弱。就在距离家更近的地方，他遇到了一个由老人和男孩们组成的代表团，有人告诉他，他战友的孩子们以及他的朋友们欢迎他回家，并决定再次回到他的麾下。听到此话，安德鲁·杰克逊将军再也抑制不住自己的感情。他的整个身体微微颤抖着，老泪纵横。"我什么都可以接受，但是，"他断断续续地说道，"这份信任太沉重，实在是太沉重了！"[1]

等前总统平复下情绪后，他再次踏上马车，并在不久后回到了隐士庄园。终于，永远地回家了。他一边感叹，一边咳嗽，感到异常地开心。"我在本月25号就已返家，"他在写给范布伦的信中写道，"我的气力已经有所恢复，但是依旧每天咳得厉害……在我执政生涯结束之际，在我回家的路途之中，我看到了人们对我的赞许和欣赏，这让我心满意足。所到之处，欢声雷动，到处都是信奉民主共和的朋友们，甚至一些心怀悔意的辉格党员也热情友好地欢迎了我……这是一位爱国者应得的尊重，我如愿以偿、死而无憾。"[2]

由于久居华盛顿，杰克逊的农场遂由其儿子小安德鲁管理。更为确切地说，是管理不善。这位年轻人毫无经济头脑，他的父亲越是训斥警告他，他就越是犯下致命错误。要么他就是天生愚笨，要么就是满不在乎。当然，很可能两者都有。对于他父亲苦口婆心地教育他现代生活的生存之道以及管理农场的必要技能，他有时甚至表现出极度的不耐烦。

看到小安德鲁毫无经商头脑又懒散成性，杰克逊多年来时常对他耳提面命

1　《合众国报》（纳什维尔），1837年3月25日，副本藏于"杰克逊文件汇编项目"，隐士庄园，田纳西州；《环球报》，1837年4月10日；帕顿，《杰克逊》，第三卷，630页。

2　安德鲁·杰克逊致信范布伦，1837年3月30日，《范布伦文件汇编》，美国国会图书馆。

却如隔靴搔痒。年轻的安德鲁似乎都懒于抱怨或者反驳。他时常推三阻四，不久便变回到以前的老样子。有时，他甚至惹得自己的父亲暴跳如雷。这种情况直到1831年11月24日，他迎娶莎拉·约克后也没有丝毫改善，而此时的他俨然已经成为需要养家糊口的一家之主。甚至情况变得更糟糕了。贪得无厌的商人总是利用他的天真骗取他的钱财，而且他还常常不假思索地答应各色狐朋狗友向他伸手借钱的要求，想都不想就签银行的本票。将军多次提醒他改掉这些缺点。他几乎每年都要被杰克逊狠狠地教训一番。

> 我曾经多次告诉过你，现在我再重申一遍——这个世界不值得信任。很多人见你财大气粗，就假意跟你称兄道弟，企图构陷于你，如果他们有机会，便一定会骗得你身无分文，然后他们便可以堂而皇之地取笑你愚昧无知，袖手旁观你的苦难。真正的施舍（当你腰缠万贯之时）是为了减轻人们的苦难，上帝也会对你的善举抱以赞许，因为这是救世主在山顶布道时为我们指明的道路，我恳请你认真读一读这些启示。[1]

无论安德鲁被欺骗过多少次，他就是丝毫不长记性。他总能笑对厄运，并安慰自己失误不过是再平常不过的事情，不过他这种人着实不多见。他无能、懒惰、懦弱以及倒霉。更为糟糕的是，他酗酒成性，且日甚一日。除了时不时地寻花问柳，他还沉迷于打猎。他把一生的时间花费在打猎上。1865年的一天，当他忙于攀爬一条栅栏时，身上的枪一不小心走火射中了他的手掌，不久后他便一命呜呼，英年早逝，年仅55岁。他死于破伤风。

安德鲁欠下的债务数目让他的父亲目瞪口呆、黯然神伤。但是老杰克逊从未表示拒绝偿还儿子的债务，或者称儿子的债务与自己无关。如果自己的儿子无力偿还，他便把偿还这些债务当成是自己必须承担的责任。这事关家族的尊严和荣誉。等到杰克逊于1837年返回到隐士庄园时，随着一场全国性的经济衰退蔓延开来，种植园已经难以为继，整个家庭的财政状况已经捉襟见肘。就在这位前总统重新着手打理自己的种植园账单时，诸多银行纷纷倒闭。全国所有银行都开始停止发行硬币。仅纽约市的银行每天挤兑的资金就已高达200万美元。

---

1 安德鲁·杰克逊致信小安德鲁，1833年11月16日，《杰克逊文件汇编》，美国国会图书馆。

停止兑现昭示着一场严重的经济衰退即将上演。若非要给这场可怕的1837年大恐慌找一个源头的话，那就一定是来自纽约的约瑟夫，作为国内汇兑最大的商人之一，他于1837年3月17日宣告破产。破产直接殃及新奥尔良的棉花市场，因为该公司还同银行、商铺以及商业企业有着密切的商务往来，他的破产旋即引起连锁反应，成千上万的商业机构一个接一个地关门歇业。外国的银行家和商人见状立即变卖他们在美国持有的资产，唯恐被套牢，但是这场经济崩溃迅速波及全世界，无人能在其中独善其身。杰克逊交给范布伦的那个"繁荣昌盛"的国家，似乎突然直接处在了崩溃的边缘。[1]

当时以及后来，有多位怒不可遏的批评者将引起这场经济恐慌的责任归咎给安德鲁·杰克逊，尤其是他在19世纪30年代大肆扩大贷款、货币以及易销货物的规模；银行战争；《储蓄法》，该法鼓励各州推进重建计划，尤其是在交通领域；以及《铸币流通令》。但是杰克逊把这场经济恐慌（尤其是停止兑现）归咎为大资本家欲壑难平，他们在过去几年中迅速膨胀资本，让自己成为"百万富翁"，而这个词语就是在此时被纳入到美国人的常用词中。杰克逊强调称，停止兑现，本就是这些百万富翁故意所为。只有纸币才能满足他们无休无止的贪欲，所以他们便想尽办法废止硬币。

《1836年储蓄法》明确规定禁止政府将财政资金存储于任何停止兑现的银行中，因此当银行在1837年春纷纷停止兑现时，财政部部长根据法律停止了政府所有在此类银行的存款业务。实际上，这也意味着财政部担负起了存储国家财政资金的责任。显然，事态如果继续发展下去，后果将不堪设想，于是范布伦最终决定通知国会在9月召开特别会议，解决此次危机。在此之前，国会紧急召开过三次特别会议，并且这三次会议都与战争息息相关。杰克逊本人建议将政府和银行分离开来。最初持有这种想法的人并不是他，而是过去曾有多位国会议员向他提出过类似建议，最终当局政府决定采取此建议，建立了一套被称为独立国库制度（Independent Treasury System）的体系。在该制度下，政府计划将政府资金存储在华盛顿、纽约、波士顿、费城、巴尔的摩以及其他城市的国库中，政府同银行之间的纽带旋即被剪断。

幸运的是，此次的经济危机中，农业所受到的波及程度要远远小于商业。

---

[1] 关于大恐慌的详情，请参见雷金纳德·麦格戈兰，《1837年大恐慌》(芝加哥，1924年)；塞缪尔·雷斯内克，"1837—1843年，美国萧条的社会史"，《美国历史评论》(1935年)，第四十卷，662—687页；彼得·特明，《杰克逊时代的经济》(纽约，1969年)。

例如，棉花依旧在全球范围内十分畅销，杰克逊在退休后的第一年种植了大量的棉花，以期度过入不敷出的艰难处境。过度的操劳使他本就虚弱不堪的身体更加不堪一击。就在此时，他突然病发，卧床不起。那是 1838 年 1 月初的一天。接连两天两夜，他于 1 月 16 日描述道："我从未合过眼，我的大脑时而失常，甚至昏迷。"一个月后，他的"肺部出血症再一次复发，跟 1836 年 11 月我在华盛顿经历的那场一样严重"。他曾一度"放弃生存下去的欲望"。[1]

1838 年前半年的时间里，杰克逊的肺部出血症成为家常便饭，还要时时忍受着神经衰弱性头疼，以及身体的持续性疼痛。"手术刀和泻药"时常是遏制出血症危及生命的良方，大多数时候，这些方法都会起到相应的疗效，出血症减轻后，他的身体往往也会随之流出大量的血。"我感到呼吸困难，"他在仲夏时告诉布莱尔，"上周，做完手术和杯吸术后，着实耗费了我大量的血液。"毫无疑问，他能活下来着实是生命的奇迹。阶段性大量出血或许是他能够继续活下去的一个重要原因。[2]

1838 年的一件喜事发生在 7 月 15 日。那是一个周日，这一天安德鲁·杰克逊将军加入了长老会。这是他多年来的愿望，因为他的妻子和母亲都是长老会的信徒。此外，他曾向妻子许诺加入长老会，但是却不得不一推再推，因为他认为公共政治人物不应该随意标榜自己的宗教信仰，会被人诟病为伪善。一些居心叵测的人肯定会谴责他加入长老会的目的不纯，指责他不过是为了"捞取政治资本"。因此，他将这种"公众行为"一直推迟到退休以后，"此后他将不会再招致无端的非难，因为这种恶意的中伤会伤及宗教信仰的精神"。[3]

他向詹姆斯·史密斯教士咨询了一些入会事宜，而后者负责主持隐士庄园教堂，该处为杰克逊于 1823 年为雷切尔修建，他向教士坦承自己对长老会比跟其他人更有"认同感"。[4] 史密斯遂与约翰·托德·埃德加商讨此事，后者是纳什维尔第一长老会教堂的牧师，他显然早已准备吸收杰克逊入会。随后的一

1 安德鲁·杰克逊致信布莱尔，1838 年 2 月 26 日；安德鲁·杰克逊致信罗伯特·阿姆斯特朗上校，1838 年 1 月 9 日，《杰克逊文件汇编》，美国国会图书馆。

2 安德鲁·杰克逊致信布莱尔，1838 年 8 月 9 日 15 日，《杰克逊文件汇编》，美国国会图书馆。

3 安德鲁·杰克逊致信威廉·劳伦斯，1838 年 8 月 24 日，杰克逊，《信件》，第五卷，565 页。

4 詹姆斯·史密斯教士致信菲尼斯·尤因（1838 年），《尤因文件汇编》，田纳西州历史学会。

个周日，埃德加像往常一样来到隐士庄园教堂，他在这里宣讲了上帝对人类的启示，而这些颠扑不破的真理正好也写在杰克逊每天都会阅读的那本私人经书上。他看到这位老绅士似乎真对自己所讲的话语有所领悟，埃德加于是便简单概述了一位"假想"之人的生涯，这个人躲过了荒原中暗藏的杀机、战争、印第安人的袭击、祖国饱受战乱、变幻无常的政治倾轧以及刺杀。"如果没有一只无形的上帝之手时时保护和拯救这个人，"牧师说道，"那么这个人怎么可能屡次在灾祸中逢凶化吉、化险为夷呢？"

杰克逊坐在长椅上，身体微微颤抖着。仪式结束后，杰克逊便陷入沉思。在回家的途中，他也一直沉浸在自己的思绪中，就这样一直持续思考了大半天，夜晚来临之时他便开始冥想和祈祷。其间还同自己的儿媳妇莎拉讨论入会的事情，随后他们便一起跪拜祈祷。

不久之后，埃德加便前来拜访他。杰克逊向他诉说了自己的经历，并把自己所经历的这一切称为"转变"。于是他要求同自己的儿媳妇一起正式加入长老会。

埃德加向他提了几个问题，以考验他的转变程度。他的大多数回答都得到了埃德加的点头认可。最后，埃德加向他问了一个最为关键的问题。

"将军，鉴于职责，我还有一个问题需要询问您。您能够原谅所有与您为敌的人吗？"

这个问题着实让杰克逊震惊不已。将军静静地站了好一会儿。两人就这样静静地互相盯着对方。

杰克逊深吸一口气。他的眼睛里闪着光。"我可以彻底原谅我的政敌，"他最后说道，"但是，我无法原谅那些当我为捍卫自己的祖国在战场上浴血奋战时暗中构陷我的人，也无法原谅那些当我为自己的祖国兢兢业业奉献时攻击我的人，教士，这两者有着截然不同的意义。"

埃德加拒绝认同此番言论。两者不存在任何区别，他回答道，基督徒必须原谅所有人。这是最基本的要求。如果安德鲁·杰克逊做不到原谅他的所有敌人，那么他就无缘长老会。

这位弱不胜衣的老者无奈地叹了口气，随后便是"漫长的沉默"。杰克逊最终还是开口了。经过慎重考虑，他开始说道，他认为自己能够原谅所有伤害自己的人，包括那些明知他在战场上出生入死地杀敌报国却还要对他横加责难的人。

埃德加笑着表示赞许。于是，他便离开房间去通知莎拉。不一会儿，一个女人便急匆匆地冲进房间，上前紧紧地拥住了那位老者。两人都泪流满面，就那样紧紧相拥，过了很久很久。[1]

这绝对可以称得上是一段佳话，一段实际上是埃德加打造的佳话。他在多年以后提及此事，为了增加生动性，他口中的那段往事肯定是经过润色后的效果。且不论真相到底如何，1838 年 7 月 15 日，星期日，隐士庄园教堂挤满了本区的教民，一同见证那件喜事。站在教堂外面的仆人们使劲把脸贴在玻璃上，好奇地冲里面张望。安息日的惯例礼拜活动开始了，礼拜结束后杰克逊从自己的位子上起身，向众人宣布自己准备加入教会。他还表示，自己对教会的信条深信不疑，并决心遵守教会的戒律。与此同时，他还请求教会接纳他的儿媳和"钟爱的侄女"入会。[2]自此，安德鲁·杰克逊正式加入长老会，并领受圣餐。"这位老态龙钟的老战士，曾在战场上昂首挺胸地奋勇杀敌、出生入死，此时正谦卑地低下头，恭敬地冲他圣主的餐桌行屈膝礼，悔恨与喜悦的泪水如断线的珠子一般一颗颗从他那饱经沧桑的脸上滑落，这个场景实在是有太多的道德意义。"[3]

杰克逊将军在余生中一直像一位虔诚的信徒一般生活。长老会中可能没人能够认识到这个信仰对他的独特意义，例如，他从不认为自己是上帝"甄选"的子民，因此这一教义同他的民主精神相悖。当然，根据他一贯的风格，他不可能完全信奉教会的所有教义。尽管如此，只要身子状况允许，他就会定期参加礼拜，他每天都会坚持阅读《圣经》《圣经评注》以及赞美诗集。他生前甚至还将《苏格兰圣经》通读过两遍。每晚他都在家人和仆人面前诵读经文，有时还会独自忏悔一小段时间。[4]杰克逊死后，曾经流传这样一个有趣但有待考证的故事，有人曾问他的一位奴隶："将军是否去了天堂？"那位奴隶思考了一小会儿后回答道："如果杰克逊将军想去天堂，谁又敢阻止他呢？"

---

1 帕顿，《杰克逊》，第三卷，647 页。对于杰克逊入会原因的不同解释请参见莱米尼，《杰克逊》，第三卷，444—447 页。

2 《辉格党》（纳什维尔），1838 年 7 月 20 日，副本藏于"杰克逊文件汇编项目"，隐士庄园，田纳西州。

3 同上。

4 帕顿，《杰克逊》，第三卷，648 页。

第三十章　二十五周年纪念

在杰克逊退休生涯的 9 年中，他不停地同他在华盛顿的朋友交流，试图在所有重要议题上都烙上自己的烙印，努力让整个民主党和整个国家都知晓他的观点。他不时向总统、内阁成员、国会议员以及《环球报》的主编弗兰克·布莱尔提出建议和忠告。他对所有事件都抱以超高热忱，一旦他捍卫合众国安全的爱国热情被唤起，他便会不遗余力地发出振聋发聩的呼声。在合众国的危急时刻，他甚至会强打起精神，振臂高呼。他给全国各地的政客写信，敦促他们支持民主党的改革计划，并提醒他们若辉格党夺取权力，那么他们必将遭受厄运。

但是美国人民却让民主党在 1840 年总统大选中一败涂地，杰克逊将军惊讶不已。人们在小木屋运动的鼓动下并带着对经济情势的忧虑，将近有 250 万选民前往投票所。1836 年只有 57.8% 的人参与投票，而到 1840 年这一数字剧增至80.2%。计票完成后，辉格党的总统候选人威廉·亨利·哈里森获得了 52.9% 的选票，也就是 1275612 张选票，而范布伦获得了 46.8% 的选票，也就是 1130033 张选票。哈里森获得了 19 个州总共 234 张选票，而范布伦获得了 7 个州总共 60 张选票。[1]辉格党取得全面胜利的结果必然是民主党一败涂地。辉格党不仅在全国范围内的诸多州中取得了胜利，还获得了除弗吉尼亚州外所有大州的支持，他们甚至还顺利控制了国会。如此看来，辉格党现在很可能已经是整个国家的绝对统治力量，并很有可能废除杰克逊推行的所有改革计划。

总统闻讯不知所措。"腐败、贿赂以及骗局已经蔓延至整个国家。"他悲叹道。"美利坚合众国的民主已经被打败了，多么令人羞耻，"他告诉范布伦说，"但是我相信，我们不可能就这样屈服。"跟从前一样，他重申他相信"未被收买的合众国人民"的力量。民主的终极胜利，靠的是"伟大劳动阶级的力量"，

1　彼得森，《美国总统大选》，18—27 页。

他们一定能抵御住"英格兰和联邦主义者的联合银弹攻势（Money Power）"。他们一定会把"腐败"赶回到"它们原来的污秽之所去"。[1]

杰克逊在1840年唯一的乐事便是于1月8日参加新奥尔良战役二十五五周年纪念活动。此次"二十五周年纪念"（Silver Jubilee）对这位老战士来说意义非凡，他后来不止一次地表达自己的感激之情，感激自己有幸活到这一天。他真诚地认为并且希望新奥尔良战役的周年纪念日可以与7月4日的国庆日同等重要，他总是留意华盛顿是否在周年纪念日当天举行相应的庆祝活动以示重视。

他在多纳尔森少校[2]的陪同下于圣诞节前夕出发前往新奥尔良，并中途停留在维克斯堡一些时日，接受密西西比州授予他的荣誉。在他的最终航程中，一直由四艘汽船组成的护航队一路伴他前行，汽船上载着军人和来自各行各业的同胞。当护送的船于1月8日清晨抵达新奥尔良时，"整座城市礼炮阵阵、彩旗飘飘"。有人描述称，参与观礼的观众约有3万人，挤满了码头和通向码头的去路。当那位"神勇的老将军"于上午10点整登陆时，他们"异口同声地高声呼喊"。他们激动地把帽子抛向空中，"他们在热情地向总统致意"。那些没戴帽子的人也不忘挥舞着自己手中的手帕。"万岁！万岁！万岁！"他们高声喊道，"杰克逊！杰克逊！杰克逊！"这是"人民之声、上帝之声，"一位抑制不住激动的记者说道，"无人能战胜它。"[3]

市长走上前来欢迎英雄的到来，并发表了一篇慷慨激昂的欢迎致辞，但是他的声音却被淹没于声浪中。杰克逊从容自若地倾听着整个演讲。很多当时参与观礼的人后来描述称："岁月让老将军看起来苍老了不少，但是他看上去老当益壮，远胜与他同一年龄的人。"随后，人群中走来了一支队伍。老胡桃木被引领到一辆由4匹白马牵引的马车上去，"军事协会与华盛顿军团"护卫着这辆敞篷马车前行。整支队伍缓慢地从运河街（Canal Street）前往州议会大厦，越来越多的人自发加入到了护卫队中。阳台上、窗户边、门口处以及房顶上到

1　安德鲁·杰克逊致信范布伦，1840年11月24日，《范布伦文件汇编》，美国国会图书馆；安德鲁·杰克逊致信肯德尔，1841年2月2日，杰克逊，《信件》，第六卷，88页。

2　一般而言，杰克逊的新奥尔良之行一定会与拉尔夫·厄尔结伴同行，但是厄尔却于1838年9月16日突然撒手人寰。

3　《环球报》，1840年1月20日，22日，《奈尔斯每周记录》，1840年2月1日，《合众国报》（纳什维尔），1840年1月22日，副本藏于"杰克逊文件汇编项目"，隐士庄园，田纳西州。

处都挤满了前来观礼的人，人们一边冲将军挥舞着，一边喊着他的名字，把人们对他的喜爱和感激之情表达得淋漓尽致。"诚然，他的确是一位值得人民尊崇的人，人民欠他的实在太多。"[1]

整支队伍顺着运河街途经沙特尔街（Chartres Street）最终来到军事广场（Place d'Armes），此时志愿军、骑兵、步兵团整齐地列在广场的三个方向上。杰克逊分别经过他们的队列接受他们的敬礼。随后，他便走进了一所大教堂，教堂内唱起了《赞美颂》，神父先后用英语和法语发表了"振奋人心的致辞"。

教堂的仪式结束后，人们本想让老英雄前往战场，为纪念碑奠基，以纪念此次伟大的胜利。"但是，一整天繁忙的庆祝工作已经让杰克逊精疲力竭，即使他是钢筋铁骨，也断难承受，加之他重病缠身，历经战争的艰难困苦"。他请求众人免除这项仪式，没有人因此心生怨怼。于是，他便启程回到专门为他而准备的位于圣路易斯街（St. Louis Street）上法国交易所（French Exchange）的一套房间。当他的马车穿过一条条道路前行时，人们便慢慢靠近他，希望能一睹他的风采。美国历史上还从未"上演过如此具有道德意义的场景，"一个人说道，"以至于这3万或者4万人甚至愿意赌上自己的性命，也要一睹这位英勇老将军的尊容。"[2]

当晚，杰克逊前往圣查尔斯剧院（St. Charles Theater）参加接下来的庆典，整个庆典以2000多名观众高唱《嗨！哥伦比亚》（Hail Columbia 又名《总统进行曲》，美国最早国歌）而告终，以向他们的英雄致意。将军不得不在此期间连续两次起身致意，"以表达民众对自己热情欢呼的谢意"。"我还依稀记得华盛顿将军于1798年抵达费城时的盛况，我也见过拉斐特莅临此地，我曾目睹过诸多此类情景，"一位评论者写道，"但是都无法与上周三的那场盛典相比。"此外，无论是民主党的忠实信徒还是他们的政敌都一致认为，此次庆典标志着美国历史上"最重要"的一刻。[3]

新奥尔良战役二十五周年纪念活动如期结束，但是杰克逊的身体却受到了

1　《奈尔斯每周记录》，1840年2月1日，8日；《合众国报》（纳什维尔），1840年1月22日，副本藏于"杰克逊文件汇编项目"，隐士庄园，田纳西州。

2　《环球报》，1840年1月22日。

3　《奈尔斯每周记录》，1840年2月1日，8日；《环球报》，1840年1月20日，30日；《合众国报》（纳什维尔），1840年1月22日，副本藏于"杰克逊文件汇编项目"，隐士庄园，田纳西州。

重创。疲惫不堪的英雄步履蹒跚地踏上了返程的路途，这一路中他都试着强打起精神。有人甚至怀疑他会病倒在路上。但是，他于2月1日安全抵达纳什维尔，并于第二天返回到隐士庄园。

毋庸置疑，截至1840年，安德鲁·杰克逊在美国人民心中的地位达到了新的高度。他曾经是一种象征，象征着自由人民百折不屈的力量，但是此时的他更像是一盏照耀美国辉煌过往的灯塔。好似安德鲁·杰克逊本身之存在就能彰显美国之伟大。在过去几十年中，美国民主的发展在很多人心中都与杰克逊的影响力息息相关。

老胡桃木生前就是一段传奇，而他的宅邸就是一处圣地。越来越多的参观者如朝圣者一般前来顶礼膜拜。只要是来到纳什维尔参观的人，就一定会前去问候杰克逊将军。有一次，威廉·肖医生前来拜访这位体弱多病的老者。他极为崇拜这位英雄。他们坐在一起谈论整个世界的政治局势以及未来的方向。杰克逊一度未卜先知、料事如神，他预测说俄国将会成为"与美利坚合众国抗衡的东方大国，会同她一争高下"。他还预测美国将不会再与大不列颠（Great Britain）兵戎相见，尽管两国曾在历史上长期针锋相对。"我国下一场大战所对的敌人将会是俄国。"杰克逊预测道。

"那么，战争的结果呢？"肖问道。

"我们将会打败他们，先生，"杰克逊回答道，"美利坚合众国的战士拥有击溃整个欧洲的力量。给我一千名田纳西民兵，我能挫败地球上任何其他地方的成千军力！"

杰克逊整夜都在同肖一起追忆往事，追忆越深，他就越恍惚。随后，他突然停了下来转向肖，就好像他突然想起了什么特别的事情。最终，他只是引述了莎士比亚的一段话而已。"人间大小事，有其潮汐，"他说道，"把握涨潮，则万事无阻。"

肖只是静静地倾听着。

随后，杰克逊好似突然懂得了这些话的意思似的，于是自顾自地低声说道："的确如此，先生，这句话就是我一生的写照。"[1]

---

1 引述自帕顿，《杰克逊》，第三卷，634页。

第三十一章　"我们必须收复得克萨斯"

　　威廉·亨利·哈里森总统入住白宫不到一个月的时间就患上严重风寒，并试图通过过量饮食来治愈疾病，但是却因肺炎毙命。他是第一位死于任上的总统。在他驾鹤西去的第二天，来自弗吉尼亚州的约翰·泰勒继任成为总统，而他是一位坚定的州权主义者以及前民主党党员，两党都迫切地想要了解他的政策方向究竟会偏向哪边。[1]

　　当安德鲁·杰克逊听到哈里森的死讯时，他几乎完全无法抑制住自己内心的喜悦。不难想象出，杰克逊把哈里森的早逝视为合众国的祥兆。他赞颂"上帝"把合众国从辉格党的暴政中解救出来。"仁慈而圣明的上帝有意延续繁荣昌盛的合众国以及合众国体制，哈里森将军和他的内阁成员为那个挥霍无度的煽动者亨利·克莱所鼓动，正打算毁掉这一切。"杰克逊深信他们打算增加国债、提高关税以及重建国家银行。所有的这一切，老胡桃木说："都随着哈里森一命呜呼而灰飞烟灭了。"民主党为此幸免于难，他欢欣鼓舞："主统治着这个世界，让我们举国同庆。"[2]

　　亨利·克莱的确打算联合反杰克逊阵营主导立法，并于1841年8月6日顺利说服国会通过另外一项"银行法案"，根据宪法规定他在满10天后才能行使总统职权，于是他于8月16日否决了该法案。民主党人欢呼雀跃。"老胡桃木听到否决的消息后，也一定会为之一振。"一个人写道。另一个人则破口大骂："天哪，他（泰勒）还真是与杰克逊衣钵相承，他还真是继承了杰克

---

　　1 布莱尔致信安德鲁·杰克逊，1841年4月4日，《杰克逊文件汇编》，美国国会图书馆。
　　2 安德鲁·杰克逊致信布莱尔，1841年4月19日，《杰克逊文件汇编》，美国国会图书馆。

逊的直白与坦诚。"[1]

泰勒随后接连否决了克莱提出的多项立法，这一切正中民主党人的下怀，因为这些否决案让辉格党从鼎盛一下跌至谷底。除了丹尼尔·韦伯斯特外，其余内阁成员集体辞职，而前者正忙于同英国订立一项边界条约。国会休会当天，一些国会议员当众发表了一份由众多辉格党人参与撰写的演讲稿，宣布将泰勒开除党籍。"蝇营狗苟的联邦主义者以及推崇现代化的辉格党人已经全军覆没了，"他写道，"我们的共和制度将永世长存。"[2]

令这位老战士喜出望外的另一件事便是他在国会的支持者们替他争取到了一笔罚款的赔偿金。1815 年，法官多明尼克·霍尔曾在新奥尔良向杰克逊征收 1000 美元罚款。来自密苏里州的参议员路易斯·林博士曾提出一项议案，要求归还将军的 1000 美元罚金以及相应的利息。通过此种方式，参议员本顿说："把这一判决从国家的司法裁决记录中删除。"[3]

林的提案在参议院引起了轩然大波，辉格党和民主党为此相持不下多年。然而，随着时间的推移，对提案的反对声逐渐减弱，最终众议院于 1844 年 1 月 8 日，也就是新奥尔良战役的周年纪念日当天，以 158 票赞成票对 28 票反对票通过了该项议案。英格索尔（在林意外过世后，英格索尔顶替了他的位置，重新撑起了督促国会归还杰克逊罚款的大旗）、小赛拉斯·赖特以及托马斯·哈特·本顿特别定在次日举行投票表决。参议院以 30 票赞成票对 16 票反对票于 2 月 10 日通过了此项议案。杰克逊闻讯感激涕零，他说，"那个邪恶腐化的法官曾把污名强加于我身"，公正的裁决"最终抹掉了我那段不快的记忆"。然而更为值得一提的是，他对美国人民感恩怀德。"是民主带给我的正义。"他写道。[4] 那是 1844 年 2 月 27 日，星期二晚间，杰克逊从美利坚合众国的财务账那里收到了一张 2732.90 美元支票，包括本金以及从 1815 年开始累计的利息。

1842 年秋季大选，民主党反败为胜，或许是促成此议案通过的一个重要原

---

1 达布尼·凯尔致信安德鲁·杰克逊，1841 年 8 月 18 日，杰克逊，《信件》，第六卷，119 页。

2 安德鲁·杰克逊致信范布伦，1841 年 11 月 25 日，《范布伦文件汇编》，美国国会图书馆。

3 本顿致信安德鲁·杰克逊，1842 年 3 月 10 日，《杰克逊文件汇编》，美国国会图书馆。

4 安德鲁·杰克逊致信威廉·路易斯，1844 年 1 月 18 日，《杰克逊－路易斯文件汇编》，纽约公共图书馆，安德鲁·杰克逊致信布莱尔，1844 年 1 月 19 日，2 月 24 日，《杰克逊文件汇编》，美国国会图书馆。

因。民主党的胜利让杰克逊振奋不已，他曾多次表达自己的希望，希望自己能够再次见证民主党赢得总统大位。但是，杰克逊所剩时日已经不多，弗兰克·布莱尔曾询问他是否有打算写遗嘱，而老者已经为此事谋划多年。布莱尔尤其关心该如何处置杰克逊的诸多文件。杰克逊最终同意将他所有的文件都归布莱尔保管，并于1842年9月1日起草了一份新的遗嘱。杰克逊在遗嘱中要求将自己同他"已故去的爱妻"合葬在隐士庄园花园中的一处墓穴中。他要求还清自己的所有合法债务，还指出需要归还普劳切将军6000美元以及布莱尔和他的合伙人约翰·里夫斯1000美元。他把隐士庄园归在了儿子名下，除了把两名小奴隶赠给自己的孙子们以及4名女奴赠给莎拉外，其余奴隶均赠给了儿子。他赠给莎拉女奴的原因是为感谢她"一直对自己无微不至的关怀照顾，尤其是当我旧病复发卧床不起时，她都不辞辛劳、体贴入微地照顾我"。[1]

杰克逊并没有释放任何一个奴隶，他的贴身男仆乔治也未能幸免。毋庸置疑，19世纪40年代的田纳西州奴隶解放并非易事，但是即便是一个极为崇尚自由的人，也从未考虑过这种自由其实黑人也应该享有。在这一点上，他与他同时代的人并无二致。

他还将自己所珍视的一些财产赠予他人。他把田纳西州授予他的一把做工精致的剑赠给安德鲁·杰克逊·多纳尔森，而他把新奥尔良来复枪工厂授予他的那把剑赠给了自己的甥外孙安德鲁·杰克逊·科菲。此外，他把另一把受赠于费城市民的剑赠送给了与他同名的孙子。受赠于纽约州的金盒子以及南卡罗来纳州查尔斯顿县女士们赠送给他的银花瓶都交由特定的人托管，并在适当的时机将它们赠给那些在战场上英勇抵抗外国敌人的战士。他在遗嘱文末特别嘱托了拉斐特将军赠予他的手枪。这些手枪原是拉斐特将军受赠于华盛顿将军和威廉·罗伯森上校，而此时杰克逊将它们全都赠送给了拉斐特将军的儿子。在遗嘱的最后，他指定自己的儿子为遗嘱执行人。[2]

尽管杰克逊在生命最后的几年中常常不由自主地想起死亡，但是他还是积极地响应国家的号召，参与到国家事务的处理中，尤其是帮助政府当局推动得

---

1 安德鲁·杰克逊的遗嘱，1842年9月1日，私人珍藏，副本藏于"杰克逊文件汇编项目"，隐士庄园，田纳西州。

2 同上，1843年6月7日杰克逊又制定了一份遗嘱，并在其中列出了一些小的赠予物，如手杖、一把剑、决斗用的手枪等，杰克逊，《信件》，第六卷，220—223页。

克萨斯并入联邦的进程。[1]"合众国的安危问题是重中之重，"杰克逊在此时写道，"得克萨斯就是一把确保吾国安全无虞的钥匙，能使吾国免遭外国阴谋和手段的侵害，在我看来，我们必须拿到这把钥匙……立即把门闩上。"[2]

安德鲁·杰克逊一直坚称得克萨斯属于美国，他认为《1803年路易斯安那条约》签订之后得克萨斯就已经是美国的领土，却十分耻辱地被约翰·昆西·亚当斯通过签订《佛罗里达条约》而割让出去。他还宣称，若大不列颠同得克萨斯联合起来，而此时很可能已在眼下，那么大不列颠一定会从"加拿大调兵遣将，沿着我国的西部边境"，穿过阿肯色州和路易斯安那州，占领新奥尔良，"煽动黑人奋起反抗"，"鼓动印第安人在我国西部挑起战争"并"把我国整个西部地区变成硝烟弥漫的战场，其后果一定是血流成河、劳师费财……得克萨斯必须成为我国的领土；我国的安全问题系于此地"。随着时间的推移，杰克逊在得克萨斯问题上越发咄咄逼人、狂热排外。"我们必须收复得克萨斯，"他激情洋溢地对路易斯少校说道，"我们愿意竭尽所能和平解决此事，但是绝不承诺放弃使用武力。"[3]

泰勒政府更是迫切想要收复得克萨斯。将得克萨斯并入合众国并不仅仅是泰勒的个人意愿，他的新任国务卿约翰·卡尔霍恩也对此事极为上心。[4]但是人们普遍将泰勒此举联想成他想通过此次政治胜利谋求连任，但是此事危机重重。由于以范布伦为首的民主党人普遍担心加速收复此地会大大削弱本党在总统大选中的优势，所以有很大一部分民主党人在此时并不赞成收复得克萨斯。因此，泰勒政府便很快找到了解决此问题的唯一之道：邀请受人爱戴的新奥尔良英雄加入到收复得克萨斯的进程中。

负责招揽老胡桃木的任务落到了罗伯特·沃克的手中，而他是一位来自密西西比州的参议员。他身形瘦小，体重不足100磅。他把这次领土扩张描绘成

1 安德鲁·杰克逊致信路易斯，1844年2月27日，3月11日，《杰克逊－路易斯文件汇编》，纽约公共图书馆。

2 安德鲁·杰克逊致信布莱尔（1844年），《杰克逊文件汇编》，美国国会图书馆。

3 安德鲁·杰克逊致信布莱尔，1844年3月5日；安德鲁·杰克逊致信肯德尔，1844年4月12日，《杰克逊文件汇编》，美国国会图书馆，安德鲁·杰克逊致信亚伦·布朗，1843年2月9日，杰克逊，《信件》，第六卷，201—202页；安德鲁·杰克逊致信路易斯，1844年2月27日，3月11日，《杰克逊－路易斯文件汇编》，纽约公共图书馆。

4 韦伯斯特在完成对《韦伯斯特－阿什伯顿条约》的谈判后旋即辞职，由艾贝尔·厄普舍顶替他的位置，而后者却在军舰普林斯顿号的一次爆炸事故中突然丧生。

一项神圣的事业。从这点来看，他的确是招揽杰克逊的最佳中间人。"匆匆给您这封信时，我便已胸有成竹，"这是沃克在给杰克逊信中写的第一句话，"鄙人认为，收复得克萨斯一事需要仰仗您。"这将是一场"至高无上的行动"。[1]

杰克逊无法对这次的招揽说不，于是他便开始给自己的故交萨姆·休斯顿将军写信，而后者也是现任得克萨斯共和国总统，与此同时，他还同全国各地的国会议员和政客频繁通信，督促他们支持当局政府收复得克萨斯。不仅仅是得克萨斯，他甚至还想吞并俄勒冈以及加利福尼亚！那是他梦寐以求的帝国。

> 俄勒冈以及收复得克萨斯事关我国的国家安全以及合众国未来的和平与昌盛，我希望越来越多的纯正民主党人能够加入到推动收复得克萨斯的进程中来，并且让我国的法律散播在俄勒冈的土地上。政策上的拖延一定会让我们满盘皆输……俄勒冈以及得克萨斯是我们的，并且必将是我们的，否则整个美国的南部和西部地区都会陷入危险的境地。[2]

在杰克逊看来，英国对加利福尼亚虎视眈眈已久。"我必须特别提醒你美国所处的形势，"他对沃克说，"英格兰意图占领得克萨斯，抑或是同得克萨斯一道形成一道坚实的防御和攻击战线，并进一步攫取加利福尼亚。"[3]

1844 年 4 月 12 日，得克萨斯和美国分别派出代表签订收复条约。紧接着，泰勒总统就将这一喜讯带给杰克逊。"我敬爱的先生，您在促成此事上发挥了至关重要的作用，"泰勒写道，"您又为我们的国家增添了一道荣光。"[4] 尽管杰克逊在促成条约签订一事上发挥的作用微乎其微，但是他的重要地位却不容置疑。他凭借自己的影响力，为双方提供了暗中的支援。

由于国务卿愚蠢地向外界宣布，收复得克萨斯实为巩固奴隶制，直接导致参议院拒绝批准此条约。随后，1844 年 4 月 27 日，亨利·克莱公开发表了一

---

1 沃克致信安德鲁·杰克逊，1844 年 1 月 10 日，《杰克逊文件汇编》，美国国会图书馆。

2 安德鲁·杰克逊致信沃克，1844 年 3 月 11 日，《杰克逊文件汇编》，芝加哥历史学会；安德鲁·杰克逊致信布莱尔，1844 年 3 月 5 日，7 月 12 日，《杰克逊文件汇编》，美国国会图书馆。

3 安德鲁·杰克逊致信沃克，1844 年 3 月 11 日，《杰克逊文件汇编》，芝加哥历史学会。

4 泰勒致信安德鲁·杰克逊，1844 年 4 月 18 日，杰克逊，《信件》，第六卷，279 页。

封明确反对收复得克萨斯的信件，该信件由南卡罗来纳州的罗利所写。他认为收复得克萨斯会挑起同墨西哥之间的战争，煽动合众国内的奴隶，并会为此背负沉重的财政负担，因为得克萨斯欠有 1000 万美元国债，而这些债务在收复后都将由合众国承担。

就在克莱在华盛顿的《国家情报》上发表此信的同一天，一封由马丁·范布伦撰写的反收复信件也出现在了《环球报》上，两封信件所讲内容极为相似。由于两人都是各自党派的总统候选人，因此不难猜测出两人一定暗中在得克萨斯问题上交换过协议，并约好一致公开反对收复得克萨斯。[1]

杰克逊在读到范布伦写的信件时心惊胆战。"我流出了遗憾的泪水，"他坦承道，"我祈祷上帝，要是范布伦写完这封信之时，我就在他身边该多好，我一定会说服他得出最正确的结论。"[2]毫不迟疑，杰克逊立即写信给范布伦，并直截了当地通知他说，鉴于他在收复得克萨斯一事上的立场，"我不可能再选择他"。杰克逊在写这些文字时，仿若字字泣血，可他必须说出事实。[3]但是，如果把范布伦排除在外，那么共和党内谁还能担此大任？杰克逊突然有了答案。"这位总统候选人必须赞成收复，"他说道，"并且必须来自美国西南部地区。"[4]那么，非他莫属。因此，杰克逊最终选择了田纳西州的詹姆斯·诺克斯·波尔克（James Knox Polk），而他是杰克逊的忠实门徒，也是最早支持杰克逊的人。[5]若细心观察近年来发生的一系列政治事件，便不难发现，范布伦没有能力凝聚整个政党，若他在 1844 年再度被提名为总统候选人，那么民主党的组织将分崩离析，尤其是分布在南部和西部的组织，杰克逊深知这一点。与此同时，他深信波尔克有能力重振民主政治。波尔克在杰克逊当政的 8 年期间，曾矢志不

---

1 罗德曼·保罗，《民主的裂痕》（费城，1951 年），38 页。

2 安德鲁·杰克逊致信布莱尔，1844 年 5 月 11 日，《杰克逊文件汇编》，美国国会图书馆。

3 安德鲁·杰克逊于 1844 年 5 月 11 日在写给布莱尔的信中间接证实了前者曾给范布伦写过这样一封信（《杰克逊文件汇编》，美国国会图书馆）。然而，美国国会图书馆的《范布伦文件汇编》中却查无此信，不难推测出，范布伦或许在杰克逊死后曾刻意毁掉杰克逊曾经寄给他的一些信件。

4 波尔克致信凯夫·约翰逊，1844 年 5 月 4 日、14 日，副本藏于"波尔克文件汇编项目"。

5 泰勒不在考虑的范围内，很多民主党派人都无法忍受卡尔霍恩。本顿反对收复得克萨斯，这一点他无法契合要求。赛拉斯·赖特本是一位不错的人选，但是他近乎偏执地忠于他的朋友兼长官马丁·范布伦。

渝地支持老胡桃木奉行的所有原则以及推行的改革计划。他也极力支持收复得克萨斯。此外，他来自西南地区。通过以上种种考虑，杰克逊决定召集波尔克前往隐士庄园促膝长谈。

当波尔克听到眼前这位老将军的提议时，他怔怔地站在杰克逊的面前，结结巴巴地推辞着。他从无这样的妄想，能够担任副总统已经让他心满意足。"从各方面看来，推举我角逐大位很有可能使我们的计划如竹篮打水一场空。"他补充道。但是，结局谁都无法预测，柳暗花明也是常有之事。他把自己在隐士庄园的经历同其中一位党内领袖诉说了一遍，而后者正准备参加即将在巴尔的摩召开的民主党全国代表大会，前者坦承自己能够想象到人们"满腹狐疑的样子"，并且"他们一定想知道究竟发生了什么"。[1] 在同老胡桃木密切交谈后，一向谨慎小心的波尔克便把自己的命运交到了参与提名大会的支持者们的手中。"他们可以任意使用我的姓名，只要他们认为有其必要。"他写道。[2]

与此同时，辉格党于 5 月 1 日举行全国代表大会，也就是克莱发表罗利所写的那封信件的 4 天之后。尽管这位肯塔基人反对收复得克萨斯，但还是如愿以偿地被提名为辉格党的总统候选人。他在一片欢呼声中通过了提名。来自新泽西州的参议员希欧多尔·弗里林海森被代表大会提名为副总统候选人，作为克莱的竞选搭档。

民主党于 5 月 27 日举行全国代表大会。通过罗伯特·沃克的精心谋划，大会采用了三分之二原则。该原则首先在 1832 年得以运用，规定只有赢得三分之二以上代表票数的人才有资格成为候选人。民主党在 1844 年的全国代表大会中重新启用了此原则，对范布伦的支持者来说绝对是一场灾难，因为他们尽管占据了半数以上票数，但是远远达不到三分之二票数。根据第九次投票结果，大会提名波尔克为总统候选人，并甄选宾夕法尼亚州的乔治·达拉斯为前者的竞选搭档。此外，决议委员会还通过了沃克提出的"党纲"。该党纲除了继续坚持杰克逊民主政治在银行、关税、国债以及国内改良方面的信条，还提出"在合适的时机再次占领俄勒冈以及收复得克萨斯"的主张。[3]

---

1 波尔克致信凯夫·约翰逊，1844 年 5 月 3 日，副本藏于"波尔克文件汇编项目"，范德堡大学。

2 同上。

3 查尔斯·塞勒斯，"1844 年总统大选"，施莱辛格等人编辑，《美国总统大选历史》，第一卷，772—774 页。

杰克逊听到这一系列的好消息后喜不自胜。他对必须放弃范布伦的选择深感遗憾，但是他认为这一切都是迫不得已，他强调只有这样做才能最大限度地利国利民。大会通过的关于得克萨斯和俄勒冈问题的决议，让他尤为欣喜。"一旦得克萨斯成为我国的领土"，他写道，"我国的法律散播在俄勒冈的土地上"，那么"我们繁荣昌盛的合众国将会永垂不朽""将会同落基山一般牢不可破，令人烦恼的废奴主义也将烟消云散，要知道它可是合众国前行路上的一块危险的绊脚石，如果欧洲胆敢联合起来侵犯我们，我们绝不可能善罢甘休"。[1]

波尔克在操作总统竞选的过程中显示出非比寻常的判断力。其一，他曾恰到好处地利用杰克逊说服泰勒退休。在得到老胡桃木多次保证后，保证民主党将来一定会善待于他后，这位任期将满的总统最终同意退出大选。[2]整个夏天和秋天，杰克逊也都在忙于帮助波尔克参与大选。他向全国各地寄去激情洋溢的信函，大多数信函被直接登载在了报纸上。[3]与此同时，他还忙着写信给萨姆·休斯顿，敦促他抵住任何来自欧洲提出的要结盟的压力，确保得克萨斯取得独立。

大选结果几乎不分伯仲。意在废除奴隶制的自由党横空出世，成为第三党，并提名詹姆斯·伯尼为总统候选人。毋庸置疑，他的出现瓜分掉了克莱在一些重要州的选票。波尔克以 170 张选举人票赢得了克莱的 105 张选举人票。在全民选票方面，两者之间的差距甚微，波尔克获得 1337243 张，而克莱则获得 1299062 张。[4]"一个区区小矮人"居然战胜了"老雄鹰，"约翰·昆西·亚当斯不屑地说道，"印第安人、爱尔兰天主教徒、废奴协会、自由党、罗马教皇、民主毁灭之源以及那位年老昏聩的恶棍（杰克逊）尘封了合众国的命运，只有万能的上帝才能挽救我们于水火之中。"[5]

尽管如此，很多观察者都把此次大选的胜利看成是"知难而进的民主"对"名门望族"的胜利，一场工人、农民、奴隶主、移民以及得克萨斯追随者的胜利。"没有什么能禁得起这个国家的民主。"一位纽约的股票经纪人抱怨道，"在

---

1 安德鲁·杰克逊致信布莱尔，1844 年 6 月 7 日，25 日，《杰克逊文件汇编》，美国国会图书馆。

2 细节请参见莱米尼，《杰克逊》，第三卷，504—505 页。

3 塞勒斯，《波尔克》，139 页。

4 塞勒斯，"1844 年总统大选"，《美国总统大选历史》，861 页。伯尼赢得了62300 票全民投票，但是他的选举人票得票数为零。

5 亚当斯，《回忆录》，第十二卷，103 页，110 页。

那位居住在隐士庄园的'恶棍'的引导下，民主已经万劫不复。"[1]

波尔克获胜的消息伴着纳什维尔轰鸣的礼炮于 11 月 15 日传到隐士庄园。"感谢主，"老人宣称，"合众国转危为安，因为上帝的允许，我终于活到了今天，真是皆大欢喜。"在接下来的几周，杰克逊寄出多封信函，每次都要重申："合众国转危为安。"他有幸见证克莱在总统角逐中三战三败，辉格党、"蝇营狗苟的小人"以及精英统治也顺势而倒。[2]

杰克逊在波尔克总统角逐中扮演着极为重要的角色，发挥了巨大的影响。但是，他再一次付出了巨大的代价。他强迫自己每天写信，这就意味着他每天需要强撑在病床上奋笔疾书。他不仅时时遭受着出血症的折磨，还要忍受着寒冷的天气和身体的高烧。"先做手术，再服用氯化亚汞，如此循环往复，我早已虚弱不堪。"他说道。他每天几乎都会抱怨自己"气短"，他试着从房间到走廊上，没走几步就气喘吁吁、头昏眼花。他已经无法离开房间，他也不再有足够的气力每晚前去爱妻雷切尔的墓地上祭拜。大选结束不久后，他便卧床不起。[3]

杰克逊深知自己大限将到，但是他不能自暴自弃。收复得克萨斯是他唯一的心愿。在此事没有妥善解决之前，他将死不瞑目。等国会于 12 月开幕时，将军便急匆匆地冲向国会议员，要求他们通过联合决议（Joint Resolution），争取尽快收复得克萨斯，以实现人民托付给波尔克的心愿。"一定要记住'收复'这个词。"杰克逊在给此时已经是美国驻得克萨斯代办的侄子安德鲁·杰克逊·多纳尔森的信中写道。这个词意味着根据 1803 年路易斯安那购地案，美利坚合众国拥有得克萨斯的主权。至于割让得克萨斯的《佛罗里达条约》，根本就是"一纸空文，压根儿就没有征得法国和路易斯安那公民的同意"，而不必考虑"老恶棍约翰·昆西·亚当斯"发表过的任何言论。[4]

国会开幕之初，一份要求尽快收复得克萨斯的联合决议便被呈送至国会之

---

1 引述自塞勒斯，《波尔克》，第二卷，158 页。

2 安德鲁·杰克逊致信肯德尔，1844 年 11 月 23 日，《杰克逊文件汇编》，美国国会图书馆。

3 安德鲁·杰克逊致信布莱尔，1844 年 10 月 17 日，《杰克逊文件汇编》，美国国会图书馆；安德鲁·杰克逊致信范布伦，1845 年 2 月 10 日，《范布伦文件汇编》，美国国会图书馆。

4 安德鲁·杰克逊致信多纳尔森，1844 年 12 月 11 日，杰克逊，《信件》，第六卷，338 页。

上。两院仅需通过简单多数票便可通过该决议。众议院身先士卒，在经过一番激烈的辩论后，于 1845 年 1 月 25 日通过该决议。2 月 27 日，沃克向参议院递交了一份修订妥协案，以 27 票赞成票对 25 票反对票勉强通过了该妥协案，众议院也于次日通过该案。泰勒于 1845 年 3 月 1 日签署了此项决议，距离他离任仅剩 3 天的时间。

布莱尔在众议院通过修订法案不久后，立即给杰克逊写去一封信，他在信中称，真是"皆大欢喜啊！祝贺您，我亲爱的将军，是您一手促成了这个问题的最终成功解决"。

10 天后，一个微弱的声音从隐士庄园传来："我欢欣鼓舞，但是我更想祝贺我挚爱的祖国，祝贺她终于收复得克萨斯，这一伟大而重要的举措……有力地保证了整个合众国安全无虞、繁荣昌盛以及她最大的利益。"[1]

---

1 布莱尔致信安德鲁·杰克逊，1845 年 2 月 28 日，安德鲁·杰克逊致信布莱尔，1845 年 3 月 10 日，《杰克逊文件汇编》，美国国会图书馆。

第三十二章　"我们都会在天堂相见"

在候任总统波尔克前往华盛顿就职之前，他就已经前往隐士庄园同杰克逊面谈过多次。1845 年 1 月 30 日，他们进行了最后一次面谈，其间他们商讨了一些共同关切的问题，如波尔克内阁成员的名单。等这位拜访者前往华盛顿就职后，两人便一直保持着通信联系，一直到杰克逊弥留之际和命染黄沙之时。尽管如此，这位老者的健康状况于 1845 年早春急转直下。"除了出血症，我现在还患上了可怕的水肿，"老胡桃木在写给波尔克的信中写道，"我的病情到底会不会立即恶化，让我离开人世，只有……全能的神知道。我已经准备好安静地服从于他的意志。"[1] 他也已经做出了向自己每况愈下的财政状况屈服的决定。"贫穷就摆在我们的面前"，他坦率地承认道，棉花的价格已经持续低迷，因为价格实在太低，"现在也无法再继续种植"。他还在隐士庄园种植了大片庄稼，但是仅从市场上换回了 1300 美元。雪上加霜的是，一场洪水毁掉了他于 1838 年在密西西比河花费 23713.80 美元购买的 1186 英亩种植园的一半庄稼。这片种植园上的树木"价值连城"，据杰克逊所说，如果安德鲁当初肯"听从我的建议，悉心照料这些树木，而不是盲目扩种棉花"，那这些树木的价值足够帮他还清债务。[2] 将军极不情愿地承认他必须卖掉密西西比河的种植园救急了。但是，弗兰克·布莱尔再次出现为杰克逊排忧解难。"现在，我亲爱的将军，"布莱尔写道，"请您不要再为这样的事情烦恼忧心了，我手上有钱，

1　安德鲁·杰克逊致信波尔克，1845 年 4 月 11 日，《杰克逊文件汇编》，美国国会图书馆。

2　安德鲁·杰克逊致信多纳尔森 (1845 年)，《多纳尔森文件汇编》，美国国会图书馆；安德鲁·杰克逊致信路易斯，1845 年 2 月 12 日，《杰克逊－路易斯文件汇编》，纽约公共图书馆。

您不必卖掉您的财产。"无论杰克逊有怎样的需求，他说他都会全力满足。[1]

当这封信抵达隐士庄园时，杰克逊正在跟莎拉核对他们的账单。他向她读了信的内容，两人都感动得泪如泉涌。英雄对布莱尔千恩万谢，"感谢他慷慨相助，感谢他如此深情厚谊"，他估算自己若有7000美元，便可"还清所有债务"。他发誓自己一定会如数归还布莱尔的借款。"小安德鲁·杰克逊先生已经保证不再欠下1美元的债务，直到他还清所有的债务。"[2]

就在这种情况下，杰克逊的儿子递给他一份报告，报告称波尔克打算撤销《环球报》，此后该报社将不作为政府的报刊机构，不难想象杰克逊看这份报告时那种心如刀割的心情。他立即写信给波尔克，痛斥他的举动。由于他在信中用词过于偏激，波尔克或许看后就直接烧掉了它。尽管如此，波尔克并没有丝毫要让步的意思，布莱尔被迫将报社出售。1845年4月14日，布莱尔和他的合伙人约翰·里夫斯向公众宣布他们退出政府报界。"眼睁睁地看着一位老朋友丢掉工作，真是一件让人厌恶的事，"他悲叹道，"对朋友的公正之心已经荡然无存，一切都是为了计谋服务。"他恶狠狠地对波尔克说，甚至还带有警告的意味，"我亲爱的朋友，您的动作真是快极了，但是我必须郑重地劝告您，我向我的主祈祷，祈祷当前的一切不会伤及民主的完美统一。"[3]

《环球报》的关停意味着杰克逊丧失了他的公设辩护人。他十分爱惜自己的荣誉，所有的批评声都逃不过他的快速回击，布莱尔总是在第一时间站出来替他辩护，毫不留情地抨击那些批评者。现在，那家报社一去不复返了，令这位老者伤心欲绝。若他在将来再受到中伤，谁还会替他辩护？谁又能捍卫他的荣誉？

他知道自己的时日已经不多，但是他极为关心他在后世的名声。作为整个国家的缔造者之一，他对自己在其中所处的地位战战兢兢。尽管在年初，他就罹患气促症，并越发严重，以至于有时他甚至想到自己会窒息而死。4月初，他的双脚和腿便开始水肿。随后，水肿蔓延至他的双手以及腹部。他整个人看

---

1 布莱尔致信安德鲁·杰克逊，1845年2月12日，《杰克逊文件汇编》，美国国会图书馆。

2 安德鲁·杰克逊致信布莱尔，1845年3月3日，《杰克逊文件汇编》，美国国会图书馆。

3 安德鲁·杰克逊致信范布伦，1845年2月10日，《范布伦文件汇编》，美国国会图书馆；安德鲁·杰克逊致信波尔克，1845年4月11日，《波尔克文件汇编》，美国国会图书馆。

上去极为憔悴。"或许是，"他写道，"我会死于水肿，以前经过治疗水肿就会减轻，而现在这些治疗方法已经不能奏效了。我已经完全准备好追随主而去。"[1]

尽管他总是上气不接下气，但只要他还尚存一口气，老英雄就会孜孜不倦地负责种植园乃至整个国家的管理事务。值得一提的是，他每天都坚持亲手写信，他思维的强度或者力量一点没有衰弱的迹象。尽管他的身体早已每况愈下，杰克逊仍然保有强烈的求胜欲望。艾萨克·希尔便是"美国东部"最后一批前来拜访将军的访客之一。杰克逊此时的模样让他大吃一惊。一具肿胀的躯壳抬头凝望着他。"如果换作是别人，"希尔写道，"我相信他活不过一周。"在他生命的最后几个月，其他访客也都陆续前来看望他。他们都想争取一项炫耀的资本，那就是他们曾在安德鲁·杰克逊死前见过他最后一面。例如，5月29日，一群约30个人的探望者走进了他的卧室。"不分贵贱，一概准入，"一位观察者写道，"他们握着这位德高望重老者的手，一一同他作别。"[2]

将军的眼神中流露出亲切，尽管他几乎已经无法抬起头。水肿已经让他无法随意活动。"先生，"这位朝不保夕的病人用嘶哑的声音对其中一位访客说，"我已经把自己交到了仁慈的主手上。我对他的宽厚和仁慈深信不疑……《圣经》句句在理……我竭尽所能遵从它的精神。在这本令人敬畏的书中，圣主和救世主耶稣基督的功德和血液，让我获得了灵魂永久得救的希望。"[3]

1845年春天的最后几天过去后，杰克逊的水肿越发严重起来。"我是一个肿胀的水泡。"他说道。水肿已经蔓延至他的脸上，此时的他痛不欲生。他已经无法躺下。其实，他在过去的几个月中就已经无法平躺到床上。晚上，他靠着枕头入睡。白天，他坐在扶手椅中休息。[4]每天早晨，他的家人都会忍不住感叹，他又死里逃生了一日。白天，他习惯穿一件带着高硬领子的老式黄褐色外套，因为他想直到生命的最后也要保持总统的气度以及威严。他从胸到脚都被一条

---

1 安德鲁·杰克逊致信布莱尔，1845年4月9日，《杰克逊文件汇编》，美国国会图书馆。

2 希尔致信《新罕布什尔州爱国者报》，1845年4月4日，副本藏于"杰克逊文件汇编项目"，隐士庄园，田纳西州；威廉·特亚克于1845年5月28日—6月3日所写的日记，《商情报》（孟菲斯），1845年7月11日，副本藏于"杰克逊文件汇编项目"，隐士庄园，田纳西州。

3 特亚克的日记，《商情报》（孟菲斯），1845年7月11日，副本藏于"杰克逊文件汇编项目"，隐士庄园，田纳西州。

4 安德鲁·杰克逊致信多纳尔森，1845年5月24日，《多纳尔森文件汇编》，美国国会图书馆。

床单团团围住，旁边站着一位尚且年幼的仆人，为他驱赶苍蝇以及其他昆虫。他看起来"命不久矣"，一位访客描述道。那双曾经如鹰眼般炯炯有神的眼睛似乎"已经深深下陷并失去了往日的光辉"，他的面容"憔悴，当年的威严荡然无存"。[1]

莎拉·约翰逊和她守寡的姐妹玛莉安·亚当斯，后者在自己的丈夫死后就一直住在隐士庄园，并在此时一直帮忙照顾这位日薄西山的老者。他的孙女雷切尔已经 13 岁了，时常前来看望他。有些时候，杰克逊的气力似恢复了一些，他便会详尽地诉说得克萨斯，或者俄勒冈，或者整个国家的政治局势。

1845 年 6 月 1 日，星期日，待莱普夏伊教士和柯里教士做完礼拜后，将军让家人将他们请来。当教士们来到他面前时，他便向他们详尽地讲述"宗教话题"。他看上去"安静而顺从，并说他已经准备好了，主可以随时召唤他，身体的痛楚让他疼痛难忍，但是主会挽救他"。两位牧师为他分发圣餐。那个"场景十分庄严"，他的儿子叙述道。[2]

英雄在领受圣餐后，便闭上了双眼，久久没有睁开。最终，他再次睁开双眼，热切地盯着眼前的两位来访者。"等我苦难受尽，"他缓缓而又慎重地说道，"主就会召唤我，但是我受的这些苦难远不能同神圣的救世主所受的那些苦难相提并论，他为我而死，死于那棵受过诅咒的树，我的苦难算不得什么。"说完这些后，老胡桃木便开始祈祷。新奥尔良英雄、印第安恐怖行动者、西班牙人、英国士兵、政客以及形形色色的"恶棍"，他在临终之际用热忱和深深的忏悔不停地祈祷着。从那一刻起，安德鲁·杰克逊再也没有提及自己身体上的苦楚，他的儿子说道，"此后未再听他说过一句怨言，他的话语充满了坚韧，他把一天中大多数的时间都用在静静地祈祷，因为他祈祷时嘴唇和手都会微微抖动着"。[3]

并不是说，他的家人由此就不再在意他身体的病痛了。他们谨慎小心地看着他的一举一动，一旦有危险的征兆，他们便立即采取行动。实际上，他的身体在接下来的一天已经肿胀到极为可怕的程度，他的私人医生约翰·爱索尔曼立即从纳什维尔赶到隐士庄园。他立即为杰克逊做了"抽液"手术，从杰克逊

1 《奈尔斯每周记录》，1845 年 7 月 5 日。
2 安德鲁致信尼科尔森，1845 年 6 月 17 日，《杰克逊杂项文件汇编》，纽约州历史学会。
3 同上。

的"腹部取出大量积液"。[1] 杰克逊的病痛当即减轻不少，但是他的身体却彻底衰竭。如他所说，他已经对这样的手术习以为常。实际上，杰克逊一生做过无数次的手术。

当夜，他疼痛难挨。他甚至服用了止痛药以助安眠，但是效果甚微。翌日清晨，罗伯森医生和沃特斯医生便前往纳什维尔征询爱索尔曼的意见，这两位医生昨夜一直守在杰克逊病房中。经过讨论，三位医生一致认为，当前唯一需要做的就是"尽可能满足将军当前的需求"。[2] 在接下来的多天中，老胡桃木的元气似乎有所恢复，他说自己"感到十分舒服"。他谈起了自己的后事安排，并强调自己只要一个简单的葬礼，他希望自己的棺材一尘不染。在他发完一场冷汗后，便立即写信给总统，并在信中声称冷汗是"死神临近"的征兆。杰克逊随后便不再言语，他似乎已经知道自己大限已近。[3]

6月8日，星期日，这一天烈日炎炎，骄阳似火，杰克逊的仆人乔治和迪克刚把他扶到扶手椅上后，爱索尔曼医生恰好赶到他的卧室，前来查看他的病情。"我立即意识到，他已经去到了死神的手中。"爱索尔曼后来描述道。他立即召集杰克逊的家人，而安德鲁立即差人前去通知路易斯少校。不久之后，"生命的迹象渐渐微弱，将军已经奄奄一息"。

"他去了。"爱索尔曼医生宣布道。[4]

全家人都怔怔地盯着眼前的这具身体，过了好一会儿，他们开始默默地祈祷，随后他们便把他搬回到了他的床上。但是，老战士还有一息尚存。他缓缓地睁开眼睛，并开口说话，他说话的声音让房间里的每一个人都大吃一惊。他说想见孙子们。不久之后，他们便匆匆地赶到他的房间，每个人都围在他的床边。

杰克逊首先转向莎拉，对她说自己十分感念她无微不至的照顾，尤其是在那些卧床不起的日子。接下来，他同玛莉安·亚当斯告别，随后便是他的养子。最后，他同自己的孙子和孙女们惜别，同玛莉安的孩子们作别。他一个接着一个地牵着他们的手，亲吻他们，并祝福他们。他告诉这些孩子，他们有着慈母

1　安德鲁致信尼科尔森，1845年6月17日，《杰克逊杂项文件汇编》，纽约州历史学会；爱索尔曼致信布莱尔，1845年6月9日，《奈尔斯每周记录》，1845年7月5日。

2　爱索尔曼致信布莱尔，1845年6月9日，《奈尔斯每周记录》，1845年7月5日。

3　安德鲁致信尼科尔森，1845年6月17日，《杰克逊杂项文件汇编》，纽约州历史学会。

4　同上；爱索尔曼致信布莱尔，1845年6月9日，《奈尔斯每周记录》，1845年7月5日。

严父，一定要做孝顺的孩子。他们必须全都"过安息日，并阅读《新约圣经》"。[1]

他的意识还十分清醒，他发现有两个孩子并不在场，一个是他的孙子，另一个是玛莉安的儿子。当他得知两个孩子正在主日学校学习时，他便立即要求将他们从学校接回来。当他们来到杰克逊的病房，杰克逊亲吻了他们，并祝福了他们。

此时，他手下的大多数仆人要么聚集到病房里，要么挤在病房的窗户外面。看到如此多前来送别的家人和仆人，看着他们都已经泣不成声，他便忍不住向他们讲道。他的讲道"令我记忆犹新"，爱索尔曼医生说道，"那是一场我前所未闻的宗教讲道"。他"镇定自若、掷地有声"地说着，话语充满着激情。他坦承自己对基督教的绝对信仰，希望如《圣经》所启示，得到救赎，他热切地希望他们所有人都应该将"基督视为唯一的救世主"。随后，他将头转向自己的仆人。"他们必须恪尽职守，"他宣称，"他们必须对白人提出的要求，尽心尽力，尽职尽责。"他们"必须通过努力才能在天堂同他相见"。[2]

路易斯少校于下午2点整抵达。那个气息奄奄的病人满意地笑了。"少校，"他嘶哑地说道，"能见到您真好，就是来得有点晚了"。他拜托路易斯将自己写的信分发给休斯顿、布莱尔、本顿以及其他人。他向他们告别。此后，他便陷入了深深的沉默中。[3]

下午4点，将军已经生命垂危。他的儿子靠近床头，拿起父亲的手。"父亲，"他低声说道，"您觉得好些了吗？您知道我是谁吗？"

那具身体微微颤动了一下。"知道，当然知道，"杰克逊回答道，"我知道你们所有人，要是戴上眼镜我还能看清你们，把我的眼镜拿来吧。"

安德鲁帮父亲把眼镜戴上。

"我的女儿（这里指他的儿媳莎拉·约克）和玛莉安去哪里了？"他问道。等他看到她们后，便再次开口说道，"上帝会代我照顾你们。我是上帝的子民。我属于他，我只不过是先你们一步而已，我希望我们全都在天堂相见，无论白

---

1 安德鲁致信尼科尔森，1845年6月17日，《杰克逊杂项文件汇编》，纽约州历史学会。

2 爱索尔曼致信布莱尔，1845年6月9日，《奈尔斯每周记录》，1845年7月5日；伊丽莎白·多纳尔森用铅笔记录的内容就写在安德鲁·杰克逊·多纳尔森写给伊丽莎白·多纳尔森的一封信的背面。

3 帕顿，《杰克逊》，第三卷，678页。

人还是黑人。"[1]

房间中的每个人都已涕泗横流，站在门廊外的仆人们也都痛哭流涕，悲痛地搓着他们的手。杰克逊看到眼前的情景，惊讶不已。

"我亲爱的孩子们，你们这是怎么了？"他说道，"我说错什么话了吗？难道？啊，别哭了，要做好孩子，我们都会在天堂相见。"[2]

这是杰克逊在世间说的最后一段话。他把自己的目光定在了孙女雷切尔那里，好像"在祈求天堂赐福与她"。此时的他气若游丝，已经无法确定他是否还有生命。路易斯少校努力将他的头抬起，帮助他恢复呼吸。下午6点整，在一阵"轻微惊厥"过后，安德鲁·杰克逊将军，美利坚合众国第七任总统，永眠，时年78周岁两个月零24天。饱经病痛折磨的他，终于脱离苦海。"这个时代，或许是任何时代，最伟大、最高尚的人故去了。"爱索尔曼医生说道。[3]

长期以来，人们一致认为造成杰克逊死亡的最直接原因是心力衰竭，水肿便是最好的证明。但是，最近一些医学专家却认为，淀粉样变性引起的肾病变是造成他死亡的主要原因。该疾病的发生常是多年感染的结果。不可否认，杰克逊在生命的后期患有严重的水肿症，根据医学研究，水肿引起充血性心力衰竭的概率极小，至少不会发生在像杰克逊这样长期水肿的病人身上。或许，我们本不该把他的死亡归结为某一单一的原因。杰克逊患有多种疾病，包括呼吸系统疾病和胃肠系统疾病。经过旷日持久的英勇抗争，他的身体终于不堪重负。他的身体不再屈从于他百折不挠的意志。[4]

顷刻间，杰克逊亡故的消息传遍大街小巷。人们并没有提及他的名字。"老英雄、老罗马人、老狮子、伟大的老船长与世长辞"。所有人都清楚这些尊称所指何人。[5]勇士故去不久，萨姆·休斯顿将军便带着儿子匆匆赶到了隐士庄园，

---

1 安德鲁致信尼科尔森，1845年6月17日，《杰克逊杂项文件汇编》，纽约州历史学会。杰克逊的声明为多人所见证，包括爱索尔曼医生以及伊丽莎白·多纳尔森。该声明相继被多家报纸登载。显然，此声明对在场的人影响极大。

2 参考资料同上。

3 爱索尔曼致信布莱尔，1845年6月9日，《奈尔斯每周记录》，1845年7月5日；伊丽莎白·多纳尔森的记录，《多纳尔森文件汇编》，美国国会图书馆；安德鲁致信布莱尔，1845年6月10日，《杰克逊文件汇编》，美国国会图书馆。

4 摩西和克罗斯，《总统的勇气》，66页。

5 威廉·弗赖尔森·库珀的日记和书信簿，1845年6月10日，《库珀家族文件汇编》，田纳西州立图书馆。

以期得到最后的祝福。"他赶到后，立即握住老朋友的手，但是早已僵硬冰凉"。他双腿跪地，泣不成声，把脸深深地埋在杰克逊的胸前。过了好一会儿，休斯顿竭力使自己平静下来，随后便把儿子叫到跟前。"孩子，"他说道，"记住，你曾经瞻仰过安德鲁·杰克逊的脸。"[1]

周二清晨，附近所有可用的交通工具都载着前来隐士庄园凭吊的送葬者。约有200辆马车驶向隐士庄园，马匹更是难以计数，它们或停在庄园的院子里，或停在附近的树林里。约有3000人参加了葬礼。[2]上午11点整，埃德加教士便在临近客厅的门廊处站定，宣读了一篇悼词。仆人们或十五一群，或二十一队，站在不远处，静静地抹着眼泪。

悼词宣读完毕后，赞美诗响起，就在此时一具棺材在两人的引领下缓缓前行，棺材上面挂着一个刻有"安德鲁·杰克逊"字样的银质盾形徽章，棺材的顶部经过了细致入微的焊接处理。随后，杰克逊的遗体被慢慢地抬入到花园的陵墓中，按照他生前的指示，雷切尔的遗体就放置在他的旁边。墓穴的底部距离地平面有4英尺，一整块石灰岩就放置在棺材的顶部，上面刻着："安德鲁·杰克逊将军。"[3]

当墓穴关闭时，埃德加便开始吟诵《诗篇九十》。身穿蓝色制服的纳什维尔军人手持滑膛枪齐射三次，整个葬礼宣告结束。此时，志哀礼炮声和教堂哀鸣的丧钟声从不远处传来。

1845年8月4日，杰克逊的个人遗产清单被依法执行，包括以下财产：一栋带有齐备家具的大宅（隐士庄园）、多件无价之宝、约有1000英亩房产；威尔逊县的50英亩雪松；面积约2700英亩的密西西比河种植园；隐士庄园拥有110名奴隶，密西西比河种植园有51名奴隶，总共拥有161名奴隶，"包括成年奴隶和未成年奴隶"；50匹马，其中一些马匹都是价值千金、不可多得

1 《杰斐逊主义》（克拉克斯维尔，田纳西州），1845年6月21日，副本藏于"杰克逊文件汇编项目"，隐士庄园，田纳西州，帕顿，《杰克逊》，第三卷，786页。

2 《合众国报》（纳什维尔），1845年6月12日，副本藏于"杰克逊文件汇编项目"，隐士庄园，田纳西州。

3 1976年7月15日，在隐士庄园妇女协会代表的监督下，杰克逊墓穴的顶盖被移除，但是位于地下的那一整块石灰岩却丝毫未动。所观察到的内容就写到这里。至于此次葬礼的更多细节，请参见《合众国报》（纳什维尔）。

的宝马；400 头猪、1800 头羊以及 100 头牛。[1] 由此可见，杰克逊生前可谓堆金积玉，但是不出几年，他的这些资产就被他那挥金如土的儿子挥霍殆尽。

从整个国家的角度来看，杰克逊留下了一笔独树一帜的遗产，即使至今日仍然（或许永远都会）引起史学家们的争论和探讨。而他的一生多姿多彩、跌宕起伏而又惊世骇俗，这点本无可争议。他深情地热爱着自己的国家，时刻准备着用他独有也特有的方式捍卫它的荣誉，这点亦无可争辩。无论他做何举动，他总能为自己的行为烙上专属于他的独特风格和魅力。他执掌的政府、他生活过的岁月、他影响过的人民，都因为这个非比寻常的人而发生了翻天覆地的变化。

他改变了整个国家的发展方向，并一直引领着它走向非凡。他在属于自己的时代里，为美国民主政治的力量和势力缔造了不朽的象征，从这点而言，他的功绩远胜其他总统。当然，正如赫尔曼·梅尔维尔（Herman Melville）所称，他长于村野匹夫之中，胜于皇权贵胄之上。[2] 他使得美国梦在所有时代都名不虚传、绚烂多姿。

---

1 遗嘱执行人小安德鲁·杰克逊向戴维森县法院呈递的财产清单，遗嘱和财产清单，第十三卷，307 页，戴维森县，田纳西州，副本藏于"杰克逊文件汇编项目"，隐士庄园，田纳西州；账簿和奴隶登记册，1845—1877 年，隐士庄园，西部保留地历史学会，克利夫兰，俄亥俄州，副本藏于"杰克逊文件汇编项目"，隐士庄园，田纳西州。

2 赫尔曼·梅尔维尔，《白鲸》（纽约，1851 年），第二十六章的结束语部分。

附录一 杰克逊生平年表

1767—1845 年

1767 年 3 月 15 日	出生，定居南卡罗来纳州的维克斯豪
1775—1780 年	就读于威廉·汉弗莱斯博士和詹姆斯·怀特·斯蒂芬森执教的学校
1780—1781 年	参加美国独立战争；被英国军官俘虏并砍伤；囚于卡姆登，后被释放；感染天花
1781 年	母亲伊丽莎白·哈钦森·杰克逊亡故
1782 年	就读于罗伯特·麦卡洛克经营的学校
1783—1784 年	执教于维克斯豪的一所学校
1784—1786 年	迁至北卡罗来纳州的索尔兹伯里，师从斯普鲁斯·麦卡学习法律
1786—1787 年	师从约翰·斯托克斯学习法律
1787 年 9 月 26 日	成为北卡罗来纳州的执业律师，从事律师职业并经营店铺
1788 年	被任命为北卡罗来纳州西区的检察官；与维特斯蒂尔·艾弗里进行了人生第一次决斗；迁至纳什维尔
1790—1791 年	与雷切尔·多纳尔森·罗巴兹首次举行婚礼，成婚
1791 年 2 月 15 日	被任命为米罗区的首席检察官
1794 年 1 月 18 日	与雷切尔·多纳尔森·罗巴兹第二次举行婚礼，成婚

1796 年 1 月 11 日—2 月 6 日	参加田纳西州的制宪会议
1796 年 10 月 22 日	当选为美国众议员
1797 年 9 月 26 日	当选为美国参议员
1798 年	辞去参议员职务
1798 年 12 月 20 日	当选为田纳西州最高法院法官
1802 年 2 月 5 日	当选为田纳西州武装部队少将
1804 年 4 月	与约翰·科菲和约翰·哈钦斯结成生意合伙人
1804 年 7 月 24 日	辞去法官职务
1804 年 8 月 4 日	购置隐士庄园房产
1805—1807 年	卷入伯尔的密谋
1806 年 5 月 30 日	杀死查尔斯·迪金森
1809 年	收养伊丽莎白和塞弗恩·多纳尔森的儿子为养子
1812—1815 年	率领军队抗击英国军队
1813 年 3 月	获得别名"老胡桃木"
1813 年 9 月 4 日	与本顿兄弟二人枪战
1813 年 11 月 3 日	"收养"林科雅
1814 年 8 月 9 日	与克里克部落签订《杰克逊堡条约》
1814 年 11 月 7 日	占领彭萨科拉
1814 年 12 月 1 日	抵达新奥尔良
1815 年 1 月 8 日	击败英军进攻新奥尔良的先遣部队
1815 年 3 月 31 日	被指控犯有藐视法庭罪并被罚款
1816—1818 年	同印第安各部落签订条约
1818 年 3 月 15 日	入侵西班牙属地佛罗里达

1818 年 4 月 6 日	占领圣马克斯
1818 年 4 月 29 日	下令处决罗伯特·阿布李斯特和亚历山大·阿巴思诺特
1818 年 5 月 24 日	占领彭萨科拉
1819 年 2 月 8 日	国会未通过谴责案
1821 年	被任命和批准担任佛罗里达准州州长
1821 年 6 月 1 日	辞去军职
1821 年 7 月 17 日	从西班牙手中接手佛罗里达
1821 年 11 月 13 日	辞去佛罗里达准州州长
1822 年 7 月 20 日	被田纳西州议会提名为总统候选人
1823 年 10 月 1 日	当选为美国参议员
1823 年	在隐士庄园内修建一座教堂
1825 年 2 月 9 日	在众议院总统大选中败北
1825 年 2 月 14 日	谴责克莱进行"腐败交易"
1825 年 5 月 5 日	在隐士庄园招待拉斐特
1825 年 10 月 12 日	再次当选为参议员
1825 年 10 月 14 日	被田纳西州议会提名为总统候选人
1828 年 6 月 1 日	林科雅早逝
1828 年 11 月	当选为总统
1828 年 12 月 22 日	雷切尔病故
1829 年 3 月 4 日	宣誓就职，成为美利坚合众国第七任总统
1830 年 4 月 13 日	出席杰斐逊生日纪念宴会
1830 年 5 月 27 日	否决"梅斯维尔道路法案"
1830 年 5 月 28 日	签署《印第安人迁移法案》
1830 年 6 月	首次行使搁置否决权

1830 年 10 月	协助相关人士在华盛顿设立《环球报》
1830 年 10 月 5 日	对英属西印度群岛重新开放美国的港口，恢复贸易
1831 年 4 月	接受内阁成员递交的辞呈，并重新任命内阁成员
1831 年 11 月 24 日	养子小安德鲁·杰克逊和莎拉·约克成婚
1832 年 1 月	进行手术，取出胳膊中的弹片
1832 年 1 月 25 日	范布伦的驻英公使提名被国会否决
1832 年 3 月 27 日	因"厨房内阁"一事遭到质疑
1832 年 7 月 10 日	否决"银行法案"
1832 年 7 月 14 日	签署《1832 年关税法》
1832 年 11 月 1 日	孙女雷切尔·杰克逊降生
1832 年 11 月	连任总统
1832 年 12 月 10 日	对南卡罗来纳州人民发表声明
1833 年 3 月 2 日	签署《军力动员法》和《折中关税法》
1833 年 3 月 4 日	对分摊法案行使搁置否决权；第二次宣誓就职
1833 年 5 月 6 日	被罗伯特·伦道夫袭击
1833 年 6 月—7 月 4 日	对新英格兰地区和濒大西洋中部各州进行巡礼
1833 年 9 月 23 日	辞掉杜安
1834 年 3 月 28 日	参议院通过谴责案
1834 年 4 月 4 日	孙子安德鲁·杰克逊三世降生
1834 年 4 月 15 日	对谴责案提出抗议
1834 年 5 月	对法国发动威胁行动
1834 年 6 月 30 日	签署《铸币法》
1834 年 10 月 13 日	隐士庄园被烧
1835 年 1 月	向全国宣布国债已还清

1835 年 1 月 30 日　　　　侥幸躲过暗杀

1835 年 5 月 29 日　　　　拒绝向法国道歉

1835 年 12 月 18 日　　　第二次塞米诺尔战争开始

1835 年 12 月 28 日　　　提名托尼为首席大法官

1836 年 2 月　　　　　　顺利化解法国危机

1836 年 6 月 23 日　　　签署《储蓄法》

1836 年 7 月 2 日　　　　签署《邮政法》

1836 年 7 月 11 日　　　签署《铸币流通令》

1836 年 8 月 2 日　　　　隐士庄园重建工作竣工

1836 年 11 月 19 日　　　患严重出血症

1837 年 1 月 16 日　　　参议院的谴责案最终被删除

1837 年 3 月 3 日　　　　承认得克萨斯独立

1837 年 3 月 4 日　　　　发表告别演讲

1837 年 3 月 7 日　　　　离开白宫前往隐士庄园

1837 年 6 月 9 日　　　　孙子塞缪尔·杰克逊降生

1838 年 7 月 15 日　　　成为长老会信徒

1840 年 1 月 8 日　　　　出席新奥尔良战役二十五周年纪念活动

1842 年 9 月 1 日　　　　最后一次立下遗嘱

1843 年 2 月 14 日　　　国会授权返还新奥尔良罚款

1844 年 5 月 13 日　　　在总统大选中为波尔克背书

1844 年 12 月　　　　　促成收复得克萨斯

1845 年 5 月　　　　　　身体大面积水肿

1845 年 6 月 8 日　　　　逝世于隐士庄园

1845 年 6 月 10 日　　　葬于隐士庄园的花园

附录二　杰克逊家谱

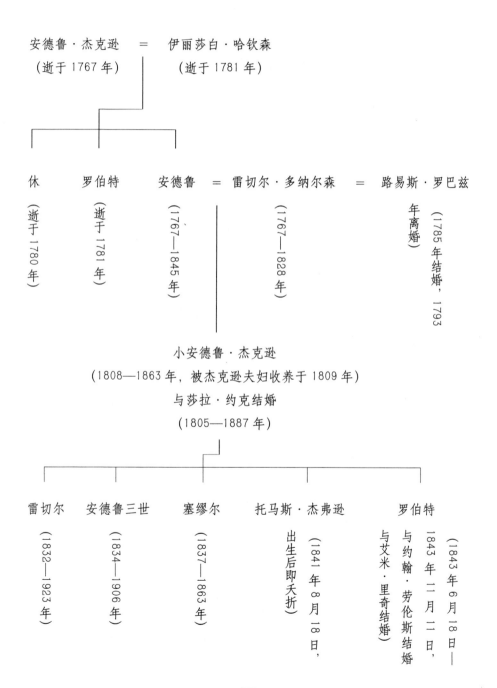

安德鲁·杰克逊　＝　伊丽莎白·哈钦森

（逝于 1767 年）　　　（逝于 1781 年）

休　　　　罗伯特　　　　安德鲁　＝　雷切尔·多纳尔森　＝　路易斯·罗巴兹

（逝于 1780 年）　（逝于 1781 年）　（1767—1845 年）　（1767—1828 年）　（1785 年结婚，1793 年离婚）

小安德鲁·杰克逊

（1808—1863 年，被杰克逊夫妇收养于 1809 年）

与莎拉·约克结婚

（1805—1887 年）

雷切尔　　安德鲁三世　　塞缪尔　　托马斯·杰弗逊　　罗伯特

（1832—1923 年）　（1834—1906 年）　（1837—1863 年）　（1841 年 8 月 18 日，出生后即夭折）　（1843 年 6 月 18 日—1843 年 11 月 11 日，与约翰·劳伦斯结婚，与艾米·里奇结婚）

附录三 图文资料

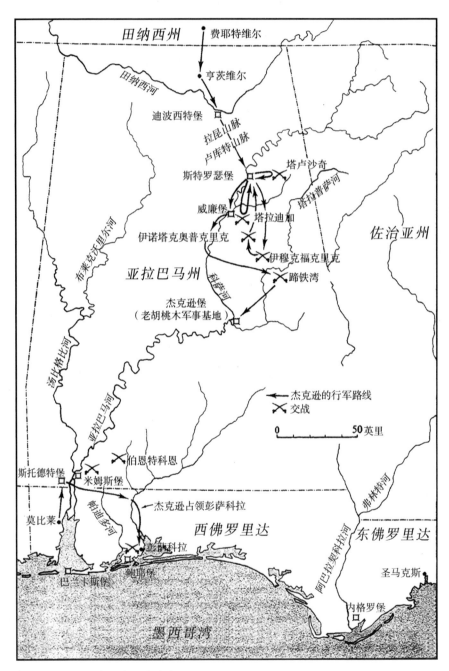

▲ 1813—1814 年，克里克战争

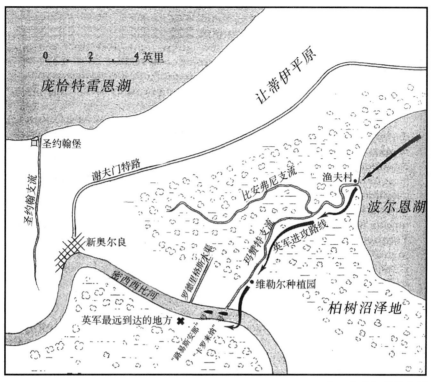

▲　英军入侵路线图

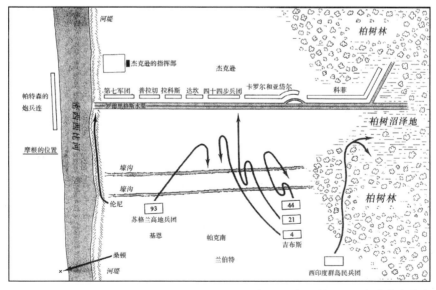

▲ 1815 年 1 月 8 日，新奥尔良战役

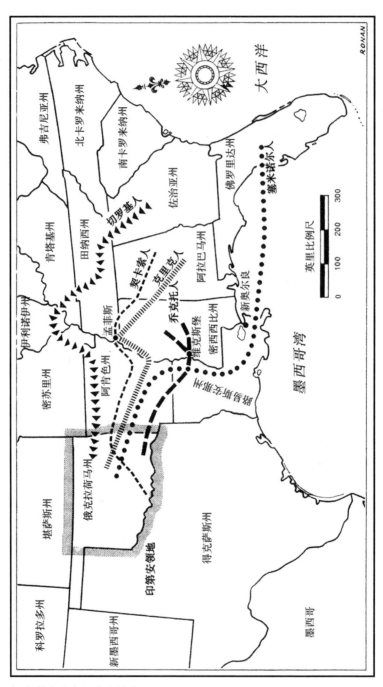

▲ 印第安南方部落人迁移

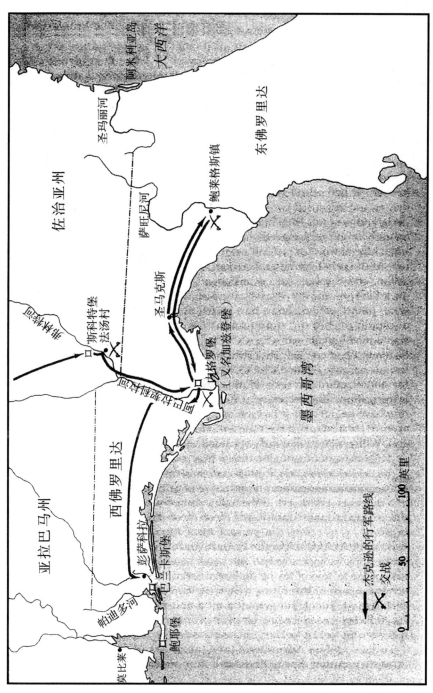

▲1818 年第一次塞米诺尔战争

▲ 这幅肖像画是与杰克逊本人最相像的肖像画作之一，是塞缪尔·沃尔多的作品，创作于新奥尔良战役前后。（承蒙艾迪生画廊和菲利普斯学院提供。）

▲ 这幅雷切尔·杰克逊的袖珍画像是用油性颜料画成，画在象牙之上，是路易莎·凯瑟琳·斯特罗贝尔的作品。自雷切尔于1828年离世后，据说杰克逊一直贴身携带着这幅画像。（承蒙隐士庄园妇女协会提供。）

▲ 约翰·科菲将军是杰克逊在生活上的挚友，在生意上的合作伙伴，在克里克战争和新奥尔良战役中的袍泽弟兄。这幅肖像画悬挂于隐士庄园中。（承蒙隐士庄园妇女协会提供。）

▶ 约翰·欧文顿和杰克逊一同寄宿在多纳尔森家里，后来成为杰克逊在土地投机生意上的合伙人，并在杰克逊辞去田纳西州高等法院法官一职后，接替杰克逊成为该高等法院的法官。（承蒙旅人之家历史遗迹博物馆提供。）

◀ 威廉·布朗特是田纳西准州州长，对杰克逊早期的职业生涯产生过极大影响。（承蒙纽约公共图书馆提供。）

▶ 约翰·塞维尔是一位受人爱戴的独立战争英雄，任田纳西州州长，曾与杰克逊角逐州武装部队少将一职。两人之间的争吵最终演变为一场荒唐的街头斗殴。（承蒙美国国会图书馆提供。）

▲ 杰克逊将军在克里克战争中镇压叛乱。画中他举起枪威胁那些打算逃回家的士兵。这幅版画最初见于亚摩斯·肯德尔所著的杰克逊的个人传记。（承蒙美国国会图书馆提供。）

◀ 这幅画像中的杰克逊给人一种威风凛凛的感觉。这幅肖像画是画家拉尔夫·厄尔的作品。黑色的披风随意地披在杰克逊的肩膀上，更添威严感。（承蒙隐士庄园妇女协会提供。）

▲ 安德鲁·杰克逊·多纳尔森是杰克逊的侄子、被监护人、私人秘书和国会联络员。他在伊顿事件中的表现令杰克逊大失所望。他们为伊顿夫妇争执最激烈的时候拒绝同对方说话，只肯用写信的方式交流（他们甚至在一天之内互相给对方写过四封信），即使他们生活在同一个屋檐下，在同一张饭桌上吃饭。（承蒙隐士庄园妇女协会提供。）

▲ 这幅铅笔画是爱德华·克莱的作品，比照杰克逊现实中的样子而作，该画创作于1831年。从画中杰克逊的眼神和嘴角不难看出，他长期忍受着病痛的折磨。（承蒙美国国家肖像画廊和史密森学会提供。）

◀ 威廉·伯克利·路易斯少校是杰克逊的政治经理人、国会联络员、好友兼邻居，同杰克逊一起住在白宫，他本人对杰克逊在第一任期的作为产生过极大影响。（承蒙田纳西州立图书馆和档案馆提供。）

◀ 佩吉·伊顿画像。这幅肖像画是伊顿夫人仅存的几幅画像中的一幅。（承蒙美国国会图书馆提供。）

▲ 约翰·亨利·伊顿同杰克逊之间深厚的友谊最终给他们双方带来了痛苦和耻辱。（承蒙美国国会图书馆提供。）

▲ 亚摩斯·肯德尔是邮政部长、报刊编辑、财政部的第四审计员、首席宣传官、政治活动组织者、杰克逊的心腹，竭力支持杰克逊推行他的改革计划。（承蒙美国国会图书馆提供。）

▶ 弗朗西斯·普勒斯顿·布莱尔是《环球报》的杰出编辑，他的朋友们都叫他普勒斯顿，只有杰克逊称他为"布莱"。（承蒙美国国会图书馆提供。）

▲ 在这幅摄于1845年4月15日的银版肖像中，杰克逊穿着正式，靠在一个枕头上，他的脸是浮肿的，看起来脾气有点暴躁。几周后，他便驾鹤西去了。（承蒙美国国会图书馆提供。）

▲ 从这幅肖像画中可以看出，小安德鲁·杰克逊一生对枪支极为痴迷，也正是枪支最终给他招致杀身之祸。这副肖像画是拉尔夫·厄尔的作品。（承蒙隐士庄园妇女协会提供。）

◀ 图中传单所述的内容对杰克逊1828年的总统选举造成了负面影响。这份"棺材传单"详述杰克逊在克里克战争期间处决6名士兵的经过。（承蒙美国国会图书馆提供。）

▶ 这幅名为"安德鲁大帝"的卡通画生动形象地描绘了杰克逊在总统任期对总统职权做出的改变。（承蒙美国国会图书馆提供。）

▶ 画中的墙上挂着一幅画，哥伦比亚女神扬扬得意地踩在象征英国的人的身上。（承蒙威廉·克莱门茨图书馆提供。）

▲ 罗杰·布鲁克·托尼。助力范布伦当选为总统和任命罗杰·布鲁克·托尼为美国首席大法官是杰克逊感到最欣慰的两件事。（承蒙美国国会图书馆提供。）

▲ 风度翩翩、雍容华贵的尼古拉斯·比德尔被杰克逊阵营的人称为"沙皇尼克"。这幅肖像画是朗埃克的作品，作此画时比德尔的银行正在遭受来自杰克逊总统的攻击。（承蒙美国国家肖像画廊和史密森学会提供。）

▲ 博学多才、衣着考究的爱德华·利文斯顿被他的朋友称为"花花公子内德"。（承蒙美国国会图书馆提供。）

▲ 路易斯·麦克莱恩作为总统内阁要员，没有学会如何唯杰克逊马首是瞻，他的政治生涯也因此戛然而止。（承蒙美国国会图书馆提供。）

▲ 利瓦伊·伍德伯里是杰克逊内阁中最有能力、最勤恳的内阁成员之一。（承蒙美国国会图书馆提供。）

▶ 本杰明·巴特勒被杰克逊任命为司法部部长后，在最短的时间内让司法部恢复正常运转，令杰克逊刮目相看。（承蒙美国国会图书馆提供。）

▲ 这张白宫东厢的照片摄于约 1861 年，室内的陈设多由杰克逊在总统任期内添置。（承蒙白宫提供。）

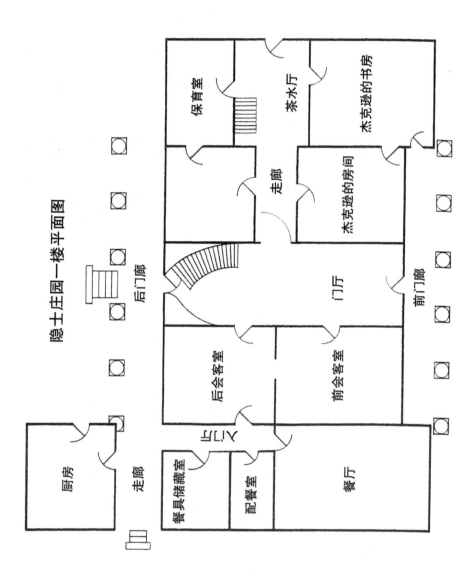

隐士庄园一楼平面图

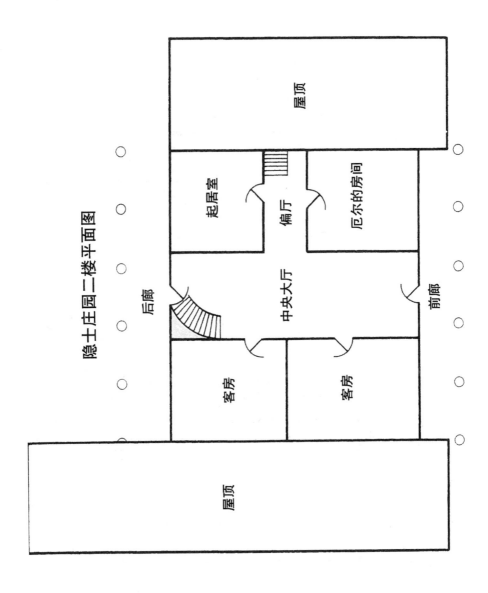

隐士庄园二楼平面图

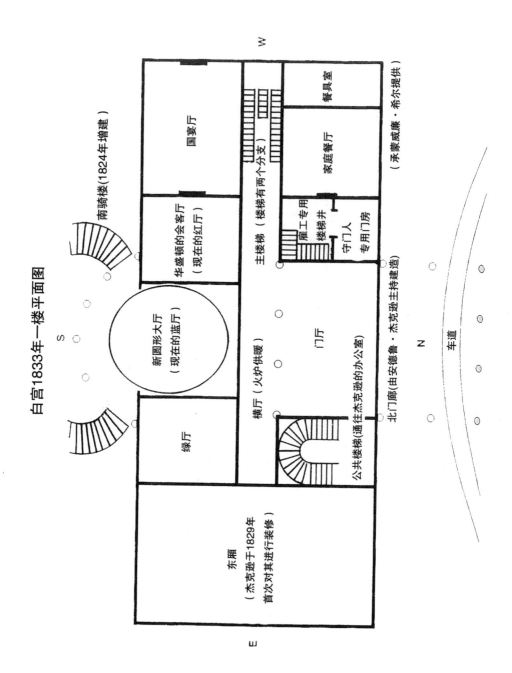

白宫1833年一楼平面图

南骑楼(1824年增建)

国宴厅

餐具室

华盛顿的会客厅
（现在的红厅）

家庭餐厅

主楼梯（楼梯有两个分支）

雇工专用楼梯井

守门人专用门房

新圆形大厅

（现在的蓝厅）

门厅

横厅（火炉供暖）

北门廊（由安德鲁·杰克逊主持建造）

车道

公共楼梯(通往杰克逊的办公室)

绿厅

东厢

（杰克逊于1829年
首次对其进行装修）

S

W

N

E

（承蒙威廉·希尔提供）

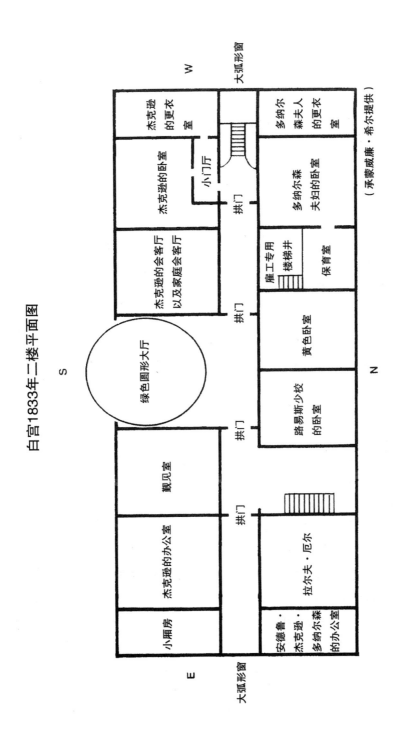

白宫1833年二楼平面图

附录四 文献目录

现存手稿是本书的写作基础，而大部分手稿来自美国国会图书馆。其中一部分关于安德鲁·杰克逊总统的文献是布莱尔家族的捐赠，该部分手稿约有22500件（大部分是信件），被分别存录于269卷书和58个箱子中。其中军事方面的手稿约14卷，国会图书馆的地图部还存放着11件手稿，主要涉及杰克逊总统在墨西哥湾沿岸开展的军事行动。约翰·麦克多诺所著的《安德鲁·杰克逊文件汇编索引》（华盛顿，1967年）一书中，曾讲述杰克逊这些手稿的来历，以及这些手稿如何散佚，又如何重见天日。杰克逊的信件广泛散布于范布伦家族、波尔克家族和布莱尔家族的文献中，而这些文献也被保存在国会图书馆中。

位于纳什维尔的田纳西州历史学会，同样保存着大量的杰克逊手稿。此外，该组织还存放着超过10000件与杰克逊及其他田纳西州早期领导人相关的文献资料。另外，位于纳什维尔的田纳西州立图书馆和档案馆存放着1500件与杰克逊相关的文献。隐士庄园妇女协会还收藏了大量的杰克逊的原始文献，主要包括他的农场日记、账本以及个人藏书。

约450封杰克逊的信件和杂项资料存放于芝加哥历史学会，这些信件以前存放在美国国会图书馆，原先是碎片，由哈里特·C.奥斯利拼接而成。另有254封杰克逊同威廉·B.路易斯来往的书信，现存于纽约公共图书馆，这也是一批极有价值的文献。普林斯顿大学图书馆的安德烈·德·科佩收藏了部分文献。此外，纽约州皮尔庞特·摩根图书馆也存放着大量关于杰克逊的重要文献。

坐落于美国亚拉巴马州首府蒙哥马利的亚拉巴马州档案和史学部，存有200件与杰克逊在东佛罗里达职业生涯相关的文件。坐落于新奥尔良的帕森尼亚纳图书馆，存有与新奥尔良战役相关的文件。坐落于密歇根州立大学的威廉·克莱门特图书馆，存有约33封杰克逊的书信。杜克大学图书馆存有约47

封杰克逊的书信，该图书馆还曾计划从别处购得更多他的书信。密苏里州历史学会存有 40 封杰克逊的书信。纽约州历史学会存有 21 封他的信件。坐落于塔尔萨的托马斯·吉尔克里斯美国历史和艺术学会，存有 10 封他的信件。

位于西班牙塞维利亚的西印度群岛综合档案馆，保存着大量与杰克逊相关的文献资料，其中包括杰克逊的亲笔信以及他人写给杰克逊的书信。这些书信的分布极为不集中，但是古巴雷格霍斯 1795 年档案管所保存的书信很有价值。西曼卡斯综合档案馆、位于西班牙马德里的国家历史档案馆，以及位于伦敦的公共档案馆所存有的文献资料，亦极具价值。

国家档案馆收藏有大量手稿，这些手稿与杰克逊的执政生涯以及他的军队生涯息息相关。战争部的记录、战争部长关于军务的信件、战争部长写给总统的信件，以及存放在国务院档案馆的任命文件、外交调度、外交指令、国内信件和送往外国公使馆的照会，具有同等的重要性。印第安事务局档案室第 75 组档案所收藏的手稿，对研究印第安人历史具有重要的意义。

"杰克逊文件汇编项目"已经收录了以上提及的绝大部分手稿的副本，这些副本资料最初保存在田纳西州纳什维尔的隐士庄园内，随后于 1987 年夏季，这些副本资料被转移到了位于诺克斯维尔的田纳西州立大学。"杰克逊文件汇编项目"已经出版了一本两卷版的《杰克逊文件汇编》，采用凸版印刷的形式，涵盖了 1770—1813 年与杰克逊相关的文献。此外，包括 1987 年夏天转移的约 60000 件副本资料在内的所有文献资料，已被制成 39 卷缩微胶卷，并同哈罗德·莫泽撰写的《缩微胶卷版资料指南和索引》（威明顿市，1987 年）一同发行。

在研究安德鲁·杰克逊总统生平的过程中，非常有必要参考同时代人的手稿资料，不仅包括杰克逊的朋友，也包括他的敌人，也就是本书正文提及次数最多的那些人。限于篇幅，本书正文涉及的所有手稿资料无法在此一一列举，感兴趣的读者可以在杰克逊系列传记的第三卷《安德鲁·杰克逊与美国民主政治进程》中找到相关内容。

小亚瑟·施莱辛格所著的《杰克逊时代》是本书的第二大资料来源，该书行文跌宕起伏，可读性极高，是读者了解"老胡桃木"和他所处的波澜壮阔时代的绝佳资料。此书可谓是一部现代意义上的经典作品，是我们这个时代少有的里程碑式的作品。像其他注定不朽的著作一样，《杰克逊时代》在问世之初就遭到多方抨击，然而随着时间的推移，人们调查研究的加深，该书在研究杰克逊的作品中脱颖而出，历久弥新。施莱辛格牢牢地抓住了杰克逊时代的精神和内涵，并通过流畅而严谨的语言将这种精神和内涵传达给读者。《杰克逊时代》定能经受住时间的考验，流传百世。

亚历克西斯·德·托克维尔所著的《民主制在美国》是另一部值得一读的经典作品，该书翔实地介绍了19世纪的美国生活。同样，该书在问世之初也曾遭受无数人诟病，但是它对美国人看待历史的方式产生了极为深刻的影响。

当然，詹姆斯·帕顿所著三卷本的《杰克逊》无疑是诠释杰克逊总统生平的最佳传记，该作品于1861年出版。然而，一些现代读者更喜欢马奎斯·詹姆斯所著的两卷版传记。虽然詹姆斯的传记构思行文极佳，但是却比较肤浅，并没有写尽老英雄的一生。

至于本书中所提及的与其他人物以及发行物相关的研究，请参考我在上文中提及的《安德鲁·杰克逊与美国民主政治进程》一书中的脚注以及附录的文献目录。

附录五　关于这本书的诞生

回首往事

我生于大萧条时期，周围人总是连珠炮似的问我长大后想做什么，弄得我一头雾水。只是依稀记得那时的梦想是找到一份年薪 2000 美元的工作，过上小康生活。我的亲朋好友却总是劝我开创一番事业，在他们眼里，给别人打工没有前途，毕竟我是家里的第一位大学生。幸而纽约州的长岛母亲助学会为我提供奖学金，我的父母因此不必砸锅卖铁供我上大学。为了堵住他们的嘴，我信誓旦旦地告诉他们我打算毕业后当律师。他们听了这话，感觉正中下怀，忙说很好。我终于可以落得个耳根清净了。

第二次世界大战不请自来，我的律师之路被迫中断。但后来发生的事，也算因祸得福。为了完成学业，我报名参加海军 V7 项目。这样一来，毕业后我便获得了去海军学校进修的机会。经过 90 天的军事训练，我成为一名海军军官。从福特汉姆大学毕业后，我依计划进入哥伦比亚大学的海军学校接受培训，并于 1943 年获得海军少尉军衔。在接下来的 3 年里，我只需按照海军部的命令追踪和摧毁敌军的潜水艇，而无需绞尽脑汁思虑自己以后的前程。此时，我猛然发现自己对美国历史情有独钟，于是如痴如醉地沉浸在阅读中，不能自拔。我现在仍清晰地记得自己当时读完亨利·亚当斯所著的九卷版《托马斯·杰斐逊及詹姆斯·麦迪逊执政时期的美国历史》时的激动心情。

在那 3 年里，我又陆陆续续地涉猎了许多其他方面的历史书，并且渐渐意识到：我要成为一名历史学家而不是律师。

此外，我十分愿意将自己的感想诉诸笔端，乐此不疲。于是我鼓起勇气向美国的顶尖历史杂志——《美国历史学报》投稿，那篇文章所写的内容基本是老调重弹，毫无新意，只因当初能力有限。《美国历史学报》礼貌地拒绝了我的投稿，倒也不足为奇。但是，我已下定决心将历史研究作为我的终生事业。当我把这一决定告知双亲时，我的父亲只悻悻地回了一句："你会饿死的。"可是，时至今日我依旧没有饿死。阅读、研究、撰写和教授美国历史，我觉得自己的一生还算精彩。从海军退役后，我旋即申请了哥伦比亚大学的研究生，并于1946年的夏天开始了我的美国历史研究之路。我迫不及待地想开始自己的历史研究生涯，甚至等不及秋季班开学，可是学校规定新生只能在秋季班开学的时候入学。此外，我早已选定了自己的研究方向——20世纪纽约州政治史。

哥伦比亚大学采取大班授课制，300个学生挤在同一个教室上课早已是家常便饭。我研究生时期的研讨班负责老师理查德·霍夫施塔特，是哥伦比亚大学新聘的教授，对我的职业生涯影响深远。我的研究生论文以约翰·普罗伊·米切尔为课题，他是20世纪早期纽约市一位致力于改革的市长。这个研讨班由40个学生组成，如此庞大的研讨班在当时绝对是罕见的。

有一天，我去办公室交论文，霍夫施塔特教授问我是否打算攻读博士。我告诉他正有此意。他对我说，对米切尔的研究到此为止，因为与米切尔相关的文件资料已被封存在美国国会图书馆长达50年。随后他给我推荐了一个新的研究课题：马丁·范布伦。他接着说，尽管他不是20世纪的政治人物，但是他与政界息息相关，并且是一位纽约人。随后他又告诉我，哥伦比亚大学准备花重金向美国国会图书馆购买缩微胶片版的纽约州史料。学校计划以马丁·范布伦的研究为切入点开启整个项目，所以他们的当务之急是寻一名研究生来研究这些史料并在此基础上撰写一篇博士论文。霍夫施塔特教授跟我说，我无需经受舟车劳顿之苦前往华盛顿做研究，只需安心待在哥伦比亚图书馆即可。

霍夫施塔特教授指名要我负责这项研究，他的这份信任更加激发了我的斗志。于是，我便潇洒地跟20世纪挥手告别，一头扎进了19世纪的怀抱里。我的博士论文主要着眼于马丁·范布伦的早期政治生涯。我于1951年获得博士学位。

范布伦的生平像磁石一般吸引着我，我惊讶地发现这个诨号为"小魔术师"的政治家居然是民主党的创始人之一。他是安德鲁·杰克逊的得力干将，为民主党的创立立下汗马功劳。可见，范布伦对美国的贡献远远超出我们的想象，于是我暗下决心为范布伦立传，让世人了解他的丰功伟绩。但是，随着我研究的日渐深入，安德鲁·杰克逊这个名字总会不经意间出现在我的脑海中，时隐时现。

　　《马丁·范布伦与民主党的形成》于1959年出版，该部分内容摘自我的博士论文。随后，我受邀以《安德鲁·杰克逊大选》为题撰写一篇专题论文，该论文于1963年发表。类似的写作邀请纷至沓来，我为杰克逊撰写的短篇传记于1966年发表，《安德鲁·杰克逊和银行战争》于1967年发表，《安德鲁·杰克逊的革命时代》于1977年发表，我负责编辑的《杰克逊时代》也于1972年发表。尽管如此，我总觉得跟杰克逊的缘分还远未结束。在我的倡导下，隐士庄园妇女协会发起了一项搜寻杰克逊文献资料副本的计划。我也参与到这项搜寻计划中去，为了集齐这些文献，我遍寻各地，甚至还去了伦敦的公共档案馆和塞维利亚的西印度群岛综合档案馆。

　　作为美国境外杰克逊文献资料的最主要来源，西印度群岛综合档案馆所提供的史料极其翔实。于是，我下定决心撰写三卷本的《安德鲁·杰克逊传》，并将这一计划告知杜森编辑。在此后的15年时间里，我曾确信我的传记涵盖了杰克逊生平的所有重要内容。尽管我知道未来肯定还会有关于杰克逊的传记出版，但是我认为不可能再有足以推翻我书中论据的新证据了。然而大错特错！1995年，供职于西印度群岛综合档案馆的一位名为G.道格拉斯·英格利斯的美国学者向我透露，他的研究有了新的进展，即一份文件显示杰克逊曾宣誓效忠西班牙。

　　这个消息有如当头棒喝。我将信将疑，或者说我压根儿就不相信。但是事实就是如此。每一个想要进入位于新大陆的西班牙领地的人，都需要宣誓效忠他们的国王。而杰克逊于1789年抵达纳什维尔后便前往西班牙属地纳切兹经商，并在当地出任律师。只有宣誓效忠国王，人们才能在纳切兹经商以及购置产业。1789年7月15日，在总督曼纽尔·加约索·德·莱莫斯和副总督约瑟夫·比达尔的见证下，安德鲁·杰克逊将手放置在《圣经》上，郑重地对"上帝，我们的上帝"宣誓："我以我的名誉保证……我将拿起武器对抗任何侵犯这块领地的敌人……绝对服从国家和政府颁布的一切命令、公告和法令，像所有臣民一样永远保持对国王的绝对忠诚，并从现在开始臣服于所有在阶层和地位上高于我的人。"杰克逊同其他17个人随后签署了这份文件，是杰克逊的笔迹无疑。

　　杰克逊竟然是西班牙国王的臣民！难以置信！但是，我理解他的苦衷，如果他不宣誓，那么他就无法在西班牙的领地内立足，因为他没有居住权和经商权，更无法在当地开业当律师。他本是一个十足的实用主义者，他跟其他美国人一样，毫不犹豫地签署了那份文件。

多年来，我一直在思考安德鲁·杰克逊总统到底是一个什么样的人，他的那些成就究竟有什么样的意义。我越来越确信，是他带领美国进入了一个全新的时代，也是他促进了美国的民主进程。他对美国的巨大贡献，值得现今的所有美国人向他致敬感怀。在他生活的那个年代，他获得了无数个头衔，其中之一便是"新奥尔良英雄"。毫无疑问，他是美国最卓越的英雄之一。

对话罗伯特·莱米尼

Q：怎样的契机让您选择成为众议院历史学家？您能不能简单介绍一下这一职位的历史和职责？

A：在撰写美国历史的过程中，我曾采访过多位国会议员，包括众议院议长 J. 丹尼斯·哈斯特尔。他曾经在大学教授美国历史，深知设立众议院历史学家这一职位的必要性。1976 年，《独立宣言》颁布 200 周年，国会曾在这一年设立该职位，但是议长纽特·金里奇却于 1995 年将其撤销。但是我认为，众议院的确需要一位历史学家，所以当哈斯特尔议长在 2005 年邀请我出任该职位时，我欣然接受。

在完成众议院历史的编纂后，我迫切地希望帮助全美国人民加深对众议院及其历史的认识，身为众议院历史学家，我有责任和义务回答议员、职工、学者、媒体和公众提出的任何有关众议院历史的问题。我还需要采访现任和前任议员，从而确保众议院的历史流传下去。此外，我还负责开展国会大厦历史之旅等活动，并在每年夏季针对高校的历史和政治学科的老师开展为期两周的培训，培训内容主要涉及众议院及其运行规则。

Q：杰克逊在近些年的名声有何变化？您为什么觉得他在当今社会依然具有强大的吸引力？您想对杰克逊的批评者说些什么呢？

A：毫无疑问，无论是在他那个年代还是当今时代，杰克逊都是一个极具争议性的人物，这也是无数学者前赴后继研究他生平和功绩的原因。他总能挑起历史学家的那根好奇的神经。他的信徒中既有保守主义者又有自由主义者，他主张削减政府经费，偿还国债，多次强调人民的地位至高无上、人民的意志具有绝对的权力，以及少数需服从多数等原则。此外，他还主张政府无权偏袒任何一方，而且政府作为中间人，必须诚实守信，平等对待所有阶层。

　　整个 19 世纪和 20 世纪，杰克逊一直被人们尊为英雄。作为将军，他在战场上击退了敌军，作为总统，他极大地推进了美国民主政治的进程。但是，随着 20 世纪晚期民权运动的开展，杰克逊西迁印第安人，名声恶化。当时的杰克逊和众多美国人将位于西南地区的印第安人视为威胁美国安全的隐患。因此，他坚持将印第安人迁出该地。

　　现今的美国人生活在一个国债已经骤升至数万亿美元的国家，而安德鲁·杰克逊是美国历史上唯一一位将国债全部还清的总统（他在 1835 年还清国债）。他巨细靡遗地削减政府开支，还清了 5000 万美元的国债，那时候的美国一分钱都不曾拖欠他国。不幸的是，那段无债一身轻的日子如昙花一现般，一去不复返了。

Q：如果您有机会问安德鲁·杰克逊一个问题，您会问他什么呢？

　　A：在我去西班牙研究存放在塞维利亚的档案文献时，隐士庄园妇女协会给我列出了一份待解决问题清单，其中一个问题是：杰克逊和雷切尔是否真如他的竞选中央委员会在 1828 年总统大选中宣称的那样，他们在纳切兹时已结为夫妻。对于这个问题，我也只能依据现存资料做一些推测，杰克逊很可能觉得雷切尔已经同她的第一任丈夫路易斯·罗巴兹离婚，所以她有再婚的自由。然而实际上，雷切尔与罗巴兹并没有走完离婚的程序。他们在纳切兹时就结为夫妻了吗？或者说，他们是在同居两年后收到罗巴兹的离婚同意书后才结为夫妇的吗？到目前为止，没有任何证据证明杰克逊和雷切尔在纳切兹时已结为夫妻。但可以肯定的是，罗巴兹明确同意离婚后，杰克逊和雷切尔便在纳什维尔立即举办了婚礼，但是这场婚礼究竟是他们的第一场婚礼，还是第二场婚礼呢？这就是我最想向杰克逊问的问题。

Q：从历史学家的角度来说，是什么让您对杰克逊总统如此感兴趣呢？

　　A：我记得自己当时正在给马丁·范布伦总统立传，那时候我总能隐约感觉到安德鲁·杰克逊总统在不断地朝我招手，企图把我的注意力转移到他的身上。这种感觉在后来的几个月里越来越强烈。我决定听从自己内心的感觉，写一本关于杰克逊赢得总统大选的书。当时我心想，写完后他肯定就不会再来烦我。但事实却不是这样。他丝毫不觉得满足。于是，我又写了一本关于杰克逊总统的书，简略地介绍了他的生平，并在心里盘算着，他这次肯定会就此罢休。但是，他已然成为我生命中不可或缺的一部分，可怜的范布伦总统却渐渐地从我脑海中消失。出版商也是"帮凶"，他们时常找我约关于杰克逊总统的书。写那本讲述银行战争的书让我乐在其中。我突然意识到，原来杰克逊总统也想让我给他立传，于是三卷本的《安德鲁·杰克逊传》得以问世。

我必须承认，杰克逊总统已经给予我最丰厚的回报。是他带给我数不清的稿约，也多亏他我有幸收到白宫的请帖，邀请我在白宫东厅就杰克逊总统的生平发表演讲。这是"前总统"系列节目的一个环节，乔治·赫伯特·沃克·布什总统致开幕词。总统的妻子芭芭拉·布什亦同国会议员们和美国最高法院的法官们一道坐在观众席中。在发表演讲的过程中，我清晰地记得这样一幕：当我在解释杰克逊总统作为历史上唯一一位还清国债的总统是如何将国债如数还上时，布什夫人旋即冲她的丈夫打手势，示意他也应该向杰克逊总统学习。演讲结束后，我和妻子受邀参加为迎接摩洛哥国王而在国宴厅举办的晚宴，我有幸同国王和布什夫人同桌共进晚餐。

此外，国务院曾多次派我前往世界各地宣讲杰克逊式民主政治，包括欧洲、南非、中东以及远东等地区。多亏他，我才有今天，我对他满怀感激，是他造就了我。杰克逊总统给我带来无数回报，我心满意足。

图书在版编目（CIP）数据

机会的捕手：安德鲁·杰克逊传 /（美）罗伯特·莱米尼著；单娜娜译 . -- 杭州：浙江人民出版社，2022.4

书名原文：The Life of Andrew Jackson

ISBN 978-7-213-09386-9

Ⅰ.①机… Ⅱ.①罗… ②单… Ⅲ.①安德鲁·杰克逊—传记 Ⅳ.① K837.127=41

中国版本图书馆 CIP 数据核字（2021）第 058887 号

机会的捕手：安德鲁·杰克逊传

JIHUI DE BUSHOU:ANDELU JIEKEXUN ZHUAN

（美）罗伯特·莱米尼 著　单娜娜 译

出版发行　浙江人民出版社（杭州市体育场路 347 号　邮编　310006）
责任编辑　徐　婷
责任校对　陈　春
封面设计　棱角设计
电脑制版　顾小固
印　　刷　三河市冀华印务有限公司
开　　本　800 毫米 ×980 毫米　1/16
印　　张　27.75
字　　数　475 千字
版　　次　2022 年 4 月第 1 版
印　　次　2022 年 4 月第 1 次印刷
书　　号　ISBN 978-7-213-09386-9
定　　价　68.00 元

如发现图书质量问题，可联系调换。质量投诉电话：010-82069336